Sinais do Mistério de Cristo

Coleção Liturgia Fundamental

- *A liturgia da Igreja: teologia, história, espiritualidade e pastoral* – Julián López Martín
- *Introdução a teologia litúrgica* – Juan Javier Flores
- *Liturgia e vida espiritual: teologia, celebração, experiência* – Jesús Castellano
- *Sinais do Mistério de Cristo* – Salvatore Marsili

Salvatore Marsili

SINAIS DO MISTÉRIO DE CRISTO

Teologia litúrgica dos sacramentos, espiritualidade e ano litúrgico

Dados Internacionais de Catalogação na Publicação (CIP)
(Câmara Brasileira do Livro, SP, Brasil)

Marsili, Salvatore
　　Sinais do mistério de Cristo : teologia litúrgica dos sacramentos, espiritualidade e ano litúrgico / Salvatore Marsili ; tradução José Afonso Beraldin da Silva. – 1. ed. – São Paulo : Paulinas, 2009. – (Coleção liturgia fundamental)

　　Título original : I segni del mistero di Cristo.
　　Bibliografia.
　　ISBN 88-85918-31-X (ed. original)
　　ISBN 978-85-356-2553-0

　　1. Igreja Católica - Doutrinas 2. Igreja Católica - Liturgia 3. Sacramentos - Igreja Católica　I. Título.　II. Série.

09-11696　　　　　　　　　　　　　　　　　　　　CDD-264.025

Índice para catálogo sistemático:
1. Sacramentos : Igreja Católica : Cristianismo　264.025

Título original da obra: *I segni del mistero di Cristo: teologia liturgica dei sacramenti*
© CLV – Edizioni Liturgiche, Roma, 1987.

1ª edição – 2009
2ª reimpressão – 2022

Direção-geral: *Flávia Reginatto*

Conselho Editorial: *Dr. Afonso M. L. Soares*
Dr. Antonio Francisco Lelo
Luzia M. de Oliveira Sena
Dra. Maria Alexandre de Oliveira
Dr. Matthias Grenzer
Dra. Vera Ivanise Bombonatto

Editores responsáveis: *Vera Ivanise Bombonatto e*
Antonio Francisco Lelo
Tradução: *José Afonso Beraldin da Silva*
Copidesque: *Anoar Jarbas Provenzi*
Coordenação de revisão: *Marina Mendonça*
Revisão: *Sandra Sinzato*
Direção de arte: *Irma Cipriani*
Gerente de produção: *Felício Calegaro Neto*
Projeto gráfico, capa: *Manuel Rebelato Miramontes*
Editoração: *Sandra Regina Santana*

Nenhuma parte desta obra poderá ser reproduzida ou transmitida por qualquer forma e/ou quaisquer meios (eletrônico ou mecânico, incluindo fotocópia e gravação) ou arquivada em qualquer sistema ou banco de dados sem permissão escrita da Editora. Direitos reservados.

Paulinas
Rua Dona Inácia Uchoa, 62
04110-020 – São Paulo – SP (Brasil)
Tel.: (11) 2125-3500
http://www.paulinas.com.br – editora@paulinas.com.br
Telemarketing e SAC: 0800-7010081
© Pia Sociedade Filhas de São Paulo – São Paulo, 2010

Sumário

Nota redacional 9

Apresentação 11

Parte I
Pontos de teologia sacramental

Introdução 25

1. Os sinais sagrados 31

2. A instituição dos sacramentos 91

3. A eficácia dos sacramentos 121

Parte II
Os sacramentos

Observações gerais sobre os sete sacramentos 169

Parte III

Os sacramentos da iniciação cristã

Introdução 181

1. O Batismo 191

2. A Confirmação 233

Parte IV

A Eucaristia

Introdução 279

1. Quadro histórico do desenvolvimento formal da Missa 285

2. Teologia da Missa 329

3. Teologia litúrgica da Missa 357

Parte V

A Penitência

Premissa 391

1. A história do sacramento da Penitência 393

2. O rito do sacramento da Penitência 425

3. A teologia do sacramento da Penitência 431

PARTE VI

A Unção dos Enfermos

Introdução 451

1. A história do sacramento da Unção dos Enfermos 455

2. A teologia do sacramento da Unção dos Enfermos 467

PARTE VII

Ano litúrgico

Premissa 483

Do ano cósmico ao ano litúrgico 485

Primeira parte – Linhas de história do ano litúrgico

Introdução 497

1. Ciclo pascal 499

2. Ciclo natalino 537

Segunda parte – Linhas de teologia do ano litúrgico

Introdução 551

1. O tempo na história da salvação 567

2. Teologia do domingo 599

3. Teologia da Páscoa 607

4. Teologia do Advento 621

Parte VIII
Espiritualidade litúrgica

1. Problema histórico 629
2. Princípios de espiritualidade litúrgica 687

Nota Redacional

Estamos disponibilizando os tratados de liturgia que o Pe. Abade Salvatore Marsili (1910-1983) havia elaborado para os cursos por ele ministrados no Pontifício Instituto Litúrgico de Santo Anselmo, junto à Universidade Gregoriana de Roma, e no Instituto *Regina Mundi*, também de Roma, entre os anos 1961 e 1983.

Os alunos de Pe. Marsili ficarão muito contentes em poder reencontrar em uma só obra todas as apostilas por ele distribuídas, que devido à sua morte prematura (27 de novembro de 1983) acabaram não sendo inseridas na coleção por ele idealizada e iniciada: *Anámnesis*, vols. 1, 2 e 3 (São Paulo, Paulus, 1986).[1]

A única exceção foi feita para o tratado sobre a Eucaristia, aqui repetido, embora tenha sido extraído de uma apostila de cunho diferente em relação à obra publicada em *Anámnesis*, vol. 3.

Eis, a seguir, o elenco exato dos tratados *póstumos* publicados na presente obra:

I segni del mistero di Cristo (Punti di teologia sacramentaria). Parte I: *I sacramenti in generale*. Roma, 1978.

---

[1] Edição original italiana: *Anámnesis*, vv. 1, 2 e 3/2 (Edizioni Marietti, Casale Monferrato).

I sacramenti, segni del mistero di Cristo. I sacramenti d'Iniziazione. Roma, 1981.

La Messa. Appunti di liturgia. Roma, 1980.

Penitenza e Unzione degli Infermi. Roma, 1982.

Teologia liturgica. Anno Liturgico. Roma, Santo Anselmo, 1977.

Spiritualità liturgica. Roma, Santo Anselmo, 1970.

O critério usado na unificação do material consistiu em ater-nos com escrupulosa fidelidade aos manuscritos do autor; estes foram alterados o menos possível e só quanto à forma, nas ocasiões em que tal revelou-se necessário devido à presença de aproximações, totalmente compreensíveis numa apostila. Reconhecemos que essa medida representa uma limitação do ponto de vista da atualização bibliográfica; todavia, pareceu-nos mais precioso fornecer um ponto de referência seguro aos que estão interessados na teologia sacramental de Pe. Marsili, entregando à impressão, nem mais nem menos, aquilo que ele deixou em forma manuscrita para uso em sala de aula.

O presente volume vem assim completar o pensamento litúrgico de Pe. Marsili, expresso só em parte nos primeiros três volumes da coleção *Anámnesis*, em que se encontravam os seguintes tratados: *A liturgia, momento histórico da salvação* (v. 1, pp. 1-190); *Das origens da liturgia cristã às caracterizações rituais* (v. 2, pp. 1-142); e *Teologia da celebração da Eucaristia* (v. 3, pp. 1-202).

Queira o Senhor fazer crescer na Igreja a boa semente da teologia litúrgica e sacramental que Pe. Marsili lançou generosamente, sobretudo com a sua palavra sólida e persuasiva.

Apresentação

I. Pe. Abade Salvatore Marsili, teólogo da liturgia

O Pe. Abade Salvatore Marsili foi "teólogo da liturgia"[1] no sentido de que em toda a sua longa pesquisa[2] ele sempre teve como método radicar seu discurso litúrgico na "teologia do Mistério de Cristo": "Em vista — escreve ele — de uma compreensão autêntica da liturgia em si mesma e em referência à sua função na Igreja, é necessário considerá-la e aprofundá-la na sua dimensão 'teológico-econômica', isto é, na teologia do Mistério de Cristo".[3] Quem ouviu Pe. Marsili deve lembrar-se de

---

[1] CHUPUNGCO, A. J. *Salvatore Marsili: teologo della liturgia*. In: Vv.Aa. *Paschale Mysterium. Studi in memoria dell'Abate Prof. Salvatore Marsili (1910-1983)* (= *Studia Anselmiana*, 91). Roma, 1986, pp. 15-24. Assim este autor justifica tal atributo: "Enquanto comemoramos entre os historiadores Josef Jungmann e Burkhard Neunheuser, e entre os escritores da pastoral litúrgica Pius Parsch, gostaríamos de colocar entre os teólogos Odo Casel e o seu discípulo Salvatore Marsili". Cf. Lodi, E. in *Rivista di Pastorale Liturgica* 122, 1984, pp. 89-90, que fala da "clareza do teólogo Marsili".

[2] Cf. BALLATORI, M. *Bibliografia dell'Abate Salvatore Marsili*. In: Vv.Aa. *Mysterion. Miscellanea liturgica in occasione dei 70 anni dell'Abate Salvatore Marsili*. Leumann/Torino, Ed. LDC, 1981, pp. XVII-XXXII, onde são recolhidos 228 títulos; essa coletânea deve ser complementada com o que se encontra na *Rivista Liturgica* 71 (1984) 142-143.

[3] Cf. "Presentazione". In: *Anámnesis*, v. I: *La liturgia, momento nella storia della salvezza*. Casale Monferrato, Ed. Marietti, 1971, pp. 5-6. [Ed. bras.: *Anámnesis*. São Paulo, Paulus, 1986.]

como ele, com gosto e com rara competência, gastava um bom tempo ao tratar das fontes e da história da liturgia, certamente não para exibir uma complacente erudição, mas sim para extrair da leitura histórica o fundamento, as constantes, os progressos ou as involuções da teologia dos sacramentos, sempre em referência ao seu ponto fixo: de que modo a liturgia da Igreja torna atual o mistério da salvação realizado por Cristo.

II. A teologia litúrgica

Para Marsili, a liturgia é o lugar onde continua a desenvolver-se a história da salvação. Essa é, por conseguinte, o lugar onde a Igreja nasce, é construída e se desenvolve, sendo por isso mesmo o ponto de partida de toda reflexão-discurso sobre a experiência de Deus, mais precisamente, da "teo-logia": "Pressuposto fundamental, para mim — escrevia ele —, é a dimensão sacramental da revelação, dimensão que emerge em cada momento da história da salvação e que não pode ser abandonada justamente no momento em que, com a 'teologia', queremos chegar à compreensão profunda desse fato ou dessa realidade".[4]

Do estudo científico dos textos e dos ritos, Salvatore Marsili destaca constantemente a relação entre a fonte-Cristo e a celebração litúrgica, a qual pretende fazer com que as pessoas se aproximem daquela fonte primária da Graça de Deus. Assim, a sua teologia parte preferencialmente *da própria celebração* dos sacramentos,[5] analisando-a e, se necessário, criticando-a quando, no decurso do tempo, esta demonstrou ter deixado para trás as palavras e os gestos daquele que deveria transmitir.

---

[4] MARSILI, S. (póstumo). *La liturgia nel discorso teologico odierno, per una fondazione della liturgia pastorale: individuazione delle prospettive e degli ambiti specifici*. In: VISENTIN, P.; TERRIN, A. N.; CECCOLIN, R. (Eds.). *Una liturgia per l'uomo*. Padova, 1986, p. 38.

[5] Cf. o subtítulo da obra *Anámnesis*: "Teologia e história da celebração".

III. Refundação da teologia dos sacramentos

Da incoerência, frequentemente destacada nos seus excursos históricos, entre de um lado a realidade de Cristo, na qual a celebração introduz, e do outro a inadequação verbal ou ritual de certas celebrações concretas, nasce, segundo Salvatore Marsili, a necessidade de uma "refundação teológica" de todo sacramento, de todo discurso litúrgico.

Refundação? Aflora aqui o elemento polêmico e ao mesmo tempo inovador da personalidade do nosso teólogo.

Marsili conhecia bem a teologia sacramental estabelecida segundo a metodologia escolástico-tomista, teologia por ele assimilada no Pontifício Instituto Litúrgico Santo Anselmo nos anos 1923-1934;[6] a sua formação, no entanto, orientou-se para o âmbito patrístico e, através deste, chegou ao "húmus" bíblico da liturgia. A sua experiência "caseliana"* – no Mosteiro Maria Laach (Alemanha), nos anos 1934-1935 – convenceu-o de que aquela intuição genial sobre a "liturgia dos mistérios" deveria ser aprofundada não na onda da *Religionsgeschichtliche-schule*, então em voga, mas na linha do movimento bíblico-patrístico: os fundamentos da reatualização dos Mistérios de Cristo deveriam ser buscados na Bíblia. Foi assim que Pe. Marsili, de volta ao seu mosteiro de Finalpia, na costa da Ligúria, imergiu-se num estudo paciente e sério sobre as raízes bíblicas dos sacramentos.[7]

---

[6] No Santo Anselmo, durante aqueles anos, os docentes de dogmática eram M. Rothenhäusler, B. Bauer e A. Stolz, e B. Neunheuser para a "dogmática vespertina".

* Trata-se de uma referência ao beneditino alemão Odo Casel (1886-1948) (N.T.).

[7] Prova disso são os numerosos livros deixados por ele em Finalpia sobre esse assunto, aos quais após sua assinatura e a data da aquisição.

Esse trabalho de preparação e a contribuição dada por ele na fundação e no ensino no Pontifício Instituto Litúrgico de Santo Anselmo (Roma),[8] em pleno fervor pós-conciliar, fizeram de Pe. Marsili um teólogo original, doutrinalmente seguro, respeitado e ouvido. A originalidade da sua doutrina está em ter construído uma teologia a partir da celebração litúrgica, razão pela qual ele sempre falou de "teologia da liturgia" ou de "teologia litúrgica" e nunca de teologia *e* liturgia, como se a "liturgia" estivesse numa posição subordinada ou, no mínimo, paralela. Ele subtraiu a liturgia da visão dogmático-especulativa, pois nesta estrutura aquela é considerada não *in actu*, isto é, como presença salvífica de Cristo na qual a reflexão teológica tem seu ponto de partida, mas só como *locus theologicus*, ou seja, como uma fonte histórica a ser usada na qualidade de testemunho para provar um dogma de fé ou uma formulação elaborada teoricamente. Nessa visão, o estudo da liturgia equivale sempre a demonstrar — ao lado da Escritura e dos Padres da Igreja — aquelas teses teológicas nascidas fora do contexto celebrativo e existencial da fé cristã. Observa corretamente Marsili: "Hoje, nem a Escritura, nem a liturgia são um 'lugar' — uma 'mina de ouro' ou *aurifodina*, como se dizia uma vez — do qual extrair testemunhos a favor de uma determinada tese de teologia, mas são, mesmo que em posição distinta e interdependente — a Escritura se revela e é posta em ação na liturgia —, verdadeiras fontes de teologia. Para citar um exemplo que serve ao mesmo tempo para a Escritura e para a teologia, hoje não se defende mais uma tese sobre a existência da Eucaristia ou sobre o modo da presença real de Cristo na Eucaristia ("transubstanciação") simplesmente recorrendo a um ou mais textos da Escritura, a uma ou mais fórmulas litúrgicas, mas se faz teologia

---

[8] Cf. CHUPUNGCO, A. J. The Pontifical Liturgical Institute: A Benedictine Service to the Church. *Ecclesia Orans* 1 (1987) 24.

APRESENTAÇÃO

perguntando-se o que é a Eucaristia na Escritura e como esta aparece na celebração litúrgica".[9]

Superado o esquema do método escolástico, Marsili se propôs a refundar uma teologia que nascesse diretamente da liturgia, uma "verdadeira" teologia litúrgica. Ele mesmo explicou o que tinha intenção de fazer: "Essa teologia litúrgica é a teologia da presença e da ação de Deus na história da salvação humana [...]. Ou seja, é a teologia de uma realidade concreta feita de presença e ação divina, e isso numa dimensão antropológica, porque não se trata de uma ação e de uma presença como *signum de coelo*, mas é a presença de Cristo na encarnação, na humanidade, nos seres humanos. Não é, portanto, uma teologia de verdades abstratas [...]. É a teologia viva de um fato, de um acontecimento, de algo que é real, que existe, que se chama Cristo, que se chama Igreja [...]. É uma teologia, esta, que não tem por objeto 'coisas'. Nós não acreditamos em 'verdades', e por isso mesmo não fazemos uma teologia de 'verdades', se por 'verdades' entendermos 'coisas conceitualizadas' ou coisas com uma função conceitual. Tal como a fé, assim a teologia tem por objeto uma pessoa viva, presente, operante: *credo Deum, credo Deo, credo in Deum*. Nós cremos não em 'alguma coisa', mas sim em 'alguém': *scio cui credidi* ('sei em quem depositei a minha fé'), dizia São Paulo. E esse *cui*, esta realidade, é Cristo que vive; portanto, não podemos distinguir o 'Cristo histórico' e o 'Cristo da fé', porque o 'Cristo da fé' é o Cristo que vive na história, o Cristo atual. E este nos é dado unicamente por uma teologia que tenha essa consciência da *presença* e da *ação*, que é a realidade de Deus no mundo".[10]

---

[9] MARSILI, S. Liturgia e teologia. *Rivista Liturgica* 59 (1972) 458.

[10] Ibid., p. 470; veja também MARSILI, S. La liturgia nella strutturazione della teologia. *Rivista Liturgica* 58/2 (1971) 153-162; Liturgia e teologia: proposta teoretica. *Rivista Liturgica* 59/4 (1972) 455-473.

IV. Mistério de Cristo e sacramentos

Coerentemente com essas afirmações, para Marsili o estudo da liturgia não consistirá mais em procurar saber como as verdades estudadas na dogmática encontram a sua aplicação na eucologia litúrgica, ou com que palavras e em quais circunstâncias Jesus Cristo "instituiu" os sacramentos para "transmitir" os seus dons.[11] Antes de mais nada ele se pergunta: o que o sacramento deve dar-me? Resposta: a salvação de Cristo. Identificado o momento da salvação concreta, ele vai em busca da derivação direta desta no Mistério de Cristo, ou seja, em todo o mistério da encarnação culminante no Mistério Pascal que a liturgia torna presente de novo em cada celebração:[12] "Os sacramentos — escreve — não estão ligados a Cristo somente por uma instituição histórico-jurídica, ou porque nos transmitem a graça da qual ele nos fez dignos no tempo da sua vida mortal; mas, precisamente através da mediação dos sinais, tornam visível e atual a ação dele, único sacerdote, do qual deriva a salvação. Os sacramentos, sob o véu dos sinais, tornam operativa *hic et nunc* ("aqui e agora") a ação de Cristo para sempre vivo nos céus e nos põem, verdadeiramente, em contato real com o seu *opus salutis* ("efeito salvífico"), com o seu *paschale mysterium*, tal como ele o viveu".[13]

O ponto central que reúne todos os raios da sacramentalidade cristã é a Páscoa. A partir da ligação pascal, o sacramento é relido por Salvatore Marsili à luz de toda a vida de Cristo, não só mas também

---

[11] Cf. MARSILI, S. verbete "Sacramenti". In: SARTORE, D.;TRIACCA, A. M. *Nuovo Dizionario di liturgia*. Roma, Ed. Paoline, 1984, p. 175 [ed. bras.: "Sacramentos". In: *Dicionário de liturgia*. São Paulo, Paulus, 1992, pp. 1058-1069]: "A nosso ver, para esclarecer verdadeiramente em que sentido Cristo está na origem dos sacramentos é preciso percorrer um caminho totalmente diferente do caminho da 'instituição' com um fundo jurídico".

[12] Sobre a relação entre o Mistério de Cristo e os vários sacramentos, veja, neste mesmo volume, a introdução aos sacramentos da iniciação.

[13] Cf. *Rivista Liturgica* 53 (1966) 412.

APRESENTAÇÃO

na perspectiva tipológica do Antigo Testamento e no simbolismo antropológico primordial, que constituem, ambos, a linguagem "sinal" dos sacramentos.[14]

Depois deste longo itinerário, que em certos momentos segue ritmos dantescos, o discurso de Marsili desemboca, rico e fascinante, na "teologia" dos sacramentos, uma teologia completa e saborosa, bíblica e patrística, que responde também às reais exigências espirituais do nosso tempo, exatamente como a liturgia.

Do Mistério Pascal de Cristo, que a liturgia torna presente e eficaz na celebração dos sacramentos, brota toda a vida e a oração da Igreja, enquanto *culmen et fons*.

V. A visão teológica dos sacramentos nos tratados de Salvatore Marsili

Marsili tornou sua essa doutrina, recuperada pelo Concílio Vaticano II[15] e posta no vértice da reflexão teológica, e dela extraiu as consequências para o seu ensinamento. As páginas aqui recolhidas são uma prova e um aprofundamento disso; cada tratado contém sempre, além da explicação e da história ritual, um longo capítulo reservado à *teologia* do sacramento analisado, capítulo que constitui a contribuição genial e específica de Marsili à reflexão sacramental hoje praticada na Igreja Católica. O próprio título geral — *Sinais do Mistério de Cristo* — dado ao estudo dos sacramentos já é emblemático: todos os sacramentos

---

[14] "O sinal sacramental está para a salvação e para a sua realidade assim como a humanidade de Cristo está para a salvação e para a sua realidade; ou seja, lhe dá a sua real eficácia ao mesmo tempo em que a vela. Só a fé pode alcançá-la, tanto em Cristo quanto no sacramento da Igreja" (MARSILI, S. In: *Nuovo Dizionario di liturgia*, op. cit., p. 1276).

[15] Cf. a constituição apostólica sobre a liturgia: *Sacrosanctum Concilium*.

são vistos em relação ao Mistério de Cristo no sentido que acabamos de explicitar. Quando se fala em "Mistério de Cristo", entende-se a presença e a ação do Cristo vivo e glorioso que comunica aos homens as realidades salvíficas divinas; quando se fala em "sinais" faz-se referência às palavras e aos gestos da economia da salvação. O "sinal" não é ocasional, nem casual, mas é preparado por uma pré-história veterotestamentária que Cristo assume e "consagra" até extrair dela os "sacramentos". Partindo dessa visão, Pe. Marsili move-se com sensibilidade interdisciplinar pelo Antigo Testamento e pela antropologia, oferecendo uma leitura rica e completa dos sinais-símbolos visíveis dos sacramentos, antes de dar-lhes a sua interpretação teológica.

Na parte introdutória ao estudo dos sacramentos, o capítulo mais sugestivo certamente é o segundo, no qual ocorre a fusão entre a riqueza bíblica explicada no primeiro e a reflexão teológica considerada a partir do Concílio de Trento. É ali que encontramos a seguinte conclusão: "A instituição dos sacramentos deve ser entendida como o ato com o qual Cristo, realizador da salvação, deu plenitude e realidade a sinais já preexistentes e já relacionados — incumbidos do anúncio — com a história da salvação". Basta dar uma olhada ao índice do material aqui oferecido para ver como os temas clássicos da teologia sacramental são abordados por Marsili com clareza, competência e originalidade: por um conceito exato de instituição dos sacramentos; a eficácia dos sacramentos; o número e a hierarquia dos sacramentos; a problemática tridentina, protestante, hodierna. Sobre a diversidade e a unidade de cada sacramento encontramos uma "premissa geral" no começo do segundo tratado.

O *Batismo* é visto acima de tudo no âmbito da iniciação cristã em relação à Confirmação e à Eucaristia, já que esses três sacramentos juntos conferem ao crente a consagração a Cristo e a semelhança com

APRESENTAÇÃO

ele; a seguir, observa-se o seu simbolismo de sinal visível nas religiões pagãs, no judaísmo e na Sagrada Escritura; enfim, explica-se a sua instituição teológica por parte de Cristo e a dimensão salvífica para a qual é transferido o cristão que recebeu o sacramento.

A *Confirmação* é apresentada de imediato a partir do ângulo visual da problemática teológico-pastoral de hoje. Uma breve incursão na história permite a Pe. Marsili apresentar as bases da situação histórico-teológica, a fim de propor, num longo capítulo, a "teologia do sacramento da Confirmação", na qual acolhe plenamente a pneumatologia do Concílio Vaticano II.

O tratado sobre a *Eucaristia* já havia sido reelaborado completamente pelo autor um ano antes da sua morte e havia sido publicado em sua forma definitiva em *Anámnesis* 3/2. Aqui quisemos repropor as suas apostilas de 1980 por dois motivos bem claros: primeiro, para não deixar um vazio muito grande no presente volume; segundo, para conservar um testemunho do contínuo compromisso de pesquisa e de reflexão do nosso estudioso, o qual até o fim dos seus dias demonstrou-se capaz de se atualizar e se renovar justamente sobre o tema mais amado e mais aprofundado por ele. Além da diversidade de viés e de desenvolvimento, o confronto entre as duas redações demonstra que Marsili muda a própria denominação do tratado, preferindo substituir o termo "Missa" — certamente popular, mas já inadequado para designar a realidade à qual faz referência — pelo termo "Eucaristia", mais aderente à complexa riqueza teológica e espiritual desse sacramento. Ademais, de um enfoque histórico (Novo Testamento — doutrina de Trento — reflexão teológica) ele passa, em *Anámnesis*, para um enfoque claramente teológico baseado sobre conceitos de "Páscoa" e de "sacrifício", reservando para uma série de excursos os oportunos aprofundamentos bíblico-históricos.

Acerca do sacramento da *Penitência*, a ninguém vai passar despercebido o interesse pelos capítulos sobre: a reforma do sacramento da Penitência no Concílio Vaticano II; o espírito do rito; e a teologia do sacramento da Penitência. São todos problemas de inegável atualidade, lidos e comentados por um Marsili no mínimo atento aos dados da reforma e com liberdade no juízo crítico.

A *Unção dos Enfermos* não apresenta um desenvolvimento muito amplo; todavia a relação estabelecida por Marsili entre a teologia específica da Unção e a teologia sacramental geral constitui um capítulo metodológico original e precioso que irá preencher um vazio na manualística corrente.

A quem, além disso, considera "sinais do Mistério de Cristo" somente os sete sacramentos em sentido estrito, os tratados referentes ao *ano litúrgico* e à *espiritualidade litúrgica* poderiam parecer fora de lugar neste volume. Mas, se adentrarmos o pensamento do autor, veremos que ambos os temas são, esses também, "sinais" da concretização do Mistério de Cristo. De fato, o que é que se celebra no ano litúrgico senão os "pontos-síntese" de um único mistério? E a que se reduzem os sacramentos se estes não exercerem nenhuma eficácia na vida espiritual dos cristãos que os celebram? Também nisso poder-se-á, portanto, apreciar a originalidade e a coerência da linha teológica de Salvatore Marsili num âmbito como o da espiritualidade, que muito frequentemente acaba sendo separado da vida litúrgica. Eis, por conseguinte, de modo no mínimo oportuno, um capítulo de reflexão sobre a relação entre a liturgia e a vida.

Do ponto de vista da completude do volume, fica um vazio. Faltam, efetivamente, os sacramentos da Ordem e do Matrimônio. A razão dessa ausência reside no fato de que Marsili nunca ensinou nem escreveu sobre tais temas.

APRESENTAÇÃO

Parece-nos justo observar, todavia, que o material aqui oferecido contém suficientes dados teológicos e metodológicos para permitir que o especialista em teologia sacramental possa encaminhar pessoalmente a reflexão sobre a teologia dos sacramentos, magistralmente iniciada pelo inesquecível Abade Marsili.

Abadia de Finalpia (Savona, Itália)
Festa do Batismo do Senhor
D. MICHELE ALBERTA, osb

Parte I

Pontos de teologia sacramental

Introdução

I. Limites do estudo

O tema é muito vasto. É claro que o mesmo não pode ser desenvolvido em todas as suas partes, porque os sacramentos dizem respeito não só à teologia dogmática mas também à liturgia, à moral, ao direito; por isso, não podemos tratá-los completamente a partir de todos os pontos de vista, mas nos limitaremos a dar linhas fundamentais do conceito de sacramento como realidade genérica, a fim de posteriormente aplicá-lo, na medida do possível, a cada um dos sacramentos.

II. Estabelecimento do conceito de sacramento

Normalmente os tratados sobre os sacramentos começam com a questão de sua "instituição" por parte de Cristo. Essa expressão, por si só, já apresenta um problema: o que quer dizer "Cristo instituiu os sacramentos"? Determinar o que significa "instituir os sacramentos" comporta um problema mais amplo, que em princípio não pode ser resolvido pelo presente estudo; por ora, consequentemente, não determinaremos o significado específico — estamos falando do significado tipicamente cristão — de *"sacramento"*; nós o tomaremos no seu sentido muito genérico de "sinal revelador de uma realidade sacra", expressão que pode ser totalmente invertida no seguinte sentido: "Realidade sacra revelada por um sinal". Ambas as definições são igualmente válidas; trata-se de dois acentos diferentes, e por isso mesmo de dois momentos diferentes de uma única realidade:

a) *"Sinal revelador de uma realidade sacra"*. Com essa expressão nos detemos particularmente sobre aquilo que poderíamos chamar, com um termo filosófico, de *fenômeno sacramental*, isto é, aquilo que aparece na sua apresentação externa.

b) *"Realidade sacra revelada num sinal"*. Vai-se diretamente à *essência*, ao conteúdo, para passar, com um acento secundário, para a revelação dessa realidade através de um sinal.

III. A "pré-história" dos sacramentos cristãos

Os sacramentos normalmente são considerados como um fato tipicamente cristão porque existem no cristianismo e porque foram instituídos por Cristo. (Nem todos aqueles que sabem da existência dos sacramentos no cristianismo sabem também que eles foram instituídos por Cristo; muitos consideram que se trata de um fato puramente eclesiástico, de disciplina, de ordenamento interno, e que por isso mesmo podem ser facilmente mudados, postos em desuso etc.)

Todavia, antes de considerar os sacramentos em sua ambientação tipicamente cristã, convém fazer a sua pré-história; o cristianismo, de fato, tem uma pré-história: não chega de improviso, não é um fato que "cai do céu". Essa "pré-história" pode ser colhida em dois momentos ou a partir de duas linhas:

INTRODUÇÃO

a) *O não cristianismo em geral*: tudo aquilo que não é cristão;

b) *Em particular, o judaísmo*, o qual se distingue do cristianismo e, ainda assim, já é cristianismo.

Portanto, por "não cristianismo" não se entende somente aquilo que precede o judaísmo — e se trata de milhões de anos — mas também aquilo que o circunda no tempo da sua história e aquilo que ainda hoje existe, embora o judaísmo como tal não seja mais o ponto central, digamos assim, da revelação (o ponto central agora se tornou o cristianismo). No entanto, há um não cristianismo que ainda forma o ambiente no qual o cristianismo existe e esse não cristianismo tem ainda hoje o *valor de pré-história* em relação ao cristianismo. Tal valor, obviamente, é particular para o judaísmo, o qual, em certo sentido, é a raiz do próprio cristianismo. Esse é um discurso que seria interessante ser feito precisamente ao redor da ideia sacramental: pode-se demonstrar, de fato, aquela que chamamos de "unidade dos Testamentos". Falamos sempre de "Novo Testamento", e está muito correto, mas há o perigo de que ele seja entendido como um "Testamento" distinto e, além disso, separado do Antigo. De fato, *certamente existe uma distinção, mas não há uma separação*. Esse é um argumento muito vasto, mas centrado sobretudo na ideia sacramental: *o sacramento é o elemento que cria a unidade dos dois Testamentos*.

Assim como para compreender o cristianismo é necessário recorrer à pré-história, da mesma forma *para conhecer os sacramentos cristãos é preciso conhecer os sacramentos não cristãos*, que são a pré-história dos sacramentos cristãos. (É uma ilusão pensar que se possa entender o cristianismo sem conhecer o não cristianismo e é uma presunção apresentar o cristianismo ao não cristianismo como algo completamente novo. Seria como pretender levar os não cristãos a uma grande loja e fazê-los experimentar uma roupa na qual nenhuma mudança possa ser feita; o não cristianismo tem uma relação íntima própria com o cristianismo. Santo Agostinho, não por acaso, dizia que o cristianismo começou com Adão; ao afirmar "com Adão", ele estava dizendo "com a comunidade primitiva".)

Querendo examinar a pré-história dos sacramentos cristãos, seria muito interessante poder fazer um excurso, um tanto genérico, de fenomenologia religiosa, para inserir-nos sobretudo num fato tipicamente religioso que se chama *mito*:

> Sobre esse argumento foi escrito, inclusive recentemente, muita coisa; ainda hoje, no entanto, em nossa preparação teológica, normalmente é um tema que nem de longe se toca; deixa-se, por assim dizer, para o campo extrateológico, ao passo que a cognição do mito, através das diversas culturas, poderia nos aproximar de visões cristãs muito importantes.
>
> Depois dos primeiros passos na história das religiões, feitos por Taylor e colegas no final do séc. XIX (tratava-se de uma tentativa com base quase que exclusivamente positivista e consequentemente de uma posição de antemão polêmica em confronto com o cristianismo, e na qual muitos dados apresentados eram praticamente falseados porque o ponto de partida era uma determinada perspectiva, um *a priori*, e não uma verdadeira cognição histórica), hoje o fato religioso dos povos não cristãos, bem como do cristianismo, pode ser estudado sob outra linha, precisamente a da fenomenologia religiosa. Em outras palavras, toma-se o fato religioso como fenômeno, como algo que aparece, e se busca o seu significado último. Ora, através desse estudo da fenomenologia religiosa, por exemplo, a propósito do *sacrifício*, apurou-se com uma certeza amparada em suficientes provas que, justamente nos povos primitivos, tem-se do sacrifício uma noção que, muito estranhamente, é a definição dada do mesmo por Santo Agostinho. Ou seja, o sacrifício, nos povos primitivos, não supõe o pecado, prescinde da ideia de pecado; não que o exclua, mas o prescinde. *O sacrifício é um rito pelo qual*, recriando em certo modo ritual o ambiente primitivo da humanidade, isto é, do tempo no qual Deus falava com os homens, no qual havia uma comunicação direta entre os homens e Deus, *procura-se reconstruir o diálogo com Deus, unir-se a Deus*.[1]

---

[1] WARNACH, V. *Vom Wesen des Kultischen Opfers*. In: NEUNHEUSER, B. *Opfer Christi und Opfer der Kirche*. Düsseldorf, 1960, pp. 29-74.

Introdução

Isso, precisamente nos povos dos círculos primitivos (Melanésia, Micronésia, Banto, Nyam-Nyam), pode ser demonstrado com suficiente facilidade. E é daí que é preciso subir para as religiões dos povos cultos (mesopotâmicos, egípcio, grego, romano) e não o contrário, porque a religião sofreu, nestes últimos povos, a evolução cultural tida pela sua história e dessa evolução a religião nem sempre saiu enriquecida, enquanto nos povos que permaneceram em círculos ou ilhas de primitivismo a religião se conservou numa pureza maior.

Ora, a definição dada por Santo Agostinho do sacrifício e que quase nunca é usada pelos nossos teólogos (não obstante nós cristãos, sobretudo hoje, sentirmos profundamente a sua verdade), é esta: *"O sacrifício é aquilo que fazemos para unir-nos em santa comunhão com Deus"*. Definição muito simples, se quisermos, que como veremos corresponde precisamente a um dos aspectos, ou ao aspecto principal, que se encontra no primeiro sacrifício que encontramos no Antigo Testamento.

Esse excurso sobre a fenomenologia religiosa, embora muito interessante, não podemos fazê-lo porque efetivamente nos levaria muito longe. Iremos nos deter sobre os elementos religiosos universais e particulares que a Bíblia nos fornece, e especificamente sobre os "sinais sagrados" que encontramos no Antigo Testamento, a começar por aquela parte da Sagrada Escritura constituída pelos primeiros onze capítulos do Gênesis, que são uma pequena história do mundo ainda fora da revelação propriamente dita. Esses capítulos nos lembram a história do homem primitivo enquanto primitivo, mas nos dão, sob alguns pontos de vista, elementos que se inserem na história primitiva da humanidade, tal como é vista pela revelação.

Esses elementos bíblicos serão considerados por nós, todavia, não no plano histórico (não construímos uma história de como esses elementos bíblicos foram formados), mas sim no *plano teológico*. A Bíblia, para nós, ainda que nos apresente, como nos primeiros capítulos do Gênesis, fatos relativos à história da humanidade em geral, o faz já a partir de uma perspectiva teológica.

Disso hoje podemos falar com absoluta certeza, porque os primeiros capítulos do Gênesis não são históricos no sentido de uma crônica: narram um fato que foi histórico, mas o expõem segundo uma determinada perspectiva teológica.[2] Por conseguinte, o modo de apresentar os acontecimentos concentra-se não tanto sobre o fato histórico quanto sobre o seu significado que, através da revelação, foi dado à história dos seres humanos, estando estes do lado de fora da própria revelação (ou seja, sobre como a revelação viu a história humana). É uma espécie de teologia da história, porquanto é apresentação da "história da salvação" na "história do ser humano".

---

[2] "O livro do Gênesis, ao retornar às origens da humanidade, quer responder à pergunta: qual foi o desígnio de Deus na história humana antes de Abraão [...]. Nos capítulos 1–11 sobre as origens é preciso distinguir bem as verdades ensinadas (plano teológico) da sua apresentação (plano literário)" (DHEILLY, J. *Dictionnaire Biblique*. Paris/Tournai, 1964, pp. 464s). "Literariamente os primeiros onze capítulos remetem aos dois documentos Javista (J) e Sacerdotal (P); mas não se trata de história no sentido moderno, embora a narração se apoie sobre certo número de fatos reais. Deve-se ver ali sobretudo uma *história da salvação* [...] numa apresentação essencialmente religiosa de verdades essenciais relativas à vocação do ser humano e às relações do ser humano e do mundo com Deus; lá se formula a noção de mal e de pecado; a unidade originária da humanidade é vista comprometida pela rebelião a Deus; formula-se o ideal proposto por Deus ao ser humano e por este não realizado; faz entrever a aniquilação final do mal" (ibid., pp. 833s).

Capítulo I
Os sinais sagrados

Os elementos bíblicos ligados ao nosso estudo são os "sinais reveladores de uma realidade sagrada". Distinguem-se em: I. Sinais sagrados primitivos; II. Sinais sagrados da religião judaica; III. Sinais sagrados cristãos.

I. Sinais sagrados primitivos
1. Os sinais fundamentais

Vamos nos deter somente nos principais, sem fazer nenhuma análise minuciosa dos textos que no-los apresentam, mas procurando colher os elementos que identificam o seu significado.

A) O ser humano

O sinal que ressalta imediatamente nas primeiras páginas do Gênesis, o *sinal de Deus*, é o ser humano: "Façamos o ser humano à nossa imagem e segundo nossa semelhança" (Gn 1,26). O ser humano é uma imagem; portanto, um sinal, devendo representar (no sentido bíblico de re-presentar) Deus no mundo. Com efeito, é aquele ao qual são dados os mesmos atributos de Deus: a imortalidade, a santidade, a espiritualidade, o domínio sobre o mundo. Ele faz no mundo aquilo que Deus faz; é o vigário de Deus. A razão pela qual não pode ser morto é porque é imagem de Deus; é sinal de Deus, e Deus não pode ser morto (Gn 9,6). Esse valor "sinal" do ser humano não é um fato exclusivamente bíblico.

Basta estudar a história das religiões. Uma antiga lenda chinesa, em muitos séculos anterior à escritura bíblica, já fala do ser humano não somente como sinal de Deus mas também como um sinal de um modo que, na prática, é o ser humano quem, seguindo o mandado de Deus, executa o ordenamento do mundo, da criação (mares, rios, montes).

O ser humano em si mesmo implica, por conseguinte, a intervenção de Deus — que o faz à sua imagem e semelhança — na existência. O ser humano, gerando, faz aquilo que Deus faz criando: *reproduz a intervenção de Deus*. Assim, fala-se do nascimento do primeiro ser humano de Adão: "Livro da genealogia de Adão. Quando *Deus criou o ser humano, ele o criou à semelhança de Deus*. Criou-os homem e mulher, e os abençoou. E no dia em que os criou, Deus os chamou de 'ser humano'. *Adão* tinha cento e trinta anos quando *gerou um filho, à sua semelhança e imagem*, e chamou-o Set" (Gn 5,1-3). A primeira "criação" continua com a "geração" de outras "imagens do ser humano" que por primeiro foi "a imagem de Deus": os seres humanos serão todos imagens de Deus.

É o mesmo processo — ainda que tomado num sentido mais profundo — que encontramos na genealogia de Cristo, apresentada por Lucas (3,23-38). Esta não começa com Adão para chegar a Cristo, mas de Cristo (ou melhor, de José) para chegar a Adão *qui erat Dei* (que era *"de Deus"*). Não diz "filho" de Deus, porque pela Bíblia sabemos que Adão era propriamente "imagem" de Deus. Todavia, é evidente que Adão, "imagem" de Deus, está para Deus como os homens, "filhos" de Adão, estão para Adão. Está implícita, portanto, a relação "imagem-filho", a qual, se dizemos que é válida sobretudo no que diz respeito a Cristo, não é menos válida em referência aos seres humanos; estes, que já na sua existência e no domínio exercido sobre o mundo são um "sinal" de Deus, são também "sinal" de Deus pelo seu poder de geração.

B) O sacrifício

O primeiro sacrifício que encontramos é, respectivamente, o de Caim e Abel (nunca nos perguntamos por que se fala a propósito de Caim e Abel e não de Adão e Eva):

> Aconteceu, tempos depois, que Caim apresentou *ao Senhor como oferta frutos do solo*. Abel, por sua vez, ofereceu os primeiros cordeirinhos e a gordura das ovelhas. E o Senhor olhou para Abel e sua oferta, mas não deu atenção a Caim com sua oferta. Caim ficou irritado e com o rosto abatido. Então o Senhor perguntou a Caim: "Por que andas irritado e com o rosto abatido? Não é verdade que, se fizeres o bem, andarás de cabeça erguida? E, se fizeres o mal, não estará o pecado espreitando-te à porta? A ti vai seu desejo, mas tu deves dominá-lo". Caim disse a seu irmão Abel: "Vamos ao campo" [E aconteceu o homicídio] (Gn 4,3-8).

Como se vê pela narrativa, na sua simplicidade os dois irmãos fazem igualmente um sacrifício, uma oferta a Deus, cada um ofertando aquilo que tem: Abel é um pastor, e Caim um agricultor. São expoentes de dois períodos da história da humanidade: o homem, seja num período como no outro, tem um culto a Deus. Esse culto é manifestado através de um *sinal*, que na sua expressão exterior é *diferente*, mas em seu significado geral é *igual* em ambos os casos. Ora, a oferta não é especificada; não se fala, por exemplo, na oferta do cordeiro, de *morte* ou de *imolação*, de *expiação*: "Ofereceu os primeiros cordeirinhos", e só. Pelo contrário, aquilo que é posto em evidência é o *colóquio* ocorrido entre o ser humano e Deus, e é este o acento principal que é preciso buscar na narrativa; o sacrifício serve para entrar em comunhão com Deus, é um *sinal de comunhão*. Esse sinal é aqui manifestado mediante um colóquio, um diálogo. Nós o exprimimos, quando queremos defini-lo, dizendo que o sacrifício é o sinal da nossa entrega a Deus: me doo, me dou; o elemento de contato é a entrega, que no entanto, na narrativa primitiva, é expressa através da ideia de colóquio.

O sacrifício, portanto, tem sobretudo o significado de *presença*, de *comunhão*, não de expiação. O pecado não existe ainda: Caim peca depois, não antes. O *sacrifício, em sua origem, não é expiatório; é um momento de contato com Deus*. Além disso, é um meio ritual no qual se busca *restabelecer* um clima de comunhão direta entre os seres humanos e Deus.

C) O arco-íris

Depois do dilúvio,

> Deus disse [...] a Noé e também aos seus filhos: "Eis o sinal da aliança que estabeleço entre mim e vós e todos os seres vivos que estão convosco, por todas as gerações futuras. Ponho meu arco nas nuvens, como sinal de aliança entre mim e a terra. Quando eu cobrir de nuvens a terra, aparecerá o arco-íris nas nuvens. Então me lembrarei de minha aliança convosco e com todas as espécies de seres vivos [...] e as águas não se tornarão mais um dilúvio para destruir toda carne. Quando o arco-íris estiver nas nuvens, eu o contemplarei como recordação da aliança eterna entre Deus e todas as espécies de seres vivos sobre a terra [...]. Este é o sinal da aliança que estabeleço entre mim e toda a carne sobre a terra" (Gn 9,11-17).

Esse *sinal é dado aos seres humanos*, mas um sinal para o qual *Deus mesmo olha para se lembrar*; ele o apresenta aos seres humanos para que estes saibam no que Deus está pensando. A imagem é típica da idade do bronze e da caça: Deus, caçador eterno, destruiu os seres humanos, como se fossem feras, porque eles se cobriram de toda espécie de delito; mas não que o mundo se torne deserto: o ser humano e todos os seres vivos devem permanecer sobre a terra. E eis que, num determinado momento, o caçador pendura nas nuvens o seu arco (a palavra "arco" é uma figura, mas para compreender a imagem precisamos tomar o termo em seu sentido literal de "arco de caça", ao qual o arco-íris se assemelha): é um sinal de que ele, o caçador, não vai mais à caça de seres humanos, fazendo com eles uma aliança de amizade, de vida; a água não destruirá mais o mundo.

Por conseguinte, o arco-íris é sinal de um perpétuo perdão, de uma aliança, de uma *salvação* que Deus operou e que de agora em diante irá operar sempre: *toda vez* que o arco-íris aparecer, *Deus se lembrará* que não deve destruir o ser humano. A intervenção salvífica de Deus *continua*.

D) "Ritos religiosos" (apresentados como "sinal")

A Sagrada Escritura, falando-nos no Livro da Sabedoria 13,1-7 da primitiva religião naturalística, nos diz que os seres humanos consideravam como deuses os elementos naturais (fogo, água, astros), porque não compreendiam que a sua grandeza, beleza e potência nada mais eram do que "sinais" do seu Criador. Esse desvio "é certamente digno de pena, mas nem tanto, porque *eles se desviaram buscando Deus*, e tendo a vontade de encontrá-lo, procuraram-no nas suas obras, deixando-se prender pelas suas aparências". Nessa linha, São Paulo dirá aos atenienses que "eles buscam Deus, tentando *senti-lo e pegá-lo*, a ele que na realidade não está longe de cada um de nós" (At 17,27).

Prosseguindo, pois, na descrição da origem da *idolatria* (adoração de uma imagem), Sb 14,15-17 diz:

SINAIS DO MISTÉRIO DE CRISTO

> Um pai, sofrendo com o luto amargo, manda fazer a imagem do filho que lhe fora prematuramente arrebatado. A seguir, começa *a cultuar, como a um deus* (vivo), *aquele que então havia falecido como simples mortal*, e transmite, a seus dependentes, cerimônias e sacrifícios. Depois, com o andar do tempo, o iníquo costume, afirmando-se, passa a ser observado como lei e, por ordem dos soberanos, começa-se a cultuar suas imagens. Como as pessoas não podiam honrá-los *em presença*, pelo fato de estarem *longe*, tornaram presente a sua figura distante fazendo uma imagem, visível, do rei a quem desejavam honrar. Podiam assim, com seu zelo, *cultuar como presente* aquele que de fato estava *ausente*.

O culto (idolátrico) nasce do culto aos falecidos: o pai não pode ficar sem a *presença* do filho morto, faz-se dele uma *imagem*, quer que ele seja honrado como se estivesse vivo e em sua honra institui um cerimonial religioso. O culto dos soberanos tem uma origem idêntica: também para estes uma *imagem* supre a falta da sua *presença*. Como se pode ver, o pai que honra o filho morto tende a *anular o tempo*, criando uma *presença em imagem*; no culto do soberano, tende-se a *anular o espaço*, criando igualmente uma *presença em imagem* em lugar diferente daquele no qual ele realmente se encontra.

Em outras palavras, o ídolo, que dá origem à idolatria, é apresentado como um *sinal-meio que serve para criar uma presença*, a qual, para ser presença "perene" (contra a morte-desaparecimento do filho) e "universal" (contra a "localização" da presença física do soberano), reveste-se naturalmente das características de uma "presença divina".

Nota: A expressão "mistérios e ritos religiosos" nos conduz a termos técnicos do ambiente cultural helenístico (o Livro da Sabedoria foi escrito em grego e precisamente na diáspora alexandrina), termos que indicam uma determinada forma cultual, conhecida sob o nome de "mistério", que tem por objetivo precisamente o de tornar *presente*, através do próprio rito, um *fato*, um *acon-*

tecimento que já ocorreu uma vez, ou uma *pessoa* que já existiu, subtraindo-a com o sinal ritual ("mistério") à decadência do tempo e ao distanciamento do espaço, para pô-la em contato com o "iniciado" ao rito, de modo que o iniciado participe da sua vida ou da sua potência.

2. Significado dos sinais sagrados primitivos examinados

Mesmo em sua diversidade exterior, estes indicam sempre uma intervenção divina na história humana e são uma tentativa de perpetuar essa intervenção, recordando-a ou de qualquer modo tornando-a realmente presente.

II. Sinais sagrados da religião judaica
1. Os sinais fundamentais

Vamos nos deter, aqui também, somente em alguns sinais principais e acima de tudo naqueles que sofreram uma elaboração teológica no sentido da revelação. Veremos que se trata, normalmente, de *sinais no nível natural e naturalístico*, os quais, no entanto, passaram por uma *evolução teológica*, tornaram-se objeto de uma reflexão, para se transformar em "sinais" de uma *intervenção divina qualificada*, isto é, de uma intervenção de Iahweh, do Deus que se qualifica pelo seu próprio nome.

A) A circuncisão

— *Origem*: certamente pré-abraâmica, provavelmente da época do neolítico (o fato de que a circuncisão devia ser feita com uma faca de pedra o atesta). Em si, na cultura mediterrânea — e não só mediterrânea — é um *rito de iniciação puberal* com o qual o rapaz é agregado responsavelmente ao "clã". A partir daquele momento ele, de certa forma, sai da sua própria família e se torna, como todos os demais, um responsável pelo seu clã.

— *Evolução teológica*: na Sagrada Escritura o sinal aparece com Abraão. A descrição feita no cap. 17 do livro do Gênesis com certeza já reflete toda a mentalidade judaica dos tempos posteriores. Precisamente no Gênesis vemos a transformação do sinal originário *em sinal soteriológico*: a circuncisão se torna o sinal não mais de uma pertença ao clã mas sim de uma agregação ao "Povo de Deus" (não simplesmente ao povo de Israel mas, enquanto Israel, ao "Povo de Deus"); este se torna, de fato, *sinal da Aliança* e assumirá valores cada vez mais espirituais, mas sempre nessa linha:

> Eu te tornarei extremamente fecundo. De ti farei nações e terás reis como descendentes. Estabeleço minha aliança entre mim e ti e teus descendentes para sempre, uma aliança eterna, para que eu seja Deus para ti e para teus descendentes [...]. Esta é a minha aliança que devereis observar, aliança entre mim e vós e tua descendência futura: todo varão entre vós deverá ser circuncidado [...]. Serão circuncidados todos os meninos, de cada geração, mesmo os filhos dos escravos nascidos em casa ou comprados de algum estrangeiro [...]. Será uma aliança perpétua (Gn 17,6-13).

A circuncisão não é considerada como um sinal de pura pertença à família: também os escravos (que não são membros da família, e sim coisas), por causa da circuncisão, entram na *aliança* de Deus com Abraão.

Esse conceito da aliança, que é "pertença a Deus" através da pertença ao clã-povo, obviamente é levado adiante por toda a Sagrada Escritura; todavia, há alguns textos muito significativos nos quais o "sinal" adquire gradualmente um valor cada vez mais *espiritual*. Pertencer pela circuncisão ao "povo de Deus" quer dizer entrar na "aliança com Deus", ou seja, dispor-se a *seguir a lei espiritual* de Deus, *separando-se do mal*, como a circuncisão separa de uma parte da própria carne.

Em Dt 10,12-19 lemos:

> E agora, Israel, que é que o Senhor teu Deus te pede, senão que o temas, seguindo-o por todos os seus caminhos? [Percebe-se a referência a Abraão: "Eu sou o Deus Poderoso. Anda na minha presença e sê íntegro" (Gn 17,1)] [...]. E que ames e sirvas ao Senhor teu Deus, com todo o teu coração e com toda a tua alma, e que guardes os mandamentos e preceitos do Senhor que hoje te prescrevo para teu bem. Sim, ao Senhor teu Deus pertencem os céus, os mais altos céus, a terra e tudo o que nela existe. Mesmo assim, só a teus pais o Senhor se afeiçoou e amou. E escolheu a descendência deles, que sois vós, dentre todos os povos, como hoje se vê. *Circuncidai, pois, os vossos incircuncisos corações* e já não endureçais a vossa nuca! Pois o Senhor vosso Deus é o Deus dos deuses e o Senhor dos senhores, o Deus grande, forte e terrível, que não faz acepção de pessoas nem aceita suborno. Ele faz justiça ao órfão e à viúva, ama o estrangeiro [aquele que não pertence ao povo] e lhe dá alimento e roupa. Portanto, amai o estrangeiro, porque vós também fostes estrangeiros no Egito.

Eis o sentido do "sinal" da circuncisão: vós deveis circuncidar o vosso coração; nisto a circuncisão é o "sinal" da vossa aliança comigo: religião feita não de oferta de dons, mas de amor, como Deus ama os deserdados e estrangeiros (ou seja, como amava a vós quando, no Egito, éreis órfãos e estrangeiros).

E, mais ainda, em Dt 30,6:

> O Senhor teu Deus *circuncidará teu coração* e o coração de teus descendentes, *para amares* ao Senhor teu Deus de todo o coração e com toda a alma e para que assim possas viver (cf. Jr 4,4; 6,10 etc.).

Neste segundo texto, de uma forma mais direta do que no texto precedente, a circuncisão é realmente o "sinal" de um compromisso de total *amor de Deus* da parte do seu povo. O sentido "soteriológico" claramente superou o valor "clânico" do rito.

B) A Páscoa

— *A concepção exata da Páscoa* nos diz, acima de tudo, que esta não é uma festa, mas um *rito*. Com o nome de Páscoa entende-se o rito sacrifical que se faz naquele determinado dia; o rito oferece a ocasião para uma celebração festiva — embora seja festiva até certo ponto, já que a refeição é feita com um pouco de ervas amargas e um pouco de pão seco.

— *A origem* da Páscoa é uma festa *naturalístico-astral* que, evidentemente, ainda não se chama "Páscoa"; é um rito conhecido antes do judaísmo, como um rito primaveril: festa da primeira lua do primeiro mês do ano. Caso se trate de povos nômades, essa celebração será feita com um cordeiro; se forem povos sedentários, será feita a oferta do primeiro pão ("abib", primeiro mês do ano judaico, quer dizer "mês das espigas"), que é pão de cevada (o primeiro cereal que se colhe na Palestina, na Mesopotâmia, não é o trigo, mas sim a cevada).

— *Evolução teológica*: a essa origem naturalístico-astral acrescenta-se um *sentido soteriológico*. Coincidência querida ou fortuita, a passagem do Mar Vermelho ocorre no momento da primeira lua; é também um pretexto para Moisés poder arrancar do faraó a permissão para ir embora: "Nós devemos ir ao deserto para oferecer um sacrifício ao nosso Deus". Trata-se do sacrifício (pascal) da lua cheia. Seja esse nexo casual ou pretendido, o fato é que esse sacrifício se torna o símbolo da libertação, termo com o qual é chamado no Antigo Testamento: "Este é o *zikkaron* da vossa libertação" (Ex 12,14; 13,8-9), isto é, daquela libertação que é o elemento-base do judaísmo.

O judaísmo nasce de uma libertação, de um conceito de redenção; o mesmo ocorrerá com o cristianismo. A Páscoa torna-se o símbolo desse conceito-base, e por isso mesmo de toda a história judaica; aliás, podemos dizer que ela é o *símbolo-base da história da salvação* tal como é vista e expressa pelo judaísmo. A história da salvação — esse fato universal com o qual Deus vai aplicando nos seres humanos, através dos séculos, a sua vontade de salvá-los, isto é, de torná-los semelhantes a si (esse é o conceito de salvação) — é sintetizada e recolhida *de um modo não estático, mas sim dinâmico* na celebração pascal; dinâmico no sentido de que a libertação é o ponto de partida para a concretização progressiva, sempre posterior, da própria libertação.

A Páscoa judaica é o começo da conversão judaica: os hebreus, no Egito, tinham voltado para o paganismo propriamente dito. Abraão era pagão e já havia se convertido, mas os seus descendentes se tornaram novamente pagãos e precisavam converter-se outra vez. Acontece uma revelação da parte de Deus a Moisés. Deus lhe revela o seu nome, mas Moisés não sabe quem ele seja e então Deus lhe explica: "Eu sou aquele que os teus pais honravam com o nome de El Shaddái (relendo a história de Abraão vemos que, quando ele ora a Deus, o invoca como 'El Shaddái' ['Deus onipotente' ou 'altíssimo']), mas o meu nome é Iahweh ['eu sou aquele que sou']". E quando Moisés leva essa mensagem ao seu povo, este não o entende e não o aceita: "Não conhecemos Iahweh". E Moisés precisa se esforçar muito para chegar a fazer esse nome entrar no meio do seu povo. Mas praticamente tudo lhe é contrário, porque a perseguição faraônica é endurecida e os hebreus pedem para Moisés que pare de falar-lhes daquele Iahweh, porque do dia em que ele começou a falar em Iahweh em diante os problemas aumentaram. E Moisés, desesperado, vai ao Senhor: "Ninguém acredita em mim, não me aceitam". São páginas maravilhosas. (Todas as páginas das "pragas" são uma espécie de fogos de artifício para colorir popularmente o fato da conversão.) Só quando o povo de algum modo começa a dar-se conta desse "novo" Deus é que Moisés recebe a ordem de falar com o faraó para obter a permissão de sair do Egito. Mas a ideia de "sair *para ir oferecer um sacrifício*" nós a encontramos em todos os capítulos do Êxodo, do 3 ao 12, pelo menos 25 vezes, porque este é o fim da revelação: o culto a Deus. Ou seja: Israel deve se tornar o povo de Deus no sentido de povo *libertado* para ser *consagrado* ao serviço de Deus. Os hebreus saem *depois* de terem feito o sacrifício.

Nota: Há uma verdadeira contradição histórica: os hebreus precisam sair para ir fazer o sacrifício, mas oferecem o sacrifício antes de sair. Na narração do Êxodo (capítulo 12), uma redação certamente muito mais recente — como o demonstra o fato de que aparece o nome do mês "nisã", termo babilônico que os hebreus deram, depois do retorno do exílio, ao primeiro mês do ano antes denominado "abib" —, o sacrifício do cordeiro é feito antes de sair do Egito, quando na verdade os hebreus tinham obtido a permissão de sair para ir oferecer o sacrifício no deserto (o sacrifício nômade).

— *Significado da Páscoa*: a teologia da Páscoa é muito mais ampla do que o que pode ser exposto aqui; vamos nos limitar aos aspectos que trazem à luz o seu valor de "sinal", isto é, aquilo que a Páscoa representa.

- *"Páscoa" tem, acima de tudo, o significado genérico de "passagem"*; pelo menos o termo é normalmente interpretado assim. Possui, todavia, três possíveis raízes: uma egípcia, que poderia significar "atingir"; uma acádica, que significaria "passar", e uma aramaica que quereria dizer "proteger" ou "defender". No versículo 26 do capítulo 12 do Êxodo, o redator tem consciência clara da dificuldade de interpretar o termo e diz: "É o sacrifício da Páscoa do Senhor, quando ele *passou*, poupando as casas dos israelitas no Egito, enquanto *feriu* os primogênitos egípcios e *salvou* as nossas casas".

- A Páscoa se torna o *ponto de referência* acima de tudo *para o tempo da aliança verdadeira*. Os hebreus sabem que a aliança deles é *verdadeira*, mas *não definitiva*. Os profetas falam de uma nova Aliança que deve vir e que virá no *tempo do Messias*. A tradição rabínica (Targum e Midraxe) interpreta a aliança hebraica do Êxodo como um pródromo, o anúncio de uma nova Aliança que deve vir, e nos dá uma interpretação — como sempre, estritamente literal — do v. 42 do capítulo 12 no qual se diz: "Para Iahweh foi uma noite de vigília aquela na qual ele os fez sair da terra do Egito. Nessa mesma noite será feita vigília para Iahweh pelos filhos de Israel". A interpretação é realista: "Naquela noite foram libertados e naquela mesma noite, inclusive no futuro, serão libertados, porque foi dito: é a *mesma* noite para Iahweh". Portanto, o povo fará a vigília que já foi feita por Iahweh (continuação do ato) por todas as gerações futuras. Iahweh ainda faz vigília. O texto diz: "É a mesma noite"; não se trata de outra noite, mas "dessa mesma noite", pois aquela noite que Iahweh fez não muda mais. "Essa mesma noite" deverá um dia reaparecer, reatualizar-se através das gerações dos judeus. Naquele que é chamado de *Poema das quatro noites* (a primeira, é a noite do caos que precede a criação; a segunda, é a noite sobre o mundo novo, depois do dilúvio; a seguir vem a noite pascal [Êxodo] e, por fim, a quarta), falando da quarta noite do mundo se diz: "Há uma *quarta noite* do mundo, quando Iahweh virá do alto, tendo ao seu lado o Messias e Moisés, para libertar definitivamente o seu povo. Essa será a verdadeira noite da Páscoa, em preparação da qual o Senhor ordenou que se celebre, a cada ano, o rito pascal. A quarta noite [...] essa é a noite da Páscoa ordenada por Deus a todas as gerações".

- *A Páscoa*, "memorial" da redenção e "sinal" da aliança, *funda a unidade religiosa do judaísmo e posteriormente se torna o momento da reconstrução da unidade religiosa judaica.* Toda vez que for necessário reconstruir a unidade religiosa será preciso celebrar a Páscoa. O caso de Ezequias e o de Josias são muito interessantes (cf. 2Cr 30 e 35). Os dois reis que acabam com a idolatria difundida no país precisam reconstruir a unidade religiosa do povo: celebram a Páscoa. A importância dessa Páscoa é tão grande que, não obstante os dois reinos (Judas e Benjamin de um lado e Israel — isto é, as outras dez tribos — do outro) estivessem separados e houvesse dois reis diferentes e dois templos diferentes — o templo de Siquém e o templo de Jerusalém, e por isso mesmo dois centros religiosos diferentes —, Ezequias, com a maior naturalidade, "mandou avisar a todo o Israel e Judá e também escreveu cartas [...] convidando todos a virem à casa do Senhor em Jerusalém para celebrar a Páscoa do Senhor, Deus de Israel" (2Cr 30,1). Um século depois, Josias fará a mesma coisa. Os do reino de Israel descem para Jerusalém, no reino de Judá, com o qual estavam perpetuamente em luta, para celebrar a Páscoa.

- É o sinal da reconstrução propriamente dita da *unidade* religiosa de Israel *depois do exílio*, o sinal da reconstrução *do templo*, no qual o primeiro rito que se celebra é a Páscoa (Esd 6,19).

- A Páscoa judaica, portanto, está toda ela orientada para uma aliança nova, ou seja, é o *sinal da libertação final* messiânica.

É uma tradição tão forte, tão constante, que não se pode mais absolutamente ignorar. Os profetas, quando querem falar da novidade que o Messias trará, se referem sempre ao Êxodo, isto é, à libertação. *Isaías*, quando descreve a grande libertação messiânica (Is 30,29), diz: "Então o vosso canto será como aquele da noite santa": o auge da festa messiânica, portanto. *Jeremias* (31,32-33), que anuncia o evento da nova Aliança ligado à Páscoa, diz: "Não será como a aliança que fiz com seus pais quando pela mão os peguei para tirá-los do Egito [...]. Esta é a aliança que farei com a casa de Israel a partir daquele dia [...]: colocarei a minha lei no seu coração, vou gravá-la em seu coração; serei o Deus deles, e eles, o meu povo [...]. Do menor ao maior, todos me conhecerão. Já terei perdoado suas culpas, de seu pecado nunca mais me lembrarei". *Oseias* (2,17s), típico: "E chegará um dia em que não me chamará de 'meu Baal' (meu patrão),[1] mas passará a chamar-me de 'meu esposo', porque eu a tomarei e a reconduzirei a mim e ela me responderá de novo como nos dias da sua juventude, quando a fiz sair do Egito [...]. Então eu me caso contigo em toda a fidelidade e conhecerás o Senhor".

C) *A tenda — o templo (dois sinais da presença de Deus)*

— *A tenda*. A ideia da presença de Deus conquista o seu primeiro grandioso momento na história do Êxodo. A teofania local da "sarça ardente" do Sinai é efetivamente e acima de tudo a revelação do fato de que Iahweh está próximo do povo, de que ele há tempo o "está visitando" e do qual quer fazer o "seu povo", de modo que ele seja o "seu Deus". E

---

[1] Baal é o nome dos deuses, mas é também um nome que se deve a Deus, no sentido de Senhor. O sentido aqui é: rejeitará a idolatria, mas também não se sentirá minha serva.

será o "seu Deus" não só no sentido de que eles o adorarão, mas no sentido de que ele está no meio deles. Aquele fenômeno prodigioso, que se torna nuvem de dia e fogo de noite, de imediato se revelará — já desde o momento da saída do Egito — como o sinal sensível da presença de Deus em meio ao seu povo: "Os filhos de Israel [...] voltaram-se para o deserto e viram aparecer na nuvem a glória do Senhor" (Ex 16,9-10). A sucessão de prodígios deverá ser a prova dessa *presença*; Deus, de fato, fez sair a água para responder ao questionamento que circulava entre o povo: "O Senhor está no meio de nós, ou não?" (Ex 17,7).

Por fim, a *presença* deve, para ser verdadeiramente tal, tornar-se mais *imediata*. E eis que Deus dá a ordem: "Fazei-me um santuário, e eu habitarei no meio de vós" (Ex 25,8). E assim nasce o *tabernáculo-tenda*. É a resposta dada por Deus ao seu povo, que no Sinai havia aceitado a aliança ("havia aceitado", porque a aliança não é um fato bilateral paritário: Deus e o povo não fazem aliança entre si, mas é Deus quem faz a aliança, quem doa a aliança ao povo, o qual, portanto, aceita), tornando-se assim seu povo particular, sacerdotal, a ele consagrado.

Realmente, Iahweh não gostaria propriamente de *estar* com o povo (cf. Ex 33,2.5), mas depois se dobra à oração de Moisés: "Considera que esta nação é o teu povo. Que outro sinal poderíamos ter senão pelo fato de *tu mesmo caminhares conosco*? Só assim eu e teu povo seremos diferentes de todos os povos que vivem sobre a terra". E Iahweh responde: "Virei eu também e serei eu a dar-vos a terra do repouso" (Ex 33,13-16).

A *presença* de Iahweh continuará a se manifestar na nuvem; o prodígio continua na tenda: "É lá que *me encontrarei* com os israelitas, lugar que será santificado por minha glória [...]. *Habitarei no meio dos filhos de Israel* e serei o seu Deus" (Ex 29,43-45). A tenda, de fato, irá se chamar "tenda do encontro" ou "da reunião" (Ex 33,7.39.40;

40,2.3.7 etc.) e será ao mesmo tempo o sinal perene da aliança, porque foi graças a ela que Iahweh se tornou o Deus de Israel, pronto a caminhar com o seu povo.

— *Da tenda ao templo*. A morada de Deus é fixada: não é mais como a tenda que passa, que caminha, que se move; a esta altura a cidade foi criada, o rei tem a sua casa. Davi diz a Natã: "Olha só: eu moro num palácio de cedro, enquanto a arca de Deus está alojada numa tenda". Às palavras do rei fazem eco as do profeta: "Faze aquilo que o teu coração disser". Mas não era esse o modo "religioso" de ver de Deus, o qual pede a Natã que revele a Davi o seu pensamento, articulado em dois pontos:

1. "Eu nunca morei numa casa, desde que tirei do Egito os filhos de Israel até hoje [...]. Tenho sempre andado em tenda e abrigo [...]. Porventura disse a algum dos juízes de Israel, que encarreguei de apascentar o meu povo: por que não me edificastes uma casa de cedro?" (A humildade da tenda não perturba o Senhor, porquanto permite-lhe ficar sempre no meio do seu povo; a casa-morada, para Deus, parece ser uma tentativa de destruir a peregrinação do seu povo e, além disso, de querer criar um isolamento que não está em consonância com a sua natureza de "Deus do seu povo").

2. "Tu vais construir uma casa para ser minha residência? Eu é que construirei uma casa para ti" (2Sm 7,5s). (Vê-se aí um latente anúncio messiânico, mais claro em 2Cr 17, que exprime o importante nexo entre Messias e templo).

Davi demonstra ter entendido que a tenda é um *sinal melhor do amor* de Deus *pelo seu povo* (cf. 2Sm 7,21-24). Posteriormente a ideia é superada com o argumento decisivo da unidade do culto (cf. 1Rs 3,1-2), e com Salomão surge o templo. Salomão, porém, coloca o *problema teológico*: "Será mesmo que Deus pode morar com os seres humanos sobre a terra? Se os céus e os céus dos céus não te podem conter, muito menos esta casa que construí" (2Cr 6,18; 1Rs 8,27), problema para o qual depois vai encontrar a solução, pondo o acento sobre a nuvem na qual Deus quer habitar e que pode encontrar seu lugar no templo da mesma forma que o encontrava na tenda (cf. 2Cr 5,1, tentativa interessante de explicar a presença de Deus).

Deus aceita essa casa de Salomão, mas com tamanhas condições (cf. 1Rs 9,3) que o rei deve tê-la erguido com certa apreensão.

— *O templo é*, por sua vez, um *sinal da presença de Deus*, mas muito diferente da tenda. O templo é *"a casa"* de Deus; a casa é algo de estável. A casa de Deus feita por Salomão é propriamente o *"palácio"* de Deus e é a *"residência eterna"*. É chamada "residência onde Deus permanecerá para sempre" (discurso de Salomão em 1Rs 8,12): "O Senhor disse que habitaria em densa nuvem! Sim, foi para ti que eu edifiquei uma casa esplendorosa, uma morada em que habitarás para sempre".

— *Materialização do "templo-sinal"*. Infelizmente, não obstante o esforço do Primeiro Livro dos Reis, que procura esclarecer suficientemente as coisas, *o templo se torna não mais o sinal mas sim a materialização da presença de Deus*.

Nasce o culto fetichista do templo. Os judeus se esquecem que o templo é sinal da presença de Deus e fazem dele um *valor absoluto*: "É o templo de Deus". *Jeremias* os adverte de que os assírios estão para pôr fogo em tudo, anuncia os tremendos castigos de Deus, mas os judeus respondem: "É o templo do Senhor, é o templo do Senhor, é o templo do

Senhor" (enquanto houver o templo de Deus, nada de mal acontecerá) (Jr 7,4-10). Jeremias se coloca, então, na porta do templo e os adverte de que do templo não vai ficar pedra sobre pedra enquanto eles não começarem a caminhar como Deus manda (Jr 7,12-15; 26,1-9).

Cessando a função de "sinal" da presença de Deus, até este momento atribuída ao templo e que poderia ter sido conservada se a própria "presença" de Deus não tivesse sido materializada precisamente no seu "sinal", o templo é destruído e inicia-se assim o período do exílio do "povo de Deus", período que deveria coincidir com um tempo de reeducação espiritual, através do qual as relações com Deus viessem a ser postas sobre outras bases.

Com efeito, parecia que o período do exílio, fazendo amadurecer a reflexão sobre os ensinamentos proféticos, tivesse levado o "povo de Deus" a uma visão mais espiritual do culto. Nasceram, de fato, naquele tempo, as "sinagogas" (em grego, "assembleia"), ou seja, lugares de reunião para um culto feito de leitura da Palavra de Deus e de oração. E as sinagogas não foram simplesmente uma substituição do templo que já não existia, porque quando este foi reconstruído — depois do exílio, as sinagogas continuaram a existir como expressão não de uma situação de necessidade mas sim de uma concepção mais espiritual do culto.

Esse movimento, no entanto, não influenciou no templo e em toda a mentalidade cultual que ao redor dele foi recolhida, razão pela qual Jesus Cristo acabará repreendendo a atitude dos profetas em relação ao mesmo; procurará purificá-lo, ou seja, restituir-lhe o seu verdadeiro significado: lugar de recolhimento em torno a Deus para todos os povos (universalismo religioso), e não ponto de convergência de malfeitores (pessoas nas quais a religião não está em concordância com a vida). O fato evidenciado pelos Evangelhos Sinóticos (Mt 21,12-14; Mc 11,15-17; Lc 19,45-46) adquire claramente o valor de "sinal" em Jo 2,13-22, no sentido de que para Cristo a destruição próxima do templo, em outros textos afirmada inequivocamente (Mt 24,2; Mc 13,2; Lc 21,5-6), é "sinal" da sua morte, justamente porque o templo mesmo deveria ser — e não tinha sido — "sinal da presença de Deus entre os seres humanos". Cristo, com efeito, é ninguém mais do que "aquele em quem habita corporalmente toda a plenitude da divindade" (Cl 2,9), e que precisamente por efeito da sua encarnação "pôs a sua tenda (aquela que precedeu o templo como 'sinal' de Deus) entre os seres humanos" (Jo 1,14), a ponto de ser chamado de "Emanuel", isto é, "Deus entre os seres humanos".

Em outras palavras: o "sinal-templo" deixará de ser "sinal" da presença de Deus no mundo, exatamente porque em Cristo concretizou-se a "realidade" da presença de Deus entre os seres humanos, e naturalmente também pelo fato de que o "sinal" antigo do templo de Jerusalém havia falido em seu objetivo, tendo se tornado uma "materialização" da presença divina.

Nota: Enquanto no cristianismo permaneceu vivo o eco da pregação apostólica (ou seja, até o final do séc. IV), evitou-se chamar com o nome de "templo" (lat. *templum, fanum, aedes*) o local das assembleias cristãs, que era simplesmente denominado "casa da comunidade" (lat. *domus ecclesiae*). E isso certamente para evitar qualquer referência tanto ao "templo" judaico quanto ao pagão, pois tanto um quanto o outro eram exponentes da mesma ideia, isto é, de que o "templo" seria a "casa-morada de Deus". Os cristãos, pelo contrário, sabiam com base em Jo 2,21 que antes de mais nada o "templo de Deus" era o "corpo de Cristo" — enquanto meio de presença da divindade no mundo — e, em segundo lugar, em dependência de Cristo, "templo de Deus" era o "corpo de Cristo", formado pela comunidade cristã no seu conjunto e por cada um dos cristãos singularmente, nos quais se realizava — pela sua união a Cristo — a presença de Deus (1Cor 3,17; 2Cor 6,16; Ef 2,21; 1Pd 1,5; 1Cor 6,19).

Observe-se que o termo "templo", da raiz grega *tem-*, que quer dizer "cortar-separar", implicava não tanto a ideia de "casa-morada", quanto a de "casa-apartamento", ou seja, de "lugar separado". O lugar dedicado aos deuses era efetivamente denominado *templum* porque era fruto de um rito de "separação", pelo qual um terreno era distinto e reservado ao culto mediante um ritual que compreendia o traçado de um sulco ou de uma paliçada, acompanhados da recitação de determinadas fórmulas de "dedicação". Da "separação" criada com o valo ou com a cerca chegou-se ao nome de *templum*, assim como de "recitação" (lat. *fari-fas*) chegou-se ao nome *fanum*, isto é, lugar dedicado através da "recitação" de fórmulas. Sendo assim, por oposição, aquele que está "fora do templo" era chamado de "profano" (lat. *pro-fanum*, "fora do fano").

2. Significado dos sinais sagrados da religião judaica

a) A observação feita a propósito dos "sinais" da religião natural vale também para os da religião revelada judaica: os "sinais" são sempre *representações de uma intervenção* ou, melhor ainda, de uma *presença ativa* de Deus, e assumem o aspecto de formas concretas (rituais) que querem ser, *em si mesmas*, a "memória" do fato divino.

1. Ex 13,8-9: "Isto [a Páscoa] é pelo que o Senhor *fez por mim* ao sair do Egito. Servirá para ti de *sinal* em tua mão e de lembrança diante dos teus olhos".

2. Ex 13,16: "Isto [o rito pascal] servirá como *sinal* em tua mão, e como pendente diante dos olhos para a *lembrança*".

b) Deve-se sublinhar que, na realidade, os "sinais" da *religião revelada judaica* são, em seu conjunto, os *mesmos* da *religião natural*; só que, de *"sinais" da criação* — tomada em sentido cósmico natural — *se transformaram em "sinais" de uma salvação* que Deus dá a um povo. Consequentemente, na Escritura *aparecem como "instituição" divina* sinais que, na realidade, são de origem natural. Isso talvez seja uma indicação do seguinte fato: enquanto na religião natural, justamente porque natural, os sinais são *interpretações humanas de um fato divino*, na religião revelada estes mesmos sinais são considerados *como determinações divinas de um fato igualmente divino.*

III. Sinais sagrados cristãos

Todo o nosso discurso precedente tinha por objetivo conduzir-nos à compreensão dos "sinais sagrados cristãos", que por antonomásia são normalmente chamados de "sacramentos".

Na realidade, a palavra latina *sacramentum*, da qual provém o termo em português, originariamente indicava o "rito de consagração" (do verbo latino *sacrare*), ou a "coisa consagrada num rito". Em ambos os casos, próximo a esse sentido fundamental, está em jogo o sentido de "segredo" que acompanha o rito e ao mesmo tempo o fato de que do rito ocorrido se tire um "sinal".

Na linguagem litúrgico-teológica da Escritura, a palavra latina *sacramentum* traduz o grego *mystèrion*, no qual o sentido de "segredo", juntamente com o de rito, "significando uma realidade oculta", é predominante. Isso fez com que *sacramentum* fosse tomado principalmente como um termo relativo a algo que é considerado "secreto", difícil de ser compreendido e que precisa de explicações, ou como um termo para indicar o "sinal" exterior sob o qual a tal coisa secreta se esconde. Assim, ouvimos Santo Agostinho dizer, em *Epist.* 138,7, que "chamam-se sacramentos aqueles sinais que se referem ao sacrifício"; ou, no *Sermo* 272: "Chamam-se sacramentos porque aquilo que neles se vê é diferente daquilo que se compreende", precisamente porque "o sacramento é um sinal sagrado".[2]

---

[2] AGOSTINHO, *De civitate Dei*, 10, 5; CCL 47, 277; *Epist.* 138, 7; CSEL 44, 131; *Sermo* 272; PL 39, 2253.

Não é nossa intenção, todavia, adentrar-nos na complexa trama do significado de "sacramento", mas partimos do dado de que a essa palavra universalmente é atribuído o significado-base de "sinal sagrado" ritual, usado pela Igreja para a santificação dos seres humanos. Consideramos, de fato, que justamente o estudo, sobretudo bíblico, do valor de "sinal" do sacramento cristão pode nos revelar a sua verdadeira natureza.

1. O "sinal-realidade" do Novo Testamento

Os "sacramentos" da Igreja são os "sinais do NT". Mas, para compreender adequadamente os "sinais do NT", é preciso refletir antes de mais nada sobre o elemento essencial que forma o "Novo" Testamento e o distingue do "Antigo".

O NT não é simplesmente aquilo que se "segue" em ordem de tempo ao AT, mas é um momento "novo" no único eterno Testamento (aliança) estabelecido por Deus com os seres humanos, e a novidade consiste no fato de que, neste segundo momento, "se concretiza e se cumpre" aquilo que no primeiro (antigo) momento da aliança havia sido "prometido". Em outras palavras, o NT diferencia-se essencialmente do AT não por ser um "outro" Testamento, mas sim porque o Testamento tem agora uma definitiva consistência irrevogável que antes não tinha. Não se trata, portanto, de uma diferenciação dada pelo suceder-se do "tempo" ou por uma diversidade institucional, organizativa, cultual ou o que quer que seja; a diferença entre NT e AT consiste essencialmente no fato de que o NT se apresenta como *realização* daquilo que no AT, sendo só *promessa e profecia* (anúncio), não tinha uma real consistência. (É claro que o discurso que se faz sobre a "irrealidade" do AT vale *a fortiori* para o mundo todo que era ou que ainda está fora de Cristo.) O NT *se identifica, por conseguinte, com Cristo, porquanto Cristo é a "realização"* da salvação anunciada no AT. São Paulo em Cl 2,17 exprime isso com uma palavra: "Tudo isso [o culto judaico no qual se exprimia o AT) é apenas *sombra* do que há de vir, porque a *realidade* (literalmente: 'o corpo') é Cristo".

No entanto, mesmo falando do NT num nível de "realidade", deve-se dizer que essa mesma realidade nos é apresentada *toda ela num regime de sinais*, os quais, porém, precisamente por serem "sinais de uma realidade", não são sinais puramente "intencionais", ou seja, apenas capazes de fazer "pensar" em algo que talvez não exista realmente; são, isso sim, "sinais consistentes da realidade", porque não indicam um "futuro" (isto é, algo ainda não existente), mas dependem, em seu *ser*, de um *fato ou acontecimento* que se *realizou*. Além disso, o fato ou acontecimento, uma vez realizado, não é "passado e cessado"; porque, se assim fosse, já não seria "cumprimento" da promessa mas sim a sua "cessação", e consequentemente implicaria a cessação da *aliança*, que pelo contrário é e deve ser eterna na sua *realização*, tal como o foi na sua *promessa*.

Concluindo: os "sinais do AT" se referem a uma "promessa real", enquanto os "sinais do NT" se referem a uma "realização da própria promessa"; aqueles eram "sinais de um devir" (futuro ainda não existente), ao passo que estes são "sinais de um acontecimento" (fato perenemente existente). Por isso, a propósito do NT, deve-se falar de "sinal-realidade".

Breve excurso terminológico

Assim como anteriormente Cl 2,17 nos mostrou a diferença entre o AT e o NT opondo a "realidade de Cristo" à "sombra" do AT em seu conjunto, da mesma forma agora Hb 10,1 nos mostra a diferença entre o "sinal" do AT e o "sinal" (chamado de "imagem") do NT dizendo: "A Lei [AT] contém apenas a sombra dos bens futuros, não a imagem das coisas acontecidas". As "coisas acontecidas" são a "realidade de Cristo"; "a imagem" desta são os "sacramentos" ("sinais sagrados") do NT.

É oportuno apresentarmos um exemplo que ajude a familiarização com essa terminologia litúrgico-teológica; tomamo-lo — um dentre muitíssimos — de Santo Ambrósio, *De interpr. Job et David*, 4,2,9:[3] "A Igreja é a *imagem* da *realidade celeste*; cessada, de fato, a *sombra*, esta é sucedida pela *imagem* [...], porque a *sombra* estava na lei (AT), enquanto a *realidade* está no Evangelho, e assim *na luz do Evangelho resplandece a imagem da realidade*".

O mesmo encontramos na *Apologia David* 1,12,58:[4] "Eis-nos já não mais na *sombra*, nem na *figura*, nem no *tipo*, mas na *realidade*; tu, ó Deus, não por meio de espelhos e de enigmas, mas face a face, te revelaste a mim e eu *te reencontro nos teus sacramentos*".

Examinemos brevemente os termos: realidade celeste, sombra e imagem

— *Realidade celeste*: "Céu-celeste", concebido como o mundo da divindade, é sinônimo de "verdade" e de "realidade" em sentido absoluto. Opondo-se, de fato, a "terra-terreno", exclui qualquer caráter de caducidade, de mutação e de imperfeição. Muito frequentemente o termo "celeste" deve ser entendido nesse sentido no NT: Jo 3,12; 1Cor 15,40-48; Ef 1,3; 2,6; Hb 3,1; 6,4; 8,5; 9,23; 11,16; 12,22 etc.

— *Sombra*, que muitas vezes significa também "figura-representação-tipo", é menos ainda que qualquer um desses seus sinônimos. Representa, com efeito, não tanto um objeto, quanto a sua projeção causada por uma fonte luminosa direcionada sobre o próprio objeto; é, por isso mesmo, um indício da existência de um objeto; mas não especifica; aliás, de algum modo altera a forma e a natureza do próprio objeto; *tocando a sombra não se toca nunca o objeto* que a projeta; a sombra, de fato, não possui a sua concretude.

— *Imagem*. É, propriamente falando, a "re-produção", isto é, a "segunda realização" de uma coisa. Portanto, é "a coisa reproduzida", ou seja, outro modo de existência de uma coisa determinada. "A imagem", além disso, é possível somen-

---

[3] CSEL, 32/2, p. 274.

[4] CSEL 32/2, p. 339.

te na suposição da existência *real* de uma coisa ou pessoa; de fato, não se pode "re-produzir", ou seja, "fazer em outra matéria ou medida", aquilo que não tem uma existência real. Não se trata, pois, de simples "aparência", mas contém e exprime (e portanto é também sinal) de forma inequívoca uma determinada coisa, de modo que a imagem de uma coisa não é a imagem de outra, e na imagem se reencontra e se reconhece realmente a coisa. Temos aí, por conseguinte, uma "presença" da coisa, ainda que seja em outras dimensões e em outra matéria. Por consequência, "a imagem" não é uma "vazia" figura da coisa, mas é *outro modo de existir da coisa mesma*. A imagem não só "representa", mas "re-apresenta" a coisa ou a pessoa.

Sobre a imagem nesse sentido, cf. Rm 1,23; 8,29; 1Cor 11,7; 11,49; 2Cor 4,4; Cl 1,15; 3,10; Hb 10,1; Ap 13,14; 15,2; 16,2; 19,20; 20,4; Tt 3,4; Jo 12,45; 14,9.

No NT, portanto, temos a realidade, que é Cristo. Todavia, embora falando do NT, podemos dizer que neste há alguns "sinais", que são, como veremos, não só os "sacramentos" mas o próprio Cristo, que é "sinal" e que justamente é chamado o "grande sacramento". Esses "sinais" do NT se diferenciam dos sinais do AT e dos existentes fora de Cristo pelo fato de que os do NT *implicam uma realidade* da qual são portadores, enquanto os "sinais" do AT eram apenas o anúncio profético da mesma "realidade".

2. O "sinal-Cristo"

Dentre os "sinais-realidade" do NT, o primeiro e fundamental "sinal" é Cristo em si mesmo, enquanto sacramento da realidade eterna, que é a relação de amor de Deus ao ser humano. Em outras palavras: o amor de Deus pelo ser humano é a realidade da qual Cristo, na sua existência humano-divina, é o "sinal".

Dizendo "Cristo", entendemos diretamente não "Jesus" enquanto entidade histórico-cartorial, como pareciam fazer os judeus dizendo: "Não é ele o filho do carpinteiro? Sua mãe não se chama Maria, e seus irmãos não são Tiago, José, Simão e Judas? E suas irmãs não estão todas conosco?" (Mt 13,55-56). Nós nos referimos, pelo contrário, àquela particular dimensão que é expressa precisamente pelo nome *Cristo* e que é a sua *dimensão sacramental* ou de "sinal real", como agudamente já Santo Agostinho observa: "Cristo é o nome do sacramento (de Jesus), como quando se diz *profeta* e quando se diz *sacerdote*".[5]

Esse valor de "sinal" revestido de Cristo fica claro já em Lc 2,10-12: "Eu vos anuncio uma grande alegria, que será também a de todo o povo: hoje, na *cidade de Davi*, nasceu para vós o *Salvador*, que é o Cristo Senhor! E isto vos servirá de *sinal*: encontrareis um recém-nascido, envolto em faixas e deitado numa manjedoura". Nas palavras do evangelista, percebe-se claramente o eco de Is 7,11-14, em que o filho de uma virgem é dado como "sinal" à "casa de Davi": "Pede um *sinal* ao Senhor teu Deus [...]. Ouvi, então, *casa de Davi*: o próprio Senhor vos dará um *sinal*. Eis que a virgem conceberá e dará à luz um *filho*". O sentido das palavras de Lc 2,10-12 é claro: o menino recém-nascido na cidade de Davi é proclamado "Messias", mas é ao mesmo tempo o "sinal" da "salvação" (nasceu para vós um Salvador), que nele vai se atuando. Ou seja, é um "sinal-realidade".

Em Jo 6,28, Cristo se proclama pessoalmente como aquele que exerce o papel de "sinal de Deus". O termo grego usado nos leva à *sphragìs* ("sinal"), que é por excelência o "sinal" sacramental cristão, porquanto é sinônimo de "sacramento" (sinal sagrado) do Batismo-Crisma, e indica uma "realidade de consagração" obtida através de um "sinal". Neste caso Cristo mesmo, com o seu gesto de dar de comer aos famintos, apresenta-se como sinal garantidor da vontade de Deus e de

---

[5] AGOSTINHO, *In Epist. Ioan.* 3,6; PL 35, 2000.

sua intervenção salvífica, que consistirá em dar o "pão da verdadeira vida" ao mundo.

Este valor "sinal" de Cristo é expresso repetidamente por São Paulo, quando ele fala de Cristo como "sacramento" (Cl 1,27; Ef 3,3.9) e "mistério" (Cl 1,26; 2,2; Ef 3,4) para indicar que *Cristo* é aquele no qual se faz presente e se revela o desígnio eterno do amor de Deus, que quer a salvação dos seres humanos.

Cristo, em síntese, enquanto concreta "encarnação da Palavra" de Deus, é o "sinal" no qual se revela a "realidade acontecida" da salvação e deste modo é o "sinal" por excelência do NT, que é precisamente "realidade" em relação ao AT.

3. Os "sinais" de Cristo

A) *Relação entre o que Cristo é e o que Cristo faz*

O texto já citado de Jo 6,26-28, no qual Cristo se declara abertamente "sinal de Deus", estabelece com clareza a relação entre aquilo que Cristo é e aquilo que Cristo faz, e é uma relação no plano do "sinal".

Lemos, com efeito: "Estais me procurando não porque entendestes os *sinais*, mas porque comestes pão [...]. Trabalhai pelo alimento que vos dá o Filho do Homem, sobre o qual está o *sinal de Deus*". Em outras palavras: se no comer o pão dado por Cristo se entende o sinal que esse dom do pão encerra, então se entendeu também que Cristo é o "sinal de Deus", ou seja, um indício da presença divina. Cristo, de fato, como tal, isto é, enquanto "Filho do Homem" anunciado pelos profetas, é o "sinal" da intervenção salvífica escatológica, e por conseguinte suas ações não são avaliáveis só no plano humano — "comer o pão", quer dizer, ter uma segurança econômica —, mas são, estas mesmas, "sinais" de que a vontade salvífica de Deus vai se atuando.

OS SINAIS SAGRADOS

B) As "obras" de Jesus são os "sinais" de Cristo

No *Evangelho de João* — que podemos chamar verdadeiramente de *Evangelho dos sinais* —, depois da descrição do início da vida pública de Cristo, lemos:

> Este início dos sinais, Jesus o realizou em Caná da Galileia. Manifestou sua glória, e os seus discípulos creram nele (Jo 2,11).

O evangelista narrou o milagre da transformação da água em vinho nas bodas de Caná, e o fato é qualificado como o "começo dos sinais" operados por Jesus. O acento não é posto, portanto, sobre o fato prodigioso em si, mas sim sobre o "significado" de que o fato se reveste, e que pode ser assim resumido: o fato narrado é "sinal" de outro "vinho", que Cristo dará em sinal de aliança (que está implícita nas "bodas" aqui narradas), e esse "vinho" será o seu próprio "sangue" (aqui lembrado pela referência à sua "hora", que ainda não chegou e que notoriamente, no Evangelho de João, significa a morte redentora de Cristo).

Note-se que aqui, bem como em outros lugares, com muita desenvoltura as versões frequentemente traduzem o grego *semèia* com a palavra "milagres", que entretanto tem o seu próprio correspondente na palavra *tèrata*. A João, assim como aos demais evangelistas, não passa despercebida a fórmula *semèia* e *tèrata* ("sinais e milagres"); todavia, quando quer indicar uma ação milagrosa singular de Cristo — já que esta não é feita para demonstrar um impulso de força e de potência sobrenatural, e sim algo que tem um fim e um "significado" em outro nível — nunca a chama de "milagre" (*teras*) mas sim de "sinal" (*seméion*). Esse valor "sinal" do milagre em João é sublinhado pelo fato de que normalmente cada fato prodigioso é seguido por uma "explicação", com o objetivo claro de evidenciar que o próprio fato deve ser considerado em sua posição de "sinal".
De resto, João sempre põe os "sinais" em relação com a "fé". Dentre os inúmeros textos, basta lembrar as palavras de encerramento do Evangelho de João (20,30): "Jesus realizou diante dos discípulos muitos outros *sinais* [...]. Estes, porém, foram escritos para que *creiais*".

O evangelista usa quase sempre a palavra no plural ("sinais") quando não fala de um sinal determinado (cf. Jo 2,23; 3,2; 6,2-26; 9,16; 11,47; 12,37; 20,30).

E que o uso da palavra "sinal" queira ser uma espécie de *formulação teológica dos milagres-obras* de Cristo o demonstra o fato de que o termo aparece sempre quando é o próprio evangelista quem está propondo uma reflexão ou narrando. Pelo contrário, quando é Jesus quem fala, para indicar as suas ações milagrosas, ele usa sempre a expressão "obras" (*érga*) (obras suas: Jo 5,20.36; 6,29; 7.3.21; 9,3s; 10,25.32.37s; 14,10s; 17,4; obras do Pai ou, juntas, suas e do Pai: Jo 4,34; 5,36; 9,3s; 10,32; 14,10; 17,4 etc.), com uma única exceção para Jo 6,26: "Não tendes entendido os sinais". Exemplos:

> — Jo 2,23: "Estando em Jerusalém, na festa da Páscoa, muitos creram no seu nome, vendo os *sinais* que realizava" (é o evangelista quem fala).
>
> — Jo 5,36: "*As obras* que o Pai me concedeu realizar, justamente *as obras* que eu faço, dão testemunho de mim, pois mostram que o Pai me enviou" (é Jesus quem fala).

Isso mostra que os "sinais", na mentalidade do evangelista, são uma *interpretação teológica* das "obras" de Deus feitas por Cristo, e que o sinal vale não enquanto "milagre", mas sim enquanto "explicação" para a compreensão de uma *ação divina,* ou seja, enquanto *revelador de uma vontade de salvação.* Há sempre, na palavra sinal, a referência à revelação de uma obra que Deus faz pela salvação dos seres humanos; portanto, se João fala dessa obra, preocupa-se não com o seu aspecto milagroso, mas sim com a relação existente entre a "obra" e o valor de "salvação" trazida por Cristo. E Cristo mesmo explica, isto é, apresenta como sinais as obras que ele faz. Essa é precisamente a orientação seguida no Evangelho de João, que nas "obras-sinais" de Jesus já vê em ação os "sacramentos" da Igreja, razão pela qual também nesta última continua a obra de salvação inaugurada por Cristo.

Nota: Jamais em João as *palavras* de Cristo são chamadas de "sinais", enquanto, se há um sinal natural, o mais normal de todos, este é precisamente a palavra. João, no entanto, nunca fala das palavras de Cristo como sinais, pelo simples motivo de que as palavras são autoexplicativas: as palavras de Cristo já são uma revelação, enquanto o sinal serve para revelar algo que está escondido na realidade que foi vista ("Vós não tendes entendido os sinais"). Existem só três casos nos quais se observa o evangelista usar o termo "significar" (lat. *significare*, grego *semaínein*, que tem a mesma raiz de *seméion*, "sinal") em relação às palavras de Cristo, e é ainda mais interessante destacar a preocupação — evidentemente deliberada — de São João em evitar descrever explicitamente essas palavras como "sinais":

1º (Jo 12,32-33): "[Jesus diz:] 'Quando eu for elevado da terra, atrairei todos a mim'. Com essas palavras ele queria *significar* de que morte morreria".

2º (Jo 18,31-32): Os judeus "disseram a Pilatos: 'Não nos é permitido matar ninguém'. A fim de que se cumprissem as palavras que Jesus tinha dito para *significar* de que morte ele morreria".

3º (Jo 21,18-19): Jesus diz a Pedro: "[...] 'Quando fores velho, estenderás as mãos, e outro vai te amarrar e te levará para onde não queres ir'. Disse isso para *significar* com que morte Pedro glorificaria a Deus".

Nos três casos o evangelista serve-se da forma verbal "significar" em referência às palavras de Jesus para indicar a sua "obra" maior, a morte, vista como o maior dos "sinais" dados por ele aos seres humanos.

Excurso:
Os sacramentos no Evangelho de João

O motivo pelo qual nos detivemos na análise do sinal joanino na conclusão do estudo sobre os sinais pré-revelação e revelação (Antigo e Novo Testamentos) é que o Evangelho de João — quanto mais o estudamos mais nos damos conta

— é por excelência: (1) o Evangelho sacramental; e (2) o Evangelho eclesial (dois conceitos que devem ser tomados juntos).

I. Evangelho sacramental

O culto cristão está centrado sobre os sacramentos. É precisamente a visão cultual que desperta o interesse por esse Evangelho. Dois são os aspectos que mostram como esse Evangelho está totalmente centrado sobre o culto: (1) os quadros sucessivos que o compõem — cada quadro corresponde a uma festa litúrgica —; (2) o pano de fundo dos discursos e da ação de Cristo é constituído por ações rituais judaicas nas quais Cristo, de um modo ou de outro, intervém.

1. Os quadros (festas litúrgicas)

Com exceção de Jo 6 (a multiplicação dos pães), que se passa na Galileia, perto do lago de Tiberíades, no outro lado de Cafarnaum, mas que já tem uma referência ideal a Jerusalém porque as pessoas que comem o pão multiplicado iam para Jerusalém para a festa da Páscoa (para onde Cristo também estava indo), todo o Evangelho de João se desenvolve em Jerusalém, ao contrário do que ocorre com os Evangelhos Sinóticos.

Estes, em sua maior parte, situam o desenvolvimento da obra de Cristo na Galileia com raras passagens pela Judeia, apresentando-nos Cristo em Jerusalém só na última Páscoa, a Páscoa da morte; só então Jesus "entra" em Jerusalém. Não que Jesus não tivesse ido para Jerusalém também nos outros anos. Ele ia, certamente, como todos os bons judeus, mas os Sinóticos não se preocuparam com isso; estes tinham certo sacrossanto terror de Jerusalém; em toda a sua obra, procuram certamente apresentar o Evangelho como cumprimento do Antigo Testamento, mas tentam evitar tudo aquilo que pode ter qualquer referência concreta com o judaísmo daquele tempo: Marcos porque os romanos não entendiam essas coisas, e por isso sequer as mencionava; Mateus porque escrevia num ambiente judeu-cristão no qual não era o caso de reacender o fogo do amor pelo velho judaísmo naqueles cristãos que com tanta dificuldade — São Paulo sabia muito bem disso — queriam dele se afastar; Lucas — totalmente sob o influxo de São Paulo, que chama o Evangelho de Lucas de "o meu Evangelho" — colocava-se, por sua vez, numa posição claramente antijudaica. João, pelo contrário, não tem preocupações dessa natureza.

O Quarto Evangelho enfoca toda a vida de Cristo justamente no âmbito de Jerusalém, e precisamente nas chamadas "festas de peregrinação". João menciona:

— *Três Páscoas*: 2,13s; 6,4s (a da multiplicação dos pães); 11,55s (a da sua morte). A Páscoa ocorria no primeiro mês da primavera, entre metade de março e metade de abril (nisã).

— *Uma festa não especificada* (5,1), que provavelmente se tratava de Pentecostes, mas que também poderia ser a Páscoa da qual se fala em 2,13 (a primeira Páscoa).

— *A festa das Tendas ou dos Tabernáculos* (7,2), que ocorria em setembro.

— *A festa da Dedicação do Templo* (10,22), que ocorria em dezembro.

2. *O pano de fundo (ações litúrgicas e rituais)*

Basta observar os elementos-chave que se encontram nos discursos de Cristo. A título de exemplo:

— *Batismo*:
- Como "renascimento" (discurso a Nicodemos: 3,1-21);
- Como "iluminação" (ao cego de nascença: 9,1-39). Este irá se tornar o termo técnico para o Batismo (*iluminatio*): "Aqueles que foram iluminados" (isto é, batizados), dirá São Paulo (Hb 6,4); *fotismós*, na Igreja grega, é o nome do Batismo;
- Como "ressurreição" (doente do pórtico de Bezata: 5,1-14);
- Como "verdadeira circuncisão" (7,21-24).

— Eucaristia: (multiplicação dos pães, Jo 6).

— Purificação dos pecados (em lugar das purificações legais):
- Atribuída à palavra (15,3);
- Atribuída ao Espírito Santo e dada na Páscoa (20,22).

3. *Fio condutor*

O fio condutor de tudo isso — isto é, dos quadros e do pano de fundo — é um só: o Mistério Pascal de Cristo.

— 1,29.36: "No dia seguinte [...], João viu que Jesus vinha a seu encontro e disse: 'Eis o Cordeiro de Deus, aquele que tira o pecado do mundo' [...]. Vendo Jesus caminhando, disse: 'Eis o Cordeiro de Deus'!" (A exclamação de João é a expressão típica do anúncio de Páscoa).
— 2,13: "Estava próxima a Páscoa dos judeus; Jesus, então, subiu a Jerusalém".
— 6,4: "Estava próxima a Páscoa, a festa dos judeus".
— 13,1: "Antes da festa da Páscoa, sabendo Jesus que tinha chegado a sua hora de passar deste mundo para o Pai".
— 19,36: "Isto aconteceu para que se cumprisse a Escritura que diz: 'Não quebrarão nenhum dos seus ossos'" (não se devia quebrar nenhum osso do cordeiro; é por isso que de Cristo abriram-lhe o costado).

As festas pascais citadas nessas passagens nós já as vimos entre os "quadros" rituais; representam, simultaneamente, o fio condutor de todo o Quarto Evangelho, porque São João quer demonstrar que Cristo é a Páscoa e o é não somente na sua morte; Páscoa significa "passagem de libertação", e Cristo é o libertador, o Salvador.

II. EVANGELHO ECLESIAL

João escreveu no final do séc. I, quando já existia uma organização no plano cultual plenamente estabelecida e muito claramente distinta do judaísmo. Portanto, João conhece os sacramentos da Igreja; e esta é a sua teologia: as realidades (os sacramentos) que ele vê existentes na Igreja naquele momento específico são a concretização, no tempo da Igreja, de acontecimentos da história de Cristo. Esses acontecimentos, todavia, são vistos por João não em seu significado histórico, entendido no sentido de crônica de fatos acontecidos num determinado momento histórico, mas como sinais e, precisamente, como sinais da história da salvação, da forma como esta se realizou em Cristo e como ainda se realiza na Igreja. Em outras palavras: aquilo que Cristo fez naquela época acontece ainda hoje. Aquilo que então significou um início, João o considera realizado na Igreja, e aquilo que se realiza na Igreja ele o explica citando os discursos que Cristo fez sobre os seus próprios sinais.

Esse valor "sinal" que João dá aos acontecimentos e à própria vida de Cristo serve ao evangelista para estabelecer a ligação, a unidade, entre o Senhor da Igreja (*kyrios*: Senhor, Deus, Senhor glorificado) e o Jesus da história, objeto da narração. Ele narra o que Jesus fez, mas o vê como sinal da história da salvação e, portanto, como obra do Cristo, que para ele hoje é o Senhor que existe e age, presente de forma espiritual, isto é, invisível mas realmente, na Igreja e nos sacramentos da Igreja. Em outras palavras: o fato por ele conhecido nos dias históricos da vida de Cristo contêm a indicação e a explicação daqueles que são os fatos sacramentais — e por isso relativos à história da salvação — existentes na Igreja mesmo depois da existência histórica de Cristo. Além do mais, esses fatos posteriores — é isso o que João quer explicar — têm o seu fundamento nos próprios fatos da vida de Cristo.

João, portanto, não faz uma narração simbólico-alegórica,[6] mas dá uma interpretação teológico-eclesial da cristologia do NT. Os acontecimentos que João narra são o indício, o sinal e, ao mesmo tempo, a essência da realidade cristológica do NT, isto é, do fato central do NT (Cristo enquanto Messias salvador), e ele os interpreta colocando-se numa posição teológico-eclesial: aquilo que hoje acontece na Igreja é a continuação do ser de Cristo no NT, ou seja, a continuação da salvação tal como esta se revelou no tempo do Jesus histórico.

De fato, João conclui o seu Evangelho com o texto que vimos: "Jesus realizou diante dos discípulos muitos outros sinais [...]. Estes, porém, foram escritos para que creiais que Jesus é o Cristo, o Filho de Deus" (20,30).

Não diz: "Foram escritos para que creiais que ele é Cristo", mas que "Jesus é o Cristo, o Filho de Deus": "*Iesous estín ho Christòs ho huiòs tou Theou*"; e a distinção é muito clara:

> Muitos outros sinais realizou Jesus
> para que creiais que Jesus é o Cristo,
> o Filho de Deus.

C) Valor tipológico de Cristo, mediador da história da salvação

Ao apresentar-nos as "obras" de Cristo, os evangelistas, em geral e especialmente João, não têm preocupações de ordem *histórico-cro-*

---

[6] Faz-se uma narração "simbólico-alegórica" quando se narra um mito, uma fábula, e se explica o seu significado. Por exemplo, a fábula do lobo e do cordeiro: a fábula mostra que o mais forte sempre tem razão.

nista, mas as apresentam muito mais no plano dos *sinais* (interpretação teológica), de modo que as "obras" são "sinais" que introduzem à fé em "Cristo", ou seja, ao "mistério da salvação", o qual, tendo se tornado "real" em Jesus, continua a agir também nos "sinais da Igreja" (interpretação sacramental-eclesial).

Essa interpretação teológico-eclesial implica o fato histórico em sentido estrito, porque quem diz "Jesus" diz história (Jesus é um homem real, tendo seu registro no cartório civil e constando entre os pagadores de impostos, como todos os demais cidadãos; vivia, em suma, na história do seu tempo). Quem diz "Jesus" diz "história"; todavia, além disso, diz "história da salvação" quando, dizendo "Jesus", diz "Cristo" (o Cristo, o Filho de Deus): o plano da história da salvação (Cristo) entra no plano da história humana (Jesus). O desígnio de Deus é salvação; entretanto, como essa salvação se concretiza na vida humana, que é condicionada pelo elemento "história", então esse desígnio de Deus irá se chamar "história da salvação".

Os sinais, ou seja, esses acontecimentos históricos vistos como sinais, fazem de Cristo um *valor tipológico* na medida em que o colocam como "mediador" da história da salvação, isto é, como *centro recapitulador do passado* (tempo anterior a ele) e do *devir* (tempo posterior a ele, tempo da Igreja); todo o AT não teria nenhum significado se não fosse Cristo, e a história posterior a Cristo não existiria como história da salvação sem Cristo. Ele é "mediador" em sentido quase material por ser centro, ponto *recapitulador da salvação*, tanto do passado quanto do futuro: aqueles que estavam antes dele se salvam por ele, e aqueles que estão depois dele se salvam igualmente porque os sinais de Cristo têm — e isso João viu muito bem — absolutamente um valor tipológico e devem ser interpretados segundo uma tipologia.

Em outras palavras, aquilo que acontece no *presente*, ou seja, no tempo que começa com a Páscoa de Cristo, está ligado a um *acontecimento-cume* na história da salvação, mas que havia sido preparado em outras tantas *fases anteriores* da história da salvação, daquela mesma salvação que se verifica hoje. Tal acontecimento "cume" da história da salvação é a Páscoa de *Cristo* (isto é, o tempo da existência de Cristo). Nessa perspectiva tipológica central, Cristo ocupa a posição de *antítipo* (*antítypos*, "contratipo") que simultaneamente dá origem e significado ao *tipo* (*týpos*) e à *imagem*.

— *Antítipo*: o objeto ou a figura a ser reproduzida, a realidade.

— *Tipo*: a figura vazia, ou seja, o molde, a marca (*typóo*, "escavar, cavar") que é feita para reproduzir o objeto ou a figura.

— *Imagem*: figura plena, exata reprodução do antítipo.

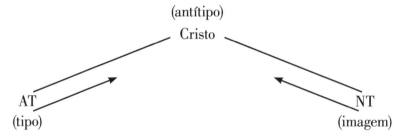

O AT vai em direção a Cristo. O NT parte de Cristo. *Cristo é o antítipo* em relação ao Antigo Testamento, no qual se tem a figura vazia, o molde, o negativo, da realidade de Cristo: o AT *é o tipo*. No NT a realidade é continuada através do sinal "Cristo": tem-se a *imagem* que é sinal ou configuração cheia de realidade, enquanto concretização de um fato preexistente. Cristo, por conseguinte, enquanto sinal, produz um "tipo" no AT (figura vazia, mas que promete a realidade) e a "imagem" no NT (figura cheia de realidade), já que ele é o "antítipo", ou seja, a realidade em si mesma.

Esse é o modo pelo qual os diversos momentos da história da salvação, do princípio do mundo até hoje, encontram o seu ponto não só de ligação mas também de valor em Cristo; "de valor" porque, se estes não tivessem Cristo como ponto de referência, não seriam nem "tipos" (AT), nem "imagens" (NT), mas *realidades absolutas*, ou seja, existentes por sua própria conta. O "tipo" e a "imagem", pelo contrário, têm uma *realidade relativa*, supondo sempre um ponto de referência: ponto de chegada para o "tipo" e ponto de partida para a "imagem". Entre o "tipo" e a "realidade" não existe, por isso, qualquer relação de tendência, de ligação etc., mas uma relação de valor; com base no valor que a realidade tem, adquire valor o tipo; se o "antítipo" (a realidade) for nada, o "tipo" será nada; mas se a realidade tem um valor, isso se reflete, de algum modo, também no "tipo". Isso explica por que também fora de Cristo pode haver salvação: quando aqueles que estão fora de Cristo de alguma forma nele têm, consciente ou inconscientemente, uma referência.

O "antítipo" Cristo

Para João, Cristo, enquanto "antítipo", é o *revelador* e o *realizador* do fato central da salvação, que é a "passagem do mundo para o Pai" (Páscoa). Essa conversão do mundo a Deus acontece à medida que "os filhos de Deus, dispersos pelo mundo, se reencontram na unidade" do povo de Deus (Jo 11,52) em virtude da redenção de Cristo. Tal conversão do mundo a Deus é a revelação e a atuação dada por Cristo à tendência inserida no ser humano; nesse sentido Cristo é antítipo.

O "tipo revelador" do Cristo

No AT o "tipo" revelador de Cristo-antítipo é *Moisés*, pois ele dá a *Lei*, levanta a serpente, dá o *pão do céu* etc.:

— Jo 1,17: anunciando a encarnação, no início do Evangelho, diz: "A *Lei* foi dada por meio de Moisés, a *graça* e a *verdade* vieram por meio de Jesus Cristo".

— Jo 3,14: "Como Moisés *levantou* a *serpente* no deserto, assim também será *levantado* o Filho do Homem, a fim de que todo o que nele crer tenha a vida eterna". (Quem acreditava na serpente de Moisés recebia a cura das suas feridas; quem crê na morte de Cristo terá a vida eterna.)

— Jo 5,45-46: "Não penseis que eu vos acusarei diante do Pai. Há alguém que vos acusa: Moisés, no qual colocais a vossa esperança. Se *acreditásseis em Moisés, também acreditaríeis em mim*, pois foi a meu respeito que ele escreveu". Moisés é o *anunciador* da realidade, mas Cristo é a *realidade*.

— Jo 6,32-33: "Digo-vos: não foi Moisés quem vos deu o *pão do céu*. É meu Pai quem vos dá o *verdadeiro pão do céu*. Pois o pão de Deus é aquele que desce do céu e dá vida ao mundo". O maná não é "pão do céu", embora vós o chameis assim. O "verdadeiro pão do céu" é aquele que é dado por Deus, que *desce* do céu e dá vida ao mundo, não só a vós, não só no deserto, mas ao mundo ("desce do céu" = tem uma proveniência celestial, é uma realidade celestial).

— Jo 9,28-33 (cura do cego de nascença): "Os fariseus, então, começaram a insultá-lo, dizendo: 'Tu, sim, és discípulo dele. Nós somos discípulos de Moisés. Nós sabemos que Deus falou a Moisés; mas esse, não sabemos de onde é'. O homem respondeu-lhes: 'Isto é de admirar! Vós não sabeis de onde ele é? No entanto, ele abriu-me os olhos! Sabemos que Deus não ouve os pecadores, mas se alguém é piedoso e faz a sua vontade, a este ele ouve. Jamais se ouviu dizer que alguém tenha aberto os olhos a um cego de nascença. Se esse homem não fosse de Deus, não conseguiria fazer nada'".

O que equivale a dizer: vós sois discípulos de Moisés, tudo bem; eu, pelo contrário, sou discípulo de alguém que é maior do que Moisés porque fez aquilo que nenhum outro pôde fazer, e esse alguém *vem de Deus*.

Concluindo: Moisés é o "tipo", o revelador tipológico, de Cristo, da Páscoa de Cristo, da realidade de Cristo.

O "tipo atuador" do Cristo

O realizador tipológico, ou "tipo atuador", de Cristo no AT é o *Cordeiro Pascal*. Em si mesmo, era "sinal" de uma salvação que Deus já havia dado no passado e que mantinha no presente em seu povo; em relação ao futuro, era "tipo" da "salvação" superior que seria operada por Cristo. No AT, o Cordeiro havia, portanto, *realizado tipologicamente* a salvação que Cristo teria dado na *realidade* (os detalhes serão tratados quando se falar da Eucaristia).

As "imagens" da realidade-Cristo

Do *"antítipo"*-Cristo depende não só o "tipo" do AT mas também a *"imagem"* do NT, que é dada pelos *sacramentos*: imagens reais de Cristo e do seu mistério. Ou seja, os sacramentos são os momentos nos quais se realiza de novo, realmente, a história da salvação; são *"sinais", mas cheios da "realidade"*.

Falando dos sacramentos como de "sinais", precisamos sempre ter presente a *realidade* do sinal, isto é, o fato em si.

O termo "sinal" não deve absolutamente dar-nos a ideia de uma significação remota qualquer, como se se tratasse de um puro "símbolo", feito para trazer à mente algo não mais existente para daí deduzir que, no fundo, é algo que tem uma importância unicamente relativa e exterior, e para fazer-nos pensar que, em síntese, quanto à "salvação", *esta pode ser alcançada mesmo sem aqueles sinais*. Hoje, justamente num momento em que tanto se faz em termos de renovação litúrgica, há o perigo — e muito grave — de negar completamente os sacramentos em nome de um culto absolutamente *espiritual* de Deus. Não nos damos conta de que esse modo de conceber a santidade é tal que, no mínimo, *elimina* da nossa perspectiva *Cristo*. Mas neste caso a primeira coisa que devemos fazer é perguntar-nos se podemos ainda nos chamar de "cristãos" ou somente "religiosos". É claro que *sem Cristo não podemos nos chamar de cristãos*; é claro que, como cristãos, *não podemos prescindir da encarnação*, a qual — como vimos (cf. pp. 43s) — é em si mesma um sinal; por outro lado, não podemos ter acesso a esse mistério (ou sinal) da encarnação a não ser através de determinados *sinais*, e não diretamente.

Os sacramentos, por conseguinte, são *imagens reais* que apresentam e carregam em si mesmos o Mistério real de Cristo, aquilo que ele é na sua realidade ("antítipo"), *revelam e atuam* a "presença" redentora, isto é, presença de uma ação divina (tomada, por ora, em seu sentido genérico, isto é, sem entrar no conceito da morte de Cristo, mas puramente como presença de salvação).

IV. Reflexões conclusivas sobre os "sinais"

1. Sinais e presença divina

Vimos que, tanto na religião natural como na religião revelada — a começar do judaísmo até o cristianismo —, existem alguns "sinais" que estão em relação com *momentos ou intervenções divinas* na história humana. Tal relação faz com que, em virtude desses "sinais", a história humana venha a estar realmente ligada ao *manifestar-se* de Deus, em diversos modos e diferentes tempos, sendo uma idêntica salvação, criando aquela que chamamos precisamente de *história da salvação*. Desse modo, a história dos seres humanos não fica puramente num nível humano, mas é elevada ao nível de "história da salvação".

2. Sinais e diálogo divino-humano

Os sinais, por outro lado, quanto ao seu significado — porque o sinal tem sempre um significado — não indicam só uma intervenção divina — destacada, por assim dizer —, mas são elementos de *diálogo* entre Deus e o ser humano; o ser humano responde ao sinal de Deus. De fato, o ser humano *cria o sinal* para poder se lembrar da intervenção divina, para poder perpetuar sua memória, inclusive fora de si mesmo (para si, bem como para aqueles que virão depois dele etc.). Portanto, o "sinal" é sempre um *momento* que deve provocar — e provoca — *uma reação da parte do ser humano*. No Evangelho de João, vemos que é sempre sobre esse ponto que, ora Cristo diretamente, ora o evangelista comentando as palavras do Senhor, insistem: "Vós *vistes* os sinais e não *credes*". Ver os sinais sem crer significa que acaba faltando a reação que o sinal deve produzir; o sinal, se não falar, não é um sinal; *se fala, todavia, exige uma resposta*. Portanto, serve para criar um diálogo.

a) A reação do ser humano ao sinal (o qual, "em si", é sinal de uma intervenção divina) é importante porque cria a *dimensão antropológica do sinal*. Essa reação se tem com a *fé* na ação divina: vê-se um fato mas, através do fato, supera-se o fato em si mesmo, *entra-se no significado* interior. "Estais me procurando não porque entendestes os sinais, mas porque comestes pão e ficastes saciados". Eis o contraste. O fato é "comer o pão", mas o seu significado não é o significado exterior de uma distribuição qualquer de pão a famintos. *A compreensão do sinal acontece só com a fé*. Tal fé é o ato com o qual o ser humano, sob o impulso de Deus — porque "ninguém pode vir a mim se o Pai que me enviou não o atrair" (Jo 6,44), lê *além daquilo que a realidade nua e crua apresenta*.

b) Esse colóquio se desenvolve gradualmente na história porque passa *de um plano naturalístico para um plano soteriológico*: primeiro o ser humano reconhece e aceita, no fato natural, uma intervenção divina, faz disso um sinal para si mesmo, ou seja, o concebe como um *sinal da potência*, da existência, da justiça etc. de Deus, dependendo das diversas orientações religiosas que o indivíduo pode ter. Como também a religião progride, quando chega ao *plano soteriológico o ser humano descobre em certos sinais* a presença de um Deus que não é somente *Potência* que cria o mundo ou o castiga, mas manifesta-se a ele diretamente como *Amor*. Temos aqui um processo muito interessante: o ser humano parte da potência, da grandeza, e chega ao amor somente num segundo momento; o amor é uma realidade mais íntima; sua descoberta requer uma reflexão mais pessoal, um re-entrar profundamente em si mesmo para criar *uma relação* que se situe não simplesmente num plano cósmico mas também *pessoal*. É então que se começa a ver Deus como salvador de "um" povo no judaísmo, e como salvador *"do"* povo no cristianismo.

— *Salvador de "um" povo*: da universalidade da potência de Deus criador se passa ao amor de Deus; mas é um amor ainda um pouco ciumento (como diz o AT: "Eu sou um Deus ciumento": Dt 5,9), um amor circunscrito; na mentalidade comum do judeu, *Deus ama somente o seu povo* (os profetas negam continuamente esse modo de pensar; e esta era uma das razões pelas quais não eram ouvidos).

— *Salvador "do" povo*: passa-se ao conhecimento do amor que Deus tem por todos os seres humanos. É o momento soteriológico do cristianismo.

O diálogo, portanto, se desenvolve por graus, porque o ser humano responde gradualmente a uma revelação que é, ela própria, gradual.

c) Esse diálogo acontece, todavia, *numa linha histórica* no sentido de que os "sinais" não são produtos de invenção mas são ambientados no tempo e no espaço e têm determinadas características (temporalidade e espacialidade dos sinais); *o sinal serve, por isso, para historicizar a intervenção divina*. Deus cria sempre o mundo, assim como ama sempre os seres humanos. Mas, a certa altura, com o sinal procura-se identificar num determinado fato — qualquer que seja o seu significado — esta particular intervenção divina. E é justamente através dessa *identificação do sinal* que se procura *trazer Deus para a história*: "Deus falou a Abraão". Não se pretende pôr em dúvida a historicidade da pessoa de Abraão, nem a de Moisés — isso é deixado para outros campos da pesquisa; mas o fato de apresentar Deus que fala a um determinado ser humano num determinado tempo, encontro que acabará condicionando toda a história sucessiva, é precisamente o modo com o qual se *historiciza a intervenção de Deus*; e isso não num plano humano, mas no sentido de que a intervenção divina, entrando na história humana ("sinal"), leva esse momento histórico (o momento, por exemplo, de Abraão) a ser o ponto de ruptura do tempo precedente e o início do tempo seguinte: começa a revelação abraâmica, uma revelação que parte do paganismo e chega ao judaísmo.

Abraão era um pagão que Deus chamou: "Sai da tua terra, da tua família, da tua pátria, da tua cidade, e vai onde eu te direi"; é o caminho em direção a Deus, o itinerário para Deus, do qual falarão Santo Agostinho, São Boaventura e todos os místicos, e que está na base da Sagrada Escritura onde se fala das duas vias da vida do ser humano: uma que conduz ao mal, outra que conduz ao bem. Santo Agostinho, mais tarde, considerará essas duas vias como as criadoras uma da Cidade de Deus, e a outra da cidade do mal.

3. Unicidade e unidade da salvação (Mistério de Cristo)

A salvação — tomada aqui sempre como realidade única e universal, pois "Deus quer que todos os seres humanos sejam salvos" — é historicizada pelos sinais. Ora, os *sinais*, embora distintos em momentos sucessivos, formam uma *unidade substancial* entre si, enquanto são sempre, de forma distinta, *revelação e realização* do único desígnio divino que é a salvação. Portanto, da unidade da salvação os sinais extraem, mesmo em sua sucessão temporal, um denominador comum: a *unicidade do desígnio divino*. Com efeito, num modo diferente, no qual precisamente os sinais se distinguem um do outro, são sempre *revelação-atuação* daquela *única realidade*. Por conseguinte, o sinal apresenta dois aspectos:

— O aspecto pelo qual *cada sinal é diferente do sinal sucessivo.*

— O aspecto pelo qual, num e noutro sinal, há concretamente *a revelação e atuação do único desígnio divino,* mas realizado de forma diferente.

A realidade desses sinais, dessas intervenções divinas, é o *Mistério de Cristo,* que se apresenta

- Como *presença invisível* na religião natural.

- Como *presença prometida* (já sentida, de certa forma) no judaísmo.

- Como *presença revelada e atuada* no Cristo histórico.

Sem entrarmos na questão do "mistério", entendido no sentido de "ação cultual", esclareçamos o conceito de "Mistério de Cristo", que denomina a realidade da salvação.

A) Em São Paulo

Existe um "Mistério de Deus": o plano que Deus mantém escondido desde todos os séculos (Cl 1,25; Ef 1,9); quando esse plano de salvação se revela, de "Mistério de Deus" se transforma em "Mistério de Cristo" (Ef 3,3; Cl 1,27; 2,2). As duas expressões parecem iguais, mas, na realidade, não têm o mesmo significado.

Em outras palavras, do ponto de vista terminológico, falar de "Mistério de Cristo" é bem exato; menos exato é falar de "Mistério de Deus". Isso porque "mistério", ao contrário daquilo que normalmente pensamos tendo por base o uso corrente da palavra, etimologicamente significa não "aquilo que está oculto" mas sim "revelação daquilo que estava oculto". Cícero traduz a palavra *mystéria* com *initia*, que em português deu lugar a "iniciação" com o significado de "ingresso, início de conhecimento". A iniciação aos mistérios de uma religião em grego é chamada de *mystérion* (do verbo *myein*, que quer dizer precisamente "iniciar a", "ensinar", "fazer conhecer", acrescido do sufixo *-térion*, que normalmente é acrescentado à palavra para fazer lembrar o lugar no qual se desenvolve a ação ou o modo da ação feita; este tem, por isso, sempre um significado concreto (cf. outras palavras, como *ergastérion* = "lugar onde se trabalha, prisão"; *koimetérion* = "lugar onde se dorme, cemitério" etc., que contêm o mesmo sufixo.

Cristo é o "modo", o "lugar", o "momento" no qual Deus se revela.

— *A realidade "Cristo" é uma realidade invisível, existente no mundo desde o princípio* porque "nele que foram criadas todas as coisas [...]. Ele é a cabeça de tudo o que existe, ele é o primogênito de toda criatura" (Cl 1,15-16); portanto, é aquele que guia, que move, que está no princípio da criação. A criação não o vê, não o sente, mas ele é o primeiro e está na criação. Esta presença invisível de Cristo é a presença dominante também na religião natural, a que justifica aquilo que chamamos de "lei natural" e tantas outras coisas.

— Tal presença, em determinado momento, é *prometida* como presença visível — é somente prometida ou preanunciada — e isso é o judaísmo, o qual "crê no Cristo *vindouro*". Isso não quer dizer, no entanto, que o judaísmo estivesse vendo diante de si uma determinada verdade chamada "Cristo"; o judaísmo obedece a uma "lei" de Deus, a qual é ordenada a preparar o momento no qual Cristo se revelará; o fato de o povo se deixar guiar por esta voz comporta uma aceitação implícita daquilo que a voz contém.

— A presença é *revelada*: no NT Cristo diz: "Eis que estou no meio de vós" (Mt 28,20); no AT Deus havia dito: "Eu estarei no meio de vós" (Ex 29,43). Há muitos modos de estar "no meio de vós". Em determinado momento Deus opera isso de modo *visível*: "Vós podeis me ver [...]. Quem me vê, vê o Pai" (Jo 14,9).

B) Nos Padres da Igreja

Os Padres da Igreja compreenderam muito bem esta perenidade e presença do Mistério de Cristo na história da salvação. Eis alguns exemplos:

CLEMENTE DE ALEXANDRIA, *Stromata* 6,13:[7]

> Não há senão *uma só aliança* e é *aquele* que, portador da salvação desde o princípio do mundo, *veio a nós*, tendo presente que ele é *diferente* nos seus dons, segundo a *diversidade dos tempos* [...]. De fato, é natural que haja *um só dom irrevogável* da salvação da parte de *um só Deus*, por meio de *um só Mediador*, e é ele que rompeu o muro divisório e assim os dois povos chegaram à *unidade da fé* para não ser senão *um só povo* eleito (São Paulo, em Ef 2,13, fala de Cristo que, vindo ao mundo, rompeu o muro divisório que existia entre o povo judeu "da revelação" e o povo "da não revelação". Em Rm 15,8-9, o Apóstolo desenvolve a mesma ideia: enquanto os judeus agradecerão a Deus porque ele é fiel às promessas feitas aos pais, os gentios o louvarão porque lhes deu o mesmo por misericórdia. Deus é sempre idêntico).

---

[7] PG 9, 328.

Santo Agostinho, *Sermo* 300:[8]

Ninguém pense que, antes de existir o povo cristão, Deus não tivesse um povo; aliás, falando com maior propriedade, *também o povo de então era um povo cristão*.

É o conceito de "Igreja eterna", muito comum na Antiguidade e refletido na imagem do *Apocalipse*, no qual a Igreja é apresentada como "a Cidade preparada como uma esposa, que vem de Deus" ao mundo; esta já existe em Deus e desce. A *"Igreja que desce"* nada mais é do que a realidade da redenção que existe em Deus, mas que em determinado momento se torna concreta, como pode ser concreta uma cidade, uma igreja; essa redenção é vista, sentida, vivida. A "Igreja que desce" é o plano da salvação que se torna "existência" para nós. Os Padres da Igreja, de resto, falam em *Ecclesia ab Abel* ["Igreja depois de Abel"]: a Igreja começa com Abel, enquanto representante do ser humano justo.

SANTO AGOSTINHO, ainda, no seu *Comentário aos Salmos*:[9]

Cristo é a nossa Cabeça e nós somos membros do seu corpo. Só nós o somos, ou o foram também aqueles que existiram antes de nós? Todos aqueles que *desde o princípio* do mundo foram justos têm Cristo como Cabeça.

Eles acreditaram *nele vindouro*, ou seja, no mesmo que nós acreditamos *já vindo*, e foram *salvos na mesma fé* na qual nós fomos salvos.

O Mistério de Cristo nos sinais

O mesmo processo (presença invisível, presença prometida, presença revelada) acontece em relação àquilo que dissemos a propósito dos sinais:

— Do "ser humano", que é imagem viva de Deus, através dos fenômenos naturais, como o "arco-íris", que é o sinal (*presença invisível*)

---

[8] PL 38, 1377.

[9] AGOSTINHO, *In Psalmum* 36, 3-4; PL 36, 385.

da aliança entre Deus e os seres humanos, quase que a última marca da criação não obstante os pecados do ser humano;

— Passa-se para a aliança, que é uma *presença divina simbolizada*: "Eu serei o seu Deus" (Ex 6,7); "Habitarei no meio dos filhos de Israel e serei o seu Deus" (Ex 29,43-45). Esse "habitar no meio" do povo será o sinal de que Israel é o povo de Deus (Ex 33,13-16). A "tenda" será o *sinal* de que Deus é Deus-do-povo e de que Israel é o povo-de-Deus, pertencente a Deus; e assim

— Chega-se à *aliança nova*. A *presença divina* simbolizada *torna-se real e interior ao ser humano*: "A Palavra se fez carne e veio morar entre nós" (Jo 1,14). Fato concreto: não só "entre os seres humanos", mas "como ser humano"; a Palavra entrou no ser humano.

É o *cumprimento* daquilo que havia sido prometido:

- Mt 1,21-23: anunciando o nascimento de Jesus, salvação divina (o Santo: aquele que nascerá de Maria e do Espírito Santo), o evangelista antes identifica "Jesus" com "salvação" (v. 21: "Porás nele o nome de 'Jesus', *porque* ele vai 'salvar' o seu povo dos seus pecados") e depois, no v. 23, como prova dessa "salvação" dada por Deus ao mundo, cita Is 7,14: "Eis que a virgem conceberá e dará à luz um filho e lhe porá o nome de Emanuel [Deus-Conosco]"; sabendo que a presença de "Deus entre nós" é o sinal da "salvação", para explicar "Jesus-salvação" Mateus serve-se do sinal "Jesus-Emanuel".

- O *Apocalipse*, que é a apresentação de todo o mistério da Igreja, falando-nos da Jerusalém nova (Igreja), que desce do céu, diz: "Eles [os seres humanos] serão o seu povo, e o próprio Deus-com-eles será seu Deus" (21,3).

João escreve em grego e não usa a palavra hebraica "Emanuel", mas dá a sua tradução literal em grego: *ho Theòs met auton* ("O Deus-com-eles") será o seu Deus. Nós deveríamos, por assim dizer, re-traduzir para o hebraico: "E o próprio Emanuel será o seu Deus". Esse Emanuel é Deus, mas é Deus que se encarnou, aquele que o mesmo João chama de "o Cordeiro".

Portanto, *o Deus salvador do povo* ("eu serei o seu Deus e estarei no meio deles") é *Cristo*, porque Jesus (*Deus encarnado*) é o Emanuel. Esse Emanuel (o "Deus-com-eles") será o "seu Deus": *o Deus da Igreja é Cristo Salvador.*

4. Variedade dos sinais na unidade da salvação

A realidade única — que é a salvação, que é Cristo (nunca se deve distinguir entre Cristo e salvação, porque a salvação é um conceito que também pode ser abstrato, enquanto Cristo é a realização concreta dessa salvação) — foi *apresentada com sinais diferentes, segundo a diversidade do tempo relacionado a Cristo.*

O tempo, em relação a Cristo, não é sempre igual: há um tempo que o precede, há um tempo que o acompanha, há um tempo que o segue. Essa relação distinta existente entre o tempo e Cristo tem alguns sinais que são distintos em razão dessa relação, não obstante os sinais serem, como dissemos, *sempre sinais da realidade única e universal,* que é a *salvação,* que é Cristo.

LEÃO MAGNO, *Sermo* 23,3-4,[10] diz (o texto é aqui resumido):

Para a *salvação*, não basta o ensinamento da Lei, nem o profetismo (nem a *doctrina legalis*, nem a *doctrina prophetarum*), pois às *doutrinas* morais

---

[10] PL 54, 201-202.

(*instituta*, palavra mais completa do que *doctrina* e que seria necessário traduzir com "doutrinas teóricas e práticas") é preciso acrescentar a *"verdade"* (realidade) *da redenção* "através da oferta de uma vítima de reconciliação" (isto é, através de um sacrifício concreto). Essa oferta teve como consequência que "o divino desígnio, segundo o qual o pecado do mundo devia ser destruído por meio do *nascimento* e da *Paixão* de Cristo (o mistério total da encarnação e da Páscoa), *viria a pertencer às gerações de todos os séculos"*. "A encarnação do Verbo implicava que acontecesse no futuro aquilo que já havia acontecido (*hoc contulit faciendum quod factum*: literalmente, o 'fato' ainda teria sido 'factível'), e assim o sacramento da salvação humana nunca se tornou tão antiquado a ponto de cessar de existir e de agir. Deus estabeleceu uma única e idêntica fonte de salvação *desde a criação do mundo, e este grande sacramento do seu amor* (Cristo) foi tão válido, inclusive nos seus sinais simbólicos, que *agiu* sobre aqueles que creram nele quando ele estava *prometido* tanto quanto agiu naqueles que o acolheram quando ele foi *realmente doado".*

Não deixemos escapar a força desse discurso: a encarnação fez com que, no devir, se cumprisse sempre no mundo aquilo que já havia se cumprido; em outras palavras: a presença de Cristo no mundo por meio do mistério da encarnação se tornou um fato cuja continuidade se estenderia por todos os séculos. Isso porque *no Mistério de Cristo não há medida de tempo* (antigo, recente, novo), *embora haja uma relação com o tempo*; trata-se, com efeito, de uma realidade única. Hoje, esse mistério — sacramento do amor de Deus — encheu o mundo. Mas foi sempre tão válido, "ainda que em seus sinais simbólicos", a ponto de poder agir sobre aqueles que o consideravam prometido da mesma forma que age sobre nós, que o acolhemos realmente doado.

Consequentemente, *Cristo é o sacramento primordial*, o sinal da ação salvífica de Deus, o sinal do Amor total, universal.

5. A fé, ponte entre os sinais e Cristo

Assim como os sinais dos quais até agora falamos são percebidos com a *fé*, estes serão *diferentes* dependendo da *relação diferente* que a fé estabelece *entre Cristo e os seres humanos*: Cristo é — como os textos no-lo explicam — realidade perene atemporal, que existe desde antes da criação do mundo e que sempre agiu sobre todos os seres humanos de um modo ou de outro, mas que tem uma relação diferenciada com os seres humanos, os quais, pelo contrário, se movem no tempo.

SANTO AGOSTINHO faz justamente essa distinção recorrendo à conjugação verbal segundo a qual, falando de Cristo, dizemos *factum est* ("foi feito") ou *faciendum* ("que deve ser feito"), *Christus venit* ("Cristo vem") ou *Christus venturus est* ("Cristo há de vir") (é o mesmo discurso que ouvimos São Leão Magno fazer na passagem citada anteriormente: *Hoc contulit faciendum quod factum* ["Por isso ofereceu aquilo que deve ser feito porque fez-se"]).

Temos, portanto:

a) *Unidade de Cristo*, que é sacramento primordial de salvação;

b) *Unidade de fé* em que o objeto é sempre Cristo (única verdade, único Deus, única salvação, único Mediador para um único povo).

Mas temos também:

c) *Diversidade* de sinais, porquanto estes significam a distinta relação do tempo — ou seja, dos seres humanos — com Cristo.

AGOSTINHO, *De peccatorum meritis et remissione* 2, 29, 47:[11]

---

[11] PL 44, 179.

Antes do seu nascimento na carne, da fraqueza da sua Paixão e da força da sua ressurreição, aqueles que viviam naquele tempo eram por Cristo formados pela fé naqueles mesmos acontecimentos que eram ainda *futuros*. No entanto, aqueles que tinham sob os olhos a realização das coisas e viam o cumprimento daquilo que havia sido predito eram por Cristo formados pela fé nos mesmos acontecimentos tornados *presentes*; e com a fé nos mesmos acontecimentos já *passados*, Cristo não cessa de formar seja aqueles que vieram depois dos fatos, seja nós mesmos e aqueles que virão depois de nós. *Única é, portanto, a fé que salva a todos* [...]. *Mas com o mudar dos tempos mudaram os sacramentos dessa única fé, a fim de tornar mais adequado o modo de significá-la.*

Há, por conseguinte, um tempo diferenciado: o passado, antes de Cristo; o presente de Cristo; o tempo depois de Cristo; mas a realidade é única (nascimento-Paixão-ressurreição de Cristo) e única é a fé; com a mesma fé Cristo "formava" (*informabat*), quase que "preenchia de si mesmo", os seres humanos do tempo seja precedente, seja contemporâneo, seja sucessivo à sua vida histórica.

AGOSTINHO, *Epistola* 102, 12:[12]

A mesma e idêntica realidade é *pregada* (*praedicatur*, "dita ao presente" [*prae*] = Novo Testamento) ou *profetizada* (pré-anunciada = AT) com ritos e sacramentos (sinais sagrados) diferentes; daqui, portanto, a *diversidade de nomes e de sinais* entre antes e depois, e além disso, antes eram mais obscuros, depois se tornaram mais claros.[13]

AGOSTINHO, *Contra Faustum* 19, 13-14:[14]

---

[12] PL 33, 374.
[13] Cf. também AGOSTINHO, *Epistola* 157, 14; PL 33, 680-681.
[14] PL 42, 355-356.

Em resumo: os antigos sacramentos, sendo relativos a Cristo *vindouro*, cessaram com a *vinda* de Cristo, tendo esta os levado ao seu cumprimento [...]; aqueles (AT) eram *promessas* de acontecimentos *futuros*; estes (NT) são indícios de fatos *acontecidos*.[15]

Portanto, o "sinal" do AT e o do NT se distinguem por uma distinta *perspectiva referente a Cristo*; agem também de uma *forma distinta*, mas exercem uma *idêntica salvação*:

a) Os sinais do AT são proclamação de uma promessa: no diálogo que o sacramento cria há uma proclamação de fé no futuro por parte do ser humano. O sacramento do AT não age por uma realidade vista como presente, mas é *dinamismo em relação à realidade futura*. Faz-se presente o desígnio de salvação, o Mistério de Cristo, mas este ainda não se revelou enquanto tal.

Uma leitura atenta dos ritos judaicos demonstra claramente que os mesmos anunciam a fé numa realidade futura.

Neste sentido, o culto do AT — estando fundamentado em ações divinas que têm um significado "profético", porque são projetadas em direção ao futuro — é dito, em comparação com o NT:

- "Parábola" (símbolo) do tempo presente: Hb 9,9; 11,19 fala precisamente do AT como de *parabolè eis tòn kairòn tòn enestekóta* (parábola relativa ao tempo presente, ou seja, ao tempo cristão). (Uma "parábola" é um símbolo que "impele, se move para": vem do verbo *parabállo*.)

- "Sombra" em sentido um pouco mais negativo — mas, como já vimos, não de todo negativo.

---

[15] Cf. ibid., 16, 356; Leão Magno, *Sermo* 24, 1; PL 54, 204. [Ed. bras.: *Sermões*. São Paulo, Paulus, 1996.]

b) Quando do cumprimento da realidade prometida (NT), os sinais mudam: *tornam-se "imagens da própria realidade"* (Hb 10,1), isto é, do ato existente como acontecido. São "imagens" no sentido que explicamos; ou seja, levam à realidade, a qual, neste caso, já que se trata de ações, é um "acontecimento acontecido" (a expressão, estilisticamente criticável, quer sublinhar a real concretude do acontecimento).

c) O mudar dos sinais — do NT ao AT — depende da:

- *Mutação de significado*: esta não é dada somente por uma relação exterior de temporalidade (presente-futuro, passado-futuro etc.), mas por uma relação mais íntima com: (1) a "promessa" (algo ainda não existente); ou com (2) a "realidade" (algo concretamente existente).

- *Mutação de eficácia:*

— *No AT,* o sinal se refere ao Cristo vindouro, isto é, a uma realidade sempre única, que é a salvação, que é Cristo, percebida só com a fé. Esta é a grande tese de Paulo: todos os ritos do AT são *os sinais da fé*; "sinais" no sentido de que o seu valor está no fato de estes testemunharem a fé. A fé precede o sinal (Abraão foi salvo não pela circuncisão, mas pela fé; e deve preceder todas as obras da lei, as quais, se falta a fé, não servem para nada. A Lei, de fato, veio *propter transgressiones* (porque os seres humanos "continuavam a pecar") e tende a conter; mas sozinha, sem a persuasão pessoal, não pode conter.

Esse sinal *age*, portanto, só *em virtude de um contato de pura fé*. Esse é o *leitmotiv* do capítulo 11 da Carta aos Hebreus: Abel acreditava, Henoc acreditava, Abraão acreditava, Moisés acreditava etc., e "todos eles morreram firmes na fé. Não chegaram a desfrutar a realização da promessa, mas puderam vê-la e saudá-la de longe" (v. 13). Não tinham a realidade: "pela fé" Abel ofereceu o sacrifício; "pela fé" Noé preparou a arca; "pela fé" Moisés celebrou a Páscoa; mas eles ainda não tinham a realidade. Parece até que o autor sagrado queira formar uma longa genealogia da fé, até fazer ver que os patriarcas do AT chegaram a sofrer injúria, ludíbrio, a andar errantes, a habitar nas cavernas e a morrer — referindo-se em parte à história do deserto, mas sobretudo à história dos Macabeus — pela fé, sem nunca poder tocar a realidade.

— *No NT*, o sinal se refere a Cristo, da mesma forma que no AT, mas a Cristo como momento *já realizado* da história da salvação. No NT, se com a fé se *percebe o sinal* ("Cristo fez o sinal [...] e acreditaram nele"), *toca-se a realidade concreta* da salvação que foi realizada. Não se vai mais em direção a algo que deve acontecer, mas, desta vez, crendo se crê que Cristo *nasceu*, se crê que *sofreu*, que *morreu e ressuscitou*: uma realidade, e não mais só uma promessa. Cremos não em Cristo que *virá* mas sim em Cristo que *veio*. Leão Magno, no *Sermo* 23, 4-5[16], pode de fato dizer que os antigos acreditaram na promessa (*credidere promissum*): *acreditaram* em Cristo prometido, enquanto os do NT *acolheram* o dom (*suscepere donatum*: acolheram aquele que foi doado). Mesmo quem crê, em certo sentido, recebe, se põe em contato, mas se trata ainda de um contato muito abstrato: se

---

[16] PL 54, 202-203.

os primeiros "investiram numa promessa" — essa seria uma boa tradução —, os segundos alcançaram a promessa que se tornou realidade.

Continua São Leão: esse "dom" é a *salvação realizada* por Cristo e em Cristo na humanidade, porque Cristo assumiu-nos (*suscepit*) para si ("encarnação" quer dizer Deus que assume a humanidade) e nós o assumimos (*suscepimus*) em nós [Nota: O verbo está sempre no passado histórico; Leão Magno, que fala e vive no séc. V d.C., falando da encarnação ocorrida em Cristo, diz "nós assumimos"]; "[...] e como o Senhor Jesus se tornou nossa carne com o seu nascer, da mesma forma nós nos tornamos seu corpo com o renascer". O "nascer" de Cristo é sinal da presença de Deus no mundo e no ser humano; o nosso "renascer" sacramental é sinal da nossa presença em Cristo.

6. Cristo, sacramento primordial — síntese da salvação

Cristo — não Jesus, mas Cristo enquanto humanidade + divindade — é o grande sacramento, o sacramento-base; melhor ainda: o *sacramento fontal* (o sacramento do qual todos os sacramentos descendem). Ou seja, ele é o sinal realizado por Deus (Jo 6,28) como *síntese* de toda a salvação: Ele é a salvação. (Nós o chamamos agora de "síntese", porque esta nos levará, mais adiante, à análise.)

Cristo é sacramento-base, sacramento total, mas — gostaríamos de dizer — não único, no sentido de que este se realiza *nos diversos sacramentos*. Cristo é sacramento no momento em que ele nos assumiu, mas depois há "*o sacramento*" no momento em que nós o assumimos.

Dessa fonte sacramental derivam todos os sinais, ou seja, todas as obras de Cristo, vistas e interpretadas em função da salvação (vimos que entre as "obras" e os "sinais" não há diferença, mas que o uso dos dois termos depende do sujeito do qual se fala, respectivamente Cristo e João, com uma única exceção. Dizemos "interpretadas no plano da salvação" porque a fé é o olhar, a visão interior que supera o fato exterior: Hb 11,1: "A fé é o conteúdo (*substantia*) das coisas que não se veem". A fé supera o fato externo ("comer os pães") e entende os sinais, o significado da ação de Cristo.

A derivação de todas as "obras-sinais" do "Sinal-Obra" máxima da salvação, que é Cristo, deve ser tomada em sentido *concreto*: os sinais (ou seja, os sacramentos) são concretizações parciais da realidade essencial, única e unitária, que é a vontade de salvação, existente no Pai e realizada em Cristo, isto é, o Amor infinito de Deus pelo ser humano. "Deus amou tanto o mundo, que deu o seu Filho único" (Jo 3,16).

Por isso, o autor da Carta aos Hebreus, o qual fala *no* Novo Testamento, no texto de Hb 10,1 diz que o AT nos dá "a sombra dos bens futuros, enquanto nós (NT) temos a imagem das coisas feitas". (Muitas vezes as traduções não colocam suficientemente em evidência o contraste entre *méllon* ("aquilo que é pelo fato de ser") e *prágma* (não "coisa" mas sim "coisa feita"). Para nós, os sacramentos são a imagem de coisas acontecidas, de uma realidade, como Cristo "é *imagem* do Deus invisível" (Cl 1,15, *imago Dei invisibilis*); não de uma *essência* de Deus, mas daquela que chamamos, segundo a linguagem do AT, de *realidade* de Deus, isto é, "o Deus que age para a salvação dos seres humanos". São Paulo, de fato (Cl 1,16s), acrescenta: "*Pois* é nele que foram criadas todas as coisas [...]. Tudo foi criado através dele e para ele. Ele é o princípio de toda criatura [...]. Pois Deus quis fazer habitar *nele toda a plenitude da divindade*". Por conseguinte, *os sacramentos são a "imagem" das coisas acontecidas, como Cristo é "imagem" do Deus invisível; nos dois casos a imagem é plena, carrega uma realidade.*

Veremos a seguir, além do mais, que os sacramentos são sempre sacramentos *pascais*, uma vez que sempre possuem uma referência direta, não acidental, à Páscoa; trata-se praticamente de projeções distintas da única realidade da Páscoa, sempre contendo a Páscoa. (Antigamente, quando se falava de *sacramenta paschalia* ["sacramentos pascais"], se fazia referência a tudo: Batismo, Crisma e Eucaristia, os sacramentos essenciais do cristianismo.)

Tendo presente essa relação direta entre os sacramentos e a Páscoa, pode-se aplicar muito bem a toda a nossa explicação dos sinais aquilo que diz uma das mais antigas homilias que possuímos (começo do séc. IV), a homilia atribuída ao "Pseudo-Hipólito". Ali explica-se o texto da Escritura sobre a Páscoa, palavra por palavra:

> A Páscoa é a *Páscoa do Senhor*; e poderia o Espírito Santo falar mais claro do que assim? A Páscoa *do Senhor*, com efeito, não é *figura*, não é *história*, não é *sombra*, mas é a *Páscoa-verdade* do Senhor.[17]

Que os sacramentos não sejam figura, nem história, nem sombra, no-lo afirmam também a terminologia que podemos ler nas liturgias orientais, nas quais a Eucaristia é chama de "antítipo" (realidade). Para os Padres gregos, Cristo e a Eucaristia (ambos realidades) são chamados com o mesmo nome, justamente para indicar que o sacramento contém uma realidade como Cristo era real. Quando, pelo contrário, querem indicar que a realidade total absoluta — Cristo — existe na Eucaristia de uma forma diferente, então chamam a própria Eucaristia de "imagem" (modo especial de ser da própria realidade).

---

[17] SC 27, p. 159.

Capítulo II
A instituição dos sacramentos

Depois do nosso exame sobre os sinais sacramentais, ou melhor, sobre os sinais sagrados em geral, entramos agora num argumento típico da teologia escolástica: a instituição dos sacramentos cristãos.

I. O Concílio de Trento

Na Sessão VII, cân. 1, DS* 1601, o Concílio declara:

> Se alguém afirmar que os sacramentos da Nova Lei não foram todos instituídos por Cristo nosso Senhor [...], seja excomungado (*anathema sit*).

Essa afirmação conciliar deve ser colocada em seu ambiente histórico: trata-se de uma proposição em polêmica direta antiprotestante. Os protestantes daquela época admitiam como sacramentos instituídos por Cristo com certeza o Batismo e a Eucaristia; a instituição dos

---

* Ed. bras.: Denzinger, H.; Hünermann, P. *Compêndio dos símbolos, definições e declarações de fé e moral*. São Paulo, Paulinas/Loyola, 2007 (N.E.).

demais sacramentos tornava-se problemática, enquanto para a Unção dos Enfermos negava-se absolutamente a instituição da parte de Cristo. A propósito deste último sacramento, o Concílio Tridentino, na Sessão XIV, afirma que este também foi instituído por Cristo e posteriormente promulgado pelo Apóstolo Tiago (DS 1695 e 1716).

Por essas razões, o acento da definição tridentina cai sobre a palavra "todos". Um acento secundário é colocado, todavia, como consequência necessária, sobre a "instituição", da parte de Cristo, de todos os sacramentos.

Entenda-se bem: a afirmação vale de Trento em diante (não se podem fazer leis retroativas). De fato, entre os próprios escolásticos havia alguns teólogos que negavam que todos os sacramentos tivessem sido instituídos por Cristo.

II. O que se entende por "instituição dos sacramentos"?

1. *Interpretação comum*. Muitíssimos autores,[1] os quais talvez em parte dependam um do outro, mas que de qualquer modo se remetem todos a Santo Tomás, dão à instituição dos sacramentos, em termos mais ou menos análogos, a seguinte *definição*: "Agregar a coisas sensíveis o poder de significar e de produzir a graça". Essa pode ser considerada uma definição comum, que provavelmente depende de Santo Tomás, *Summa Theol.*, q. 64, a. 2, no *sed contra: Ille instituit aliquid qui dat ei robur et virtutem, ut patet de institutoribus legum* ("institui algo que dá à coisa mesma uma força e um poder — isto é, quando

---

[1] Cf. PIOLANTI, A. *De Sacramentis*. Roma, 1960, p. 99; *Schmaus*, M. *Dogmatica cattolica*. v. IV/I, Torino, 1966; BRINKTRINE, J. *Die Lehre der heiligen Sakramente der Kirche*. v. I. Paderbon, 1961, p. 60.

A INSTITUIÇÃO DOS SACRAMENTOS

anexa uma sanção ou uma eficácia — como se vê no caso dos instituidores das leis").[2]

2. Santo Tomás, em geral seguido pelos teólogos, ao falar da "instituição" fixa a sua atenção diretamente sobre o *efeito interior* operado pelo sacramento e que ele chama genericamente de "graça" (ibid., q. 64, a. 1) ou "eficácia" (*virtus*: ibid., q. 64, a 2). Tratando-se de um "efeito", isso necessariamente conduz a uma "causa", que no caso pode ser vista no agente principal ou no agente ministerial-instrumental. Mas o efeito do qual se fala é a "graça" ("autoinfusão de Deus na alma"; ibid., q. 64, a. 1) e esta não pode ter outra origem senão Deus; por conseguinte, só Deus (ou Cristo enquanto Deus: ibid., q. 64, a. 2, ad 1; 3) *é o instituidor dos sacramentos*.

Considerando, no entanto, a causa ministerial-instrumental, os sacramentos dependem de Cristo, aliás, mais propriamente da sua Paixão, o qual é a causa "meritória e efetiva" deles, mas em posição "instrumental". De fato, "a humanidade de Cristo é instrumento da sua divindade" (ibid., q. 64, a. 3).

Na ordem dos "instrumentos" da graça, todavia, compete a Cristo-ser humano, em relação aos instrumentos de aplicação (neste caso os "ministros" dos sacramentos), uma posição de "instrumento principal e causante", enquanto a Cristo-Deus compete "o poder de autoridade", ou seja, o poder de estabelecer autoritativamente que certas coisas sensíveis possam transmitir a "graça".

---

[2] Na *Summa*, a "questão" é dividida em "artigos" (que examinam os seus diversos aspectos), seguindo a forma da disputa clássica; no artigo encontram-se primeiro as "objeções", seguidas de um *sed contra*, que é um princípio geral bíblico ou teológico-filosófico, colocado em oposição às objeções; segue-se a exposição geral da resposta do mestre (o "corpo" do artigo: *Respondeo dicendum*), e enfim são dadas as respostas particulares a cada uma das objeções. O "corpo" ou as respostas às objeções normalmente aceitam o princípio do *sed contra*, mas muitas vezes confutam o próprio princípio, ou lhe acrescentam algum detalhe, como acontece justamente na citação da *Summa Theol.* III, 64, 2.

Em outras palavras:

a) Sendo a intenção interna dos sacramentos dar a "graça-autoinfusão de Deus ao ser humano" e esta não podendo provir senão de Deus (ou de Cristo enquanto deus), os sacramentos são unicamente de instituição divina.

b) Nessa instituição, além do agente principal que é Deus, intervém como agente "instrumental-principal" (em posição de "excelência", afirma Santo Tomás: ibid., q. 64, a. 3), a humanidade de Cristo, cuja Paixão funciona como "causa meritório-efetiva instrumental".

c) A instituição divina dos sacramentos estende-se, no entanto, também aos elementos materiais dos quais eles são compostos, e que — pelo menos quanto à parte que se requer "necessariamente" para o sacramento (termo técnico latim: *de necessitate sacramenti*) — foram instituídos por Cristo. Esses elementos materiais fundamentam-se sobre "certa característica das coisas que significam efeitos espirituais, característica que todavia é especificada pela instituição divina, a qual faz da própria característica um meio para explicitar melhor o significado dos sacramentos" (ibid., q. 64, 2, ad 2).

3. A propósito desta exposição sobre a instituição dos sacramentos, deve-se observar que a acurada distinção de Santo Tomás entre "instituição pelo poder de autoridade" (Deus) e "instituição pelo poder da instrumentalidade principal" ou "de excelência" (humanidade-Paixão de Cristo) não exerceu mais uma influência decisiva na teologia desde quando o Concílio de Trento definiu que

> todos os sacramentos da Nova Lei foram instituídos por nosso Senhor Jesus Cristo (Sessão VII, cân. 1, *"De sacramentis"*).

A INSTITUIÇÃO DOS SACRAMENTOS

O cânon tridentino sempre foi interpretado como definição da "instituição dos sacramentos por parte de Cristo", e a atenção era posta sobre o "sinal sacramental" mais do que sobre o seu conteúdo (a propósito do qual valia sobretudo a explicação tomista da "instituição").

A teologia posterior, movida tanto por razões de princípio como por razões de ordem histórica, pelo contrário, se perguntou se a "instituição" por parte de Cristo devia ser entendida:

— Como *instituição imediata*: neste caso Cristo teria instituído "pessoalmente" todos os sacramentos, atribuindo tanto uma determinada graça quanto um determinado rito externo a cada sacramento;

— Ou como *instituição mediata*: neste caso Cristo, manifestada a sua vontade de conferir a graça por meio de um rito sacramental, teria deixado aos apóstolos ou à Igreja o poder de determinar o número e o modo dos sacramentos.

Os teólogos, normalmente, consideram que o cânon tridentino deve ser interpretado em favor de uma "instituição imediata" da parte de Cristo. Também neste caso, todavia, vale perguntar se a determinação do rito sacramental em relação a uma determinada graça deva ser considerada:

— Como *determinação genérica*: Cristo teria, por exemplo, estabelecido que a Eucaristia deveria ser uma comunicação de graça (conteúdo) através do sinal do alimento (rito);

— Como *determinação específica*: Cristo teria estabelecido (no mesmo exemplo) que na Eucaristia a graça (conteúdo) deveria ser comunicada no sinal-alimento do pão e do vinho (rito);

— Como *determinação nos particulares*: Cristo teria estabelecido (mesmo exemplo) que na Eucaristia a graça (conteúdo) deveria ser comunicada no sinal do pão ázimo e do vinho de uva (rito).

4. As opiniões a este respeito são contrastantes e não nos interessa segui-las. Pelo contrário, é a propósito de todo o problema da instituição assim apresentada que gostaríamos de fazer algumas observações.

a) Tudo se baseia sobre o *a priori* de uma definição da ideia de "instituição", sem se perguntar se esse é um procedimento correto no caso de um "sacramento". A definição de "instituição" diz: "Instituir quer dizer atribuir certa força e potência a uma determinada coisa, como acontece com as leis".[3] É claro que o "sacramento" é pensado como uma "lei", ou seja, como algo que manifesta certa vontade (no caso: de graça) e a torna eficaz. A vontade de salvação é própria de Deus; portanto, só Deus pode instituir o sacramento, e ele o faz escolhendo dentre as coisas sensíveis as que melhor se adaptam para especificar o dom da graça.

Essa concepção com um fundo claramente *jurídico* repousa sobre o fato de que:

b) O *sacramento é visto em posição absoluta*, ao passo que se trata de algo essencialmente de "relativo". Explicitando:

Acima de tudo, nessa concepção, o conteúdo do sacramento, ou seja, a graça, é visto como um "unívoco" ("autoinfusão de *Deus* na alma") sem nenhuma relação direta com *Cristo*. (A relação instaurada com a Paixão de Cristo situa-se num plano diferente em confronto com o da "instituição"; de fato, encontra-se no plano do "mérito").

Segundo: o valor "sinal" do sacramento (isto é, na sua situação de rito) é visto principalmente no significado que se deduz das *coisas sensíveis* usadas para significar a "graça". Pelo contrário, sendo o sacramento um rito relativo a Cristo-mistério da salvação, o significado

---

[3] *Summa Theol.* III, q. 64, a. 2, *sed contra.*

do sacramento deve ser descoberto na relação que este estabelece com Cristo e com os seus sucessivos mistérios.

Terceiro: veremos que não foi Cristo quem inventou os "sacramentos", ou seja, quem estabeleceu que *coisa sensível seria adequada para exprimir* a graça. Sua tarefa, com efeito, a partir de sua própria encarnação, e não por uma decisão de vontade ("lei"), foi a de dar *"cumprimento a sinais sagrados da vontade salvífica divina já existentes no nível do anúncio profético"*.

III. Por um conceito exato de "instituição"

Sendo o sacramento um fato de primária importância no NT, pois está diretamente ligado a Cristo, que é "sacramento" por excelência, parece-nos necessário tentar a *via bíblica* para ver se e como, através desta, pode-se chegar a entender o que é a "instituição dos sacramentos" por parte de Cristo.

Mesmo aceitando a doutrina de Trento, que define "terem sido instituídos por Cristo *todos* os sacramentos", nós — dado que a nossa pesquisa quer ser só um exemplo — iremos nos deter sobre apenas dois dos "sete sacramentos", isto é, sobre o Batismo e a Eucaristia. Por primeiro referiremos todos os textos explicitamente relativos a um e a outro dos dois sacramentos; em segundo lugar, examinaremos aquilo que a propósito destes nos diz a "catequese apostólica", expressa nos escritos do NT, para ver em que sentido lá se entende a "instituição" dos sacramentos por parte de Cristo.

1. O Batismo

Citamos somente alguns textos que falam com maior clareza.

a) Mt 28,19 é um texto famoso que, embora tenha sido muito discutido no passado, hoje todos concordam — afora preconceitos particulares — em reconhecê-lo, do ponto de vista documentário, como absolutamente certo. Não há manuscritos em que não se encontrem estas palavras:

> Ide, pois, fazer discípulos entre todas as nações (literalmente: façam meus discípulos todas as gentes — os pagãos), e batizai-as em nome do Pai, do Filho e do Espírito Santo. Ensinai-lhes a observar tudo o que vos tenho ordenado. Eis que estou convosco todos os dias, até o fim dos tempos (ou: dos séculos).

b) Esse texto tem seu paralelo em Mc 16,16, no segundo fechamento do seu Evangelho. (Como se sabe, Marcos tem duas conclusões: Mc 16,8 e Mc 16,9-20). Esta segunda conclusão, bem onde se encontra o nosso texto, embora possa haver alguma dúvida sobre a sua autenticidade marcana, não o é na sua canonicidade, e portanto tem valor de texto revelado. Nele se diz:

> Ide pelo mundo inteiro e anunciai a Boa-Nova a toda criatura! Quem crer e for batizado será salvo.

Como se pode ver, o contexto e o conteúdo essencial não diferem dos de Mt 28,19, ainda que o Batismo apareça mais diretamente como uma "necessidade" do que como uma "ordem".

c) Outro texto, ao qual mais adiante deveremos retornar, é Jo 3,5-8:

> Em verdade, em verdade, te digo: se alguém não nascer da água e do Espírito Santo...

Que aqui se fale do Batismo (deixando de lado a interpretação de toda a tradição e também a interpretação que hoje é dada como óbvia, embora a palavra "Batismo" não se encontre explicitamente na boca de Cristo) é evidente devido ao texto paralelo do mesmo Evangelho (Jo 1,33), no qual se encontra a contraposição "batizar com água" e "batizar no Espírito":

> Aquele que me mandou batizar com água disse-me: o homem sobre o qual vires o Espírito descer e permanecer, é aquele que batiza no Espírito Santo.

O confronto em ambos os textos do mesmo evangelista deixa claro que "renascer da água e do Espírito" corresponde a "batizar no Espírito".

d) At 2,38 (o primeiro Batismo conferido por Pedro):

> Quando ouviram isso, os que se converteram perguntaram a Pedro e aos outros apóstolos: "Irmãos, que devemos fazer?". Pedro respondeu: "Convertei-vos, e cada um de vós seja batizado em nome de Jesus Cristo, para o perdão dos vossos pecados. E recebereis o dom do Espírito Santo".

2. Eucaristia

São quatro os textos (Mt 26,26-29; Mc 14,22-25; Lc 22,19-20; 1Cor 11,23-25) nos quais se fala da "instituição" da Eucaristia. Paulo fala de uma "instituição" quando diz: "De fato, eu recebi do Senhor o que também vos transmiti" (v. 23). (O "ensinamento", em grego *parádosis*, em latim é traduzido com *traditio* ("tradição-transmissão"), mas que tem um equivalente muito exato também na palavra *institutio*, que significa justamente "transmissão doutrinal pela via do ensinamento". Quando os latinos falavam, por exemplo em *institutiones rhetoricae*, *institutiones vitae*, entendiam "ensinamentos dados para exercitar a retórica", "ensinamentos dados para viver" etc. Termo que ainda é usado nos ambientes universitários; por exemplo, em instituições de direito).

Temos, portanto, dois sacramentos — Batismo e Eucaristia — acerca dos quais certamente nos é dado um mandado. Mas consideremos que o ponto mais interessante — a fim de entendermos o que é a "instituição dos sacramentos" — é examinar o modo pelo qual a Bíblia os apresenta.

Por exemplo, de toda a narração da "instituição" da Eucaristia em 1Cor 11,23-25 podemos tomar as palavras "fazei isto", repetidas nos vv. 24 e 25. Se nos limitarmos a elas, teremos "instituição" no sentido entendido por Santo Tomás, isto é, a atribuição, a uma coisa sensível, de um determinado valor, neste caso mediante uma ordem. Estaremos praticamente diante da instituição de uma lei.

Mas precisamos considerar também todo o texto como "instituição"? Com efeito, o Apóstolo diz: "Eu vos ensinei que..." (o meu ensinamento, a minha instrução foi que o Senhor fez isso e disse "fazei isto").

Não podemos parar só na *ordem*. E assim, quanto ao Batismo, não podemos parar nas palavras "ide, ensinai, batizai", mas precisamos examinar aquela que podemos chamar *a catequese* dos dois sacramentos, isto é, *o significado que a própria Escritura nos dá e o quadro no qual esta os coloca*, para saber se podemos falar — e em que sentido — de "instituição dos sacramentos".

A) Catequese batismal

Análise dos textos neotestamentários mais significativos

a) Jo 1,29-34 e, mais particularmente, 33-34

Esse texto deveria ser precedido, a título de introdução, pela passagem dos vv. 19-26 do mesmo capítulo:

> Este é o testemunho de João, quando os judeus enviaram, de Jerusalém, sacerdotes e levitas para lhe perguntar: "Quem és tu?". Ele confessou e

não negou; ele confessou: "Eu não sou o Cristo". Perguntaram: "Quem és, então? Tu és Elias?". Respondeu: "Não sou". "Tu és o profeta?". "Não", respondeu ele. Perguntaram-lhe: "Quem és, afinal? Precisamos dar uma resposta àqueles que nos enviaram. Que dizes de ti mesmo?". Ele declarou: "Eu sou a voz de quem grita no deserto". Eles o interrogaram ainda e lhe disseram: "Por que, então, batizas, se não és o Cristo, nem Elias, nem o profeta?" (19-25).

Vemos, por conseguinte, que o batismo de João Batista é um fato que impressiona os judeus porque — sem levar em conta aquilo que o Batismo pode significar — *lembra uma pessoa determinada*: o Messias (o Cristo), Elias ou o "Profeta". (O "Profeta" é "aquele que deve vir". A seu respeito há uma dupla tradição: o Profeta deve vir em preparação do Messias, ou o Profeta é o próprio Messias; Elias, por sua vez, na tradição judaica, está ligado ao tempo messiânico.) Os judeus não se preocupam com fato de que João pregava, mas sim com o fato de que ele "batizava". O Batismo existia juridicamente entre os judeus; havia se firmado no uso não enquanto fato da Lei mas sim enquanto costume cultual: os prosélitos (os pagãos convertidos), para entrar no judaísmo, deviam receber um Batismo. João, no entanto, não batizava os *pagãos* para introduzi-los no judaísmo mas sim os *judeus*. Eis por que o seu Batismo suscita perplexidades. Segundo uma tradição, é o Messias quem deveria fazer isso; eis por que eles se perguntam se teria chegado o tempo messiânico.

João responde:

Eu batizo com água. Mas entre vós está alguém que vós não conheceis (1,26).

Por ora ele não explica nada mais sobre o Batismo. O discurso é retomado na passagem seguinte, que nos propomos considerar:

No dia seguinte, João viu que Jesus vinha a seu encontro e disse: "Eis o Cordeiro de Deus, aquele que tira o pecado do mundo. É dele que eu falei: 'Depois de mim vem um homem que passou à minha frente, porque antes de mim ele já existia'! Eu também não o conhecia, mas vim batizar com água para que ele fosse manifestado a Israel". João ainda testemunhou: "Eu vi o Espírito descer do céu como pomba, e permanecer sobre ele. Pois eu não o conhecia, mas aquele que me enviou disse-me: 'Aquele sobre quem vires o Espírito descer e permanecer, é ele quem batiza com o Espírito Santo'. Eu vi, e por isso dou testemunho: ele é o Filho de Deus!" (vv. 29-34).

• O *enfoque*: aquilo que interessa ao evangelista — e isso se enquadra no "esquema sacramental" do Evangelho de João — é o Batismo da Igreja, explicando o que isso significa. Para tanto, ele volta às origens.

• *A afirmação: o Batismo é uma obra messiânica* por excelência. Essa afirmação aparece:

— Explicitamente na ligação entre o Batismo de um lado e Cristo, Elias e o Profeta do outro (v. 25). O Batismo cristão não é o batismo de João (os cristãos batizam em nome de Cristo); de qualquer modo, é um Batismo que está ligado à época messiânica; de fato, o evangelista admite que "Cristo" batiza e a tradição judaica aceita que "Cristo" (Messias) seja um batizador;

— Implicitamente na ligação entre o Batismo e o Cordeiro de Deus (v. 29). João Batista diz que o seu batismo é só de água, mas acrescenta: "Eis o Cordeiro de Deus, aquele que tira o pecado do mundo. É dele que eu falei"; e retoma o discurso sobre o batismo: "Eu batizo só com água, mas ele". Ele é outro, um que vós não conheceis mas que é muito mais importante do que eu; é a ele que eu chamo de *"Cordeiro de Deus"*. Eu vim batizar com água para revelar esse Cordeiro de Deus

A INSTITUIÇÃO DOS SACRAMENTOS

que tira os pecados do mundo. O meu batismo não é aquele que tira os pecados; há outro que tira os pecados: o daquele que batiza não com água, mas no Espírito.

O v. 29 contém uma referência claríssima ao famoso texto de Isaías (53,7) no qual o Servo de Iahweh é comparado ao Cordeiro. Deste Servo de Iahweh também é dito explicitamente que "leva sobre si os pecados dos seres humanos" (Is 57,11).

No texto neotestamentário, o verbo usado é *aíro* ("levar embora, tirar"), e não "levar sobre si" somente — como diz o texto grego de Isaías: *féro* — mas "tirar". Os exegetas, todavia, concordam em dizer que os dois conceitos respectivamente de "levar" e de "tirar" (*férein tèn hamartían* (e) *aírein tèn hamartían*) são complementares. Em outras palavras, o Cordeiro "leva sobre si o pecado do mundo para tirá-lo do mundo", como dirá mais tarde São Paulo (Cl 2,14).

• *O Batismo é regeneração dos seres humanos no Espírito e isso por efeito do Cordeiro de Deus que é o portador do Espírito*. O Cordeiro de Deus que tira os pecados do mundo é precisamente não aquele que batiza com água (este é João) mas sim aquele que batiza no Espírito, que é o portador do Espírito: "Aquele sobre quem vires o Espírito descer" (v. 33). Temos aqui a referência a Is 11,2, que fala do Messias e diz: "Sobre ele há de pousar o Espírito do Senhor"; e a 42,1, onde se fala do "Servo de Iahweh": "Eis o meu servo, dou-lhe o meu apoio. É o meu escolhido; sobre ele farei *parar* o meu Espírito". (Nota: João insiste — não só aqui mas também em outros lugares — sobre esse verbo *ménein*, "parar"). O Espírito desce, mas não de modo passageiro; ele permanece sobre o Cordeiro de Deus, a fim de que este, batizando, possa comunicá-lo.

• *Esse Espírito*, que Cristo comunicará ao mundo (aos seres humanos), *será derramado depois da sua Paixão e morte* (Cordeiro = Servo de Iahweh) e depois da sua ressurreição. No-lo diz também Jo 7,37-39: Jesus falava do Espírito que não havia sido ainda dado "porque ele ainda não havia sido glorificado".

João nos apresenta, portanto, o Batismo de Cristo em estreita relação com o Messias, e precisamente em relação seja com a sua *pessoa*, dando a entender que o Espírito por ele comunicado no Batismo nada mais é do que o Espírito que "repousa" sobre ele como Filho de Deus, seja com a sua *morte*, porque o Batismo dado por Cristo se distingue do batismo de João, porquanto leva à remissão dos pecados, que é própria do Messias-Cordeiro de Deus.

b) Jo 3,1-34: sobre o Batismo, Cristo fala com Nicodemos, e João Batista com os seus discípulos:

> Havia alguém dentre os fariseus, chamado Nicodemos [...] ³Jesus respondeu: "Em verdade, em verdade, te digo: se alguém não nascer do alto, não poderá ver o Reino de Deus". ⁴Nicodemos perguntou: "Como pode alguém nascer, se já é velho? Ele poderá entrar uma segunda vez no ventre de sua mãe para nascer?". ⁵Jesus respondeu: "Em verdade, em verdade, te digo: se alguém não nascer da água e do Espírito, não poderá entrar no Reino de Deus. ⁶O que nasceu da carne é carne; o que nasceu do Espírito é espírito. ⁷Não te admires do que eu te disse: É necessário para vós nascer de novo (do alto). ⁸O vento (Espírito) sopra onde quer e ouves a sua voz, mas não sabes de onde vem, nem para onde vai. Assim é também todo aquele que nasceu do Espírito". ⁹Nicodemos, então, perguntou: "Como pode isso acontecer?". ¹⁰Jesus respondeu: "Tu és o mestre de Israel e não conheces estas coisas? ¹¹Em verdade, em verdade, te digo: nós falamos do que conhecemos e damos testemunho do que vimos, mas vós não aceitais o nosso testemunho [...] ¹⁴Como Moisés levantou a serpente no deserto, assim também será levantado o Filho do Homem, ¹⁵a fim de que todo o que nele crer tenha a vida eterna [...]". ²⁵Surgiu então, da parte dos discípulos de João, uma discussão com um judeu, a respeito da "purifica-

A INSTITUIÇÃO DOS SACRAMENTOS

ção" (Batismo). [26]Eles foram falar com João: "Mestre, aquele que estava contigo do outro lado do Jordão, e de quem tu deste testemunho, está batizando, e todos vão a ele". [27]João respondeu: "Ninguém pode receber coisa alguma, se não lhe for dada do céu. [28]Vós mesmos sois testemunhas daquilo que eu disse:'Eu não sou o Cristo [...]'. [31]Aquele que vem do alto está acima de todos [...]. [32]Ele dá testemunho do que viu e ouviu, mas ninguém aceita o seu testemunho [...]. [34]De fato, aquele que Deus enviou fala as palavras de Deus, pois ele dá o espírito sem medida".

O *tema* do discurso, tanto o de Jesus com Nicodemos quanto o de João com os seus discípulos, é o *"Batismo no Espírito"*, que será dado por Jesus. O tema se desenvolve sobre duas linhas: o Batismo de Jesus acontece *na água e no Espírito*, e por essa razão é visto como "renascimento", como "nova criação"; além disso, é um Batismo que tem origem celestial, que vem do alto, ou seja, da fé no Cristo "levantado" (isto é: "elevado" sobre a cruz, como a serpente, e "glorificado", ou seja, elevado à glória de Deus por meio da sua morte).

João Batista, por sua vez, reafirma que o Batismo de Cristo é o Batismo do Messias, o qual, sendo superior a todos, traz do alto tanto as palavras de Deus quanto o Espírito de Deus; reafirma, por conseguinte, o "Batismo no Espírito" em consequência da fé com a qual são acolhidas as palavras de Deus, vistas como palavras que veem do alto.

Mas a chave do discurso está na palavra de Cristo a Nicodemos: "Tu és o mestre de Israel e não conheces estas coisas?" Que coisas? Jesus, falando de *renascimento da água e do Espírito*, se refere a Gn 1,1-2: "No princípio, Deus criou o céu e a terra. A terra estava deserta e vazia, as trevas cobriam o abismo (o imenso vazio) e o Espírito de Deus pairava sobre as águas". Cristo quer, portanto, de um lado dar a entender que o seu Batismo (água + Espírito) tem a tarefa de provocar uma "nova criação", que ao mesmo tempo será um "renascimento", porque a ação do Espírito será justamente a de trazer uma "nova vida". Em outras palavras: Jesus não vem para dizer ou para fazer algo de novo ou inusitado, mas vem unicamente para cumprir a Escritura, renovando os dias da primeira criação. Por isso ele faz referência à posição de "mestre" (isto é, de doutor que ensina a Escritura) de Nicodemos: ele não pode ignorar essas coisas.

Todavia, assim dizendo e fazendo, Cristo não coloca *o seu Batismo* num plano institucional propriamente dito, mas o torna a *realização daquele acontecimento criativo inicial* que para cada leitor da Escritura — se esta for vista como Palavra que vem do alto — já é sinal anunciador e profético daquilo que acontecerá com a vinda do Messias ao mundo.

c) Cl 2,11-14

> Nele (Cristo) também fostes circuncidados, não por mãos humanas, mas na circuncisão de Cristo, pelo despojamento do corpo carnal. No Batismo, fostes sepultados com ele, com ele também fostes ressuscitados, porque crestes na força de Deus que o ressuscitou de entre os mortos. E a vós que estáveis mortos por causa de vossas faltas e da incircuncisão de vossa carne, Deus vos deu a vida com ele, quando ele nos perdoou todas as nossas faltas. Deus anulou o documento que, por suas prescrições, nos era contrário e o eliminou, cravando-o na cruz.

Aqui a *circuncisão* é colocada não só como paralelo do Batismo, mas como algo que se cumpre no Batismo. O Batismo é a verdadeira circuncisão; o que conta não é o privar-se da carne mediante um corte, mas é a circuncisão em Cristo, ou seja, aquela pela qual "no Batismo, fostes sepultados com ele": toda a pessoa foi inserida na morte de Cristo e ressuscitada, por obra de Deus, através da fé. Essa ligação entre a circuncisão e o Batismo nos diz que o Batismo é a concretização daquilo que o sinal preexistente da circuncisão anunciava.

A INSTITUIÇÃO DOS SACRAMENTOS

d) 1Cor 10,1-2

Irmãos, não quero que ignoreis o seguinte: os nossos pais estiveram todos debaixo da nuvem e todos passaram pelo mar; na nuvem e no mar, todos foram batizados em Moisés (isto é: "por meio de Moisés" ou "em nome de Moisés", assim como se diz "ser batizados em Cristo").

O fato da *passagem do Mar Vermelho* é indicado como sinal do Batismo; o Batismo cumpre aquilo que então aconteceu já profeticamente; houve um "sinal" de passagem (*transierunt, transitus*; nessa expressão é que se esconde a palavra "Páscoa": *Pascha quod est transitus Domini*, a passagem de Iahweh), portanto o Batismo.

e) Ef 5,8-13; Hb 6,4; 10,32; Jo 9,1-39: o Batismo como de uma iluminação.

São Paulo diz: "Fostes iluminados no Batismo". "Iluminação" é o termo técnico do Batismo desde os primeiríssimos tempos (como a "Fração do Pão" é o termo técnico da Eucaristia); por isso, nos livros antigos, para indicar os "batizados", em vez da fórmula "batizados" ou, em grego, *baptizómenoi*, encontramos "iluminados" e, respectivamente, *fotizómenoi*.

f) Jo 9,1-39

Os textos que acabamos de ver fazem uma referência direta a Jo 9,1-39 (milagre do cego de nascença), em que se nota em particular:

— A insistência sobre o fato da *cegueira desde o nascimento* (repetido nos vv. 1.19.20.33).

— A pergunta sobre se o cego havia nascido assim *por causa dos pecados* (v. 2). Jesus exclui que ele tivesse nascido assim por causa dos pecados, mas na opinião comum era justamente o contrário. De fato, os fariseus dizem ao cego: "Tu nasceste todo em pecado e nos queres dar lição?" (v. 34).

— Jesus o cura da cegueira mandando-o *lavar-se na água*; e João insiste também sobre esse ponto (vv. 7.8.9.11), especificando no v. 7: "Vai lavar-te na piscina de Siloé [em hebraico *Shiloá]* (que quer dizer: Enviado)". João sublinha de propósito o termo, já que para ele "o Enviado" e "o Eleito" são nomes típicos de Cristo (no texto latino do IV Evangelho continuamente pode-se encontrar a expressão *missus a Patre* ("enviado pelo Pai") ou *Pater misit me* ("o Pai me enviou"), na qual está sempre subjacente a palavra aramaica Shiloá). O "Mandado" é Cristo. Agostinho, de fato, comentando o texto em questão, afirma: "E se lavou em Siloé, isto é, em Cristo".[4]

O fato da *iluminação por meio da água* faz referência à narração do Êxodo: quando os hebreus atravessavam a água, a nuvem os iluminava e os guiava; estes seguiam a nuvem luminosa, passando pela água. O Batismo é chamado sempre de "iluminação" porque está ligado a essa passagem. Por isso, quando Paulo, ao falar do Batismo, dirá que este "nos transferiu do reino das trevas para o reino da luz" (Cl 1,12-13), se refere precisamente à passagem do Egito (trevas) para a liberdade do outro lado do mar (luz da nuvem na qual resplandecia a glória de Deus).

g) At 2,38-41; 1Cor 12,13; Ef 5,26

Fala-se de um Batismo que ou "reveste de Cristo", ou "insere no corpo de Cristo", e que, por conseguinte, retoma uma das ideias fundamentais da *circuncisão*: a de "agregação" ao "povo eleito" e de

---

[4] AGOSTINHO, *Tract. In Jo*, 44, 2; CCL 36, 382.

"inserção" na aliança; em virtude de tal "agregação" — e não mais da circuncisão enquanto tal — o judeu é salvo.

Conclusões sobre a "catequese batismal"

Através dos textos que examinamos, podemos concluir que:

1. No NT o Batismo é apresentado não como um "sinal" novo mas sim como parte de um ambiente ideológico e bíblico *preexistente*.

2. Na religião judaica, o Batismo é um *fato messiânico*, uma propriedade do Messias; entretanto, tendo sido prevista ainda desde a criação do mundo, foi antecipada com a circuncisão, com a passagem do mar, com a nuvem luminosa etc. Para Cristo, portanto, existem já alguns *sinais* batismais, os quais no NT são a *consequência*, ou melhor, a *continuação* dos sinais do AT; as ligações do NT com o AT, de fato, são sempre suficientemente evidentes ou postas propositadamente em evidência.

3. A todo esse conjunto de "sinais batismais proféticos", relacionados ao Mistério de Cristo em virtude da fé, Cristo dá um *conteúdo próprio*; todavia, não se trata de algo "absoluto", mas que está ligado aos conteúdos precedentes, ou seja, tanto os "sinais" do AT quanto a "realidade" de Cristo. De fato, nos "sinais" do AT e do NT deve-se ver não só uma distinção mas também uma evolução na linha do conteúdo. Este — que é concretamente a intervenção divina — no AT é conteúdo profético, enquanto no NT é conteúdo real do Mistério de Cristo, que é o único Mistério de salvação de todos os sinais (AT e NT).

4. O *cumprimento* desses sinais, o momento em que assumem o seu conteúdo real, acontece com o *cumprimento do Mistério de Cristo na Páscoa*. (Veja o "Cordeiro que tira o pecado do mundo" e a "elevação": termos que, como vimos, indicam diretamente a morte, mas implicam a ressurreição.)

5. Em seu viés messiânico, o Batismo se torna para nós, portanto, um "sinal" que não é *nem "instituído" (em sentido jurídico), nem "ordenado" por Cristo*, mas que *nos seus elementos materiais preexiste e no seu conteúdo real se torna concreto através da morte de Cristo*. Quem olha para Cristo na cruz, ou seja, tem fé nele, será salvo porque recebe sobre si a água que desce do seu lado aberto. *Neste sentido, Cristo é o Instituidor do Batismo.*

6. O *conteúdo*, a realidade do Batismo é a morte de Cristo: "Eu devo ser batizado" (Lc 12,50), dirá Cristo falando da sua morte. Dessa realidade que ele cumpre em si mesmo, Cristo nos deu o *"sinal" sacramental*, deixando-se, ele próprio, batizar no Jordão. Portanto, o nosso "sinal sacramental" do Batismo não é o batismo de João, nem o dos prosélitos (esses batismos nada mais eram do que anúncios). *O nosso Batismo é a continuação, em rito sacramental, daquilo que Cristo fez quando queria significar como morreria* (passaria pelo Mar Vermelho, pelo deserto, pelo sofrimento etc., rumo à Paixão, para morrer). Desse fato teremos o paralelo com a Páscoa.

B) Catequese eucarística

Análise dos textos neotestamentários mais significativos

a) Multiplicação dos pães: Mt 14,13-21; 15,32-38 (segunda multiplicação dos pães); Mc 6,32-44; 8,1-10 (segunda multiplicação dos pães); Lc 9,10-17; Jo 6,1-14.23-59.

A referência à "figura" do AT é explicitada tão somente no discurso de Jesus em Jo 6,23-59, depois do fato narrado em 6,1-14. Mesmo assim será suficiente um simples confronto entre as narrativas evangélicas e os textos do AT para ver como a multiplicação dos pães, cujo sentido e valor de "sinal" eucarístico é posto em evidência por Jo 6,23-59, encontra no AT o seu precedente. E como ao "pão" multiplicado por Cristo é dado o valor de "carne-corpo" de Cristo entregue "para a vida do mundo" (Jo 6,51), vemos que a interpretação eucarística dada por Jesus da multiplicação dos pães retoma dois acontecimentos diferentes do Êxodo (maná-pão e carne), de modo que o "pão" multiplicado por Cristo e explicado como sua "carne" se torna o cumprimento dos fatos do AT que eram "figuras" em relação àquilo que será chamado de "sacramento da Eucaristia".

Observe-se a seguinte "sinopse" entre NT (seguimos sobretudo Mt 14, sem citar as passagens paralelas, já referidas) e AT (tendo Ex 16 e Nm 11 como termos de comparação).

Mt 14,15: Chegada a tarde, os discípulos se aproximaram dizendo: "O lugar é deserto; despede-os, para que possam ir aos povoados procurar comida".	Ex 16,12: Toda a comunidade dos filhos de Israel murmurou no deserto: [...] No Egito [...] comíamos pão em abundância.
16. "Vós mesmos dai-lhes de comer". Mt 15,33: Mas os discípulos responderam: "Onde iremos buscar, no deserto, pão suficiente para saciar toda esta multidão?"	Nm 11,13: E Moisés disse: "Onde poderei encontrar carne para dar de comer a todo este povo?". 21: "E tu dizes a mim: 'Dá-lhes tu mesmo de comer?'. Pode-se matar para eles gado suficiente para que possam todos comer?".
17. E tomando cinco pães e dois peixes [...], deu-os aos discípulos para que os distribuíssem a todos.	Nm 11,5: "Lembramo-nos do peixe que no Egito comíamos gratuitamente".
20. Comeram e se saciaram, e os discípulos recolheram o que sobrou — Jo 6,12: para que não se perdesse.	Ex 16,12: Vós vos saciareis de pão. 32: Enchei uma medida de quatro litros e meio e conservai-a para os seus descendentes, para que vejam o pão com o qual vos nutri no deserto.

Que as aproximações entre a multiplicação dos pães e o fato do maná e da carne no deserto não sejam nem fortuitos, nem forçados, pode-se deduzir claramente do discurso de Jesus em Jo 6,31-59, feito depois do acontecimento milagroso. Abertamente, de fato, é apresentada em Jo 6,31-34 a relação entre o maná do deserto e o "pão" que é dado por Cristo. O de Moisés não foi "pão do céu", embora tenha sido assim chamado; pelo contrário, é "verdadeiro pão do céu [...] aquele que desce do céu", por ter sido dado pelo Pai de Cristo. Além disso, o maná não libertava da morte, ao contrário do pão dado por Cristo, que "dá a vida ao mundo".

Em outras palavras: o pão dado por Cristo é o "cumprimento" daquilo que o maná do deserto queria "figurar"; é, com efeito, em comparação com o outro, "celestial" e "verdadeiro". Por isso dá a "vida eterna".

Além disso, o pão dado por Cristo é "cumprimento" do fato da carne no deserto. Este, com efeito, nada mais quer ser do que a mesma carne-corpo de Cristo que Cristo "dará pela vida do mundo". Assim, ao contrário dos hebreus do deserto, que nem haviam acabado de comer toda a carne e já tinham morrido, aqueles que comem a "carne do Filho do Homem terão a vida".

b) Eucaristia-Páscoa: Mt 26,17-30; Mc 14,12-26; Lc 22,1-20

O fato de a Eucaristia, em seus componentes de "pão e vinho", não ser uma "instituição" de Cristo, no sentido de que tem seus precedentes na "ceia pascal" judaica, será objeto de um estudo específico. Aqui é suficiente que o recordemos, precisamente para confirmar o argumento de que o exame da catequese apostólica transmitida pelos Evangelhos inevitavelmente nos leva a reconhecer no "sinal" da Eucaristia a "realidade" que cumpre as "figuras" do AT, o que nos confirma estarmos longe de uma visão "jurídica" da instituição sacramental.

Conclusões sobre a "catequese eucarística"

Parece ser possível afirmar que a catequese apostólica sobre a Eucaristia esteja totalmente voltada a sugerir que a Eucaristia mesma é a *continuação* de um sinal preexistente (AT), que no entanto é enriquecido pela *realidade* que "cumpre" o significado último do sinal antigo.

IV. Conclusão geral sobre a "instituição" dos sacramentos

Segundo a definição do Concílio de Trento, a fé nos diz que Cristo é o instituidor de todos os sacramentos.

Os teólogos, em geral, tentando explicar esse fato, recorrem à Escritura em busca daqueles elementos que podem justificar a afirmação tridentina. Infelizmente, essa busca deles se detém sobre hipotéticos mandados de Cristo, como por exemplo o de "batizar aqueles que creem", ou o de celebrar a Eucaristia quando diz: "Fazei isto em memória de mim", ou a concessão do poder de perdoar os pecados quando anuncia: "Os pecados serão perdoados àqueles aos quais vós perdoardes".

Como tais ordens ou poderes não são localizáveis claramente para todos os sacramentos em particular, os teólogos se esforçam por demonstrar que Cristo é sempre instituidor dos sacramentos mesmo quando — além dos casos acima citados, nos quais ele se revelaria *"instituidor imediato"* —, na falta de claros testemunhos, creem poder falar de uma *"instituição mediata"*, quando Cristo teria se servido dos apóstolos para efetuá-la, depois de ter-lhes dado uma ordem mais genérica de comunicar com "sinais" adequados a sua graça.

Consideramos que uma explicação como essa, embora seja *suficiente* para salvar a fé enunciada em Trento, não tenha nenhum fundamento na Escritura e, consequentemente, não seja uma apresentação adequada e apropriada da fé cristã em relação à instituição dos sacramentos por parte de Cristo. Por quê?

— Primeiro porque a "instituição" dos sacramentos fica praticamente restrita à *determinação do "sinal" exterior* do sacramento. Procura-se saber, de fato, se Cristo fez ou disse algo que apresente as características *externas* daqueles que posteriormente acabariam se tornando os sacramentos cristãos.

— Em segundo lugar, tudo se move numa visão unicamente jurídica: quer-se saber, com efeito, a que "sinais", livremente *escolhidos por Cristo*, ele teria "anexado uma graça santificante".

Contra essa forma de proceder, o estudo sobre como *a catequese apostólica* nos apresenta na Escritura os sacramentos do Batismo e da Eucaristia nos mostra que a instituição dos sacramentos por parte de Cristo não pode e não deve ser vista na linha de uma "promulgação jurídica" de um "sinal sacramental", isto é, de uma promulgação que por lei estabelece qual deva ser a composição do sinal sacramental, para que a este possa ser *anexada a graça* que Cristo *quer* dar. Fica claro, pelo contrário, que a instituição dos sacramentos deve ser vista na linha da "realidade", ou seja, que consiste simplesmente em colocar num plano de *realização aquilo que já existia em determinados sinais no plano do anúncio profético*.

Vamos explicar: Cristo, ao dar os sacramentos, não pretende nem pode pretender outra coisa a não ser dar aos seres humanos, que crerem nele, o meio para se inserirem na "história da salvação", em âmbito de "realização" ou de "atuação". De fato, a história da salvação existe em dois momentos, dos quais um é o *anúncio* expresso em fatos ou palavras, que são "sinais da salvação futura"; o outro é a *realidade* que esses "sinais" encontram em Cristo. Nesse sentido, Cristo é o "grande sacramento da salvação", isto é, aquele no qual a "salvação é significada-realizada-tornada presente". Essa "salvação real-presente"

A INSTITUIÇÃO DOS SACRAMENTOS

é necessariamente reservada por Cristo a todos os seres humanos, e assim aqueles mesmos "sinais" que antes dele "anunciavam a salvação futura" agora, depois dele, "anunciam-realizam a salvação tornada realidade" nele.

Esse é o motivo pelo qual Cristo, ao falar, por exemplo, do Batismo e da Eucaristia, recorre aos "sinais" relativos existentes no AT. Não é uma questão de procedimento pedagógico, com o objetivo de levar a compreender o significado do seu "próprio" gesto; mas é vontade de *se manter na linha da única revelação* da salvação, pela qual não há ruptura de continuidade entre AT e NT: *o "sinal" do AT encontra a sua "realidade" em Cristo e continua* — no tempo de Cristo — *a ser "sinal" que agora se tornou "eficaz"*, ou seja, destinado não só a "anunciar" mas também a "realizar" a salvação.

No fundo, justamente e com agudez, Santo Tomás, falando do poder de Cristo na *instituição* dos sacramentos,[5] reconduz aquele poder ao fato de que é a Paixão-morte quem dá *eficácia* aos próprios sacramentos. Coerentemente, de fato, na *Summa Theol.* III, 62, 5, ele havia dito que, "como Cristo nos libertou dos pecados sobretudo com a sua Paixão [...], da mesma forma *por meio da sua Paixão ele deu início ao rito da religião cristã*". Em outras palavras: é a Paixão de Cristo, ponto culminante no qual a história da salvação atinge a sua plena realidade, que se coloca como ponto de partida do "rito da religião cristã". Santo Tomás, com efeito, prossegue dizendo que *"da* Paixão de Cristo os sacramentos recebem eficácia". E isso quer dizer que o *"sinal sacramental"*, no qual consiste principalmente o "rito da religião cristã", tem a sua eficácia, mas também a sua *origem*, ou seja, a sua "instituição", no *fato* da Paixão de Cristo, que

---

[5] *Summa Theol.* III, 64, 3.

é o acontecimento no qual se realiza aquilo que os sinais antigos anunciavam.

A *conclusão* que se impõe nos parece ser, por conseguinte, esta: querendo manter a "instituição imediata", que Trento, a nosso ver, parece necessariamente exigir, e querendo também manter — pela própria exigência da fé tridentina — "a instituição de todos os sacramentos por parte de Cristo", mesmo quando os textos bíblicos não nos dão ou não parecem dar testemunhos suficientes, não há outro caminho a não ser o do *abandono da ideia e da posição da "instituição jurídica"* concentrando-se no momento histórico da salvação, que se torna real em Cristo, ou seja, naquele momento no qual "Cristo nos deu no sangue o Mistério Pascal",[6] o mistério que é o máximo denominador comum da história da salvação em todo o seu desenvolver-se: do *anúncio* profético do AT à *realidade* de Cristo e do *sinal sacramental*, o qual o perpetua no mundo.

Afirmamos, portanto, que a *instituição dos sacramentos deve ser entendida como o ato com o qual Cristo, realizador da salvação, deu plenitude e realidade a alguns sinais já preexistentes e que já estavam em relação — na função de anúncio — com a história da salvação.*

Resumindo: isso quer dizer que a história da salvação não tem interrupções, porque é presença de Cristo na criação e na redenção do mundo. Tanto os que precederam Abraão (ou seja, a revelação) juntamente com aqueles que o seguiram antes de Cristo, quanto aqueles que existiram depois de Cristo são salvos em virtude da *única realidade* que é Cristo, mesmo que os *sinais* sejam exteriormente diferentes. Mas, não havendo solução de continuidade na *realidade da salvação, o próprio conteúdo dos sinais* será sempre igual, embora a sua força de atuação

---

[6] Cf. MOHLBERG, C. (Ed.). *Sacramentario Gelasiano*. Roma, 1968, n. 334.

A INSTITUIÇÃO DOS SACRAMENTOS

seja diferente em relação à realidade só *prometida* (de Abraão em diante) e também *ocorrida* em Cristo.

O ponto culminante, o conteúdo máximo da história da salvação, é Cristo e precisamente a Páscoa da Paixão de Cristo. No AT o cume da intervenção divina em todo o arco da história da salvação — que vai, segundo a revelação, de Abraão a Cristo, passando por Moisés e por todos os profetas — é a Páscoa, presença libertadora de Deus que determina e domina toda a história da salvação em todas as suas partes e em todas as suas diversas manifestações, tanto que não há rito judaico que não seja um reflexo da realidade pascal, na qualidade de salvação que Deus traz aos seres humanos. Essa salvação no AT é somente profética e anunciadora; é promessa e figura, mas suficiente para identificar e qualificar a intervenção divina como uma intervenção de libertação para os seres humanos. Da mesma forma no NT, na história da salvação que se concretizou em Cristo, o fato dominante é, como vimos, a Páscoa, a sua oferta ao Pai, a sua Paixão.

É à *história da salvação*, enquanto realizada em Cristo, que os Padres da Igreja unanimemente remetem quando falam da *origem do sacramento*, sempre fazendo referência, de modo mais ou menos patente, à Paixão de Cristo. Embora às vezes se detenham sobre determinados aspectos (água, sangue, morte, Batismo de Cristo), nestes veem o realizar-se da salvação; em outras palavras, tudo de Cristo eles veem numa única luz *pascal*, isto é, como mistério que dá *realidade* a toda a história da salvação.

Desse modo, parece-nos que são salvos a "instituição" de todos os sacramentos por parte de Cristo e também a unidade da revelação (os dois Testamentos), que é a própria unidade da história da salvação. O fato de querer fazer de Cristo o instituidor de sacramentos que não tenham nada a ver com o AT pode até ser justificado pela intenção — em si ótima — de exaltar o próprio Cristo; mas se trata de uma exaltação feita, na realidade, à custa do próprio Cristo, do qual esta retira aquele contato com o AT que ele quis manter, retomando dele determinados sinais e dando-lhes um conteúdo, enquanto outros sinais foram deixados de lado.

Por essa razão, a antiga Igreja não só rejeitou muitas instituições do AT mas sobretudo não manteve muitos dos "sinais" veterotestamentários, porque eram considerados "esvaziados" de seu significado por causa da "realidade" trazida por Cristo. Outros, pelo contrário, foram mantidos (a Páscoa, por exemplo), pois eram sinais ligados mais intimamente à história da salvação. Assim, aboliu a "circuncisão" porque era um rito com um corte tribal-classista (válido para os homens, mas não para as mulheres), substituindo-a pelo "Batismo" que, como "passagem da escravidão à liberdade através da água", estava ligado mais diretamente à história da salvação na qualidade de revelada através do "sinal" da passagem do Mar Vermelho e do Jordão.

No exame dos "sinais sacramentais" do NT, portanto, vemos que alguns desses sinais estão ligados de forma evidente ao AT. Ao mesmo tempo constatamos que estes, enquanto encontram uma ilustração nos precedentes "sinais" do AT, sempre têm referência *mediata* àquela *intervenção divina* que é o próprio *Cristo*. A existência daqueles "sinais" no AT impele Cristo a criar uma relação toda especial com tais sinais, porque ele é o "realizador" e o "atuador" do AT. Por isso, se Cristo, falando de *si*, fala daqueles *sinais*, é para explicar que ele lhes dá um conteúdo novo. Nesse sentido, *Cristo, mais do que o "Instituidor" dos sacramentos, deveria ser chamado de seu "Fundador"*, isto é, aquele que dá o "fundamento" aos sacramentos do NT.

A INSTITUIÇÃO DOS SACRAMENTOS

Se vemos assim a "instituição", o sinal sacramental permanece na sua pobreza absoluta e na sua infinita riqueza: o ser humano o criou para si mesmo segundo a sua cultura, segundo uma determinada capacidade, para poder apresentá-lo a Deus, mas dele Cristo se serviu para torná-lo um instrumento de graça; da mesma forma que da nossa pobre natureza humana, que no plano físico não vale mais do que a de um animal qualquer, o próprio Cristo serviu-se para torná-la o instrumento da redenção.

Capítulo III
A eficácia dos sacramentos

I. Problemática tridentina e suas causas
Premissa

A teologia católica em relação ao tema deste capítulo teve, dos séc. XI-XII até hoje, na prática, muitos enfoques diferentes, retornando a enfoques precedentemente seguidos e posteriormente abandonados. O próprio Santo Tomás primeiro segue um (eficácia pela causalidade moral), que a seguir abandona para adotar outro (eficácia pela causalidade instrumental). O seu pensamento, por sua vez, é interpretado de modos diferentes pelas escolas posteriores.

É sobre as correntes escolásticas que se enxerta, criticamente, todo o processo protestante. Ainda hoje é atual o problema da eficácia dos sacramentos, ao qual se acrescenta o da sua necessidade.

Em geral somos pessoalmente contrários a iniciar o desenvolvimento de um argumento recorrendo à autoridade conciliar, e isso não por uma desconfiança qualquer em relação a esta, mas porque, em linha geral, um concílio precisa ser inserido, antes de mais nada, em seu ambiente histórico. Um concílio nunca nos dá uma visão completa do dado de fé, mas uma visão necessariamente limitada, já que cada concílio deve responder à particular problemática que lhe é submetida ou que é percebida pelo mesmo em seu tempo. Por isso, é um erro — do qual infelizmente poucos dos nossos teólogos escapam — considerar as definições conciliares como a síntese de toda a doutrina católica sobre um determinado capítulo.

Mesmo assim, começamos, desta vez, com o Concílio de Trento, justamente porque nele a problemática relativa à eficácia e ao modo de ser eficaz dos sacramentos encontrou uma expressão toda particular de ruptura com o movimento protestante, e por essa razão torna-se interessante apresentá-la sob esse aspecto.

1. Posição do Concílio de Trento

Os textos em questão são os cânones nn. 2, 4, 5, 6, 7 e 8 da Sessão VII (1547) sobre os "sacramentos em geral" (DS 1602, 1604, 1605, 1606, 1607 e 1608). (Citaremos só o texto de cada um dos cânones, pois nessa Sessão VII, ao contrário das demais sessões do referido Concílio, os cânones não são precedidos por uma expressão doutrinal em forma de pequeno tratado, mas unicamente de uma breve introdução na qual se declara por que, dados os erros que naquele momento estavam em circulação, a Igreja deveria necessariamente ocupar-se dos sacramentos.)

> n. 2: Se alguém disser que os sacramentos da Nova Lei não se distinguem dos sacramentos da Antiga Lei a não ser pelo fato de que são cerimônias distintas e ritos externamente diferentes, seja excomungado (*anathema sit*).

Isso equivale a dizer que não pode sustentar-se a doutrina de uma distinção puramente exterior, unicamente ritual, dos sacramentos do NT em relação aos do AT.

n. 4: Se alguém disser que os sacramentos da Nova Lei não são necessários para a salvação, mas são supérfluos, e que os seres humanos, sem estes e sem o desejo dos mesmos, por meio só da fé podem receber de Deus a graça da justificação (mesmo admitindo-se que nem todos os sacramentos são necessários a todos): *anathema sit.*

n. 5: Se alguém disser que os sacramentos foram instituídos somente para nutrir a fé: *anathema sit.*

n. 6: Se alguém disser que os sacramentos da Nova Lei não contêm a graça que significam, ou que não conferem essa graça àqueles que não põem obstáculos, como se fossem somente sinais puramente externos da graça ou justificação recebida por meio da fé; e se disser que são somente sinais exteriores de profissão cristã, por meio dos quais, diante dos seres humanos, os fiéis se distinguem dos infiéis: *anathema sit.*

Observem-se os dois aspectos da definição contestados, respectivamente: (1) a afirmação de que os sacramentos não contêm ou não conferem a graça que significam etc.; (2) a afirmação de que estes são só uma profissão exterior de fé:

n. 7: Se alguém disser que por meio destes sacramentos, mesmo que forem recebidos como se deve, nem sempre e não a todos, porquanto dependem de Deus, é dada a graça, mas que a graça é dada somente às vezes e a alguns: *anathema sit.*

n. 8: Se alguém disser que por meio dos sacramentos da Nova Lei não é conferida a graça *ex opere operato* ("pela própria força"), mas que basta, para receber a graça, apenas a fé na divina promessa: *anathema sit.*

Essa é a posição tomada pela Igreja sobre a questão dos sacramentos na controvérsia protestante. Tal posição é indicadora da mente da Igreja, mas não fornece a totalidade da doutrina católica em matéria sacramental, mesmo que os pontos tocados pelo texto sejam efetivamente da maior importância.

2. A posição protestante

1. Para entender em seu conjunto os cânones citados, é preciso considerá-los à luz do *princípio* que está subjacente a toda a controvérsia protestante: a justificação, isto é, a redenção (que chamamos de "graça" e que no termo bíblico [paulino] é "justificação"), é obtida *per solam fidem* ("somente pela fé").

2. Partindo desse princípio, deduz-se, para os protestantes, que os sacramentos:

— São meios para nutrir a fé (isto é, como dizia Lutero, "formas de pregação" da fé) (cf. cân. n. 5: DS 1605); ou

— São sinais externos da graça, a qual é recebida por meio da fé (cf. cân. n. 6: DS 1606). O sacramento nada mais é do que um atestado exterior, uma cerimônia, que dá ao interessado certa sensação e aos demais uma impressão externa da ocorrida conferição da justificação;

— Não agem *ex opere operato* (isto é, não enquanto sacramentos), precisamente porque a justificação só acontece por meio da fé; à salvação basta a fé da promessa divina: Deus prometeu dar a graça; esta, só pela fé, é dada; portanto, não é o sacramento que opera a graça, muito embora o sacramento esteja de alguma forma ligado à graça (graça unida ao momento do sacramento) (cf. cânone 8: DS 1608).

3. Examinemos *os textos mais significativos* dos três maiores expoentes do protestantismo:

LUTERO, *De Captivitate Babylonica:*[1]

Os sacramentos são sinais aos quais é anexada a palavra da promessa, que é percebida pela fé.

---

[1] *Luthers Werke,* v. 6, Ed. Weimar, 1883.

Nos sacramentos, há uma palavra que exprime a fé. Crer nessa palavra é receber a graça, mas não é o sacramento que dá a graça. O sacramento é só um sinal da graça. O Batismo não justifica a pessoa e não traz proveito para ninguém; só a fé na palavra justifica, à qual se acrescenta o Batismo.

CALVINO, *Institutiones christianae*:[2]

> O sacramento é um símbolo [...] com o qual atestamos a nossa piedade (religião), seja diante de Deus seja diante dos seres humanos.

O conceito é mais exterior do que o de Lutero: trata-se de uma profissão pública de fé. Os sacramentos não têm em si nenhuma eficácia santificante; mas, quando são administrados, o Espírito Santo desperta a fé no coração e justifica por meio da fé.

ZWINGLIO, *De vera et falsa religione*:[3]

> Os sacramentos são "sinais [...] com os quais o ser humano se mostra ou candidato ou soldado de Cristo e [que] dão certeza da tua fé mais para a Igreja do que para ti".

Esse conceito se insere no de Calvino: atestação pública de querer ser soldado de Cristo ou de querer aderir (ser candidato) a Cristo. Quanto à *certeza* da fé — não da graça, mas da fé, porquanto é da fé que vem a graça —, os sacramentos a dão mais à Igreja que vê, do que àquele que recebe o sacramento. Com isso, Zwinglio não quer tanto valorizar o conceito de Igreja quanto afirmar peremptoriamente o sentido demonstrativo, "profissional", do sacramento.

---

[2] *Calvini Opera omnia*. München, Ed. Baum-Cunitz-Reuss, 1936.
[3] *Zwingli Opera omnia*. Zürich, Ed. Schler-Schnetless, 1828.

LUTERO, *Sermo de adoratione Corporis Christi*:[4]

Nem os sacramentos do Antigo Testamento nem os do Novo dão a graça, que é dada unicamente pela fé na Palavra de Deus.

4. *Causas que explicam* a posição protestante.

Para examinar a fundo as causas "externas", seria necessário fazer um longo excurso sobre a teologia sacramental da grande escolástica e da que a sucedeu, a tridentina. Veremos os seus pontos principais. Depois disso, examinaremos, um pouco mais de perto, uma causa "interna", uma lacuna teológica, determinada esta também, no entanto, pela mentalidade do tempo.

a) A posição protestante é uma "reação"

— À *prática sacramental católica medieval*, isto é, ao sacramentalismo, o qual, além de ser sacramentalismo, era tão tingido de superstição a ponto de frequentemente passar muito perto da magia. É a história que no-lo diz, e não se pode deixar de afirmá-lo.

A religião consistia principalmente na prática sacramental; sendo assim era suficiente, mesmo não observando nenhum mandamento, ir à Missa no domingo e receber os sacramentos.

Que fique bem claro: esse perigo do sacramentalismo existe ainda hoje. Exemplo clássico disso é o dos casamentos que, em sua esmagadora maioria, não passam de paródias do sacramento. Infelizmente, ainda hoje é possível encontrar disposições diocesanas que — não se sabe se para sanar um abuso ou para sancioná-lo — estabelecem, por exemplo, que para casar na paróquia é preciso pagar uma determinada taxa (salvo ofertas superiores), que chega ao dobro nas igrejas extraparoquiais (sempre sem falar em ofertas superiores).

---

[4] *Luthers Werke*, v. 2.

A EFICÁCIA DOS SACRAMENTOS

Fatos como esses são o resíduo de todo o sacramentalismo medieval, e é grave que se continue ainda seguindo essa linha de princípio, como se a importância dos sacramentos fosse proporcional ao dinheiro que se junta ao seu redor.

Numa época como a nossa, na qual nos empenhamos a favor do ecumenismo, é preciso examinar seriamente as causas que fizeram a casa desabar. Uma dessas causas era, precisamente, que na Idade Média — sobretudo lá pelo final — a religião cristã estava quase morta. Isso explica a reação: com essa religião não se sabia mais o que fazer. A palavra de ordem de Lutero foi: "religião espiritual". O que era muito justo, embora se deva convir que existem vários modos de conceber uma religião espiritual. Lutero certamente exagerou, mas o seu ponto de partida, errado na concretização, era idealmente exato. E não devemos ter medo de dizer que também Lutero disse coisas verdadeiras, porque ninguém tem o monopólio da verdade, salvo o Espírito Santo, que a distribui a quem ele quer.

— *À teologia do opus operatum.*

Esta era *apresentada*, na maioria dos casos, deste modo: a *ação tem valor em si mesma*, prescindindo das intenções-disposições do sujeito. Esse "prescindir" certamente não significava que se negasse a necessidade dessas disposições-intenções; mas insistia-se tanto sobre o valor de objetiva eficácia do sacramento, ou seja, da ação externa sacramental, vista no seu desenvolvimento externo, a ponto de dar a impressão de que toda a importância do sacramento estivesse no fato de que este se tornava "válido" pela composição de suas partes (matéria e forma) e pela administração canonicamente exata.

Essa apresentação do *opus operatum* tinha por *consequência* — e a doutrina protestante, por sua vez, também é uma consequência disso — *o ocasionalismo sacramental*, que consiste em conceber o "sacramento" como concomitância de "duas" ações: a do ser humano que faz o *sinal* (estabelecido por livre disposição do Senhor) e a de Deus, que com sua intervenção, lhe dá o *conteúdo*, fazendo, por assim dizer, com que a sua graça se encontre com o próprio momento em que se efetua o sinal sacramental (graça "por ocasião" do sacramento).

Essa concepção mecanicista do campo da *graça santificante*-sacramental será posteriormente transferida para a explicação da *graça atual* — a famosa questão *de auxiliis*, quando, no caso, Molina, para explicar como acontece a cooperação de Deus na ação do ser humano, recorrerá ao exemplo de um barco navegando num canal: para fazê-lo se mover, são usados dois cavalos, um na margem direita e outro na margem esquerda, de forma que ambos caminham e o barco avança. Também aqui temos uma convergência de causalidade, pura convergência ocasional. Deus, nessa concepção, não age *sobre a ação* do ser humano de nenhum modo: o ser humano caminha sobre a margem esquerda, Deus sobre a margem direita; do encontro ocasional de duas forças nasce o resultado de uma única ação.

Nessa concepção ocasionalista, Deus acabava sendo, de certo modo, *ligado* ao rito sacramental. É o típico conceito *mágico*. De fato, a ação mágica é aquela que procura obrigar o poder da divindade: Deus, que enxerga o interior e sabe que a graça irá se perder, poderia também não dá-la, mas àquela altura o sinal já foi posto, reclama a graça e Deus não pode deixar de conferi-la.

Outra consequência dessa apresentação do *opus operatum* é a da *causalidade moral* ao se explicar a eficácia dos sacramentos. Cristo, fazendo o sacramento, mostrou a sua vontade de salvar os seres humanos; deu-lhes, por assim dizer um *cheque em branco* com a sua assinatura: paguem à vista ao portador. O sacramento é um "sinal-cheque", que em si não vale nada, mas o seu valor consiste no fato de ser um "sinal" que leva a "assinatura" (instituição) de Cristo. Toda vez que esse "sinal" é apresentado, por este simples fato (*opus operatum*), como numa operação bancária, Deus dá a graça. Quando jovem, Santo Tomás defendeu essa tese tomando-a de Pedro Lombardo, um dos seus grandes mestres; mas depois a rejeitou, quando na maturidade da *Suma Teológica* excogitou a causalidade instrumental dos sacramentos.

Diante dessas formas de teologia, Lutero reage e rejeita em bloco toda a doutrina sacramental e o valor do sacramento propriamente dito.

b) Falta, na posição protestante, a avaliação da diferença existente entre o sacramento do Antigo Testamento e o sacramento do Novo Testamento.

Lutero nega sempre a eficácia sacramental, tanto para o Antigo quanto para o Novo Testamento. (A aproximação dos dois Testamentos é sintomática: é o que nos coloca no caminho do verdadeiro pensamento de Lutero.)

— A nova teologia da justificação de Lutero parte de alguns conceitos de São Paulo, retirados do seu contexto. Como exemplo, vale para ele o texto da Carta aos Romanos (4,3s): "Abraão *acreditou* em Deus e isso lhe foi computado como justiça". São Paulo quer dizer que antes e fora das obras da Lei, que ainda não existia, e (caso se queira admitir a circuncisão como sinal sacramental) antes e fora da circuncisão, Abraão já era justificado. Por isso, a circuncisão é simplesmente o sinal da fé de Abraão, tendo ele recebido a graça por meio da fé.

— Dessa posição paulina, que partia da obra da Lei enquanto obra meritória do ser humano e que São Paulo excluía como causa de justificação, Lutero conclui que *os sacramentos do NT também não dão a graça*, o que de resto era afirmado da mesma forma pelos ocasionalistas e pelos defensores da causalidade moral; o sacramento não dá a graça, porque na realidade é a ocasião ou o preço provisório — o cheque, no nosso exemplo — para receber a graça, a qual é dada *diretamente por Deus* à fé.

Com efeito, se a graça fosse dada pelos sacramentos — prossegue Lutero —, seria através de uma fórmula material, o que não seria algo digno do Novo Testamento, pois já no Antigo a graça era dada fora das fórmulas materiais, só pela fé. Para defender essa tese, Lutero apela a um conceito muito conhecido de Santo Agostinho, o qual afirma que os sacramentos são a "Palavra visível" de Deus (*visibile verbum*).[5] À palavra de Deus, em certo sentido, se deve sempre fé, tanto mais à Palavra visível; todavia — afirma Lutero —, é a fé que dá a graça, não o sacramento como tal.

— Ao afirmar isso, Lutero parece ignorar que a "Palavra visível" de Deus é a sua *Palavra Encarnada*: Cristo, isto é, uma palavra que, pelo fato de ser visível ou encarnada, mudou a sua relação original com os seres humanos:

• *No Antigo Testamento* era "palavra" propriamente dita, "palavra" anunciada que continha, portanto, uma *promessa* de algo que ainda deveria acontecer; com a palavra que anuncia uma promessa *não se pode fazer outra coisa senão "acreditar"* (não que Deus se satisfaça com o fato de crer, mas nada mais se pode fazer a não ser crer) e é a essa fé que Deus responde com a graça; enquanto

• *No Novo Testamento* a "palavra" é algo totalmente diferente: a Palavra visível, concreta, é a *realidade* da salvação já concretizada, e só enquanto concretizada a palavra opera a salvação. O sacramento do NT é, portanto, a continuação do "sinal sagrado", do "sacramento por excelência" que é a encarnação da Palavra: o Verbo se torna visível e

---

[5] AGOSTINHO, *Contra Faustum*, 19, 16: PL 42, 357.

vem habitar no meio de nós. O "sinal" não pode certamente ser percebido senão com a fé, mas a fé nos coloca em contato com uma salvação que não é só *promessa*, isto é, com uma salvação com cuja vinda não se pode fazer outra coisa senão crer; mas é *realidade acontecida*, existe concretamente; a Palavra é a salvação.

Por conseguinte, quem diz que também no NT podemos perceber a salvação só com a fé está afirmando implicitamente que a encarnação não pode dizer respeito a nós; esta seria um fato que se refere unicamente ao Homem Jesus e nós acreditaríamos simplesmente em algo que já passou, que não existe hoje; ou seja, estaríamos na mesma posição dos judeus.

Essa lacuna decorre da ignorância do conceito de "história da salvação", que na teologia medieval havia sido completamente perdido; Lutero fala com as categorias mentais que adquiriu com a teologia do seu tempo, levando-a às últimas consequências.

Em outros termos, justamente Lutero que, em certo sentido, é o apóstolo da palavra, *não entendeu a palavra* e permaneceu no Antigo Testamento.

Se a palavra fosse aquela que Lutero entendia, isto é, realidade acessível só com a fé, seria sempre e somente "escola" do "Mestre" e nunca teria se tornado "Mistério", ou seja, presença salvífica de Deus no mundo por meio do seu Verbo Encarnado. Lutero não concebe a Palavra-Mistério; o sacramento, de certa forma, deveria tê-lo ajudado de algum modo a ver no Verbo pelo menos uma mínima encarnação dessa palavra; mas isso não aconteceu, e Lutero permaneceu, portanto, realmente na "palavra" do AT: precisamos crer no Cristo distante, não encarnado, no qual Abraão acreditava, e entre Cristo e nós há o abismo do tempo que nos separa.

Sinais do Mistério de Cristo

O fato é que Lutero nunca entendeu a encarnação; para ele o Verbo não entrou na *humanidade*, mas simplesmente encarnou-se *num homem*. Com efeito, ele explica a salvação dizendo não que Cristo nos livra dos pecados mas sim que no-los cobre. Não tendo entrado na nossa humanidade enquanto tal, ele não a salva realmente; simplesmente esconde os seus pecados, os cobre com os seus méritos, apresentando-se como irmão nosso a Deus, pedindo graça para todos. Por isso, a fé de Lutero é "fé-confiança". Isso, entenda-se bem, não quer dizer que Lutero tenha reduzido a fé unicamente à confiança, fora de qualquer adesão à Palavra de Deus, pela qual Lutero tem grande conhecimento e grande consideração: quando a Palavra de Deus entra num ser humano, salva-o enquanto adesão a Cristo, em quem a Palavra se realizou.

Essa é uma ideia que Bouyer, que vem do protestantismo calvinista, descreve muito bem:

> Tanto para Lutero quanto para Calvino — lembremo-lo —, a Palavra de Deus não consiste somente em palavras, mesmo que sejam inspiradas. É um evento, uma intervenção de Deus na nossa vida, que não só é iluminada pelo ensinamento que nos é oferecido, mas transformada pelo poder criador dessa Palavra que Deus nos dirige. Dizer que o sacramento é uma Palavra visível equivale a afirmar que o sacramento é um acontecimento misterioso no qual a Palavra nos toca diretamente, pessoalmente, não só para iluminar-nos mas também para agir em nós, para mudar toda a nossa vida inserindo nela a vida mesma de Cristo.
>
> Justamente nisso está a melhor parte do ensinamento de Lutero e do próprio Calvino. Precisamos acrescentar, todavia, que se tem a impressão de que nem em Lutero, nem em Calvino — e muito menos nos seus sucessores — todas essas possibilidades tenham sido desenvolvidas em sua plenitude. Assim, pagam aqui a sua dívida, como temos observado, ao estéril intelectualismo do final da Idade Média. Para eles, consequentemente, a afirmação de que o sacramento é um *verbum Dei visibile*

tende muito facilmente a querer dizer que é uma espécie de Palavra de Deus de grau inferior, adaptada aos simples (por isso, como vimos, os protestantes dizem que o sacramento é um testemunho da fé, dado mais à Igreja que nos circunda do que a si mesmos), àqueles que não estão em condições de ler, ou que têm uma inteligência por demais grosseira para se aproveitar direta e eficazmente de um ensinamento mais abstrato. Em outras palavras, o sacramento-Palavra visível viria a ser um equivalente aos vitrais de uma catedral. Não se consegue entender bem que contribuição poderiam dar que já não tivesse sido dada, e mais ainda, só pela Palavra ouvida, pelo menos para aqueles que estão em condições de acolhê-la.

Sublinhemo-lo mais uma vez: com os primeiros protestantes *descemos* um degrau a mais na lenta *degradação da noção mesma de sacramento* que já pode ser percebida na piedade medieval. Já as *Expositiones Missae* (Tratados de explicação da Missa) do final dos séc. XIII e XIV nos apresentam a Missa como uma espécie de teatro devoto, no qual se faz presente a Paixão de Cristo, porque esta é representada mais ou menos claramente: a leitura da epístola à direita lembra Jesus diante de Pilatos; a leitura do Evangelho à esquerda, Jesus diante de Herodes; a ablução das mãos é o gesto de Pilatos etc. Nesse verdadeiro mascaramento da liturgia da Missa, já havia embrionariamente uma degradação de todo o mistério sacramental reduzido a um simples simbolismo artificial, que punha sob os nossos olhos em imagens o conteúdo do ensinamento oral.

Acrescentemos que, no próprio protestantismo, essa profunda degradação da noção e da realidade do sacramento revela uma perigosa desvalorização da própria palavra. De fato, por mais fortes que sejam as afirmações de Lutero sobre a força da Palavra divina que realiza ela própria o que anuncia, por sua própria virtude, ele não extrai disso todas as consequências lógicas. O próprio Calvino, que repete a mesma doutrina, manifesta uma tendência ainda mais acentuada a intelectualizá-la de uma forma excessiva. Como age em nós a palavra, segundo ele? Graças ao simples efeito psicológico que a sua acolhida produz em nós. Também o sacramento, nos seus elementos, não conterá nenhuma presença de

Cristo (Lutero mantém a presença real de Cristo na Eucaristia; Calvino, não: para este a Eucaristia é puro símbolo); mas o espírito do fiel, recebendo-o, será elevado para o céu, onde o Cristo, em quem o sacramento o fez pensar, se doará a ele.[6]

Nessas últimas linhas temos a explicação de todo o processo de involução sacramental e espiritual que, iniciado em plena Idade Média, praticamente durou até o Concílio Vaticano II.

No próprio Concílio Tridentino — é a mentalidade daquele tempo que nele se exprime assim —, será dito que os ritos da Missa servem para elevar ao céu a alma do fiel (DS 1746). A vida espiritual havia se reduzido, por conseguinte, a uma visão orientada de um modo totalmente exterior, inclusive se tornando ao mesmo tempo "interiorismo", psicologismo religioso: a santidade consiste em ter uma verdade, em começar a refletir sobre ela, a meditá-la, procurando ver se a própria vida se adapta a essa verdade ou não, se há como adaptar a verdade à vida um pouco mais e melhor, até chegar a fazer a vida coincidir com aquela verdade. Esse é um exercício que podemos chamar de virtude, mas não é santidade; é algo que também os pagãos praticavam: Epíteto, o escravo filósofo do tempo de Trajano, escreveu um tratado sobre a virtude que qualquer um pode ler com esplêndidos resultados edificantes; trata-se de uma doutrina moral que nasce da consideração do ser humano, puro fato psicológico.

Na "devoção", na vida espiritual do séc. XV ao séc. XIX, o sacramento nada mais era do que um apêndice acrescentado à vida espiritual.

Lippert, um dos mais conhecidos escritores jesuítas de alguns anos atrás, num de seus livros fala longa e profundamente sobre a meditação; a certa altura, ele diz: "Mas não se deve pensar que os jesuítas tenham só a meditação: ou-

---

[6] BOUYER, L. *Parola, Chiesa e Sacramenti.* Brescia, 1962, pp. 58-60.

tras práticas de piedade são acrescentadas a esta: primeiro a Missa; segundo a Visita ao Santíssimo Sacramento; terceiro a Comunhão; e quarto o Exame de Consciência".[7] Na mesma linha da meditação, que é um fato psicológico, são colocadas a Missa e a Comunhão.

Vivemos em grande parte daquilo de que vivem os protestantes, e não nos damos conta. Basta observar a nossa vida espiritual, a forma como ela é vista ainda hoje: há cristãos que vão pedir que se celebre uma Missa e depois fazem ofertas a mais para que se faça também a Exposição do Santíssimo Sacramento; não fazem a Comunhão, não participam no sacrifício de Cristo e creem poder obter sabe-se lá que graça porque veem o Santíssimo Sacramento exposto, por estarem vendo a hóstia. Esse é um fato puramente psicológico e, mesmo que os protestantes não aceitem essas formas, trata-se, em linha de princípio, de puro protestantismo ou, se preferirmos, de "devoção" dos séc. XIV-XV.

Mas eis a parte mais interessante das afirmações de Bouyer:[8]

Tudo isso se manifesta na tendência, tão visível nas Igrejas reformadas, a pôr claramente numa ordem inferior a mesa santa em relação à cátedra, de modo que toda a Igreja é reduzida a uma simples sala de audição. Não se pode negar que a celebração sacramental tenha chegado ao ponto de parecer um tanto incongruente, nas Igrejas protestantes, porque uma concepção demasiadamente intelectualista da Palavra, para não dizer do próprio sacramento, as reduziu a uma escola de ensinamento religioso. Aqui não estamos simplesmente diante da obra de esterilização produzida por um espiritualismo artificial; trata-se, isto sim, de uma diluição da realidade viva do cristianismo em ideias puras, prelúdio da sua interpretação racionalista que ocorrerá nos séculos seguintes [...].

Conduzir as atenções sobre essa carência talvez seja o começo de um caminho oferecido ao protestantismo, seguindo as linhas mais genuínas da sua espiritualidade e da sua teologia, para uma recuperação do verdadeiro significado da doutrina sacramental católica, e por isso mesmo

---

[7] LIPPERT, P. *Psicologia dei Gesuiti*. Roma, 1956, pp. 44-45.
[8] BOUYER, L. Op. cit., pp. 60-63.

da verdadeira realidade dos sacramentos, realidade que o protestantismo procura timidamente, sem ainda ousar encontrá-la.[9]

Vamos retomar aquilo que dissemos sobre a Palavra, seguindo a melhor tradição protestante, que remonta à doutrina dos maiores Padres da Igreja e — incontestavelmente — ao ensinamento da Sagrada Escritura. A Palavra de Deus é um ato, um ato de Deus, um verdadeiro ato criador: falando, Deus age, cria; isso supõe que a Palavra de Deus seja presença de Deus, um Deus que vem a nós; e enfim que esta seja Deus mesmo que se revela a nós no Filho, seja Palavra eterna que se faz carne para salvar-nos. Jesus é, portanto, a Palavra mais alta de Deus aos seres humanos; não só tudo aquilo que ele disse, mas também tudo aquilo que ele fez (sobretudo a sua cruz, com tudo o que isso significa), e enfim tudo aquilo que ele é e permanece no seu ser ressuscitado, glorificado, que venceu a morte e nos estabelece para sempre na vida divina com ele; vida do Espírito comunicada a nós.

Numa situação assim, fica evidente que a Palavra de Deus que a Igreja deve levar ao mundo *não pode limitar-se a um simples ensinamento*. Esta não pode sequer culminar no ensinamento, na pregação, como se tudo aquilo que virá a seguir nada mais fosse do que uma repetição, num nível necessariamente inferior, daquilo que já foi dito com maior exatidão de um modo puramente oral e inteligível. Por si mesma, a Palavra simplesmente escutada, pois é esta Palavra de Deus que descrevemos, tende a se tornar um fato, um fato da nossa vida, no qual há um encontro com a vida divina e uma possessão da sua parte. Segundo o ensinamento e a prática da Igreja Católica, absolutamente conforme ao que ensinam de modo particular São Paulo e São João, esse fato divino que se insere em nós apropriando-se do nosso agir é precisamente o sacramento.

---

[9] O "protestantismo" do qual se fala aqui é entendido em sentido geral, porque algumas Igrejas protestantes, devido à autonomia existente entre as mesmas, possuem alguns movimentos inclusive muito avançados; há Igrejas em que a Eucaristia é celebrada do mesmo modo que é celebrada na Igreja Católica; tanto isso é verdade que algumas delas, justamente por essa razão, não são mais aceitas como Igrejas protestantes.

A EFICÁCIA DOS SACRAMENTOS

Uma pessoa é imersa na água e dela sai, lavada e como que renovada: a Palavra de Deus se apropria de tal gesto, inserindo nele a realidade de uma morte e de uma ressurreição com o Cristo, de um novo nascimento do alto: nascimento na água e no Espírito. Alguns batizados se reúnem; um deles — que o Cristo enviou com esse objetivo, tornando-o seu representante oficial junto a todos os demais —, um deles, tomando o pão das nossas refeições comuns e o cálice do nosso vinho, refaz com eles, segundo o mandado de Cristo e em seu nome, aquilo que Jesus havia feito, repetindo as suas mesmas palavras: "Isto é o meu corpo, isto é o meu sangue"; todos creem que de agora em diante "toda vez que nós comermos deste pão e bebermos deste cálice, anunciamos a morte do Senhor até que ele venha [...], porque o pão que nós partimos é a comunhão com o seu corpo e o cálice de bênção que nós abençoamos é a comunhão com o seu sangue". Assim, "todos nós que participamos do único pão, por mais numerosos que formos, nos tornamos um único corpo", o corpo mesmo de Cristo morto e ressuscitado.

Mas qual é, então, a causa dessas maravilhas, cuja realidade permanece velada sob as aparências e é acessível somente à fé que tem por objeto a Palavra divina? É precisamente a virtude na Palavra, anunciada por aqueles que ele enviou com esse objetivo como se fosse ele próprio a anunciar-lhes — e é justamente ele, na realidade, que nos fala deles, através deles, mas sempre direta e atualmente. Não são os nossos méritos, as nossas orações, nem mesmo a nossa fé, pois tudo isso é algo nosso — nem os méritos dos fiéis, nem os do celebrante, que podem operar coisas tão grandes: é unicamente Deus que falou de uma vez por todas no Cristo, no Cristo o qual continua a falar nos seus apóstolos e na Igreja Apostólica, que é a sua continuação. O sacramento extrai assim toda a sua virtude da Palavra divina, da Palavra que o instituiu na vida terrena do Cristo, da Palavra que o Cristo transmitiu aos seus apóstolos, e depois deles aos ministros que os sucederam, de tal modo que lá onde estes viessem a falar em seu nome, para repetir aquilo que ele disse, aos olhos da fé é sempre o Cristo que fala e que, falando assim, realiza tudo aquilo que diz no momento em que o diz.

E mais adiante prossegue:[10]

Tudo isso é compreensível e possível somente à medida que reconhecermos verdadeiramente que a Palavra de Deus não consiste só em palavras escritas num livro, mas que é acima de tudo *uma palavra de vida*. É uma *palavra viva*, da qual não basta dizer que foi confiada à Igreja, mas *cuja presença perene, sempre atual, presença que é a do próprio Cristo, constitui a Igreja*.

Essa presença é perpétua em e por meio daqueles que ele escolheu como seus ministros, especificamente para falar em seu nome em todo lugar e através de todas as gerações, comprometendo-se a infundir à sua Palavra sobre os lábios deles a mesma eficácia que esta tinha nos dele. Ele está presente, de fato, naqueles que enviou, falando e agindo para manter sempre presente, sempre ativo, o seu mistério, o mistério da sua cruz e da sua ressurreição.

Tendo chegado a este ponto, façamos algumas observações que nos permitem sintetizar o essencial daquilo que dissemos e assim concluir. É da maior importância acima de tudo sublinhar o último ponto que abordamos: a Palavra de Deus culmina no Mistério. O Mistério, no significado cristão da palavra, e em particular no significado que lhe dá São Paulo, não é uma realidade ininteligível qualquer. É a realidade que forma a base, o todo e a unidade da nossa fé. É a realidade para a qual convergem todas as preparações, todas as pacientes explicações da Palavra divina, mas que na sua presença, quando é doada, transcende todas as explicações, tudo aquilo que é ideia ou raciocínio, na realidade viva, a realidade eminentemente pessoal de uma Presença divina, de um dom de si que o Deus encarnado cumpriu sobre a cruz e não cessa de comunicar-nos, graças à inexaurível virtude dessa cruz. "Jesus Cristo e Jesus Cristo crucificado", segundo a palavra de São Paulo aos Coríntios: eis a primeira e também a última palavra da pregação que a Igreja dirige ao mundo.

---

[10] BOUYER, L. Op. cit., pp. 63-65.

Mas pregar Jesus crucificado não teria sentido algum se ele não estivesse presente naqueles que enviou para pregá-lo.

E para que esse desígnio de unidade se realize na sua plenitude, não pediremos de forma alguma aos nossos irmãos separados que renunciem ao que há de positivo, de autêntico, nas suas grandes intuições religiosas. Pediremos a eles, pelo contrário, que extraiam disso toda a lógica implícita. Pediremos que saibam compreender que a Igreja não quer negá-las ou minimizar aquilo que justamente eles consideram como essencial, mas, em vez disso, *salvaguardar toda a sua realidade*, numa plenitude que as verdades cristãs possam conhecer somente no único e completo corpo de Cristo.

II. Proposições sintéticas

Para estabelecer a eficácia dos sacramentos, achamos por bem proceder por proposições sintéticas, seguidas de uma explicação.

1. A eficácia dos sacramentos está na proporção do seu valor "sinal" da realidade do Novo Testamento

a) Os sinais sagrados religiosos que vimos no capítulo I estão sempre em *relação com uma intervenção divina reconhecida e afirmada*. Como dissemos, o estudo da fenomenologia religiosa, da história das religiões — e sobretudo das religiões dos mistérios — e do judaísmo no-lo demonstra.

b) Esses sinais religiosos:

— são *afirmados* por uma intervenção divina *acontecida*: na religião natural, que é a religião da criação (ou melhor, do ser humano que, voltando-se ao redor de si e em direção ao passado, encontra o Criador), o *ser humano* descobre em si mesmo o "sinal"-*imagem* de Deus; no *arco-íris* vê o "sinal" da *providência* de Deus para o mundo; com o *sacrifício* procura restabelecer o antigo *diálogo* com Deus, através de uma oferta-"sinal" da comunhão originária que tinha com ele. São afirmados, portanto, fatos acontecidos. O ser humano natural não olha para o futuro, mas sim em direção ao passado;

— são *anunciados* por intervenções divinas futuras: será a "religião dos mistérios" a induzir o ser humano da religião natural a olhar para o futuro, porque ela procurará unificar aquilo que *foi* uma vez com aquilo que *deverá acontecer*, para criar no ser humano a esperança de um mundo melhor. Cícero[11] diz isso expressamente: "Os mistérios são aqueles que não só nos distanciaram de uma vida animalesca e nos ensinaram uma vida civil mas, fazendo-nos conhecer os princípios da vida, nos comunicaram não só o modo de viver na alegria mas sobretudo o modo de morrer com uma melhor esperança".

Também o judaísmo leva o ser humano rumo ao futuro. Os fatos sobre os quais crescem esses "sinais", ou os fatos que são tomados como "sinais", ainda que em si mesmos (enquanto fatos) tenham acontecido, são todavia sinais em projeção profética em relação a realidades futuras:

— a *Páscoa*, a passagem, é o símbolo de uma *libertação* que deve ainda vir;

— *Pentecostes* indica que Deus um dia fará uma *Aliança* perpétua, não só com o seu povo mas também com todos os seres humanos;

— as *tendas* indicam que o povo deverá *viver sempre com o seu Deus*;

— o *templo* será o sinal dessa *união* entre o povo e Deus, sinal da *presença* de Deus no meio do povo.

---

[11] CÍCERO, *De legibus* 2, 36.

A EFICÁCIA DOS SACRAMENTOS

c) Os *sinais sagrados* da religião natural são "afirmações" do *acontecimento num plano natural* de uma intervenção divina de salvação ("salvação" tomada em toda a sua extensão terrena-corporal-espiritual).

Os *sinais sagrados proféticos* do AT são anúncios de uma salvação *acontecida no plano sobrenatural*. A "palavra" com a qual essa salvação é "anunciada" é percebida com a fé, mas desde já *atua* uma salvação em projeção futura. De fato, Cristo diz: "Abraão viu o meu dia e se alegrou" (Jo 8,56). Abraão, com a sua fé, de certa forma antecipou a presença de Cristo. *No plano sobrenatural*, o tempo não conta, não separa: Abraão já "viu" o dia de Cristo e alcançou a bem-aventurança. O conceito segundo o qual os antigos foram salvos em Cristo é expresso concretamente no artigo de fé *descendit ad inferos*: Cristo, na sua morte, desceu aos infernos ("infernos" é um nome masculino: mais do que de um lugar, se trata de "pessoas que estão embaixo") e levou-lhes aquela salvação que eles já tinham tido "na fé", mas que não tinham ainda conseguido (já salvos, porque acreditaram na "palavra"; ainda não conseguiram ter a salvação porquanto a "palavra" fora prometida mas não realizada, como aqueles que venceram a corrida mas ainda estão esperando que lhes seja concedido o prêmio).

d) Cristo, realizando na sua *humanidade* a salvação (a promessa se torna real, atual), dá um *conteúdo real* aos sinais da salvação seja aos afirmantes do mundo naturalístico, seja aos "anunciantes" do mundo judaico; a sua humanidade não é um sinal qualquer, mas é um "sinal" que tem a "carga" da salvação: a Palavra de salvação se tornou a Palavra Encarnada — a "Palavra visível", diria Lutero —, mas é "sinal carregado", que tem em si mesmo a presença da salvação.

Quem na humanidade de Cristo (quando o judeu diz esse nome não entende uma pessoa qualquer, mas o "Santo" de Deus, isto é, a salvação encarnada) *reconhece o sinal da salvação enquanto realizada, participa, por meio dessa humanidade, da salvação em ato.*

A hemorroíssa, que reconhece uma salvação naquele homem que passa ("se tocar nele, serei salva"), participa, por meio dessa humanidade, da salvação existente em ato em Cristo. E que essa existência em ato seja algo de real o diz o próprio Senhor: "Quem tocou em mim? [...] 'Mestre, a multidão te cerca e se aperta ao teu redor e tu dizes: Quem tocou em mim!'; 'Não, alguém me tocou porque *senti uma força saindo de mim*'" (Lc 8,46; cf. Mc 5,30). A força é algo que se move, que se solta: é a salvação que Cristo traz e que se torna ativa sobre outro.

e) Os sacramentos, que no AT eram os sinais da salvação *futura na humanidade de Cristo*, no NT serão os sinais da salvação *presente na humanidade de Cristo*, ou seja, são os sinais da humanidade de Cristo, na qual *está presente* a salvação e, enquanto tais, são "sinais" que têm a "carga" da salvação.

Concluindo: a "fé" revela os sacramentos como "sinais", faz entender a Palavra que está presente no "sinal" (e isso é indispensável), mas *são os próprios sinais*, enquanto tais, que comunicam a carga de salvação. É o Verbo de Deus, presente na humanidade de Cristo, a Palavra de Deus Encarnada, que salva; eu *devo crer nessa presença, mas é a presença dessa Palavra na humanidade que me salva*, porque é a *presença* dessa Palavra que realiza a salvação.

2. Os sacramentos produzem não aquilo que significam no plano natural mas sim aquilo que significam no plano da salvação

A atenção e, se quisermos, também a intenção, que damos ao sacramento, quando precisamos explicá-lo ou recebê-lo, não deve deter-se ao significado que este pode ter no plano natural; pelo contrário, deve ir ao valor mais íntimo que o sinal tem no plano da salvação.

Consideremos alguns exemplos no âmbito do Batismo e da Eucaristia, mais uma vez limitando-nos aos sacramentos para os quais dispomos de uma documentação bíblica direta.

A) Batismo

Embora o sinal, no plano natural ("água" quer dizer "purificação"), tenha uma relação de *analogia* com o plano soteriológico (como a água está para a purificação assim o Batismo está para a redenção), o *efeito* do sinal não é descoberto fazendo-se referência a essa analogia, mas sim à *realidade* contida no próprio sinal, considerado no plano da história da salvação.

Não basta, portanto, para explicar o Batismo, examinar o sinal sacramental e dizer que, da mesma forma que a água lava, o Batismo lava; explicação comum e comum "até demais", mas não totalmente exata.

Aquilo que importa não é primeiramente o efeito lavador, purificador da água, mas a *passagem na água* enquanto transição de uma vida para outra. Quem atravessa um rio deixa uma margem e passa à outra, deixa uma vida e começa outra, deixa o pecado e começa a santidade. (Só depois de ter chegado a esse significado podemos também explicar o sinal como purificação, já que a santidade é limpeza, e o pecado é sujeira.) Com efeito, na história da salvação, o sinal da água significa (prescindindo da referência ao dilúvio):

— *A passagem pelo Mar Vermelho*;

— *A passagem pelo Jordão* (Js 3: repetição da precedente passagem do Mar Vermelho ocorrida quarenta anos antes, num quadro ambiental e significativo análogo; de novo os hebreus celebraram a Páscoa e erigiram um monumento da sua passagem com doze pedras — em referência às doze tribos de Israel —, assim como as haviam colocado ao redor do altar do Sinai, depois da passagem do Mar Vermelho);

— *O Batismo de Cristo no Jordão*, sinal da passagem de uma margem à outra, isto é, da vida do mundo à vida do Reino de Deus, repetindo as etapas da história judaica: Mar-Deserto-Lei de Deus. De fato, depois da passagem na água, o Senhor (Mt 4; Lc 4), do Jordão, "sob o impulso do Espírito", vai "à escola de Deus" no *deserto*, onde é tentado; à primeira tentação — a do *pão* —, o Senhor responde a Satanás com a frase: "Não só de pão vive o homem, mas de toda palavra que sai da boca de Deus", resposta que deve ser enquadrada no contexto do capítulo 8 do Deuteronômio, do qual é extraída, cujo sentido é: Deveis lembrar-vos de como eu vos *libertei* do Egito, vos carreguei no *deserto*, vos pus à *prova*, vos fiz passar fome, e depois vos saciei com o *maná* para ensinar-vos "que não só de pão vive o homem etc.". A resposta de Cristo recolhe, portanto, todo o significado da sua permanência no deserto, vista como uma reconsideração (oração-meditação) das grandes obras de Deus pela salvação do seu povo (os seus filhos — os seres humanos).

B) Eucaristia

Na Eucaristia, come-se o pão e bebe-se o vinho; mas não se trata simplesmente de um "comer" e de um "beber". A interpretação "analógica" normalmente dada e que, como sabemos muito bem, é exageradamente usada pelos teólogos, a começar pelos escolásticos, diz: como, se quisermos crescer *fisicamente*, é preciso comer, da mesma forma para crescer *espiritualmente* é preciso comungar. Essa mentalidade procede no plano naturalístico, com uma compreensão muito incompleta dos "sinais".

Deve-se prestar atenção também a outra tendência, que hoje se nota em consequência da "redescoberta" da Eucaristia-convite, isto é, aquela que acentua o aspecto do *banquete fraterno* (estar todos ao redor de uma mesa, puramente no sentido de fraternidade, de amizade), em detrimento de todos os demais aspectos. É claro, o sentar-se juntos ao redor de uma mesa tem valor de "sinal", mas no plano sobrenatural:

— É o sentar-se *à mesa do Senhor*, acima de tudo, e não simplesmente dos irmãos;

— É comer e beber *a Páscoa* (e não simplesmente "comer" e "beber"). "Comer a Páscoa" quer dizer comer a própria libertação (Ex 12,43–13,10). "Beber a Páscoa" quer dizer colocar dentro de si mesmo a lei da Aliança de Deus (Ex 24,8), aquela pela qual estamos vinculados a ele, intimamente, pela própria razão de viver ("dar de beber o sangue" quer dizer "comunicar a vida"). No sangue que Cristo dá, ele dá a sua vida e, com esta, aquela lei fundamental que o impeliu ao martírio e que é: "Tendo amado os seus [...], os amou até o fim": o Amor. Realiza-se, portanto, a Aliança mais íntima com o Senhor através de uma só lei, que é a do amor, fora de qualquer outra lei. (O tema "Eucaristia sinal [sacramento] pascal" será tratado mais completamente na seção dedicada à teologia litúrgica da Missa.)

3. A eficácia dos sacramentos consiste na realização em nós do Mistério de Cristo (enquanto mistério da salvação) segundo os momentos distintos que diversificam e integram a história da salvação

A) *Realização em nós do Mistério de Cristo*

Quando falamos dos sinais sagrados do AT, dizemos que estes são proféticos, anunciadores de Cristo. Portanto, colocam-nos na direção de uma realidade, provocam a fé nessa realidade, mas não a dão a nós sem mais nem menos.

Os sacramentos do NT são "sinais eficazes de Cristo". "De Cristo" é um genitivo objetivo, não subjetivo: não sinais eficazes "instituídos" por Cristo, mas sinais que *"produzem eficazmente Cristo"*, em contraposição aos sinais fora da religião revelada, que não dizem respeito a Cristo, mas a Deus criador, e aos sinais do AT, "anunciadores" de Cristo.

Cristo, como estamos repetindo, não é a pessoa histórica, enquanto número estatístico, mas é a realidade do mistério da salvação: *é a salvação total realizada na humanidade total*, ainda que seja num estado inicial. Há um membro — Cristo — da cadeia humana que é totalmente santo; nele se realiza "em plenitude", como diz São Paulo (Cl 1,19), o desígnio eterno de salvação de Deus. Cristo, por consequência, é o *sacramento total* da salvação: toda a salvação para a totalidade dos seres humanos (não só geográfica mas também temporal).

Para entender essa ideia fundamental, precisamos buscar um conceito exato da encarnação, a qual normalmente nos é apresentada, pelo contrário, no contexto de uma problemática imensa (como se unem as duas naturezas, como as mesmas são combinadas na Pessoa etc.) explicada em maneiras que, na maioria das vezes, são buscadas na filosofia e que quase sempre esquecem a "realidade" da encarnação em si. Portanto, prescindindo da maneira com o qual se pode explicar o fato, a *encarnação é a realidade da salvação que se opera no mundo.*

Os Padres da Igreja exprimem esse conceito numa quantidade imponente de textos nos quais se revela uma contínua dialética "Cristo"-"nós", Mistério *"seu"*-sacramento *"nosso"*. Vamos citar apenas alguns exemplos retirados de textos que estão ao nosso alcance:

- Leão Magno, *Sermo* 74, 1:[12]

Com Cristo, "cumpriu-se o sacramento da *nossa* salvação do dia do nascimento *do Senhor* até o fim da *sua* Paixão (*exitus passionis*, 'a saída da Paixão')".

- Hilário, *In Ps.* 67, 23:[13]

Cristo, "por primeiro, cumpriu *em si mesmo* o sacramento da *nossa* salvação, ressurgindo *ele* em pessoa dos mortos, isto é, anulando o decreto da *nossa* morte".

- Leão Magno, *Epist.* 16, 6,[14] aplicando ao Batismo, que é o sacramento com o qual somos salvos, esse "cumprimento de salvação" que se realizou em Cristo, diz que

Cristo "fundou *em si mesmo* o sacramento do *seu* Batismo (Batismo de sangue; 'seu' = dado por ele, em oposição ao dado por João) porque, sendo *ele* aquele que detém o primado em tudo, quis nos ensinar que ele é o princípio" (portanto, também o princípio da nossa salvação).

- Para demonstrar que "Cristo fundou em si mesmo o sacramento do Batismo", Leão, seguindo Rm 6,3-5, em que Paulo afirma: "Nós todos batizados em Jesus Cristo [...] fomos sepultados com ele na sua morte etc.", *vê no Batismo em ação a mesma morte de Cristo*. A palavra que segue é forte, mas é sempre de Leão Magno:

É propriamente na mesma morte de Cristo crucificado e na ressurreição dele morto que a força do Batismo faz surgir uma criação nova de uma

---

[12] PL 54, 397.
[13] CSEL 22, 298.
[14] PL 54, 701.

antiga, a fim de que naqueles que renascem possa agir a morte e a vida de Cristo (*ut in renascentibus et morts Christi operetur et vita*).[15]

A *sua* morte-ressurreição, pela qual ele é a expressão máxima total, completa e atual da salvação, *age hoje no nosso Batismo* e desta forma tem-se uma criação nova a partir de uma antiga: através da morte (fim da criação antiga) começa a criação nova (com a ressurreição).

• HILÁRIO,[16] dando um passo adiante em relação a Leão Magno, descobre no Batismo de Cristo a origem do Batismo dos cristãos e formula esse conceito num sentido muito forte. O texto é resumido, mas os termos são exatamente os de Hilário:

> Cristo cumpriu também no sacramento a justiça da humanidade[17] que ele havia assumido. Ele, que não conhecia pecado, não tinha recusado colocar-se no nível do nosso pecado e tinha tomado em si toda a baixeza da nossa carne.

Cristo não pecou, mas "carrega o pecado dos seres humanos", é responsável pelo mesmo, o quis, o aceitou, tornou-se fiador dos seres humanos, assumiu a humanidade assim como ela é, com o pecado. E isso é tão verdadeiro que São Paulo chega à terrível afirmação de que "Cristo nos resgatou da maldição da Lei, tornando-se ele próprio um maldito em nosso favor" (Gl 3,13). Deixando-se batizar sem ter necessidade, Cristo purifica o ser humano, do qual havia assumido a natureza e o nome, participando também do seu pecado.

---

[15] LEÃO MAGNO, *Epist*. 16, 3: PL 54, 699.

[16] HILÁRIO, *In Ps*. 138, 6: CSEL 22, 749.

[17] A expressão "cumprir a justiça" se refere à resposta dada por Cristo a João quando este se recusa a batizá-lo: "Eu é que preciso ser batizado por ti, e tu vens a mim?" (Mt 3,15), que é assim explicada pelo próprio Hilário: Cristo veio para cumprir a Lei e os Profetas. No AT o termo "justiça" indica a Lei de Deus; portanto, Cristo veio para cumprir aquilo que foi dito na Lei e nos Profetas (*In Mt*. 2, 5: PL 9, 927).

A EFICÁCIA DOS SACRAMENTOS

• São Leão Magno,[18] relacionando o Batismo com a encarnação — embora evitando, por causa da sua posição contrária à administração do Batismo na Epifania, de ligá-lo ao Batismo de Cristo no Jordão —, afirma que da união existente em Cristo entre a natureza divina, tomada do Pai, e a natureza humana, tomada da Mãe, veio a nós o sacramento do renascimento:

> Dessa admirável união (lit.: "participação"), despontou para nós luminoso (em latim, *illuxit nobis*, expressão típica da liturgia natalina) o sacramento de regeneração, de modo que também nós, gerados na carne (nascimento humano), renascêssemos novamente com uma origem espiritual (*spirituali origine*), ou seja, pela ação daquele mesmo Espírito pelo qual Cristo foi concebido e nasceu.

A eficácia do Batismo é a reprodução do Mistério de Cristo, a tal ponto que em nós se verifica, ainda que seja através do sinal sacramental, aquilo que aconteceu nele: o nascimento do Espírito Santo.

Desse modo, o sacramento não é explicado em si e para si, mas sempre em relação a Cristo; só assim o sacramento pode ter o significado de sinal dele, sinal de salvação.

• Leão Magno, *Epistola* 59, 4:[19]

> Pelo Batismo, de fato, o ser humano deve se tornar corpo de Cristo, como Cristo é corpo do ser humano (como Cristo tem o corpo humano).

Texto muito forte. A expressão "corpo do ser humano" poderia ser entendida no sentido ainda mais forte de "realidade verdadeira" do

---

[18] Leão Magno, *Epist.* 31,3; PL 54, 792s.
[19] PL 53, 871.

ser humano, dando à palavra "corpo" o sentido de Cl 2,17, em que São Paulo, falando da relação entre o Antigo e o Novo Testamento, afirma que todos os ritos do AT eram "sombra", enquanto o "corpo", ou seja, a "realidade" dessas coisas é Cristo na sua concretude de salvação existente e atual (*corpus autem Christi*).

• Essa ligação do sacramento ao Mistério de Cristo, isto é, à ação de salvação exercida na humanidade de Jesus, nós a encontramos ainda em outro texto dentre os muitos de São Leão sobre esse tema:

LEÃO MAGNO, *Sermo* 26, 2:[20]

Enquanto adoramos o nascimento do Salvador, nós de fato celebramos o nosso surgir à vida. O nascimento de Cristo é a origem do povo cristão, e o Natal da cabeça é o Natal do corpo. Por mais que sejam distintos e separados do suceder-se dos tempos, todos os filhos da Igreja, *tendo nascido* da fonte batismal, da mesma forma que são com Cristo crucificados na Paixão, ressuscitados na ressurreição e colocados à direita do Pai na Ascensão, assim com Cristo são gerados nesse nascimento.

O *Mistério de Cristo é a realidade do sacramento*, e o fato sacramental ("nascidos da fonte batismal") do cristão é participação na Paixão-ressurreição-ascensão de Cristo, mas sobretudo no seu nascimento.

• Um último texto de SÃO LEÃO MAGNO, *Sermo* 23, 5:[21]

Como o Senhor Jesus se fez nossa carne nascendo, assim também nós nos tornamos seu corpo renascendo.

Aquilo que aconteceu no seu nascimento acontece no nosso Batismo.

---

[20] PL 54, 213.

[21] PL 54, 203.

Além das passagens de Leão Magno, poderia ser citado um grande número de outros Padres da Igreja. Do testemunho deles, que não só é quantitativamente importante mas também reflete uma tradição muito sólida, emerge o fato de que os sacramentos são realizações do Grande Sacramento de salvação que se concretizou em Cristo.

B) Segundo os momentos distintos que diversificam e integram a história da salvação

A realização do sacramento, que é o "Mistério de Cristo", ocorre *parcialmente*, ou seja, em cada um dos sacramentos:

1. *Porque os sacramentos, cada um deles, são projeções particulares do sacramento total da salvação.* O sacramento é sempre total, mas se projeta particularmente segundo um determinado sinal. É como se diante de um objeto luminoso de luz de tipo solar puséssemos filtros de diversas cores, deixando, vez por vez, passar só uma determinada categoria de raios luminosos e não as demais; a fonte luminosa permanece sempre a mesma, mas as suas projeções assumem (dependendo do "sinal") cores diferentes.

Enquanto projeções particulares, os sacramentos

— Não são todos necessários a todos: a Igreja, o corpo de Cristo, tem necessidade de todos os sacramentos, porque de outro modo não seria a realidade total de Cristo; mas singularmente os membros de Cristo não têm necessidade de todos os sacramentos.

Esse ponto é definido pelo Concílio de Trento no já citado cân. 43 da Sessão VII:[22] "Os sacramentos [...] são necessários à salvação [...], embora nem todos sejam necessários a cada um".

---

[22] DS 1604.

— Além de serem concretizações, são também *revelações* do Mistério de Cristo: toda revelação acontece sempre parcialmente, por graus (a própria palavra diz isso: "desvelamento", que acontece aos poucos).

2. Porque devem reproduzir as etapas da história da salvação. Esta, justamente enquanto "história", implica um gradualismo. Os sacramentos devem reproduzir as suas etapas essenciais.

A história da salvação na Sagrada Escritura nos é apresentada, praticamente, sobre *dois planos* que diferem e se equivalem ao mesmo tempo; de fato, podem correr um independentemente do outro, mas, se postos em paralelo, revelam um único conteúdo expresso em linguagem diferente e, portanto, constituem duas perspectivas distintas que podemos resumir no "tipo" (AT), como "criação" e "libertação", e na "realidade" (Cristo), como "nova criação" e "redenção": o da "criação" é o tipo ou momento em que se manifesta o amor de Deus pelos seres humanos, referente a toda a humanidade. O tipo, ou momento "libertação", segue outro paradigma, diretamente relacionado a um "povo", que no entanto é profético de toda a humanidade e da história.

No "tipo"

HISTÓRIA DA SALVAÇÃO		
Criação (de Adão-Gênesis)		Libertação (de Israel-Êxodo)
1) Deus cria o ser humano à sua imagem	(*vida*)	Deus liberta Israel (passagem do Mar Vermelho)
2) Deus lhe comunica o Espírito	(*Espírito*)	Deus lhe comunica a Lei (Aliança)
3) Deus lhe dá de comer todos os frutos do jardim	(*alimento*)	Deus lhe dá de comer o maná no deserto

Na "realidade" (Cristo)

HISTÓRIA DA SALVAÇÃO		
NOVA CRIAÇÃO		REDENÇÃO
1) Cristo cria o ser humano à sua imagem	(Batismo)	Cristo faz a Páscoa (passagem: morte)
2) Cristo comunica o Espírito (Jordão)	(Crisma)	Cristo comunica o Espírito (Pentecostes)
3) Cristo dá de comer o alimento da vida	(Eucaristia)	Cristo dá de comer a Páscoa (libertação-aliança)

Vemos assim Batismo, Crisma e Eucaristia em duas perspectivas, justamente "segundo os momentos distintos que diversificam e integram a história da salvação".

"Diversificam-na" tendo em vista que se trata de momentos diferentes. "Integram-na" tendo em vista que, em seu conjunto, reproduzem toda a história da salvação. Essa visão, anteriormente expressa de modo esquemático — da qual nos autores são encontrados apenas acenos genéricos —, desemboca diretamente na proposição sucessiva.

4. A eficácia dos sacramentos consiste na nossa participação no Mistério de Cristo pela via sacramental

Como logo se verá, essa proposição é relativa à "graça", que é o efeito dos sacramentos. Nós, chamando-a de "participação no Mistério de Cristo", queremos acima de tudo sublinhar a unidade do efeito produzido em nós pelo sacramento, e por conseguinte nos distanciamos de certa corrente teológica que reconhece *ou* um duplo efeito dos sacramentos, identificado em graça santificante ("primeira" ou "segunda": efeito essencial) e em graça sacramental (varia dependendo dos diversos sacramentos: efeito secundário); *ou* um efeito quantitativamente distinto, dependendo a qual dos sacramentos se refere. A nossa posição é uma conclusão natural da visão dada aos sacramentos, que até o momento temos visto em relação a Cristo-sacramento total, ou seja, na perspectiva da história da salvação.

Examinemos, antes de mais nada, como normalmente é prevista a eficácia dos sacramentos, considerada no seu efeito, que é a "graça" e que chamamos de "participação no Mistério de Cristo".

A) Conferição da graça dos sacramentos segundo uma teoria comum[23]

De acordo com uma explicação teológica muito comum, os sacramentos infundem a "graça santificante" distinta da "graça sacramental".

1. A graça *santificante*, por sua vez, subdivide-se em:

— "Graça santificante primeira": aquela que é dada a quem ainda não a possui (nos sacramentos chamados, justamente por isso, de "dos mortos");

— "Graça santificante segunda": dada como aumento a quem já a possui (nos sacramentos chamados de "dos vivos").

2. A graça *sacramental* (concomitante à graça santificante): a graça significada pelos vários sacramentos. Trata-se, portanto, de uma graça diferente nos diversos sacramentos. Vários são os modos em que os autores a concebem, mas dois são os principais:

— Como modificação parcial da graça santificante: cada vez, dependendo da diversidade do sacramento, a graça sacramental tende

---

[23] PIOLANTI, A. Op. cit., pp. 57-69; BRINKTRINE, J. Op. cit., pp. 91-96.

a aumentar a eficácia da "graça santificante" fundamental comum a todos os sacramentos;

— Como título que dá direito a obter auxílios atuais, particulares, cada vez que se trata de "concretizar" a graça santificante sob um determinado aspecto (isto é, em cada um dos sacramentos). (Concepção mais exterior do que a precedente.)

B) Base desta explicação comum

1. *Seja para a infusão da "graça santificante" enquanto tal, seja para a distinção em "primeira" e "segunda", apresenta-se como argumento a doutrina do Concílio de Trento* e precisamente do prólogo aos cânones relativos aos sacramentos:[24] "O Concílio considerou justo falar dos santíssimos sacramentos da Igreja, por meio dos quais cada verdadeira justiça (termo tridentino típico para indicar a 'santificação', ou seja, a graça) ou começa, (*incipit*) ou aumenta (*augetur*) uma vez começada, ou então é restaurada (*reparatur*), caso tenha sido perdida".

2. Para a infusão da "graça sacramental" enquanto distinta da "graça santificante":

— Recorre-se igualmente ao Concílio de Trento:[25] "Os sacramentos [...] contêm e conferem a graça que significam";

— São acrescentadas algumas razões chamadas teológicas:

• Inútil seria a diversidade dos sacramentos se não houvesse um efeito distinto correspondente a cada um. Todos os sacramentos conferem uma idêntica graça santificante; portanto, bastaria receber um

---

[24] Concílio de Trento, Sessão VII, *Decretum De Sacramentis, Proemium*; DS 1600.
[25] Ibid., cân. 6; DS 1606.

só. Como os sacramentos, de fato, existem e são diferentes entre eles, é preciso que exista uma graça distinta correspondente, que é chamada justamente de "graça sacramental".

• Os diversos sacramentos são ordenados a fins diversos: a graça sacramental é o meio para alcançar o fim de cada um dos sacramentos (esse é um discurso inclusive metassacramental: a graça sacramental, com efeito, é concebida como algo distinto do fim dos sacramentos, e o fim destes é posto fora da graça sacramental).

• Se a graça sacramental não se distinguisse da graça santificante, não haveria diferença entre quem recebe os sacramentos e quem não os recebe.

Eis textualmente — segundo um desses teólogos — as razões para afirmar a distinção entre a "graça sacramental" e a "graça santificante": "Inutilmente nos serviríamos de tal variedade de sacramentos se estes se diferenciassem unicamente pelo sinal externo e não pelo efeito; além disso, diferentes sacramentos são ordenados a diferentes fins. Ora, a graça, que é dada com o rito sacramental, age como meio para alcançar o fim do sacramento; os diversos sacramentos, portanto, devem conferir uma graça especial e, pelo menos em alguma coisa, distinta. Ainda: se a graça sacramental não se distinguisse de nenhuma forma da graça comum (*gratia communis* é a graça santificante), não haveria nenhuma diferença entre quem recebe e quem não recebe os sacramentos e, destes, um não seria mais necessário do que o outro, o que, como se sabe, é um erro afirmar. Movidos por essas razões, os teólogos estão de acordo em afirmar que à graça comum é acrescentado por sobreposição algo dos sacramentos; e com prazer concordam com o Angélico, que diz: 'Como as virtudes e os dons acrescentam sobre a graça normalmente dita certa perfeição, especificamente ordenada aos fins próprios das forças operativas pelas quais são dadas as virtudes e os dons, assim a graça sacramental acrescenta à graça normalmente dita e sobre as virtudes e seus dons certo auxílio divino para alcançar o fim do sacramento' (*Summa Theol*. III, 62, 2)".[26]

3. Em relação à produção quantitativamente distinta da graça:

— Cita-se *Trento*:[27] "Se alguém disser que estes sete sacramentos se equivalem entre si no sentido de que entre os mesmos não há diferença de dignidade, seja anátema";

— A questão é explicada[28] com uma referência a uma distinta dignidade do sacramento agente: cada sacramento age em vista da santificação, mas cada sacramento é distinto do outro em dignidade: a maior dignidade compete à Eucaristia; a Eucaristia, portanto, confere maior e mais salutar graça.

Mesmo que o texto tridentino, em si, não fale disso, sabe-se pelos documentos do Concílio que se tratava praticamente de afirmar que, de todos os sacramentos, o "mais digno" (cuidado com a palavra: não se usa nunca a palavra "importante") é a Eucaristia, pelo fato de que nesse sacramento há a presença substancial de Cristo. Não se estabelece, portanto, um nexo "causal" (maior causa produz maior efeito), mas só uma relação interna ao sacramento: dignidade do sacramento derivada do conteúdo (presença substancial de Cristo) do sacramento.

Partindo dessa confusão inicial entre dignidade do sacramento e sua eficácia em vista da graça, prossegue-se dizendo que a quantidade de graça dos outros sacramentos é medida em relação à maior proxi-

---

[26] PIOLANTI, A. Op. cit., pp. 68ss.
[27] CONCÍLIO DE TRENTO, cân. 3; DS 1603.
[28] PIOLANTI, A. Op. cit., pp. 76ss.

midade destes com a Eucaristia. Há, por conseguinte, uma ordem nos sacramentos neste sentido:

1. Eucaristia, "porque é o mais digno" (não são apresentadas outras razões!);

2. Ordem, "porque só os sacerdotes fazem e distribuem a Eucaristia";

3. Confirmação, "porque se ajuda a defender a Eucaristia dos inimigos externos" (Texto: *Confirmatio ad Eucharistiam defendendam ab hostibus externis*).

4. Batismo, "porque é uma atitude para receber a Eucaristia" (finalmente, em quarto lugar, vem o sacramento que é a "porta" da santificação);

5. Extrema-Unção, "porque é a total remoção dos impedimentos à união com Cristo, a qual é fruto natural da Eucaristia";

6. Penitência, "porque é a abolição dos impedimentos que não permitem o acesso à Eucaristia". (Portanto a Penitência, enquanto dá a permissão de aceder à Eucaristia, já possui uma dignidade; mas é maior dignidade a da Extrema-Unção, porque tira todos os impedimentos que não permitem gozar da união com Cristo);

7. Matrimônio, "porque aumenta os convidados ao Banquete Eucarístico" (Texto: *Matrimonium ad augendos Eucharisticae Mensae convivas*).[29]

C) *Crítica à teoria comum*

Como já dissemos no início do item 4, não aceitamos essa posição, muito embora seja muito comum. E motivamos, como segue, a nossa crítica:

1. Referente à produção (*essencial*) *da graça santificante* (primeira e segunda). Retomamos o texto citado do Concílio de Trento: "Por meio dos sacramentos, toda verdadeira justiça *começa ou aumenta*,

---

[29] Ibid., p. 77.

uma vez começada, ou então *é restaurada* caso tenha sido perdida". Prescindindo do fato de que não se trata de um texto que tem valor de fé, mas de uma introdução aos cânones, ressaltamos que:

• Indevidamente, a *tripartição do modo* pelo qual os sacramentos conferem a graça é transformada numa *bipartição da graça*: enquanto o Concílio de Trento fala de três maneiras pelas quais os sacramentos a produzem (começando-a, acrescentando-a ou restaurando-a), esse *tríplice modo* de ação é interpretado como uma *dupla graça* ("primeira" e "segunda"). O próprio sistema de interpretação do texto conciliar não depõe em favor dessa tese.

• Fala-se de graça dependente dos diversos sacramentos: o texto de Trento diz simplesmente que "por meio dos santíssimos sacramentos é dada toda a verdadeira justiça (isto é, toda a verdadeira graça santificante".) O Concílio não conhece a distinção da graça entre "santificante" e "sacramental", mas fala só de "verdadeira justiça" (verdadeira santificação), como efeito comum dos sacramentos. Portanto, *não se pode excluir a priori*, sem tê-lo demonstrado, *o aspecto "sacramental"* dessa graça não especificada, mas *dependente dos sacramentos*, que é chamada de "santificante" ("verdadeira justiça").

• *Não existe de fato*, salvo na teoria abstrata, *alguma graça santificante que não seja sacramental*. Não é possível se salvar — em outras palavras: não se pode ter a "graça" — a não ser através de um sacramento, porque toda "graça santificante" se refere sempre e somente a *Cristo*, enquanto é *sacramento de salvação*, do qual os diversos sacramentos são parciais aplicações. Pode-se objetar que é possível ser "salvos" mesmo sem os sacramentos. Isso é verdade só em certo sentido: é possível ser salvos mesmo sem os sacramentos (negativamente), mas não os excluindo positivamente, porque isso significaria excluir Cristo-sacramento de salvação. Com efeito, quem não os conhece, mas está em boa-fé (ou seja, pretende fazer tudo aquilo que Deus quer para se salvar), encontra-se em potencial orientação na direção destes. O sacramento é necessário, como se costuma dizer, pelo menos *in voto*, ou seja, como desejo implícito ou explícito. É *implícito*, por exemplo, o do budista que, mesmo não conhecendo os sacramentos, vive santamente a sua vida na busca de Deus e da sua vontade; salva-se, mas com base na existência do sacramento da salvação que é Cristo; sem Cristo, que veio para salvá-lo, não se salvaria. Como os sacramentos nada mais são do que a presença de Cristo, se o budista se salva, é porque implicitamente já está disposto a receber no sacramento (que ele não conhece) aquela salvação (que ele busca) que se identifica com Cristo (por ele ainda ignorado). É *explícito* o *voto* naquele que deseja ser, por exemplo, batizado, mas não encontra quem o batize.

Por essa razão, a distinção entre graça santificante e graça sacramental não se sustenta.

• Essa concepção estabelece nos sacramentos uma *insustentável categoria de valor*. Diz-se, de fato, que o Batismo e a Penitência são os sacramentos "dos mortos" (expressão certamente pouco feliz) porque dão a "primeira" graça, e que os outros, os quais nada mais fazem do que aumentá-la, conferem a "segunda". Portanto, um sacramento colocaria a base; os outros, sobre essa base, "acrescentariam". *Acréscimo* e *base*: dois termos que são dois valores, dos quais certamente o mais importante é o da base; eis a categoria de valor que, neste sentido, não pode ser aceita. Toda essa concepção se apoia sobre a ideia dos *sacramentos vistos em absoluto*, isto é, destacados completamente de qualquer referência ao Mistério de Cristo sacramento da salvação e, portanto, como algo puramente acidental (que poderia ter sido outra coisa qualquer) comandada pelo Senhor, como meio para santificar-nos.

A EFICÁCIA DOS SACRAMENTOS

O sacramento, pelo contrário, é o sinal com o qual Cristo opera cada vez de novo o seu Mistério, e em cada sacramento (seja este dos "vivos" ou dos "mortos") não se recebem "aumentos" de graça, quase em forma de "estratificação", mas todo o Mistério de Cristo. No sacramento se tem a participação no *Mistério de Cristo*, ou seja, à graça do Senhor na sua totalidade, e também segundo uma determinada "formalidade" pela qual *um* sacramento não é *o outro*, embora *um* e *outro* coloquem em contato com o Mistério único de Cristo. É esse Mistério único que é projetado de forma distinta nos diversos sacramentos; graça única, sempre "santificante" porque sempre "sacramental", mas distinta segundo os diferentes momentos do Mistério de Cristo refletidos em cada um dos sacramentos.

A ideia de uma "graça-começo" e de uma "graça-aumento" supõe uma visão do sacramento sobretudo no sujeito passivo (fiel) e não no sujeito agente (Cristo). Pelo contrário, o sacramento deve ser considerado como uma intermediação, algo de *relativo*, que estabelece uma relação entre o sujeito e Cristo: o sujeito poderá mudar nas várias situações, mas o sacramento cria sempre a mesma relação com o próprio Cristo. Portanto, a relação não muda pelo fato de se tratar de um sacramento recebido pela primeira vez ou pela segunda.

A incongruência se torna ainda mais evidente naquela que os autores[30] denominam *ação per accidens*. Estabelecido — segundo esses autores — que, em razão do sujeito, a graça "primeira" é aquela que é dada a quem não a tem, e a "segunda" é aquela que é aumentada naquele que já a tem, em si, segundo a instituição inicial de Cristo (o qual, por conseguinte, teria duas intenções ao "instituir" — em sentido jurídico — os sacramentos), *o Batismo e a Penitência conferem a pri-*

---
[30] Ibid., p. 66.

meira graça, isto é, *vivificam* aqueles que morreram espiritualmente; os *outros sacramentos, por sua vez, comunicam uma segunda graça*, aumentando aquela que já se possui. *Per accidens* ocorre, no entanto, que haja uma intenção secundária de Cristo (uma segunda vontade de Cristo), pela qual também os sacramentos dos "mortos" (Batismo e Penitência) em determinados casos deem a *segunda graça*, ou seja, quando aquele que os recebe já possui a *primeira graça*. O próprio fato dessa possibilidade afirma que a distinção da graça em "primeira" e "segunda" não se mantém de pé. Desse modo, com efeito, a graça é concebida como algo que é independente do Mistério de Cristo. Se se pretende receber o Batismo, é porque pela fé já houve uma aproximação a ele, mas se tem necessidade do "sinal sacramental", pois do contrário não se estaria na "realidade" de Cristo. (Todos os judeus acreditavam no Messias vindouro, mas quando o tiveram no meio deles não o reconheceram: não viram o "sacramento", não entenderam o "sinal").

Os autores identificam outra confirmação da ação *per accidens* no costume (!) que todos os fiéis têm de confessar os seus pecados veniais; aqueles que já têm a graça primeira e vão confessar-se, embora a Penitência seja um sacramento dos "mortos" (ou seja, que dá a graça "primeira" àqueles que não têm a graça e desejam recebê-la), como o pecado é somente venial, recebem a graça "segunda". É preciso dizê-lo de modo muito mais simples: o sacramento da Penitência não dá nem a "graça primeira", nem a "graça segunda", mas dá o Espírito Santo para restaurar a "vida" (Espírito) sobrenatural, que o pecado havia de novo destruído ou diminuído.

Os autores falam também que os sacramentos "dos vivos" (isto é, os que "aumentam" a graça) às vezes dão a graça "primeira". O pecador em boa-fé, crendo-se justificado, se aproxima da Eucaristia; ele recebe, então, a absolvição dos pecados. Portanto, recebe a graça "primeira" de

A EFICÁCIA DOS SACRAMENTOS

um sacramento (Eucaristia) que na verdade é ordenado a dar a graça "segunda". Nós dizemos, pelo contrário, que o pecador, o qual em boa-fé se aproxima da Eucaristia, não recebe nem a graça "primeira" nem a "segunda", mas simplesmente a graça da Eucaristia, que é sempre graça de redenção total.

2. Em relação à produção (*acréscimo*) *da graça sacramental*. O Concílio de Trento diz: "Os sacramentos contêm e conferem a graça que significam". A essa proposição tão exata do Concílio de Trento recorrem os teólogos aos quais anteriormente nos referimos, mas para dar a explicação tão contorcida que acabamos de ver.

Afirmamos que a proposição conciliar mesma:

• Implicitamente destrói como arbitrária a distinção entre graça sacramental e graça santificante;

• Expressamente afirma que os sacramentos conferem a *graça que significam e só esta* (não uma ou outra, não primeiro uma e depois a outra, nem às vezes uma e às vezes a outra); não diz sequer: "a graça" de modo genérico, mas especifica: "aquela graça que significam" (*conferunt gratiam quam significant*): diretamente aquela e não por "certo acréscimo" (*additamentum quoddam*), como o explicam aqueles teólogos;

• A graça *significada pelos diversos* sacramentos é a mesma e única graça (a conformidade a Cristo) expressa *de modos diversos*, segundo uma sucessão histórica da salvação (isto é, primeiro na revelação "profética" e depois na revelação "atuante" de Cristo). O primeiro "ato" foi a encarnação do Filho de Deus; daquele dia em diante, para o Pai, a humanidade enquanto tal não era mais pecadora: havia um Homem totalmente santo, que o chamava inclusive de "Pai"; o homem era de novo seu Filho. Tudo o mais que acontece na vida de Cristo é adesão da sua vontade também humana à Lei do Pai: "Eu faço tudo aquilo que o Pai quer" (Jo 8,29); "Quem de vós pode acusar-me de pecado?" (Jo 8,46). Os mandamentos são dez, mas ele os reduz a dois apenas, dois mandamentos que falam do "Amor" e nos quais se cumpre toda a Lei e todos os Profetas; é perfeito, é o homem da santidade. Para que essa santidade receba a marca extrema da perfeição, obedece ao Pai até o inverossímil: oferece-lhe, de fato, não apenas a santidade da sua vida mas também uma obediência que vai inclusive além da vida; obedecerá até morrer. É o homem que morre para Deus; naquele dia morreu a humanidade. São Paulo diz: "Se Cristo morreu por nós, nós morremos nele" ("Considerando que um só morreu por todos e, portanto, todos morreram", 2Cor 5,14).

Nesse sentido também os Padres da Igreja se exprimiram. Esse é o modo pelo qual a graça é significada nos diversos sacramentos; é a única graça que existe, não existem duas graças, mas existe Cristo: "Jesus é a nossa sabedoria [...], justiça [...], santificação e redenção", afirma Paulo (1Cor 1,30). Essa graça é única, mas é comunicada *em formas e em momentos diferentes*, seguindo certa alternância, certa sucessão, já que se trata de uma história da salvação. Deus criou o mundo todo de uma vez, mas a criação se "concretizou" sucessivamente. Cristo santificou a humanidade toda, mas torna santos os seres humanos gradualmente; é a realidade da vida. De outro modo a santidade seria uma monstruosidade e não algo de humano. A Escritura nos diz que Jesus mesmo "crescia em santidade e sabedoria" (Lc 2,40). (O gradualismo da história da salvação é algo que precisa ainda ser entendido por muitos.)

3. Em relação à produção *"quantitativamente distinta" da graça*:

• O Concílio de Trento fala de *dignidade do sacramento e não de quantidade de graça* dada pelo sacramento. O princípio, como dissemos, é geral, mas na realidade o Concílio pensava na Eucaristia em razão da presença substancial de Cristo que a distingue de todos os outros sacramentos. De qualquer modo, não existe uma relação nem lógica nem casual entre os dois conceitos.

• A graça é sempre uma *participação no Mistério de Cristo*:

— *Objetivamente*: *igual para todos*, e não diferente em função da distância em relação à Eucaristia. Cada sacramento deve ser visto em função dessa participação no Mistério de Cristo (pois *essa participação deve ser realizada segundo um modo todo seu*) e não em relação a outro — mesmo que seja digno — sacramento;

— *Subjetivamente*: pode existir uma diferenciação de grau: a) *da parte de Deus*, que livremente dá a graça; b) *da parte do ser humano*, que a recebe segundo a sua capacidade.

Mas também essa diferenciação subjetiva de grau deve ser vista não na distinta eficácia de cada um dos sacramentos, mas sim na vontade do sujeito agente principal (Deus) e na capacidade do sujeito que recebe.

É muito interessante ler o capítulo do Concílio de Trento que se refere a esse ponto (DS 1529), capítulo que, no entanto, os nossos autores não citam: "As causas da justificação são: a causa *final* é a glória de Deus e de Cristo e a vida eterna; a causa *eficiente* é Deus na sua misericórdia, o qual gratuitamente nos santifica (1Cor 6,11), nos marca e nos unge com o Espírito Santo que é penhor da nossa herança (Ef 1,13s); a causa *meritória* é o Filho Unigênito de Deus, nosso Senhor Jesus Cristo, o qual, quando éramos inimigos (cf. Rm 5,10), por sua imensa caridade [...] nos justificou. A causa *instrumental* é o sacramento do Batismo (portanto justamente na ordem da justificação o Batismo é colocado entre as causas da mesma, ainda que seja instrumental) porque é o sacramento da fé, sem a qual jamais se chega à justificação. Enfim, *única causa formal é a justiça de Deus*, não aquela pela qual ele é justo, mas aquela pela qual ele nos justifica; ou seja, aquela que ele doa a nós e pela qual somos renovados no íntimo do nosso espírito, e não somente somos considerados renovados, mas somos chamados e somos justos, recebendo cada um em si mesmo a sua justiça *segundo aquela medida que o Espírito Santo dá a cada um* — veja anteriormente a letra (a) — e *segundo a própria disposição e cooperação* — veja anteriormente a letra (b)".

Na distribuição da santidade há também, por parte de Deus, uma diferenciação, porque, mesmo sendo todos corpo de Cristo, todavia no corpo nem todos os membros têm o mesmo valor e a mesma função. Todos constituímos o templo de Deus, mas nem todos somos colunas. Há "diversidade de dons; o Espírito, porém, é o mesmo", diz Paulo (1Cor 12,4).

• Por conseguinte, a *ordem dos sacramentos* deve ser julgada não pela maior ou menor "quantidade de graça" — admitido que se possa falar de "quantidade" — mas sim pelo seu *valor "sinal"* em relação à história da salvação. Ou seja, voltamos ao conceito da primeira proposição enunciada sobre a eficácia dos sacramentos (cf. pp. 104-107); e só sobre essa base se pode estabelecer uma "ordem dos sacramentos" que tenha um significado.

Parte II

Os sacramentos

Observações gerais sobre os sete sacramentos

Necessitando fazer, por razões de praticidade, uma escolha no estudo de cada um dos sacramentos, iremos nos deter sobre os sacramentos da iniciação — dando mais espaço à Eucaristia — e, brevemente, sobre os sacramentos da Penitência e da Unção dos Enfermos. Todavia, antes de entrarmos nessa questão, precisamos enfocar, mesmo que seja um tanto genericamente, todos os sete sacramentos.

I. Os sacramentos significam e atuam a realidade do Mistério de Cristo nos seres humanos

Essa formulação quer indicar que os sacramentos têm um plano comum: existe uma *realidade sacramental* que vale igualmente para todos os sacramentos, e nenhum sacramento pode ser explicado fora dela. (A seguir nos daremos conta de que isso vale no mesmo sentido para todos os demais sacramentos, justamente em razão da Eucaristia-sacrifício, já que na realidade até hoje o "sacrifício da Missa" infelizmente foi interpretado, visto e teologizado sempre fora da "realidade sacramental", na convicção de que, colocando-o no âmbito da categoria "sacrifício", se pudesse explicar a Missa sem recorrer à "realidade sacramental".)

Portanto, a proposição é geral e quer afirmar:

A) Que a *realidade* significada e atuada igualmente por *todos os sacramentos é o Mistério de Cristo*, porquanto diferente é o *modo* pelo qual é significada e concretizada segundo a diferença do "sinal sacramental": há, por conseguinte, uma única realidade, apresentada de modos distintos.

B) Essa realidade que denominamos "Mistério de Cristo" é a *revelação* e a *atuação do amor de Deus*, que se manifestou *por meio* de Cristo e *em* Cristo ("Por meio de Cristo" exprime um conceito exato, mas que deve ser completado com o conceito expresso pela fórmula "em Cristo", para não reduzir Cristo a um simples "meio" ou veículo puramente externo dessa revelação).

"A atuação e revelação do amor de Deus por meio de Cristo e em Cristo" tem também outro nome: *encarnação*. Com esse termo coloca-se um acento particular sobre a "concretude" da revelação e atuação do Mistério de Cristo nos seres humanos. Portanto, a encarnação deve ser vista não como um simples fato pelo qual a divindade, de um modo ou de outro, se apresenta ou se encontra no meio dos seres humanos mas (1) sim como atuação e (2) como revelações *concretas* do amor de Deus *aos* seres humanos, isto é, segundo a categoria humana, pela qual o ser humano não é só alguém que olha, que espera, que deseja e que contempla o amor de Deus que está diante dele, mas desse Amor se torna o portador concreto.

1. A *atuação* concreta desse amor de Deus nos seres humanos acontece segundo três momentos:

a) Pela encarnação, considerada precisamente em Cristo, na sua humanidade *o ser humano é refeito à imagem de Deus*. O conceito último que está na base do nascimento virginal de Cristo não é tanto o do valor positivo da virgindade que glorifica Nossa Senhora e assim por diante (este é um dos vários aspectos); o significado profundo da concepção virginal, tal como é apresentada pela Igreja na sua tradição mais antiga, está, pelo contrário, na *novidade* dessa criação: o homem-Cristo não nasce pela via natural no mundo, justamente para indicar o *novo tipo de criação*, pelo qual o ser humano é propriamente feito à imagem de Deus, à imagem do seu Pai. Esse é o enfoque do primeiro ato da encarnação.

b) Já que a humanidade de Cristo é a portadora do Espírito, da Vida Divina, pela encarnação o ser humano *recebe o Espírito*, não para viver a sua vida humana, mas sim para viver a vida divina.

c) O ser humano, assim refeito e tornado portador do Espírito, se une a Deus num *culto perfeito*, culto *verdadeiro*, sendo dado a Deus pelo ser humano novo no Espírito Santo.

2. A revelação (em sentido forte) desses três momentos da encarnação acontece na morte-ressurreição de Cristo:

a) A morte de Cristo anuncia e determina a *morte* da humanidade ao pecado e o seu *renascimento*, para que o Filho de Deus seja completamente Filho de Deus.

b) Essa morte acontece sob um impulso, sob uma inspiração do *Espírito Santo*; trata-se de uma ação totalmente espiritual: "A minha alma (vida) [...] ninguém a tira de mim: sou eu que a dou" (Jo 10,17-18).

c) A grande novidade do cristianismo é que o culto a Deus é feito de amor e de obediência ao próprio Deus e não de ações externas. A morte de Cristo, enquanto último e maior ato da sua obediência ao Pai, é o momento do "culto perfeito".

Unimos morte e ressurreição porque esses dois momentos sempre se completam mutuamente. É na ressurreição que o homem, "nascido de uma mulher, nascido sob a lei" (Gl 4,4), "revelou-se — afirma Paulo — Filho de Deus pela força do Espírito Santo" (Rm 1,4). Portanto, é a ressurreição o evento que completa esse tríplice aspecto de "nova formação" que é inerente ao conceito de encarnação.

Consequentemente, precisamos considerar que a morte e a ressurreição de Cristo constituem o *momento condensador*, polarizador, de todo o Mistério de Cristo.

C) Essa é a razão pela qual o único, idêntico Mistério de Cristo, na posição "forte" de morte e ressurreição, é significado e realizado nos diferentes sacramentos, segundo uma diversidade de sinais; é sempre a Paixão de Cristo que age em cada sacramento, mas essa realidade única age como condensação dos três momentos que vimos e, *de acordo com o sinal diferente, produz um dos três aspectos que a morte e ressurreição concretizam* (nova criação, vida no Espírito ou oferta do culto perfeito).

II. Por consequência, querendo dar uma ordem numérica aos sacramentos, precisamos sempre manter firmes em primeiro lugar — e nesta sucessão — primeiro o Batismo, segundo a Crisma e terceiro a Eucaristia

Enquanto a ordem dos outros quatro sacramentos pode ser estabelecida como se achar melhor, o mesmo não acontece com os primeiros três, que são os sacramentos da "iniciação cristã".

OBSERVAÇÕES GERAIS SOBRE OS SETE SACRAMENTOS

1. Os sacramentos da "iniciação"

1. Estes conferem *a dimensão total de Cristo* (produzem uma cópia de Cristo) no sentido de que, de acordo com uma diversidade de sinais, realizam no ser humano a única realidade que, como sabemos, são os três momentos-chave da história da salvação na dupla perspectiva de "criação" e de "libertação":

a) O *Batismo* ocorre na morte-ressurreição de Cristo para ser, como Cristo, filhos de Deus, imagens de Deus (*nova criação*).

b) A *Confirmação* ocorre igualmente na morte e ressurreição para *receber o Espírito Santo* ("o Espírito não havia ainda sido dado porque Cristo não havia sido ainda glorificado", Jo 7,39; como já foi dito, a palavra "glorificação" para João significa o momento da morte, mas implica sempre o da ressurreição).

c) A *Eucaristia* é celebrada igualmente na morte-ressurreição de Cristo *para oferecer a Deus o "culto perfeito"* que Cristo lhe ofereceu precisamente na sua morte, ocorrida no Espírito Santo.

2. Entendido o termo "iniciação" no sentido técnico de "consagração", Batismo, Crisma e Eucaristia são os "sacramentos de consagração", isto é, de inserção no Mistério de Cristo e, por meio do Mistério de Cristo, no Mistério da Igreja, que é o "Cristo total". Com efeito:

• Pelo Batismo, todos se tornam filhos de Deus e passam a formar a realidade que se chama "Igreja";

• Pela Confirmação, a nova realidade "Igreja" se torna "espiritual", ou seja, comunidade atenta à ação orientadora do Espírito Santo.

• Pela Eucaristia, a Igreja é constituída corpo de Cristo, ou seja, Cristo vivo nos seres humanos, os quais nele e para ele rendem a Deus o próprio culto espiritual perfeito na aceitação da sua vontade.

3. Esses três sacramentos são *essenciais para a salvação*. Deve-se ter bem presente a doutrina da Igreja sobre esse ponto: pode haver salvação também tendo recebido somente o Batismo, já que nele são recebidos *in voto* tanto a Confirmação quanto a Eucaristia. De fato, no Batismo:

• Já existe em germe a Confirmação: mesmo que o Espírito Santo não seja dado explicitamente, todavia não se pode ser imagem de Cristo se, de um modo ou de outro, não se leva o Espírito de Cristo;

• Está implícita a presença da Eucaristia, porquanto a finalidade do Batismo é a Eucaristia: entra-se na Igreja para poder dar a Deus o culto perfeito que Cristo deu ao Pai. Além disso, entrando na Igreja, entra-se no corpo de Cristo, e por isso mesmo já se alcançou, de certo modo, aquela que é a realidade verdadeira da Eucaristia: criar o corpo de Cristo.

2. Os demais sacramentos

Os outros sacramentos, por sua vez, são *configurações particulares*, mais ou menos necessárias,[1] que completam a imagem de Cristo, segundo um determinado aspecto. Estes dizem respeito a momentos particulares da vida, nos quais o Senhor intervém ou quer intervir.

A) A Penitência

a) É o sacramento no qual se aceita a missão de Cristo, enviado a curar e sanar. Sem entrarmos demais na explicação, já que o sacramento da "Penitência" será tratado à parte, digamos que esse sacramento não é simplesmente, como com frequência o reduzimos, a

---

[1] CONCÍLIO DE TRENTO, Sessão VII, Decretum *De Sacramentis*, Cân. 4; DS 1604.

acusação dos pecados, a qual é só um aspecto da Penitência, e não necessariamente o mais importante. O sacramento da Penitência consiste no fato de que o nosso arrependimento, o nosso voltar atrás, o nosso deixar o pecado — fato psicológico, pessoal —, é posto nas mãos de Cristo, que o sanciona porque esse ato nós o fazemos em "nome dele"; então o Senhor, naquele momento, aceita a nossa "Penitência", a torna efetiva, cura o nosso estado de pecado e nos faz voltar à condição de pureza inicial.

b) É a retomada da "iniciação". De fato, por meio desse sacramento são restaurados os danos sofridos por causa do pecado, no Batismo, na Crisma e na Eucaristia. Éramos filhos de Deus e perdemos a dignidade de filhos de Deus; levávamos o Espírito Santo e não o levamos mais; éramos participantes do sacerdócio de Cristo (podíamos oferecer a Eucaristia e não podemos mais oferecê-la, não podemos mais comungar). A Penitência nos restitui a santidade, o Espírito Santo, e o Espírito Santo recoloca em ordem o Batismo, a Crisma e a Eucaristia; somos cristãos como antes, o Espírito fala de novo em nós e podemos aproximar-nos da Comunhão, podemos unir-nos a Cristo no seu sacerdócio.

B) *A Ordem, o Matrimônio e a Unção dos Enfermos*

Tais sacramentos estão em relação de ofício ou de estado com Cristo:

• A *Ordem* é o sacramento que nos coloca em comunicação com Cristo *"cabeça"* da nova humanidade. O sacramento da Ordem não é o sacramento do "sacerdócio" (já que sacerdotes todos somos em virtude do Batismo), mas indica o estar em posição de "ordem" em relação àquela que é a comunidade. Receber o sacramento da Ordem quer dizer ser "cabeça" na Igreja quanto ao governo, ao ensinamento e ao culto. Eis o tríplice aspecto da Ordem. Por causa da Ordem, o bispo — e depois dele o presbítero — pode não só celebrar a Eucaristia junto aos fiéis mas também pode comandá-los e instruí-los com autoridade. Isso é o que quer dizer ser Cabeça: ser autor da salvação, causa, fonte de salvação, com a orientação, a palavra e a Eucaristia.

• O *Matrimônio* é o sacramento que nos coloca diante de Cristo enquanto representante do amor de Deus pelos seres humanos, apresentando-nos em Cristo o amante e o esposo da humanidade. "Manifestou-se o amor de Deus pelos seres humanos" (Tt 2,11; cf. 1Jo 4,9). O amor natural, que é aquilo que é, se torna o "sinal", para o cristão, do amor que Cristo traz à humanidade; não é mais apenas um fato natural, nem de aperfeiçoamento natural, mas sim de aperfeiçoamento sobrenatural. É a relação *Cristo-Igreja* que se vê realizada na relação *homem-mulher*. Cristo morreu para santificar e purificar a sua Igreja, e é isso o que deve fazer o esposo pela esposa. A *Igreja* aceita fazer do amor de Deus o ponto central da sua existência e viver para ele e nele; a esposa deve poder ter essa relação com o marido. Um homem e uma mulher, no seu estado de esposos, devem reproduzir na fidelidade, no sacrifício, no dom de si, o amor de Cristo. Aquele que é o elemento-base da humanidade, sem o qual esta não existiria, é assim santificado.

• A *Unção dos Enfermos* é o sacramento que nos põe em contato com Cristo, que aceita o sofrimento e a morte em expiação do pecado. O momento da morte ou do sofrimento, ao qual todos vão ao encontro e que coloca o ser humano num estado particular, isolando-o da vida normal, se torna para o cristão uma verdadeira expiação do pecado; não uma pena pelo pecado cometido mas sim uma *expiação*. É o sacramento do ingresso no sofrimento de Cristo, de união à morte de Cristo, a fim de que o nosso sofrimento e a nossa morte, inseridos no sofrimento e na morte de Cristo, se tornem elementos de redenção do nosso corpo mortal e de santificação para toda a Igreja.

OBSERVAÇÕES GERAIS SOBRE OS SETE SACRAMENTOS

É claro que também esses quatro sacramentos realizam o *Mistério de Cristo* — sempre considerado em seu ponto forte de morte e ressurreição; não há Penitência, nem Ordem, nem Matrimônio, nem Unção dos Enfermos a não ser através da morte-ressurreição de Cristo. Isso fica evidente também no "sinal sacramental", da mesma forma que é apresentado pela história do sacramento:

— O *sacramento da Penitência* é dado por Cristo depois da ressurreição: "A quem perdoardes os pecados, serão perdoados; a quem os retiverdes, ficarão retidos" (Jo 20,23).

— A *Ordem*: Cristo se revelou "Cabeça", "Doutor" e "Sacerdote" verdadeiro da humanidade quando morreu e ressuscitou.

— *Matrimônio*: o amor que Deus trouxe aos seres humanos se revelou justamente no fato de que ele soube dar a vida pela sua Igreja.

— A *Unção dos Enfermos*: Cristo morre aceitando a vontade do Pai. Como ser humano, diz: "Se quiseres, afasta de mim este cálice" (não gostaria de morrer), mas diz: "Não seja feita a minha vontade, mas a tua" (Lc 22,42s). A "agonia" de Cristo passou a indicar, pela morte do cristão, o momento em que este, uniformizando-se ao agir de Cristo, aceita a sua morte como adaptação de si mesmo à vontade de Deus, ao Mistério de Cristo.

Parte III

Os sacramentos da iniciação cristã

Introdução

1. O argumento do presente estudo são os *sacramentos da iniciação*.

2. *Método.* Este texto não tem outra pretensão senão a de ser uma *introdução* ao estudo dos sacramentos da iniciação. Não iremos nos aprofundar, por isso mesmo, em muitas questões particulares e em diferentes opiniões que as acompanham.

Nós — permanecendo o quanto possível ligados às fontes da fé, ou seja, à Palavra de Deus e à tradição litúrgico-patrística, e seguindo as orientações do magistério da Igreja — procuraremos elaborar uma teologia sobre os sacramentos da iniciação que seja sobretudo uma *mistagogia*, isto é, uma "introdução à celebração do mistério".

3. O *objetivo*, por conseguinte, do estudo e do próprio método escolhido, será o de procurar *no sinal* a realidade por este significada e neste contida. De fato, para além de toda problemática, o importante é, para nós hoje, recuperar a verdadeira *realidade sacramental*, ou seja, o próprio Mistério de Cristo, que através do sinal continua a realizar o desígnio salvífico de Deus que já se realizou em Cristo.

Sinais do Mistério de Cristo

1. Um sacramento não é outro

Quando se trata dos "sacramentos em particular", é claro que o discurso é direcionado para as peculiaridades próprias de cada um dos sacramentos.

Já a constante tradição litúrgica da Igreja, confirmada com autoridade pelo Concílio de Trento,[1] coloca-nos diante de um duplo fato: (1) na Igreja existem sete sacramentos; (2) um sacramento não é outro sacramento. Isso supõe que a diferença existente entre os vários sacramentos não deve ser pensada só como diversidade externa de nomes e de celebração, mas como *diferença que atinge o conteúdo* mesmo dos sacramentos e isso justamente por causa da *diversidade existente no sinal sacramental*. Em outras palavras: afirmar uma diferença entre os sacramentos quer dizer que a diferenciação do sinal sacramental está em função da diferença real que existe entre a *realidade salvífica* de um sacramento e a *realidade salvífica* de outro sacramento.

A este propósito, todavia, é preciso distinguir entre a realidade salvífica *em si mesma* e a realidade salvífica enquanto *significada* e transmitida pelo sacramento. A primeira, na realidade, nada mais é do que o próprio *Mistério de Cristo*, visto na sua totalidade de graça e de atuação; a segunda, pelo contrário, é ainda e sempre o Mistério de Cristo (não há de fato outra salvação senão em Cristo), mas é o Mistério de Cristo em *dimensão sacramental*, isto é, realizado por meio dos "sinais" diversos, os quais justamente por causa da sua diversidade são, ao mesmo tempo, significativos e efetivos do único Mistério de Cristo, mas segundo os diferentes momentos salvíficos nos quais este se realizou e que o compõem.

Isso quer dizer que a "realidade sacramental" no seu conjunto é sempre o Mistério de Cristo na sua totalidade: Cristo não é, com efeito, divisível. Mas essa totalidade de salvação é transmitida, através de cada um dos sacramentos, segundo o particular "momento" salvífico que é indicado no "sinal". (Falamos de "momento" salvífico e não de "parte" ou "porção" de salvação, porque o Mistério de Cristo não pode ser transmitido por parte — não há, de fato, algumas "partes", sendo em si mesmo nada mais do que a presença "total" de Deus na humanidade —, mas é transmitido segundo os sucessivos momentos de realização ["história"!] que a salvação teve em Cristo.) Cada um dos sacramentos constitui, portanto, igual número de momentos, distintos mas que se integram mutuamen-

---

[1] CONCÍLIO DE TRENTO, Sessão VII, *Decretum De Sacramentis*, Cân. 1 e 3; DS 1601; 1603.

INTRODUÇÃO

te, de uma única realidade, que é a história da salvação, operada por Cristo e existente nele.

Partindo dessa íntima relação, que existe no sacramento, entre "sinal" e "conteúdo", a diferenciação-sinal que distingue um sacramento do outro tem uma dupla função, que podemos chamar de (a) *reveladora* e de (b) *construtiva*.

a) Considerada a unicidade e a totalidade do mistério salvífico em Cristo, o sinal sacramental age sobre o mistério como o prisma sobre a luz solar. Explicitando: como o prisma cinde a luz do sol, revelando as cores que a compõem, sem danificar a unidade da luz, da mesma forma o septiforme sinal sacramental faz sucessivamente aparecer, e portanto *revela*, ora um momento ora outro do mistério salvífico, que em Cristo conserva toda a sua unidade e totalidade.

b) Considerando, porém, que por Cristo o sacramento é instrumento e quase que o prolongamento da sua mão,[2] a fim de estabelecer uma linha de continuidade e de contiguidade entre Cristo e os seres humanos que se dispersam no tempo e no espaço, a diferenciação sinal dos sacramentos indica que cada um deles serve para traçar no ser humano — uma linha depois da outra — a perfeita imagem de Cristo, até construir cada ser humano e a humanidade toda em "corpo de Cristo" e em "templo de Deus no Espírito".

2. A ordem nos sacramentos

Os sacramentos se distinguem entre eles, além da própria diferenciação, por certa *ordem de sucessão*, assim como nos foi transmitida — pelo menos quanto aos sacramentos da iniciação — pela mais antiga tradição da Igreja, e que assim se enuncia: (1) Batismo, (2) Confirmação e (3) Eucaristia.

As razões dessa ordem sacramental devem ser vistas na relação própria que cada um dos sacramentos tem com o Mistério de Cristo. Sendo cada sacramento ordenado a contribuir para o alcance da "perfeita estatura de Cristo" no ser humano, precisamente por essa "finalidade construtiva" cada um dos sacramentos deve respeitar a *ordem de realização* que o mistério teve em Cristo. Os sacramentos, de fato, mesmo sendo ordenados ao ser humano, são a medida do desenvolvimento e do *crescimento de Cristo no ser humano*.

---

[2] *Summa Theol.* III, 64, 3.4.

Tenha-se presente, no entanto, que mesmo reconhecendo a cada sacramento o valor de sucessivas *revelações* do Mistério de Cristo, a sua ordem não deve ser vista numa função "pedagógica". Nesse sentido — sem falar no conteúdo dos sacramentos —, o fato de ordená-los daria ocasião para um conhecimento progressivamente maior da fé e do conteúdo dos próprios sacramentos. Certamente, pode-se dizer que um sacramento serve de "preparação" para o outro. Todavia, trata-se de preparação não pedagógica, mas sim "mistagógica", no sentido de que um sacramento "introduz", ou seja, coloca em condições de participar do sacramento sucessivo segundo uma ordem natural do mistério: tendo-se tornado "filhos" com o Batismo, podem ser portadores do "Espírito" com a Confirmação e, tornados assim seres humanos novos sob a ação do Espírito, podem oferecer a Deus um culto verdadeiro, isto é, "espiritual".

I. Ritos de iniciação

"Iniciação" é um termo muito genérico e amplamente conhecido na história das religiões: a "iniciação" é um fato típico de quase todas as religiões e não só das religiões; de fato, para entrar num partido ou numa associação também normalmente se exige uma série de provas.

Uma iniciação em forma religiosa existe também nos ambientes não propriamente religiosos; em alguns povos das culturas primitivas existem verdadeiros ritos iniciáticos, que não têm aspectos ou finalidade religiosa, mas puramente civil: trata-se simplesmente da agregação do jovem ao clã ou à tribo, com a qual ele automaticamente aceita também a religião. Outros ritos, embora tendo a mesma finalidade civil, todavia são tipicamente religiosos, nos casos em que é através da religião que acontece a agregação ao clã e à tribo. Ao lado dessas duas diferentes perspectivas, existe toda uma gama de "consequências" religiosas mais ou menos marcadas, próprias de cada rito de iniciação.

INTRODUÇÃO

O termo "iniciação" significa *introdução*, do latim *initia* (neutro plural) — que deriva de *in-iter* (ingresso no caminho, início) — e com o qual Cícero traduz a palavra grega *mysteria*:

> Acho mesmo que Atenas tenha dado e introduzido na vida dos homens coisas ótimas e divinas; mas certamente nada de melhor nos trouxe do que alguns mistérios, com os quais passamos de uma vida selvagem e desumana para uma civilidade menos rude e mais humana e conhecemos assim serem verdadeiramente "princípios" da vida esses denominados "inícios" (mistérios).[3]

Para Cícero, o termo *initia* está relacionado à ideia de "princípio" (aquilo que começa e, consequentemente, introdução).

O mesmo termo se encontra, com o mesmo sentido, em Varrão[4] e em muitos outros clássicos.

Initia-initiare aparece com frequência também nos autores latinos cristãos, sobretudo dentre aqueles que, tendo sido os primeiros a escrever em latim, fogem do grego *mysterium*. Estes usam o termo seja a propósito dos "mistérios" pagãos,[5] seja, particularmente no séc. IV, quando a terminologia mistagógica entra abundantemente no cristianismo não só oriental ou grego mas também latino, a propósito dos sacramentos cristãos.[6]

---

[3] Cícero, *De legibus* 2, 14, 36: *"Illis mysteriis [...] ex agresti immanique vita exculti ad humanitatem et mitigati sumus, initiaque ut appellantur ita revera principia vitae cognovimus"*.

[4] Varrão, *De lingua latina* 5, 58.

[5] Tertuliano, *De corona* 15; CCL 2, 1065; Arnóbio, *Adversus nationes* 5, 21; CSEL 4, 193; Fírmico Materno, *De errore prof. Relig.* 10; CSEL 2, 91.

[6] Por exemplo: Ambrósio, *De Abraham* 1, 84; CSEL 32/1, p. 556 e em dois textos paralelos sobre o mesmo tema (morte do Imperador Valentiniano sem Batismo): *Epist.* 25, 2; CSEL 32/1, p. 177: *"A me voluerat baptismo initiari"*; *De obitu Valentiniani* 51; CSEL 73, p. 354: *"Petebat sacramentis initiari"*.

II. Sacramentos de iniciação: Batismo, Confirmação e Eucaristia

Com base no significado técnico do qual o termo se reveste, podemos dizer, de certa forma, que todos os sacramentos são iniciáticos, porquanto todos são "mistérios"; na história sacramental (litúrgica), todavia, o termo *initia* é reservado de modo específico aos primeiros três sacramentos: Batismo, Confirmação e Eucaristia. Isso por duas razões: em parte pela razão — mais externa — do significado de *initia* ("iniciar, começar"); mas sobretudo porque estes são os três "mistérios" (ou sacramentos) por excelência: *os Mistérios Pascais (mysteria paschalia)*. Chamamo-os "mistérios por excelência" porque, dado o significado consagrador ligado à palavra "mistério", e mais ainda à palavra "sacramento" (em latim *sacramentum* tem um significado ativo: algo que torna sagrado, que santifica), *neles se cumpre a consagração cristã*.

Esses três sacramentos cumprem, constituem a consagração cristã, que é dada universalmente *a todos*, pela qual, através desses três sacramentos, todos recebem a *comum semelhança com Cristo*. São os três sacramentos universais, ao contrário dos outros quatro, que correspondem a outras tantas situações particulares.

Esses três sacramentos existem para dar a anteriormente dita consagração cristã, que é uma *única* dimensão cristã, pela qual todos participam do único e idêntico Mistério de Cristo. Essa única dimensão é realizada, todavia, por *três* mistérios que devem ser concebidos como três aspectos *distintos*, mas *não separados*, da única realidade que é o Mistério de Cristo. Os três sacramentos, de certo modo, vão juntos e, historicamente, por séculos foram administrados juntos. A Igreja grega, que permaneceu nesta antiga tradição, ainda hoje administra simultaneamente, inclusive às crianças, Batismo, Confirmação e Eucaristia.

INTRODUÇÃO

III. A ordem dos três sacramentos de iniciação

A ordem em que os nomeamos (primeiro Batismo, segundo Confirmação, terceiro Eucaristia) é a ordem que esses sacramentos tiveram desde a sua origem; todavia não é tanto o elemento histórico — embora iluminador — que conta neste caso, quanto a base *teológica*, pela qual essa ordem não pode absolutamente ser modificada.

São conhecidas — especialmente no nosso tempo — algumas alterações na ordem dos sacramentos de iniciação. Nós as podemos *explicar* a partir de motivos contingentes apresentados, mas que devem ser aceitos precisamente como motivos "contingentes", ou seja, que só na falta de um aprofundamento teológico podem ser considerados "válidos". No plano teológico, uma alteração da ordem desses três sacramentos não pode ser nem aceita, nem defendida. De fato, os sacramentos devem ser vistos na *perspectiva cristológica*, que deve conservar a *ordem do Mistério* tal como este se realizou em Cristo, e não devem ser vistos apenas a partir de uma *perspectiva pedagógica*. O problema da ordem dos sacramentos foi recentemente debatido e ainda continua sendo. Nos vários países chegou-se a diferentes soluções.

Na Itália, do Concílio de Trento até Pio X, o costume era: Batismo aos recém-nascidos, Confirmação aos 7 anos, e depois a Primeira Comunhão. Com Pio X, na intenção de fazer com que as crianças se aproximassem da Eucaristia o mais cedo possível, a ordem foi mudada: Batismo, Eucaristia (dos 4 anos em diante: é suficiente que a criança saiba distinguir o pão comum do Pão eucarístico); a Confirmação permanece como terceiro sacramento, praticamente nos 7 anos aconselhados pelo Concílio de Trento.

A certa altura, a idade em que era conferida a Confirmação começou a ser deslocada dos 7 para os 12 e depois para os 14 anos. Em tempos bastante recentes, houve toda uma campanha para levar de novo a Confirmação aos anos infantis

(7-8 anos), normalmente de forma concomitante com a primeira comunhão, e isso sobretudo para eliminar a inconveniência muito frequente — mais no sul da Itália — de uma Confirmação adiada até o Matrimônio e na prática recebida só pelo fato de ser exigida como condição para receber este outro sacramento. (Observe-se que simultaneamente existiam no sul da Itália e também no centro, por exemplo na região do Abruzzo, dioceses onde até 40-50 anos atrás a Confirmação era administrada também com 1-3 meses de idade).
Posteriormente, sob o influxo da Ação Católica e com base na ideia — medieval — do "soldado de Cristo", evocada pelo "caráter" sacramental, imitando também tendências de outros países europeus, de novo foi sendo aumentada a idade da Confirmação. Falou-se até mesmo de Confirmação-sacramento da Ação Católica. Atualmente, as disposições da Conferência Episcopal Italiana (CEI) preveem como idade ideal para a Confirmação a dos 12-14 anos, e isso por motivos sobretudo pedagógicos, mas obtendo como resultado que os sacramentos da iniciação cristã perderam a sua unidade natural.

A questão apresenta também outro aspecto muito sério no plano ecumênico.

Os *protestantes*, a começar por Lutero, negavam a sacramentalidade da Crisma, considerada simplesmente um ato de agregação oficial, consciente, do jovem à comunidade, com uma profissão de fé, mas sem sacramento. Os *anglicanos* inicialmente tinham conservado o sentido sacramental, embora um tanto enfraquecido, até perdê-lo completamente com o *Prayer Book* — o seu texto oficial de oração litúrgica, aprovado pelo Parlamento sob Tiago II em 1653. Desaparece, neste texto, a imposição das mãos, não se fazendo nenhum aceno ao Espírito Santo. Mas justamente os anglicanos, na Conferência de Lambeth de 1927, começaram a repropor a sacramentalidade da Confirmação, e não podendo distanciar-se do ritual contido no *Prayer Book*, solicitaram ao Parlamento que aprovasse outro; mais por motivos tradicionalistas do que pelos motivos que o haviam inspirado na época da reforma, o Parlamento se opôs, dando a entender aos bispos, no entanto, que, caso

INTRODUÇÃO

a caso e oficiosamente, estes poderiam fazer o que julgassem melhor. Depois de um começo no plano totalmente privado, a Confirmação já retomou, para os anglicanos, todo o seu valor sacramental. O mesmo aconteceu nos ambientes propriamente protestantes, e em particular calvinistas.[7]

Ora, bem no momento em que os protestantes estão reavaliando totalmente o valor sacramental da Confirmação, nós católicos — bem-entendido, sem negar esse valor — estamos, pelo contrário, acentuando o valor pedagógico, que os protestantes tinham por primeiro inventado e que agora abandonaram.

Mesmo admitindo as motivações pedagógico-pastorais que são aduzidas para justificar este deslocamento da Confirmação para depois da Eucaristia, é preciso ainda ver se tudo isso traz um benefício real para compreender e viver corretamente a fé no Mistério de Cristo.

Um dos pontos principais e fundamentais do NT é o de ter dado aos seres humanos a possibilidade de apresentar a Deus um *culto perfeito*, isto é, um culto que consiste na *oferta* de si mesmo a Deus no Espírito Santo. "A adoração no Espírito" como o Pai quer e que o próprio Cristo veio trazer ao mundo (Jo 4,23-24), e que representa a maior dignidade do culto de Cristo em confronto com o do AT (Hb 9,14), é aquela que se deve cumprir na vida, mas encontra a sua *expressão sacramental* na Eucaristia. A participação de um cristão batizado mas não confirmado com o "dom do Espírito Santo" continua sendo, por conseguinte, uma participação incompleta.

Além disso, se a razão pedagógica é tão importante, realmente surge o problema da licitude do Batismo dado incondicionadamente às

---

[7] Cf. o ótimo estudo teológico de M. THURIAN, *La confermazione*, Roma, Ed. AVE, 1966.

crianças. Não há dúvida que a criança não está em situação consciente diante do Batismo. Mas se pode continuar a batizar as crianças neste estado, enquanto se considera que a Confirmação não possa ser administrada a não ser quando a criança já tenha chegado à plena adolescência, para que possa conhecer e saber o compromisso que está assumindo com a Confirmação? E o Batismo não é um compromisso fundamental?

Vamos admitir que o Batismo de crianças pode ser documentado desde a mais remota antiguidade. Mas é preciso se perguntar também quais foram as razões que provocaram a sua generalização indiscriminada na Igreja. E, de resto, o recurso à história não é suficiente para continuar a fazer aquilo que sempre foi feito, caso sejam encontradas razões que indiquem como fazer melhor.

Capítulo I
O Batismo

I. Premissas

1. Origem do termo e seus significados na Sagrada Escritura

O termo que usamos, "Batismo", deriva do grego *bapto* (intensivo: *baptizo*), que significa diretamente "emergir, afogar, afundar"; e derivativamente também "lavar, purificar, destruir".

No NT (respectivamente grego e latim), a palavra aparece sob duas formas:

Gr.: *bàptismos* ou *bàptisma*

Lat.: *baptìsmus* ou *baptìsma*

Em latim, o primeiro termo é latinização do grego e o segundo é simples repetição do termo grego correspondente.

Não obstante tudo isso, as duas palavras gregas não são iguais entre si, e nem há total correspondência de significado com os termos latinos:

— No texto grego do NT, *bàptismos* nunca é usado em referência ao Batismo cristão, mas para indicar as "abluções de purificação" judaicas (Mc 7,4; Hb 9,10); talvez também em Hb 6,2, onde se diz que não é mais o tempo de fazer o "ensinamento às crianças", talvez queira dizer: não é mais o caso de continuar falando ainda da distinção existente entre as "purificações" judaicas e o "Batismo" cristão;

— *Bàptisma* é usado somente para o Batismo cristão;

— No texto latino: essa distinção não foi percebida e não é identificável.

Toda a teologia liberal do final do séc. XIX (Strauss, Baur, Loisy, Cumont, Omodeo etc.) viu o Batismo cristão como algo que existe também nas outras religiões. Certamente, conhecem-se banhos e abluções rituais nos diversos ritos mistagógicos (Elêusis, Mitra, Ísis), assim como nos ritos egipcianos (Nilo), babilônicos (Eufrates) e indianos (Gange), e em muitas outras religiões. Há um elemento comum: a *água*, porquanto esta apresenta um substrato que se presta para um simbolismo muito vasto que, normalmente, é assumido no âmbito religioso. A água, de fato:

— *Dissolve* ou *desmancha* praticamente todas as coisas, da matéria à forma das coisas, até a sua história, porque se uma coisa cai na água está perdida; por isso a água foi assumida como símbolo seja da morte no plano humano, seja da catástrofe no plano cósmico (por exemplo, o dilúvio, que é um fato conhecido não só pela narração bíblica mas praticamente por toda a história religiosa antiga do mediterrâneo);

— É *purificadora e regeneradora* (e isso justamente em virtude da sua força dissolvente e, portanto, do seu aspecto negativo); a primeira coisa que acontece quando um objeto é imerso na água é que o elemento sujo se destaca e o objeto volta a ser como novo.

Donde a relação com o mundo religioso:

2. No âmbito das religiões pagãs

Somos informados a respeito do sentido religioso da água entre os pagãos também por Tertuliano:

> A iniciação a certos ritos (mistérios) deles dá-se com o banho, como pode ser aquele dos mistérios de Ísis ou de Mitra; aliás, levam ao banho os seus próprios deuses (lavagem das estátuas dos deuses), originariamente por motivos de limpeza, mas com o tempo com significado de renovação da força da divindade ou de fecundação da água ou sua santificação para o uso por parte dos homens. De resto, purificam os campos, as casas, os templos e as cidades inteiras aspergindo tudo ao seu redor com água. Aqui e ali, mas certamente em todo lugar durante os jogos apolíneos e pelúsios, se batizam, e pensam, agindo assim, de fazê-lo pelo seu renascimento e para descontar os seus delitos. Igualmente, no tempo antigo, qualquer um que se tivesse manchado de homicídio era purificado na água lustral.[1] (Na Sagrada Escritura notamos que era necessário purificar-se do sangue, mesmo que tal mancha tivesse sido produzida numa guerra santa: cf. Nm 31,19.24; 2Mc 12,38).

3. No judaísmo

No judaísmo, precisamos distinguir dois tipos de "purificação": I. A purificação prescrita ao judeu que havia contraído *impurezas legais*, agindo contra a "Lei da pureza" (Lv 11–16); II. A purificação prevista como *iniciação*: a) ao judaísmo (Batismo dos prosélitos) ou b) à "comunidade dos filhos da Aliança" (purificação de Qumrã).

---

[1] TERTULIANO, *De baptismo* 5, 1 [ed. bras.: *O sacramento do Batismo*. Petrópolis, Vozes, 1981]; SC 35, 71.

A) Purificações legais

a) Na tradição bíblica: são abluções parciais (mãos — pés), banhos ou lavagem de vestes, prescritas para readquirir a pureza necessária seja para viver em contato com os membros da comunidade, sem comunicar-lhes a própria impureza, seja para estar em condições de cumprir as ações prescritas de culto (oração, sacrifícios). Têm, por isso, o objetivo de reintegrar inteiramente o judeu na realidade do seu povo, que é por eleição uma "nação consagrada".

Mesmo que na origem desses ritos de purificação se possam ou se devam entrever motivos de natureza higiênica ou de interdição mágica e animística, provenientes de precedentes culturas e de uma primitiva religião naturalística, ao serem incorporados na tradição religiosa judaica deveriam servir para inculcar também externamente a ideia da santidade exigida daqueles que querem fazer parte do povo de Iahweh, que é um "Deus santo": "Sede santos, porque eu sou santo" (Lv 11,44; 19,2; 21,8).

Por esta razão, precisamente, à "Lei da pureza" (Lv 11–16) segue-se imediatamente a "Lei da santidade" (Lv 17–26): "Dois aspectos de uma mesma exigência divina".[2]

Contra uma prática puramente formalista das purificações protesta fortemente Is 1,15-16:

Quando estendeis para mim as mãos (para rezar),
Desvio o meu olhar [...].
É que as vossas mãos são cheias de sangue.

---

[2] Vaux, R. De. *Le istituzioni dell'Antico Testamento*. Torino, 1964, p. 445. [Ed. bras.: *Instituições de Israel no Antigo Testamento*. São Paulo, Teológica, 2003.]

Lavai-vos, purificai-vos,
Tirai da minha vista as injustiças que praticais.

De uma *purificação nova* — que será *obra de Deus* mesmo, provocará o *distanciamento do mal*, manifestará a mesma *santidade de Deus* no povo e será seguida pela infusão de um *coração novo* e do próprio *Espírito* de Deus — fala Ez 36,23-27 como do grande acontecimento da época messiânica:

> As nações saberão que eu sou o Senhor — oráculo do Senhor Deus — quando por meio de vós mostrar minha santidade à vista delas [...].
> Então derramarei sobre vós água pura e sereis purificados.
> Eu vos purificarei de todas as impurezas [...].
> Eu vos darei um coração novo [...] um espírito novo [...].
> Porei em vós o meu espírito.

b) Na tradição rabínica, as purificações ocupam um lugar de primeira importância, como se pode ver pela polêmica posição de Cristo a este respeito em Mc 7,1-5; Mt 15,1-2.

Tal tradição hoje a conhecemos sobretudo através dos tratados da *Mixná*. Aí lemos, por exemplo:

> Lavam-se as mãos para comer todo alimento profano; mas para os alimentos que os sacerdotes comem, para o dízimo e para os alimentos sagrados, deve-se tomar banho [...].
> No que se refere às águas de purificação, se as mãos se tornam impuras, todo o corpo é impuro.[3]

---

[3] *Mixná* 2, 5; cf. BONSIRVEN, J. *Textes rabbiniques des deux premiers siècles chrétiens*. Rome, 1955, n. 110.

Eis como é descrito o banho do pontífice e, em geral, as *abluções* que devem ser feitas *antes de entrar no templo* e no santuário:

> Ninguém pode *entrar no templo* para celebrar o culto, mesmo que já esteja puro, sem ter *tomado banho*; o sumo pontífice, no dia do Kippur, deverá tomar *cinco banhos e lavar por dez vezes* mãos e pés; tudo numa sala especial, a não ser o primeiro banho [...]. Então se deve estender uma tenda entre ele e o povo; depois ele se despe, desce, toma banho, volta a subir e se seca; entrega-se a ele a veste ornada de ouro; ele a coloca, depois lava as mãos e os pés etc.[4]

B) Purificação judaica de iniciação

a) Batismo dos prosélitos. Proselita (palavra grega: "aquele que se aproxima, que é acrescentado"), enquanto tradução do hebraico *gher*, quer indicar propriamente o "estrangeiro", o "não judeu", que passa a residir em Israel e que a este é agregado na observância de suas leis não só civis mas também religiosas (cf., por exemplo, Zc 12,48; 20,10; Lv 17,8-15; 24,16-22; Nm 15,15), desde que seja circunciso.

Com o tempo, no entanto, vai tomando corpo a ideia de que o pagão, o qual na visão judaica é um "impuro" por definição, não possa ser agregado ao povo de Deus a não ser através de um prévio rito de *purificação*, que se chamará precisamente "Batismo (hebr. *tebila*) dos prosélitos".

Os primeiros textos relativos ao *Batismo dos prosélitos* encontram-se:

1. Na *Mixná* — não na Escritura — e precisamente no tratado *Yebamót*, no qual se descreve como ele é administrado:[5]

---

[4] *Mixná* 3, 2; 3, 4; cf. BONSIRVEN, J. Op. cit., nn. 890-892.
[5] *Talmud babilonese* 47a, 47b; cf. BONSIRVEN, J. Op. cit., n. 1145.

O BATISMO

É preciso advertir o prosélito, que vem para tornar-se prosélito neste tempo difícil, da condição de Israel sob perseguição; depois, quando demonstra saber dessas coisas, deve ser instruído sobre os mandamentos simples e sobre os mais graves, bem como sobre as punições que a sua violação comporta; deve ser instruído também a respeito da recompensa que obterá a sua fidelidade reservada para o século vindouro a Israel e aos justos. Será circuncidado; depois, uma vez curado, *é batizado* pelos dois rabinos que o instruem sobre os mandamentos e em seguida se torna, em tudo, como um israelita.

2. No *Sifré* (comentário rabínico) *dos Números* (sobre os capítulos 14–15):

Assim como os israelitas não foram introduzidos na Aliança senão através de três coisas, isto é, a circuncisão, o banho-passagem pelo Mar Vermelho e os sacrifícios, o mesmo deve acontecer com os prosélitos.[6]

A substância é a mesma do texto da *Mixná*, mas se nota que o banho:

— deixa de ser visto com valor de simples "purificação" legal;

— torna-se rito de *"iniciação"* (introdução no povo de Deus) no mesmo plano da circuncisão (sinal do ingresso na Aliança) e do sacrifício do Sinai (sacrifício pascal);

— está ligado a uma *instrução*.

O texto continua:

Quando forem adquiridos escravos incircuncisos de um pagão, com o objetivo de fazê-los circuncidar, estes, enquanto não estiverem purificados através do Batismo dos prosélitos, não têm direito de fazer a *oblação*.

---

[6] *Sifré dei Numeri*, cc. 14-15; cf. BONSIRVEN, J. Op. cit., n. 248.

Desses textos rabínicos anteriormente citados, destacam-se principalmente dois aspectos muito importantes:

1. A necessidade de que o Batismo dos prosélitos seja precedido de um adequado período de instrução.

2. O Batismo é, para o prosélito, uma purificação que adquire o valor de uma verdadeira "iniciação", porque é introdução à Aliança, que agora poderá ocorrer (com a circuncisão), porque se repetiu o acontecimento da "passagem pelo Mar Vermelho" (cf. 1Cor 10,2, onde a passagem pelo Mar Vermelho é chamada precisamente de "Batismo na nuvem e no mar").

b) Batismo de Qumrã. Próximo à costa norte-ocidental do Mar Morto, na localidade de Qumrã, recentes escavações trouxeram à luz um amplo assentamento, que muito apropriadamente se considera ter sido a sede principal do grupo de espirituais judeus, conhecidos já um século antes de Cristo com o nome de *essênios* e sobre os quais temos testemunhos de Fílon de Alexandria, de Flávio Josefo e de Plínio, o Velho.

Parece que a sua origem esteja ligada à dos assideus (assim eram chamados os "pios" judeus que se recusavam a aceitar a helenização obrigatória do judaísmo por obra de Antíoco Epífanes, no séc. II a.C.). Eram caracterizados por uma rígida vida ascética no celibato, por uma forte espiritualidade, que se exprimia também pela rejeição do sacerdócio oficial, pelo qual estavam separados também no calendário religioso, tendo um calendário próprio (o "Calendário dos jubileus"). Consideravam-se "filhos da Aliança" e formavam e se chamavam "comunidade dos filhos da Aliança".

Nestas grutas de Qumrã, foram descobertos, em várias ocasiões, muitíssimos manuscritos hebraico-aramaicos contendo livros do AT,

O BATISMO

comentários desses livros e de outros textos próprios da comunidade, dentre os quais devem ser lembrados sobretudo: o *Manual* (ou *Regra*) *de disciplina* (1QS), o *Livro da guerra* (1QM) e os *Hinos* (1QH), que nos informam suficientemente sobre o pensamento e sobre a organização daquela comunidade.

A partir desses textos, pode-se ver que em Qumrã a *purificação* tem um papel muito importante e é considerada como grande honra, inclusive mais do que na extremamente minuciosa tradição rabínica; por exemplo, era considerada necessária não só antes de comer mas até mesmo antes de falar com alguém de grau superior.

Aquilo que é mais particularmente interessante, todavia, é o *sentido profético* atribuído à purificação. Esta, portanto, parece de um lado seguir a tradição rabínica (legalista), mas na realidade se inspira muito na espiritualidade dos profetas. Percebe-se, por exemplo, um forte eco de Ezequiel 36 em textos como este:

> Na justiça da sua verdade ele me julgará, e na abundância da sua bondade perdoará todos os meus pecados; na sua justiça me purificará de toda marca humana e de todo o pecado dos filhos do homem (1QS XI, 14-15).

Trata-se de uma referência não unicamente externa aos profetas mas também ao sentido por eles dado à purificação enquanto consequência da *conversão* (que aqui é dita: "Corrigir a si mesmo"):

> [O ímpio] não será purificado pelas águas de expiação, nem será jamais purificado pelas águas lustrais; não se santificará entrando nos pântanos e nos rios e não se purificará com nenhum tipo de água; impuro é, e impuro permanecerá, enquanto continuar desprezando os mandamentos de Deus sem corrigir a si mesmo na comunidade da sua eleição (assim é chamada a comunidade de Qumrã) (ibid.).

E prossegue o texto:

> Só submetendo a sua alma a todos os preceitos divinos será purificado aspergindo-se na água lustral e santificando-se na água corrente (1QS III, 4-10).

Em outro lugar, o *Manual* retoma ainda o pensamento de Ez 36, mas pondo a "purificação" como uma ação divina que será cumprida "no momento da sua visita", isto é, no tempo messiânico, e será além disso uma "purificação no Espírito de santidade" (cf. o "Batismo no Espírito Santo" dos Sinóticos e de João), que será dado "àqueles que Deus escolheu para si":

> Deus, no segredo da sua inteligência e na sabedoria da sua glória, fixou um término ao tempo do mal e ao momento da sua visita. Ele o destruirá para sempre. Então ele purificará com a sua verdade todas as obras humanas, purificará para si todos aqueles que escolheu dentre os seres humanos, extirpando todo o espírito de impiedade dos membros da sua carne e purificando-os com o espírito da santidade de toda sua ação perversa. Derramará sobre eles o espírito da verdade como águas lustrais para lavá-los de todas as abominações mentirosas; fará descer sobre eles o espírito lustral para revelar-lhes o conhecimento do Altíssimo (1QS IV, 18-22).

Dessa purificação messiânica, que teria sido dada somente "àqueles que Deus escolheu para si" e que são evidentemente os "filhos da Aliança", parece ser sinal e símbolo a "purificação" à qual o noviço era admitido só depois de um ano de provação:

> No que diz respeito ao israelita que voluntariamente vem para se unir ao conselho da comunidade, o presidente da assembleia o examinará [...]. E se estiver disposto a receber a instrução, o introduzirá (no plano dou-

O BATISMO

trinal) na Aliança para que se *converta à verdade* e se distancie do pecado [...]. E quando se apresentar diante da assembleia [...] e for admitido ao conselho da comunidade, não se aproximará da *purificação dos membros da assembleia* [...] senão depois de um ano inteiro (1QS IV, 14-15).

Como se pode ver, a admissão à "purificação" reservada aos membros da assembleia adquire valor de "iniciação"; só através dessa iniciação, de fato, o noviço se torna efetivamente membro ele também, embora não ainda a pleno título, da comunidade. Depois de um segundo ano, tendo entrado "no segredo da comunidade", será definitivamente

inscrito, na sua ordem, pela lei, pela justiça, pela *purificação* e pela comunhão dos bens (1QS VI, 15-20).

Conclusão crítica

Aquilo que aparece acima de tudo no "Batismo dos prosélitos" e sucessivamente na "purificação de Qumrã" consiste principalmente em duas coisas:

1. São apresentados como *ritos de iniciação* propriamente ditos: um no judaísmo (Batismo dos prosélitos); e outro na "comunidade da Aliança" (purificação de Qumrã).

2. Ambos os ritos constituem, de certa forma, o ambiente no qual poderão ser inseridos sem dificuldade primeiro o batismo de João no Jordão e depois o próprio Batismo cristão. Isso deve ser dito não tanto para que os primeiros concordem com os segundos quanto ao valorizar o simbolismo de purificação da água, quanto pelo fato de que também os primeiros dois ritos inserem no seu significado aqueles valores que a seguir serão assumidos pelo Batismo cristão e que provêm da Escritura. De fato, seja para os prosélitos quanto para Qumrã a *purificação na*

água significa aquilo que já Ez 36 indicava na sua visão messiânica: *a)* o *renovar-se da vida*, com o distanciamento daquilo que Deus reprova; e *b)* a *infusão do Espírito de Deus*: quando Deus virá, *"derramará sobre os seus eleitos o Espírito de verdade, como água de purificação"* (1QS IV, 20).

Isso dito em referência ao ambiente no qual entra o Batismo cristão, seria uma *ilação precipitada* afirmar que o Batismo dos *prosélitos* e a purificação de *Qumrã* estão *na base do Batismo cristão*. Deve-se excluir, de fato, uma dependência deste do Batismo dos prosélitos, porque os primeiros testemunhos do mesmo são da época posterior ao surgimento do cristianismo. Que a purificação de Qumrã se mova numa ordem de pensamento que, provindo de Ez 36, por essa via se conecte com o pensamento do Batismo cristão, pode-se até demonstrar. Mas dado que o Batismo cristão tem um caráter "sacramental" que nenhum outro tem porque esse caráter provém do *acontecimento-Cristo* que nem minimamente subjaz à purificação de Qumrã — a qual no fundo se move ainda num plano de anúncio de realidade futura que deverá se realizar —, no máximo entre o Batismo e Qumrã pode-se mostrar que ambos têm em comum um rito da água para indicar simbolicamente o surgimento de uma "nova vida"; mas, enquanto Qumrã o cumpre em vista de uma vinda de Deus que deve ainda se realizar, Cristo, no Batismo por ele dado, quer indicar que a "passagem" à *vida nova* já foi "cumprida" por ele na sua *morte-ressurreição*.

II. Instituição do Batismo cristão

Sobre a *existência de um Batismo na Igreja*, houve sempre unanimidade devido à absoluta clareza das fontes a este respeito, que testemunham precisamente o seu uso constante: At 2,38.41; 8,12-13.16.36-38;

9,18; 10,47-48; 19,5; 22,16; 1Cor 1,13-17; Rm 6,3-4; Gl 3,27; Ef 5,26; Cl 2,12; 1Pd 3,21.

No que se refere à sua *instituição por parte de Cristo*, trata-se da mesma tradição constante na Igreja, tanto que a propósito disso não tem havido pronunciamentos solenes do magistério a não ser o indireto do Concílio de Trento, quando define que "*todos* os sacramentos foram instituídos por Cristo" (DS 1607). À Igreja sempre foi suficiente ficar na primeira tradição.

Para melhor compreender *em que sentido*, entretanto — não obstante a perene tradição —, se possa e se deva falar da "instituição do Batismo" *da parte de Cristo*, convém repassar brevemente o que entendemos com a palavra *instituição* aplicada aos sacramentos.

a) Por "instituição" dos sacramentos entende-se normalmente a intenção e o ato de *promulgação* de certo sinal sagrado ritual, acompanhando a própria promulgação com a obrigação, com força de *lei*, de dar e respectivamente receber o dom da graça que está ligado a tal rito. Trata-se de um modo declaradamente jurídico de entender a instituição.

b) Outro modo de entender a instituição, mais fundamentadamente teológico, é aquele segundo o qual a instituição ocorre quando certo *sinal ritual* adquire valor de verdadeiro *sacramento*, isto é, de "sinal que confere a graça".

Isso estabelecido, eis o que nos parece conveniente dizer a respeito da *instituição do Batismo* por parte de Cristo.

1. Instituição promulgadora do Batismo

Que em Cristo houvesse uma *vontade promulgadora* do Batismo fica claro:

SINAIS DO MISTÉRIO DE CRISTO

1. Pelo fato de o Batismo ter sido posto por Cristo como *condição necessária* para o Reino: cf. discurso a Nicodemos (Jo 3,1-10) e particularmente as palavras: "Se alguém não renascer da água e do Espírito Santo, não poderá entrar no Reino de Deus" (Jo 3,5);

2. Pelo *fato* de que Jesus reúne discípulos, dando-lhes o Batismo (Jo 3,22; 4,1);

3. Pela *promessa* que ele faz aos apóstolos de um próximo "Batismo no Espírito" (At 1,5);

4. Pela ordem dada depois da ressurreição: Mc 16,16: "Ide [...], anunciai [...]. Quem crer e for batizado, será salvo"; Mt 28,18-19: "Ide e de todas as gentes façam meus discípulos, batizando-os em nome do Pai, do Filho e do Espírito Santo".

Nota sobre Mc 16,16 e Mt 28,18-19: Os dois textos mais claramente "promulgadores" na verdade são, por várias razões, contestados.
De Mc 16,16 contesta-se "a autenticidade marcana": como parte da segunda conclusão de Marcos, parece ser de mão posterior. De qualquer forma, é um texto "canônico", isto é, reconhecido pela Igreja, e o fato de que não tenha saído das mãos de Marcos não significa que nele não sejam transmitidas as palavras de Jesus. Mt 28,18-19 é contestado porque — afirma-se — não se pode pensar que Jesus tenha usado a "fórmula litúrgica": "Batizai em nome do Pai, do Filho e do Espírito Santo", fórmula que se encontra somente em época posterior. Na nossa opinião, aqui se supõe aquilo que se deveria provar, isto é, que as palavras de Mateus representem uma "fórmula litúrgica". Simultaneamente no NT são encontradas expressões como "batizar em nome de Cristo, em nome do Senhor, em Cristo", e normalmente essas expressões não são consideradas "fórmulas batismais", mas querem unicamente *especificar* que, dentre os diversos batismos existentes naquele tempo, pretende-se falar do Batismo dado por Jesus ou que tem uma particular ligação com Cristo. O mesmo pode-se provavelmente dizer da expressão de Mt 28,18-19: Jesus ordena que se dê o seu Batismo, aquele no qual se exprime a realidade trinitária, tal como esta se manifestou sobre ele na teofania do Jordão. A expressão

de Mateus demonstra que a Igreja, já naquela época, reconhecia ao Batismo cristão o valor teofânico que se revelou no Batismo de Cristo.

2. Instituição teológica do Batismo

Estabelecido que se possa dizer que Cristo "institui pela via da promulgação" o Batismo, porque a Escritura no-lo mostra, por diversas razões (condição necessária, fato, promessa, mandado), dependente de Cristo, é de se perguntar se é possível falar também de uma "instituição teológica" do Batismo.

Dada a estreita ligação existente entre o "batismo de João" e o "Batismo de Cristo", parece-nos que o nosso discurso deva primeiro esclarecer a relação existente entre esses dois batismos.

a) Relação entre batismo de João e Batismo de Cristo

Que o batismo de João se insira no clima "batismal" do momento não há dúvida; mas que seja mais do que isso é suficiente, para demonstrá-lo, o fato de que tanto os Sinóticos quanto o Quarto Evangelho o colocam na abertura do "Evangelho de Jesus Cristo". A importância de que se reveste o batismo de João em relação a Cristo evidencia-se a partir de muitos indícios. Citamos alguns:

1. João prega o "batismo de penitência" para a remissão dos pecados (Mc 1,5; Lc 3,13); mas distingue o seu "batismo de água" de um futuro "Batismo no Espírito", o qual será dado em breve por "aquele que deve vir". Assim fazendo, parece que João Batista dependa de Ez 36,25-27 não só pelo tom "escatológico-messiânico" que ele dá ao seu batismo, mas pelo fato de que o tempo escatológico seja percebido por ele como distinto em dois momentos, sendo que ao primeiro — o seu — atribui o "batismo com água", dado por ele (cf. Ez 36,25), enquanto reserva o "Batismo no Espírito" — o de Jesus — ao Messias (cf. Ez 36,26-27).

2. João, falando do "Batismo no Espírito", declara que o mesmo será dado por "alguém que é mais forte do que ele" (Mc 1,7; Lc 3,16), "que deve vir" para purificar o seu campo (Mt 3,11-12; Lc 3,17). E que esse alguém seja o Messias, concretamente Jesus em pessoa, fica evidente pelo fato de que do Messias-Cristo se fala pela primeira vez precisamente em relação ao batismo que João está dando no Jordão (Lc 3,15-16; Jo 1,19-51). Aliás, neste último texto João admite que ele batiza só com água exatamente por não ser o Messias; e, quando reconhece em Jesus aquele que deve vir para "batizar no Espírito", o declara abertamente *"eleito* de Deus", termo que na Escritura é equivalente a *Messias* (Is 42,1), algo que os seus discípulos demonstram ter compreendido porque, depois do discurso sobre o *eleito* que dará o *Batismo*, eles começam a seguir Jesus dizendo ter "encontrado o Messias" (Jo 1,34-51).

3. Enfim, o batismo de João tinha como objetivo "revelar a Israel aquele que deve vir" (Jo 1,30-31). O batismo de João, portanto, conserva valor e caráter de AT, porquanto declaradamente profético da realidade messiânico-soteriológica vindoura. É um batismo que *anuncia e todavia não cumpre* a remissão dos pecados diretamente, mas só pelo fato de exprimir a vontade de "crer no Evangelho" (Mc 1,14-15; Lc 3,18). João, de fato, sabe que só "o eleito de Deus", a quem é reservado dar o "Batismo no Espírito", é quem pode "tirar o pecado do mundo".

4. Cristo, que rejeita as "purificações" (as quais no texto grego original de Mc 7,2-8 são denominadas "batismos"; cf. Mt 15,1-3.10-20; Lc 11,38-40) dos judeus, reconhece no batismo de João, pelo contrário, "uma proveniência divina" e, por conseguinte, algo que devia ser aceito "com fé" (Mt 21,25; Mc 11,30-31; Lc 20,4-5).

Que Jesus tenha estado entre aqueles que realmente "creram" no batismo de João fica demonstrado pelo fato de que ele mesmo quis ser batizado com aquele batismo (ver a seguir).

O BATISMO

De tudo isso fica claro que o batismo de João tem a tarefa de "preparar" o Batismo de Cristo; mas tem também a tarefa de mostrar a superioridade deste sobre o seu. O Batismo de Cristo aparece, de fato, como a realidade escatológico-messiânica que deve "cumprir" o sentido do seu próprio Batismo, pois só o "Batismo no Espírito" dado pelo Messias-Cristo, ao qual é reservado "tirar o pecado do mundo", poderá constituir a realidade nova que permite o ingresso no Reino de Deus.

b) À pergunta: *Quando Cristo instituiu o Batismo*, respondemos dizendo: *Cristo instituiu o Batismo quando foi batizado, porque naquela ocasião o rito significativo da remissão dos pecados se tornou "sacramento de Cristo", ou seja, sinal eficaz do único que pode "tirar o pecado do mundo".*

É claro que o Batismo de Jesus no Jordão, unanimemente narrado pelos Evangelhos de forma direta (Mt 3,13-17; Mc 1,9-11; Lc 3,21-22) ou indireta (Jo 1,29-34), e referido por At 1,22; 10,37-38, como ponto de partida da missão de Cristo e como momento da sua "consagração com o Espírito Santo", reveste-se de uma importância que supera o valor de pura *narração biográfica* da vida de Cristo. Este deve ser considerado, com efeito, como um fundamento da "catequese cristã", porque está indicando o que efetivamente representa *Cristo na história da salvação*: nos Evangelhos e nos Atos, o Batismo de Cristo no Jordão é visto como ponto de partida do mistério da salvação no mundo.

Isso posto, procedamos por proposições.

1ª proposição: JESUS SABE QUE O SEU BATISMO É O "CUMPRIMENTO" DE PRECEDENTES ACONTECIMENTOS PROFÉTICOS.

A proposição parte da resposta de Cristo a João. Indo ao Jordão para ser batizado por João, Jesus, diante da sua oposição, responde:

"Não te importe com isso agora; é preciso que se cumpra toda a justiça". Sem dar importância à oposição de João, que dizia que Jesus não tinha *necessidade* de Batismo, Jesus declara e tem consciência de que, ao ser batizado, ele "dá cumprimento" àquilo que Deus, nos seus justos desígnios, havia preordenado.

João tinha vindo *para preparar* o caminho para aquele "que devia vir". Cristo, que é justamente aquele que devia vir, já está aí, e a "preparação" com ele chega ao fim. Trata-se da "preparação" da qual João era o último elo da corrente que compreendia todo o AT. Jesus, de fato, dirá: "A Lei e os Profetas duraram até João; daí em diante há o Reino de Deus" (Mt 11,12-13; Lc 16,16).

O Batismo de Jesus no Jordão se apresenta, portanto, como o *cumprimento escatológico-messiânico* de todo o caminho da história da salvação, como foi anunciado na história ("Lei") e na reflexão teológico-espiritual ("Profetas") do judaísmo. O sinal desse "cumprimento" é o "Batismo-passagem" de Cristo no Jordão, porque este está ligado — através da pregação e da práxis de João — às duas passagens pelo Mar Vermelho e pelo Jordão, que no caminho do povo judeu foram respectivamente o começo e o cumprimento da prometida "libertação". Com efeito, é nessa perspectiva batismal que 1Cor 10,2 — versículo que nisso provavelmente é devedor de uma tradição judaica — chama precisamente de "batismo" a passagem pelo Mar Vermelho, e o apresenta como "tipo" anunciador da "realidade" que teria continuado com Cristo (cf. 1Cor 10,6.11).

2ª Proposição: JESUS, NO SEU BATISMO NO JORDÃO, LEVA AO CUMPRIMENTO O MISTÉRIO DA SALVAÇÃO NA PERSPECTIVA DO MISTÉRIO PASCAL.

O Batismo de Jesus no Jordão é um ponto de chegada na história da salvação, e o é no plano da sua *realização pascal*.

O BATISMO

a) O fato de que o Batismo ocorra no Jordão já é revelador.

João "batizava na outra margem do Jordão" (Jo 1,28), ou seja, no *lugar* em que, segundo a tradição, havia acontecido a "passagem" dos hebreus do deserto para a "terra prometida". Também o *tempo* coincidia com o da antiga passagem: estava-se, de fato, no tempo da Páscoa. Por conseguinte, aqueles que recebiam o batismo de João manifestavam a intenção de querer passar para o "Reino de Deus", que ele tinha vindo pregar.

b) O valor pascal do batismo de João era dado por uma *retrospectiva* histórico-espiritual (elementos pascais idênticos de tempo e de lugar com a passagem de Josué, que além disso eram iguais aos da passagem pelo Mar Vermelho). Mas, com a vinda de Jesus para ser batizado, esse valor se abre numa *perspectiva* profética sobre a definitiva libertação *pascal*.

No momento do Batismo, quando Cristo saía do Jordão,

> o "Espírito" veio sobre ele e uma "voz (Pai)" desceu do céu: "Tu és meu 'Filho', o escolhido, no qual eu me comprazo" (Mc 1,10-11 e par.; cf. Jo 1,33-34).

A narrativa dos Sinóticos tem como pano de fundo Is 42,1: "Eis o meu servo [...], o meu eleito, no qual eu me comprazo".[7]

Esse pano de fundo isaiano do Batismo de Cristo significa que nele se cumpre a *Páscoa*, porque o "Servo de Iahweh" que aparece em Isaías é justamente aquele que trará a "libertação" definitiva (Páscoa).

---

[7] Os termos "servo", em Isaías, e "filho", em Marcos, traduzem o mesmo termo grego dos LXX, *pàis*, que quer dizer "moço" nos dois sentidos.

Tudo isso é confirmado por Jo 1,29.36, onde Cristo, por ocasião do seu Batismo, é proclamado "Anjo de Deus que tira o pecado do mundo", de novo segundo Is 53,5-6, que é de novo o canto do "Servo de Iahweh".

De resto, na mesma perspectiva pascal o próprio Jesus coloca-se, quando dirá aos seus discípulos:

> Vós bebereis o cálice que eu devo beber e sereis batizados com o *Batismo com o qual eu devo ser batizado* (Mc 10,39);
>
> *Com um Batismo devo ser batizado*, e me sinto angustiado enquanto ele não se tenha *cumprido* (Lc 12,50).

A aproximação entre "beber o cálice" (alusão à Paixão; cf. Mc 14,36 e par.; Jo 18,11) e o "Batismo", que no seu valor de "imersão" ou de "passagem" na água claramente é uma referência à profundidade e amargura da "passagem-Páscoa" da sua Paixão, quer fazer-nos compreender como Jesus tinha visto no seu Batismo no Jordão um "sinal" pascal que esperava para ser "cumprido" na "realidade" através da morte.

3ª proposição: NO BATISMO DE CRISTO NO JORDÃO, É REVELADA A REALIDADE PROFUNDA E TRANSFORMADORA DO MISTÉRIO PASCAL, QUE SE ATUA NO BATISMO DOS CRISTÃOS.

Tanto os Sinóticos quanto João (veja textos citados anteriormente) nos apresentam no Batismo de Cristo no Jordão uma manifestação ("teofania") trinitária: a voz do *Pai* fala ao *Filho*, enquanto sobre este desce e para o *Espírito Santo*.

Isso os exegetas dizem tratar-se de *teofania declarativa* da divindade de Cristo ou de *autoconsciência teofânica* pela qual Cristo, já "crescido em sabedoria, em idade e em graça diante de Deus e dos

O BATISMO

seres humanos" (Lc 2,52), toma plena consciência da sua "filiação" divina no sentido pleno, ou de *investidura messiânica*, no sentido de que a vinda do Espírito sobre Jesus indicaria que este é revestido da missão libertadora messiânica (Is 42,1). O título de "filho", dado aqui a Jesus, não teria, no entanto, significado trinitário, mas seria unicamente uma das denominações dadas ao Messias.

Nós, levando em conta o valor de "catequese sacramental" que os Evangelhos têm, consideramos que a teofania não seja algo que se *acrescente* ao fato do Batismo, mas que queira lhe dar a sua verdadeira *explicação*, revelando a sua *novidade*.

Tanto o AT (Ez 36,25-27) quanto os Evangelhos (com a pregação de João) *anunciam* que o Messias-Cristo teria purificado os seres humanos com "água pura" e teria lhe comunicado um "Espírito novo, Espírito de Deus". É isso que João chama de "Batismo no Espírito". *Depois do anúncio*, o que acontece é que o Messias-Cristo vem para ser batizado, e por ocasião desse Batismo de Cristo no Jordão tem-se a *teofania*, cujo significado está concentrado precisamente nisto: *fazer compreender o que significa o "Batismo no Espírito"*, prometido em Ez 36 e anunciado como iminente por João. Não se trata de um rito que exprime somente o desejo do ser humano que tende a uma purificação, mas é um momento de intervenção divina, que eficazmente desce sobre o ser humano e o *transforma* na sua relação com Deus: a presença nele do Espírito de Deus o torna *filho de Deus*.

Consequentemente, a teofania batismal ocorrida no Jordão deve ser lida não em função da pessoa de Cristo (proclamação da divindade, autoconsciência, investidura messiânica), quase como se lhe fosse atribuído revelar *o que é Jesus em si mesmo*; deve, pelo contrário, ser lida *na perspectiva teológico-econômica*, ou seja, de história da salvação, como momento no qual se atua o desígnio divino da libertação humana: o antigo "sinal" da passagem de Israel que, atravessando o Mar Vermelho *começa* a sua libertação e atravessando o Jordão com Josué (*Jesus*, em hebraico) a *cumpre* com a entrada na terra prometida por Deus, encontra agora a sua "realização" perfeita, porque o ser humano se torna *livre*, tornando-se *filho de Deus* pela presença do Espírito Santo.

A "teofania" está em função do "Batismo no Espírito", Batismo que em Jo 3,5-6 é chamado precisamente de "renascer do Espírito", e que é condição necessária e preliminar para o ingresso no Reino de Deus.

Concluindo

A tarefa da "teofania" jordânica é a de cumprir e especificar no plano "real", isto é, no plano do "cumprimento", aquela salvação que era anunciada só no plano "profético" por ritos de purificação, que permaneciam sempre sendo externos.

Assim, por causa da "teofania", o Batismo de Cristo no Jordão se torna o momento da verdadeira "instituição teológica" do Batismo dos cristãos: Cristo, com o seu Batismo, leva ao mundo, aceitando o significado profético dos antigos sinais da "passagem" através da água, a realidade interior de uma verdadeira "passagem deste mundo para o Pai", passagem que acontece por obra do Espírito Santo, que no nosso "ser homens" insere o "ser filhos de Deus".

III. A dimensão salvífica do Batismo

A presença da "teofania" no Batismo de Cristo no Jordão já nos introduziu na dimensão salvífico-pascal do Batismo cristão, pelo menos

O BATISMO

no sentido de uma dimensão que o diferencia essencialmente de todo e qualquer outro rito batismal da época.

Resta-nos ainda, portanto, olhar mais atentamente, para poder conhecer melhor qual é o conteúdo do Batismo. Todavia, como em cada sacramento o "conteúdo" está sempre em estreita relação com o "sinal" que o exprime, a este pode-se chegar só através do estudo do próprio sinal sacramental. Daí a necessidade de esclarecer preventivamente o "sinal" sacramental do Batismo.

1. Premissa sobre o sinal sacramental do Batismo

O Batismo cristão, que inicialmente consiste numa *imersão* e posterior *emersão* da água, acompanhada de uma *oração*, desde a mais remota antiguidade foi enriquecido de muitos outros elementos.

Estes criaram, ao redor do primitivo e fundamental rito da imersão, um complexo de *ritos secundários* que tinham por objetivo explicitar mais a riqueza do conteúdo sacramental do Batismo.

Vimos assim surgirem e se afirmarem vários ritos que precedem ou seguem o rito principal da imersão. Os mais importantes dentre esses ritos secundários são: (1) o rito das *renúncias*, que explicita a "conversão"; (2) o rito da *abertura* das orelhas e da boca (*éffeta*), que indica a graça de "escutar" Deus e de "responder" a ele; (3) o rito da *entrega* do "Credo" e do "Pai-Nosso", que significa a aceitação da "fé" e a possibilidade-dever de "orar"; (4) o rito da *veste branca*, que ressalta o Batismo como "ressurreição-vida nova em Cristo"; (5) o rito da *luz* (vela acesa), enfim, é sinal de que, seguindo Cristo, caminhamos na luz e não nas trevas.

Nós, entretanto, iremos nos limitar a analisar o rito fundamental segundo a sua dupla componente: água e fórmula de oração.

A) O uso da água no Batismo

Podemos considerar plenamente aceito que o Batismo cristão ocorre na água, seja porque a água está implícita no significado mesmo da palavra "Batismo" (imersão na água), seja porque esta nos é constantemente testemunhada pela Escritura do NT (cf., por exemplo, At 8,36; 10,47; 22,16 etc.) e, por consequência, pela tradição da Igreja.

O modo de servir-se da água admitia, no entanto, possibilidades diversas, dependendo dos distintos usos e circunstâncias.

Existia, portanto, um Batismo por:
— imersão { na água parada / na água corrente
— infusão
— aspersão

As primeiras duas formas já são conhecidas no final da época apostólica, como claramente nos informa a *Didaqué* (final do séc. I):

> Depois de tê-los instruído, procederás assim: Se há água corrente, *batiza* (imerge) *na água corrente*; na falta desta, usa *outra água*, quente ou fria. E se não tiveres nem uma nem outra, então *infunde três vezes a água*, batizando-o em nome do Pai, do Filho e do Espírito Santo (*Did.* VII).

A imersão certamente é a forma considerada normal por Paulo:

> Quando fomos batizados (imersos) em Cristo Jesus, fomos batizados (imersos) na sua morte. De fato, fomos todos *sepultados* com ele, pelo Batismo, na morte, a fim de que, como Cristo *ressuscitou*, assim também nós caminhemos na novidade de vida (Rm 6,3-4; cf. Cl 2,12).

O paralelismo entre o nosso *Batismo* e a *Sepultura-ressurreição* de Cristo é demais evidente para negar que tenha como base o rito da *imersão*.

O BATISMO

Na verdade, o *Batismo por imersão*, tanto na prática quanto na motivação mistagógica encontradas em Paulo, é comumente atestado na tradição litúrgica e patrística da Igreja, tendo sido conservado constantemente no Oriente e tendo perdurado até os séc. XIV-XV no Ocidente.

Parece, no entanto, que houve incertezas sobre a legitimidade do *Batismo por infusão e por aspersão*; tanto que uns sentiram a necessidade de interrogar a este respeito São Cipriano, o qual, todavia, se declara favorável pelo menos no "caso de doença ou epidemia".[8] Essa incerteza não deve ter cessado nem mesmo no tempo de Agostinho, já que ele teve que se posicionar a favor, embora recorrendo à Carta de Cipriano.[9]

Também Santo Tomás ainda discute o tema, e, mesmo admitindo as duas formas acima citadas, reconhece no entanto que a *imersão* é a forma "mais segura por ser mais comum". Mas precisamente em torno do séc. XIV a imersão começou a ceder diante do *rito por infusão*, e se ainda em 1585 o *Sacerdotale Romanum* (livro ritual da época tridentina) no "rito" apresenta a *tríplice imersão*, na "nota explicativa" sugere, como uma alternativa normal, a *tríplice infusão*.

Sabe-se que esse uso, generalizado no Ocidente, sempre criou dificuldades com os Orientais, os quais não o admitem a não ser em caso de urgência.

Os novos ritos batismais, reformados pelo Concílio Vaticano II, preveem, como formas igualmente admitidas e normais, tanto o *rito de imersão* quanto o de *infusão*, desde que também no rito de infusão haja

---

[8] CIPRIANO, *Epist.* 69, 12; CSEL 3/2, 760.
[9] AGOSTINHO, *De baptismo contra Donatistas* 6, 6; PL 43, 202.

o sentido da verdadeira participação no mistério da morte de Cristo e não só de "purificação".[10]

B) O uso da fórmula trinitária no Batismo

A fórmula batismal compreendeu certamente, desde o início, a menção à Trindade. O texto já citado de Mt 28,19 está presente nos documentos mais antigos:

1. *Didaqué* (cf. acima);

2. Tertuliano:

> Foi imposta a lei e dada a *forma* quando foi dito: "Ide, batizai em nome do *Pai*, do *Filho* e do *Espírito Santo*".[11]

E, depois de ter dito que no Batismo a "fé foi assinalada no Pai, no Filho e no Espírito Santo", continua:

> Para tornar confiante a nossa esperança, basta a enumeração dos nomes divinos [...], porque sob o *tríplice nome* é colocada a afirmação da fé e é garantida a promessa da salvação.[12]

O modo como a fórmula trinitária era usada nos primeiros séculos nem sempre está claro. Escolhendo dentre os testemunhos mais fidedig-

---

[10] Cf. CONFERÊNCIA NACIONAL DOS BISPOS DO BRASIL. *Ritual da Iniciação cristã de adultos*. São Paulo, Paulinas, 2003, p. 47; menos claro é o *Ritual do Batismo de crianças* (CNBB, São Paulo, Paulinas, 1999, Observações preliminares gerais, 22, p. 30).

[11] TERTULIANO, *De baptismo* 13, 3; SC 35, 86.

[12] Ibid., 6,1-2; SC 35, 76.
Quanto à expressão, que se encontra tão frequentemente no NT, "em nome de Jesus", ela, em si mesma, indica não uma fórmula litúrgica, mas sim uma denominação externa que distingue o Batismo cristão (dado em nome de Jesus, segundo Jesus) de todos os demais batismos, e acima de tudo do batismo dado "em nome de João" (= segundo João).

nos que a antiguidade nos transmitiu a respeito, certamente precisamos falar da "fórmula trinitária implícita" e da "fórmula trinitária explícita".

a) Fórmula trinitária implícita é aquela contida numa profissão de fé trinitária, acompanhada da tríplice imersão. Assim lemos, no séc. III, em Hipólito:

> O batizando, depois das renúncias ("Renuncio a ti, Satanás, ao teu serviço e a todas as tuas obras"), desce na água, e o diácono com ele.
> Quando o batizando desceu na água, diga aquele que batiza, impondo-lhe a mão sobre a cabeça, assim: "Crês em *Deus Pai* onipotente?". E o batizando diz: "Creio". E em seguida, mantendo a mão sobre a sua cabeça, o batiza (imerge) uma vez. Depois lhe diz: "Crês em *Cristo Jesus*, Filho de Deus, nascido do Espírito Santo e da Virgem Maria, crucificado sob Pôncio Pilatos, morto e ressuscitado no terceiro dia, vivo, dentre os mortos, e elevado ao céu e que está sentado à direita do Pai para vir a julgar os vivos e os mortos?". Quando o batizando tiver dito "Creio", de novo seja batizado (imerso). E novamente diga: "Crês no *Espírito Santo*, na Santa Igreja e na ressurreição da carne?". E o batizando diga: "Creio". E assim, pela terceira vez, seja batizado (imerso).[13]

Sem procurar outros testemunhos patrísticos, remetemo-nos tão somente àquele testemunho litúrgico do séc. IV que nos foi dado por Santo Ambrósio referente a Milão, e ao dos séc. VII-VIII, oferecido pelo *Sacramentário Gelasiano* referente a Roma.

Santo Ambrósio escreve:

> Foste interrogado: "Crês em *Deus Pai* onipotente?". Respondeste: "Creio" e foste imerso, isto é, foste sepultado. De novo foste interrogado: "Crês

---

[13] Hipólito, *Tradição apostólica* 21 [ed. bras.: *Tradição apostólica*. Petrópolis, Vozes, 1981]; SC 11 bis, 84-86.

em nosso Senhor *Jesus Cristo* e na sua cruz?". Disseste: "Creio", e foste imerso, isto é, foste sepultado com Cristo. Pela terceira vez foste interrogado: "Crês no *Espírito Santo*?". Disseste: "Creio", e pela terceira vez foste imerso.[14]

O *Sacramentário Gelasiano*, ritual romano dos séc. VII-VIII, também refere a tríplice interrogação acompanhada pela tríplice resposta e imersão.[15]

Mas da mesma forma o próprio Ambrósio escreve:

Tu foste batizado *em nome da Trindade*. Lembra-te daquilo que fizeste: confessaste *o Pai*, confessaste *o Filho*, confessaste *o Espírito Santo*.[16]

Claro, confessam a Trindade aqueles que veem ao Batismo, porque são batizados em nome do Pai, do Filho e do Espírito Santo.[17]

Acreditamos que esse modo de se exprimir de Santo Ambrósio seja muito iluminador. Enquanto temos conhecimento de que no seu tempo o Batismo correspondia a uma *tríplice imersão* que vinha depois da *tríplice profissão* de fé no Pai, no Filho e no Espírito Santo, ele nos fala brevemente também de um "Batismo em *nome da Trindade*", em *nome do Pai, do Filho e do Espírito Santo*, e indubitavelmente não se refere a um rito distinto do rito descrito. Isso quer dizer que antigamente a expressão "batizar em nome do Pai, do Filho e do Espírito Santo" não descrevia o nosso modo atual de pronunciar os nomes divinos no momento do Batismo, ou seja, *não era uma "fórmula"*.

---

[14] AMBRÓSIO, *De Sacramentis* 2, 20 [ed. bras.: *Os sacramentos e os mistérios*; iniciação cristã nos primórdios. Petrópolis, Vozes, 1972]; SC 25, 68.

[15] *Sacramentário Gelasiano*, Ed. MOHLBERG, p. 449.

[16] AMBRÓSIO, *De mysteriis* 21. SC 25, 114; cf. *De Sacramentis* 2, 7; 20; SC 25, 68.

[17] Id., *In Lucam* 8, 67; SC 52, 129.

b) Fórmula trinitária explícita, na qual aquele que batiza diz — como acontece hoje no Ocidente —: "Eu te batizo em nome do Pai, do Filho e do Espírito Santo", fazendo seguir-se *a cada nome uma imersão*; esta é testemunhada, pelo menos no ambiente siríaco, já no séc. IV, seja nas *Constitutiones Apostolorum* 3, 16; 7, 44,[18] seja em Teodoro de Mopsuéstia, no séc. V.[19]

2. Dimensão salvífica do Batismo: como se exprime no sinal sacramental

Esclarecida a relação existente entre "sinal" e "conteúdo" do sacramento, não se pode deixar de examinar o "sinal" para chegar, pelo caminho mais direto, ao "conteúdo" próprio do Batismo.

No sinal, distinguimos novamente as suas duas componentes: a *imersão* na água e a *confissão-invocação* do Pai, do Filho e do Espírito Santo.

A) *Imersão na água*

Batismo — purificação do pecado

É claro que, *pelo* fato mesmo de que o Batismo aconteça com uma imersão na água, o valor simbólico do elemento não podia certamente desaparecer. Assim, o sentido de *"purificação"* do pecado, já expresso por João Batista, que "pregava um Batismo de Penitência para a remissão dos pecados" (Mc 1,4), nós o reencontramos no primeiro surgimento do Batismo cristão. Aos primeiros convertidos, Pedro, de fato, diz: "Fazei Penitência e cada um seja batizado em nome de Jesus

---

[18] Ed. FUNK, v. I, pp. 211 e 450.

[19] TEODORO DE MOPSUÉSTIA, *Omelie catechetiche* (editado por R. TONNEAU — Estudos e Textos, 145), Città del Vaticano, 1969, pp. 323.433-445.

Cristo, para a remissão dos pecados" (At 2,38). A coisa torna-se ainda mais evidente quando os cristãos, em vez de recorrerem ao termo técnico "Batismo", serviam-se de termos comuns e populares tais como *banho, lavação, lavagem*.[20]

Batismo — morte e ressurreição de Cristo

Logo, no entanto, entra em ação um aprofundamento teológico, pelo qual a "purificação" não aparece em primeiro plano, que a esta altura já é ocupado por aquela que é a *causa* da purificação: a *morte-ressurreição* de Cristo. A ligação entre *Batismo e morte* de Cristo já é insinuada em Jo 1,29-34, onde o "Batismo no Espírito" está ligado ao Cristo-Cordeiro (Pascal) "que tira os pecados do mundo"; e em Jo 19,34, onde na "água" que saiu do lado aberto de Cristo o evangelista parece quase certamente entrever a água do Batismo.

Em Paulo, isso está fora de discussão, como se pode ver em Rm 6,3-11:

> Todos nós, batizados no Cristo Jesus, é na sua morte que fomos batizados. Pelo Batismo, fomos sepultados com ele em sua morte, para que, como Cristo foi ressuscitado dos mortos pela ação gloriosa do Pai, assim também nós vivamos uma vida nova.
>
> Pois, se fomos, de certo modo, identificados a ele por uma morte semelhante à sua, seremos semelhantes a ele também pela ressurreição. Sabemos que o nosso homem velho foi crucificado com Cristo, para que seja destruído o corpo sujeito ao pecado, de maneira a não mais servirmos ao pecado. Pois aquele que morreu está livre do pecado.
>
> E se já morremos com Cristo, cremos que também viveremos com ele. Sabemos que Cristo, ressuscitado dos mortos, não morre mais. A morte

---

[20] Cf., neste sentido, Ef 5,26; Tertuliano com muita frequência, assim como Cipriano e Agostinho.

O BATISMO

não tem mais poder sobre ele. Pois aquele que morreu, morreu para o pecado, uma vez por todas, e aquele que vive, vive para Deus. Assim, vós também, considerai-vos mortos para o pecado e vivos para Deus, no Cristo Jesus. (Cf. Cl 2,12: "No Batismo, fostes sepultados com ele, com ele também fostes ressuscitados".)

Nota sobre o "Batismo-semelhança"

A primeira coisa a ser destacada é a expressão de Paulo: "Fomos enxertados à *semelhança* da sua morte; seremos enxertados à *semelhança* da ressurreição". É um dos textos mais discutidos pelos exegetas. Quanto a nós, temos a impressão de que se pode dizer o seguinte:
— O texto deve ser explicado tendo-se diante dos olhos o *rito* do Batismo.
— Certamente, o texto quer afirmar ao mesmo tempo duas coisas: a *participação direta* ("enxertados") na morte-ressurreição de Cristo, mas *através de um sinal simbólico* na sua concretude ("semelhança").
— No rito, a semelhança na morte ("sepultura") se tem com a *imersão*; a semelhança com a ressurreição se tem com o *sair, emergir* da água.
— O termo "semelhança" traduz o termo grego *omóioma*, que é propriamente "a coisa que se assemelha a outra" — "a coisa que reproduz outra" —, "a coisa que é a imagem fiel de outra". Há, em resumo, um sentido muito concreto. Paulo primeiro havia dito que o Batismo é "imersão na morte de Cristo"; depois diz que nós fomos "enxertados à semelhança da sua morte", quase que dando uma melhor e mais correta interpretação da expressão precedente. A "morte de Cristo", na qual nós fomos realmente "imersos", não é *em si mesma* visível; de fato, é visível só *na imagem* (semelhança), e portanto é mais exato dizer que fomos "imersos" (enxertados) na imagem da morte de Cristo.
— Certamente, o texto quer afirmar duas coisas ao mesmo tempo: (1) o Batismo é participação real ("imersos") e direta ("enxertados") na morte-ressurreição de Cristo; (2) mas isso acontece através do sinal simbólico da imersão-emersão, gestos que na sua concretude são uma "imagem" que leva à semelhança com a morte-ressurreição.

SANTO AMBRÓSIO APELA PARA ESSA "SEMELHANÇA", DIZENDO:

Foste imerso, isto é, sepultado [...] com Cristo, a fim de que, como Cristo morreu, também tu experimentasses a morte [...], morresses aos velhos atrativos do pecado e pela graça de Cristo ressuscitasses. É morte, embora *não na realidade do corpo*, mas só *na semelhança*, porque, quando tu te imerges, recebes a *semelhança da morte* e da sepultura [...]. Tu, portanto, és *crucificado com ele*.[21] A "semelhança" da qual se fala deve ser vista no plano do sinal sacramental; ou seja, trata-se da peculiar natureza do "sinal" sacramental: comunica a *realidade* do Mistério de Cristo, mas a apresenta de uma forma externa, que pela *semelhança* logo anuncie o seu sentido. Portanto, no caso: comunica a morte de Cristo no sinal que a representa.

NÃO MENOS CLARAMENTE FALA CIRILO DE JERUSALÉM:

Para que aprendamos [...] que somos partícipes dos sofrimentos de Cristo, Paulo, com muito cuidado, escreve: *"Fomos enxertados à semelhança da sua morte"*. Muito atentamente diz: "enxertados", porque aqui foi plantada a verdadeira videira, e nós fomos enxertados na sua morte, mas mediante o Batismo [...]. Não disse: "enxertados na morte", mas: "à semelhança da morte", porque Cristo morreu, na verdade [...], da separação da alma do corpo [...]. Em vós, pelo contrário, houve a semelhança da morte e da Paixão; salvação, ao contrário, não pela semelhança mas sim verdadeira.[22]

Paulo, ajudado nesse aprofundamento sobre o valor do Batismo pelo próprio termo grego *baptizo*, do qual ele se serve e que no seu sentido comum tem justamente o significado de *imergir, afundar*, era impulsionado sobretudo pelo desejo de evidenciar diretamente o *valor soteriológico da morte de Cristo*. Para ele, de fato, atribuir a "purificação do pecado" ao Batismo pela via direta poderia ter todo um ar de recaída no judaísmo, onde o "batismo-lavação" tinha o poder de "purificar", poder que era indicado inclusive no nome. De fato, *tebilà* significava, exatamente, "purificação".

---

[21] AMBRÓSIO, *De Sacramentis* 2, 5-7; SC 25, 66-70.

[22] CIRILO DE JERUSALÉM, *Catech. myst.* 2, 2-7 [ed. bras.: *Catequeses mistagógicas*. Petrópolis, Vozes, 1977]; SC 126, 104-118.

O Batismo

Paulo, no entanto, descobre no nome grego o significado de "imergir", e por isso mesmo o "Batismo" é recebido para "imergir-se/sepultar-se" na morte de Cristo, com o duplo efeito: (1) não é mais questão de "purificação" mas sim de *"destruição"* do pecado; (2) como à morte de Cristo sucedeu a ressurreição, assim da *participação na morte de* Cristo seguir-se-á também a *ressurreição do batizado*. Este, com efeito, sabe que com o Batismo ele "com certeza morreu para o pecado e vive em Cristo". Assim, pela mesma razão pela qual a obra redentora de Cristo não termina com a morte, mas culmina na ressurreição, também o significado do "sinal" batismal se enriquece: a *emersão* do batizado da água se torna imagem da ressurreição, e a ressurreição entra assim na concepção batismal. Veja-se, a este propósito, o rico texto de Cl 2,12-13; 3,1-4.

O tema Batismo-morte-ressurreição é, dentre todos os temas batismais, o mais desenvolvido na catequese patrística. Da *remissão dos pecados* os Padres da Igreja falam sempre, mas, por assim dizer, incidentalmente e de certa forma do aspecto negativo do Batismo, valorizando ao máximo, pelo contrário, o positivo: a nova vida em Cristo.

São Leão Magno escreve:

Cristo diz: "Quem não toma a sua cruz e não me segue não é digno de mim"; e o Apóstolo acrescenta: "Com ele reinaremos, se com ele sofreremos". Ora, quem tem verdadeiramente o culto de Cristo paciente, morto e ressuscitado, se não quem *com ele sofre, morre e ressuscita?* Certamente *isso começou a acontecer* em todos os filhos da Igreja *no mistério do renascimento (Batismo)*, no qual há morte para o pecador e vida para o regenerado, e onde *a tríplice imersão imita por semelhança o tríduo da morte do Senhor* [...]. Mas depois deve se realizar na prática aquilo que se celebrou no sacramento, e aquilo que resta da vida neste mundo deverá ser conduzido aceitando-se a cruz.[23]

Como se vê, a participação na cruz de Cristo não é considerada diretamente no plano moral. Trata-se certamente de uma "união" a Cristo que sofre, morre e ressuscita; mas essa "união" ocorre antes de tudo *no* e *pelo* sacramento do Batismo. No sacramento, o ser humano é inserido diretamente na Pai-

---

[23] Leão Magno, *Sermo* 70, 4; PL 54, 382.

xão-morte-ressurreição de Cristo; é a inserção que posteriormente justificará como "cristã" a vida de cada batizado. Ainda São Leão, sempre na tentativa de estabelecer a síntese vida-sacramento, escreve:

> Todos os crentes em Cristo e renascidos (pelo Batismo) no Espírito Santo, por ele e com ele, têm em comum a Paixão e a eternidade da ressurreição.[24]

Enfim, São Leão coloca em paralelo — sob o aspecto de participação na Paixão de Cristo — os *mártires* e os *batizados*, dizendo:

> *Participa da Paixão de Cristo* não só a gloriosa fortaleza dos mártires mas também a fé de *todos os regenerados no próprio sacramento do renascimento (Batismo)*. De fato, com a renúncia ao demônio e com a crença em Deus, com a passagem do que é velho à novidade, com a deposição da imagem do ser humano terreno e a assunção da forma do ser humano celeste, realiza-se certa *aparência de morte* e certa *semelhança de ressurreição*, de modo tal que quem é recebido por Cristo e recebe Cristo, depois da lavação do Batismo, não é o mesmo de antes, mas *o corpo do regenerado se torna carne do Crucifixo*.[25]

É um discurso forte, mas na ordem sacramental os "sinais" produzem realmente aquilo que significam, e aqui a inserção em Cristo leva consigo uma real transformação do ser humano, não no sentido de uma mutação do ser humano em si mesmo, mas *no plano das relações*. O batizado, com efeito, entra numa relação nova com Deus, porque se criou nele uma relação totalmente particular com Cristo: *participação tão real* na Paixão de Cristo, a ponto de levar à *identificação* do batizado com o Cristo crucificado.

---

[24] Id., *Sermo* 69, 4; PL 54, 378.
[25] Id., *Sermo* 64, 6; PL 54, 357.

O BATISMO

Batismo — novo nascimento em Cristo

A participação do batizado na ressurreição de Cristo, que no plano sacramental é significada pelo *emergir da água*, na realidade concreta se manifesta como "vida nova" e "vida no Espírito"; e aqui não se deve entender duas realidades ou dois graus distintos de vida, mas uma única realidade, isto é, uma *vida que é nova* porque é suscitada *pelo Espírito* e vivida *no Espírito*.

A ação do Espírito no Batismo, da mesma forma que faz *re*-ssurgir, também faz *re*-nascer. É a visão que por primeiro o próprio Cristo deu do Batismo, o qual em Jo 3,3-8 fala de *"renascer da água e do Espírito"* como de uma condição necessária para o ingresso no reino. Assim, a ressurreição de Cristo se torna ao mesmo tempo *a causa* e o *modelo* do "renascimento de Cristo": os batizados renascem ressurgindo e os renascidos vivem como ressuscitados.

Isso foi frequentemente evidenciado pelos Padres da Igreja, e a tradição chama o Batismo de "sacramento do renascimento". Cirilo de Jerusalém poderá dizer:

> Ao mesmo tempo morrestes e nascestes, e aquela água salvífica foi ao mesmo tempo sepulcro e mãe.[26]

Da mesma forma fala Leão Magno:

> A origem que ele tomou no seio da virgem ele a colocou na fonte batismal, dando à água aquilo que havia dado à mãe; com efeito, assim como o Altíssimo com a sua potência e o Espírito Santo com a sua sombra lu-

---

[26] CIRILO DE JERUSALÉM, *Catech. myst.* 2, 4; SC 126, 112.

minosa fizeram com que Maria gerasse o Salvador, igualmente fazem com que a água gere o crente.[27]

A propósito, deve-se notar que Leão Magno, querendo ilustrar a verdade que o Batismo é renascimento do Espírito, muito frequentemente trata desse tema nas suas homilias sobre o Natal de Cristo.

O *nascimento de Cristo*, momento no qual a humanidade nasce em Cristo como "filho de Deus", é o primeiro dos mistérios de salvação no qual o ser humano deve ser inserido. Mas a eficácia real de tudo aquilo que Cristo fez pelos seres humanos se realizaria só quando o "mistério da morte-ressurreição" tivesse se cumprido. Esta é, de fato, a *causa real* através da qual todos os outros mistérios são participados. Portanto, *por meio* e *por causa da morte-ressurreição de Cristo*, participada a nós no sacramento, realiza-se em nós o *mistério do nosso nascimento do Espírito*. Esse nosso nascimento ocorre pela primeira vez no Batismo, mas — nos dirá ainda São Leão — se realizará toda vez que na Eucaristia celebramos o próprio mistério da morte-ressurreição de Cristo:

> Como *com* Cristo fomos crucificados na sua Paixão, fomos ressuscitados na sua ressurreição e fomos colocados à direita do Pai na sua ascensão, assim *com Cristo fomos gerados no seu nascimento* [...]. Com efeito, enquanto adoramos o nascimento de nosso Salvador, nós celebramos a nossa estreia, porque *o nascimento de Cristo é a origem do povo cristão*, e o aniversário de nascimento da Cabeça é aniversário de nascimento do corpo.[28]

Santo Ambrósio também dá atenção à relação entre *ressurreição* e *nascimento* no Batismo, fazendo referência a At 13,33:

---

[27] Leão Magno, *Sermo* 25, 5; PL 54, 211. [Ed. bras.: *Sermões sobre o Natal e a Epifania*. Petrópolis, Vozes, 1974.]

[28] Id., *Sermo* 26, 2; PL 54, 213.

O BATISMO

> Professando a fé no Pai, Filho e Espírito Santo, somos acolhidos e submersos na fonte batismal, e depois dela saímos, isto é, *ressuscitamos* [...]. *Isso se chama renascimento. O que é "renascimento"?* [...]. No Sl 2 as palavras: *"Tu és meu filho, eu hoje te gerei"* parecem referir-se à *ressurreição,* porque assim nos Atos estas foram interpretadas por Pedro [...]. Justamente, portanto, segundo essa interpretação do apóstolo, como *aquela ressurreição foi um renascimento,* assim *também esta ressurreição é um renascimento.*[29]

Batismo — remissão dos pecados

Que o Batismo opere a *remissão dos pecados* na medida mais profunda do que poderia sugerir a ideia de "purificação" pode ser deduzido já de Mc 16,16:

> Quem crê e for *batizado* será *salvo.*

E mais explicitamente ainda em At 2,38, onde a *remissão dos pecados* está diretamente ligada ao dom do *Espírito Santo* (cf. At 22,16):

> Fazei Penitência e cada um seja batizado em nome de Jesus Cristo *para a remissão dos pecados* e *recebereis assim o Espírito Santo.*

Todavia, já ressaltamos que a ideia de "purificação" no Batismo, de certa forma, passou para o segundo plano com o afirmar-se de um aprofundamento teológico que tende a pôr o sacramento sempre em relação a um *acontecimento* da história da salvação e que, no caso, é justamente o acontecimento histórico-salvífico da morte-ressurreição de Cristo.

São Paulo, portanto, insistindo sobre a ligação Batismo-morte de Cristo não quer de forma nenhuma tornar vão o sentido e o valor de

---

[29] AMBRÓSIO, *De Sacramentis* 3, 2; SC 25, 70-72.

"remissão dos pecados", que uma visão propriamente cristã da "purificação" exige. Ele, por isso mesmo, precisamente afirmando que no Batismo nos é comunicada a morte de Cristo, quer mostrar como esta provoca a "morte do batizado" em relação ao pecado.

Assim, para Paulo, participação na morte do Senhor quer dizer que "nós morremos ao pecado", ou seja: nós morremos, "no que se refere ao pecado", exatamente porque participamos pelo Batismo na "morte de Cristo", na qual ele, que não tinha pessoalmente pecado, mas que se tornou solidário com o pecado dos seres humanos, "morreu ao pecado" de todos (Rm 6,8-11). Cristo, de fato, morrendo separou a si mesmo do pecado, e, em si mesmo, todos os seres humanos, e aquilo que aconteceu universalmente em Cristo é transferido, no Batismo, para o plano pessoal.

Por outro lado, a ligação que o Apóstolo faz entre morte-ressurreição de Cristo e "vida nova" e "novidade de Espírito" (Rm 6,4; 7,6) tem como consequência o fato de que no batizado seja destruído, aliás, "crucificado, o ser humano velho" (Rm 6,6; Ef 4,22), isto é, aquele que vive no pecado. Assim, "a remissão dos pecados" se torna a primeira e imediata consequência da "nova vida" e do "renascimento do Espírito", como se exprime já uma antiga oração litúrgica conservada por Ambrósio:

> Deus, Pai onipotente, que *te regenerou* da água e do Espírito Santo, e *te deu a remissão dos pecados*, te unja agora para a vida eterna.[30]

Essa fé na remissão dos pecados por meio do Batismo encontra seu lugar nas próprias fórmulas do Símbolo: *Creio no Batismo para a remissão dos pecados*, explicitando assim as fórmulas paralelas mais

---

[30] Ibid. 2, 24; SC 25, 70.

arcaicas. Estas, dizendo: *Creio na remissão dos pecados*, qualificavam com o nome de "remissão dos pecados" o Batismo.

B) A confissão-invocação do Pai, Filho e Espírito Santo

É o segundo elemento do "sinal sacramental", e é aquilo que em termos de teologia escolástica é chamado de "forma" do sacramento.

Já vimos que antigamente a referência, no momento do Batismo, aos nomes divinos do Pai, do Filho e do Espírito Santo ocorria para explicitar a própria *profissão de fé* ("Crês no Pai [...]: Creio [...] e foste imerso na água") ou como *invocação* sobre o batizando.

Em ambos os modos certamente há uma confissão de fé trinitária, mas esta ocorre no Batismo não só porque é em si mesma a fé que sintetiza toda a revelação divina, mas sobretudo porque já o Batismo de Cristo no Jordão foi a primeira grande revelação trinitária e precisamente no âmbito da "história da salvação". Pai, Filho e Espírito Santo anunciam e criam a *realidade do ser humano novo, filho de Deus, pela presença transformadora do Espírito Santo*.

Já vimos que esse é o significado verdadeiro e o valor a ser atribuído à "teofania" jordânica, manifestação daquilo que teria sido o "Batismo no Espírito", do qual Cristo teria sido o promulgador e a razão eficiente, quando, submetendo-se ao "Batismo" da sua Paixão (cf. acima), teria entregue aos seres humanos, através do rito, "sinal" da sua conversão a Deus, a "realidade" à qual a conversão tende: *ser em Cristo e com Cristo filhos de Deus, vivos pelo seu Espírito*.

A expressão desse pensamento, comum nos Padres e na liturgia, encontra o seu intérprete mais claro num dos Padres da Igreja em torno da metade do séc. IV: Santo Hilário de Poitiers. Hilário nos diz que todo o acontecimento do Jordão tem o objetivo de fazer-nos entender, com base no que estava acontecendo com Cristo, que também sobre nós, depois da purificação da água, voa o Espírito Santo, para derramar sobre nós a unção da glória celestial, e que também nós nos tornamos, pela Palavra do Pai, filhos de Deus adotivos. Assim aconteceu que, pelos próprios fatos que se cumpriram em Cristo, *a realidade antecipou a imagem do próprio sacramento predisposto para nós*.[31]

(A "realidade" é Cristo, a "imagem" é o sacramento: a "realidade" antecipou a "imagem" do sacramento, que assim era "predisposto" para nós, porquanto já existia o fundamento, isto é, aquilo que havia acontecido em Cristo.)

Em outras palavras: no "sacramento" do Batismo, o qual é "imagem" e ao mesmo tempo "realidade" (ou seja, "imagem plena", "sinal" que leva e produz aquilo que significa), possuímos a *mesma realidade* que se teve no Batismo de Cristo e que foi precisamente a de uma presença trinitária, *constitutiva* de uma "filiação" divina. Este é o pensamento de Paulo, Gl 3,27:

Todos aqueles que foram batizados em Cristo foram revestidos de Cristo.

Esse "revestir-se" de Cristo implica aquela "transformação" e "conformação" ao Filho de Deus (Rm 8,29), que é o termo último da "conversão" do mal, pelo qual nos aproximamos do Batismo.

O Batismo põe o ser humano numa dimensão nova em relação a Deus, dimensão que é a do Filho diante do Pai, para uma "inserção" não exterior, mas total em Cristo ("Eu sou a verdadeira videira e vós os ramos": Jo 15,5; cf. Rm 11,24). De fato, a "inserção-enxerto" no Batismo, que é a "semelhança" com a morte de Cristo, não é somente

---

[31] Hilário de Poitiers, *In Matth.* 2, 6; SC 254, 110.

O BATISMO

"inserção" em algo que só como "sinal" nos liga à morte do Senhor. O Batismo, na verdade, é muito mais do que um simples meio de referência ou de ligação exterior com Cristo: é um "mistério" cultual, ou seja, um momento do "mistério-evento salvífico" de Deus que se realizou em Cristo e que "se tornou presente" e ativo no "sinal sacramental". O Batismo é o próprio evento da salvação em forma ritual, e portanto confere aquela dimensão "salvífica" que é a perpetuação, nos seres humanos, do ser humano-divino que é *Cristo*.

Pelo Batismo, aconteceu uma "passagem" (Páscoa), que se separa do pecado e da consequente morte, razão pela qual "não somos mais escravos do pecado" (Rm 6,6-12). Considerando que o pecado pertence à "origem" mesma da humanidade, pela qual é — no plano "existencial", senão também no plano "essencial" — parte dela, a ação renovadora do Batismo é realmente uma "nova criação", pela qual o ser humano — essencialmente sempre o mesmo — adquire uma nova dimensão: é o *ser humano em Cristo*, ou seja, o homem no qual se realizou o desígnio de salvação.

Capítulo II
A Confirmação

I. Premissa

1. A Confirmação: problema teológico-pastoral

O sacramento da Confirmação é, no conjunto da iniciação cristã, aquele que vem logo depois do Batismo e que precede a Eucaristia.

Por inserir-se como elemento central na iniciação cristã, este sacramento participa de toda a importância e de todo o significado que ela tem na edificação do *ser humano novo em Cristo*. Por outro lado, não se pode ignorar que a Confirmação é, dentre os sacramentos, o que encontra maiores dificuldades para afirmar o seu valor no próprio interior da Igreja, tanto no plano da práxis litúrgico-pastoral quanto no plano da teologia, para não falar dos questionamentos postos pela história do rito.

De fato, mesmo que hoje a *instituição* do sacramento da Confirmação por parte de Cristo seja, para os católicos, um dado de fé afirmado pelo Concílio de Trento, não se pode negar que, historicamente, no próprio interior da teologia católica, nem sempre houve unanimidade a respeito. Quanto ao seu *valor sacramental*, sabemos que foi negado de várias formas na época da Reforma Protestante no que se refere à comunicação da graça e à sua relação com o Batismo, do qual algumas vezes apareceu como uma especificação e um apêndice, e do qual frequentemente se teve dificuldade para distingui-lo, não obstante o dado de fé tridentino, que o define como um sacramento diferente e distinto do Batismo.

No plano do *rito*, é conhecida a diversidade que sempre houve entre o Oriente e o Ocidente e, na própria Igreja latina, entre Antiguidade e épocas posteriores. O mesmo pode-se dizer a propósito do *ministro* do sacramento, que no Oriente sempre foi, de direito, o presbítero, e no Ocidente, pelo contrário, só o bispo.

Nos nossos tempos, além do mais, essa incerteza teológica influenciou não pouco sobre as *escolhas pastorais*, razão pela qual houve e ainda há discussões e decisões nem sempre concordes a respeito da *idade* mais adequada para administrar a Confirmação. Disso já tratamos na "introdução geral" sobre os sacramentos da iniciação, no sentido de ser um problema falsamente colocado, porquanto a *ordem dos sacramentos* não pode ser decidida com base na idade daquele que os deve receber, mas deve ser posta no nível da recíproca relação que, em virtude de uma ordem teológica interna, os sacramentos da iniciação cristã têm entre si. No fundo da práxis comum que pastoralmente vai se instaurando, esconde-se, de fato, a vontade não expressa, mas bem clara, de que o fiel, recebendo a Confirmação na idade da primeira adolescência ou também na conclusão desta, possa enfim fazer a *escolha de fé* que não teve condições de fazer pessoal e responsavelmente no momento justo e coerente ao sentido dos sacramentos da iniciação, ou seja, no momento do Batismo.

2. O rito da Confirmação no novo Ritual Romano

O rito, reformado segundo os princípios do Vaticano II e publicado em 1971, prevê que a Confirmação "seja feita costumeiramente no

A CONFIRMAÇÃO

interior da celebração eucarística, a fim de que seja mais bem evidenciada a sua conexão com o conjunto da iniciação cristã, que encontra o seu cume na comunhão com o corpo e o sangue de Cristo, na qual os confirmados participam justamente com o objetivo de tornar perfeita a sua iniciação cristã".

Adverte-se, todavia, que, "se os confirmandos são crianças que ainda não receberam a Eucaristia, nem vão ser admitidas à primeira Comunhão nessa ação litúrgica, ou se circunstâncias especiais a aconselharem, a Confirmação será conferida fora da Missa. Todas as vezes que a Confirmação for administrada fora da missa será precedida de uma celebração da Palavra de Deus".[1]

O desenvolvimento do rito é assim apresentado:

1. Depois do Evangelho: *Apresentação* dos confirmandos ao bispo e seu *chamado* nominal (RC n. 21).

2. *Alocução-homilia mistagógica* do bispo. Remetendo-se ao poder dos apóstolos e dos bispos, seus sucessores, de cumprir a obra do Batismo com o dom do Espírito Santo, declara-se que os bispos conferem o Espírito Santo de modo invisível aos regenerados no Batismo. O dom do Espírito consiste num sinal espiritual que configura a Cristo e torna mais perfeita a inserção no corpo da Igreja. Os confirmandos, além disso, pela unção que recebem sobre a fronte, levam o sinal da cruz de Cristo que os torna testemunhas da sua Paixão-ressurreição, fazendo da sua vida o bom odor de Cristo. Exortados os confirmandos a serem membros vivos da Igreja, o bispo os convida a renovar acima de tudo a sua profissão de fé batismal (RC n. 22).

---

[1] PONTIFICAL ROMANO renovado por decreto do Concílio Ecumênico Vaticano II e promulgado pelo Papa Paulo VI. *Ritual da Confirmação*. São Paulo, Paulus, 1998, n. 13. Doravante esse documento será citado com a sigla RC.

3. *Renovação das promessas e da profissão de fé batismais.* Depois disso, o bispo faz uma breve proclamação da fé da Igreja, para a qual o povo responde *Amém*. A mesma proclamação, todavia, pode ser feita por todo o povo cantando (RC n. 23).

4. *Imposição das mãos.* Depois de ter dirigido a todos o convite a invocar a vinda do Espírito sobre os confirmandos, o bispo e os presbíteros presentes estendem as mãos em sinal de imposição sobre todos, e o bispo reza pedindo que sobre os confirmandos venha o Espírito Santo, Espírito de sabedoria e de inteligência etc. (RC nn. 24-25).

5. *Crismação*. Cada confirmando, assistido pelo seu "apresentador", que põe a sua mão direita sobre o ombro do confirmando, é ungido com o crisma sobre a fronte pelo bispo, que diz: "N., recebe, por este sinal, o Espírito Santo, o dom de Deus" (RC nn. 26-27).

6. Segue-se a "oração universal" (que na celebração fora da Missa é concluída pelo "Pai-Nosso"), passando-se depois para a celebração normal da Eucaristia (RC nn. 30-31).

Nas notas que antecedem o rito (RC n. 9), leem-se as seguintes explicações:

a) O sacramento da Confirmação é conferido por meio da unção do crisma sobre a fronte, unção que se faz com a imposição da *mão*, acompanhada das palavras: *Recebe o sinal (marca) do dom do Espírito Santo.* — Esta especificação (imposição da mão) não aparece no *rito* (RC n. 27).

b) Pelo contrário, a imposição das *mãos* que o bispo (e eventuais presbíteros presentes) faz sobre os candidatos dizendo a oração de invocação não pertence à "validade" do sacramento, mas é feita em vista da "integridade" do rito e para dar uma maior compreensão do sacramento.

c) O rito, no seu conjunto, tem um "duplo significado": a *imposição das mãos* antes da crismação reproduz, de uma forma bem adequada à compreensão do povo cristão, o gesto bíblico com o qual se invoca o dom do Espírito Santo; a *unção com o crisma* e as palavras que a este se referem exprimem claramente o efeito do dom do Espírito Santo. Ou seja: o batizado, marcado pela mão (no rito, RC n. 27, fala-se do "sinal feito com o polegar") do bispo, recebe ao mesmo tempo o caráter indelével, sinal (marca) do Senhor, e o dom do Espírito, que o configura mais perfeitamente a Cristo e lhe dá a graça de ser no mundo o "bom odor" de Cristo.

II. História do rito da Confirmação
1. Da Antiguidade até o Vaticano II

A história do rito da Confirmação certamente é a mais obscura a ser decifrada nos primeiros três séculos da Igreja, porque o rito era tão unido às *cerimônias conclusivas do Batismo* que nem sempre se consegue distinguir se aquelas mesmas cerimônias devem ser entendidas como *rito da Confirmação,* ou se só a alguma delas deva ser reconhecido esse papel.

O que é certo, por outro lado, é justamente o fato de que em toda a antiga tradição patrística o dom sacramental do Espírito Santo é constantemente atribuído ao conjunto dos ritos conclusivos do Batismo, razão pela qual é lícito pensar que um desses ritos ou todos em seu conjunto eram considerados como o *sacramento* pelo qual era conferido o Espírito Santo aos neobatizados, e portanto precisamente esses mesmos ritos pós-batismais poderiam ser considerados como a forma primitiva daquilo que hoje é chamado de *sacramento da Confirmação.*

Os ritos aos quais nos referimos e que seguem tão de perto o Batismo a ponto de serem considerados como partes de um único rito são, no Ocidente: *a crismação ou unção* e *a imposição das mãos*. Tais ritos, embora em ordem e em modos diferentes, podem ser encontrados em todas as liturgias latinas desde as origens.

Quanto às liturgias orientais, deve-se dizer que, em geral, conhecem como seu rito de Confirmação só a *crismação* (liturgia bizantina, armênia ortodoxa e siro-antioquena), só a *imposição das mãos* (liturgia caldeia-nestoriana), ou a *crismação* e a *imposição das mãos* (liturgia copta e etíope).

Outra diferença entre as liturgias ocidentais e orientais é que o ministro da Confirmação no Ocidente é o *bispo*, enquanto no Oriente é o *presbítero* que celebrou o Batismo, quando a Confirmação vem logo depois deste — como é normal naqueles ritos.

O *rito romano mais antigo* é o que nos é apresentado pela *Tradição apostólica* de Hipólito (primeira metade do séc. III). Aqui, depois da descrição da ablução batismal, pode-se ler:

> Os batizados, saindo da fonte, sejam ungidos pelo presbítero com óleo consagrado, dizendo estas palavras: "Eu te unjo com o óleo santo em nome de Jesus Cristo".
>
> Depois que cada um foi enxugado e se vestiu, entrem todos na igreja.
>
> E ali o bispo, impondo-lhes a mão, reze: "Senhor Deus, que os tornaste dignos da remissão dos pecados no banho da regeneração do Espírito Santo, faze descer sobre eles a tua graça, para que te sirvam segundo a tua vontade".
>
> Depois o bispo, derramando sobre a sua mão um pouco de óleo santo e colocando-a sobre a cabeça deles, diga: "Eu te unjo com o óleo santo no Senhor Pai onipotente, no Cristo Jesus e no Espírito Santo".

A CONFIRMAÇÃO

Enfim, depois de tê-los marcado sobre a fronte, dê-lhes o beijo da paz [...].

E assim faça para cada um.

De agora em diante estes rezem juntamente com todo o povo, pois não se pode rezar com os fiéis antes de ter recebido tudo aquilo que referimos. Depois que tiverem rezado (oração dos fiéis), deem o beijo da paz.[2]

Desse texto da *Tradição apostólica* pode-se deduzir:

1. Que o rito do séc. III praticamente foi conservado identicamente nos seus elementos até os nossos dias. De fato, a primeira das duas unções às quais aqui se faz referência foi conservada como "unção depois do Batismo", como se pode ver no *Ritual da iniciação cristã de adultos*, n. 224, que prevê essa "unção com o crisma" depois do rito da imersão-infusão batismal, no caso em que o rito da Confirmação necessite ser, por razões particulares, separado do Batismo. A segunda "unção", acompanhada da "imposição das mãos", representa ainda hoje o rito da Confirmação.

2. Que essa segunda "unção", juntamente com a "imposição das mãos", era um rito à parte, e portanto com significado e valor próprios também no começo do séc. III, fica claro pelo fato de todo o rito ser atribuído como próprio e reservado ao bispo.

3. Qual dos dois ritos, "unção" e "imposição das mãos", era o essencial para constituir o sacramento da Confirmação, não é dito claramente. Também não se pode excluir, todavia, que ambos os ritos *juntos* constituam o sinal sacramental único da Confirmação. Constatando, no entanto, que a oração de invocação que acompanha a "imposição das

---

[2] HIPÓLITO, *Tradição apostólica* 21; 2C 11 bis, 88-90. [Ed. bras.: *Tradição apostólica*. Petrópolis, Vozes, 1981.]

mãos", no ponto onde se diz: "Faze descer sobre eles a tua graça", nas traduções orientais da *Tradição apostólica* foi mudada para "torna-os dignos de receber o Espírito Santo", pode-se pensar que, dos dois ritos, o da "imposição das mãos" seja pelo menos o mais característico, se não o essencial, da Confirmação, enquanto sacramento que doa o Espírito Santo.

4. Que, para estabelecer o significado da Confirmação, parece-nos ser de particular importância dar evidência à conclusão com a qual a *Tradição apostólica* encerra a descrição do rito: "Não se pode *rezar com os fiéis* antes de ter recebido tudo aquilo que foi dito". Sobre isso veremos a seguir.

O antigo rito da *Tradição apostólica* conserva-se — como se pode ver — substancialmente igual nos séculos seguintes, mas nele se acentua cada vez mais a "crismação" sob a forma e com o nome de *"consignação* com o crisma", enquanto a primitiva "imposição das mãos" se torna uma "imposição do crisma" sobre a fronte. Ao mesmo tempo, vai se afirmando o termo "Confirmação". A fórmula que acompanhava a "crismação", mesmo tendo a vantagem de sublinhar a "unção", na realidade não exprimia de nenhum modo a relação desta com o "dom do Espírito Santo", objeto do sacramento. A fórmula era a do séc. XII:

> Eu te assinalo com o sinal da cruz e te confirmo com o crisma da salvação, em nome do Pai, do Filho e do Espírito Santo.

2. A Confirmação na reforma do Vaticano II

Esse estado de coisas (incerteza sobre o rito essencial — crismação ou imposição das mãos? — e o frágil significado da fórmula)

A CONFIRMAÇÃO

certamente não ajudava na compreensão do sacramento da Confirmação. Por isso, aproveitando a ocasião da reforma do rito da Confirmação exigida pelo Concílio Vaticano II, o Papa Paulo VI promulgou (1971) a Constituição Apostólica *Divinae consortium naturae*, com a qual, considerando a problemática e as dúvidas "os elementos pertencentes à própria essência do Rito da Confirmação",[3] intervém com autoridade ao determinar aquilo que é essencial ao se conferir o sacramento, seja quanto ao rito, seja quanto à fórmula.

Com esse objetivo, a *Constituição Apostólica*, depois de ter buscado as fontes da Confirmação nas páginas do NT, sobretudo nos acontecimentos relativos a Pentecostes, a fim de situar adequadamente o sacramento no conjunto da iniciação cristã, examina a história do rito no Oriente e no Ocidente. As conclusões são as seguintes:

1. *A conferição do dom do Espírito Santo* teve, desde o começo, um *pluralismo litúrgico* tanto no Oriente quanto no Ocidente; sempre conservou, no entanto, o seu significado de *sacramento com o qual se dá o Espírito Santo*.

Em muitas *liturgias orientais*, o rito que prevaleceu como rito de conferição do Espírito Santo parece ter sido o da *crismação*.

Quanto ao *Ocidente*, pelo contrário, os mais antigos testemunhos litúrgicos e patrísticos apresentam uma pluralidade de elementos, nos quais se reconhecia aquela parte da iniciação cristã que é o sacramento da Confirmação.

Mas a partir do séc. XIII aumentam os testemunhos que privilegiam, dentre os diversos elementos, a *crismação*, sem todavia esquecer a *imposição das mãos*. A este propósito, citam-se: Inocêncio III, Ino-

---

[3] RC, p. 10.

cêncio IV, Concílio de Lyon, Concílio de Florença, Concílio de Trento e Bento XIV, nos quais, com efeito, a "imposição das mãos" é ou não nomeada ou reduzida ao gesto de "assinalar com a mão" a fronte do confirmando.

Como conclusão, observa-se que, com base nessas autoridades, muitos teólogos consideraram que para a *validade do sacramento* era suficiente a *unção com o crisma*, mesmo estando em vigor a prescrição que exigia a "imposição das mãos" sobre os confirmandos antes da "crismação".

2. Em relação à *fórmula sacramental* de comunicação do Espírito Santo, observando-se que já em At 8,15-17 Pedro e João impõem as mãos sobre os batizados da Samaria depois de ter invocado o Espírito Santo, nota-se que no Oriente, já por volta dos séc. IV-V, começam a aparecer as palavras: "Sinal do dom do Espírito Santo", que ainda estão em uso na liturgia bizantina.

No *Ocidente*, entretanto, houve alguma incerteza sobre a fórmula sacramental, que só no séc. XII encontra sua forma definitiva com as palavras: "Eu te assinalo com o sinal da cruz e te confirmo com o crisma da salvação: Em nome...".

3. Isso dito, conclui-se que, para o Papa Paulo VI, na administração da Confirmação tanto no Oriente quanto no Ocidente, ainda que seja de modo distinto, foi dado *o primeiro lugar à crismação*, reconhecendo-lhe de alguma forma o papel que no uso apostólico era desempenhado pela *imposição das mãos*.

Todavia, como a *unção* com o crisma é muito *adequada para significar* a unção espiritual do Espírito Santo, que é comunicada aos fiéis, o Papa declara ser sua vontade que como tal *seja mantida e se reconheça o seu valor*.

A Confirmação

4. No que diz respeito, além disso, *às palavras* com as quais se faz a *crismação*, o Papa, mesmo dando o valor adequado à fórmula usada na liturgia latina, julga *preferível tornar própria* a antiquíssima fórmula em uso no *rito bizantino*, que "exprime o próprio dom do Espírito Santo" e recorda a sua efusão em Pentecostes.

5. Portanto, desejando que a reforma do rito não desleixe aquilo que concerne à *essência* mesma do sacramento, Paulo VI declara, em virtude de sua autoridade apostólica, que de agora em diante, na Igreja latina,

> o sacramento da Confirmação é conferido pela *unção do crisma na fronte*, feita com a imposição da mão e pelas palavras: *Recebe, por este sinal, o Espírito Santo, o dom de Deus* (RC p. 14).

6. No entanto, dado que o rito comporta uma *"imposição das mãos"*, a ser feita sobre os candidatos antes da "crismação", declara-se que esta, "mesmo não pertencendo à essência do sacramento", todavia deve ser mantida na *justa consideração*, porquanto contribui para a integridade do sacramento e lhe dá uma mais plena compreensão.

Nota sobre a Constituição Apostólica de Paulo VI

O DOCUMENTO PAPAL MANIFESTA CLARAMENTE DUAS COISAS:

a) Uma *renovação teológica* do sacramento da Confirmação: para esclarecer o seu valor sacramental, fez-se uma escolha de prioridade de importância, privilegiando a "crismação" sobre a "imposição das mãos", mesmo reconhecendo que esta era o único sinal sacramental usado a respeito pelos apóstolos. Na "crismação", que é ao mesmo tempo "sinal" e "unção", é adotada uma fórmula mais expressiva do "dom do Espírito Santo", que é precisamente o efeito próprio da Confirmação.

b) Uma vontade de *promoção ecumênica*. De fato, aceita-se como determinante a situação sacramental da maioria das Igrejas orientais. Nestas, com efeito

— quanto ao rito, por primeiro aparece a "crismação" como rito principal, o qual sempre se manteve assim, suplantando quase totalmente a "imposição das mãos", ao contrário do Ocidente onde os ritos da imposição das mãos e da crismação sempre coexistiram de modo mais ou menos explícito. Quanto à fórmula, é claro que a bizantina, muito melhor do que a latina, exprime o verdadeiro sentido bíblico da Confirmação, e nesse sentido deve-se admitir que deveria ter a preferência.

Que de agora em diante a Confirmação na Igreja latina deveria ser conferida desse modo ficou estabelecido em virtude da autoridade apostólica do Papa.

Outra coisa, no entanto, é dizer que assim ficou determinada de forma definitiva a verdadeira natureza do rito da Confirmação no plano teológico.

Parece-nos, com efeito, que não seja suficiente estabelecer uma tradição constante de "algumas" Igrejas orientais que privilegiava a "crismação", para relegar a um segundo plano o gesto da "imposição das mãos", do qual inclusive se reconhece a origem e o uso apostólico.

Em segundo lugar, é realmente certo que *"receber o sinal* do dom do Espírito Santo" seja o mesmo que *"receber o dom* do Espírito Santo"? O "sinal", que na antiga liturgia latina era recebido na "consignação", não poderia ser a "ratificação" daquilo que já aconteceu com a "imposição das mãos", isto é, com o "dom do Espírito Santo", que nas fontes bíblicas aparece sempre como consequência da "imposição das mãos"?

Definidos, portanto, os termos da *validade ritual* da Confirmação, fica ainda de pé o problema do *significado teológico* de cada um dos momentos do rito da Confirmação. É isso que nos propomos fazer na seção que segue.

III. Pesquisa histórico-teológica sobre o sacramento da Confirmação

1. Instituição da Confirmação

Se por "instituição" se entende aqui a "promulgação de uma vontade de Cristo que enxerta um dom de graça a um determinado sinal", é preciso dizer que em vão se deveria buscá-la na Escritura.

A CONFIRMAÇÃO

A própria Igreja, a este respeito, jamais se pronunciou de forma explícita, pois também em Trento uma "instituição" da Confirmação por parte de Cristo é afirmada autoritativamente por estar incluída na proposição geral na qual se define que *"todos os sacramentos* foram instituídos por Cristo".

Isso fez com que, sobre o tema, nos tempos passados também houvesse uma profunda disparidade de opiniões. De fato, enquanto alguns sustentavam que a Confirmação fosse de instituição apostólica, outros defendiam que a mesma houvesse sido instituída por algum concílio. Santo Tomás considera que

> Cristo instituiu esse sacramento *não o conferindo, mas prometendo-o,* segundo o testemunho de Jo 16,7: "Se eu não for, não virá a vós o Consolador; mas se eu for, eu o enviarei a vós". Com efeito, nesse sacramento se dá a plenitude do Espírito Santo, que não devia ser dado antes da ressurreição e ascensão de Cristo, segundo Jo 7,39: "O Espírito não tinha ainda sido dado porque Jesus não tinha sido ainda glorificado".[4]

Os textos bíblicos de

At 8,4-17:

> Os apóstolos que estavam em Jerusalém souberam que a Samaria acolhera a palavra de Deus e enviaram para lá Pedro e João. Chegando ali, rezaram pelos habitantes da Samaria, para que recebessem o Espírito Santo. Pois o Espírito ainda não viera sobre nenhum deles; só tinham recebido o Batismo em nome do Senhor Jesus. Pedro e João *impuseram-lhes as mãos, e eles receberam o Espírito Santo.*

---

[4] *Summa Theol.* III, 72, 1.

At 19,1-7:

Tendo ouvido isso, eles foram batizados em nome do Senhor Jesus. Paulo *impôs-lhes as mãos, e o Espírito Santo desceu sobre eles*. Começaram então a falar em línguas e a profetizar.

Hb 6,1-3:

Deixemos agora as instruções elementares sobre Cristo [...] acerca dos Batismos e da *imposição das mãos*.

frequentemente são citados como uma demonstração de que já nos tempos apostólicos existia um rito particular, distinto do Batismo, no qual, pela imposição das mãos, os apóstolos e não outros comunicavam o Espírito Santo; e esse rito é interpretado como *prova da existência do "sacramento"*, que mais tarde foi chamado de sacramento da "Confirmação".

Na realidade, aquilo que se pode concluir desses textos com certeza não é tanto a existência de um sacramento (Confirmação) distinto do Batismo — mesmo que tal dedução possa ter sido fácil no tempo em que a real e distinta natureza sacramental da Confirmação estava na práxis cristã —, quanto que a *comunicação do Espírito Santo é um fato indispensável para que se tenha uma completa iniciação cristã*. Os textos, de fato, tomados em seu contexto, parecem revelar outro significado, como veremos a seguir. De qualquer forma, hoje não se considera que desses textos pode-se arguir que a práxis apostólica seja a concretização de uma *ordem dada por Cristo que institui a Confirmação*.

A *Constituição Apostólica* de Paulo VI que estabelece a reforma do rito da Confirmação limita-se a dizer, sem referências de nenhum tipo a uma "instituição" de Cristo, que "é essa imposição das mãos que é justamente reconhecida pela tradição católica como a *origem* do sacramento da Confirmação, que perpetua de algum modo na Igreja a graça de Pentecostes" (RC, p. 11).

2. Ministro da Confirmação

Partindo dos mais antigos testemunhos referentes à Confirmação, nota-se que *no Ocidente* o ministro do sacramento normalmente é o bispo.

Isso se encontra claramente atestado já na primeira metade do séc. III, em relação a Roma, pela *Tradição apostólica* 21 de Hipólito e pelo Papa Cornélio;[5] e no que diz respeito à África, por Cipriano.[6]

Mas na mesma linha seguem-se todos os testemunhos posteriores.[7]

Ao reservar a comunicação do dom do Espírito Santo para o bispo, algumas dessas mesmas fontes (cf. Cipriano, Jerônimo, Inocêncio I) fazem referência ao fato narrado em At 8,4-17. Isso, no entanto, não excluía que, em caso de necessidade ou de ausência do bispo, o presbítero pudesse, depois do Batismo, conferir a Confirmação com a unção (sem a imposição das mãos?).[8]

A mesma norma é conservada ainda hoje na Igreja romana. Hoje, todavia, no RC n. 7, no lugar do texto tridentino, que fala do "bispo, ministro *ordinário*" da Confirmação, aparece a expressão "ministro *ori-*

---

[5] Texto em Eusébio de Cesareia, *Storia ecclesiastica* 6, 43, 15; SC 141, 157.

[6] Cipriano, *Epist.* 73, 9; CSEL 3/2, 784.

[7] Jerônimo, *Alterc. Luciferiani et orthodoxi* 6-8; PL 23, 168-172; Ambrósio, *De mysteriis* 29; SC 25, 116; *De Sacramentis* 3,8; ibid., 73; Inocêncio I, *Epist. ad Decentium* 3; PL 20, 554-555; Gelásio, *Epist.* 9, 6 etc.; PL 59, 50.

[8] Como se pode ver em Ambrosiáster, *In Ephes.* 4, 11-12; PL 17, 387; Liber Pontificalis, Ed. Duchesne, 1, 171; Jerônimo, op. cit., 9; Gregório Magno, *Epist.* 4, 9; PL 77, 677.

ginário",* que evidentemente quer pôr em destaque o fato de que todos os demais, aos quais pelo direito é dado o poder de conferir a Confirmação, devem reconhecer que na *origem* desse poder a eles concedido está o poder próprio e inalienável do bispo.

No *Oriente*, as coisas são um pouco diferentes, a começar precisamente do séc. IV, quando o poder de conferir a Confirmação passa de forma estável do bispo para o *presbítero* que batiza.

A razão dessa diferença e o seu afirmar-se num determinado momento histórico devem ser buscados no *panorama eclesiológico* que diferencia muito profundamente o Oriente do Ocidente, a começar dos séc. IV-V.

É sabido que a Igreja se identifica, no começo, com a *comunidade urbana*, na qual nasce, e só por irradiação se insere na área de influência (*rural*) da mesma cidade. Assim, enquanto na comunidade urbana o *bispo* é quem preside, nos pequenos centros rurais o cuidado do rebanho é confiado a um *presbítero*. Cria-se deste modo uma verdadeira "Igreja local", hierarquicamente organizada ao redor do bispo. Esse processo não tem diferença no Oriente ou no Ocidente, mas a visão eclesiológica que dele deriva é distinta.

Com efeito, o mesmo processo organizacional põe em conflito "prático", isto é, não "doutrinal", dois diferentes momentos da "unidade", que forma o elemento fundamental e necessário da Igreja enquanto tal. Esta, considerada como "comunidade de fiéis reunidos em Cristo, até *formar* um corpo só com ele", nasce na *unidade sacramental* dos três momentos da iniciação cristã (Batismo-Confirmação-Eucaristia), que faz de cada ser humano um perfeito cristão, ou seja, um membro

---

* Na edição brasileira está "próprio" (N.E.).

vivo do corpo de Cristo, existente na realidade de uma comunidade eclesial concreta. É um fato, todavia, que essa mesma Igreja *se revela* propriamente como verdadeira "Igreja local" quando visivelmente aparece como comunidade reunida e recolhida sob um só e mesmo pastor, o bispo (*unidade eclesial*).

Ao definir e avaliar a relação necessariamente "hierárquica" e ao mesmo tempo "unitária" que estava se criando assim entre Igreja-mãe, dirigida pelo bispo, e Igrejas-filiais, dirigidas pelos presbíteros, o Oriente, que sempre foi mais sensível à "Igreja-mistério", preferiu afirmar a *unidade da Igreja no plano sacramental*: a Igreja se forma na unidade e por obra da paternidade espiritual que o ministro exerce sobre todos na iniciação cristã.

Já o Ocidente, por sua vez, preferiu manter visível *a unidade da Igreja no plano eclesial*, e por isso quis que a Confirmação fosse dada só pelo bispo, não para afirmar um "privilégio" deste sobre os presbíteros, mas como "sinal" da inserção na *única Igreja local* daqueles que fazem parte desta justamente em virtude da iniciação cristã.

A nosso juízo, deve-se dizer:

1. As *duas soluções* práticas refletem *duas eclesiologias* (Igreja-mistério e Igreja-corpo), que são igualmente legítimas e por sua vez são reflexos de *duas tendências teológico-espirituais*, que na realidade não se excluem.

2. A *solução "sacramental" do Oriente*, enquanto não ignora a necessidade da "unidade eclesial", já que o óleo do "crisma" usado pelo presbítero na Confirmação deve ser o mesmo consagrado pelo bispo, por outro lado evita o perigo de que a Confirmação seja indevidamente retardada ou não seja recebida devido à ausência ou ao distanciamento do bispo.

3. A *solução "eclesial"*, desde sempre privilegiada pelo Ocidente, agora foi reforçada pelo Concílio Vaticano II. Com a passagem do bispo de "ministro ordinário" para "ministro originário"* da Confirmação (LG 26), não só foi mantida a posição antiga que reconhecia unicamente ao bispo, enquanto sucessor dos apóstolos, o direito de dar a Confirmação, mas foi dada também a razão mais profunda: manter mais estreita a ligação com a Igreja. É o que se lê em RC n. 7:

> O ministro próprio da Confirmação é o bispo. O sacramento é de costume administrado por ele, para se relacionar mais claramente com a primeira efusão do Espírito Santo no dia de Pentecostes. De fato, após haverem recebido o Espírito Santo no dia de Pentecostes, os próprios apóstolos, pela imposição das mãos, o transmitiram aos fiéis. Assim, o fato de se receber o Espírito Santo pelo ministério do bispo manifesta o vínculo mais forte que une os confirmados à Igreja.

A exegese moderna admite sem dúvida que, em defesa do tema da "agregação" à Igreja, o direito de reservar a Confirmação ao bispo possa basear-se no precedente criado em At 8,14-17. O envio de Pedro e João para "dar o Espírito Santo" aos batizados da Samaria tem precisamente o objetivo de "agregar" à *única Igreja*, que naquele momento considerava-se que fosse exclusivamente a de Jerusalém, aqueles que, pelo fato de terem sido batizados, não poderiam ser deixados "fora da Igreja". Esse sentido particular de "agregação à Igreja", personificada na época pela Igreja de Jerusalém, aparece também na atitude de Pedro no caso do Batismo do centurião pagão Cornélio (At 11,1-18). Diante da *perplexidade "dos apóstolos e dos irmãos que estavam na*

---

* Na edição brasileira está "próprio" (N.E.).

A CONFIRMAÇÃO

Judeia", Pedro teve que justificar o fato de ter batizado alguns "pagãos" observando que, "tendo ele apenas começado a falar, o Espírito Santo desceu sobre os ouvintes (pagãos)", e assim isso o havia levado a compreender que estes tinham recebido "o mesmo dom que havia sido dado aos apóstolos". Este era, portanto, o "sinal" de que também os pagãos haviam sido agregados pelo Espírito "aos apóstolos e aos irmãos que estavam na Judeia", e por consequência também eles poderiam ser batizados para terem a remissão dos pecados.

Mesmo sendo essa a situação, pode-se perguntar se foi legítimo reservar a Confirmação aos bispos, admitindo *como lei o caso* de At 8,14-17, embora ilustrado por At 11,15-18. Esse caso, de fato, supunha uma situação bem determinada: acreditava-se que a adesão a Cristo fosse reservada só aos judeus e que desta fossem excluídos os pagãos; por conseguinte, fazer do "dom do Espírito Santo", dado àqueles que em Jerusalém formavam a primeira Igreja, um "valor agregador" capaz de inserir na Igreja todos aqueles que o tivessem recebido poderia ser uma ideia muito coerente, justificando-se assim que *só os apóstolos* dessem o Espírito Santo. Mas transferir a situação dos primeiros tempos da Igreja apostólica àquela na qual a "Igreja dos pagãos" já era uma realidade indiscutível, e portanto *atribuir só aos bispos*, enquanto sucessores dos apóstolos, a comunicação do Espírito Santo, com o objetivo de garantir e afirmar a pertença dos batizados à Igreja, revelou-se uma solução que não deixava de ter inconvenientes. A esse fato se deve, em grande parte, a separação que veio a ocorrer com naturalidade nos sacramentos de iniciação. Atribuindo só ao bispo a comunicação do "dom do Espírito Santo", criou-se precisamente a situação que se queria evitar: o sacramento da Confirmação perdeu grande parte daquela importância que devia ter e que se queria que tivesse, acabando-se por reduzi-lo a um sacramento de segunda ordem.

3. Efeitos da Confirmação

1. O *magistério* da Igreja não se pronunciou a respeito de forma explícita nem mesmo no *Concílio de Trento*, exceção feita no que se refere ao chamado "caráter sacramental", que é atribuído, além do Batismo e da ordem, também à Confirmação (DS 1319).

Só implicitamente, pelo contrário, é dito que a Confirmação dá "a graça que significa" — na medida em que é posta entre os sete sacramentos destinados justamente a dar tal graça — e que está particularmente relacionada ao "Espírito Santo", pois são condenados aqueles que consideram que "seja uma injúria ao Espírito Santo atribuir qualquer eficácia ao crisma", que é precisamente um componente do sacramento da Confirmação.

Mais explícito foi, a propósito, o Vaticano II, que diz:

> Com o sacramento da Confirmação, os fiéis já são perfeitamente unidos à Igreja e enriquecidos por uma especial força do Espírito Santo (LG 11);

> Todos os cristãos [...] devem manifestar com a sua vida [...] a virtude do Espírito Santo, pelo qual foram revigorados na Confirmação (AG 11).

Como se vê, a expressão é muito genérica. Fala-se de "força" e de "virtude" do Espírito Santo como efeito da Confirmação; mas não há um claro aceno de que no sacramento se trate de um "dom do Espírito Santo", isto é, do fato de que neste seja "doado" o próprio Espírito Santo.

Finalmente, na *Constituição Apostólica* de Paulo VI lemos, com todas as letras, que

> aqueles que foram regenerados no Batismo recebem *como dom inefável o próprio Espírito Santo*, pelo qual são dotados de uma força especial

A CONFIRMAÇÃO

(LG 11) e, marcados com o caráter do mesmo sacramento, são agregados mais perfeitamente à Igreja (LG 11).

Desse modo, Paulo VI, enquanto retoma no seu texto as afirmações conciliares de LG 11, que falam de uma "força especial" e de "mais perfeita agregação à Igreja", as apresenta como necessária consequência, mas não como *efeito primário*, do sacramento. Na realidade, o verdadeiro *efeito* da Confirmação é visto no fato de receber "como *dom inefável o próprio Espírito Santo*". Da presença do Espírito Santo deduz-se que, ao confirmado, são dadas uma "especial" força e uma "mais perfeita" agregação à Igreja.

É coerentemente com essa posição, que vê na Confirmação o dom pessoal do Espírito Santo, que na mesma *Constituição Apostólica* a Confirmação é apresentada como o rito com o qual "se confere" (RC n. 10) e "se comunica" (RC n. 12) o Espírito Santo, e que, enfim, se chega a substituir a fórmula sacramental usada na Igreja latina com a do rito bizantino, com a explícita motivação de que nesta "se exprime o dom do próprio Espírito Santo".

2. Na *liturgia*, que certamente é expressão primária da fé na Igreja, *desde sempre* foi posto em evidência que o sacramento da Confirmação, mesmo quando a sua distinção do Batismo no plano ritual ainda não havia se afirmado, tem como sua *propriedade específica* o fato de ser o sacramento no qual acontece "o dom do Espírito Santo".

No que se refere ao rito latino em vigor até a reforma do Vaticano II, mesmo que a fórmula: "Envia sobre eles o *septiforme* Espírito Santo Paráclito", especificado posteriormente como "espírito de sabedoria, de inteligência etc." (oração da imposição das mãos), talvez pudesse ser interpretada no sentido de invocação dos "dons" do Espírito Santo, no entanto reza-se também: "Venha sobre vós o Espírito Santo" — "Ó

Deus, que destes aos apóstolos o Espírito Santo [...], fazei com que o mesmo Espírito Santo, vindo agora sobre estes, os torne, habitando neles, templo da sua glória".

Sempre no sentido de "dom pessoal" do Espírito Santo, com idêntica clareza e maior insistência o rito atual fala de "efusão" (RC n. 24), de "imissão do Espírito Santo Paráclito" (RC n. 25). Nesta fórmula, retomada da fórmula precedente ritual, caiu precisamente a palavra "septiforme"; e na alocução introdutória afirma-se que o fiel "recebe o Espírito Santo em dom" (RC n. 22: *Donatio Spiritus Sancti, quem accepturi estis*). Aliás, a própria fórmula sacramental: "Sinal do dom do Espírito Santo", indica que a unção crismal é o sinal com o qual se "marca" o acontecimento que é justamente "o dom do Espírito Santo", que foi "infundido-imitido" através da imposição das mãos.

3. Na *teologia*, as coisas não andaram tão simplesmente assim. Nunca se deixou certamente de dizer, de modo mais ou menos explícito, que a Confirmação é o sacramento no qual é *dado o Espírito Santo*; mas concretamente o acento e a atenção foram se deslocando cada vez mais para aquilo que *o Espírito Santo cumpre* na alma do confirmado, em vez de se deter sobre o *fato de que o Espírito Santo é o dom* que é conferido e que é a razão de existir do sacramento da Confirmação.

Esse enfoque teológico, justamente por ser menos voltado a se interessar pelo fato de que o próprio Espírito Santo é o dom conferido na Confirmação, preocupando-se mais em descobrir o *fim específico* pelo qual o Espírito Santo é dado, levou a encontrar sempre novas razões e novos objetivos para essa conferição do Espírito.

Sobretudo a começar pelos séc. X-XI, ponto de partida e base confiável para a teologia da Confirmação, acreditou-se encontrá-la numa *Homilia de Pentecostes*, conhecida e citada sob o nome de autores

A CONFIRMAÇÃO

diversos, mas que provavelmente se trata da feliz criação de certo Fausto, bispo de Riez, no sul da França (séc. V). Este, querendo explicar que não é sem razão que existe um segundo sacramento que doa o Espírito Santo, mesmo que o Espírito já nos tenha sido dado no Batismo, responde dizendo que a Confirmação é "cumprimento e aperfeiçoamento" do Batismo, porque

> o Espírito Santo na fonte batismal nos dá a inocência, mas depois, na Confirmação, nos dá *um aumento de graça*, no sentido de que, depois de nos ter regenerado no Batismo, somos equipados para a batalha [...]. A Confirmação arma e equipa todos aqueles que devem enfrentar os combates e as lutas deste mundo.[9]

Temos aqui, portanto, uma afirmação: "A Confirmação nos *dá um aumento de graça*, que se exprime sobretudo como *força na luta espiritual*", sendo a afirmação que daí em diante percorrerá toda a teologia, ainda que com diferentes nuanças, até nossos dias.

No séc. XI, Rabano Mauro da Mogúncia escreve:

> O Espírito Santo desce sobre o ser humano para dar-lhe *coragem* de levar sem medo e sem tremor o nome de Cristo diante dos reis e das potências do mundo, e de *pregá-lo em plena liberdade*.[10]

Da *força para vencer* as batalhas do espírito, passa-se, por conseguinte, à *coragem necessária para a proclamação da fé* em Cristo. A ideia pela qual, nos nossos tempos, tanto se insistiu em relacionar a Confirmação ao *apostolado dos leigos* havia encontrado, então, um precursor no séc. XI!

---

[9] Cf. texto em PL 7, 1119.
[10] RABANO MAURO, *De cleric. instit.* 30; PL 107, 314.

As duas visões logo começaram a coexistir, e a Confirmação se tornou assim o sacramento pelo qual o cristão é constituído *atleta*, equipado para a luta, e *testemunha da fé*, pelo menos na vida, caso nem sempre o seja na palavra. Finalmente, com Santo Tomás, deslocada a ideia mesma de *luta* do âmbito pessoal para o plano social, a Confirmação se torna "o sacramento da idade madura":

> A Confirmação é, por assim dizer, um crescimento espiritual, ordenado a promover o ser humano a uma perfeita idade espiritual [...].
> A Confirmação é o sacramento que dá a plenitude da graça.[11]

Para Santo Tomás, essa "plenitude de graça" e esse "crescimento espiritual" são em vista não tanto da salvação pessoal, já alcançada no Batismo, quanto da pública profissão da fé, porque, "chegando à idade adulta, o ser humano começa a agir sobre os outros e a ter relações com eles".[12]

O pensamento de Santo Tomás manteve-se constante até hoje na teologia e frequentemente foi adotado pelo magistério eclesiástico, como se pode ver ainda no Vaticano II, onde a Confirmação é vista sobretudo como sacramento que comunica uma "força especial" (LG 11; AA 3; AG 11) que habilita os confirmados a "dar testemunho", a servir num "apostolado" ativo (LG 11; 33; AA 3; AG 11; 36).

Nos tempos atuais, a *Constituição Apostólica* de Paulo VI — como dissemos — mais categoricamente afirma que na Confirmação acontece uma *comunicação da própria pessoa do Espírito Santo*: "Recebe-se em dom o próprio Espírito Santo" (RC n. 10). Mas aqui também,

---

[11] *Summa Theol.* III, 72, 5; 72, 1, a.2
[12] Ibid., 72, 2.

A CONFIRMAÇÃO

depois dessa solene afirmação — que além do mais pretendia explicar que, por esse caminho, a Confirmação desempenha o seu papel de sacramento que "assimila e incorpora" os fiéis a Cristo (via mestra da explicação teológica da Confirmação!), não se para nem um pouco para refletir sobre o *fato*; logo se corre para especificar que isso acontece *com o fim* (*quo*) de serem fortificados de modo especial para poderem ser testemunhas, propagadores e defensores da fé (ibid.). Linha semelhante observa-se depois, na *Introdução* do novo rito.[13]

Juízo

Como se pode ver, a teologia da Confirmação infelizmente se mantém como algo vago, porque o seu efeito específico, ou seja, "o dom do Espírito Santo", praticamente não entrou na explicação do sacramento. Mesmo permanecendo firme para todos que o sacramento da Confirmação tem, na verdade, uma relação toda especial com o Espírito Santo, alguns chegando inclusive a dizer, como é o caso do novo rito, que *no sacramento da Confirmação se recebe a efusão do "Espírito Santo que o Senhor enviou sobre os apóstolos no dia de Pentecostes"* (RC n. 1), deve-se, no entanto, admitir que a realidade da efusão-missão da própria pessoa divina do Espírito Santo sobre os confirmados quase sempre tem cedido seu lugar a outras considerações. Não se prestou suficientemente atenção ao *fato* nem ao *significado* da *missão "pessoal"*, mas ficamos satisfeitos em explicar que *efeito* se deveria esperar da presença do Espírito Santo, precisamente enquanto presença evocada num modo tão especial por um sacramento "próprio" para isso, quando se sabe que em todos os sacramentos é sempre necessariamente operante a ação santificadora do Espírito Santo. E assim o efeito buscado

---

[13] Cf., por exemplo, RC nn. 2 e 7.

apareceu de formas muito diferentes, visto pelos teólogos ora como um "aumento de graça (batismal)", ora como "bagagem" para a luta contra o pecado, ora como um "crescimento" ou "idade adulta" espiritual, o qual exige que se dê "testemunho público" da fé e dela nos tornemos "apóstolos" no mundo, com a palavra e com a vida.

Encontramo-nos certamente diante de *explicitações* do "dom do Espírito Santo", que têm a vantagem de uma intuitiva e imediata aplicação no plano prático, porquanto identificadas facilmente com a ideia de "força", própria e característica de toda presença do Espírito Santo; e além disso, tais explicações têm *como pano de fundo a visão do Pentecostes* bíblico, como única ou principal manifestação do Espírito, quando "todos ficaram cheios do Espírito Santo e começaram a falar […] como o Espírito lhes concedia expressar-se" (At 2,4).

Todavia, mesmo permanecendo no plano das manifestações ligadas à presença do Espírito, poderíamos nos perguntar se pertencem ao Espírito só as manifestações de "força", seja esta voltada para a "luta contra o mal" seja manifestada no "testemunho" e na ação de "apostolado". Não são muitos mais, por acaso, os frutos do Espírito Santo?

Ademais, reduzir a missão do Espírito Santo, Pessoa Divina comunicada ao cristão, a um simples "aumento de graça" e, pior ainda, a uma "bagagem" para melhor afrontar a luta contra o mal, que necessariamente é acompanhada da "idade adulta espiritual", não parece poder explicar nem justificar a existência de um sacramento particular que toda a tradição afirma ser ordenado a "doar o Espírito Santo".

Para além de todas essas e outras considerações, aquilo que mais coloca em evidência a vacuidade de uma tal teologia provém do fato de que, seguindo-se esse caminho, de forma alguma a Confirmação é situada — como os outros sacramentos de iniciação — na posição

A CONFIRMAÇÃO

que essencialmente lhe compete: a de ser "sinal do Mistério de Cristo". Também a Confirmação deve ser em nós, com efeito, revelação e participação da salvação que se realizou em Cristo e do modo como esta realização aconteceu.

Seguindo essa linha, só poderemos fazer uma teologia da Confirmação enquadrando o Espírito Santo no Mistério de Cristo. O Espírito Santo, de fato, é "dado" a nós na Confirmação pelas mesmas razões pelas quais "veio" sobre Cristo.

IV. Teologia do sacramento da Confirmação

No AT, o "Espírito" é o "princípio vital" em geral, que numa analogia ao "vento" (lat.: *spiritus*; hebr.: *ruàh*) é movimento sensível-invisível, leve-irresistível. Esse princípio vital existente em Deus é aquele que Deus infunde no *ser humano* para fazer dele um ser vivo do seu mesmo espírito (Gn 2,7), ou seja, vivo na santidade. O Espírito de Deus, sendo santo, é naturalmente santificador. Com o pecado, o ser humano perde o Espírito que o tornava semelhante a Deus e lhe permitia falar com ele; reduz-se a ser "carne" (Gn 6,3).

Mas Deus não abandona o ser humano; fazendo aliança com o seu povo, guia-o e sustenta-o, infundindo o seu Espírito nas suas *cabeças* (Jz 3,9-10.12-15 etc.; Nm 11,17.25.26.29; 1Sm 16,13-14); e pela força do seu Espírito falam os *profetas*, para serem porta-vozes da Palavra de Deus (1Rs 18,12; 2Rs 2,16; Ez 2,2; 3,12-14 etc.).

Essa presença-ação do Espírito no AT, todavia, é sempre apresentada como fato individual e como algo temporal e transitório. O desígnio salvífico divino, com efeito, não encontrou ainda o momento da sua plena realização. Esta se dará precisamente quando o ser humano, todos eles, receberem mais uma vez, como numa segunda criação, o Espírito Santo de Deus.

1. Promessa do Espírito Santo

O AT conhece uma promessa de Deus, que anuncia uma efusão do seu Espírito tanto sobre o Messias quanto sobre o povo messiânico.

A) O Espírito Prometido ao Messias

1. O Espírito *repousará sobre ele* permanentemente e não mais de forma transitória, como no passado; o sujeito dessa efusão é o futuro descendente de Davi (Is 11,1-3; 41,1; 61,1-3).

2. A presença do Espírito sobre o futuro descendente de Davi fará dele "o servo e o eleito de Deus" (Is 42,1) e o "consagrará com a unção", isto é, fará dele o *"Messias"* (grego: Cristo = ungido pela consagração) e o *"sacerdote"* dos tempos novos.

3. O Messias-Cristo, tornado tal pela força do Espírito vindo sobre ele, operará a *"salvação"* definitiva para "o resto de Israel" (Is 11,11) e para todos "os povos" (Is 11,10), já que "levará a Boa-Nova aos pobres, curará os de coração aflito, anunciará aos cativos a libertação, aos prisioneiros o alvará de soltura, e anunciará o ano da redenção do Senhor" (Is 61,1-3; cf. Is 42,6).

B) O Espírito prometido ao povo messiânico

Para os tempos futuros, os profetas anunciam uma geral "efusão" do Espírito de Deus (Is 44,3; Jl 3,1), que será sinal e fonte de *renovação* interior (Is 32,15-20; 44,3-4) e de *pertença* definitiva a Deus e ao seu povo (Is 44,5). Trata-se, de fato, da "efusão do alto" (Is 32,15) que,

A CONFIRMAÇÃO

infundindo um "espírito novo dentro do homem" (Ez 11,19; 36,26-27), fará com que eles se tornem estavelmente não só "povo de Deus" (Ez 11,20; 36,29) mas também "profetas" (Jl 3,1).

2. Cumprimento da promessa: missão do Espírito Santo

A) Cumprimento em Cristo

Do cumprimento da promessa profética referente ao envio do Espírito Santo sobre o Messias, se ocupam claramente os Evangelhos, citando implícita (Mt 3,16-17; par.) ou explicitamente (Mt 12,17-21; Lc 4,17-21) os anúncios contidos respectivamente em Is 11,2; 42,1s; 61,1s, e apresentando-os como promessas que se referem diretamente a Cristo, e que em Cristo se realizaram.

O Quarto Evangelho terá ainda todo cuidado em observar que "o Espírito desceu e *permaneceu* em Jesus" (Jo 1,33), claramente insinuando que a presença do Espírito Santo em Cristo não foi um fato momentâneo e precário, mas algo tão importante a ponto de referir-se a toda a sua pessoa e influenciar toda a sua atividade. De fato, ele se mostra "cheio do Espírito Santo" (Lc 4,1), e essa presença do Espírito sempre o acompanha e se manifesta quando ele deve afrontar o retiro do deserto (Mt 4,1 e par.), na pregação (Lc 4,14), na luta contra o demônio (Mt 12,28 e par.), na oração (Lc 10,21), ao fazer da sua morte um sacrifício (Hb 9,14), na ressurreição (Rm 1,4).

B) Cumprimento no povo messiânico do NT

No que se refere à efusão do Espírito Santo no povo messiânico, identificável na comunidade dos discípulos de Cristo, a promessa já feita pelos profetas é retomada e reproposta pela primeira vez, no começo do NT, por João Batista. Este, em sua pregação, certamente faz referência a Ez 36,25-27, que para os tempos messiânicos anuncia uma "purificação" com água pura (Batismo!) e o dom de um "Espírito novo" no interior dos seres humanos; proclama, de fato, que ele dá um *"Batismo de água* para a conversão", mas que está por vir, aliás, já está no meio deles sem que eles o conheçam (Jo 1,26), "aquele que *batizará no Espírito Santo e no fogo"* (Mc 3,11 e par.; Jo 1,33).

Cristo, portanto — pois é dele que se fala, sobre o qual depois do Batismo desceu e permaneceu o Espírito Santo (cf. Jo 1,32-33) —, é aquele que derramará o Espírito Santo sobre os seres humanos.

Sobre uma efusão do Espírito Santo que deverá ocorrer por meio de Cristo somos informados por Jo 7,37-39. Jesus, recorrendo a uma imagem conhecida dos profetas (Is 55,1), mas por estes também usada precisamente em relação ao Espírito (cf. Is 44,3), convida todos a ir beber da sua fonte (Jo 7,37), porque "diz a Escritura: *Do seu interior correrão rios de água viva"* (Jo 7,38). Segundo a Escritura, citada para reforçar a ideia (cf., por exemplo, Is 12,3; 66,11-12), Cristo é apresentado como aquele do qual, como de uma fonte, brotarão rios de água viva. O evangelista presta atenção à forma futura do verbo: "brotarão"; e por isso mesmo observa: "Ele disse isso falando do *Espírito que haviam de receber* os que acreditassem nele; pois *não havia ainda o Espírito,* porque Jesus ainda não fora glorificado" (Jo 7,39).

As palavras de Cristo e o comentário do evangelista nos fazem ver claramente duas coisas: (*a*) Jesus é uma fonte da qual se pode obter o Espírito; fica claro, portanto, que ele já possui o Espírito; (*b*) de fato, porém, o Espírito pode ser obtido de Cristo só depois que ele for glorificado, ou seja, só quando ele terá levado a termo o mistério da salvação.

Que as coisas devam se desenvolver nessa ordem é repetidamente afirmado pelo próprio Cristo (cf. Jo 14,16-17.26; 15,26; 16,7.13-15) no seu último discurso aos discípulos, antes da Paixão. Em Lc 24,49, encontramos uma idêntica garantia na boca de Cristo ressuscitado: *"Enviarei sobre vós o que o meu Pai prometeu"*. O mesmo pode ser lido em At 1,4-5: "Ordenou-lhes [...] que esperassem *a promessa do Pai*, aquela, disse, *que vós ouvistes de mim*: João batizou com água; vós, porém, dentro de poucos dias *sereis batizados com o Espírito Santo*".

Refletindo sobre as palavras de Cristo, que nos falam de um "envio" do Espírito seja da parte do Pai (Jo 14,16.26), seja da parte de Cristo (Jo 15,26; 16,7; Lc 24,49), e confrontando-as com Lc 24,49 e At 1,4, vê-se que o Espírito *será enviado em cumprimento de uma promessa* que é a que Deus ("o Pai") já tinha feito no AT (cf. discurso profético), e que o próprio Cristo renovou (At 1,4). Consequentemente, a vida terrena de Cristo deve ser vista como o tempo último de *preparação ao cumprimento* da promessa, e isto pela razão que nos é dada por Jo 7,39: a "glorificação" de Cristo é a promessa e a condição necessária para a vinda do Espírito Santo sobre os seres humanos. E, de fato, ocorrida a "glorificação" através da morte e da ressurreição, Cristo afirma que os discípulos receberão, "dentro de poucos dias", o Espírito prometido.

Essas palavras de Cristo fixam antecipadamente *o sentido e o valor* do acontecimento extraordinário de Pentecostes: aquilo que então *aconteceu e o cumprimento da promessa* anunciada pelos profetas e renovada por Cristo. Mas é um cumprimento que começa no dia de Pentecostes e que se estenderá a todos os tempos vindouros, porque a *promessa é feita para todos* os seres humanos que creem em Cristo. É isso o que Pedro põe em destaque no seu discurso de Pentecostes, citando a Palavra de Deus, que em Jl 3,1-5 promete:

> Derramarei o meu Espírito *sobre todos os viventes*. E, então, todos os vossos filhos e filhas profetizarão [...]. Sobre os meus servos e sobre as minhas servas, *naqueles dias*, derramarei o meu Espírito.

Coerentemente com essa palavra e na certeza garantida pelas afirmações de Cristo a propósito do cumprimento da promessa, Pedro, aos que lhe perguntam o que devem fazer, pedirá que, arrependendo-se, eles sejam batizados em nome de Jesus Cristo, *"depois do que eles também receberão o dom do Espírito Santo*; pois a promessa é para vós e vossos filhos, e para todos aqueles que estão longe, todos aqueles que o Senhor, nosso Deus, chamar" (At 2,38-39).

Portanto, em consequência da universalidade do chamado à fé em Cristo, cumprir-se-á a promessa igualmente universal do dom do Espírito Santo. Tudo, no entanto, ocorrerá pela via sacramental, e assim como o sacramento do Batismo será adesão ao nome de Cristo, *o sacramento da imposição das mãos será o dom do Espírito Santo*. E é justamente isso que veremos acontecer nos primeiros tempos da Igreja, na época apostólica (At 8,15-18; 19,5), e daí em diante sempre, mesmo que o rito sacramental tenha sofrido variações, passando da imposição das mãos para o gesto da unção.

3. Sentido e valor da missão do Espírito Santo

Diante desses fatos — ou seja, a constância da promessa que vai do AT ao NT e a sua realização primeiro em Cristo e depois na comunidade dos discípulos —, é preciso se perguntar qual é o sentido e o valor de tudo isso. Só assim, de fato, será possível avaliar plenamente *o sentido e o valor do sacramento da Confirmação*, que quer ser precisamente a contínua realização do cumprimento daquela mesma promessa.

A) *O Espírito Santo é a razão última da história da salvação*

O "dom do Espírito Santo", ocorrido com tanta grandiosidade na festa de Pentecostes em Jerusalém, cinquenta dias depois da morte-res-

A CONFIRMAÇÃO

surreição de Cristo, poderia parecer um fantasioso apêndice de luxo a acontecimentos começados na humilhação e na dor (Paixão-morte de Cristo e desilusão-medo dos discípulos). A ressurreição, de fato, enquanto acontecimento, havia ficado escondida do grande público. A misteriosa "embriaguez" daqueles mesmos discípulos, que eram tão tímidos mas que agora se diziam "cheios do Espírito Santo" e falavam línguas a eles desconhecidas, era um magnífico modo de afirmar que aquele que eles haviam pensado ser um derrotado era, pelo contrário, um Cristo glorioso, atraindo assim novamente as multidões para ele.

Sobre a posição que o Espírito Santo tem, no entanto, na história da salvação, assim se exprime Basílio:

> A propósito do *desenvolvimento da salvação* (grego: *economia*) que, por bondade de Deus, foi estabelecida para o ser humano pelo munificente Deus e salvador nosso Jesus Cristo, quem pode contestar que tenha sido *realizada pela graça do Espírito Santo?*
>
> Se olharmos para o *passado*: as bênçãos dos patriarcas, o auxílio dado com o dom da Lei, os tipos figurativos, as profecias, os gloriosos atos da guerra, os milagres feitos pelos justos, as disposições que prepararam a vinda do Senhor na carne, *tudo foi realizado pelo Espírito Santo*.
>
> Ele, no começo, esteve *presente na encarnação* do Senhor, quando se tornou "a unção" e o inseparável companheiro, como está escrito: "Aquele sobre o qual tu vires descer e pousar o Espírito é o meu filho querido", é o "Jesus de Nazaré, que Deus ungiu com o Espírito Santo". A seguir, toda a atividade de Cristo se desenvolveu com a presença do Espírito. Este estava com ele, mesmo quando foi tentado pelo diabo, como está escrito: "Jesus foi conduzido ao deserto pelo Espírito, para lá ser tentado". Estava com ele inseparavelmente, quando Jesus cumpria os milagres, pois está escrito: "É pelo Espírito de Deus que eu expulso os demônios". E o Espírito não o deixou depois da ressurreição da morte. Quando o Senhor, com o *fim de renovar o ser humano e devolver-lhe, depois de perdida, a graça*

recebida pelo sopro de Deus, por sua vez soprou sobre o rosto dos seus discípulos, o que disse? Disse: *"Recebei o Espírito Santo"*.[14]

Basílio, com profunda visão bíblico-teológica, faz a ligação entre a criação do ser humano e a encarnação de Cristo; esta é *finalizada* naquele ato da primeira criação da humanidade que foi o *"sopro do Espírito de Deus"* no ser humano. Perdida a graça do primeiro Espírito, dado ao ser humano na sua criação, Deus estabelece que Cristo, que é *Deus-Espírito* presente no *ser humano*, reconduza o Espírito ao mundo, fazendo antes de tudo a sua própria "unção" (isto é, permeando-se totalmente dela, como acontece com o óleo, que se expande e penetra) de modo a não mais poder dele se separar ("companheiro inseparável") *para enfim poder novamente soprá-lo sobre o ser humano* e assim "renová-lo e devolver-lhe a graça primitiva".

É esse o pensamento frequentemente lido pelos Padres da Igreja em Jo 19,30, onde Jesus, morrendo, "deu/transmitiu o Espírito" (gr.: *parèdoken*; lat.: *tradidit*): a sua morte era o "sinal" de que o "seu Espírito" estaria passando para a humanidade a ele fiel, representada então por Maria e pelo discípulo João.

Pentecostes aparece assim como o fim último da economia trinitária. Seguindo os Padres, pode-se dizer que Cristo é o grande precursor do Espírito Santo. Santo Atanásio afirma, com efeito: "O Verbo assumiu a carne para que nós pudéssemos receber o Espírito Santo. Deus, de fato, se fez 'sarcóforo' (unido à carne) para que o ser humano pudesse se tornar 'pneumatóforo' (portador do Espírito)".[15] E Nicolas

---

[14] BASÍLIO, *De Spiritu Sancto* 16 [*Tratado sobre o Espírito Santo*. São Paulo, Paulus, 1998]; SC 17, 180.

[15] ATANÁSIO, *De incarnatione*, 8; PG 25, 110.

Cabasilas faz eco: "Qual é o efeito e o resultado dos atos de Cristo? [...] Nada mais do que a descida do Espírito Santo sobre a Igreja".[16]

B) A promessa do Espírito Santo é a promessa-síntese de todas as promessas do Pai

Na reflexão do NT, sobretudo em Paulo e na Carta aos Hebreus, o elemento fundamental da história da salvação no AT não é a *Lei*, nem a sua observância, que põe em evidência a obra humana, mas a *promessa* de Deus e a fé no seu cumprimento, que é revelação do amor de Deus pelo ser humano. A função da Lei era preparar, guiar ("pedagogo") rumo ao alcance da promessa (Gl 3,22-24).

A promessa, fruto da livre e benévola iniciativa de Deus, concretiza-se numa expressão que abrange tudo, qual seja a da "bênção" prometida a Abraão (Gn 12,3), mas realizada em Cristo, da qual Abraão era figura (Gl 3,8-16). Na história da salvação Cristo será, portanto, aquele em quem a promessa de Deus se condensa, com *o próprio Cristo se tornando promessa* (Rm 1,2-3; At 13,23; 26,6), especialmente por obra da sua morte redentora (Hb 9,15) e da sua ressurreição (At 13,32).

Cristo, todavia, se revela portador da *promessa*, porque — como foi dito — era portador do Espírito Santo. Ele, de fato, que também é o "prometido", na realidade veio *a fim de* doar o Espírito: era aquele sobre o qual havia descido e permanecido o Espírito Santo *porque* ele devia batizar no Espírito Santo (Jo 1,33). Ele reza ao Pai *para que* envie o Espírito (Jo 14,15); ele deve ir *para que* o Espírito venha (Jo 16,7). Morreu, com efeito, *para que* nós recebêssemos a promessa (variante: a bênção) do Espírito Santo (Gl 3,14). E se ele efetivamente o derramou

---

[16] NICOLAS CABASILAS, *Spiegazione della divina liturgia* 37; PG 150, 451.

sobre os seus fiéis, isso aconteceu quando ele, "exaltado à direita do Pai, *depois* de ele próprio ter obtido do Pai *o Espírito Santo prometido*, o derramou sobre os discípulos" (At 2,33).

Assim, o Espírito Santo vai aparecendo cada vez mais como "a promessa" por excelência, que não tem necessidade de outras especificações senão a de ser "a promessa do Pai" (Lc 24,49; At 1,4; 2,39), sempre repetida desde os tempos antigos, mas que agora Cristo a tornou sua (At 1,4).

Isso quer dizer que "a promessa do Espírito Santo" é a que sintetiza, finalisticamente e como conteúdo, toda a ação salvífica de Deus pelo ser humano, porque é "a promessa" à cuja realização é ordenada a própria encarnação, quando Cristo é "ungido" com o Espírito Santo justamente para poder dá-lo, e porque no Espírito se resume tudo aquilo que Deus quer dar ou devolver ao ser humano: a vida que já lhe infundiu na criação e que novamente lhe comunica no Mistério de Cristo, nova criação.

C) *O Espírito Santo, em Pentecostes, cumpre o Mistério Pascal de Cristo*

Com o *Pentecostes judaico*, celebrava-se em Jerusalém (era uma das três festas de peregrinação: Dt 16,16), no quinquagésimo dia ("pentecostes") depois da passagem (Páscoa) do Egito, o antigo *acontecimento do Sinai*, determinante para a história religiosa de Israel: o dom da Aliança com Deus e da Lei, que constituía o código segundo o qual se deveria vivê-la.

Pentecostes era, portanto, a celebração do fato pelo qual Israel se constituía como "povo de Deus", reunido em "comunidade" (hebr.: *Qahàl* = Igreja) ao redor de Deus, que na sua palavra se revelava sobre o Sinai. O "quinquagésimo dia" representava, portanto, a "conclusão" (é o nome hebraico de Pentecostes) da Páscoa e ao mesmo tempo era o "início" da existência de Israel como povo de Deus em dimensão e posição cultual (Igreja). De fato, daquele momento em diante, "ouvindo a voz de Deus e sendo fiel à aliança, Israel será o povo particular de Deus, o seu povo sacerdotal" (cf. Ex 19,5-6).

O fato de que "o dom do Espírito Santo" ocorresse em Pentecostes revestiu-se, para a Igreja apostólica, de outro valor de símbolo. Cristo, passando com a sua morte-ressurreição deste mundo para o Pai (cf. Jo 13,1), já havia levado a *cumprimento a antiga Páscoa*, porque realizava o seu significado profético, ou seja, o significado previsto na história da salvação: a total "libertação" do ser humano da escravidão do pecado e da morte. Tornava-se, portanto, normal — em razão da estreita ligação de dependência que havia entre Pentecostes e Páscoa — que o *"dom do Espírito Santo"*, acontecendo cinquenta dias depois da Páscoa de Cristo, fosse interpretado como o momento no qual Deus passava a ter o seu *novo povo* nos discípulos de Cristo.

Havia, de fato, o anúncio profético de que Deus teria "derramado o seu Espírito sobre toda carne" (Jl 3,1; At 2,16s), que teria sido um "Espírito novo", pelo qual nos seres humanos teria sido colocado um "coração novo" no lugar do seu "coração de pedra" (Ez 36,26). Mas essa efusão do *Espírito nos corações* é vista também como uma *"nova Aliança"* que teria sido "escrita nos corações", e não — como a primeira — sobre tábuas de pedra (Jr 31,31-33), *"escrita precisamente pelo Espírito Santo"* (2Cor 3,2-3).

Nos tempos messiânicos, teria sido criado, portanto, "o ser humano novo", e este seria novo porque recebera *"as primícias do Espírito"* que o tornara — como Cristo e em Cristo — "filho de Deus" (Rm 8,16.23).

Cessa, portanto, o AT, fundado sobre uma Aliança representada pelo dom da Lei do Sinai, dom que era celebrado em Pentecostes pela Jerusalém terrena (Gl 4,26). No seu lugar *vem o NT,* que tem uma "nova Aliança", ratificada pela *"lei do Espírito* que dá a vida de Cristo, libertando da lei do pecado e da morte" (Rm 8,2). Assim, *"o dom do Espírito Santo"* dá origem ao novo Pentecostes que é conclusivo da nova Páscoa de Cristo, ou seja, põe o sinal e o aperfeiçoamento em toda a obra da salvação. *O ser humano se torna de novo, como já era na origem, verdadeira imagem de Deus em Cristo, por obra do Espírito Santo.*

Pentecostes não é um apêndice festivo ao Mistério de Cristo, mas a sua completude necessária e obrigatória, sendo ao mesmo tempo o seu início, para que o mistério salvífico de Cristo se torne ativo na humanidade.

Isso tudo é assim sintetizado por Leão Magno:

> O dia de Pentecostes encerra em si os grandes mistérios antigos e novos, que claramente proclamam que a graça foi preanunciada pela lei e a lei encontrou o seu cumprimento na graça. Como, de fato, certa vez ao antigo povo judeu, cinquenta dias depois da libertação do Egito e da imolação do cordeiro, foi dada a Lei no Monte Sinai, assim, depois da Paixão de Cristo, que foi o sacrifício do verdadeiro Cordeiro de Deus, a cinquenta dias da sua ressurreição, o Espírito Santo veio sobre os apóstolos e sobre o povo dos crentes, a fim de que todo cristão atento pudesse entender que aqueles que foram os inícios do AT estavam em função do começo do NT, e que a nova Aliança era fundada pelo mesmo Espírito que havia constituído a primeira.[17]

D) Na Confirmação se recebe o dom do Espírito Santo em pessoa

Mesmo que na Antiguidade o sacramento da Confirmação estivesse ritualmente tão ligado ao Batismo a ponto de parecer uma coisa

---

[17] Leão Magno, *Sermo* 75 [ed. bras.: *Sermões*. São Paulo, Paulus, 1996]; *De Pentec.* I, 1; PL 54, 400.

só, os Padres da Igreja sempre distinguiram bem os efeitos distintos dos dois sacramentos.

Para eles, a razão diferenciadora dos dois sacramentos deve ser buscada no *acontecimento do Jordão*, marcado pela proclamação de Cristo como Filho de Deus e pela descida do Espírito Santo sobre ele.

É claro que, tanto a proclamação como Filho quanto a descida do Espírito eram, no que se referia a Cristo, só um fato "epifânico", ou seja, que tinha o valor de revelação-manifestação. Aquilo que Cristo *era* na realidade invisível da sua pessoa divina — Filho de Deus indissoluvelmente unido por natureza ao Espírito Santo — no acontecimento do Jordão havia se revelado como pertencente, de forma direta, também à sua *humanidade* e portanto, mediante esta, *a toda a humanidade*, da qual Cristo se havia tornado partícipe e garante. Veja-se, por exemplo, Cirilo de Alexandria:

> Quando o Verbo de Deus se fez ser humano, recebeu do Pai o Espírito, como um de nós, isto é, não para possuí-lo de modo especial (ele mesmo, de fato, é aquele que o doa), mas para poder conservá-lo, como ser humano, para a natureza humana [...].[18]
>
> O Filho Unigênito não acolhe por si mesmo o Espírito; de fato, é Espírito do Filho, e é nele e por ele que é dado [...]. Todavia, porque o Filho, tornando-se ser humano, tinha em si toda a natureza humana, recebeu o Espírito para renovar completamente o ser humano e reconduzi-lo ao seu estado primitivo.[19]

Mas no acontecimento do Jordão, além da *realidade* (filiação divina e Espírito Santo), via-se também antecipado *o modo* como esta

---

[18] CIRILO DE ALEXANDRIA, *In Ioann.* 5, 2, 1; PG 73, 203.
[19] Ibid., 5, 2, 1; PG 73, 753.

teria sido realizada nos seres humanos, isto é, através de *dois sacramentos distintos*: o primeiro (Batismo) teria comunicado ao ser humano, mediante a "imitação" sacramental da morte e ressurreição de Cristo, a graça de "renascer" como filho de Deus; ao renascimento teria se seguido, posteriormente, a *infusão do Espírito Santo*, a fim de que o filho de Deus se tornasse "cheio" do Espírito Santo.

Os Padres da Igreja, falando do Batismo, nunca deixam de observar que neste o "renascimento" ocorre "por obra do Espírito Santo" em analogia ao modo como aconteceu em Maria o "nascimento" de Cristo. Veja-se, por exemplo, Leão Magno:

> O renascimento é para todos uma origem no Espírito, porque a água do Batismo de certa forma é aquilo que foi o seio da Virgem, no sentido de que a água é plenificada pelo mesmo Espírito Santo que plenificou a Virgem [...].
>
> Dá à água do Batismo aquilo que deu à mãe: a força do Altíssimo e a sombra do Espírito Santo, que fez de Maria a mãe do Salvador, faz agora que da água renasça o fiel.[20]

Mas os próprios Padres sabem que a *ação do Espírito* no Batismo não é idêntica ao *dom do Espírito* que ocorre na Confirmação. Movendo-se sempre no paradigma que vê a obra redentora de Cristo como uma "nova criação", e descobrindo nesta um suceder-se de fatos, Deus, que antes faz o ser humano à sua imagem e depois sopra sobre seu o rosto o seu Espírito, seguindo essa linha eles explicam a natureza dos dois sacramentos: o Batismo, unindo-nos a Cristo, "imagem" do Pai, nos "reforma" à imagem de Deus; a Confirmação é acrescentada como elemento "perfectivo" e comunica ao ser humano renascido como filho

---

[20] LEÃO MAGNO, *Sermo* 24, 3 e 25, 5; PL 54, 206 e 211 [ed. bras.: *Sermões*. São Paulo, Paulus, 1996].

de Deus *o seu Espírito*, para que seja participação na *sua vida divina*. É preciso que o momento "estático" próprio da imagem seja vivificado pelo "dinamismo" do Espírito (o Espírito é *dynamis*: cf. Rm 8,1-17; Gl 5,16-25).

Assim, por exemplo, exprime-se Tertuliano:

> O ser humano reconduzido pelo Batismo, além da mesma imagem de Deus que tinha no princípio, à semelhança com ele, recebe o Espírito de Deus, que uma já havia recebido pelo sopro dele e que depois o havia perdido. Isso não significa que se obtenha o Espírito na água, mas, *purificados na água, estamos prontos para receber o Espírito Santo* [...]. Depois do Batismo, o Espírito desce do Pai sobre o fiel, quase reconhecendo a sede sobre a qual por primeiro pousou, isto é, o Senhor sobre o qual tinha vindo na figura de uma pomba.[21]

E Cipriano, mais claramente ainda, escreve:

> O renascimento ocorre não pela imposição das mãos, quando se recebe o Espírito, mas no Batismo, de modo que só depois de ter nascido se recebe o Espírito, como já aconteceu no primeiro ser humano Adão; Deus, de fato, antes o plasmou à sua imagem e depois lhe soprou o Espírito.[22]

E Hilário abertamente vê no acontecimento do Jordão o anúncio dos dois sacramentos do Batismo e da Confirmação.[23]

A clara e inevitável conclusão desse discurso dos Padres é que na Confirmação ocorre *realmente em nós* aquilo que no acontecimento do

---

[21] TERTULIANO, *De baptismo* 5, 7; 6, 1; 8, 3; SC 35, 74.75.77.

[22] CIPRIANO, *Epist.* 74, 7; CSEL 3/2, 804.

[23] HILÁRIO DE POITIERS, *In Matth.* 2, 6; SC 254, 110. Cf. n. 31 do capítulo anterior, referente à passagem citada por extenso no texto.

Jordão era explicitado no "sinal" da pomba. Naquela ocasião, "no sinal e como indicação, para utilidade de quem devia compreender, ocorreu a descida do Espírito Santo numa figura de pomba";[24] isso queria indicar que o ser humano, como se tornava "filho de Deus" em Cristo, assim em Cristo teria possuído e levado consigo a "pessoa divina do Espírito Santo". Isso quer dizer que na Confirmação não se recebem tanto "os dons" do Espírito Santo, mas *recebe-se em dom o próprio Espírito Santo*, e certamente *com ele* toda a riqueza dos seus dons, que não são *nem principalmente* "a força na luta" ou "a prontidão no testemunho", *nem só* aqueles conhecidos especificamente como "os sete dons do Espírito Santo". Já Santo Ambrósio[25] advertia, a este respeito, que esses dons são nomeados de forma particular unicamente porque são virtudes "de certo modo cardeais e principais"; de resto, no contexto bíblico de Is 11,2, são listados entre "os espíritos" com os quais será adornado o Messias descendente de Davi, na sua específica qualificação real.

A propósito disso, eis o que lemos novamente em Cirilo de Alexandria:

> Nos santos profetas, com grande riqueza fez-se presente a luz do Espírito, luz que devia guiá-los à visão das coisas futuras e escondidas. *Mas, naqueles que creem em Cristo, nós pensamos que não haja somente uma iluminação do Espírito; temos certeza, pelo contrário, de que o Espírito em pessoa habite e tenha neles sua morada.* A justo título, somos designados, de fato, "templos de Deus", o que em lugar algum se lê que tenha ocorrido com os profetas.[26]

---

[24] CIRILO DE ALEXANDRIA, *In Ioann.* 2, 1; PG 73, 212.
[25] AMBRÓSIO, *De Sacramentis* 3, 2; SC 25, 75.
[26] CIRILO DE ALEXANDRIA, *In Ioann.* 5, 2; PG 73, 757.

A CONFIRMAÇÃO

Nessa mesma linha se movem, pode-se dizer, todos os antigos Padres e a sua teologia, ainda que esta tenha sido efetivamente mais desenvolvida e sentida no Oriente do que no Ocidente. Eis uma afirmação sobre a *presença da pessoa do Espírito Santo* que condensa o pensamento de Cirilo de Jerusalém:

> O crisma depois da oração de invocação é um dom de Cristo, dom efetivo do Espírito Santo pela presença da sua própria divindade.[27]

Ocorre no sacramento, por conseguinte, aquilo que aconteceu na humanidade de Cristo. Como esta recebeu o Espírito Santo, substancialmente unido ao Verbo também na sua encarnação, pela qual o ser humano Jesus foi "ungido", isto é, consagrado pelo Espírito Santo, e portanto foi totalmente "Cristo", ou seja, santo, sacerdote e profeta, assim o ser humano, na Confirmação, assumindo a imagem plena de Cristo, participa também do seu Espírito, e assim ele também, *por causa do Espírito*, se torna *santo, sacerdote e profeta do NT*.

Todavia, sendo essas as características pelas quais o ser humano Jesus se tornou "Cristo", todos aqueles nos quais essas mesmas marcas se realizarem por efeito da Confirmação serão "Cristos" da mesma forma, seja na nova vida que o Espírito Santo neles desenvolve, seja na missão salvífica, que em relação a si mesmos, bem como em relação ao mundo, partilham com Cristo.

Isso nos diz que o Espírito Santo é o autor e o mestre da nossa "santidade"; é aquele que nos concede que possamos ser "verdadeiros adoradores do Pai em Espírito e verdade"; é aquele pelo qual "tudo aquilo que Cristo nos disse" nos é agora "repetido por ele"; até termos o conhecimento pleno de "toda a verdade".

---

[27] CIRILO DE JERUSALÉM, *Catech. myst.* 3, 3; SC 126, 124.

Parte IV

A Eucaristia

Introdução

Para introduzir o nosso discurso sobre a Eucaristia, vamos imediatamente partir de uma sumária definição. A Eucaristia é o sacramento que, consagrando pão e vinho, põe na presença e na comunhão direta com o sacrifício que Cristo cumpriu de si mesmo sobre a cruz, ao oferecer ao Pai o seu corpo e o seu sangue pela salvação do mundo.

Enquanto "sacramento", a Eucaristia é uma celebração ritual de uma realidade complexa, na qual nos depararemos com os muitos elementos que a compõem. Nessa realidade sacramental, afirma-se ao mesmo tempo: a *unicidade do sacrifício de Cristo* e a sua continuidade e presença operativa de salvação na Igreja; dá-se ao mesmo tempo o fundamento e a razão do *sacerdócio de Cristo*, que se perpetua na Igreja na dupla dimensão de "sacerdócio universal", comum a todos os membros da Igreja, por força do sacramento do Batismo e da Confirmação, e do "sacerdócio ministerial" próprio daqueles que outro sacramento, o da Ordem, consagra e habilita como "ministros da Eucaristia"; proclama-se uma real participação através de um *rito convivial*, chamado "Ceia do Senhor", no mistério da *morte de Cristo*, que permite à Igreja, na celebração, *inserir o seu próprio sacrifício* no sacrifício de Cristo e *adorar Cristo realmente presente* mesmo fora da celebração.

No complexo dos sete sacramentos da Igreja, a Eucaristia é aquele que sempre se revestiu de uma *posição de eminência*, porque, precisamente pela riqueza do seu conteúdo aqui acenada, manifesta a sua natureza tão essencialmente *cultual* a ponto de exprimir, mais do que qualquer outro sacramento, a relação que o NT instaurou entre o ser humano e Deus, relação que se pode sintetizar como *união com Deus numa oferta amorosa de si mesmos para a presença e a continuação sacramental do sacrifício de Cristo.*

A isso se acrescente que, se os sacramentos são — como efetivamente são — os "sinais" nos quais se exprimem e estão ativamente presentes os diversos momentos salvíficos do único Mistério de Cristo, a Eucaristia acaba sendo o sacramento no qual se refletem a presença e a ação salvífica de Cristo, tomado no *momento mais alto e mais intenso da sua obra de salvação*. É, de fato, o momento no qual Cristo como sacerdote único do NT uma vez por todas se apresentava, trazendo como oferta a si mesmo, ao Pai em nome e como real representação, isto é, para a salvação, de todos os seres humanos.

Em particular, na tríade sacramental da iniciação cristã, a Eucaristia indica o momento último e perfectivo dessa iniciação, porque conclui o itinerário de "formação" do cristão. Este, com efeito, se torna cristão completo e perfeito "no plano sacramental" quando, tendo-se tornado primeiro "filho de Deus" em Cristo (Batismo) e depois "portador do Espírito Santo" (Confirmação), agora está em condições de alcançar *o Filho de Deus* Cristo na oferta do seu sacrifício *espiritual.*

A Eucaristia se reveste de uma particular importância *no plano cultual* — além do fato de sua natureza, como dizíamos — também porque efetivamente foi e é a *celebração principal* da Igreja, seja porque é a que mais caracteriza o cristianismo, seja porque é a mais frequente e a mais comunitária de todas as demais celebrações.

INTRODUÇÃO

À Eucaristia é justamente reconhecida a incidência maior e mais profunda sobre a *vida espiritual,* tanto da comunidade cristã quanto de cada um dos cristãos, porque da vida espiritual esta parece ser o sustento mais forte, porquanto, sendo o típico sacramento da união com Cristo, permite uma cada vez maior compreensão e participação no seu mistério de salvação. Desta reconhecida importância particular na vida espiritual são um testemunho não secundário e sempre vivo as contínuas e novas *formas devocionais* que em todos os tempos, dos mais diversos modos, se concentraram ao redor da Eucaristia.

A singular importância que a Eucaristia sempre teve na vida da Igreja se revela também na *gama realmente imensa* de catequeses, de explicações exegéticas, de aprofundamentos teológicos, de pesquisa histórica e de ensinamento espiritual que, sem interrupção, pode-se encontrar em todos os tempos da Igreja.

Essa contínua e ininterrupta reflexão do pensamento cristão espiritual e científico, que acompanhou e ainda hoje acompanha — talvez mais do que ontem — a celebração da Eucaristia deve-se, em grande parte certamente, à relevância que sempre se deu a esse sacramento na Igreja. Mas muito do estudo e da atenção que foram empenhados em todo tempo ao redor da Eucaristia tinha sua origem — não podemos esquecê-lo —, além da relevância de que esta justamente gozava, também nas *dificuldades de compreensão* ou também nas *nem sempre exatas interpretações,* no plano teológico ou histórico, com as quais a Eucaristia inevitavelmente veio a se deparar ao longo dos séculos.

E, ainda que essas incompreensões ou inexatas interpretações *nunca* tenham levado ao surgimento de uma verdadeira e *formalmente herética negação* da Eucaristia como tal, levaram, porém, em alguns casos, a interpretações parciais e incompletas da mesma, razão pela qual manteve-se válido só um aspecto dela ou foi acentuado um momento em detrimento dos outros, com o resultado de que frequentemente provocou-se — inclusive dentro da própria teologia e piedade católicas — certo ofuscamento da doutrina precisamente quando e onde mais se pensava estar esclarecendo-a e afirmando-a. Sem negar que fenômenos de incerteza não tenham estado totalmente ausentes também nos tempos mais antigos em consequência de erros em matéria cristológica (por exemplo, no docetismo gnóstico), notamos que os primeiros casos de erros são encontrados na Idade Média, a começar do séc. XI; mas os mesmos explodem sobretudo do séc. XVI em diante, com a Reforma Protestante.

Nos nossos dias, a fé da Eucaristia que, não obstante erros e ofuscamentos, nunca cessou de existir nas diferentes confissões cristãs vai de novo se tornando um dos momentos de maior reflexão, porque reconhece-se a sua importância máxima e essencial na própria razão de ser da Igreja, já que deve ser concebida como corpo de Cristo vivo e atuação no mundo da sua obra de redenção.

* * *

O estudo da Missa tem o objetivo preciso de chegar a um maior aprofundamento teológico e histórico desse momento central da liturgia, até fazer dele, de forma mais consciente, o momento central e polarizador da vida espiritual.

Partiremos do dado estritamente litúrgico, e do rito litúrgico extrairemos os elementos que devem proporcionar a visão teológica da Missa.

O mais interessante será dar-se conta de que justamente essa visão litúrgica dará novamente à teologia da Missa aquela aderência à realidade, aquela concretude vital que talvez por nenhum outro caminho se pode ter.

INTRODUÇÃO

O ponto de partida será a Missa como hoje se apresenta no atual rito romano e como é contida no *Missal Romano*, desenvolvendo primeiro o quadro histórico do rito e sucessivamente a sua teologia.

Capítulo I
Quadro histórico do desenvolvimento formal da Missa

A Missa entrou no mundo com a Última Ceia de Cristo, quando ele, "na noite da traição, tomou o pão nas suas santas e veneráveis mãos e, levantando os olhos para o céu, deu graças, abençoou-o, partiu-o e o deu aos seus discípulos: 'Tomai e comei todos vós, porque este é o meu corpo'. A seguir, depois de ter ceado, tomou nas suas santas e veneráveis mãos também este maravilhoso cálice e, depois de ter dado graças, abençoou-o e o deu aos seus discípulos dizendo: 'Tomai e bebei todos vós, porque este é o cálice do meu sangue, (que é sangue) da nova e eterna Aliança — mistério da fé — e que é derramado por vós e pela multidão, para remissão dos pecados. Toda vez que fizerdes isso, o fareis em memória de mim'".

O significado complexo e profundo daquilo que acontecia no desenrolar-se dessas coisas vai se tornar matéria de um tratado à parte. De qualquer modo, é certo que nos encontramos aqui diante de um rito, que agora examinamos não no seu significado religioso, mas só na sua *evolução histórica*, para tentar descobrir no rito atual sua forma primitiva no momento da sua instituição, mostrando assim que, mesmo evoluindo, o rito não deixou de ser substancialmente aquele que Cristo quis, ele que foi quem por primeiro o instituiu.

No entanto, dizendo "Toda vez que fizerdes isso, o fareis em memória de mim", além de ordenar a repetição do rito, Jesus coloca o próprio rito no tempo: "Toda vez que fizerdes isso". Isso quer dizer que Jesus aceitava e quase que justificava aquelas evoluções que o tempo produz em todas as coisas, e de tais evoluções, desenvolvimentos e transformações ele não tinha a intenção de subtrair o rito no seu aspecto formal.

Veremos, de fato, que a instituição de Cristo passa por diversos períodos, que podemos assim resumir:

1. Período de formação:

    a) Época apostólica;

    b) Época patrística.

2. Período de estabilização:

    a) Missa romana nos séc. V-VII;

    b) Missa romana do séc. VIII à Idade Média.

I. Período de formação
1. Época apostólica

A) Existe uma Missa na época apostólica?

1. Na época apostólica, encontramos um rito religioso que é chamado diretamente de "Ceia do Senhor" (1Cor 11,20-33) e "fração, partilha do pão" (Lc 24,30-35; 1Cor 10,16; At 2,42.46; 20,7.11; 27,35).

O mesmo rito é chamado indiretamente "eucologia" (bênção) e "sacrifício", mesmo que esse termo não apareça de forma expressa, mas só *implicitamente*, pois 1Cor 10,16-21 compara o "pão que se parte" e o "vinho que se abençoa" aos *"sacrifícios* aos ídolos", e a "mesa do Senhor" é colocada em relação com o *altar*, tanto de Israel quanto dos pagãos.[1]

A "partilha do pão" ocorre por meio de uma "Eucaristia" (1Cor 11,24; Mt 26,27; Mc 14,20; Lc 22,17.19; At 27,35), isto é, numa oração de "agradecimento" a Deus pela revelação do seu amor aos seres humanos (criação-redenção).

2. Tanto "Eucaristia" quanto "eucologia" querem indicar uma fórmula de oração, e precisamente uma oração já conhecida dos judeus com o nome de *berakah* (bênção ou agradecimento), usada também, dentre outras ocasiões, antes das refeições.

Entretanto, tanto "eucologia" (1Cor 10,16) como "Eucaristia" (*Didaqué* 14, início) muito cedo indicam não só a fórmula de *oração* mas todo o *rito* que a acompanha.

3. Embora a fórmula de "bênção" ou de "agradecimento" derivasse do uso judaico cotidiano, os cristãos dela se serviram — incluindo na mesma a narração da Última Ceia e as palavras de Cristo — não nas suas refeições cotidianas mas unicamente na *refeição ritual*. Assim, aconteceu que os cristãos, que diziam a *berakah* enriquecida pelas palavras de Cristo não diante de qualquer alimento, mas só diante do pão

---

[1] 1Cor 10,16-21: "O cálice de bênção, que abençoamos, não é comunhão com o sangue de Cristo? E o pão que partimos não é comunhão com o corpo de Cristo? [...] Considerai Israel segundo a carne! Os que comem das ofendas sacrificadas não estão em comunhão com o altar? Que direi então? Que a carne de um sacrifício idolátrico tem algum valor? [...] Digo o contrário: é aos demônios e não a Deus que os pagãos oferecem sacrifícios. Não quero que entreis em comunhão com os demônios; não podeis beber do cálice do Senhor e do cálice dos demônios; não podeis participar da mesa do Senhor e da mesa dos demônios".

e do vinho em determinadas circunstâncias (quando "se recolhiam para comer a *Ceia do Senhor*": 1Cor 11,20), passaram a denominar aquele pão como "pão de bênção ou de agradecimento" e posteriormente também simplesmente "bênção" e "agradecimento", com o equivalente termo grego *Eucaristia*, ainda hoje utilizado em referência à Missa.

4. A *característica* particular do rito cristão não consistia tanto no fato de que este comportasse uma "refeição ritual", bem conhecida dos judeus contemporâneos à época apostólica na sua "ceia pascal", quanto que aquela refeição fosse chamada "Ceia do Senhor" e que, ao contrário da "ceia pascal" judaica, fosse celebrada não uma só vez ao ano, mas frequentemente, e com muita probabilidade todas as semanas. Além disso, enquanto para a "oração" os cristãos dos primeiros tempos continuavam a frequentar tanto as sinagogas quanto o templo de Jerusalém, para "partir o pão" da Eucaristia eles "se recolhiam nas casas",[2] isto é, nas casas cristãs. Por conseguinte, consideravam a "Fração do Pão" como um rito religioso próprio, que os distinguia do restante dos judeus.

B) Em que consistia a "Fração do Pão"?

1. Antes de tudo, não se deve pensar que se usasse somente pão. "Fração do Pão" já é, a esta altura, um termo técnico, que nada mais significa do que "Ceia do Senhor", e nesta, como sabemos por São Paulo, se "partia o pão" e se "abençoava o vinho" (1Cor 10,16; 11,23). Deve-se ter presente que os Atos dos Apóstolos foram escritos depois da Primeira Carta aos Coríntios e, por isso mesmo, o argumento do valor técnico da expressão "Fração do Pão" adquire maior consistência.

---

[2] At 2,46: "Perseverantes e bem unidos, frequentavam diariamente *o templo* e partiam *o pão pelas casas*".

QUADRO HISTÓRICO DO DESENVOLVIMENTO DA MISSA

2. Ao que parece, pelo menos inicialmente — ou seja, até que os cristãos judeus não romperam relações mais ou menos definitivamente com o judaísmo —, a "Fração do Pão" não necessariamente comportava um ritual de leituras e cantos, que normalmente ainda era feito no templo e nas sinagogas.

Provavelmente, a situação era diferente nas comunidades dos cristãos gentios, nas quais a "Fração do Pão" muito cedo passou a ser acompanhada por um ritual de leituras, sermões e orações.

3. No começo, parece que a "Fração do Pão" era acompanhada ou enriquecida por uma refeição sagrada ou de fraternidade (sinal de união fraterna) ou ritual. Isso talvez se possa deduzir de 1Cor 11,20s no que diz respeito às comunidades cristãs dos gentios. São Paulo parece não aprovar esse costume, pelo menos pelo fato de lá se terem introduzido abusos. Nessa situação, São Paulo afirma que é melhor que cada um coma na sua própria casa, porque, no fundo, aquilo que o Senhor lhe revelou e que ele já lhes comunicou é algo totalmente diferente: pão e vinho, que são o corpo e o sangue de Cristo, oferecidos em sacrifício, pois o corpo e o sangue do Senhor oferecidos são a proclamação da sua morte redentora. E é com isso que eles devem se preocupar se quiserem que seja uma "Ceia do Senhor".

O texto de At 2,46 — "partiam o pão pelas casas e tomavam a refeição com alegria e simplicidade de coração" — é muito incerto a propósito para afirmar que celebravam a Eucaristia ("partindo o pão") no quadro de uma "ceia" comum (como se poderia pensar a partir da frase "tomavam o alimento"). Uma tradução mais acurada do texto diz: "Quando partiam o pão nas casas, participavam do alimento (do 'pão partido') com alegria e com *modéstia* de coração" —, ou seja, sem pompa. Na narração dos Atos teríamos, então, uma descrição da "Ceia do Senhor" em clara oposição à praticada em Corinto (1Cor

11,20s), reprovada por São Paulo justamente por conter certa "pompa convivial" profana.

C) Que sentido tinha a "Fração do Pão" na época apostólica?

Sentido memorial

A Fração do Pão cria uma "presença" do Senhor, e precisamente a "presença salvífica", percebida somente pela fé. Lc 24,1-35: "Reconhecemos o Senhor na Fração do Pão". Na sequência da narração, os dois discípulos, já no Cenáculo, em Jerusalém, juntamente com os demais, veem novamente o Senhor, e este lhes mostra as feridas nas suas mãos e pés (cf. mais explicitamente em Jo 20,20 e 24,29); é uma espécie de explicação daquilo que os apóstolos deveriam ter entendido vendo a "Fração do Pão"; isto é, eles deveriam ter entendido o seu nexo com a "Paixão de Cristo". Tanto em Lucas como em João o sentido é claro: no dia da ressurreição (domingo) os apóstolos veem o "ressuscitado" considerando as suas "feridas" mortais da Paixão; para Lucas, além disso, o fato está ligado à "Fração do Pão", que é aquilo que faz com que eles vejam Jesus "ressuscitado"; e este, para afirmar a própria "ressurreição", recorre à "Paixão". A Fração do Pão dá a presença da Paixão e da ressurreição de Cristo.

A "Ceia do Senhor" é, portanto, uma concreta "proclamação da morte de Cristo" (1Cor 11,26), e sob esse aspecto é uma *memória* em sentido objetivo da sua morte. "Memória" em sentido objetivo não é aquela que existe na mente como uma recordação interior (subjetiva), mas aquela que está presente num objeto. Neste caso "a Ceia do Senhor" é "proclamação e memória" objetiva da "morte do Senhor", a qual se tornou presente no próprio rito, evidentemente com uma presença que só a fé pode perceber. (O sentido "memorial" da Eucaristia será explicado mais adiante, quando tratarmos da "teologia da Missa".)

Os apóstolos, no entanto, conhecem a "Fração do Pão" como um rito pascal, e portanto trata-se de uma "memória pascal" (explicação a seguir).

Sentido sacrifical

Isso fica claro sobretudo a partir de 1Cor 10,16-21 por causa do paralelo, já evidenciado, feito nessa passagem entre os *sacrifícios* e os *altares* judaicos e pagãos de um lado, e o *corpo* e o *sangue* do Senhor (*mesa* do Senhor) do outro. E, como aqueles são imolados aos ídolos (demônios), razão pela qual *participando* deles entra-se *em comunhão* com os demônios, da mesma forma quem *participa* do cálice do Senhor entra *em comunhão* com o Senhor, precisamente porque também este cálice é imolado ao Senhor.

O sentido — mas também o nome — de "sacrifício" é atribuído à Missa pela *Didaqué* 14: "No domingo, *parti o pão e fazei a Eucaristia*, depois de ter confessado os vossos pecados, a fim de que o vosso *sacrifício* seja puro [...]. Assim, com efeito, disse o Senhor: Em todo tempo e lugar devereis *oferecer-me um sacrifício puro*" (Ml 1,11).

Sentido eclesial

A esse sentido *indiretamente* se acena em 1Cor 11,18. São Paulo nota que a "reunião" é malfeita, porque não há concordância entre os presentes e porque se estabelece uma ruptura e uma distinção entre os ricos e os pobres (alguns têm comida em abundância e outros passam fome). Para Paulo, uma "reunião" assim não só não unifica todos num mesmo banquete, e consequentemente não nos permite participar da "Ceia do Senhor", mas além disso nos torna "réus do corpo e do sangue do Senhor" (1Cor 11,27), ou seja, nela nos manchamos da culpa de profanação em relação à Eucaristia — profanação que se refere não só ao sacramento em si mas também ao seu significado profundo, que é o de realizar a unidade do corpo de Cristo, isto é, da Igreja enquanto comunidade realizada pela redenção de Cristo em ação. Paulo, efetivamente, diz (1Cor 11,29: cf. texto grego) que a profanação ocorre porque "não se tem consideração pelo corpo", ou seja, pela unidade da Igreja.

Idêntico sentido eclesial, desta vez diretamente, é afirmado em 1Cor 10,17: "Embora muitos, somos um só corpo, pois todos participamos desse único pão". O sacrifício do corpo e do sangue de Jesus (expresso pelo verbo "participamos", que é colocado em paralelo à "participação" que os judeus têm no seu "sacrifício"), implica a união de todos os cristãos entre eles na unidade do único corpo de Cristo, subtraindo-os da união com os demônios.

D) Onde se celebrava a "Fração do Pão" ou "Ceia do Senhor"?

Não se celebrava no templo, nem nas sinagogas. Já observamos que At 2,46 distingue claramente a dupla atividade religiosa dos cristãos: "Frequentavam diariamente o templo e partiam o pão pelas casas" (cf. At 20,7: descrição de uma "Fração do Pão" na sala do terceiro andar de uma casa particular).

Esse fato merece ser citado porque evidencia o caráter *pascal* da celebração: a Páscoa, com efeito, devia ser celebrada no âmbito familiar (Ex 12,1s). Por outro lado, nota-se a vontade de não se distanciar daquilo que o Senhor havia feito, e o rito conserva o seu caráter de *banquete* e de Ceia do Senhor (1Cor 11,20). Isso, porém, não autoriza a confundir a "Ceia do Senhor" nem com um banquete qualquer, nem com as mesmas formas religiosas do ágape. De fato, quando se quer "comer e beber", cada um tem a sua própria "casa" para fazê-lo. Aqui se trata de uma participação em "assembleia" (*convenire in unum*) e precisamente daquela que se chama *comunidade de Deus* (*Ecclesia Dei*), termo que

QUADRO HISTÓRICO DO DESENVOLVIMENTO DA MISSA

possui o duplo significado de "comunidade recolhida ao redor de Deus" e de "comunidade recolhida ou chamada por Deus".

E) Quando era realizada a "Fração do Pão"?

A partir de At 2,46, pode-se deduzir que a "Fração do Pão" era diária. A expressão "todo dia" no texto em questão refere-se à oração comum no templo, que os primeiros cristãos de Jerusalém ainda continuavam a frequentar (cf. também At 3,1), e não à celebração eucarística, da qual se diz que "era feita nas casas" e que tinha um sentido festivo ("com alegria"), embora moderado ("com modéstia"), mas sem especificações referentes à frequência.

Com base em At 20,7, ficamos sabendo que em Trôade a celebração ocorria "no primeiro dia da semana": domingo. Seria este o dia normal de sua realização?

Isso levaria a supor que a "Fração do Pão" era realizada só no domingo, e não nos demais dias da semana, pelo menos normalmente, porque vemos que Paulo (At 27,35) a realiza também sozinho no navio, e não há nenhuma indicação de que fosse domingo.

Na *Didaqué* (que, por ser uma composição judaico-cristã do final do séc. I, certamente representa uma tradição apostólica), no capítulo 14 afirma-se que "nos reuníamos no dia de domingo para partir o pão e fazer a Eucaristia". A assembleia eucarística parece ser, portanto, naquele tempo, só um fato semanal.

F) A "Fração do Pão" ou "Ceia do Senhor" acontecia no quadro de uma "bênção" e de uma "Eucaristia"

Na narrativa de Mt 26,26-27 e de Mc 14,22-23, a oração que Jesus reza antes da distribuição do pão é chamada de "bênção" (grego: *eulogia*), e a que precede a distribuição do vinho, "depois de ter ceado", é chamada de "agradecimento" (grego: *eucharistia*). Na realidade, no rito judaico pascal, o grupo de orações que, com a distribuição da terceira taça de *vinho*, fecha a ceia, depois do canto do Hallel (ou seja, dos salmos com *"Alleluia"* = *Hallelù-Jah* = Louvai Iahweh), compreende duas fórmulas, as quais começam respectivamente: *"Bendito sejas tu*, Senhor nosso Deus, rei do mundo, que alimentas o mundo inteiro" e *"Nós te damos graças*, ó Senhor Deus nosso, porque tiveste compaixão". É provável que Jesus, ao dar o seu cálice "depois da ceia", tenha feito a relativa oração, inspirando-se na oração ritual que começa justamente com "Nós te damos graças"; ou que tenha simplesmente feito uso só dessa oração. Isso explicaria a diversidade "verbal" com a qual são qualificadas as duas orações (sobre o pão e sobre o vinho) e ao mesmo tempo (sem falar em algumas outras razões que veremos a seguir) o fato de que Jesus, ao dar o cálice, tenha falado de "redenção" (remissão dos pecados) e de "aliança", que são precisamente dois conceitos principais expressos na oração "Nós te damos graças".

Essas conclusões seriam confirmadas pelo fato de que a tradição "paulina" (Lc 22,19-20; 1Cor 11,23-25), representando talvez uma tradição menos ambientada no núcleo judaico-cristão e mais aberta à linguagem do grupo helenístico, serve-se não da palavra "bênção" mas sim da palavra "Eucaristia". Isso pelo menos na narração (litúrgica) da Ceia do Senhor, porque em outro lugar (Lc 9,16; 1Cor 10,16) se fala também de "bênção".

Deixando de lado por ora a questão de uma distinção formal entre "bênção" e "Eucaristia", os dois termos são igualmente tradução da palavra hebraica *berakah*, que é uma expressão técnica para indicar quais eram as fórmulas de oração que começavam com a palavra *Baruk attàh ià, elohènu, mèlek há 'olàm'*: "Bendito és tu, Iahweh, Senhor nosso, rei do universo".

A característica dessa oração é o louvor a Deus, acompanhado pela *anamnese* (recordação) das *coisas maravilhosas* operadas por Deus em favor do seu povo. É esse particular caráter "anamnético" (memorial), parte integrante da "bênção", que justifica e ao mesmo tempo explica o mandado de Cristo: "Fazei isto em memória de mim". Ou seja: *depois* que ele, na oração anterior de "bênção", *havia recordado todas as maravilhas* operadas por Deus (anúncio da verdadeira "maravilha" que é Cristo), *agora ordena* aos apóstolos que *incluam* na sua oração de "bênção", que os mesmos farão depois dele, a *lembrança da máxima maravilha* de Deus: a *Páscoa libertadora de Cristo*, ocorrida no *verdadeiro sangue* da *verdadeira aliança*.

2. Época patrística: séc. II-III

Neste segundo tempo do período de formação — tempo patrístico —, incluímos a época dos primeiros quarto e quinto séculos da Igreja, época que dividimos, no entanto, em dois períodos: (1) séc. II-III, nos quais a tradição apostólico-judaica é ainda viva, mesmo que se manifestem hesitações a este respeito; (2) séc. IV-V, que é um tempo no qual aparece, com um grande florescimento litúrgico, também uma diversificação que leva à origem das diferentes famílias litúrgicas no Oriente e no Ocidente, e ao surgimento e formação da liturgia eucarística romana, tal como a conhecemos, mesmo tendo passado através de posteriores evoluções parciais.

Justino

O primeiro testemunho que nos revela um esquema sumário, mas suficiente, da Missa naquela época é o de Justino Mártir, que escreve no séc. II (em torno do ano 150). Justino, na sua *Apologia I*, fala por duas vezes do ritual da Missa. No capítulo 65, após descrever o Batismo, diz como o neófito toma parte pela primeira vez da Missa ("lá onde se reúnem — *synaxis* — aqueles que chamamos irmãos"), ocasião em que se reza por todos; acabadas as orações, dá-se o beijo de paz; depois são levados àquele que preside o pão e o vinho, com água; aquele que preside eleva uma oração de louvor ao Pai em nome do Filho e do Espírito Santo, e uma Eucaristia por ter-nos tornado dignos dessas coisas; acabada essa "longa" oração e essa Eucaristia, todos os presentes respondem Amém, e então os diáconos distribuem o pão e o vinho — com água — "eucaristizados", levando-os também aos ausentes.

Essa descrição é retomada e em parte complementada no capítulo 67, onde se vê que a Missa não era um fato ligado só ao Batismo. Justino narra: no chamado "dia do sol" (domingo), forma-se a assembleia, da qual participam tanto os da cidade quanto os do campo, e se leem os escritos dos apóstolos e dos Profetas, dependendo do tempo disponível; acabada a leitura, aquele que preside faz um discurso falando sobre os textos lidos; de pé, fazem-se as preces; depois seguem, sobre o pão e o vinho, a oração e a Eucaristia, feitas pelo "presidente", às quais o povo responde Amém; as coisas "eucaristizadas" são distribuídas e levadas aos ausentes pelos diáconos; segue-se, portanto, a "coleta" — esmola — para os pobres e necessitados. A reunião é feita no "dia do sol", porque é o dia da criação e da redenção.

A Eucaristia, através da qual o pão se torna corpo e o vinho sangue de Cristo, é feita com as palavras de Jesus (capítulo 66).

Como se pode ver:

1. Na própria Missa há partes distintas: uma parte didática (leitura do AT e do NT, homilia) e um rito eucarístico.

2. Na primeira parte (didática), são acrescentados outros elementos: oração universal, paz.

3. A segunda parte comporta:

a) A apresentação ou oferta do pão e do vinho com água ao presidente da assembleia;

b) Uma oração eucarística de agradecimento pela criação e pela redenção, e essa Eucaristia é feita com as palavras de Cristo;

c) A oração eucarística é feita por um presidente e prolongada quanto ele quiser; é dirigida ao Pai, pelo Filho e pelo Espírito;

d) A oração eucarística é concluída com o Amém dos fiéis;

e) À oração eucarística, segue-se a Comunhão, distribuída pelos diáconos aos presentes e levada aos ausentes;

f) Faz-se a "coleta" para os pobres, órfãos, viúvas, enfermos, encarcerados e exilados, e o que foi recolhido é confiado ao bispo para a distribuição.

4. A reunião acontece no domingo, dia da criação do mundo e da ressurreição do Senhor, e dia no qual — segundo Justino, *Apol.* 67 — o Senhor, aparecendo aos apóstolos e aos discípulos, "ensinou-lhes essas coisas".

5. É uma reunião única para todos: assembleia na cidade, assembleia na campanha.

Tertuliano

Tertuliano — entre o final do séc. II e o começo do séc. III — acrescenta alguns pontos novos ao nosso conhecimento da Missa.

1. A Eucaristia é celebrada:

a)   Também nos dias de jejum, que ele chama *stationum dies*;[3]

b)   Também em reuniões noturnas (pela manhã, antes da luz);[4]

c)   Por ocasião de funerais e nos aniversários dos defuntos.[5]

2. A comunhão: é recebida na mão[6] e se pode levar e conservar em casa, onde se pode tomá-la quando se quiser.[7]

3. A celebração é concluída pela aclamação do povo, que diz Amém.[8]

Tradição apostólica, *de Hipólito*

Essa obra, escrita por Hipólito em grego com o título *Paràdosis Apostolikè*, representa a primeira obra litúrgica que se refere aos aspectos mais importantes da liturgia usada em Roma entre os séc. II e III.

A importância da obra desse sacerdote romano, que era tão famoso pela sua ciência teológica que Orígenes partiu de Alexandria para ouvi-lo, é muito grande por causa do material litúrgico que nos é transmitido referente ao seu tempo (séc. III), mas talvez muito mais porque se trata de uma obra de fundo polêmico. Nasce, com efeito, do

---

[3] Tertuliano, *De oratione* 19; CSEL 20, 192.

[4] Id., *Ad uxorem* 2, 4; CCL 1, 388; *De corona* 3; CSEL 70, 158; *De fuga* 14; CCL 2, 1152.

[5] Id., *De corona* 3; CSEL 70, 158.

[6] Id., *De idol.* 7; CSEL 20, 36.

[7] Id., *De orat.* 19; ibid., 192; *Ad uxorem* 2,5: "Não saberá talvez o teu marido aquilo que tomarás antes de qualquer outro alimento? E se o conhece como pão, pensará, pelo contrário, que é aquele pão de que nós falamos?" (CCL 1, 389).

[8] Id., *De spectac.* 25; CSEL, 20, 25.

QUADRO HISTÓRICO DO DESENVOLVIMENTO DA MISSA

desejo de se contrapor às "novidades" que estão tomando corpo no âmbito litúrgico, às quais ele opõe aquela que era, ou que o autor considerava ser, uma *tradição apostólica*. Enfim, mesmo admitindo que talvez não se possa, através de Hipólito (170-235), chegar diretamente aos apóstolos, aquilo que ele nos transmite certamente é muito mais antigo do que ele próprio.

Pela *Tradição* sabemos que:

1. As ofertas eram apresentadas pelo diácono;

2. Sobre as ofertas eram impostas as mãos do bispo e dos padres assistentes;

3. A Eucaristia (prefácio) começava com o diálogo: *Dominus vobiscum* [...] *sursum corda* [...] *gratias agamus Domino* ("O Senhor esteja convosco [...]; corações ao alto [...]; demos graças ao Senhor");

4. O pão partido era distribuído dizendo-se: *Panis caelestis in Christo Jesu* ("Pão do céu em Cristo Jesus"), ao que aquele que comungava respondia: *Amen* ("Amém").

Mas, além dessas notícias, que combinavam perfeitamente com as que conhecemos através de Justino e de Tertuliano, contemporâneo de Hipólito, a *Tradição* nos faz conhecer também uma *fórmula completa de oração eucarística*. O autor adverte explicitamente que ninguém é obrigado a segui-la literalmente, deixando a cada um, portanto, a reconhecida liberdade de improvisação; mas isso não elimina o fato de que a fórmula seja um documento perfeitamente válido de demonstração, porque esta não pode deixar de reafirmar o esquema geral que cada um, mesmo improvisando, deveria seguir, se quisesse manter-se na linha da tradição apostólica.

A fórmula, traduzida, soa assim:

Nós te agradecemos, Deus, por meio do teu dileto filho Jesus Cristo, que nestes últimos tempos nos enviaste como Salvador, Redentor e Anjo (núncio) da tua vontade; ele é o teu Verbo inseparável, por meio do qual tudo fizeste e que foi aceito por ti; tu o enviaste do céu no seio da (de uma) virgem, e, recebido no seio, tomou carne e se manifestou teu filho, nascendo do Espírito Santo e da (de uma) virgem; ele, cumprindo a tua vontade e conquistando para ti um povo santo, na Paixão estendeu as mãos, para assim poder libertar da Paixão (dor) aqueles que haveriam de acreditar nele; ele, quando estava para ser entregue à sua voluntária Paixão, com a qual dissolveria a morte, romperia as correntes do demônio, pisotearia o inferno, iluminaria os justos, marcaria o fim e manifestaria a ressurreição, tomando o pão, deu graças dizendo: "Tomai e comei; isto é o meu corpo que será partido por vós". Da mesma forma (tomou) o cálice, dizendo: "Este é o meu sangue, que é derramado por vós; quando fizerdes isso, fazei-o em memória de mim".

Lembrando, portanto, a sua morte e a sua ressurreição, nós te oferecemos o pão e o cálice agradecendo-te porque nos consideraste dignos de estar diante de ti e de prestar-te culto. E (agora) te pedimos que envies o teu Espírito Santo sobre a oferta da santa Igreja, congregando na unidade todos os santos que desta (oferta) participam, para que sejam cheios do Espírito Santo para poder confirmar a fé na verdade, e assim possamos te louvar e glorificar por meio do teu filho Jesus Cristo, o qual é glória e honra a ti, Pai e Filho com o Espírito Santo, na santa Igreja tua, agora e nos séculos dos séculos. Amém.[9]

A partir dessa fórmula, pode-se observar:

1. O caráter fortemente *cristológico* da oração eucarística de Roma no séc. III. Ou seja, mesmo conservando o originário *endere-*

---

[9] Hipólito, *Tradição apostólica* 4; SC 11 bis, 48-52.

ço ao Pai, nela tudo se concentra no mistério da encarnação-paixão de Cristo e nos seus benefícios, ignorando os desenvolvimentos de "louvor cósmico", notados, por exemplo, nas liturgias orientais. Isso permanecerá um caráter tipicamente romano na celebração eucarística e que nos tempos posteriores terá a sua expressão mais qualificada na primeira parte da oração eucarística, isto é, no "Prefácio";

2. O fato de a *instituição* da Eucaristia estar intimamente *ligada à Paixão* do Senhor, fazendo daquela uma manifestação desta: "Quando estava para ser entregue à sua voluntária Paixão, com a qual dissolveria a morte, romperia as correntes do demônio, pisotearia o inferno [...], tomando o pão, deu graças";

3. A *anamnese*, ou memorial, é o meio com o qual a Igreja se conecta a Cristo, oferecendo no pão e no cálice a morte e a ressurreição de Cristo, realizando assim o culto (espiritual) devido a Deus;

4. A *epiclese* é a invocação do Espírito Santo sobre a oferta da Igreja, a fim de que a participação na Eucaristia por meio da comunhão seja um encher-se de Espírito Santo, de modo que a vida ("fé na verdade") seja uma glorificação a Deus por meio de Cristo. Note-se a diferença em relação a muitas epicleses orientais, nas quais a invocação do Espírito Santo é feita para que o pão e o vinho se tornem corpo e sangue de Cristo, e com a oração eucarística II do novo *Missal Romano*, que, mesmo inspirando-se em Hipólito, invoca o Espírito Santo não sobre a oferta (para que através dela chegue à Igreja), mas diretamente sobre a Igreja, em razão da comunhão com o corpo e sangue de Cristo;

5. A *doxologia* final, com a qual se dá glória ao Pai, ao Filho e ao Espírito Santo, sublinhando-se que isso acontece "na santa Igreja".

3. Época patrística: séc. IV-V

O começo do séc. IV é o tempo do pluralismo litúrgico, que sucede à primitiva "uniformidade" (termo que, no entanto, deve ser tomado só num sentido aproximativo), dada pela comum dependência direta das origens judaico-cristãs da Igreja primitiva.

Terminado o período apostólico e dos discípulos dos apóstolos, crescendo cada vez mais a importância da "Igreja dos gentios" e diminuindo a da "Igreja judeu-cristã", também a celebração litúrgica tende a evoluir, mesmo conservando profundamente as características originais. Todavia, tenta-se esconder de alguma forma o aporte das inovações, denominando as novas fórmulas com os nomes dos diversos apóstolos (Pedro, Marcos, João, Doze Apóstolos etc.), de certo modo pretendendo reafirmar a própria ligação com a tradição primitiva.

O fenômeno coincide sobretudo com o esmorecimento da unidade cultural do Império Romano, que representava uma progressiva eclipse da língua grega e que vinha dando seu lugar às diversas línguas nacionais.

A esse fenômeno de índole cultural deve-se acrescentar a tendência secessionista inerente aos movimentos heréticos que, para afirmar a sua própria diversidade doutrinal, não encontraram nada melhor do que adotar também uma língua litúrgica diferente, o que obviamente muitas vezes significava operar mudanças profundas em resposta às exigências de cada povo.

A isso se deve acrescentar que o séc. IV é o século das grandes metrópoles eclesiásticas e das grandes figuras dos Padres da Igreja, cuja importância na organização litúrgica não deve ser deixada em segundo plano.

QUADRO HISTÓRICO DO DESENVOLVIMENTO DA MISSA

Tais diferenciações não puderam, é claro, poupar a Missa, na qual, entretanto, alguns pontos e elementos permanecem comuns, embora distintamente formulados: orações, leituras, orações eucarísticas. Esses são elementos que pertencem a uma tradição certamente antiquíssima, isto é, apostólica.

Numa breve síntese esquemática, fornecemos aqui os grupos e os subgrupos litúrgicos, que começaram a se firmar com o séc. IV.[10]

Grupo oriental

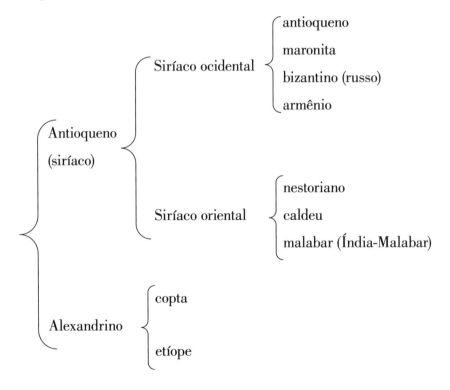

---

[10] Uma abundante coletânea das anáforas orientais (antioqueno-alexandrinas) pode ser encontrada em HANGGI-PAHL, *Prex Eucharistica*, Suíça, Friburgo, 1968. Texto latino, eventualmente greco-latino.

Grupo Ocidental

Romano

Africano

Ambrosiano

Aquileiês (patriarquino)

Hispânico (visigótico — depois: mozarábico)

Galicano

Céltico

Característica comum das várias liturgias *orientais* é o fato de que a "oração eucarística", que se chama "anáfora" (oração de "oferta", do grego *anafero*, "oferecer"), forma sempre um bloco compacto, sem possibilidade de variações. Muitos ritos, porém, tem uma variedade de "anáforas" que permitem criar certa alternância entre uma fórmula e outra.

O grupo *antioqueno* distingue-se do *alexandrino* pela diferente posição ocupada, no interior da anáfora, pelas "intercessões" e pela "epiclese" (invocação do Espírito Santo).

a) Intercessões:

– No grupo antioqueno: na *conclusão* da anáfora;
– No grupo alexandrino: *antes* do Santo.

b) Epiclese:

– No grupo antioqueno: *depois* da narração da instituição e da anamnese (memorial);
– No grupo alexandrino normalmente há duas epicleses: *antes* da instituição-anamnese; *depois* da instituição-anamnese.

4. Missa romana do séc. IV ao VI

A Missa "romana" pertence ao grupo litúrgico ocidental e constitui o seu momento mais alto, seja em si mesmo, seja porque influenciou notavelmente as demais liturgias latinas.

O ponto de maior distinção entre as liturgias ocidentais e as orientais é dado pela maior ou menor *variedade* ou *variabilidade* da oração eucarística.

— Na *liturgia romana*, a variedade se nota na parte da oração eucarística que *precede* a instituição-anamnese, e é constituída pelas variações do "prefácio" (que pelo menos até os séc. VII-VIII era diferente quase em cada Missa) e — em determinadas festas — pelas variações do *communicantes*, que introduz no interior da oração eucarística — repetindo assim aquilo que já havia acontecido com o "prefácio" — o "mistério" celebrado no dia; em determinadas circunstâncias "votivas" introduzia-se na oração eucarística a intenção "particular" do dia por meio da fórmula *Hanc igitur*, que portanto só ocasionalmente era dita (até quando, talvez sob Gregório Magno, entrou estavelmente na oração eucarística, assumindo um caráter genérico, exceção feita para a Páscoa e Pentecostes, em que de novo se tornava fórmula de "intenção particular", isto é, sublinhava que a oferta era feita pelos novos batizados do dia).

— Outras liturgias ocidentais: na *ambrosiana*, seguia-se o sistema e em grande parte o texto romano da oração eucarística; na *galicana* (céltica) e na *hispânica* a oração eucarística — quando não seguia o sistema romano, como ocorria frequentemente na liturgia galicana (céltica) — possuía *fixa só a fórmula da instituição*; o restante da oração era constituído por fórmulas variáveis, ditas: *Contestatio* ou *Immolatio* (= prefácio romano); *Post Sanctus*, que implicava com frequência uma memória do "mistério" do dia ou também as "intercessões"; *Post secreta* ou *Post Pridie* (isto é, depois da fórmula institucional, que começava com as palavras: *Pridie quam pateretur* ["antes de sofrer"]), na qual entravam, uma ou outra, a "anamnese", a "epiclese" ou também as "intercessões".

As *fontes* das antigas liturgias ocidentais — romana, galicana (céltica), ambrosiana e hispânica — estão sobretudo nos livros chamados de *sacramentários* (que contêm as fórmulas do celebrante), nos "lecionários-evangeliários" (para as leituras) e — pelo menos no que se refere à liturgia romana — nas *Ordines romani* (livros cerimoniais).

Desses livros, dos quais foram conservados muitos manuscritos, que remontam até o séc. VI, destacamos:

a) Para a liturgia romana: SACRAMENTÁRIOS: (1) *Veronês* (séc. VI-VII), assim denominado pela Biblioteca Capitular de Verona, onde foi encontrado; é também chamado "Leoniano", por causa de uma presumível proximidade de tempo e de estilo com Leão Magno; é uma coletânea de muitas Missas diversas para o mesmo dia, indicando por isso mesmo um tempo onde ainda havia plena liberdade criativa nas fórmulas variantes da Missa, tais como orações, prefácio, *Communicantes* e *Hanc igitur*; (2) *Gelasiano* (séc. VII-VIII), onde o processo de escolha prossegue com a seleção das fórmulas mais fáceis e o abandono da maior parte dos diversos "prefácios" (dos mais de 260 do Veronês e dos mais de 50 do Gelasiano foram reduzidos para somente 12 no *Missal Romano*).

Desses sacramentários, temos só um manuscrito para o Veronês-Leoniano (Biblioteca Capitular de Verona 85); um manuscrito do Gelasiano (*Vaticanus Reginensis* 316); alguns manuscritos do Gregoriano, dos quais o mais importante é o Cambrai 159. Mas enquanto o Veronês não teve sucessores, do Gelasiano têm-se outras recensões, conhecidas sob o nome de "Gelasianos do séc. VIII", que denotam influências do Gregoriano; do Gregoriano mesmo tem-se uma edição "acrescida" por Alcuíno (conselheiro eclesiástico de Carlos Magno) e conhecida sob o nome de "Gregoriano Ottoboniano 313" (Biblioteca Vaticana), que é aquele sobre o qual se baseia o *Missal Romano* editado em Roma em 1472 e que posteriormente se tornou oficial para toda a liturgia romana com a edição revisada por São Pio V em 1570.

b) Para a liturgia ambrosiana: *Sacramentário de Bérgamo*, séc. IX; *Sacramentário de Ariberto*, séc. XI;

c) Para a liturgia galicana: *Missale Gothicum, Gallicanum vetus, Missale Francorum*;

d) Para a liturgia céltica: *Missal de Stowe* (Irlanda) e *Missas de Mone*;

e) Para a liturgia hispânica: *Liber Ordinum, Liber Mozarabicus Sacramentorum, Missale Mixtum*.

O séc. IV não é somente a data de mudança da *língua litúrgica*, em Roma, *do grego para o latim*, mas é também o momento de uma transformação litúrgica mais profunda, no sentido de que se abandona o antigo clichê judaico-cristão e se passa a formas marcadas mais particularmente pelos caracteres próprios do ser humano ocidental e da sua cultura.

— Criam-se *novos formulários* nas partes variáveis da Missa (orações) e se afirma neles certa busca pela linguagem e pelo estilo literário latinos, nos quais são combinados ao mesmo tempo e muito bem a língua da Escritura em tradução latina e a língua clássica profana vigente.

— Isso comportava um trabalho muito forte de *criações litúrgicas*, adaptadas ao novo clima e à nova orientação, inclusive para fazer frente ao acrescido número das *festas:* seja do Senhor (Natal-Epifania, Ascensão), seja dos *tempos de preparação* (Quaresma e — do séc. VII em diante — Advento) à Páscoa e ao Natal, como também das festas dos *santos*, que do séc. V em diante não são mais só as dos mártires mas também de outros santos assimilados a estes com o nome de "confessores" (trad. latina de "mártires").

Se uma das causas da nossa ignorância no que diz respeito à liturgia antiquíssima deve ser identificada justamente no caráter carismático desta, caráter que se manifestava na improvisação, uma das razões que nos permitirá, pelo contrário, um conhecimento quase perfeito da liturgia a partir do séc. V residirá no fato de que a liturgia vai adquirindo certa fixidez nos formulários.

É preciso falar de uma "certa fixidez", porque o fato de uma determinada fórmula ser consignada por escrito não lhe dava garantia de que não seria suplantada por outra.

A liberdade de improvisação litúrgica continuava ainda, muito embora normalmente talvez não consistisse mais numa improvisação propriamente dita no momento em que era feita, reduzindo-se apenas a uma liberdade de criação, que tem todas as características de uma atividade literária e também, muitas vezes, com pretensões literárias.

Que alguns se ocupassem de tal atividade literária litúrgica e que esta fosse um fato digno de nota já pode ser percebido pelo seguinte:

a) Pelas notícias do *Liber Pontificalis*, que refere como alguns papas tenham composto formulários litúrgicos (por exemplo, a propósito do Papa Gelásio no *Liber Pontificalis* se lê: *"Fecit etiam et sacramentorum praefationes et orationes cauto sermone"* = "escreveu de forma estudada — ou acurada — *orações e prefácios*"), notícias que encontramos repetidas também por autores da mesma época ou posteriores.[11]

---

[11] Quanto a Gelásio, cf. GENNADIUS, *De viris illustribus* XCIV; PL 58, 1115-1116; WALAFRIDUS Strabo, *De ecclesiasticarum rerum exordiis et incrementis* 22; PL 114, 946 B.

b) Através de outras fontes, sabemos que Santo Ambrósio compôs pelo menos alguns *hinos*; que Santo Eusébio de Milão compôs grande parte dos *prefácios* milaneses; que Santo Agostinho compôs um *Exsultet* e que também a São Jerônimo foi pedido que compusesse um etc.

c) A existência desta produção nos é conhecida também porque a autoridade eclesiástica dela precisou se ocupar; de fato, com muita frequência não faltaram, a este respeito, erros contra a fé. Assim, o Concílio IV de Cartago (376) proíbe que se faça uso de "orações litúrgicas" (*preces*) sem que antes tenham sido controladas por pessoas doutas; Santo Agostinho observa que muitas dessas orações litúrgicas, compostas por pessoas de pouca consideração e inclusive por heréticos, na verdade são submetidas a correções; em 416 o Concílio Milevitano II (África) proíbe definitivamente que fórmulas litúrgicas sejam introduzidas no uso sem a prévia aprovação do Concílio; no mesmo ano de 416, o Papa Inocêncio I, escrevendo a Decêncio de Gúbio, precisa lamentar que "muitos, sem consideração com a tradição, fazem praticamente aquilo que lhes apraz, criando assim algumas novidades e algumas desordens na celebração litúrgica".

II. Período de estabilização
1. Quadro geral da Missa romana nos séc. VII-VIII

As graduais transformações litúrgicas em ação desde o séc. IV levaram a um novo quadro geral da Missa, que vamos examinar brevemente para notar as particularidades, a começar pelo nome "Missa".

A celebração eucarística se apresenta assim:

I Parte

Canto de entrada

Oração de intercessão

1ª oração — 1ª leitura ("profecia") — 1º canto interlecional (gradual)

2ª oração — 2ª leitura ("apóstolo") — 2º canto interlecional (aleluia)

3ª leitura ("Evangelho") — homilia.

Envio dos catecúmenos.

II Parte

Oferta (com o canto de "ofertório" e a oração sobre as ofertas)

Oração eucarística (Prefácio-Santo-Cânon)

Fração do Pão

Pai-nosso

Beijo da paz

Comunhão (com canto)

Oração depois da comunhão

Oração sobre o povo

O nome "Missa"

Ainda são conservadas as denominações antigas: *prex, prex consecrationis, mysteria, sacramenta, sacramentorum sollemnia, sacra sollemnia, dominicum* (que frequentemente significa também "igreja") e *actio* que, tendo o significado de "rito" em geral, muitas vezes indica a Missa.

QUADRO HISTÓRICO DO DESENVOLVIMENTO DA MISSA

O termo "Missa", no sentido específico de "ação eucarística", isto é, no sentido moderno, encontra-se pela primeira vez com certeza em São Leão Magno († 461), que escreve ao patriarca de Alexandria pedindo-lhe que celebre uma segunda Missa, "se uma não bastar".[12]

Enquanto certos testemunhos anteriores (como o de Egéria: no dia de Páscoa, em Belém, *celebratur Missa ordine suo*, bem como a de Vitório Vitense[13]) contendo o nome *Missa* parecem querer indicar muito mais uma função litúrgica em geral, a mesma palavra *Missa* em outros autores adquire o sentido específico de "cânon da Missa", como se pode ver em Cesário de Arles († 543), quando diz que "a Missa é não quando são feitas as leituras mas quando se fazem a oferta e a consagração".[14]

Mas a palavra *Missa* em certos escritores monásticos (Cesário, Aureliano, Fruttuoso) significa as passagens da Escritura (lições) do ofício.

Quais são o significado e a origem da palavra *Missa*?

a) Deve-se descartar a explicação que a apresenta como uma corrupção do grego *myesis* (iniciação sacra) ou uma derivação do hebraico *missah*, como o fazem alguns humanistas e também o historiador Barônio.[15]

b) Deve-se descartar o recurso ao particípio latino feminino *missa* (do verbo *mittere*), que significaria (oferta) enviada (a Deus), como o

---

[12] Leão Magno, *Ep.* 9, 2; PL 54, 627: *"Si unius tantum Missae more servato, sacrificium offerre non possunt"*.

[13] Egéria, *Peregrinatio* 41 [ed. bras.: *Peregrinação de Etéria*; liturgia e catequese em Jerusalém no séc. IV. Petrópolis, Vozes, 1977]; SC 296, 296; Vittorio Vitense, *Historia persec.* 2, 2, 17; CSEL 7, 25.

[14] Cesário de Arles, *Sermo* 73, 2: *"Non tunc fiunt Missae, quando divinae lectiones in ecclesia recitantur, sed quando munera offeruntur et corpus et sanguis Domini consecratur"* (CCL 103, 107).

[15] Barônio, *Annales* a. 34, c. 59.

fazem Ruperto de Deutz[16] e Santo Tomás,[17] retomando a ideia de Flório de Lião, Pseudo Alcuíno e Remígio de Auxérre.

c) A palavra *Missa* é uma contração latina da palavra *missio*, no sentido de "enviar", "despedir" (como *ascensa* de *ascensio*, e *collecta* de *collectio*). Neste sentido, *Missa* era usada como termo técnico áulico forense ou militar, ou quase sempre com o verbo *fiat* ou *est*: é o ato de despedir, o momento de dissolver a assembleia. É também nesse sentido que Comodiano fala do soldado que *stat ad missam* (está de guarda, esperando a troca de turno), e Avito de Viena nos explica que "nas igrejas, na corte e no tribunal se proclama a despedida, quando o povo é liberado".[18]

Ainda nesse sentido, a palavra é usada muito frequentemente por Egéria,[19] por Santo Agostinho,[20] por Cassiano e por São Bento; este último, descrevendo as horas canônicas, diz que depois da recitação da oração *Missae sunt* ou *Missae fiant* (despeçam-se as pessoas).

O que aconteceu, em síntese, é que a última palavra que fechava a ação litúrgica deu o nome a todo o rito.

Canto de entrada

A entrada silenciosa (cf. Sexta-Feira Santa) é substituída por um canto antifônico dos salmos.

---

[16] RUPERTO DE DEUTZ, *De divinis officiis* 2, 23; PL 170, 51.

[17] *Summa Theol.* III 83, 4, ad 9.

[18] AVITO DE VIENNE, *Epist.* 1: *"In ecclesiis palatiisque sive praetoriis Missa fieri pronuntiatur, cum populus ab observatione dimittitur"*; PL 59, 199.

[19] EGÉRIA, *Peregrinatio* 24, 25, 35, 38 etc.; SC 296, *passim*.

[20] AGOSTINHO, *Sermo* 49, 8: *"Post sermonem fit Missa catechumenorum, manebunt fideles"*; PL 38, 324.

Quadro histórico do desenvolvimento da Missa

Oração de intercessão ou súplica litânica do Kyrie eleison

O desenvolvimento da liturgia de estação, que comportava uma procissão do lugar de reunião até a igreja onde se fazia a celebração, tinha feito com que se duplicasse a "oração universal". É sabido, com efeito, que esta:

a) É uma forma litânica (a uma série de intenções de oração responde-se com uma fórmula fixa, que podia ser o antiquíssimo *Kyrie eleison*, conhecido também na oração pagã, ou o *Miserere, Domine,* o *Exaudi, Domine,* o *Te precamur, audi nos* etc.);

b) Tinha o seu lugar, desde a primeira antiguidade, como conclusão da "liturgia da palavra" e era, por sua vez, concluída com o "beijo da paz", que precedia a oferta.

Todavia, como o canto processional de estação era, sobretudo por razões práticas, um canto "litânico" (cf. as intenções: *Ut* e as respostas: *Te rogamus, audi nos* das chamadas ladainhas dos santos, que são a antiga "Ladainha" estacional), na prática o que acontecia era que as "intenções" da "oração universal" a serem ditas antes da oferta acabavam sendo antecipadas no canto litânico processional. Em consequência disso, pensou-se que seria melhor abolir a "oração universal", considerando-a substituída pela ladainha. Por outro lado, *nem sempre* — sobretudo nos dias feriais fora da Quaresma — fazia-se a procissão litânica; e para evitar então que a "oração universal" viesse a faltar totalmente em certos dias, introduziu-se — por obra de Gregório Magno — o costume de recitar a "súplica litânica", isto é, o *Kyrie eleison*, que substituía a Ladainha e consequentemente a "oração universal" nela incluída. Esse costume, introduzido inicialmente para os dias "alitânicos", tornou-se regra geral com a decadência da procissão estacional.

A invocação *Kyrie eleison* era inicialmente repetida por um número impreciso de vezes. O número de nove invocações e com significado trinitário é de uma tradição posterior. A *Deprecatio Papae Gelasii* ou "Oração para a Igreja universal estabelecida pelo Papa Gelásio", conservada por Alcuíno, pode ser encontrada também nos manuscritos Paris. 1153 e Bibl. Angelica B. 3.18 (Roma).[21] Depois da introdução "Digamos todos: Senhor, escuta-nos e tende piedade", prossegue: "Invoquemos o Pai [...], o Filho [...] e o Espírito Santo"; (resposta): *Kyrie eleison*. A seguir vêm as intenções, a começar pela Igreja, pelos bispos e ministros, pelos pregadores e pelos religiosos, pelos príncipes e pelo bom tempo, pelos catecúmenos e pelos penitentes, pelos exilados, pelos judeus, por aqueles que se dedicam às obras de caridade, pelos presentes, pelo perdão dos pecados e pelos defuntos; e a cada vez responde-se *Kyrie eleison*. Às últimas quatro intenções, que pedem ajuda para a luta espiritual e para a vida, responde-se: *Praesta, Domine, praesta* ("Concede-nos, Senhor, concede"). No total, são dezoito intenções.

Leituras

Em Roma, normalmente são três (até o séc. VIII) para as Missas "do tempo", especialmente aos domingos e nas festas do Senhor; nas festas dos santos há somente duas.

Oração eucarística

Começa, como de resto desde a mais remota antiguidade, como o diálogo normal: *Sursum corda* ("Corações ao alto"), e prossegue com a

---

[21] Pode-se ler em B. CAPELLE, *Le Kyrie de la Messe et le Pape Gélase*. In: CAPELLE, B. *Travaux liturgiques*. v. II. Louvain, 1962.

fórmula estereotipada, conhecida também nas anáforas orientais (mostrando por isso mesmo a proximidade entre ambas e a origem antiga comum): *Vere dignum* ("Verdadeiramente digno"). Mas essa primeira parte da prece, ainda que interrompida pelo Santo, enquanto nas anáforas orientais nunca muda, na liturgia romana é a parte variável por excelência. Essa forma é o "prefácio" (que, entretanto, tem o significado não de "prefácio" ou "prólogo", mas sim de "oração solene"). A introdução do Santo provavelmente se deve a um influxo oriental aproximadamente nos séc. IV-V (esse canto, ao que tudo indica, não entrou na Missa a não ser nessa época, inclusive no Oriente).

O "prefácio" é claramente cristológico: um louvor ao Pai pelo particular Mistério de Cristo celebrado naquele dia, e assim, ao contrário das anáforas orientais, é quase nula a referência à doxologia cósmica ou ao agradecimento pela criação.

Como já acenamos, outros elementos variantes entram no *Communicantes*, que introduzia na prece o mistério do dia, e o *Hanc igitur*, que era uma fórmula "acessória", isto é, dita quando havia "intenções" particulares na Missa: Batismo; ordenação de bispos, padres e diáconos; consagração de virgens; enterros etc.

As "intercessões" (introduzidas pelo "*Memento* — Lembra-te, Senhor") eram postas no interior da parte invariável da oração eucarística e admitiam a "recitação de nomes" particulares, seja como nome daqueles que faziam ofertas, seja como nome daqueles para os quais se pretendia rezar. Essas "intercessões" compreendiam também os defuntos (o "Memento dos defuntos" e a oração seguinte, que se leem hoje no Cânon Romano, foram deslocados em época posterior [séc. VIII-IX], e a própria oração *Nobis quoque* ("Nós também"), com a sua lista de santos, nada mais é do que uma espécie de cópia do *Communicantes*, que ficou ligado ao "Memento dos vivos").

A parte mais antiga da oração eucarística romana é indubitavelmente a que compreende a narração da instituição (*Qui pridie*, "no dia anterior"), a anamnese (*Unde et memores*, "Por isso, lembramos") e a fórmula epiclética (*Supplices*). Desse conjunto, temos um testemunho preciso no *De Sacramentis* 4, 5, de Santo Ambrósio (fim do séc. IV).

A Fração do Pão

Ao contrário do que acontece hoje, vinha imediatamente depois da oração eucarística. Com São Gregório Magno, a oração eucarística, por sua vez, foi seguida, depois da "doxologia" conclusiva, pela oração do "Pai-Nosso". Gregório, de fato, não achava justo que o "Pai-Nosso" fosse recitado "depois", ou seja, "separado" da oração eucarística, como acontecia, porque depois da oração eucarística o celebrante voltava para a cátedra e, depois que os ministros no altar tinham feito a "fração", rezava o "Pai-Nosso". Antecipada assim a posição do "Pai-Nosso" em relação à "fração", o "beijo da paz", que deveria estar ligado ao "Perdoai-nos as nossas ofensas, assim como nós perdoamos", acabou ficando separado, depois da "fração".

Era o segundo deslocamento que o "beijo da paz" sofria desde a primeira antiguidade na liturgia ocidental. Primeiro, de fato, este se encontrava como conclusão da "oração universal", antes da oferta; suprimida esta para a introdução da "Ladainha" e do respectivo *Kyrie* litânico no começo da Missa, o "beijo" foi transposto para antes da "comunhão", ou seja, depois do "Pai-Nosso". Deslocado também o "Pai-Nosso" para logo depois da oração eucarística, o "beijo" acabou ficando para logo antes da comunhão, mas sem a introdução que poderia lhe dar a oração "comprometedora de perdão" do Pai-Nosso. O deslocamento do "beijo" para antes da comunhão — isto é, para o seu lugar primitivo como conclusão da oração universal — encontra-se testemunhado no final do séc. IV em Santo Agostinho e na "Carta a Decêncio de Gúbio", de Inocêncio I (401-407).[22]

Oração sobre o povo

No *Missal Romano* pós-tridentino, há uma fórmula na Quaresma com esse nome depois da oração de agradecimento na comunhão (*Postcommunio*).

Com efeito, a fórmula existe com esse nome (*Super populum*) e só na Quaresma no Gregoriano. No Gelasiano — que se supõe seja anterior ao Gregoriano —, encontra-se uma fórmula, depois do *Postcommunio*, com o título *Ad populum*, mas só nas Missas que se encontram na parte I do sacramentário, e somente quatro vezes na parte II (quarta-feira, sexta, sábado das têmporas de dezembro e sábado das têmporas de setembro) ou duas vezes na parte III (nn. 27-68). Uma fórmula que se deve considerar idêntica encontra-se, no entanto, salvo poucas exceções, em todos os formulários do Leoniano.

O sentido da fórmula, não obstante venha logo depois da comunhão, é sempre totalmente diferente daquela do *Postcommunio*, pois nunca há menção alguma à Eucaristia.

É uma fórmula originária, ou foi introduzida na reforma dos séc. IV-V? Poder-se-ia pensar — dada a sua perspectiva, completamente fora de qualquer referência eucarística — que a fórmula esteja em conexão com o fato de a comunhão se tornar cada vez mais rara em torno do séc. V, fato posto em evidência por muitos Padres.[23] Nesse sentido, seria uma

---

[22] AGOSTINHO, *Sermo* 83; PL 38, 1101; INOCÊNCIO I, *Epist. 25 ad Decentium Eugubinum*, 1; PL 20, 553.

[23] JOÃO CRISÓSTOMO, *In I Timoth.* 3, hom. 5; PG 62, 529. AMBRÓSIO, *De Sacramentis* 5, 4: "Se é pão cotidiano, por que o tomas só de um ano para o outro, como costumam fazer os gregos?" (SC 25, 95).

oração por aqueles que nunca comungaram, considerando-se que o *Postcommunio* não pode se referir senão àqueles que fizeram a comunhão.

2. A Missa romana do séc. VIII até a Idade Média

Salvo pequenas modificações, o quadro da Missa dos séc. VII-VIII fica praticamente sem variações em sua composição. Os livros vão sendo acrescidos de novas fórmulas, mas já modeladas sobre um tipo literário tradicional. A oração eucarística, que se distingue claramente em duas partes, das quais uma se chamará "Prefácio" e a outra "Cânon" (ou seja, segundo uma "norma" fixa), fica, nesta sua segunda parte, definitivamente codificada e veneravelmente conservada.

Para ter uma ideia do desenvolvimento da Missa como era celebrada em Roma pelo Papa, pode-se ler o *Ordo romanus I*, do qual eis a síntese:

1. O Pontífice, entrando, faz sinal para "salmodiar", isto é, para entoar a "antífona de entrada".

2. Aproximando-se do altar, inclina-se, levanta-se, reza e persigna-se sobre a fronte.

3. Depois faz sinal para que seja dito o *Gloria Patri*.

4. A seguir, o Pontífice se ajoelha diante do altar, até que seja repetida a antífona de entrada, depois beija o livro dos Evangelhos e o altar e se dirige à sua sede, mantendo-se em pé, voltado para o Oriente.

5. Segue-se o *Kyrie* — entoado pelo coro, que se repete enquanto o Pontífice quiser. Este, posteriormente, entoa o *Gloria in excelsis*, mas não se senta senão depois do Amém da oração.

QUADRO HISTÓRICO DO DESENVOLVIMENTO DA MISSA

6. Um subdiácono lê a Epístola; sucessivamente um cantor sobe ao ambão para o Responsório (Aleluia — Texto, dependendo do tempo).

7. O diácono, depois de beijar os pés do Pontífice (que em voz baixa diz: *Dominus sit in corde tuo et in labis tuis*, "Deus esteja em teu coração e em teus lábios", assinalando-o com a cruz), pega no altar o Evangeliário e o beija. A seguir, precedido por dois subdiáconos com incensários carregados com mãos erguidas, e por dois acólitos com velas, vem ao ambão. Lido o Evangelho, o Pontífice diz primeiro *Pax tibi* ("a paz esteja contigo") ao diácono que leu o Evangelho — depois *Dominus vobiscum* ("o Senhor esteja convosco"), ao que se responde *Et cum spiritu tuo* ("e com teu espírito"). A seguir, o subdiácono oferece o Evangelho para ser beijado a todos e por fim o fecha na sua custódia, a fim de que seja levado de volta ao Latrão (sede do Pontífice).

8. Um diácono estende sobre o altar uma toalha ("corporal"), enquanto um subdiácono toma o cálice vazio e segue o primeiro diácono, que vai em direção aos portões, no mesmo momento em que para lá se dirige o Pontífice. Este, do lado destinado aos "notáveis" (*senatores*), recebe as ofertas dos mesmos, enquanto o primeiro diácono recolhe o vinho trazido por eles, que coloca no cálice e depois, quando o cálice fica cheio, num recipiente maior. Depois, o Pontífice e o seu primeiro diácono passam para receber as ofertas da parte das "mulheres nobres". Enquanto isso, os demais recolhem as ofertas dos fiéis.

Também as ofertas do Pontífice — que neste ínterim foi sentar-se — são recebidas e levadas com as demais ao altar. Coloca-se também um pouco de água no cálice, fazendo com esta o sinal da cruz. Dispostas as ofertas sobre o altar, o cálice é posto à direita da oferta do Pontífice.

9. Enquanto isso, canta-se o ofertório. O Pontífice diz a "secreta", e a seguir faz sinal para concluir o canto do ofertório (que tem mais versículos).

10. Dos ministros, alguns estão atrás do Pontífice e outros do outro lado do altar, virados em direção a ele.

Dito o Prefácio, todos dizem, inclinados, o Santo, e permanecem inclinados, enquanto o Pontífice começa, acabado o Santo, o Cânon. Os primeiros a se levantarem serão os subdiáconos, no *Nobis quoque*; depois levanta-se o primeiro diácono, no *Per quem omnia*, momento em que levanta o cálice, enquanto o Pontífice o toca com a oferta (do pão), dizendo: *Per ipsum et cum ipso*.

11. Depois da resposta (do povo), *Amen*, o subdiácono vem para frente com a patena, sobre a qual estão os *sancta*, isto é, a Eucaristia conservada da Missa precedente, e que este recebeu do acólito, passando-a ao diácono. Este, beijada a patena, passa-a para o primeiro diácono; o Pontífice pega os *sancta* para colocá-los no cálice, depois de ter dito: *Pax Domini sit semper vobiscum* ("a paz do Senhor esteja sempre convosco"). Segue-se o beijo da paz.

12. O Pontífice toma um fragmento da sua própria oferta e o coloca sobre o altar, enquanto a sua oferta e a dos demais são colocadas sobre a patena, que o diácono segura na mão; um diácono toma o cálice, levando-o para o lado direito do altar.

Alguns subdiáconos se aproximam com saquinhos de linho, neles colocam as ofertas e os levam aos sacerdotes, que estão no presbitério, para que façam a "fração". Enquanto isso, dois subdiáconos levam as ofertas, que estão sobre a patena, para o Pontífice (no trono) e, tendo obtido a permissão, procedem à fração. Canta-se o *Agnus Dei*, enquanto durar a Fração do Pão.

13. O diácono aproxima-se do Pontífice com a patena, o qual comunga o corpo do Senhor, mas coloca um fragmento deste no cálice, que lhe foi apresentado pelo primeiro diácono, dizendo: *Fiat commixtio et consecratio* [...] *Amen. Pax tecum* ("Façam-se a mistura e a consagração, amém. A paz esteja contigo") (ao primeiro diácono), e depois de ter respondido *Et cum spiritu tuo* ("e com teu espírito"), o primeiro diácono oferece ao Pontífice o sangue do Senhor para beber. Do sangue remanescente, uma parte é derramada antes no recipiente maior do vinho, para a comunhão dos ministros; depois o restante é destinado à comunhão dos fiéis, que tomam o sangue por meio de um "canudinho".

    O Pontífice distribui a comunhão no lado reservado aos "notáveis" e às "mulheres". Os padres dão a comunhão para o povo.

    Enquanto isso, canta-se o *communio*.

14. Concluído o canto, o Pontífice diz o *Postcommunio*, e um diácono anuncia: *Ite, Missa est*.

    O Pontífice desce para orar brevemente na "confissão" (sepulcro do mártir) e, enquanto atravessa o presbitério, os ministros lhe dizem: *Iube, domine, benedicere*. O Pontífice responde: *Benedicat nos Dominus*, enquanto entra na sacristia.

Tudo isso já nos revela muito claramente a importância que o *cerimonial* tomou no rito. Estamos diante de um acumular-se de movimentos e de cerimônias, que evidentemente se caracteriza pelo caráter de "corte" que já vai sendo assumido pelo papa e pelos seus ministros. É inegável que o conjunto apresenta algo de grandioso e de solene, que todavia não pode ser considerado como a expressão típica da "liturgia cristã", mas muito mais o enquadramento que uma antiga e suntuosa cultura, nomeadamente a cultura romana do império, oferece ao simples e despojado Mistério de Cristo, celebrado como "Ceia do Senhor". Nisso pode-se certamente descobrir o legado da antiga cultura a Cristo; mas é também evidente que esse legado tende a sufocar e a fazer desaparecer a íntima natureza do mistério. O sentido da "corte", passada do imperador para o papa (para o bispo), fica evidente no grande número de *personagens de corte* (*vice-dominus, vesterarius, nomenclator, sacellarius*), além dos *muitos ministros sagrados* (bispos, presbíteros, sete diáconos, sete subdiáconos, acólitos etc.) que tomam parte do rito e não como simples assistentes; mas ressalta ainda mais se considerarmos a grande "cavalgada" formada pela procissão papal em direção à igreja de celebração: a pé os acólitos e outros, depois a cavalo os dignitários de corte citados; o uso do incensário e dos sete candelabros (ou tochas) levados à frente do papa; o costume de beijar mãos e pés do próprio papa (dois costumes típicos da corte imperial); a assembleia reduzida (com exceção da oferta e da comunhão, que logo cairão em desuso) a espectadora, já que o canto, a esta altura, é reservado exclusivamente ao coro.

Deve-se notar que esse *tipo de celebração* certamente não era o único existente na própria Roma, onde, nas celebrações realizadas nos "títulos", ou seja, nas igrejas paroquiais, no que dependia dos presbíteros não tinha toda essa pompa. Na realidade, porém, é um fato que a

QUADRO HISTÓRICO DO DESENVOLVIMENTO DA MISSA

única liturgia codificada por escrito foi a liturgia papal; e esta foi matéria de "exportação", sobretudo por obra de Pepino e de Carlos Magno, rei dos Francos, e assim se tornou a "norma" litúrgica do Ocidente. Desse modo, a simplicidade primitiva cobriu-se de "cerimonialismo" e de "ritualismo", que aos poucos se tornaram não somente a característica da liturgia mas acabaram sendo identificados com ela.

Na Idade Média, de fato, especialmente devido à influência franco-germânica, esse caráter se intensificou cada vez mais. Jungmann[24] fala, a este propósito, de coloração "dramática" da Missa, e identifica tal coloração no multiplicar-se do uso e do movimento dos candelabros, do incenso (sobre e ao redor do altar, em direção às pessoas), da troca de vestes ou do modo de vesti-las, dependendo do momento ou do dia litúrgico.

Uma segunda característica desse desenvolvimento anormal da liturgia na Idade Média deve ser visto na *multiplicação das orações*, e assim a "oração" (única da Missa, no início, na oferta e depois da comunhão) é acrescida de outras fórmulas, até chegar a ponto de os livros cerimoniais precisarem estabelecer que, caso se supere o número de duas, estas devem ser em números ímpares (3-5-7), mas não devem superar o total de 7 (total da Missa 7×3 vezes = 21 orações!). A estas são acrescentadas outras, que eram ditas logo no começo da Missa, antes das leituras e no ofertório.

De todas essas fórmulas, testemunhos de uma devoção "privada" que vai se impondo (pelo menos no que diz respeito à atitude subjetiva do celebrante) sobre as fórmulas "litúrgicas" propriamente ditas, algumas tomam o nome de *apologias*, enquanto expressões sobretudo do

---

[24] JUNGMANN, J. *Missarum sollemnia*. v. I. Wien, 1962, pp. 101s. [Ed. bras.: *Missarum sollemnia*. São Paulo, Paulus, 2009.]

sentimento de culpa e de consequente indignidade do sacerdote que se prepara para celebrar os mistérios.

Não se trata, evidentemente, de orações que exorbitam do sentido da Missa; pelo contrário, são destinadas a sublinhar certos gestos ou momentos particulares da Missa.

Isso, todavia, não evita que algumas vezes levem a perder de vista certos aspectos fundamentais da Missa.

É o caso, por exemplo, do caráter acentuadamente *individual* de que estas orações normalmente se revestem, precisamente fixando a atenção do celebrante sobre si mesmo, enquanto tendem a prolongar os momentos de devoção privada do sacerdote, tornam mais pesado o desenvolvimento do rito e fazem com que o povo facilmente se sinta deixado de lado pela ação do celebrante.

Essas apologias se ressentem de uma grande verbosidade, mas aquilo que nelas é mais característico é, na maioria dos casos, um destacado sentimentalismo religioso, no qual sobretudo o sentido da própria indignidade se exprime em fórmulas que são profundamente alheias ao estilo clássico da antiga liturgia romana ou latina em geral.

Querendo fixar em poucas palavras a origem desse florescimento de fórmulas pessoais na Missa, deve-se dizer que são vários e muitos os fatores que a determinaram.

Alguns pensam que tudo provenha especialmente do difundir-se da Missa "privada", na qual o celebrante, com maior liberdade, podia se abandonar ao seu próprio sentimento. Da Missa "privada", as fórmulas teriam passado, mais tarde, de modo distinto e por iniciativa individual, também para a Missa solene.

Todavia, mesmo sem negar a influência que a Missa "privada" possa ter tido na introdução das apologias, parece que estas devam a sua origem principalmente à configuração cada vez mais "solene" que a Missa ia tomando com o tempo.

Nessa visão de "solenidade", a parte dedicada ao coro era cada vez mais imponente por causa do grande desenvolvimento das formas do canto gregoriano, o qual, tornando-se cada vez mais florescente, via alargado o seu uso na mesma proporção.

Isso tinha como consequência que o sacerdote era obrigado a longos períodos de silêncio e de inação, o que tornava natural a tentação de preencher tais momentos com orações "privadas", que o celebrante pronunciava em voz baixa.

Isso valia certamente para a Entrada, para o *Kyrie* e para o Glória, mas também — e talvez particularmente — para o canto do ofertório, que compreendia muitos versos, todos melodicamente muito desenvolvidos. De fato, enquanto antes esse canto servia para acompanhar o longo rito de oferta, agora que esse rito havia caído o sacerdote passou a ser obrigado a ficar em silêncio ou a preencher o tempo com orações privadas à espera de poder iniciar o prefácio.

O mesmo diga-se do canto do *Agnus Dei*. Este, antes, acompanhava o rito, normalmente longo, da "fração da hóstia". Agora que esse rito tinha se tornado brevíssimo e o canto do *Agnus Dei* fora colocado depois do mesmo, era igualmente necessário esperar o seu final em silêncio, ou então preencher o tempo com orações privadas.

Outra razão é uma espécie de instintiva *necessidade de especificar*, sob forma de oração, o gesto ou o valor do gesto, que sempre são vistos em função alegórica. Isso comportava que cada gesto fosse acompanhado por uma fórmula de oração, que a seu modo explicava o próprio gesto e ao mesmo tempo o tornava motivo de oração.

É preciso dizer, entretanto, que todo esse florescimento de devoção privada, enquanto se desenvolveu no âmbito da Missa solene, não alterou nem um pouco as antigas linhas romanas da Missa. De fato, tudo isso representava nada mais do que um preenchimento, percebido praticamente só pelo celebrante que o punha em prática.

Outra coisa, pelo contrário, foi quando o costume passou para a Missa simples, porque aqui tais fórmulas logo deram a ideia de algo de acrescido e forçado.

Felizmente os livros litúrgicos romanos, todavia — principalmente os sacramentários —, já gozavam de uma *autoridade* tal que, mesmo admitindo privadamente muitas liberdades, não permitiam remanejamentos profundos nem nas fórmulas, nem nas próprias linhas. Esse fato, unido à *grande variedade de apologias*, que não permitia que uma delas se afirmasse de modo definitivo, havia impedido que o esquema da Missa fosse alterado pelas mesmas, no sentido de que toda essa produção devocional permanecia sendo normalmente um fato privado e praticamente nunca conseguiu passar da margem dos manuscritos para o interior do texto. Pelo menos por alguns séculos.

Além das apologias, frequentemente na Missa eram introduzidas outras orações, para determinadas ocasiões. Este fato, não sendo ignorado pelo uso privado, algumas vezes teve caráter oficial, como no caso das *orationes imperatae* (as orações ordenadas pelo bispo para serem acrescentadas depois da coleta, da secreta e da *postcommunio*).

Assim, por exemplo, ao invocar proteção contra a invasão dos tártaros, um Sínodo da Mogúncia (1261) ordenou que, depois do ofertório, fosse recitado o Salmo 78 (*Ó Deus, os pagãos invadiram tua herança*) com *Pater noster* ou *Collecta pro Pace*, enquanto todo o povo se prostrava ao convite: *Paenitentiam agite*! Algo de semelhante (Salmo 3) foi ordenado em outra ocasião por um Sínodo de Salzburgo (1281); o mesmo é feito por João XXI (1327), ordenando a recitação do Salmo

QUADRO HISTÓRICO DO DESENVOLVIMENTO DA MISSA

121 (*Laetatus sum*), do Kyrie e do *Oremus contra persecutores Ecclesiae*, a ser dito depois do *Libera nos* da Missa. Num código (séc. XV) de Admont (Áustria), é descrito um *clamor in tribulatione* (grito em tempo de calamidade). Antes do *Agnus Dei*, todos se ajoelham, celebrante e ministros diante do altar — no piso — e o clero no coro, e logo depois começam o "grito" etc.[25] Seguem-se três salmos, enquanto tocam os sinos, e o povo se une ao "grito" (*conclamatio*).

Roma, em todo esse movimento, normalmente tem se mantido fiel à tradição dos seus próprios livros litúrgicos antigos. Sabemos com certeza que em 1100, segundo Bernoldo de Constância (autor do *Micrologus*), o ofertório em Roma não conhecia outras orações além da secreta. Mas um século depois será precisamente um papa, Inocêncio III, a promover ou pelo menos favorecer uma abertura dos livros romanos às novas fórmulas, ainda que de maneira muito moderada, introduzindo quase somente fórmulas de acompanhamentos das cerimônias de entrada, ofertório e comunhão, como se pode ver no *Ordo et Canon Missae* do código Vat. Ottob. lat. 356,[26] que representa a reforma de Inocêncio III e que contém as apologias de entrada, ofertório e comunhão que serão retomadas mais de três séculos depois pela reforma tridentina de São Pio V, em 1570.

Mas a novidade maior da época de Inocêncio III, embora já fosse conhecida algum tempo antes dele, é a introdução na Missa solene de um costume que era típico da Missa simples — e certamente, também nesta, não muito antigo. Trata-se do uso de recitar, da parte do celebrante, todas as fórmulas que antes, divididas nos *Lectionarii* e nos *Antiphonarii*, eram reservadas, respectivamente, ao leitor (epístola), ao

---

[25] Cf. RIGHETTI, M. *Manuale di storia liturgica*. v. III: *L'Eucaristia*. 2a. ed. Milano, 1956, p. 160.

[26] *Ephemerides Liturgicae* 51 (1937) 198-210.

diácono (Evangelho) e ao coro (cantos). Até então, na Missa solene, o celebrante não recitava nem a Entrada, nem o Kyrie, nem o Glória, nem a Epístola, nem o Gradual, nem o Aleluia, nem o Evangelho, nem o Ofertório, nem o Santo, nem o *Agnus Dei*, nem o *Communio*.

Um fato, este, que pode ter favorecido a devoção privada do sacerdote, mas que deu à Missa um aspecto cada vez *menos comunitário*, fazendo com que o canto não tivesse outro valor a não ser o de embelezamento, sendo um reforço — tanto quanto um instrumento musical como o órgão — da celebração litúrgica, mas não tendo mais sentido, já que o sacerdote àquela altura já tinha feito tudo sozinho, indo adiante com a celebração sem esperar o final do canto.

Bem ou mal — mais mal do que bem —, a Missa medieval, que na tradição gregoriana havia enxertado a inovadora tradição inocenciana, finalmente desembocou na reforma litúrgica tridentina. Chegando esta às mãos de São Pio V, a comissão litúrgica daquele tempo praticamente deu valor de lei ao *Ordo* introduzido por Inocêncio III, e a edição oficial do *Missal Romano* (1570) na prática nada mais fez do que reproduzir — salvo poucas variações — o *Missal* na *editio princeps* de 1474, o qual, por sua vez, nada mais era do que a primeira versão impressa do *Ordo* inocenciano do séc. XIII.

Capítulo II
Teologia da Missa

Quadro histórico

Antes de entrarmos na teologia da Missa, tal como nos é apresentada pela liturgia, convém apresentar um *breve panorama histórico* dos vários desenvolvimentos que esta teve ao longo dos séculos.

I. Teologia da Missa na época patrística

Consideramos demonstrado que a *Eucaristia é o sacrifício do Novo Testamento*, e isso tanto com base na revelação quanto na linha da tradição, da qual, dentre os testemunhos mais antigos, podem ser citados os da *Didaqué* 14; Justino (séc. II), *Dialogus cum Tryphone* 41,1.2.3; 117,1;[1] Ireneu (séc. II), *Adversus Haereses* 4, 27, 5.[2]

Mas aquilo que a nós interessa agora é ver o *modo* com o qual os Padres se exprimiram quando quiseram apresentar a *natureza sacrifical* da Eucaristia.

---

[1] PG 6, 564; 748.

[2] PG 7, 1023.

1. Muitas vezes, especialmente entre os primeiros apologetas, mas também depois,[3] a propósito da Eucaristia aparece a expressão "sacrifício de louvor", que é equivalente a "sacrifício de Eucaristia" (= de oração de louvor, de agradecimento). O sentido dessas expressões é claramente determinado: o "sacrifício" em questão — ou seja, o sacrifício cristão — se faz "oferecendo louvores e orações". Veja-se, dentre outros, Justino, que escreve:

> As *orações* e as *Eucaristias* (= louvores, agradecimentos) [...] são os únicos *sacrifícios* perfeitos e agradáveis a Deus, e são estes os únicos sacrifícios que aos cristãos foi ensinado fazer, e precisamente na anamnese (que fazem) sobre o seu alimento e sobre a sua bebida, isto é, quando fazem a anamnese da Paixão que por eles sofreu o Filho de Deus.[4]

Isso não significa, entretanto, negar que o "corpo e o sangue" de Cristo sejam o "sacrifício" dos cristãos. Pelo contrário, quer dizer:

a) Que o "sacrifício" cristão se cumpre no âmbito e por meio de uma "oração" ou "Eucaristia", ou seja, não pela "morte" de uma vítima, mas por uma ação "espiritual", qual seja precisamente o "sacrifício dos lábios orantes" (Hb 13,15), que na sua "oração" tornam presente o *sacrifício do corpo e do sangue* do Senhor, "fazendo a anamnese da Paixão de Cristo" (cf. Justino).

b) Que o "sacrifício" cristão, justamente por tratar-se de um "sacrifício de louvor imolado no corpo de Cristo",[5] é o sacrifício mais perfeito, porquanto "sacrifício espiritual". Este, de fato, não consiste numa oferta "cruenta" de um animal, tomado e entendido como substitutivo do

---

[3] Cf. AGOSTINHO, *Adv. Iud.* 6, 8; PL 42, 57; *Contra adversarios legis* 1, 18, 37; 1, 20, 39; PL 42, 623; 627.
[4] JUSTINO, *Dial. C. Tryph.* 117, 2-3; Ed. G. ARCHAMBAULT, v. II. Paris, 1990, p. 200.
[5] AGOSTINHO, *Contra adversarios legis*, 1, 20, 39; PL 42, 626ss.

ser humano, mas na oferta do próprio ser humano — que neste caso é Cristo em pessoa, na realidade do seu corpo e sangue —, oferta que o ser humano exprime na "oração" na qual "louvando e agradecendo" oferece a Deus a sua própria vontade ("espírito") de submissão e de união a ele.

Essa dupla afirmação, além do mais, pretende realçar que o único sacrifício "verdadeiro" é o "espiritual". E, como foi oferecido por Cristo quando, abolidos todos os sacrifícios materiais das vítimas animais, ofereceu a sua própria vontade à vontade do Pai (Hb 10,5-6), assim é oferecido hoje quando, na "oração", nós, "agradecendo, fazemos o *grande sacramento do sacrifício do Novo Testamento*"[6] e "*consagramos nós mesmos* à união com Cristo".[7] Desse modo, o "sacrifício da Eucaristia", isto é, o sacrifício do corpo e do sangue de Cristo realizado na oração de agradecimento, inscreve-se na linha do "sacrifício espiritual", sacrifício único previsto para o tempo messiânico.

2. No pensamento da tradição cristã primitiva, a *Eucaristia* não só está sempre ligada à Páscoa mas é, ela mesma, a *Páscoa de Cristo* e precisamente ao mesmo tempo na *dupla dimensão da realidade* que contém (a) e *do rito* em que se exprime (b).

a) Enquanto *Páscoa na realidade*, a Eucaristia é considerada como *presença da Paixão-morte-ressurreição* de Cristo, porque essa é a "Páscoa real", ou seja, a intervenção divina pela qual foi realizada a redenção humana em Cristo.

b) Enquanto *Páscoa no rito*, a Eucaristia é pensada como *continuação no tempo* daquilo *que Jesus fez na sua Última Ceia* pascal, isto é, um *rito no qual* se tornava presente e efetiva a realidade da Páscoa.

---

[6] Id., *Epist.* 140, 48; PL 33, 558.
[7] Ibid., 149, 16; PL 33, 636.

Quando os Padres da Igreja falam da Eucaristia como Páscoa, no entanto, colocam em destaque sobretudo o *tipo ritual* particular e conhecido pela revelação na qual o sacrifício ocorre, ou seja, o seu aspecto de "ceia pascal", de *banquete memorial* do acontecimento da libertação-aliança operada por Cristo. Veremos, de fato, que a Páscoa tem como característica própria ser uma celebração "memorial".

Eis, a este respeito, alguns testemunhos dos Padres:

Orígenes, *In Jer. hom.* 19,13:[8] "Se sobes com Cristo para *celebrar a Páscoa*, ele te dá o cálice do Novo Testamento, e te dá também o pão da Eucaristia: ele te faz o dom do seu corpo e do seu sangue".

Eusébio, *De solemn. pasch.* 7:[9] "Os seguidores de Moisés imolavam o Cordeiro Pascal uma vez ao ano. Nós, pelo contrário, discípulos do Novo Testamento, *celebramos a nossa Páscoa todo domingo* [...], quando, em todo domingo, cumprimos os *mistérios do verdadeiro Cordeiro*, por meio do qual fomos redimidos".

Dídimo, *De Trin.* 3, 21:[10] "*Celebramos a Páscoa* todo ano, aliás todo dia, aliás toda hora, isto é, *quando comungamos* no corpo e sangue de Cristo".

Jerônimo, *In Ezech.* 12, 41, 7:[11] "Também o Salvador do gênero humano *fez a Páscoa* no cenáculo, onde deu aos seus discípulos o *mistério do seu corpo e do seu sangue* e deixou-nos a festa eterna do Cordeiro imaculado".

Agostinho, *In s. Pascha*:[12] "A estas coisas (Paixão do Senhor) precisamos pensar continuamente na *cotidiana celebração da Páscoa*. De fato, nem mesmo esses dias (do tríduo sagrado) devem ter para nós uma tal importância a ponto

---

[8] PG 13, 489.
[9] PG 24, 701.
[10] PG 39, 906.
[11] PL 25, 399.
[12] Morin, S. (Ed.). *Augustini sermones*. In: *Miscellanea augustiniana* I. Roma, 1930, p. 693.

de nos fazer esquecer a *memória da Paixão e ressurreição do Senhor*, quando nos aproximamos do banquete cotidiano do seu corpo e do seu sangue".

João Crisóstomo, *In I Tim. hom.* 5, 3:[13] "O mistério que se *celebra na Páscoa* (dia) não vale mais do que aquele que hoje celebramos aqui, porque é um único e idêntico mistério, assim como única é a graça do Espírito, porque é *sempre Páscoa*. É sempre o mesmo *sacrifício*".

3. Quando os Padres da Igreja querem evidenciar o *conteúdo* da celebração eucarística, mencionam mais explicitamente a *Paixão-morte de Cristo*; mas o fazem recorrendo a uma terminologia que, embora seja um tanto fixa e determinada também quanto à variedade, tem a intenção de clarificar ao mesmo tempo tanto a *realidade* quanto o *modo* de "presença" da Paixão-morte do Senhor, mas com certeza insiste particularmente sobre o *modo*. Os termos mais usados por eles são: "celebração", "memória", "imagem", "símbolo", "mistério", "sacramento" da Paixão-morte do Senhor.

A título eminentemente exemplificativo, leiam-se os seguintes textos dos Padres:

Justino, *Dial. c. Tryph.* 70, 3:[14] "O nosso Cristo nos deu o pão para fazer a *memória* (anamnese) da sua *encarnação* pelos seres humanos e da sua *Paixão* por eles e nos deu o cálice para fazer, agradecendo (Eucaristia), a memória do seu sangue".

Ibid., 117, 2:[15] "Estes (os da oração e do agradecimento-Eucaristia) são os únicos sacrifícios que os cristãos receberam a ordem de fazer, e precisamente na *memória* (que fazem) sobre o seu alimento e sobre a sua

---

[13] PG 62, 529.
[14] PG 6, 640.
[15] PG 6, 748.

bebida, quando fazem a *memória* do Filho de Deus, que por eles sofreu a *Paixão*".

CIPRIANO, *Epist.* 63, 9.14.17:[16] "*O sacrifício do Senhor* não é celebrado com um legítimo rito de consagração se a nossa oferta e o nosso sacrifício não concordarem com a *Paixão* [...]. Grande importância tem aquele que se refere ao *sacramento da Paixão do Senhor* e da nossa redenção [...]. Em cada sacrifício devemos fazer a *memória* dele, porque é justamente a *Paixão do Senhor o sacrifício* que nós oferecemos".

AMBRÓSIO, *In Ps. 43, 36*:[17] "Escuta o Apóstolo, que diz: Cristo foi imolado como nosso *Cordeiro Pascal*, e pensa [...] que nós, todo dia, nos nutrimos do *sacramento da Paixão* do Senhor Jesus".

Id., *De fide* 4, 10:[18] "Ouves falar corpo, ouves falar sangue, e reconheces os *sacramentos da morte do Senhor* [...]. Nós, de fato, toda vez que comemos os *sacramentos* que, pelo mistério da santa oração, foram transformados em corpo e sangue, *proclamamos a morte* do Senhor".

GAUDÊNCIO DE BRÉSCIA, *Sermo* 2:[19] "Cristo quis que as nossas almas fossem santificadas pelo seu precioso sangue através da *imagem da sua Paixão*, e por isso ordenou [...] que se *celebrassem os mistérios* da vida eterna [...], a fim de que os fiéis, tendo diante dos olhos e nas mãos a *imagem da Paixão de Cristo* [...], conservassem incancelável a memória da redenção".

AGOSTINHO, *C. Faustum manich.* 20, 18.21:[20] "Eram profecias da vítima futura, que foi oferecida por Cristo. E por isso os cristãos celebram a *memória do sacrifício* por ele mesmo oferecido, quando *fazem a santa* oblação do corpo e do sangue de Cristo e *participam* dela [...]. A carne e o san-

---

[16] CAMPOS, J. (Ed.). *Obras de S. Cipriano*. Madrid, 1964, pp. 605.610.612.
[17] PL 14, 1107.
[18] PL 16, 641.
[19] PL 20, 854.
[20] CSEL 25, 558s.

gue desse (verdadeiro) sacrifício se tornam *verdade na Paixão* de Cristo e depois da sua ascensão são celebrados com o *sacramento da memória*".

Id., *De div. quaest.* 61, 2:[21] "O Senhor operou a purificação dos pecados oferecendo o holocausto de si mesmo e, para poder ser sacerdote eternamente, ele nos deu a *imagem do seu holocausto*, para que na Igreja se pudesse celebrar a *memória da sua Paixão*".

Id., *Ad Bonif.* 98, 9:[22] "Cristo, por acaso, não foi *imolado em si mesmo* (*in seipso*, na própria realidade) uma só vez? E no entanto *in sacramento* é imolado todo dia, razão pela qual certamente não mente quem, questionado, responde que Cristo é imolado".

GREGÓRIO M., *Dial. lib.* 4, 58:[23] "De uma forma totalmente única, esta vítima [...] nos *torna presente, por meio do mistério, a morte do Filho* unigênito, o qual certamente foi ressuscitado dos mortos, e a morte não pode mais nada sobre ele. E no entanto, embora 'em si mesmo' (*in semetipso*, na própria realidade) ele viva já vida imortal e incorruptível, por nós ele é *de novo imolado 'no mistério' da santa oblação* [...]. Reflitamos bem, por conseguinte, o que significa para nós este sacrifício, o qual *imita* (reproduz) *continuamente a Paixão do Filho unigênito* pela nossa libertação".

Dos termos acima citados (memória-imagem-mistério etc.) e que são encontrados nos textos dos Padres (para não falar dos textos litúrgicos), o único que parece poder ter um sentido "subjetivo" é "memória" (no sentido de "lembrar-se"); todos os outros, com efeito, indicam, embora de forma diferente, um determinado modo de *presença objetiva*. Todavia, também a "memória" em questão é "memória sacramental", ou seja, é *alguma coisa* (pão-vinho) *na qual e pela qual se faz presente a memória* da Paixão de Cristo. Para sublinhar esse significado objetivo,

---

[21] CCL 44 A, 122.

[22] CSEL 34, 530s.

[23] PL 77, 428.

hoje se prefere falar de "memorial", no sentido de um fato e de uma realidade objetivos (por exemplo, um monumento), que faz referência à memória subjetiva do espectador de um determinado acontecimento passado, tornando-o, pelo menos em certos aspectos, presente, reproduzindo a cena, repetindo as palavras etc.

4. O problema da essência da Missa não existe entre os Padres se ao termo "essência" se der o sentido posterior de elemento resultante da composição da "matéria-prima" e da "forma substancial". Mas se aos Padres for perguntado "o que é a Missa?", aí eles responderão claramente:

a) Existe um único sacrifício de Cristo.

b) Esse sacrifício foi oferecido por Cristo em sua pessoa (*in seipso*) na cruz.

c) O mesmo sacrifício é toda vez oferecido hoje "em imagem", "no mistério", "no sacramento", "em imitação", "em memória".

d) Com essas expressões, os Padres querem dizer que a Missa é o exercício, isto é, a *realização no presente* do sacrifício da Paixão de Cristo, mas naquele modo como ele o fez e no-lo deixou na noite que começou a sua Paixão. Ou seja: tanto na "ceia de Cristo" quanto agora, na nossa "ceia, que é a Missa", a Eucaristia é um modo particular de ser da Paixão, acontecida naquela ocasião.

e) Tendo essa visão da Missa, como de uma imagem, de uma imitação, de um sacramento ou de um mistério, os Padres nunca encontraram dificuldades diante das palavras da Carta aos Hebreus, 10,10-14: "É em virtude desta vontade que somos santificados *pela oferenda do corpo de Jesus Cristo* (na cruz), *realizada uma vez por todas* […]. Cristo, ao contrário, depois de *ter oferecido um sacrifício único* pelos pecados, sentou-se para sempre à direita de Deus […]. De fato, *com esta única oblação*, levou à perfeição definitiva os que são por ele santificados".

Os Padres, de fato, supõem o *fato histórico, único, da Paixão*, do qual a *Eucaristia é o sacramento, a imagem, o mistério, a imitação*.[24]

Nessa terminologia é posta em evidência, de um lado, a diferença do *sacrifício oferecido na Paixão histórica* e do *sacrifício oferecido na Missa*; mas ao mesmo tempo é posto em destaque que *a Missa nada mais é do que uma reprodução e uma representação* daquilo que aconteceu sobre a cruz.

Deve-se notar que a Missa é chamada de "imagem", "imitação" da Paixão, no mesmo patamar pelo qual é dito "sacramento" e "mistério", ou seja, enquanto rito e celebração, porque esse é o sentido genérico de "sacramento" e de "mistério".

Importante observar que a Missa é "imagem" e "imitação" da Paixão *pela força do rito que torna presente* o corpo e o sangue em que Cristo *sofreu a Paixão*, ou seja, *ofereceu o sacrifício da cruz, e não é*, pelo contrário, "imagem" e "imitação" pelo *modo de separação exterior* em que o corpo e o sangue se apresentam sobre o altar. Não há nenhum texto dos Padres que dê relevância a esse aspecto.

II. Teologia da Missa da Idade Média até o Concílio de Trento

Pode-se dizer em geral que na Idade Média continua sendo usada bastante fielmente a terminologia dos Padres, mas muitas vezes pode-se observar que há um significado diferente.

---

[24] Cf. AMBRÓSIO: "Nutrir-se do sacramento da Paixão"; GAUDÊNCIO: "Ser santificados pela imagem da Paixão de Cristo; levar nas mãos a imagem (*exemplar*) da Paixão"; AGOSTINHO e GREGÓRIO MAGNO: "Ser imolado cada dia em sacramento; tornar presente no mistério a morte do Unigênito; sacrifício que é imitação da Paixão do Unigênito".

Assim, acontece que na Idade Média os teólogos da Missa com palavras antigas pensam coisas novas. Pode-se ver isso já na primeira Idade Média com o triunfo do *alegorismo*, mas isso se aperfeiçoará mais ainda — se assim podemos dizer — na Idade Média tardia quando, por exemplo, nos tempos da Escolástica, serão usadas em sentido aristotélico palavras que pressupõem uma concepção platônica (é o caso de imagem, símbolo etc.).

Na Idade Média, o *símbolo* se torna alegoria.

As expressões: sacrifício "exemplar", sacrifício "em figura", "em imagem", "em mistério", "em sacramento", "em símbolo", que para os Padres exprimiam um determinado *modo de ser* do sacrifício de Cristo, vão assumindo um significado muito mais exterior.

O "símbolo" (do grego *syn-ballo*, "unir"), para os antigos, era a "síntese" de um elemento material externo (matéria, gesto) e de uma realidade interior.

O elemento material era sinal da realidade, que não era só significada mas também presente no símbolo.

O "símbolo" de algo era, portanto, não só *sinal* mas também *presença no* sinal daquilo que era significado.

A *alegoria*, por sua vez, implica sempre uma *diversidade real entre sinal e coisa significada*, porquanto, pelo efeito de uma transposição (alegoria), a uma determinada coisa é atribuído um significado particular (lírio–pureza; violeta–humildade; balança–justiça etc.).

Enquanto o "simbolismo" é o estudo de sinais que *objetivamente* indicam a presença da coisa significada, o "alegorismo" é uma interpretação *subjetiva* de determinados fatos e coisas.

O simbolismo *tende a ultrapassar a consideração histórica* para revelar a permanência — graças ao símbolo (síntese de sinal e de realidade) — da coisa acontecida no passado; o alegorismo *segue o fato* histórico, para ler neste o significado de outra coisa ou de outro fato, que não está de forma alguma ligada com a coisa ou fato histórico.

O alegorismo já se encontra presente em alguns Padres (Santo Agostinho e especialmente São Gregório Magno); todavia, pelo menos no Ocidente, a sua aplicação à Missa se afirma sobretudo na Idade Média, e entre os iniciadores e máximo representante está Amalário de Metz, no séc. IX († 837).

De um lado, AMALÁRIO repete a doutrina dos Padres: "Sendo Cristo a única vítima [...], *sobre o altar há o mesmo sacrifício que foi oferecido antes*".[25]

Mas, ao explicar em que a Missa é "sacrifício em mistério e em imagem", ele se coloca na via do alegorismo, na qual cada um dos pontos da Missa se torna "sinal" de idêntico número de pontos da vida de Cristo:

Intróito:	Ingresso de Cristo no mundo;
Kyrie:	Preparação profética a Cristo;
Glória:	Nascimento de Cristo;
Epístola:	Pregação de João Batista;
Evangelho:	Vida pública (pregação) de Cristo;
Dominus vobiscum (ofertório):	Ingresso em Jerusalém;
Oferta do pão-vinho:	Cristo no templo oferece a sua oblação futura (cruz);
Prefácio:	Hino da Última Ceia;
Três primeiras orações do Cânon:	Oração de Cristo no horto;
Unde et Memores:	Cristo sobe na cruz;
Supplices (diz-se inclinados):	Cristo inclina a cabeça no último respiro;
Nobis quoque (em voz alta)	Último grito de Cristo moribundo;
Pater noster	Cristo no sepulcro etc.;
O sacerdote assistente do bispo na Missa:	José de Arimateia;
Os diáconos, atrás do bispo:	Os apóstolos que na Paixão se escondem;
Os subdiáconos, voltados para o altar:	As mulheres piedosas que assistem Jesus na hora da morte.

---

[25] AMALÁRIO, *De eccle. off.*, 4, 24; PL 105, 1207.

Contra o alegorismo de Amalário, Flório de Lião († 860) considera que tudo isso nada mais seja do que uma exibição de fantasia, e na Missa continua a ver a *memória objetiva* da Paixão, "cuja memória e cujo anúncio acontecem não tanto nas palavras quanto na *realidade do mistério*" (*mortis Christi commemoratio et adnuntiatio non tam verbis quam misteriis ipsis agitur*: *Expos. Missae* 63).

Nessa polêmica entra também Pascásio Radberto († 851 ou 860), que explicitamente se põe a questão: *a)* Que diferença existe entre os sacrifícios *figurativos* antigos e o sacramento? *b)* Que razão há para que Cristo se imole *todo dia*, tendo se imolado *uma vez para sempre?*

A sua resposta é a dos Padres:

a) O sacrifício figurativo indicava uma realidade *ainda em devir*; o sacramento é *realidade presente*;

b) A imolação de Cristo ocorrida *uma vez no fato*, hoje *se perpetua no mistério*, de modo que *sobre o altar* temos aquele que *estava sobre a cruz*, e no *cálice* o sangue que *saiu do lado aberto* de Cristo.

Contra Radberto escreveu Ratramno, monge do mesmo Mosteiro de Corbie (França), onde Radberto era abade.

Para Ratramno, a *figura ou imagem* não implica a realidade da coisa, mas é só um *sinal exterior* da mesma, e neste sentido o maná do deserto é *figura* da Eucaristia *no mesmo patamar da Missa*, com a única diferença de que aquele se dirigia *ao futuro* e esta se dirige *ao passado*.

Com Berengário, a questão se torna mais aguda no sentido de que a *figuratividade* atinge não só a Paixão de Cristo mas também a sua própria pessoa.

Depois de Berengário, reafirma-se a presença real de Cristo, mas a especulação sobre a *figuratividade* leva a dizer que "a morte e a efusão do sangue são figuradas" na Missa pelo partir do pão e pelo derramamento do cálice na boca dos fiéis e pelo fato de que corpo e sangue são separados sobre o altar e separadamente são recebidos na comunhão.[26]

A explicação figurativa da Missa pode-se dizer alcançada. De agora em diante a *distinção das duas espécies separadamente consagradas* serve para *representar a Paixão de Cristo*; mas nada mais é do que um símbolo, porque na realidade em Cristo não há mais Paixão: *sobre o altar o sinal* da Paixão (separação de pão-vinho), *no céu a realidade* do Cristo impassível.

Em PEDRO LOMBARDO o caráter sacrifical da Eucaristia é apenas tocado de passagem, e ele não se pergunta se a Eucaristia *em si* seja um sacrifício, mas para ele o problema é *se aquilo que o sacerdote faz* sobre o altar deva chamar-se sacrifício e imolação.

Lombardo responde afirmativamente: a ação do sacerdote (oferecer e consagrar) *se chama sacrifício, porque representa* o verdadeiro sacrifício da cruz.

O *valor puramente exterior do sinal* fica claro pelo fato de que não está mais em questão se a Eucaristia é *sacrifício* em si, mas se pode ser *chamada sacrifício* por aquilo que o sacerdote faz no altar.

Anuncia-se já a posição de Santo Tomás e seguidores, segundo a qual o sacrifício consiste em fazer algo (consagrar, partir) sobre o pão oferecido, da mesma forma que os sacrifícios antigos consistiam em matar e queimar a vítima.

---

[26] LANFRANCO, *Liber de corpore et sanguine Domine* 14; PL 150, 423-425.

A partir dessa posição, não é de admirar se ALEXANDRE DE HALES[27] já afirma que a Paixão é superior à Missa, porque "esta é só memória daquela". Na Missa está presente "o Cristo da Paixão" (*Christus passus*), mas a Paixão está só no sinal da separação das espécies.[28]

SANTO TOMÁS DE AQUINO segue essa mesma linha: "Este sacramento se chama sacrifício porquanto representa a Paixão de Cristo", porque, como nesta "houve a separação do sangue do corpo", assim "na fórmula de consagração se faz menção do derramamento do sangue".[29] Portanto: sempre oposição entre ser e dizer.

Qual é o valor dessa representação? Implica realidade ou é puro sinal?

Santo Tomás responde que o valor do *sinal* sacramental (separação das espécies) *não supera o valor de pura figura*.

À pergunta, de fato, se "a *celebração* do sacramento" (cf. Lombardo: "Aquilo que o sacerdote faz") pode ser dita *imolação de Cristo*, ele responde que é preciso distinguir a "Paixão de Cristo" como *imagem*, como *efeito* e como *realidade*. A imolação é *real* só na Paixão (cruz); a Missa *é dita imolação*, como de uma imagem se diz que é a pessoa nesta representada. Quanto ao efeito, ao contrário, a Missa *equivale* à Paixão.

Estabelecida a identidade de *efeito* na Paixão e na Missa, no que diz respeito à relação entre *realidade* (Paixão) e *sinal* (Missa) afirma-se a distância existente entre uma "realidade" distante e o seu "sinal" puramente indicador, a ponto de se poder dizer — e assim se lê na *Sum-*

---

[27] *Summa* 4, 10, 8, 1.
[28] Ibid., 4, 10, 7, 3.
[29] *Summa Theol.* III 76, 2 ad 1; cf. III 74, 1; 80, 12 ad 3 etc.

ma Theol. III 83, 1 — que "na Missa Cristo se imola como se imolava nas figuras do AT".

As razões que explicam a posição de Santo Tomás encontram-se já nos seus predecessores.

1. *Concepção de sacrifício*: o sacrifício é a ação que se faz sobre uma coisa oferecida (portanto não é propriamente a oferta) com fim simbólico. "Sacrifício é matar e queimar os animais (nos sacrifícios cruentos do AT) ou partir, comer e abençoar o pão".[30]

O sacrifício, por isso mesmo, não tem *relação* direta com o ato sacrifical de Cristo, que é a Paixão, mas só com o *gesto simbólico* que se faz sobre o pão.

2. *Distinção da Eucaristia em sacrifício e sacramento.* A distinção é adequada e completa, porque se baseia sobre duas formalidades da Eucaristia concebidas como distintas entre elas.

"Este sacramento é sacrifício e sacramento: 'sacrifício porquanto é oferecido; sacramento porquanto se recebe'."[31] Neste último texto, Santo Tomás, falando dos ritos da Missa, situa mais propriamente o *sacrifício no ofertório*, e o *sacramento na consagração e comunhão*. Afirma, com efeito: "Depois que o povo foi preparado com a instrução, passa-se para a celebração do Mistério, que é *oferecido como sacrifício*, e é *consagrado e recebido como sacramento*".

A teologia da época, mesmo defendendo a *pura figuratividade da Missa* em relação à Paixão, está convencida de que fica salva a fé da Igreja, segundo a qual há na Missa um *verdadeiro (o verdadeiro) sacrifício de Cristo*, afirmando-se que tal verdade é salva no efeito do

---

[30] Ibid., II/II 85, 3 ad 3.
[31] Ibid., III 79, 5; 7 ad 3; 83, 4.

sacrifício, já que na Missa se tem o mesmo efeito produzido uma vez para sempre sobre a cruz. Aliás, sob esse aspecto, a Missa distingue-se claramente dos sacrifícios do AT.[32]

Todavia, mesmo que a doutrina sobre a *identidade de efeito* entre cruz e Missa fosse suficiente, para os escolásticos, para salvar a fé da Igreja, muito cedo também essa "identidade de efeito" será posta em dúvida. De fato, antes ainda que os protestantes cheguem a negar qualquer efetivo valor à Missa em confronto com a Paixão, ouviremos DUNS SCOTO — que neste ponto está seguindo o seu mestre Alexandre de Hales — afirmar que entre cruz e Missa há uma *diferença de valor* justamente no que se refere ao efeito.

Havendo entre os dois sacrifícios, segundo Scoto, diferença em relação ao "oferente" — na cruz é Cristo e na Missa é o sacerdote —, há também *diferença de valor*, pela qual "a celebração de uma Missa não equivale à Paixão de Cristo", embora se deva admitir que na Missa sempre haja um "valor particular" por causa do "modo particular" com o qual se lembra a cruz.

E Scoto, fornecendo a razão última dessa diferença, diz que a *presença de Cristo* na Missa é dada pela *consagração*, enquanto a razão de *sacrifício* está na *oferta*. Por conseguinte, a presença de Cristo ocorre graças à força do sacramento e não do sacrifício (cf. Santo Tomás: "É oferecida como sacrifício e consagrada como sacramento") porque "a oferta (= sacrifício) ocorre com a hóstia não consagrada".[33]

Fica claro, a esta altura, que para os teólogos escolásticos o sacrifício está puramente no sinal exterior. *É real a presença do "Cristo da Pai-*

---

[32] Ibid., III 83, 1.
[33] SCOTO, D. *In IV Sentent.* 13, 2, 5.

xão" (*Christus passus*); são *reais os efeitos*, que são sempre os da Paixão. O que *não é real é o sacrifício* que existe na Missa *só no sinal*.

III. Teologia da Missa na controvérsia protestante

A teologia da Missa e sua prática, tal como foram transmitidas desde a Idade Média, encontraram a ocasião de confrontar-se com a "fé" da Igreja na controvérsia protestante.

Não nos ocuparemos aqui explicitamente de toda a doutrina eucarística protestante, nem das diferentes explicações que as várias Igrejas da Reforma deram da "presença real", eucarística em particular, mas somente da sua *reação à Missa enquanto sacrifício*.

A situação católica nos séc. XV-XVI deve ser vista em dois planos: o teológico e o prático.

1. *No plano teológico*: a fé da Igreja, segundo a qual a Missa é o sacrifício do Novo Testamento e nesta se faz a oferta do corpo e do sangue de Cristo, é explicada dizendo:

a) Que a Missa é, na realidade, *só sinal do sacrifício de Cristo*, porquanto "nela tem-se a representação rememorativa da morte uma vez acontecida";[34]

b) Tendo só um valor de "sinal", a Missa, quanto à sua eficácia, não é equiparável à cruz, porque "não há dúvida de que diante do Pai tem maior eficácia a *oferta de uma morte* ocorrida na efusão do sangue do que a *oferta da simples memória* de uma morte já acontecida".[35]

---

[34] BIEL, G. *Expos. Missae*, Lect. 27.
[35] Ibid.

2. *No plano prático*, nota-se uma bem diferente importância dada à Eucaristia, numa infeliz distinção — como se sabe — entre "sacrifício" e "sacramento". No que se refere à *Eucaristia-sacrifício* (Missa), o seu valor *ex opere operato* não era somente crido e aceito, mas às vezes era também supersticiosamente exagerado, pois se voltava ao alcance e à consecução certa ("frutos") de benefícios temporais, enquanto os mesmos benefícios "espirituais" eram postos sob uma falsa luz. Assim, por exemplo, na *Summula Raymundi*, Estrasburgo 1504, se lê: "Primeiro efeito: Se alguém desse aos pobres tudo o que tem [...], não teria tanto proveito quanto da escuta digna de uma Missa. Segundo: Durante a escuta de uma Missa, as almas dos parentes não sofrem as penas do purgatório. Terceiro: Enquanto se escuta a Missa, não se envelhece nem se adoece. Quarto: Aquilo que se come depois de ter escutado a Missa, se come com maior proveito do que antes".

A isso se acrescentavam numerosos *abusos*, que reforçavam crenças supersticiosas em relação à Missa: número de velas, hora da celebração, local e altar particular; todos elementos que garantiam uma particular eficácia para aquele que requeria e escutava a Missa, e obtinham uma oferta particular para o celebrante.

No que se refere à *Eucaristia-sacramento* (comunhão), é sabido que esta havia se tornado cada vez mais rara na Idade Média (cf. o "preceito" da Igreja, Concílio Lateranense IV, 1215, de comungar pelo menos "uma vez ao ano") e era substituída pela chamada "comunhão espiritual", que poderia acontecer tanto com um pensamento sobre a Paixão do Senhor quanto também — e muitas vezes supersticiosamente — com a simples "visão da hóstia" (origem da sua elevação na Missa e da exposição-bênção com o sacramento).

Sobretudo contra os abusos e as superstições relativas à Missa muito frequentemente ergueram-se teólogos e escritores (por exemplo,

Gerson, na França; Nicolau de Cusa, Dionísio Certosino e G. Biel na Alemanha). Mas de fato, não se obtinha nada.

Neste terreno germinou a semente do protesto lançada por Lutero contra a Missa. Para o agostiniano rebelde, a "Missa" era sem sombra de dúvida a síntese de todos os erros teológicos e práticos, representados concretamente pelo "papado". Escreveu, com efeito: "Penso que, vencida a Missa, venceu-se o papado".[36]

A oposição protestante à Missa tem como ponto de partida a aceitação da distinção entre "sacramento", que é mantido, e "sacrifício", que é rejeitado no nome e na ideia. Para Lutero, de fato, é abuso e máxima impiedade considerar, como se faz, que a Missa é uma obra boa e um sacrifício,[37] quando se sabe — dizia — que Cristo, ao instituir o sacramento na Última Ceia, nunca fez dele, mas nunca mesmo, um "sacrifício", e sim um simples "testamento" e um "sinal" (testamento, ou seja, "promessa feita por Deus de perdoar-nos os pecados e assinada por Cristo com a sua morte"; sinal, porquanto a promessa foi acompanhada pelo "sacramento" do pão e do vinho, com o objetivo de suscitar em nós a fé).[38]

Teologicamente, Lutero justificava a sua oposição ao "sacrifício" da Missa recorrendo à palavra da Escritura (cf. Hb 9,12.25-28; 10,10-14), segundo a qual Cristo não tem necessidade de oferecer-se de novo, tendo se ofertado uma vez por todas na cruz. Fazer de novo o sacrifício teria sido como dizer que o sacrifício da cruz fora insuficiente.

Cristo tinha nos deixado só a sua "ceia", ou seja, só o "sacramento" que nos une a ele.

---

[36] *"Triumphata Missa puto nos totum papam triumphare"*; cf. LUTERO, *Contra Henricum regem 1522*, ed. Weimar, v. X., p. 220.

[37] LUTERO, *De capt. Babil.*, ed. Weimar, v. VI, p. 512.

[38] Ibid., pp. 513-518.

Infelizmente, deve-se reconhecer que a teologia católica da época, deslumbrada ela própria pela distinção da Eucaristia em "sacramento" (isto é, "enquanto se recebe") e em "sacrifício" (isto é, "enquanto se oferece"), não tinha muito que contrapor a essas conclusões de Lutero. Não se pode esquecer, de fato, que a teologia escolástica não havia conseguido fazer a síntese entre "sacramento" e "sacrifício" a propósito da Eucaristia. Assim, esta, não sendo vista como "sacramento do sacrifício de Cristo na cruz", facilmente era apresentada como um sacrifício que se acrescentava ao da cruz. Não era raro, com efeito, que teólogos católicos chegassem a afirmar que a ceia de Cristo foi não tanto o "sacramento" do sacrifício que ele teria oferecido na cruz, mas um "sacrifício" já em si, e assim Cristo teria oferecido dois sacrifícios, mesmo que o objeto do sacrifício fosse sempre ele próprio. Ouviremos afirmar, portanto, da parte de um dos opositores católicos de Calvino, Nícolas de Villegaignon († 1571), que "na Missa se oferece o Cristo que ofereceu ao Pai a si mesmo *como moribundo* [...], enquanto o pão se transforma no corpo que foi sacrificado e oferecido *antes de morrer*".[39]

A própria particularidade inegável da Missa (presença incruenta do sacrifício cruento da cruz), facilmente explicável no plano sacramental, impele a afirmar que, na verdade, Cristo *ofereceu dois sacrifícios*: um na ceia e um na cruz. É o que diz expressamente Alfonso de Castro, teólogo tridentino († 1558): "Como Cristo ofereceu o seu corpo a Deus Pai *duas vezes* e de formas diferentes (incruento-cruento), digo que ele fez *duas e diferentes ofertas* do seu corpo [...]. Portanto agora, embora os sacerdotes celebrem *a Missa em memória da Paixão* do Senhor, eles fazem *a oferta do corpo de Cristo* que ele mesmo 'fez na Última Ceia'".[40]

---

[39] Nícolas de Villegaignon, *De venerando Ecclesiae sacrificio*, p. 10, cit. por Lepin, M. *L'idée du sacrifice de la Messe d'après le théologiens depuis l'origine jusqu'à nos jours*. Paris, 1926, p. 363.

[40] Alfonso de Castro, *Adv. Haeres.*, lib. X, *Missa*, p. 683, cit. por Lepin, M. Op. cit., p. 268.

Na mesma linha vão muitos outros teólogos da época, que acabam assim fazendo o jogo dos protestantes; estes acusam os católicos de não fazer o "sacramento da ceia", mas exatamente de admitir *um sacrifício a mais do que o da cruz*; de fato, os protestantes também afirmam que na Missa se celebra o "sacramento" com o qual se comunga no corpo e no sangue de Cristo.

É preciso admitir que a posição protestante era a *consequência extrema* da teologia precedente e contemporânea: a da "figuratividade" do sacrifício da Missa em relação à cruz.

Lepin,[41] resumindo em parte a teologia que chega às portas do séc. XVI (século do protestantismo e do Concílio de Trento), assim se exprime: "Seja qual for o momento da Missa no qual se possa estabelecer uma relação entre a cerimônia sagrada e a Paixão, e seja qual for a forma em que esta é apresentada, trata-se invariavelmente de uma *relação figurativa*. *Tudo está num plano externo* [...]. O Cristo não é imolado senão *na aparência*. Todavia a fé da Igreja é que aí se tenha um *sacrifício real*".

IV. Doutrina tridentina de fé sobre a Missa

Tornar clara a doutrina da Missa no plano da fé foi certamente uma das tarefas maiores que coube ao Concílio de Trento, dada a grande ofensiva protestante seja contra a Missa como sacrifício, no que se refere à sua relação com o sacrifício da cruz (o único aceito pelos protestantes), seja, consequentemente, contra o seu valor.

---

[41] LEPIN, M. Op. cit., p. 229.

As teses protestantes eram claramente enunciadas:

1. A Missa não é nem *sacrifício* nem *oblação para remissão dos pecados*. Diziam: não é sacrifício "propiciatório", mas só "eucarístico".

2. A Missa é *só comemoração do sacrifício da cruz*.

3. A Missa é propriamente o *"testamento"* de Cristo, que contém a *promessa* da remissão dos pecados, a qual é alcançada não pelo seu *opus operatum* mas só pela fé na cruz, da qual a Missa é "pregação".

4. A Missa, por isso, pode-se chamar sacrifício enquanto — e só enquanto — nela *se recebe* em alimento Cristo morto na cruz.

5. As palavras "fazei isto" não significam que Cristo tenha ordenado a *oferecer um sacrifício*.

6. Afirmar que a Missa é "verdadeiro sacrifício" é *ultrajar* o sacrifício da cruz.

À parte os motivos derivados dos "abusos", infelizmente existentes, tanto na celebração quanto na consideração muitas vezes supersticiosa da Missa, as razões principais pelas quais os protestantes negavam o valor de "sacrifício" à Missa se reduziam principalmente a duas:

1. Cristo morreu — segundo a Escritura — "uma vez por todas" em expiação dos pecados; a Missa, portanto, não pode ser sacrifício "expiatório", mas só "eucarístico", isto é, um agradecimento pelos pecados já perdoados.

2. Segundo a Escritura, "não há remissão a não ser pela efusão de sangue"; a Missa, portanto, não pode ser "sacrifício", porque nela não há "efusão de sangue".

O Concílio de Trento, Sessão XXII (17 de setembro de 1562), numa "Doutrina" em nove capítulos e nove cânones, que tem por alvo sobretudo a posição protestante, exprime a *fé da Igreja* em relação à Missa. Os pontos principais dessa "doutrina de fé" são os seguintes:

1. O *sacrifício da cruz*, em vista da "redenção eterna", aconteceu — com a morte de Cristo — "uma vez por todas".

2. No entanto, para que o sacerdócio de Cristo, manifestado com esse seu sacrifício, nunca mais cessasse, na Última Ceia *o Senhor deixou* à Igreja, sua esposa, um *sacrifício visível*, que fosse "representativo-reapresentativo" (lat.: *repraesentaretur*) e "memória" do sacrifício cruento que ele oferecera sobre a cruz.

3. Esse sacrifício deixado à Igreja *aplica a virtude propiciatória do sacrifício oferecido por Cristo na cruz* e perdoa os pecados que "cotidianamente são cometidos".

4. Tudo isso acontece quando Cristo — declarando-se "sacerdote segundo Melquisedec" — na ceia *ofereceu o seu corpo e sangue* sob as espécies do pão e do vinho.

5. Ao fazer isso, Cristo instituiu a si mesmo como *nova Páscoa*, que teria sido *imolada pela Igreja* — pelo ministério dos sacerdotes, sob sinais visíveis, em memória da sua passagem do mundo para o Pai, quando com o seu sangue nos redimiu, transferindo-nos das trevas para o seu reino.

6. O sacrifício que se cumpre na Missa tem *eficácia propiciatória* para aqueles que, em retidão de fé, são contritos e arrependidos dos seus pecados.

7. A eficácia propiciatória da Missa depende da *unicidade* da *vítima*, que é o próprio Cristo, o qual *ofereceu* a si mesmo na cruz e se *oferece* hoje pelo ministério dos sacerdotes.

8. A essa *unicidade* de vítima e oferente não se opõe a *diversidade* do modo do oferecimento daquela época (cruento na cruz) e de hoje (incruento na Missa).

9. Dada a *unicidade* de vítima e oferente e não obstante a *diversidade* do modo de oferta da época e de hoje, *na Missa são recolhidos os frutos da cruz* e, portanto, *a Missa não anula em nada a cruz*, ou seja, não a diminui, mas, *pelo contrário, atualiza o valor da cruz.*

V. Teologia pós-tridentina sobre o sacrifício da Missa

Uma vez esclarecida e fixada nos seus limites a "fé da Igreja" a propósito do "sacrifício da Missa", restava aos teólogos a tarefa de estabelecer: a) *em que sentido a Missa é sacrifício* (isto é, salvando a sua "realidade", mesmo na falta de uma "real" efusão de sangue, requerida — como normalmente se crê — pelo sacrifício); b) como, mantendo-se a "diversidade" de modo de oferta entre cruz e Missa, *a Missa possa ser realmente*, para todos os efeitos, *o sacrifício da cruz, sem que isso acabe sendo multiplicado*, pois significaria "anulá-lo" no seu valor de "oferta feita e válida uma vez por todas".

Toda a teologia pós-tridentina esforçou-se em responder a esses dois questionamentos. Mas a própria multiplicidade de *respostas distintas* poderia ser a prova de que o problema teológico não foi afrontado como deveria.

Todos os teólogos pós-tridentinos têm *um ponto de partida comum* com os escolásticos antigos, ou seja, a distinção entre Eucaristia-*sacramento* (enquanto recebida) e Eucaristia-*sacrifício* (enquanto oferecida), sem que nenhum deles se desse realmente conta de que essa distinção estava na raiz das consequências destrutivas da Eucaristia-sacrifício, consequências que os protestantes tinham tirado da precedente posição escolástica.

Além disso, todos os pós-tridentinos, em sua especulação, partem do princípio de que a Eucaristia é uma "espécie" do sacrifício tomado como "gênero" e que portanto, estabelecido o que é *essencial* no "gênero" sacrifício, essa "essência" deve ser reencontrada — mesmo na sua específica existência — na Eucaristia. A concordância sobre essa linha de princípio, todavia, não leva a uma concordância em relação às conclusões, porque a divisão começa justamente no estabelecer *o que é que forma essencialmente o sacrifício* enquanto "gênero".

Assim, para alguns "o sacrifício consiste essencialmente numa ação externa de imolação", que tem como componente indispensável o ato interior de "oblação" (vontade de oferta).

Para outros, "o sacrifício essencialmente existe no ato interior de *oblação*", do qual "a imolação" é o sinal exterior necessário.

Uns e outros falam de "imolação" como de elemento essencial ao "sacrifício". Todavia, não se encontrando na Eucaristia uma "imolação" em sentido físico (morte da vítima), o termo deve ser entendido em sentido analógico; ou seja, indica qualquer "mutação" de fato ou significada, que em si levaria à morte e à destruição da vítima.

Criam-se assim duas grandes linhas, ditas respectivamente "imolacionista" e "oblacionista", dependendo se o sacrifício é visto essencialmente como "imolação" ou como "oblação". Em grandes traços, eis como se apresentam as duas "linhas":

1. Linha imolacionista

1. *Imolação físico-real*. A Eucaristia é um "sacrifício" no sentido de que Cristo, na Eucaristia, sofre de qualquer modo uma "mu-

tação", pois é posto numa posição de *alimento* daquele que comunga; ou porque é reduzido a um estado de *inferioridade física*, porquanto Cristo na Eucaristia não tem uma vida física que lhe seja conatural.

2. *Imolação físico-virtual*. Em si, as palavras: "Isto é o meu corpo" — "Isto é o meu sangue" deveriam levar à separação entre corpo e sangue (= mutação-destruição de Cristo). De fato, isso não acontece, mas permanece no estado "potencial" ("virtual"), pois a lei da "concomitância" (devido à imortalidade presente em Cristo, o seu corpo não pode ser "separado" do sangue, da alma) impede que isso aconteça.

3. *Imolação mística*. Não há "imolação", ou seja, "destruição-mutação" da vítima (Cristo), mas somente o *sinal exterior* (não real) de uma "mutação" que deveria existir, mas que de fato não existe. O pão (corpo de Cristo), separado do vinho (sangue), seria o "sinal" de imolação e de morte, sem que na realidade haja nem uma nem outra, porque Cristo não morre.

4. *Imolação físico-mística*. É dita "física" em relação ao pão-vinho, que *sofrem uma "mutação"* (= destruição-imolação), pois cessam de ser substancialmente tais; é "mística" porque a "mutação-destruição" do pão produz *só o sinal* e não a realidade de uma "mutação-destruição" de Cristo: "sinal", não "realidade" de morte.

2. Linha oblacionista

Das duas componentes do sacrifício, que são a *oblação* e a *imolação*, a que recebe o acento é a *oblação*, enquanto componente essencial do sacrifício; a imolação fica sendo só um sinal exterior da oblação, que todavia não é excluído mas lembrado pela oblação. A linha oblacionista quer ver na Missa *essencialmente a presença da oblação interior* que em Cristo tornou possível a sua imolação (morte), mas também essa presença é explicada diferentemente.

TEOLOGIA DA MISSA

1. Alguns dizem que a Missa é *a oblação interior* feita por Cristo na Paixão, mas enquanto agora *presente e continuada no seu estado glorioso*.

2. Para outros, a Missa é uma *nova oblação com a qual se renova a oferta da imolação* (morte) *já ocorrida*. Aqui o acento é posto sobre o "renovar-se" da oblação, que no entanto tem uma relação direta e presente com a Paixão já ocorrida, e por consequência também esta deve estar *presente no sinal*. Mas como não se pode prescindir do fato de que tudo isso é "passado", concretamente a Missa "torna presente o sacrifício celestial de Cristo", sacrifício em que persiste o estado de "oblação" acompanhado pelos "sinais" (chagas) da morte.

3. Para outros ainda, considerando-se que o sacrifício de Cristo foi único (Ceia-cruz), mas em dois planos: *litúrgico* (ceia) e *real* (cruz), em que a "ceia" foi o momento da *oblação*, e a "cruz" foi o momento da *imolação* do sacrifício, a Missa enquanto ação "litúrgica" não pode ser senão "oblação". Essa oblação não é feita agora na ceia de Cristo, mas *na liturgia da Igreja*, e consequentemente a Missa é "a oblação da imolação de Cristo enquanto feita pela Igreja". A Missa, portanto, em termos de "oblação", é diretamente uma renovação da Última Ceia do Senhor; mas o conteúdo dessa "oblação" feita hoje pela Igreja é sempre a "imolação" (morte) de Cristo, imolação que Cristo "ofereceu como futura" e que a Igreja "oferece como passada".

Avaliação

Sem entrar no mérito de cada uma das teorias, estas pecam, a nosso juízo, todas elas, num ponto-base comum. Referimo-nos à *Eucaristia-sacrifício*, explicada partindo-se da noção de "sacrifício em geral" extraída da história das religiões. Com efeito:

1. Não se leva em conta que a Eucaristia não poderá jamais ser explicada a não ser passando pela *via da revelação*, e não só para estabelecer que a mesma é *o sacrifício* dos cristãos (o que de qualquer modo se faz), mas sobretudo para saber *em que sentido é sacrifício*. Portanto, não basta dizer que *Cristo instituiu* o sacrifício da Eucaristia (provando-o pela Escritura), mas é preciso ver *o que ele tinha a intenção de instituir* e em que quadro revelado se coloca a sua instituição.

2. Essa pesquisa logo levaria a ver que a Eucaristia é um *sacrifício sui generis*, isto é, com características absolutamente "próprias", pois depende em tudo e por tudo de um sacrifício já acontecido, do qual quer ser só a *presença* efetiva. Fazer isso significaria nada mais do que afirmar a *"sacramentalidade do sacrifício eucarístico"*, ou seja, conseguir-se-ia fugir da nefasta distinção entre "sacramento" e "sacrifício", que todas as precedentes teorias tomam como um "axioma", isto é, como ponto indiscutível de partida.

Só por essa *via sacramental* foge-se do duplo perigo que provocou a crise sacrifical protestante e que continua a ameaçar toda a teologia da Missa:

a) O perigo de ver *multiplicado* o sacrifício da cruz por meio da Eucaristia, se esta for vista como "sacrifício absoluto" (tanto na linha imolacionista quanto na oblacionista, quando se põem no plano da *presença* e da *realidade* respectivamente da "imolação" e da "oblação");

b) O perigo de ver anulada a sua presença e realidade objetiva, se — para não multiplicar o sacrifício da cruz — se fizer da Eucaristia uma pura *representação* exterior da "imolação" e da "oblação" da cruz.

Capítulo III
Teologia litúrgica da Missa

I. A Missa é celebração do Mistério Pascal

A Missa é uma realidade "litúrgica", ou seja, é uma celebração não de um fato ou de um sentimento humano (sinal do nosso culto a Deus), mas é celebração do *acontecimento de salvação* por excelência, por meio do qual os seres humanos são postos em condições de prestar um verdadeiro culto a Deus.

Enquanto realidade litúrgica, a Missa deve ser estudada, portanto, como "celebração", que, por ser um "sinal", nos apresenta um "conteúdo" real. A consideração do "sinal + conteúdo" nos revelará a verdadeira *natureza* ou — como se costuma dizer — a *essência* da Missa.

Tal consideração poderia ser feita sobre o "rito" e sobre o "formulário" dos quais é composta a celebração; mas isso nos levaria a análises muito minuciosas, dada a variedade dos ritos e dos formulários em uso. Será mais útil e mais ágil deter-nos na *primeira Missa* do mundo, isto é, na *Última Ceia de Cristo*; nesta descobriremos todo o significado e toda a natureza da Missa.

Em síntese, a fé da Igreja, expressa em Trento, diz-nos que a Missa é:

a) Continuação (repetição) daquilo que Cristo fez na Última Ceia;

b) Perpetuação (presença) — sob a forma de "representação-figuração" ou de "efetiva presença", dependendo do sentido que se dá ao *repraesentaretur* do Concílio — do sacrifício cruento da cruz.

Assim, no "sacrifício visível" recebido pela Igreja da parte de Cristo, *a Igreja oferece na forma da Ceia o sacrifício da cruz.*

Por outro lado, o próprio Concílio de Trento, iluminando com uma nova luz essa sua doutrina, põe o binômio "Ceia-cruz" sob o denominador comum de "Páscoa", quando escreve:

> O nosso Senhor Jesus Cristo [...] ordenou aos seus apóstolos e aos seus sucessores no sacerdócio que oferecessem o seu corpo e sangue, dizendo: *Fazei isto em memória de mim*. De fato, celebrada a Páscoa antiga, que todos os filhos de Israel *imolavam em memória* da sua saída do Egito, *instituiu como nova Páscoa* a si mesmo, para ser, sob os sinais visíveis, *imolado pela Igreja* através do ministério dos sacerdotes *em memória da sua passagem* deste mundo para o Pai, quando, por meio da efusão do seu sangue, nos redimiu, subtraindo-nos do poder das trevas e transferindo-nos para o seu reino (DS 1741).

Para compreender a Missa, portanto, de um lado não se pode recorrer sem mais nem menos ao conceito de "sacrifício" em geral, sendo necessário estabelecer o que é a cruz e o que é a Ceia de Cristo, porque essas são as duas únicas componentes (formal a Ceia, essencial a cruz) que podem explicar a Missa; de outro, já está implícito no texto conciliar que a "Ceia-cruz" deve ser vista na perspectiva "pascal".

E é precisamente disso que nos ocuparemos para chegar a uma autêntica compreensão da Missa.

Nas sessões seguintes examinaremos antes de tudo a *Ceia pascal*, dado que o termo "Páscoa" aparece pela primeira vez (Ex 12,11.26) como nome do "rito pascal", do qual a "ceia" homônima é parte principal. Esta será vista primeiramente no ritual judaico (*Páscoa judaica*), segundo os seus elementos e o seu significado. Posteriormente a consideraremos como *Páscoa de Cristo* (Última Ceia), retomando suas componentes e seu significado à luz do "cumprimento" do NT.

Numa segunda seção, faremos o percurso da "ceia" até o "fato" da Páscoa, que naquela é reatualizado: *Páscoa ritual — Páscoa histórica*.

E, numa terceira seção, chegaremos à "Páscoa histórica de Cristo", que é a *Páscoa da cruz-ressurreição*, como a que nos fornece o "conteúdo" real da Missa, já vista — na Ceia de Cristo — como "Páscoa ritual".

II. A ceia pascal

A Última Ceia de Cristo foi certamente uma ceia pascal judaica, tenha ela sido realizada no dia da Páscoa, no dia anterior (Quinta-Feira Santa) ou três dias antes (Terça-Feira Santa).

Que Cristo não a tenha celebrado no dia oficialmente fixado é certo, já que ele morreu na cruz precisamente enquanto os judeus sacrificavam a Páscoa.

1. A Páscoa judaica

A Páscoa judaica, já muito antes do tempo de Jesus, havia incorporado dois ritos distintos: Cordeiro e pães ázimos.

SINAIS DO MISTÉRIO DE CRISTO

A) Cordeiro Pascal

Era um "rito da primavera" em uso junto aos nômades, e consistia na imolação de um cordeiro propiciador de fecundidade para o rebanho. Sacrifício de caráter patriarcal e tribal, sem nenhuma relação com um templo, altar ou divindade oficial. O sangue do Cordeiro sobre os umbrais (inicialmente sobre as armações da tenda dos nômades) tinha um valor apotropaico (esconjurar as potências maléficas; cf. a "Palavra" exterminadora em Sb 18,15).

Essa festa do Cordeiro era celebrada na noite do plenilúnio da primavera.

A existência dessa festa em Israel tem sua origem no tempo anterior ao Êxodo, isto é, no tempo do nomadismo precedente à entrada dos hebreus no Egito. De fato, a exigência feita ao faraó de poder ir para o deserto a fim de "fazer um sacrifício" parece referir-se ao sacrifício do Cordeiro, e por isso mesmo os judeus talvez quisessem, com aquela festa, retomar o contato com as suas próprias origens religiosas, no momento em que se preparavam para reivindicar a sua liberdade enquanto nação.

B) Os pães ázimos

Outro "rito primaveril" em uso nos ambientes agrícolas (sedentários), análogo ao do Cordeiro.

Consistia no uso — no primeiro mês das colheitas — de pão não fermentado (grego: *azymos*), ou seja, feito sem que nele entrasse nada (o fermento) da colheita antiga.

A festa durava uma semana, de um sábado a outro.

Contrariamente ao rito do Cordeiro, era uma festa ligada ao santuário local, onde se fazia a oferta da primeira colheita. Portanto, tratava-se de uma festa de peregrinação (Dt 16,5.16).

C) Pães ázimos + Cordeiro

As duas festas coincidiam no tempo, isto é, na primavera.

Isso fez com que acabassem sendo unidas numa só; parece, todavia, que a união não aconteceu logo que os judeus adotaram costumes sedentários (ingresso na Palestina), abandonando os do nomadismo, compreendido o rito do Cordeiro.

No tempo da reforma deuteronômica, sob o reinado de Josias, foi reinstituído o rito do Cordeiro, posto junto com o dos ázimos, formando assim uma única festa da Páscoa (Dt 16,1-4; 2Cr 36,17).

Devido à origem das duas festas, anteriores ao fato da libertação do Egito, deve-se dizer que, mesmo que essa tenha sido a ocasião na qual pela primeira vez se fala do Cordeiro Pascal, a libertação propriamente dita não foi a causa da instituição da festa. Foi a coincidência da libertação com o dia do rito nômade do Cordeiro que deu a esse rito um significado que ia além do significado naturalístico das origens e que fez dele uma festa-lembrança do fato histórico do Êxodo.

Os exegetas reconhecem, de fato, em Ex 12,1-20.40-51, a elaboração em sentido "soteriológico" de um rito primitivo, visto como prelúdio da solene Aliança do Sinai.

Em outras palavras: *o rito do Cordeiro* não é mais considerado como um rito propiciatório-apotropaico tribal, mas *é inserido no fato da libertação*, do qual se torna o símbolo e o *memorial*, dando um sentido religioso ao surgimento de Israel como nação (= povo de Deus).

D) As ideias fundamentais do rito do Cordeiro

1. *A celebração acontece num sacrifício*: "Imolai a Páscoa [...]. Quando vossos filhos vos perguntarem: 'Que significa este rito?' respondereis: 'É o sacrifício da Páscoa (passagem) do Senhor, que passou ao lado das casas dos israelitas no Egito'" (Ex 12,21.26-27).

2. *A celebração* será feita *numa vigília*, que deverá repetir a vigília libertadora do Senhor: "Aquela foi uma noite de vigília para o Senhor, quando vos fez sair da terra do Egito. Essa mesma noite do Senhor deve ser observada por todos os israelitas, por todas as gerações" (Ex 12,42; cf. Dt 16,1-6).

3. O sacrifício do *Cordeiro* e o costume dos *ázimos* não serão mais ritos pastoris-agrícolas com intenção propiciatória-apotropaica (portanto, voltada ao rebanho), mas servirão para *perpetuar a lembrança da libertação*; serão, aliás, *a "lembrança" por excelência* da libertação, de forma concreta, como um "monumento":

> Este dia será para vós uma festa *memorável* (hebr.: *zikkaron*; gr.: *mnemosynon*; lat.: *monumentum*) em honra do Senhor, que haveis de celebrar por todas as gerações, como instituição perpétua (Ex 12,14);

> Moisés disse ao povo: "*Lembrai-vos* do dia em que saístes do Egito [...]. E, quando o Senhor te introduzir na terra dos cananeus [...], explicarás a teu filho: 'Isto é pelo que o Senhor fez por mim ao sair do Egito'. Servirá para ti como *sinal* em tua mão e como um *monumento* diante dos teus olhos" (Ex 13,3.8-9).

Em outras palavras, a Páscoa, com os seus ritos, será como um monumento, como um anel ou tatuagem e como um pingente diante dos olhos. Encontramo-nos, portanto, diante de um rito, que num sacrifício "memorial" *reproduz ritualmente* aquilo que foi o *acontecimento* histórico de uma vez no seu significado *religioso-espiritual*, pois é intenção evidente de todas essas prescrições pascais da Bíblia a reprodução — pelo caminho da imitação ritual — daquilo que já aconteceu uma vez na realidade.

Esse *caráter memorial* do rito tende a recriar simultaneamente a situação *psicológica* daquele dia longínquo e a tornar novamente *presente* a intervenção divina.

Basta considerar neste sentido as prescrições do Êxodo:

Assim, devereis comer a carne do cordeiro: com os cintos na cintura, os pés calçados, o cajado na mão; e comereis às pressas, pois é a Páscoa (isto é, passagem) do Senhor (Ex 12,11s).

Todo ano os israelitas repetirão a mesma coisa, criando uma atmosfera externa e interna que reproduza aquela do longínquo dia do Êxodo, e a razão é dita claramente: "É a Páscoa de Iahweh". Agora Iahweh passa para redimir o seu povo.

O mesmo aspecto é sublinhado mais brevemente, mas com não menor eficácia, quando se lê:

Aquela foi uma noite de vigília para o Senhor [...]. Essa mesma noite do Senhor deve ser observada por todos os israelitas, por todas as gerações, em honra de Iahweh (Ex 12,42).

De resto, neste sentido é que esse fato foi compreendido pelos judeus, que assim interpretam Ex 13,8, como o demonstram textos da *Mixná*:

Em cada suceder-se de tempos, somos obrigados a considerar-nos como se fôssemos *nós mesmos* aqueles que saíram do Egito. Está dito, com efeito: "Naquele dia deves narrar ao teu filho que isto (a Páscoa) se faz por aquilo que *Iahweh fez por mim* na minha saída do Egito". De fato, não só os nossos pais foram libertados, mas nós mesmos, como está escrito: "Ele nos tirou de lá para introduzir-nos na terra prometida aos nossos Pais" (Dt 6,23). Por isso, somos convidados também nós a agradecer, a glorificar, a louvar aquele que *nos nossos pais e em nós* operou tais prodígios, tendo-nos tirado da escravidão para a liberdade, da tristeza para a alegria, das trevas para uma grande luz, da escravidão para a redenção.[1]

Mas, além de *memorial* que torna *presente* um passado, a Páscoa adquire muito cedo um valor *escatológico* simbólico e ao mesmo tempo real. *Simbólico*, porquanto é o símbolo de como Deus se comportará com Israel "no dia do Senhor"; *real*, porque a definitiva libertação "messiânica" de Israel acontecerá como consequência da Páscoa e se realizará numa Páscoa.

Tal aspecto "escatológico" da Páscoa judaica, como *símbolo*, é retomado sobretudo na tradição profética. Is 30,29, descrevendo a intervenção de Iahweh quando virá para libertar o seu povo, remete-se diretamente à Páscoa: "Então o vosso canto será como o da noite em que se celebra a festa" (= vigília pascal).

O aspecto "escatológico" *real*, segundo o qual numa Páscoa nova se cumprirá a libertação definitiva do povo, se encontra sobretudo na tradição rabínica. Assim, por exemplo, se lê no Targum palestino para Ex 12,42:

> A quarta noite será quando o mundo estará no fim. Então Moisés virá do deserto e o Messias do alto, caminhando sobre uma nuvem, e o Verbo de Iahweh caminhará no meio deles.

---

[1] Rabi Gamaliel, *Pesachim* 10, 5.

> *Esta é a noite da Páscoa* que por Deus foi estabelecida para Israel por todas as gerações.

E, entre os ditos rabínicos (Rabi Joshuá ben Chananajah, 90 d.C.), se lê:

> Noite de vigília foi para Iahweh (Ex 12,42). Naquela noite foram libertados, e na mesma noite também no futuro serão salvos, porque foi dito: "É a mesma noite para Iahweh" (Mikiltá para Ex 12,42).

Páscoa é, portanto, para os judeus, uma festa que engloba uma visão única de *três distintas realidades*:

a) Uma *realidade passada*: o fato da libertação histórica do Egito, por meio da qual Israel se torna povo de Deus;

b) Uma *realidade presente*: renovação ritual do fato antigo, pelo qual todo israelita toma consciência de ser um "libertado" de Iahweh, não só nos seus pais, mas pessoalmente;

c) Uma *realidade escatológica*: o fato da Páscoa é o símbolo da futura e definitiva libertação do povo de toda escravidão, e esta se realizará numa nova Páscoa, que será o fim do mundo presente e o começo de uma nova era.

2. A Páscoa de Cristo (Última Ceia)

É nesse ambiente espiritual que Cristo se move, quando celebra a sua última Páscoa.

A narração dos Sinóticos põe em evidência que aquela Páscoa era um fato da maior importância ("Ardentemente desejei...") na vida de Cristo.

Por quê?

A Páscoa está para desembocar no "Reino de Deus": "Pois eu vos digo que, de agora em diante, não mais beberei do fruto da videira, até que venha o Reino de Deus" (Lc 22,16).

Movido por esse pensamento, que nada mais é do que o pensamento de toda a precedente tradição, Cristo, depois de celebrada a Páscoa judaica, anuncia o "cumprimento" da mesma, porque o Reino de Deus está às portas.

Sabendo ser, de fato, aquele no qual o Reino de Deus se manifesta, usando do seu poder de "senhor do sábado" (Mt 12,6.8), ou seja, do ordenamento cultual judaico, e pondo em execução o seu próprio encargo de "levar a cumprimento a Lei e os Profetas", Cristo insere na celebração da Páscoa judaica o novo significado pascal, o da "realidade": *libertação verdadeira e definitiva*.

Esse fato não ocorre sem preparação. Segundo as prescrições judaicas, Cristo, como chefe dos comensais reunidos na ceia pascal, explicou amplamente o rito judaico, considerando-o — conforme as indicações rituais — sob o aspecto de fato histórico "passado", que vinha a agir no "presente" e preanunciava o "futuro".

As palavras de Lucas nada mais são do que o resumo do discurso ritual de Jesus, mas desse discurso é lembrado só o lado escatológico:

> Eles foram, encontraram tudo como Jesus tinha dito e prepararam a ceia pascal. Quando chegou a hora, Jesus pôs-se à mesa com os apóstolos e disse: "Ardentemente desejei comer convosco esta ceia pascal, antes de padecer. Pois eu vos digo que não mais a comerei, até que ela se realize no Reino de Deus". Então pegou o cálice, deu graças e disse: "Recebei este cálice e fazei passar entre vós; pois eu vos digo que, de agora em

diante, não mais beberei do fruto da videira, até que venha o Reino de Deus" (Lc 22,13-18).

Em outras palavras: essa é *a última Páscoa* de Jesus; mas não só de Jesus: *a Páscoa judaica acabou*, pois cede o lugar à nova, do Reino de Deus, e essa *nova Páscoa é o cumprimento da antiga*.

O que quer dizer isso?

a) Cessa o fato histórico passado: a *Páscoa do Êxodo*, que era o *símbolo* de algo que deveria acontecer. A primeira libertação, que havia feito de Israel o povo de Iahweh, era o símbolo do Reino de Deus, que haveria de se cumprir.

b) Há um fato histórico novo: a *Páscoa do Reino de Deus* começou em *cumprimento* da Páscoa passada.

Mas a Páscoa ritual judaica contempla *dois momentos* distintos: "o Cordeiro-pão ázimo" e o "sangue da Aliança", que completam mutuamente o significado da Páscoa.

A) *Cordeiro Pascal — corpo de Cristo*

Que a Páscoa judaica do Cordeiro e dos ázimos tenha acabado porque está "por cumprir-se no Reino de Deus" fica evidente para Jesus e, depois do seu discurso, também para os apóstolos.

Sem passagens posteriores, de fato, Jesus toma do pão, reza e o dá aos seus apóstolos como "seu corpo", para que dele comam.

Fica claro que esse é um gesto que tende a substituir o cordeiro judaico. Naquelas palavras de Jesus: "Isto é o meu corpo dado (= sacrificado) por vós" ecoa outro discurso pascal: "O pão que eu darei é a minha carne para a vida do mundo" (Jo 6,51), explicadas em sentido "redentor" pelas outras: "Vim para dar a minha vida em resgate por muitos" (Mt 20,28); ecoa também João Batista, que dizendo: "Eis o Cordeiro de Deus" (Jo 1,29), por sua vez é eco de Isaías, que apresenta o "Servo de Iahweh", "ferido e esmagado pelos nossos pecados", como "Cordeiro que se oferece em sacrifício por sua espontânea vontade" (Is 53,5-7).

E que o Cristo "Servo de Iahweh-Cordeiro" estivesse representado no Cordeiro Pascal se torna evidente, além de sê-lo por todas as expressões de Cristo na Última Ceia, também pelo modo como os apóstolos compreenderam o fato.

São João (Jo 19,36), pondo em relação a morte de Cristo com o momento da imolação da Páscoa, refere a ele a prescrição dada pelo Cordeiro Pascal: "Não lhe quebrareis osso algum" (Ex 12,46).

São Paulo (1Cor 5,7) apresenta Cristo como Cordeiro Pascal dos cristãos: "Cristo se imolou como nossa Páscoa".

São Pedro (1Pd 1,13-21) identifica os cristãos na linguagem figurativa da Páscoa judaica, e consequentemente os quer tais "que, cingidas as vestes nos ombros, deem início à sua peregrinação, para obedecer ao mandado divino, feitos santos no sangue do Cordeiro imaculado já previsto antes da criação do mundo, mas revelado só agora".

Entretanto, para que não haja nenhum equívoco sobre o fato de que Cristo substitui o Cordeiro Pascal com outra *Páscoa no seu corpo sacrificado*, ele diz aos seus apóstolos: "Fareis isto *em memória* de mim".

Pouco antes, os apóstolos tinham ouvido da boca de Jesus, que falava da Páscoa do Êxodo: "Esse dia será para vós uma festa *memorável* em honra do Senhor, que haveis de celebrar de geração em geração" (Ex 12,14); e ainda: "Pois às pressas saíste do Egito, para que durante toda a vida te *lembres* do dia em que saíste do Egito" (Dt 16,3).

No lugar da *antiga "memória"*, agora se fará uma *nova "memória"*. A do Cordeiro Pascal judaico lembrava o fato de uma libertação do Egito, que era libertação de "um só povo". Essa *nova "memória" no novo Cordeiro Pascal-Cristo* lembrará, pelo contrário, a *"redenção" (= libertação do pecado) de "todos"*, da "multidão" dos homens.

B) O sangue da aliança — sangue de Cristo

A saída libertadora do Egito era, entretanto, na mente Deus, só uma questão preliminar.

Os hebreus haviam sido libertados de um patrão humano para se tornar a "propriedade predileta" de Deus, ou seja, o povo mais querido "dentre todos os povos", e para se tornar "um reino sacerdotal e um povo santo" (Ex 19,5-6). Deus quer que esta vontade e eleição sejam reguladas por um ordenamento (*diathéke*, "aliança"), que "seja a solene proclamação da vontade de Deus, ao estabelecer quais relações devem valer entre Deus e os seres humanos".[2]

Não se trata, por conseguinte, de um fato de "aliança" paritária entre Deus e os hebreus, mas a manifestação de uma vontade divina, que o povo é chamado a aceitar. A consequência disso será a elevação do povo a "propriedade predileta", a "reino sacerdotal" e a "povo santo" de Deus.

Esse vínculo, essa aliança, será expressa no sangue do sacrifício. De fato, Moisés — o Mediador da Aliança —, descendo do monte, "ergueu ao pé da montanha um altar e doze colunas sagradas (*titulos*), uma coluna para cada uma das doze tribos de Israel" (Ex 24,4), e depois mandou fazer sacrifícios de touros e de vitelos. Moisés, depois, tomou

---

[2] BEHM, J. *Theologisches Wörterbuch zum Neuen Testament* II, p. 137.

desse sangue do sacrifício, ou seja, sangue já oferecido e consagrado a Iahweh, derramou uma parte sobre o altar e com o resto aspergiu o povo (direta ou simbolicamente sobre as doze colunas sagradas ao redor do altar), dizendo: "Este é o sangue da Aliança".

Os três Sinóticos e 1Cor 11,25 unanimemente fazem referência à constituição de uma "nova Aliança" da parte de Cristo, aliança consagrada e representada no seu próprio sangue:

Este é o meu sangue da *nova* Aliança (Mt 26,28; Mc 14,24);

Este cálice é a *nova* Aliança no meu sangue (Lc 22,20; 1Cor 11,25).

A expressão usada por Cristo é uma referência formal a Jr 31,31:

Um dia chegará — oráculo do Senhor —, quando hei de fazer uma *nova* Aliança com a casa de Israel e a casa de Judá. Não será como a aliança que fiz com seus pais quando pela mão os peguei para tirá-los do Egito.

O profeta previa o surgimento de uma aliança que substituiria a antiga, isto é, a Aliança do Êxodo, que havia se tornado a "primeira" ou "antiga" aliança devido ao surgimento da que foi proclamada por Cristo como "nova" e "segunda" Aliança (Hb 8,7).

A novidade da Aliança de Cristo não está somente na ordem temporal. Esta, de fato, é "nova" porque em certo sentido é "diferente" da primeira enquanto:

a) É *"melhor"* do que a primeira (Hb 7,22), porque fundamentada em "promessas" mais elevadas (Hb 8,6), e porque sancionada num sangue realmente "imaculado" (Hb 8,7);

b) É *"segunda"* (Hb 8,7) e ao mesmo tempo *"eterna"* (Hb 13,20), porque não está sujeita ao envelhecimento (Hb 8,13);

c) Tem por *mediador Jesus* (Hb 8,6; 9,15; 12,24) no lugar de Moisés (Hb 9,19; Gl 3,19);

d) É o *cumprimento da primeira aliança*, que está para a nova como a "sombra" está para a "realidade" (Hb 8,5; 9,23; 10,1);

e) O sangue oferecido em sacrifício na *primeira aliança uniu Deus* — ao qual havia sido oferecido — *com o seu povo*, representado pelas doze colunas sagradas colocadas ao redor do altar; o sangue da *segunda Aliança une o próprio Cristo* — a quem o sangue pertence não pela oferta mas graças à identidade sacramental — ao *novo povo de Deus*, nascido precisamente da nova Aliança, pela intermediação dos doze apóstolos, que não são somente simbólicos "títulos", mas são as verdadeiras doze "pedras" fundamentais do novo povo (Ef 2,20; Ap 21,24).

* * *

Isso foi o que Cristo fez e tinha a intenção de fazer na sua Última Ceia pascal. Resumindo, podemos dizer que a Ceia pascal última de Cristo:

a) Condensa no *duplo gesto* da oferta do seu *corpo* e do seu *sangue* aos apóstolos *toda a Páscoa* judaica, que era distribuída em *dois tempos*: Libertação (cordeiro) e Aliança (sangue);

b) Instaurando o novo rito, Jesus entende instituir uma *nova Páscoa*, na qual: (1) o objeto da celebração não era nem a libertação do Egito nem a aliança do Sinai, sombras de realidades futuras, mas a *libertação do mal* — "remissão dos pecados" — e a *aliança no amor* — ao contrário da antiga que era na Lei; (2) diferente era também o meio: o Cordeiro-Cristo em lugar do cordeiro-animal; o *sangue do Mediador* mesmo da Aliança em lugar do sangue de animais.

III. Páscoa ritual histórica

Da análise precedente, percebe-se que Cristo substitui os dois elementos centrais da Páscoa judaica, colocando o seu corpo no lugar do Cordeiro e o sangue da nova Aliança, derramado pelo próprio Mediador (pontífice), no lugar do sangue da antiga Aliança, extraído de animais irracionais.

Mas que valor se pode dar a essa substituição?

Cristo substituiu um rito por outro. Mas qual era a intenção de Cristo ao fazer essa substituição?

Para responder à pergunta, essencial para o entendimento da Missa, é preciso distinguir na Páscoa judaica um *duplo componente*, isto é, um *fato histórico* e um *fato ritual*, e não se deve esquecer que, desses dois fatos, *o ritual pressupõe o histórico*.

1. Fato histórico

É aquilo que se inicia como movimento de um povo, ao qual Deus concede a libertação de uma escravidão, e se conclui, nas alturas do Sinai, com a promulgação da Lei de Deus e com a consequente Aliança, pela qual o povo de Israel se torna povo de Deus, ou seja, nação santa e reino sacerdotal.

Em si mesmos, esses são *dois momentos de um único fato*, que dá a largada para a história do povo judeu, no âmbito das nações, e que faz desse povo o povo-Reino de Deus.

Na realidade, esses dois momentos superam a história do povo judeu, para erguerem-se como dois momentos na história da redenção do mundo.

Já vimos, de fato, em toda a economia do AT, tal como esta nos foi apresentada pelas tradições profética, apocalíptica e rabínica, tanto anterior quanto posterior a Cristo, que o fato histórico da libertação e da Aliança não cria só a realidade concreta da constituição, no plano político-civil, do povo de Israel.

A *realidade histórica concreta presente*, tangível e visível nas instituições, não é efetivamente o *último fim* da ação divina. Esta vai desenvolvendo, num plano histórico humano, a ação *prometida de redenção* que forma o conteúdo do "Protoevangelho" do Gênesis e que era uma promessa de redenção centrada toda ela sobre o "filho de mulher" que teria esmagado a cabeça da serpente, que se tornara tirana dominadora dos seres humanos.

Estamos, portanto, diante da realização de uma promessa de redenção espiritual, e a libertação da escravidão do Egito (redenção = pôr em liberdade escravos) não pode ter — além do seu valor histórico e contingente — outro *valor a não ser o de símbolo*. A realidade histórico-presente é, em outras palavras, o *símbolo de uma realidade futura* e definitiva: a libertação do mundo do pecado e a constituição do mundo em Reino de Deus.

Isso não pode ter sido compreendido nem pelos hebreus da passagem do Mar Vermelho, nem pelos judeus nacionalistas dos séculos posteriores, os quais, no mesmo simbolismo pascal, como de resto em toda a ideia messiânica, viam somente uma afirmação teocrático-judaica em sentido político-econômico.

Mas o valor *simbólico-espiritual* da libertação judaica é um pensamento imanente na história mesma do povo de Israel, que é só o principal protagonista terreno — mas não o único — da história sagrada do mundo, cujo verdadeiro ator é Deus. De qualquer modo, os profetas perceberam esse valor simbólico, destinado a realizar-se plenamente no futuro, e o profeta Jeremias (31,31s) se apresentará como público e autorizado-inspirado porta-voz do mesmo quando anunciará, como vimos, a "nova" aliança.

O fato "histórico" da Páscoa e da aliança judaica tem, por conseguinte, um duplo aspecto. Indica uma *realidade presente*, que todavia se projeta *para o futuro* como símbolo para a realidade, e se concretiza numa realidade terrena que é *caminho para uma realidade espiritual*: "Perdoarei [...]. Não me lembrarei do seu pecado" (Jr 31,34). Nesse duplo aspecto, é evidente que o *momento simbólico* de um superior evento futuro é o *momento predominante*, porquanto é aquele que põe na sua verdadeira luz o fato histórico, determinando-o no sentido de *história sobrenatural*.

Para concluir: na Páscoa e na Aliança estamos diante de um fato histórico de natureza e valor simbólicos.

2. Fato ritual

Agora, porém, se nos colocarmos como observadores no plano da terminologia e dos costumes judaicos, veremos que quando os judeus falavam de Páscoa, de Cordeiro Pascal, eles estavam querendo falar não diretamente do fato histórico ligado àqueles termos, mas sim da sua *celebração ritual*. "Celebrar a Páscoa" quer dizer, para eles, "refazer num rito a Páscoa". Para os judeus, a Páscoa é acima de tudo e diretamente um rito.

Sabemos, no entanto, que para os judeus a Páscoa é um daqueles ritos que, por serem ligados a um fato histórico, têm como objetivo justamente renovar ou perpetuar a presença eficaz daquele fato, e por essa razão o próprio rito é recordação e "memória" em sentido objetivo.

Isso quer dizer que o rito "reatualiza" o fato em todo o seu valor. Na "presença" do rito, o fato apresenta-se a nós em sua completude, ou seja, como uma *realidade histórica passada, orientada para uma realidade futura.*

Em outras palavras, também o *rito*, precisamente porque *relativo a um fato* que exprime uma dupla realidade, olhava para o "passado" preanunciando o "futuro".

Mas, se todo o valor da *realidade passada* estava em ser um *símbolo* de *uma realidade ainda não existente*, e se esta, pelo fato de ser futura, na verdade ainda não existia, o *rito* mesmo, que tinha a função de "apresentar" ambas, se movia *só e totalmente num campo simbólico e figurativo.*

É a isso que a Carta aos Hebreus se referia quando, ao falar dos sacrifícios do AT, colocava todo o AT e os seus ritos sob o signo da "figuratividade": "A Lei contém apenas a sombra dos bens futuros, não a expressão exata da realidade" (Hb 10,1). Para a Carta aos Hebreus, os "bens futuros" são a redenção operada por Cristo, e desta, nos ritos do AT, havia somente a *sombra*, não a *realidade (res)* nem a *imagem da realidade*, como acontece, pelo contrário, no NT, no qual a imagem (rito) contém a realidade.

Essa situação tinha por consequência — prossegue a Carta aos Hebreus — que os ritos do AT não eram verdadeira "memória" dos fatos passados, mas "memória" (*Anámnesis*) anual dos pecados (Hb 10,3).

Embora essa explicação da Carta aos Hebreus contenha uma ponta de polêmica, a exatidão fundamental da mesma não pode ser posta em dúvida.

Se o *fato histórico*, ao qual o rito se referia, era uma *realidade* nascida e instituída para *ser um símbolo* de outros eventos futuros, o *rito* não podia senão repetir o simbolismo implícito no fato. E como o simbolismo constituía a razão mesma do fato histórico, que na ordem da redenção sobrenatural não tinha consistência (era só "sombra"), o rito também não conseguia sair do valor simbólico e não tinha outro objetivo a não ser o de manter viva — na perspectiva profética do AT — a *promessa* da realidade futura.

IV. A cruz, Páscoa real

Sabemos que o *rito* pascal judaico se move entre dois polos, que são dois *acontecimentos* postos um no *passado* e outro no *futuro*; aliás, aquele do "passado" (libertação do Egito e aliança entre Deus e Israel) é *símbolo-profecia* daquele do "futuro", ao qual compete consequentemente, em relação ao primeiro, o papel da *realidade* (libertação, que supera em muito a "político-civil" de Israel, e nova Aliança universal para todos os seres humanos).

Sabemos também que Cristo substituiu o *rito* pascal judaico por um *novo rito* pascal, que se chama "Eucaristia".

Pois bem: sendo o *rito* pascal judaico, por sua natureza, "memorial", ou seja, "relativo" antes de mais nada ao *acontecimento histórico passado* que quer tornar "presente", enquanto o orienta para a sua realização no "futuro", surge a pergunta: *de que acontecimento histórico é "memorial", ou seja, "relativo", o novo rito introduzido por Cristo?*

É claro, com efeito, que um *acontecimento pascal* deve estar por trás do novo rito, se quisermos que este seja *rito pascal*; e é igualmente claro que por trás do *rito novo* não pode estar o *acontecimento antigo*, se quisermos que seja um rito novo.

À pergunta não se pode dar senão uma resposta: o "rito novo" de Cristo, como o antigo, está sempre na linha pascal; e portanto:

1. por trás do *novo rito* deve estar um *novo acontecimento*;

2. o "novo acontecimento", conservando a dimensão *pascal* do acontecimento "antigo", teria a mais aquela *realidade* que este não possuía, mas anunciava somente como realizável no "futuro";

3. por consequência, *o novo rito*, ao contrário do rito "antigo" (que era portador de um valor puramente "profético-simbólico"), teria sido portador daquela *verdade-realidade* que é o elemento constitutivo do *novo acontecimento pascal*.

Santo Agostinho[3] estava certo quando dizia que há diversidade entre "o rito profético que anuncia coisas futuras e o rito evangélico que proclama coisas cumpridas", e explicava isso acrescentando[4] que "o verdadeiro sacrifício foi *prometido*, antes da vinda de Cristo, de vítimas *figurativas*; foi *dado*, com a Paixão de Cristo, na *verdade*; é *celebrado*, depois da ascensão de Cristo, no *sacramento de memória*".

1. Cristo e a sua morte-ressurreição são o novo acontecimento pascal

O acontecimento, que dará o sentido de plena e definitiva realidade ao acontecimento antigo da libertação do Egito e da aliança é o próprio Cristo. O NT nada mais é, na verdade, do que o momento no qual a vontade salvífica de Deus chega ao seu "cumprimento" de atuação no

---

[3] Agostinho, *Contra Faustum* 19, 14; PL 42, 355.

[4] Ibid., 20, 21; PL 42, 285.

acontecimento-Cristo, a tal ponto que toda a ideia neotestamentária de "cumprimento", ou seja, da realização à qual deve chegar a "palavra" de Deus, se identifica com a pessoa de Jesus.

O *Evangelho de Mateus* é particularmente dominado por essa ideia do "cumprimento", expressa geralmente com a fórmula: "Isso aconteceu para que se cumprisse a palavra". Por treze vezes aparece essa referência ao "cumprimento da palavra" no Evangelho (Mt 1,22; 2,15.17.23; 3,15; 4,14; 8,17; 12,17; 18,35; 21,4; 26,54.56; 27,9). Destas, a maioria são *referências pascais*, como se pode ver a seguir.

1. *Os fatos da infância de Cristo* são relacionados a uma "palavra" referente aos acontecimentos do Êxodo, que são certamente pascais: (a) Mt 1,22 – Is 6,6: o nome "Emanuel" (= "Deus-conosco"), dado ao "filho" prometido, faz referência ao tema da "tenda" (Ex 25,9: Deus está com o seu povo; cf. Jo 1,14: "E habitou entre nós"; Ap 21,3: "Eis a tenda de 'Deus-com-os-homens', e ele vai morar junto deles [...] e 'o Deus-com-eles' [= Emanuel] será o seu Deus"); (b) Mt 2,15 – Os 11,1: "Quando Israel era criança eu o amava, do Egito chamei o meu filho": o retorno de Cristo do Egito é apresentado como "cumprimento" da saída-libertação pascal do povo de Israel.

2. *O Batismo* (Mt 3,15) foi desejado por Cristo expressamente para "cumprir" o anúncio contido na antiga passagem tanto do Mar Vermelho quanto do Jordão, ou seja, de dois acontecimentos intimamente ligados à Páscoa (Ex 12,41-42; Js 4,19-24; 5,10-12).

3. Para explicar a *atividade salvadora* com a qual Cristo liberta das doenças e dos demônios (Mt 8,17; 12,17), faz-se referência ao "Servo de Iahweh" anunciado por Is 41,9; 41,1-4; 53,4, como aquele que liberta os seres humanos das suas enfermidades tomando-as sobre si. O sentido "pascal" do "Servo de Iahweh" é conhecido.

4. Da *Paixão* diz-se que *"devia acontecer"* e de fato *"tudo* acontecia para que *se cumprissem* as Escrituras" (Mt 26,54.56). Esse referir-se a todas "as Escrituras" no seu conjunto, para dizer que estas *"deviam* cumprir-se" na Paixão de Cristo, a fim de que ele pudesse *"entrar* na sua glória" (cf. Lc 24,26), não só apresenta a Paixão como *necessária realização* ("devem cumprir-se") da palavra profética das Escrituras, mas a situa também num fundo tipicamente *pascal*. De fato, Cristo, com a Paixão, "entra" na ressurreição ("glória") do mesmo modo que os hebreus com a saída do Egito e através do deserto "entram na terra prometida". Veja-se, a este propósito, também Lc 9,31: na Transfiguração, Jesus fala com Moisés e Elias "do *êxodo* do qual Jesus teria dado 'cumprimento' em Jerusalém"; e Jo 13,1: "Sabendo Jesus que tinha chegado a sua hora, hora de *passar* deste mundo para o Pai" = saída de libertação.

O *Evangelho de João* é programaticamente *pascal*, porque seu intento é justamente o de revelar que Cristo é o *cumprimento da Páscoa antiga* seja no plano "ritual" (veja-se toda a estruturação "sacramental" do Evangelho), seja no plano "real". Este último aspecto, ou seja, o cumprimento em Cristo da "realidade" pascal, aparece sobretudo nos seguintes momentos:

1. A *encarnação* é apresentada como "presença de Deus entre os seres humanos" e como "revelação da sua glória" (Jo 1,14), para afirmar que em Cristo encontra *"cumprimento"* a *"tenda da aliança" pascal*.

2. Cristo é visto desde o primeiro momento como "*o Cordeiro de Deus* que tira os pecados do mundo" (Jo 1,29.36); e aqui deve-se observar que "Cordeiro de Deus", no Evangelho, é carregado do sentido de "Servo de Iahweh", ou seja: para João, a Páscoa antiga (cordeiro) coincide em Cristo com a Páscoa messiânica (Servo de Iahweh), segundo a profecia de Is 53,6-12.

3. O *maná do Êxodo* (Páscoa) recebe o seu sentido quando se transforma em "pão verdadeiro do céu" (= pão de plena realidade), *cumprindo-se na carne* que Cristo "dará" pela vida do mundo (Jo 6,31-33.51). Note-se que aqui o verbo "dar", usado para o "pão" mas subentendido para a "carne", deve ser entendido no sentido de "dar em sacrifício" com a morte (cf. Lc 22,19; 1Cor 11,24), isto é, com uma morte que sabemos ser a do Cordeiro Pascal.

4. Outras referências *pascais* (ou seja, relativas aos fatos do Êxodo) são, em João, as seguintes: (a) *Cristo luz do mundo* que caminha diante de nós (Jo 8,12), como a "nuvem luminosa" do deserto diante dos hebreus (Ex 13,21s; Sb 18,3s); (b) *Cristo fonte de água* para quem nele crê (leia-se Jo 7,37-38 assim: "Se alguém tem sede, venha a mim; e quem crê em mim, beba, porque — segundo as Escrituras — do seu interior [de Cristo] brotarão rios de água viva"). A referência à Escritura, embora genérica, como costuma acontecer em João, certamente remete a Is 55,1.3, cujo contexto é messiânico-pascal, mas também ao fato de Ex 17,6, este já visto em função profética em relação àquilo que acontecerá na Páscoa do "êxodo" de Cristo, quando o golpe da lança — como o golpe do bastão de Moisés na rocha — fará brotar "água" do peito de Cristo (Jo 19,34); (c) *Cristo salvador* na sua "exaltação" sobre a cruz, como a "serpente de bronze" levantada no deserto (Jo 3,14-15; Nm 21,4-9), traz salvação para quem olha com fé. A relação da "serpente" com Cristo, aqui anunciada, é apresentada na sua "realização" acontecida no momento da "crucifixão-exaltação" pascal de Cristo (Jo 19,34, citando Zc 12,10).

5. *Cristo-realizador da Páscoa*: (a) Como "Páscoa-passagem" (Ex 12,11), porque para Cristo *"Páscoa" é "a hora de passar"* do mundo para o Pai (Jo 13,1); (b) Como "Páscoa-Cordeiro Pascal", porque a sua morte na cruz é a do *verdadeiro sacrifício pascal*, que não só coincide "quanto

à hora" com o da Páscoa judaica, mas nele "se cumpre" a palavra da Escritura (Ex 12,46) referente ao Cordeiro Pascal (Jo 19,36).

Outros testemunhos sobre o *valor pascal da morte de Cristo* são:

1. A expressa equiparação que 1Cor 5,7, dizendo: "Cristo imolou-se como nosso Cordeiro Pascal", faz entre a Páscoa "judaica" e a morte de Cristo ("nossa" Páscoa), vista declaradamente como "sacrifício" ("imolado").

2. A referência de 1Pd 1,18-19: "Tende consciência de que fostes resgatados [...] pelo precioso sangue de Cristo, *cordeiro* sem defeito e sem mancha", dá novamente um acento "pascal" à morte do Senhor.

3. A importância que Cristo, como "cordeiro morto", tem em todo o *Apocalipse,* particularmente em 1,5; 5,9, onde Cristo-cordeiro é aclamado como aquele que nos redimiu com o seu sangue, fazendo de *todos* os seres humanos um "reino sacerdotal". Aqui a referência à Páscoa do Êxodo é dupla, porque é vista como "realidade acontecida" não só na morte do Cordeiro-Cristo, mas também no seu efeito, que é a constituição do "povo sacerdotal" do NT, já prefigurado na proclamação apresentada como resultado na Páscoa do AT (Ex 19,5-6).

2. Características essenciais do acontecimento pascal de Cristo

Daquilo que acabamos de dizer deduz-se por consequência:

1. *A morte de Cristo,* "cumprindo" todo o significado do AT, nascido e radicado totalmente na libertação pascal, *é a Páscoa do NT:* "Cordeiro Pascal imolado" (1Cor 5,7), como "vítima imaculada no Espírito Santo" (Hb 9,14), "dada em sacrifício" pelos pecados do mundo (Mt 20,28; Mc 10,45; Jo 1,29.36; Rm 3,24s; Ef 5,25; Gl 2,20 etc.).

2. A morte de Cristo, sendo uma *Páscoa definitiva* que trouxe aos seres humanos uma "redenção eterna" (Hb 9,12), é por isso mesmo um *"sacrifício oferecido uma vez por todas"* (Hb 9,26.28; 10,10.14; 1Pd 3,18). Essa "unicidade" do sacrifício pascal de Cristo implica dois aspectos muito importantes:

a) A morte-Páscoa de Cristo constitui o momento culminante da história religiosa do mundo ("história da salvação"), porquanto revelou-se como o *cumprimento* total, não só da palavra "profética" do AT mas também do valor "sinal" inerente a qualquer tipo de sacrifício, tanto fora quanto dentro do âmbito da primeira revelação. Por consequência, o sacrifício pascal da cruz esgota o significado de todo e qualquer outro sacrifício e o substitui da mesma forma que a *realidade* substitui, "cumprindo-o", o *sinal* que, por ser só sinal, é também "insuficiente" para proporcionar uma verdadeira "purificação" do pecado (Hb 7,18; 9,4-10); aliás, reduz-se praticamente a ser um "sinal que lembra" o pecado, como realidade sempre existente, sem poder destruí-lo (Hb 10,1-3), caso não intervenha o sacrifício de Cristo.

b) Cristo não morrerá mais pelos pecados do mundo numa *repetição de morte cruenta*, repetição sempre necessária quando a vítima do sacrifício for diferente do próprio oferente (Hb 7,27; 9,12.25-26; Rm 6,10). Isso acontece no sacrifício oferecido com vítimas animais, mas não com o de Cristo, cujo sacrifício acontece não com o "sangue dos outros" mas sim com o "seu próprio sangue" (Hb 9,25-26). Só este, de fato, não é mais um puro e simples "sinal", mas sim "realidade" de entrega a Deus na própria pessoa (Hb 9,13-14).

3. *O sacrifício pascal da cruz é o fundamento da nova Aliança* (Hb 8,6-13; 9,4-10), simbolizada na aliança antiga e expressamente prometida para substituir aquela que foi "feita com os pais, quando saíram do Egito" (Jr 31,31-34). Essa substituição da aliança antiga pela "nova"

realizada na morte de Cristo constitui o grande fato que dá à morte de Cristo todo o seu valor de verdadeira e total Páscoa que, eliminando a "sombra" de uma libertação, lhe dá a sua plena "realidade".

Assim, o fato novo ("realidade plena"), instaurado por Cristo na sua pessoa e na sua morte, é "cumprimento" e ao mesmo tempo superação do fato antigo: "cumprimento" porque leva ao cumprimento a "palavra"; superação porque é realidade de libertação interior e universal, que substitui uma libertação exterior e particular. Dessa libertação, com efeito, nasce "o novo povo de Deus", que é a "cidade universal dos redimidos" (Santo Agostinho), a verdadeira "Igreja" de Deus, que "reúne todos os filhos de Deus espalhados pelo mundo" (Jo 11,52).

V. Eucaristia, Páscoa da Igreja

Da análise feita, deduz-se que a morte de Cristo está para a libertação definitiva do mundo como o sacrifício do Cordeiro Pascal do Êxodo está para a libertação dos hebreus da escravidão.

Deduz-se também que na raiz do rito da Páscoa anual está, para os judeus, a libertação do Êxodo, concebida como profecia, promessa e parcial antecipação de uma libertação futura; e para os cristãos, o rito diário da Páscoa (Eucaristia) supõe um acontecimento — a morte sacrifical de Cristo — que é justamente o "cumprimento" esperado da Páscoa judaica.

Para uma compreensão verdadeira da *Eucaristia*, é preciso, por conseguinte, remeter-se de um lado ao *rito pascal*, que quer ser "presença de um acontecimento do passado" (infelizmente visto, na maioria das vezes, só em seus elementos históricos exteriores de tempo e de lugar); e de outro à *Páscoa real* da cruz, que constitui justamente o *acontecimento* do passado, ao qual a Eucaristia, como rito pascal, deve referir-se.

Tendo presente tudo isso, podemos definir a Missa como "a celebração ritual sacramental da Páscoa de Cristo". E como isso significa que na celebração eucarística *o sacrifício pascal de Cristo é tornado presente na sua realidade*, que é realidade de verdadeira libertação do pecado e de verdadeira aliança com o Pai, podemos justamente dizer, numa palavra, que *a missa é o sacramento do sacrifício de Cristo*.

Isso quer dizer que:

1. *A Missa é um sacrifício* que não encontra a sua explicação no conceito de "sacrifício" em geral, entendido seja como "imolação" (morte-destruição da vítima), seja como "oblação" interior do oferente (condição essencial e determinante do valor da "imolação"). Esses elementos, considerados essenciais ao "sacrifício", devem ser buscados na *morte de Cristo*, e nesta existem de maneira superabundante.

2. Sendo a Missa "o sacramento do sacrifício de Cristo", quer dizer que *nesta está diretamente presente o sacrifício da cruz*, visto na sua íntima natureza de "acontecimento de salvação" e não nos componentes exteriores de tempo e de lugar, substituídos agora pelo "sacramento".

3. Por consequência, *a natureza da Missa* não é descoberta buscando saber se nela se fazem presentes, singular ou cumulativamente, a "imolação" e a "oblação", requeridas pelo "sacrifício" em geral, mas unicamente pondo-a em seu quadro natural, que nos vem da revelação. Ora, tal quadro é o de uma *celebração que se refere a um acontecimento pascal*, que é propriamente o *sacrifício da cruz*, e portanto a Eucaristia implica necessariamente a perene e real presença do acontecimento igualmente real de salvação operada por Cristo no seu sacrifício. Isso quer dizer que a Eucaristia *é sacrifício enquanto é um sacrifício "relativo"* ao já acontecido sacrifício da cruz, "relação" que não se esgota somente numa relação externa de puro "sinal", mas que necessariamente implica "o ser sinal de uma presença".

4. Disso deduz-se que na Missa não se multiplica, nem se renova, nem se reproduz "a oferta ocorrida uma vez por todas" na morte de Cristo, mas que *aquela mesma morte sacrifical de então*, com a sua característica essencial de ter acontecido "uma vez por todas", *é tornada presente* em cada tempo e lugar. Isto é: toda celebração eucarística é *presença real do Cristo que se ofereceu na cruz*.

5. Afirmar que a Eucaristia tenha só o valor de "sinal retrospectivo", e que por isso mesmo acabe sendo analogamente igual ao sacrifício pascal judaico na sua orientação para o futuro, isto é, com valor de "sinal prospectivo", é insuficiente. Assim, de fato, a Eucaristia seria só *puro sinal* da Paixão de Cristo; o que vai contra a *realidade* de conteúdo da Eucaristia professada pela fé. É preciso distinguir, com efeito, entre "sinal" e "sinal". Há "sinais" que indicam uma coisa "futura", ou seja, uma coisa que *não existe realmente* ou em si mesma, ou em relação a quem vê o sinal (coisa distante). Algo bem diferente é o "sinal" que se refere a uma *coisa realmente existente*, enquanto *acontecida* de modo que não possa ser mais destruída. Neste caso, o "sinal" se refere não ao "passado" do acontecimento mas sim "ao acontecimento" em si mesmo, e deste o "sinal" não pode ser senão portador. Assim, a Eucaristia é "sinal" da Paixão não enquanto fato acontecido e passado, mas sim enquanto fato *acontecido para estar sempre presente*; é "sinal sacramental", isto é, portador de uma realidade no presente.

6. Muito menos se pode dizer que o "pão" *separado* do "vinho" é "sinal" do sacrifício (sinal de separação de corpo e sangue, isto é, morte). Se fosse assim, seria preciso dizer que a morte de Cristo estaria *presente só como sinal e não na realidade*. Em segundo lugar: o "pão-vinho", que contém igualmente a *realidade da única morte* de Cristo, expressa como "corpo partido-sacrificado por vós" e como "san-

gue derramado por vós", quer sublinhar unicamente as *duas componentes essenciais e inseparáveis* da morte-Páscoa de Cristo: libertação (Cordeiro-pão ázimo) e aliança (sacrifício do Sinai). De fato, só "passando *do mundo* (libertação) *para o Pai* (aliança-amor)", Jesus ofereceu uma vez na cruz — e celebra agora, oferecendo no rito — a sua Páscoa de "redenção eterna".

* * *

E aqui vamos colocar um ponto final. O nosso estudo tinha por objetivo levar a uma explicação litúrgica da Missa. E parece que alcançamos nosso intento. De fato:

A Missa foi por nós examinada sob o seu aspecto essencial, isto é, como rito.

Do rito, analisamos os dois componentes: pão e vinho, que nos são colocados como a substituição, respectivamente, do Cordeiro Pascal judaico e do sangue da aliança judaica.

A Missa se nos apresenta, portanto, como a *Páscoa nova cristã que no rito*, enquanto substitui o rito puramente simbólico do AT, *torna atual o fato histórico da redenção eterna*, da qual a libertação do Êxodo era somente — ainda que na sua historicidade — um símbolo.

Essa explicação recoloca no seu justo valor bíblico a presença da dupla "matéria" sacrifical, que não quer significar a morte de Cristo por efeito da sua separação, mas quer significar — como já era na antiga teologia patrística — a *realidade da Páscoa cristã*, Páscoa única *nos seus momentos de redenção e de Aliança*, pela qual os cristãos "redimidos no sangue de Cristo são povo real e sacerdotal de Deus" (Ap 5,9).

A Missa, portanto, nascida como nova Páscoa, deve ser vista à luz Pascal do Antigo e do Novo Testamento. Centro e realidade da redenção e da Aliança, esta encontra-se — justamente por ser rito pascal — *no centro de toda a história sagrada*, ou seja, de todo o desenvolvimento da ação-divina, que move os seres humanos em direção à salvação eterna.

Esta, com efeito, é o objeto de todas as promessas divinas, do Protoevangelho do Êxodo até o último profeta; é o início do Reino de Deus escatológico e é a perene confirmação deste Reino de Deus, além do qual os cristãos não têm mais nada a esperar, porque na Missa eles têm tudo aquilo que Deus podia lhes dar: "Deus amou tanto o mundo a ponto de sacrificar o seu filho Único" (Jo 3,16).

A Eucaristia é a última e perene Páscoa de Cristo, ou seja, a total redenção: *"In fine saeculorum Pascha nostrum immolatus est Christus"* (*Sacramentário Gelasiano*).

Parte V

A Penitência

Premissa

Dentre os sacramentos da Igreja, há um que segue imediatamente os "sacramentos de iniciação", chamado *sacramento da Penitência* ou também da *Reconciliação*.

Como o próprio nome já diz, esse sacramento indica que uma das atitudes fundamentais do ser humano religioso, ou seja, a atitude de *distanciamento do mal* e de *conversão a Deus*, é elevada e assumida por meio de um "sinal sagrado", que de um modo ou de outro provém de Cristo, para ser um momento da obra de salvação realizada pelo próprio Cristo; precisamente por isso chama-se "sacramento da Penitência".

De todos os sacramentos, esse é certamente o que teve a história mais rica, assumindo facetas diferentes dependendo do período histórico no qual é considerado. Por outro lado, é também o sacramento que de certo modo sofreu a reforma mais relevante depois do Concílio Vaticano II.

Parece-nos oportuno, portanto, dividir o estudo em três capítulos distintos:

Capítulo I: *A história do sacramento da Penitência;*

Capítulo II: *O rito do sacramento da Penitência;*

Capítulo III: *A teologia do sacramento da Penitência.*

Capítulo I
A história do sacramento da Penitência

Neste capítulo apresentaremos brevemente:

I. Pré-história do sacramento da penitência

  1. Religião natural

  2. Religião revelada judaica

II. História do sacramento da penitência

  1. O sacramento da Penitência nas origens

     a) Evangelhos

     b) Igreja apostólica

  2. O sacramento da Penitência no desenvolvimento histórico:

     1º período: do séc. II ao séc. VI

     2º período: do séc. VII ao séc. XII

     3º período: do séc. XIII à época pós-tridentina

     4º período: Concílio Vaticano II

I. Pré-história do sacramento da Penitência

1. Religião natural

A história das religiões nos informa abundantemente que em todos os povos sempre existiram *ritos de expiação*, que precisamente por serem tais supõem a existência, no indivíduo ou na comunidade, de algo que criou um estado de inimizade com a divindade. O fato de se criar esse estado de inimizade normalmente é percebido pelo surgimento do *mal* (dor, perseguição, desastres físicos, econômicos, morte), o qual por isso mesmo é revelador de que se incorreu num *pecado*, ou seja, se violou um "tabu" (provocando o desencadeamento de forças maléficas das quais o tabu protegia) ou um "preceito" moral, isto é, uma daquelas leis às quais está ligada a existência do indivíduo ou da comunidade.

No primeiro caso (tabu), o mal, que é manifestação da força maléfica não mais contida pelo tabu, deve ser "expurgado" do corpo do pecador, por exemplo, ferindo-se para fazer sair o sangue, cuspindo, provocando o vômito, fazendo abluções; no segundo caso (violação de um preceito moral-social) a divindade do clã ou da tribo pode ser acalmada antes de mais nada *confessando* o próprio pecado e depois oferecendo, por exemplo, um sacrifício ou uma oferta aos mortos. Tem-se assim a *expiação* (= purificação) do pecador.

Neste segundo sentido, a "confissão" é uma atitude humana "liberatória" de primária importância. "Confessar" o pecado quer dizer, de fato, "colocar fora de si, separar-se" daquilo que é causa do "mal" que se sofre.[1]

---

[1] Cf. PETTAZZONI, R. *La confessione dei peccati.* 3 vv. Bologna, 1929-1935.

2. Religião revelada judaica

Também em relação ao sacramento da Penitência cristã torna-se cada vez mais claro que não se pode prescindir não só do AT como tal (= ponto de partida do NT), mas nem mesmo do conjunto da mentalidade e do ritual judaico imediatamente precedente a Cristo ou a ele contemporâneo.

Não parece exagerado dizer que toda a história da revelação pode ser dividida em dois momentos: *aliança* e *Penitência*, no sentido de que a aliança, eterna da parte de Deus, pôde existir no povo de Israel só em virtude de uma contínua pregação de Penitência por parte dos profetas.

Sem deter-nos na análise do surgimento ou da formação da atitude penitencial de Israel, queremos aqui fazer referência só a algumas de suas expressões, nas quais o sentido do *pecado*, enquanto distanciamento de Deus, esquecimento da sua aliança e não observância da sua palavra, é preeminente de forma absoluta sobre o sentido do *mal* que em consequência do pecado Israel deve sofrer ou já sofreu.

Cf. Jl 1,13-15 + 2,12-19; Am 4,4-12; Is 63,7–64,1-8; Esd 9,5-15; particularmente Ne 9,1-10, que nos apresenta uma verdadeira *liturgia penitencial*, tal como esta deveria acontecer já no exílio, pelo menos pelo que se lê em Dn 3,25-45.

Em Ne 9, o dia é caracterizado por típicos sinais *penitenciais* do AT: jejum, vestes de saco e cabeças cobertas de cinza; a comunidade, separada de todos os estrangeiros (não judeus), *apresenta-se diante de Deus e confessa os seus próprios pecados* junto aos dos seus predecessores.

O dia inteiro é dividido em dois momentos, caracterizados por uma *dupla confissão dos pecados*, separados por uma longa leitura da Lei do Senhor. O ciclo todo é fechado por uma oração dos levitas que começa com uma *berakah* (louvor) e depois prossegue alternadamente com uma *confissão-anamnese dos benefícios de Deus* (vv. 7-15; 20-25) e com uma *confissão-anamnese dos pecados de Israel* (16-19; 26-31); a seguir, uma imploração de *perdão* e a proclamação de um *compromisso de fidelidade futura*, posta por escrito (9,32–10,1).

O dia litúrgico penitencial por excelência do AT era chamado *Yòm ha kuppurìm* ou também, no singular, *Yòm kippur* ("dia da expiação"), ou *Yòma* (o dia, subentendido: por excelência). Dele se fala em Lv 16 e 23,26-32. No NT é mencionado em At 27,9, com o nome de "dia do jejum" (texto grego), e o seu rito serve de pano de fundo para Hb 6–10, para explicar o pleno valor redentor da morte de Cristo.

Em Lv 16, todos concordam em identificar a fusão dos ritos distintos quanto à origem e à época (purificação do templo-altar, do sumo sacerdote e do povo). Provavelmente o rito de "purificação do povo" é o mais antigo e primitivo. Colocado, segundo o antigo calendário, no começo do ano (setembro), ambientado no "deserto", conserva ainda vestígios mágico-naturalísticos: *os pecados do povo, através da confissão do sacerdote e da imposição das mãos, são transferidos para um bode*, que depois é entregue em poder do demônio "Azazel", que habita no deserto.

Sem falar na provável origem naturalística do rito, o seu significado de "arrependimento e conversão do pecado" é claríssimo:

No dia dez do sétimo mês deveis jejuar e não fareis nenhum trabalho [...]. Porque nesse dia se fará a expiação por vós [...]. Diante do Senhor sereis purificados de todos os vossos pecados [...]. Uma vez por ano se fará a expiação de todos os pecados dos israelitas (Lv 16,29-30.34).

Como uma *liturgia penitencial* podemos ver também o "Batismo de Penitência" de João (assim é apresentado: Mt 3,11; Mc 1,4; Lc 3,3;

At 13,24; 19,4), que comportava uma *confissão dos pecados* (Mt 3,5; Mc 1,5). A *"Penitência-conversão"* consistia num "retorno" (Lc 1,16-17) a Deus, que mostrasse que os israelitas agiam como verdadeiros filhos de Abraão, ou seja, reintegrando-os na aliança do povo de Deus.

II. História do sacramento da Penitência

A palavra "Penitência" do NT latino (*paenitentia*) traduz o termo grego *metànoia*, que quer dizer propriamente "mudança de mentalidade", ou seja, "passagem, mudança de espírito". Interessante, a este respeito, Lutero:

> Fazei penitência, porque pode muito rigidamente ser transformada em conversão, isto é, inspirai a mente para um outro sentido, arrependei-vos, fazei uma transição de um estado de espírito para outro e fazei uma mudança de espírito.[2]

Mas o termo latino *paenitentia* vem do verbo *paenitere*, que é uma espécie de *paenam tenere*, isto é, um *sentir dor, desprazer, mágoa* e também *remorso*; não implica, portanto, de forma direta, nenhuma ideia de *mutação, mudança de mentalidade ou de espírito*. Isso, na melhor das hipóteses, é percebido de forma indireta: quem compreende que certo fato pelo qual a pessoa "se dói" e "se aborrece" provém de certa atitude, tende a "mudar atitude e mentalidade".

O termo conserva, infelizmente, essa sua ambiguidade; e embora por "Penitência" se entenda da mesma forma, e em alguns casos preponderantemente, o sentido de "conversão" (o que seria mais exato), e

---

[2] LUTERO, *Werke*. Ed. Weimar, I, 30: *Poenitentiam agite, quod rigidissime transferri potest "transmentamini", idest "mentem et sensum alium induite", resipiscite, transitum mentis et phase (= Páscoa) spiritus facite.*

não raro o sentido de "dor-desprazer", que etimologicamente pertence à palavra "Penitência", o termo não indica nem mesmo a *"dor-desprazer" pelo pecado* cometido, mas a *"dor-pena que a pessoa se impõe a si própria* pelo pecado"; assim, "Penitência" se torna o equivalente à "pena-ação punitiva" que a pessoa se impõe ou aceita (= mortificação). A consequência disso é que a ambiguidade do termo torna-se ainda mais carregada por causa do sentido de "ação de expiação". Desse modo, o acento cai não tanto sobre a atitude interior de Penitência quanto sobre a "ação" penitencial que se faz ou se sofre, e que poderia até ocorrer sem a vontade de conversão para o futuro, simplesmente como sinal de reparação pelo mal feito; sabemos, no entanto, que o pecado pode ser "expiado" só "sendo eliminado do meio", ou seja, "mudando atitude e mentalidade" em relação a Deus, aos seres humanos, ao mundo.

1. O sacramento da Penitência nas origens

A) Evangelhos

Cristo dá início à sua missão profética retomando o tema da "Penitência-conversão", que havia sido o do Batista (Mt 3,11; Mc 1,4): depois que João foi preso, "Jesus [...] começou a pregar e a dizer: 'Convertei-vos, porque o Reino dos Céus está próximo'" (Mt 4,1-17; Mc 1,14-15). É uma vocação geral.

Mas Jesus declara ser sua missão ter vindo para "chamar os pecadores" (Mt 9,13; Mc 2,17) e especifica que veio para chamá-los "para que se convertam" (Lc 5,32). Para Cristo, todavia, são "pecadores" não só alguns mas geralmente todos: a todos, com efeito, ele foi enviado para que "se convertam" (Mt 11,20-21; 12,41; Lc 13,2; 15,7; At 5,31; 11,18).

O "sinal" de que o seu chamado à conversão não cai no vazio, mas tem como consequência *"a remissão dos pecados"* para aqueles que dão sinais de "conversão", aceitando a "fé" que os leva aos pés de Cristo, se tem no fato do paralítico ("Vendo a sua *fé*, disse ao paralítico: 'Coragem, filho, *teus pecados estão perdoados*'": Mt 9,2) e da pecadora ("Teus pecados estão *perdoados* [...]. A tua fé te salvou": Lc 7,48-50).

O "chamado à conversão" é dado por Jesus como "missão" aos seus discípulos: Mt 6,12; Lc 24,47; At 20,21; 26,20.

A essa missão está ligado também o *dever-poder de perdoar* os pecados daqueles que se arrependem. No caso do paralítico, em que o Senhor demonstra que "o Filho do homem tem sobre a terra o poder de perdoar os pecados", depois do acontecido, a multidão aclama "Deus, que havia *dado um tal poder aos homens*" (Mt 9,6-8). Esse ler no *plural* ("aos homens") o "poder dado na terra ao *Filho do homem*" parece que se deva entender à luz da palavra de Cristo em Jo 20,21-23:

> Como o Pai me enviou, também eu vos envio [...]; soprou sobre eles [...]. Recebei o Espírito Santo. A quem perdoardes os pecados, serão perdoados.

Falamos em "dever-poder"; de fato, para os discípulos, trata-se antes de tudo de um "dever" este de exercer o "poder" que lhes foi dado a propósito daquela que é a primeira exigência da sua "missão", que é a mesma de Cristo. Para Cristo, a missão não consiste, com efeito, só na *pregação da conversão* para o ingresso no reino, mas deve ser estendida também a uma real *salvação dos pecados* (Mt 1,21; At 5,31) que efetivamente introduza no reino.

Desse "poder" de remissão dos pecados, conferido por Cristo aos seus discípulos, se fala em Mt 18,18: "Tudo aquilo que ligardes...". É aquilo que se chama de o "poder das chaves". Deste falaremos mais extensamente a seguir.

O que se destaca acima de tudo nessa "Penitência-conversão", como aparece nos Evangelhos, é o fato de que a mesma consiste essencialmente numa "atitude de conversão", que apenas manifestada traz consigo o *perdão*, que é simplesmente *dado*. Ou seja, não há nenhum traço de "liturgias penitenciais", embora se possa entrever certo "processo" por causa do pecado:

> Vai corrigi-lo, tu e ele a sós [...]. Se ele não te ouvir, toma contigo mais uma ou duas pessoas [...]. Se ele não vos der ouvidos, dize-o à assembleia (igreja). Se nem mesmo à assembleia ele ouvir, seja tratado como se fosse um pagão ou um publicano (mantém-te separado dele), pois tudo o que ligardes na terra etc. (Mt 16,15-18).

Por outro lado, parece que o Senhor queira explicar *como acontece* o que ele acabara de falar: "Aquilo que desligardes *na terra* será desligado *no céu*", pois logo acrescenta:

> Eu vos digo mais isto: se dois de vós estiverem de acordo, *na terra*, sobre qualquer coisa que quiserem pedir, meu Pai que está *nos céus* o concederá. Pois onde dois ou três estiverem reunidos em meu nome, eu estou ali, no meio deles (Mt 18,19-20).

Em outras palavras: a assembleia-igreja não cumpriu totalmente a sua função julgando se o pecador deve ser "separado" da comunidade (= ligar!) ou declarando que pode permanecer "unido" (= desligar!)* à mesma; deve ainda esforçar-se para fazer com que o pecador seja *perdoado do seu pecado*, e isso pode acontecer "na terra" pela ação da comunidade reunida em nome-poder de Cristo, pois a Cristo o Pai

---

* O sentido desse ligar-desligar é explicitado pelo autor: é "desligado" o irmão que tiver se convertido e "ligado" o que ainda não se converteu, devendo por isso mesmo ser "separado" da comunidade (N.T.).

"que está nos céus" dá tudo aquilo que ele pede, inclusive a *remissão dos pecados*.

Isso, pelo que nos parece, pode esboçar ou insinuar um *rito*, ou seja, uma *liturgia penitencial*.

B) Igreja apostólica

Os apóstolos, seguindo o mandado de Cristo, anunciam a "Penitência-conversão" e o consequente "perdão dos pecados": At 3,19.26; 10,43; 13,38, como acontecimentos ligados à própria *missão de Cristo* e à *fé dos crentes*.

Mas em At 2,38 vemos que a "conversão-perdão dos pecados" está unida a um "Batismo". Temos, portanto, uma verdadeira e própria *liturgia penitencial* que, abrindo o caminho para o "Batismo de Cristo", insere numa nova esfera de vida, ou seja, aquela na qual se tem finalmente o cumprimento da promessa de Deus, tanto para os judeus quanto para os pagãos (At 2,38-39). Instaura-se assim uma *Penitência batismal* que reafirma a ideia de que a "Penitência-conversão" é essencial ao cristianismo, a ponto de situar-se, inclusive ritualmente, em seu início. Todavia, desse modo, ainda há espaço na época apostólica para a existência de um *rito penitencial que não seja o do Batismo* e que tenha o mesmo efeito de "remissão dos pecados"?

Eis o que se pode colher claramente nos escritos apostólicos:

1. Na Igreja apostólica, existem pecados e pecadores: 1Cor 5,11: "Apenas no caso em que se chame irmão (= cristão) e seja libertino, ambicioso, idólatra, provocador, beberrão ou ladrão".

2. Sobre esses pecados e pecadores, a Igreja e os chefes da Igreja emitem um juízo: 1Cor 5,3-4: "Já julguei [...]. Em nome do Senhor

Jesus, reunidos *juntos vós e o meu espírito* (= vós e eu, presente espiritualmente)": cf. o v. 12. É uma aplicação de Mt 18,17-21.

3. Esse juízo pode levar até a estabelecer a necessidade (respectivamente, a pena) de uma "separação" (1Cor 5,2.13; Rm 16,17; 2Ts 3,6.14; 2Tm 3,5; Tt 3,10), que é um "ser entregue ao poder do demônio" (1Cor 5,5; 1Tm 1,20).

4. O juízo de separação acontece "em nome — pelo poder de Cristo" (1Cor 5,4). Este fato parece ser a aplicação de Mt 18,18-21 (Jo 20,21-23), mandato que já se mostra paradigmático na cura do paralítico: "O Filho do homem tem o *poder* sobre a terra [...]. *Poder dado* aos homens" (Mt 9,6-8).

5. O juízo de "separação" é dado em vista de uma *"conversão"* do pecador, que não cessa de ser um *"irmão"* (2Ts 3,15) e, portanto, deve-se ir ao seu encontro com benevolência, de modo que retome coragem e não se consuma de tristeza (2Cor 2,6-7).

6. Se ao juízo segue-se a "conversão-arrependimento", o pecador é "perdoado" (2Cor 2,10).

7. Deve-se observar, enfim, que todos os casos em questão nos textos citados se referem a situações de pecado notórias ou, pelo menos dentro de certos limites, públicas (cf. 1Cor 5,1), isto é, a situações que refletem as que foram previstas em Mt 18,15-35.

Desses elementos, não se pode deduzir a existência de uma *forma ritual de Penitência* em sentido propriamente dito. Podemos afirmar, todavia, que já podem ser encontrados aqueles *elementos essenciais* para a formação e, portanto para o exercício, de um "sacramento", os quais reencontraremos a seguir na história e na teologia da Igreja. São eles:

1. A "remissão dos pecados" é precedida — de forma explícita — por uma "confissão dos pecados", acompanhada pela "ora-

ção", à qual diretamente está ligada a própria remissão dos pecados (Tg 5,15-16).

2. Sabemos de uma "imposição das mãos" que, a julgar pelo uso que da mesma se faz logo depois — além do contexto em que é mencionada —, parece ser um rito de "remissão dos pecados" (1Tm 5,20-22).

3. Tudo isso acontece "em nome/pelo poder de Cristo", e portanto como continuação da missão salvífica de Cristo.

2. O sacramento da Penitência no desenvolvimento histórico

A começar pela época imediatamente posterior à apostólica, a natureza *ritual-sacramental* da Penitência assume cada vez mais contornos precisos e claros, e isso acontece em grande parte também porque a Penitência tem sido certamente o sacramento ao redor do qual a polêmica se manteve sempre viva no interior da Igreja. Esse desenvolvimento histórico, que vai da época pós-apostólica até os nossos dias, será resumido brevemente e só nas suas linhas mais emergentes, ou seja, em quatro períodos, assim divididos:

Primeiro período: do séc. II ao séc. VI;

Segundo período: do séc. VII ao séc. XII;

Terceiro período: do séc. XIII à época pós-tridentina;

Quarto período: reforma do sacramento por parte
          do Concílio Vaticano II.

Essa divisão evidentemente deve ser tomada de uma forma ampla e aproximada em relação tanto às datas quanto à evolução ritual e de pensamento que no interior das próprias datas pode ser observada.

A) Primeiro período: do séc. II ao séc. VI

É nesse período que se tornam mais claras tanto a *existência* quanto a *forma* e a *organização* da *Penitência sacramental*, aqui chamada de vários modos: "Penitência", "Penitência segunda", "Penitência pós-batismal", "Penitência canônica", "Penitência eclesiástica".

Existência

Os primeiros testemunhos explícitos que chegaram até nós sobre o sacramento da Penitência nos apresentam esse sacramento num contexto polêmico. Enquanto no cristianismo apostólico a Penitência era uma realidade pacificamente aceita, à qual os cristãos certamente recorriam, porque não podiam negar a existência do pecado entre suas fileiras, no séc. II se torna um fato traumático para uma parte da Igreja que, preocupada com as recaídas no pecado, de improviso achou-se na necessidade de *restringir* a possibilidade da *Penitência sacramental*.

No início do séc. II, teve uma enorme repercussão um livrinho, intitulado *O pastor*, escrito por certo Hermas, irmão do Papa Pio I (segundo a informação dada pelo "Fragmento Muratoriano", que nos fornece a lista dos livros canônicos e não canônicos do séc. II). Hermas se propõe tornar conhecida uma "revelação", segundo a qual é concedida, depois do Batismo, uma nova *Penitência*, mas *por uma só vez*.

Recorre-se a uma revelação, portanto, para defender ou para proclamar a "unicidade" da Penitência depois do Batismo, e este fato já indica que havia a consciência do distanciamento — ainda que fosse por razões válidas em si mesmas e talvez consideradas só como provisórias — da práxis da Igreja precedente, para afirmar uma linha *rigorista*, que mais tarde se tornará de um rigorismo extremo (proibição da

Penitência para determinados pecados) nas correntes "espirituais" dos montanistas, representadas sobretudo por Tertuliano.

Este, que no seu livro *A Penitência* (*De Paenitentia*) ainda mantinha o anúncio de Hermas, *Penitência única na vida, mas sem exclusão de pecados*, no seu escrito de época montanista (*A pureza — De pudicitia*), sustenta que "certamente a Igreja *pode*, mas não *deve*, remitir todos os pecados", e sobretudo não deve remitir os pecados de *idolatria, homicídio e adultério* (= pecado sexual de qualquer tipo) porque esse era o trio que, segundo alguns, os apóstolos teriam indicado como o conjunto de coisas que impede a qualquer um de ser cristão (At 15,28-29). A Igreja jamais aceitou oficialmente a distinção entre *pecados remissíveis e irremissíveis*; de fato, porém, não faltavam Igrejas nas quais um ou outro dos "três" pecados não fosse na prática remitido, ou fosse remitido só no final da vida, como o fazia, por exemplo, Cipriano em Cartago em relação aos apóstatas (*lapsi*) da perseguição de Décio. Todavia, mesmo assim tão restrita em seu exercício, a Penitência nunca foi posta em dúvida no que diz respeito à sua *existência*, desejada por Cristo.

Forma

O modo como evoluía a Penitência canônica dos séc. II-III, e que no conjunto irá durar ainda por muito tempo, pode ser rapidamente deduzido das descrições feitas por Tertuliano (*De Paenit.* 9) e das informações provenientes de outros escritores, por exemplo, Orígenes, Cipriano, Agostinho, Ambrósio etc.

A Penitência antiga se articulava em três momentos:

1. *Confissão* do pecado, secreta, ao bispo ou ao presbítero encarregado. Assim, a pessoa era admitida entre os "penitentes", que juntamente com os "catecúmenos" e os "fiéis" formavam as três clas-

ses das quais se compunha a Igreja; aos penitentes era proibido, enquanto não houvessem cumprido a Penitência, participar da Eucaristia e unir a sua voz à dos fiéis na oração comum. Assistiam a essa oração, aliás, ficando num lugar separado dos demais fiéis e perto da entrada.

2. *Obras penitenciais*, que consistiam principalmente em prolongados jejuns e na proibição de comer carne e beber vinho; vestes simples (saco), orações de joelhos, pedidos de orações dos outros durante a liturgia.

3. *Reconciliação* ou *paz*. Era o rito no qual, com a imposição das mãos do bispo e de todo o clero presente, ocorria a remissão dos pecados e a readmissão — de forma visível — no interior da assembleia, já que até então tinham estado de certo modo à margem da mesma. Do séc. IV em diante o rito da reconciliação era realizado na manhã da Quinta-Feira Santa, de modo que na Páscoa estivessem ao redor de Cristo, com os fiéis, também os cristãos novos (batizados) e os cristãos renovados (penitentes).

Organização

A Penitência é *sempre* e *somente* requerida para as *culpas graves*, públicas ou ocultas. A Igreja, de fato, nunca aceitou a distinção de pecados remissíveis e irremissíveis, mas sempre conheceu a distinção entre *culpas graves* e *"pecados cotidianos"*, e consequentemente conhece também uma Penitência comum ou cotidiana, que consiste em fazer todo tipo de boas obras (como muitas vezes ensina, por exemplo, Santo Agostinho), e a Penitência extraordinária, laboriosa, pelas culpas graves.

A Penitência canônica do séc. II ao séc. VIII pode ser feita *uma só vez* na vida e é *estendida longamente* (às vezes até o fim da vida), a critério do bispo. No séc. IV, os concílios de Elvira (Espanha, 305) e de Arles (França, 314) já *fixam a duração* da Penitência para determinados pecados; por exemplo, um fato de adultério: cinco anos de Penitência; uma delação não grave: cinco anos; mas se esta tiver como consequência a morte ou o exílio do acusado, a pessoa não é readmitida à "comunhão" (reconciliação), nem no fim da vida etc.

Os penitentes, além disso, estavam sujeitos a particulares *interditos* ou proibições, seja durante a Penitência, seja depois de ocorrida a reconciliação. De fato, eram proibidos: de comercializar, de assumir cargos públicos, de ser admitidos às ordens sacras, de casar (caso fossem celibatários) etc. Tratava-se praticamente de uma "morte civil", à qual (dos séc. IV-V em diante) se podia fugir abraçando a vida monástica.

Esse mesmo rigor, que tinha a pretensão de manter elevada a vida cristã, na prática impelia muitos de fugir dela não pedindo a Penitência, mas ao mesmo tempo distanciando-se da Igreja e da Eucaristia, tomados simultaneamente pelo remorso dos pecados e pela falta de coragem para afrontar a Penitência pública. E a Igreja, por sua vez, não tendo a coragem de se destacar de um antigo e venerável mas duro costume, e nem querendo, todavia, levar as pessoas ao desespero, praticamente fechava um olho e se adaptava à situação; por isso vemos que no séc. VI, não só de fato mas por uma própria disposição conciliar, *não se dava a Penitência às pessoas ainda jovens,* nem às *pessoas casadas*, sem primeiro ter obtido o consenso do cônjuge e sob a condição de que ambos os esposos não fossem mais jovens em idade (Conc. de Agde, França, 596, cân. 15; Orléans, França, 538, cân. 27).

Desse modo, porém, a Penitência canônica, com o consentimento da Igreja docente, torna-se cada vez mais e quase que necessariamente o "sacramento dos velhos" e dos "moribundos".

Observações sobre a Penitência canônica antiga

Como elementos *positivos* dessa antiga organização penitencial, notam-se sobretudo: a sua ligação com o Batismo, o seu sentido eclesial e o seu valor pedagógico.

1. *Penitência-segundo Batismo* era antigamente uma frequente e fácil equação. À parte o fato, sempre evidenciado, de que a remissão dos pecados no Batismo era puro e total dom divino, enquanto na Penitência era fruto de uma dolorosa e fadigosa cooperação do ser humano com a graça divina, essa equação evidenciava particularmente o fato de que também a Penitência era *única*, da mesma forma que era *único* o Batismo. Punha-se assim em destaque que a Penitência era realmente tal, isto é, *conversão*, quando era uma retomada séria e consciente da pessoal *opção fundamental* com a qual havia sido aceito, precisamente no Batismo, Cristo na própria vida: "Convertei-vos e crede no Evangelho!".

2. A Penitência era um fato que necessariamente se passava entre Deus e o pecador, mas sempre e claramente através da *mediação da Igreja*. É a Igreja que, pelo ministério do bispo, acolhe o pecador e o "admite à Penitência", determina a duração e a intensidade desta, acompanha o seu desenvolvimento impondo as mãos sobre o penitente em cada celebração litúrgica e "admitindo-o à reconciliação" com a Igreja através da última e definitiva imposição das mãos, feita conjuntamente por todo o clero presente, no âmbito da comunidade.

Não menos importante, todavia, é a ação da Igreja-comunidade. Veja-se, a propósito:

TERTULIANO, *De Paenit.* 10,4-6:[3]

---

[3] CCL I, p. 337.

Posto entre irmãos e companheiros de serviço, onde *comum* é a esperança, *comum* o temor, a alegria, a dor e o sofrimento, porque *comum* é o Espírito que nos vem do *comum* Pai e Senhor, que outra coisa pensas que estes querem senão a ti? O corpo não pode estar contente com o sofrimento de um só dos seus membros; é necessário que todo ele sofra e todo ele colabore para a salvação: é Igreja num e noutro, mas a Igreja é Cristo. Quando, portanto, tu te lanças aos pés dos irmãos, tocas Cristo e pregas Cristo. Assim, quando aqueles derramam lágrimas sobre ti, é Cristo que sofre, é Cristo que ora por ti ao Pai, e é fácil impetração aquela em que é o Filho que pede.

Ambrósio, *De Paenit.* 1,15:[4]

O penitente é, por assim dizer, purificado pela ação de todo o povo; é, por assim dizer, lavado das lágrimas de todo o povo, aquele que por meio da oração e dos gemidos do povo é libertado do pecado e interiormente purificado. Cristo, de fato, confiou a toda a Igreja o encargo de libertar um por meio de todos, como esta foi tornada digna de receber a vinda do Senhor Jesus, a fim de que, por meio de um (Cristo), todos encontrassem a salvação [...]. É como se a Igreja inteira tomasse sobre si o peso do pecador, do qual deve ser coparticipante nas lágrimas, na oração e na dor.

Já no séc. V, no entanto, assiste-se a uma passagem na interpretação do papel da "Igreja" na Penitência. Pelo próprio fato de que cada vez mais frequentemente a Penitência era pedida no fim da vida ou na doença, acontecia que, na prática, a Penitência se reduzisse à "confissão" da parte do pecador e à "reconciliação" da parte do bispo, e dela ficasse excluído o papel que normalmente deveria ter a comunidade. Com efeito, Leão Magno[5] repetidamente afirma que "é *suficiente*

---

[4] PL 16, 490.
[5] Por exemplo: *Epist.* 108, 2; PL 54, 1011.1209.

a confissão ao bispo e a intercessão deste" para a remissão dos pecados, pois, afirma: "Deus dispôs de tal modo o auxílio da sua bondade de forma a não dar o perdão a não ser *por meio das orações do bispo*". Nisso consiste, além da admissão à Penitência através da *confissão*, o *poder* conferido pelo Senhor aos chefes da Igreja.[6]

Esse claro prevalecer da importância da *oração de reconciliação*, própria do bispo no final da Penitência, sobre a *oração de intercessão* (cf. acima, Tertuliano e Ambrósio), própria da comunidade, será certamente um dos elementos que levarão a Penitência a se tornar cada vez mais *privada*, feita de *confissão* e de *reconciliação*.

3. Ao valor certamente *expiatório* da ação penitencial prolongada e dolorosa, acrescentava-se também um declarado *valor pedagógico*: esta deveria servir para fazer com que os cristãos compreendessem quão grande havia sido o *dom* do ser em Cristo, recebido *gratuitamente* no Batismo, se agora, para voltar a estar na mesma relação com Cristo, era preciso reconquistar a precedente posição cristã *comprando-a*, por assim dizer, a um *preço* de tão duras e longas renúncias e privações, que marcavam toda a vida de uma forma muito pesada.

Com o tempo, os elementos positivos referidos, no entanto, foram cada vez menos sentidos em sua importância, sendo sobrepujados pelos *elementos negativos* que acompanhavam igualmente a Penitência antiga. Estes últimos apresentavam-se, de fato, tanto no plano pastoral quanto no plano teológico.

No plano pastoral

É inegável que a duração e sobretudo a aspereza da *Penitência pública* e dos consequentes *interditos* acabaram se tornando elementos

---

[6] LEÃO MAGNO, *Epist.*, 108, 2; ibid., 1011.

mais *negativos* do que positivos, e isso desde o começo, como se pode ver em Tertuliano, *De Paenit*. 10, 1: "Devo admitir que a maioria evita ou adia de um dia para o outro esse dever da Penitência pública, preocupados mais com a sua vergonha do que com a sua salvação". Ibid., 11, 1: "Além da vergonha, estas pessoas temem, entretanto, também as coisas desagradáveis às quais são submetidas no plano físico: falta de banho e de limpeza do corpo, viver privados de toda alegria, em roupas rústicas". Acontecia inclusive que também aqueles — e às vezes eram muitos — que pediam a Penitência, "depois de terem sido admitidos, retraíam-se por causa da vergonha de ter que aparecer como penitentes na oração da comunidade".[7]

Em consequência disso, logo se criou uma situação paradoxal: a Penitência pública deveria salvaguardar a santidade da vida cristã; na realidade, devido à sua dureza e duração, era cada vez menos aceita, e quem dela necessitasse a adiava até o fim da vida, permitindo-se, neste ínterim, a liberdade de abandonar-se a uma vida menos controlada, porque deliberadamente privada daqueles auxílios que permitiriam — teoricamente — criar um controle: uma razoável Penitência.

No plano teológico

a) Continua muito problemático compreender como um *motivo pedagógico-correcional*, que em determinadas circunstâncias poderia certamente sugerir, pelo menos provisoriamente, a redução da possibilidade de fazer Penitência, tenha adquirido uma tal força de *princípio* que em seu nome se tenha sacrificado o *mandado de Cristo*, segundo o qual aos apóstolos era conferido o poder de remitir os pecados,

---

[7] Ambrósio, *De Paenit.* 2, 9; SC 179, 184.

a fim de que pudessem cumprir a *missão de salvação* por ele iniciada (Jo 20,21-22), além do *preceito de perdoar* "setenta vezes sete" (Mt 18,21-22) a quem, arrependido, pede perdão (Lc 17,3-4).

b) O *sentido eclesial* da Penitência é ofuscado precisamente pelo modo com o qual se quer manter em vigor a "Penitência eclesiástica". Devido ao princípio da *única Penitência* na Igreja, que impedia aos reincidentes no pecado a possibilidade de um arrependimento reconhecido; devido, por outro lado, à certeza de que a misericórdia de Deus não se desinteressa certamente por esses pobres e frágeis seres humanos,[8] ocorria cada vez mais que os pecadores administravam pessoalmente as suas relações com Deus *sem passar pela via da Igreja*, isto é, sem confissão, nem reconciliação sacramental.

c) A insistência com a qual, por séculos, repetiu-se que o perdão dos pecados depois do Batismo podia ser obtido somente com uma *Penitência fadigosa, humilhante e dolorosa* produziu um duplo efeito negativo:

- Foi superdimensionado, frequentemente mais do que o necessário, o valor da pena exterior sustentada pelo penitente, fazendo com que de certa forma passasse para o segundo plano a realidade da sua *conversão* interior;

- Deu-se uma impressão muito forte de que a *graça do perdão*, ao contrário da graça obtida no Batismo, fosse *devida mais à obra do ser humano do que* à misericórdia do Senhor; a duração e a intensidade da Penitência de "sinais" da *ocorrida conversão* interior passaram a ser consideradas como *o preço com o qual*

---

[8] AGOSTINHO, *Epist.*, 153, 7; CSEL 44, 402.

se comprava, um dia após o outro, o *perdão* desejado. Não por acaso de imediato se falará em "tarifa" penitencial.

B) Segundo período: do séc. VII ao séc. XII

No séc. VI, juntamente com o perdurar da antiga disciplina, já há sintomas de uma *virada penitencial*, porquanto existem alguns que na prática não aceitam mais uma Penitência *única* na vida, mas "pedem a reconciliação ao presbítero toda vez que querem". Assim, deplorando o fato como "execrável pretensão", em 589 o III Sínodo de Toledo ordena severamente a ater-se à "forma dos antigos cânones da Penitência".

Mas, pouco depois, outro Sínodo (Châlon-sur-Saône, França, em 644) exprime-se em termos totalmente diferentes: "Os bispos unanimemente concordam que aos penitentes seja *dada a Penitência toda vez que fazem a confissão*". Não se faz nenhuma referência à "forma antiga"; sinal de que esta já não gozava mais de nenhuma autoridade, porque provavelmente havia caído em desuso em muitas dioceses francesas,[9] da mesma forma que era desconhecida nas ilhas inglesas.[10]

A hagiografia da época nos fala de bispos que, embora ocasionalmente, dão a *reconciliação* logo depois da *confissão* do pecado, sem impor nenhuma Penitência pública ou privada, mas simplesmente dizendo, tendo Cristo como exemplo: "Não peques mais".[11]

São igualmente claros os sinais de que a Penitência está evoluindo para a *forma privada*, na qual também as obras penitenciais que são impostas permanecem um fato pessoal e privado do penitente. Mas

---

[9] Cf. JONAS, *Vita Columbani*, 11; PL 87, 1017.

[10] Cf. *Penitenziale*, do PSEUDO-TEODORO DE CANTERBURY, I, 12.

[11] Cf. RIGHETTI, M. *Manuale di storia liturgica*. v. IV. Milano, 1959, p. 251.

o sinal mais evidente dessa virada dos séc. VII-VIII é o surgimento dos *Livros penitenciais*, isto é, dos elencos e listas de pecados, mais ou menos difundidos e circunstanciados, contendo anexada a *pena* a ser imposta para cada um dos pecados (*tarifa-taxa*) ao penitente, e que normalmente consiste sobretudo em certo número de dias/semanas/meses/anos de *jejum a pão e água* (esse jejum, que excluía, durante toda a duração da Penitência, a carne e o vinho, costumava-se praticá-lo durante três dias da semana).

Os livros "penitenciais", levados da Irlanda-Inglaterra para o continente, difundiram-se e multiplicaram-se cada vez mais até o séc. XI, embora na época carolíngia (séc. IX-X) tenha-se criado todo um movimento em oposição a tais livros, particularmente naqueles ambientes que tentavam restabelecer mais uma vez a *antiga Penitência canônica*. Isso só foi conseguido pela metade, ou seja, foram mantidos em vigor os livros "penitenciais" para a *"Penitência privada"*, mas estabeleceu-se que os pecadores públicos-notórios fossem submetidos à *"Penitência pública"*, com base no seguinte princípio: "Para pecado grave-oculto, Penitência secreta, segundo a tarifa; para pecado grave-público, Penitência pública, segundo o sistema antigo". A restauração, todavia, feita exceção para casos particulares, foi sobretudo teórica, mesmo que o Pontifical da época tenha incorporado um ritual penitencial específico, que posteriormente passou para o *Pontifical Romano* tridentino de Clemente VIII.

Era evidente que a aplicação material da "tarifa" prevista para cada pecado podia ter como resultado que no final de *uma só confissão fossem totalizados muitos anos de Penitência*. Para evitar acúmulos penitenciais, que na realidade teria sido impossível pôr em prática, foram sugeridas as "comutações" ou "resgates" da Penitência, que poderiam acontecer de várias formas, segundo cálculos previstos:

a) A Penitência de determinada duração poderia ser comutada por uma mais breve, porém mais dura; por exemplo: um ano de jejum equivalia a três dias contínuos de jejum, repetido por doze vezes; ou equivalia à recitação de três saltérios (150 salmos × 3) + 3 mil golpes de flagelo.

b) A Penitência comutada-resgatada com dinheiro; por exemplo: um ano de jejum podia ser resgatado com 26 moedas de ouro (dados aos pobres ou à Igreja), ou com o preço de um escravo (escrava).[12]

c) A Penitência comutada-resgatada com a Missa, isto é, mandando celebrar um determinado número de Missas, cujo pagamento correspondesse à Penitência imposta. Por exemplo: resgata-se um ano de jejum mandando celebrar trinta Missas por um preço total de 15 moedas de ouro.

d) A Penitência comutada-resgatada por meio de outra pessoa, isto é, como se lê no *Penitencial* do Pseudo Teodoro:

> Escolha alguém que cumpra a Penitência *no seu lugar* e o *pague por isto*, pois está escrito: Levar os pesos uns dos outros.

Mas nos "cânones" do Rei Edgardo, séc. X, lê-se:

> O homem potente que tem muitos amigos pode atenuar muito a sua Penitência [...]. Conseguirá *resgatar 7 anos de Penitência em 3 dias*, graças a este método: tomará 12 homens que jejuarão por 3 dias a pão, água e legumes verdes. Depois procurará 7 vezes 120 homens, que jejuarão 3 dias. Os dias assim obtidos serão iguais ao número dos dias contidos em

---

[12] Não se trata de "escravos" no sentido antigo, ou no sentido colonial moderno. Eram chamadas de "escravas" — mais propriamente "servos" — aquelas pessoas que, por diversas razões, estavam ligadas ao serviço fundiário-agrícola ("servos da gleba") nos terrenos de um patrão leigo ou eclesiástico, de forma obrigatória. Esse "preço do escravo" era pago libertando-se um escravo próprio ou de outros, ou comprando um, por exemplo, para a igreja.

7 anos! Tal comutação poderá permitir-se um rico e quem tem muitos amigos. O pobre [...] deverá fazer tudo sozinho [...]. Pois está escrito: cada um leve o seu próprio peso.

Dessa forma, também o último elemento, embora deteriorado em forma de "tarifa", que unia a Penitência à antiga disciplina, perde toda importância e significado, se é que pode ser substituído, de um modo ou de outro, pelo dinheiro, que no fundo é aquilo que sustenta a própria celebração das Missas ou as orações e outras obras boas que outro faz em nome do penitente.

A Penitência, para o penitente, reduzida ou reduzível (com o "resgate") a dois únicos momentos, o confessional e a reconciliação, fez com que a *confissão*, sobretudo por causa da vergonha que não cessava nunca de acompanhá-la, adquirisse tal importância a ponto de valer, já por si só, como *expiação*. Em caso de necessidade, de fato, a confissão feita a um *leigo*, que certamente não tem o poder de remitir os pecados, é suficiente, pela sua força de expiação, para obter o perdão diretamente de Deus.

A essa maior facilidade une-se, todavia, a *obrigação* a todos indistintamente de *confessar-se três vezes ao ano* (Natal, Páscoa e Pentecostes) para poder fazer a comunhão, obrigação que, no entanto, poucos observam. Essa é a razão que leva o IV Concílio Lateranense (1215) a impor como *obrigação de consciência a confissão uma vez ao ano*. Assim, aquela Penitência que antes era *concedida* só uma vez na vida agora é *ordenada* uma vez ao ano! Mas esse fato praticamente recuperou o princípio da *reiterabilidade* da Penitência, o que justamente estava no pensamento de Cristo e na práxis da Igreja apostólica, e a esta, mais do que um valor e significado *punitivo-expiatório* por meio das obras chamadas penitenciais, devolveu aquele significado e valor de *recuperação formativo-medicinal*, que é expresso nas parábolas de Cristo (ovelha extraviada, dracma perdida, filho pródigo) e nas suas palavras: "Se teu irmão pecar contra ti, vai *corrigi-lo* [...]. *Se ele te ouvir, terás ganho o teu irmão*" (Mt 18,15); "Não são as pessoas com saúde que precisam de médico, mas as doentes" (Mt 9,12).

C) Terceiro período: do séc. XIII à época pós-tridentina

Há séculos a Penitência — quando era frequentada e parece nunca tê-lo sido muito — ia evoluindo para uma *forma privada*, mesmo que a "tarifa" de obras penitenciais impostas ainda lembrava de alguma forma a imagem da "Penitência pública"; deviam ser observados sempre, de fato, dois tempos: o da *confissão* e, depois de executada (paga) a tarifa imposta, o da *reconciliação*, justamente como ocorria nos tempos antigos. Todavia, com a afirmação do princípio da "comutação-resgate", as obras penitenciais impostas acabavam sendo ações não mais do penitente, mas de outro, e portanto saíam, por assim dizer, da esfera penitencial; por consequência, a importância do sacramento concentrou-se cada vez mais nos dois momentos referidos: confissão e reconciliação. Destes, o mais importante era, na prática, o da confissão.

Mantendo-se a importância preponderante sempre dada às obras penitenciais, e mantendo-se o fato de que esta, com a diminuição da importância das obras, havia passado para a confissão-acusação dos pecados, pelo *valor expiatório* que lhe anexava por causa da *humilhação-vergonha* pela qual era necessário passar, a concessão do perdão da parte de Deus era atribuída em sua maior parte à *confissão*: a ação de *reconciliação* (que cada vez mais vai sendo chamada de "absolvição") era considerada, de fato, muito mais como uma "declaração" dada por quem tem autoridade, pela qual o sacerdote atestava o ocorrido perdão da parte de Deus. Nesse contexto de prática e de pensamento, a Penitência entra no período conhecido como o tempo da *grande teologia escolástica*.

Para Santo Tomás, o fato de dar à absolvição um valor puramente declarativo, na prática rompe a unidade sacramental, na qual a ação do ser humano não pode ser separada da ação de Deus, caso se queira que haja "sacramento". Santo Tomás aplica a esses dois momentos, aliás, a relação existente, na constituição da existência das coisas, entre "matéria" e "forma", pela qual uma exige a outra: a *confissão* exige a *absolvição*, e a *absolvição* pressupõe a *confissão*, para formar assim uma "realidade sacramental", dita "Penitência", que é igual e necessariamente composta de "confissão" e de "absolvição". Sem essa essencialidade, igual — embora a título distinto — nos dois momentos de confissão e absolvição, teria sido difícil inclusive explicar a necessidade do sacramento (sinal sagrado eficaz), sendo suficiente que cada um interiormente se arrependa para obter o perdão.

Na época do *Concílio de Trento*, o discurso penitencial dos teólogos não era por nada homogêneo. Mas pode-se dizer que em geral a doutrina de Trento, nas suas relações com os teólogos, é influenciada principalmente pelo pensamento de Santo Tomás, tendo sempre presente, é claro, que a preocupação do Concílio é a de dar um corpo doutrinal, tanto neste caso quanto para os demais sacramentos, que expresse com exatidão o pensamento da Igreja Católica diante das inovações protestantes.

Sinteticamente, a *doutrina de Trento*, porquanto voltada a exprimir a *doutrina da Igreja sobretudo em posição antiprotestante*, tal como vinha sendo proposta na época, pode ser resumida nos seguintes pontos:

1. A *Penitência-conversão* sempre foi *necessária* ao ser humano; para o cristão, ela se torna um *sacramento*, por *instituição de Cristo*.

2. Que o sacramento foi *instituído* por Cristo deduz-se "principalmente" a partir de Jo 20,22s: "Recebei o Espírito Santo. A quem perdoardes os pecados [...]".

3. O sacramento é composto de *partes distintas*: uma constituída por todos *os atos do penitente*, que são a contrição (perfeita ou imperfeita), a confissão e a satisfação; a outra é constituída pelas "palavras do ministro", que diz: "Eu te absolvo...".

4. A *confissão* é a acusação *"íntegra"*, ou seja, completa, de "todos os pecados mortais" e das "circunstâncias" que podem mudar a espécie do pecado. Esta é declarada *"necessária por direito divino* a todos aqueles que pecaram depois do Batismo" e como tal deve ser considerada implícita na própria "instituição do sacramento da Penitência". O *dever da confissão* imposto aos fiéis é coerente com o "poder das chaves", graças ao qual Cristo tornou "seus vigários os sacerdotes", a fim de que "pronunciassem sentença de dissolução ou de retenção dos seus pecados".

5. A *absolvição* dos pecados confessados não é só uma "declaração" de perdão dos pecados, mas alcança o seu efeito (remissão dos pecados) *"em forma* de ato judiciário", no sentido de que a remissão dos pecados é o efeito de uma "sentença que é pronunciada pelo sacerdote *como se fosse um juiz"*, isto é, por uma pessoa que tem uma autoridade semelhante à de um juiz, que pode declarar extinta a infração e despedir "absolvido" o réu.

Só quando há a absolvição dada por quem (sacerdotes e bispos) pode dá-la em virtude do "poder" de "ligar e desligar" e de "remitir e reter os pecados" (Jo 20,23), pode-se falar de "remissão sacramental" dos pecados.

6. A *satisfação* que é imposta na Penitência tem um duplo objetivo: *(a)* é aceitação de uma pena (sofrimento-dor), que deve em tudo

ou em parte resgatar a *pena* ainda devida pelo pecado cometido, do qual a culpa foi remitida através da *absolvição*; neste sentido, de fato, a satisfação tem valor de "vingança e castigo pelos pecados cometidos";
(b) é um meio para tornar "mais *cautelosos e vigilantes* os pecadores no *futuro*, enquanto contribui para *curar* dos maus hábitos induzidos na alma com o pecado".

No período posterior ao Concílio de Trento, a situação teológica do sacramento da Penitência praticamente se mantém inalterada, embora tenham se acirrado muito as disputas em relação à intensidade de *contrição* que se requer para uma frutuosa Penitência.

O que mais se destaca nesse período é sobretudo a virada feita pela "pastoral" da Igreja, que impele cada vez mais à "confissão", como dizíamos. Em outras palavras, estamos no tempo no qual a "reiterabilidade" da Penitência, através da *confissão frequente*, torna-se um fator verdadeiramente real na vida da Igreja. A "confissão", ou seja, o sacramento da Penitência na concepção moderna, ao contrário da "Penitência antiga", não é mais reservada só aos pecados mortais, mas é normalmente estendida a todos os pecados, inclusive aos veniais, que muito frequentemente nas "pessoas devotas" são os únicos pecados a serem submetidos ao sacramento. Cria-se assim a "confissão de devoção", por muitos considerada um grande fator de "progresso espiritual", mas por muitos vista também como uma purificação necessária antes de aproximar-se da Eucaristia.

D) *Quarto período: reforma do sacramento da Penitência no Concílio Vaticano II*

Já nos anos precedentes ao Concílio Vaticano II notava-se uma atitude cada vez mais crítica em relação ao "sacramento da Penitência".

A cada dia o tema ia adquirindo as dimensões de um "problema pastoral" generalizado.

Sinais da "crise da confissão"

a) Diminui a *frequência* da confissão de um modo geral em todas as camadas de fiéis, isto é, tanto entre o povo quanto entre os religiosos e clérigos; onde se continua a observar certa frequência, esta praticamente reduz-se a uma pura observância da "regra", ou então é fidelidade a um dos tantos "conselhos" da vida devota.

b) Em geral, nota-se certo *embaraço* quanto à confissão, embaraço que nasce de uma consciência suficientemente clara não só em nível de sensação, mas também de reflexão, de que a mesma não leva a resultados de progresso espiritual. Isso acaba fazendo com que a confissão seja considerada *inútil*. Todavia, como dessa inutilidade não se pode fugir sem deixar de cumprir o dever de fidelidade a uma regra, ou pelo menos a uma "norma" de vida espiritual, a confissão era aceita como todas as demais questões de obrigação, e assim criava-se a "resignação à confissão", típica de muitos ambientes.

Deve-se notar, a este propósito, que o sentido da inutilidade de muitas confissões precisamente no âmbito da vida mais comprometida religiosamente não é uma coisa só de hoje. Basta repassar os textos de ascética e as normas de vida espiritual para neles encontrar os conselhos que são dados especificamente para superar essa "tentação" da inutilidade da própria confissão. Sugere-se, dentre outras coisas, tirar proveito dessa impressão de inutilidade *insistindo no confessar-se*, pois assim de um lado faz-se um ato de humildade através da repetida acusação dos mesmos pecados, e de outro essa mesma humilhação pode ser utilizada como *expiação* etc. Mas é claro que estas não são respostas ao problema de fundo, que foi criado unicamente porque se deslocou o "sacramento da Penitência", isto é, da "conversão", para a acusação de faltas que frequentemente nem são catalogáveis entre os pecados e que, de qualquer modo, poderiam indicar uma não alcançada "perfeição", mas não uma exigência de "conversão" do pecado para Deus.

Motivos para a crise da confissão

Sumariamente, os motivos da crise da confissão devem ser buscados em dois planos:

1. Na base da confissão há, em geral: *(a)* a ideia da sua necessidade para uma *purificação* periódica (que pela sua regularidade possui também um valor pedagógico-formativo) ou como condição para celebrar e receber a Eucaristia; *(b)* a ideia do valor objetivo do sacramento, pela qual este confere sempre um "aumento de graça", que no campo do pecado venial é sempre possível, mesmo sem um propósito de "conversão".

2. Outra razão está ligada à "confissão" como tal, isto é, enquanto acusação: *(a)* o fato de ter mudado o nome de "sacramento da *Penitência*" para o de "sacramento da *confissão*" depositou quase que exclusivamente sobre o ato da acusação o valor de todos os demais "atos do penitente"; e como confissão quer precisamente dizer e ser "autoacusação", toda a atenção se concentra sobre o fato de "dizer aquilo que *a pessoa fez* de mal", fazendo o esforço de se lembrar do pecado e das várias circunstâncias, com o perigo de que a confissão não exprima tanto a *dor do penitente* quanto *o seu pecado*; em outras palavras, o penitente, na confissão, pensa não tanto no Pai e na sua bondade ofendida ou na sua misericórdia a ser implorada, quanto, pelo contrário, naquilo que ele fez; *(b)* além disso, a confissão (sobretudo por causa de uma mal-entendida "integridade" de acusação) tende a ser acima de tudo

um *elenco de pecados singulares*, em vez de ser um pedido de perdão pelo estado de pecado, que está na base de cada um dos atos. Se, de fato, a "confissão" sempre foi necessária no sacramento da "Penitência", isso ocorreu porque a pessoa reconhecia que *por causa do pecado* (e na realidade era indiferente que fosse um pecado ou muitos), essa pessoa, na Igreja, só poderia encontrar lugar *pondo-se num estado de Penitência-conversão*.

O Concílio Vaticano II não podia ignorar a crise da "confissão", que na verdade se reduzia a uma crise da "Penitência", pelo menos no plano da sua sacramentalidade. Esta é a razão pela qual o Concílio, tal como fez em relação aos demais sacramentos, também no que se refere à Penitência estabeleceu que fosse providenciada uma reforma, tanto no plano do *sinal* como no plano do *conteúdo-significado do sacramento*. "Sejam revistos o rito e as fórmulas da Penitência, de forma que estes exprimam claramente a natureza e o efeito do sacramento" (SC 72). É o mesmo que dizer que o rito e as fórmulas atuais do sacramento não exprimiam suficientemente nem a sua natureza, nem o seu efeito completo.

Capítulo II
O rito do sacramento da Penitência

A resposta às exigências de *reforma do sacramento da Penitência* dadas pelo Concílio Vaticano II obteve-se com a publicação do novo *Ritual da Penitência* (RP — *Ordo Paenitentiae*), que constitui precisamente o novo e reformado *Rito da Penitência* (dezembro de 1973).

A maior novidade do rito, tal como este se apresenta hoje, pode ser colhida no *espírito* que o anima e na sua própria *estruturação* em três formas diferentes.

I. Espírito do rito

Pode-se sumariamente identificá-lo em dois pontos focais, distintos e, todavia, ligados entre si: o *sentido eclesial* da Penitência e o *valor-aspecto celebrativo* da Penitência.

1. Sentido eclesial da Penitência

É a recuperação de uma ideia bíblica, fazendo parte, por isso mesmo, da revelação. Na Escritura, com efeito, a *Penitência* é apresentada como a *atitude fundamental e necessária da Igreja*. Esta, mesmo sendo santificada por Cristo, também é sempre pecadora e, portanto, voltada para uma busca de purificação que ela sempre "expressa em sua vida e celebra em sua liturgia".[1] Isso certamente comporta a afirmação de uma comum *corresponsabilidade* na culpa e de uma necessária *cooperação* de toda a Igreja na conversão de cada um, bem como da própria comunidade (RP 8-9). É assim que, enquanto a conversão (contrição e propósito de uma vida nova) se expressa mediante a *confissão feita pela Igreja*, a remissão dos pecados é obtida *"por meio da Igreja"* (RP 6), remissão que é ao mesmo tempo *"reconciliação com Deus e com a Igreja"* (RP 4). Aliás, toda a obra de "reconciliação" à qual é ordenada a Penitência é hoje confiada pelo Senhor à *Igreja inteira*, enquanto povo sacerdotal, mesmo que esta atue de forma mais direta através do ministério dos sacerdotes (bispos e presbíteros) — cf. RP 8.

2. Valor-aspecto celebrativo da Penitência

A Penitência é apresentada com muita insistência como uma *"celebração"* e, portanto, como uma ação de culto fundamentalmente "comunitária". Enquanto celebração, a Penitência requer e exige uma *dupla inserção no tempo*, isto é: (1) como "duração" necessária para que possa desenvolver-se um processo ritual-espiritual que, além de tudo, deve exprimir um "movimento de retorno" (conversão); (2) como

---

[1] Conferência Nacional dos Bispos do Brasil. *Ritual Romano renovado por Decreto do Concílio Vaticano II e promulgado por autoridade do Papa Paulo VI. Ritual da Penitência.* São Paulo, Paulinas, 2000, n. 4. Doravante será citado com a sigla RP.

momento útil, ou seja, momento particularmente adequado para acolher a palavra de Deus, tais como os chamados "tempos fortes" do ano litúrgico: Advento-Natal, Quaresma-Páscoa, Pentecostes.

E sempre pelo fato de ser celebração, ou seja, ação fundamentalmente comunitária, a Penitência exige a *comunidade* (Igreja) também no formato de pequeno grupo que, no "gesto" e no "diálogo" (palavra de Deus e resposta de oração) exprima a realidade penitencial que leva consigo.

Enquanto expressão do novo rito, a Penitência não pode, portanto, deixar de ser uma *celebração* de significado e de importância *eclesial*.

II. Estruturação do rito

O novo rito nos apresenta três distintas *formas de celebração,* indicadas como:

Rito de reconciliação

A. De penitentes individuais;

B. De mais de um penitente com confissão e absolvição individual;

C. De mais de um penitente com confissão e absolvição geral.

A esses três ritos, todavia, é preciso acrescentar também aqueles que são chamados e recomendados como *celebrações penitenciais* (RP 36-37). Para essas celebrações são sugeridos roteiros especiais para a Quaresma e para o Advento, e para assembleias litúrgicas comuns ou particulares (RP, Apêndice II, 1-72).

Essa estruturação do rito, que considera e torna igualmente possíveis e realizáveis três diferentes formas do mesmo sacramento, revela ao mesmo tempo um *fato novo* e uma *realidade antiga*.

O *fato novo*: procura-se valorizar o recuperado "sentido eclesial" da Penitência, criando alguns ritos comunitários (B-C). A *realidade antiga*: é preciso reconhecer que o novo rito, no fundo, não foi separado do rito até então conhecido como "Penitência privada" (= confissão + absolvição individual), embora procure diferenciar-se desta. De fato, pela importância dada à *"confissão individual e completa, com a relativa absolvição"* afirmando que esta "permanece sendo o único modo ordinário graças ao qual os fiéis se reconciliam com Deus e com a Igreja", tem-se a impressão de que o *sacramento* consiste única e exclusivamente na "confissão-absolvição individual", porque sempre "individual" deve ser a "confissão" em A-B-C (embora em C seja adiada) e igualmente "individual" deve ser também a "absolvição" em A-B. Em outras palavras, a "eclesialidade", que teoricamente pretendeu-se recuperar através da "Penitência-sacramento", será realmente reencontrada somente nas "celebrações penitenciais"; com efeito, só estas do começo ao fim são celebradas comunitariamente. O momento "eclesial" nas formas sacramentais, de qualquer modo, é salvo — como "sinal" — somente nas partes preparatórias e conclusivas.

Com certeza, não podemos fechar os olhos à anomalia representada pela situação de que um rito reformado, dentre outras coisas, precisamente para trazer à luz o sentido eclesial do sacramento, tenha eliminado propositadamente os elementos caracterizadores da eclesialidade. Resta o fato, entretanto, de que não se conseguiu fugir da pressão nem da exigência *eclesial* inerente à realidade do sacramento, tal como é apresentada na revelação e como hoje é redescoberta, nem da exigência *comunitária*, que hoje cada vez mais se descobre ser, no nível socioantropológico, um necessário componente humano. Isso nos faz supor que a atual estruturação do rito represente uma fase de transição da que era a "confissão única e totalmente *privada*" de ontem para a que deve ser a "Penitência *eclesial*" de amanhã.

Uma observação mais negativa que nos parece deva ser feita ao novo rito é que o tão criticado aspecto "judiciário" da Penitência, que era preponderantemente uma triste herança da Penitência "tarifada", não foi cancelado; pelo contrário, num determinado sentido, foi mais reafirmado ainda. De fato, enquanto vimos que o Concílio de Trento havia se referido a esse aspecto a título puramente "exemplificativo" do modo de agir do ministro e "ilustrativo" do valor da "sentença" de absolvição, aqui o discurso se torna absoluto:

> A confissão *destina-se à formulação de um juízo* espiritual, com o qual [...] ele (o confessor) pronuncia a sentença (RP 6b);
>
> O confessor [...] deve [...] exercer com sabedoria o seu *encargo de juiz* [...] (RP 10).

Dentro das três formas penitenciais, o novo rito trouxe ainda uma novidade de primária importância tanto teórica quanto prática: estamos falando da introdução da *palavra de Deus* na celebração do sacramento (RP 17; 24-26) e nas celebrações penitenciais (RP 36).

Roteiros de leituras bíblicas com os respectivos cantos intercalados são fornecidos em RP 67-167 e em RP, Apêndice II, 10; 16; 22; 26; 32; 38; 47; 57; 66.

O objetivo da leitura bíblica no sacramento da Penitência não é só o de apresentar um fundo no qual inserir o "exame de consciência" da comunidade ou individual; de fato, pretende-se sobretudo recordar e inculcar ao pecador que nele e ao seu redor se desenvolve uma *"histó-*

ria da salvação", na qual Deus opera com o seu amor pelo ser humano e da qual o pecador tentou, com o seu pecado, se separar, seguindo *uma história própria*.²

---

² Para uma organização de todas as leituras bíblicas "penitenciais" de RP, de acordo com determinadas temáticas, cf. SPIRITO, R. *Il lezionario del rito della penitenza*. In: Vv.AA. *La Penitenza*. Studi biblici, teologici e pastorali. Il nuovo Rito della Riconciliazione. Quaderni di Rivista Liturgica. Torino, Nuova Serie 3, 1976, pp. 222-236.

Capítulo III
A teologia do sacramento da Penitência

I. Nome

É sabido que mais recentemente costuma-se dizer "sacramento da Confissão". Essa denominação foi se afirmando gradativamente, até entrar também na linguagem teológica devido à importância cada vez maior atribuída à "confissão-acusação" do pecado. Mas essa forma de indicar o sacramento deve ser corrigida, pois corre o risco de privilegiar só um dos momentos do sacramento, ao passo que todos são igualmente importantes e necessários.

O nome que é preciso manter e generalizar no uso é o mais antigo e mais expressivo: "Sacramento da Penitência". Hoje esse nome frequentemente é substituído por "sacramento da Reconciliação", que todavia exprime sobretudo a atitude com a qual o pecador é "reconciliado" com Deus por meio da Igreja, que reconhece e ratifica a sua "Penitência-conversão".

O termo *Penitência* provém do latim e entre os autores não cristãos significava "sofrer a pena e a dor (também interior, e portanto, o 'arrependimento') pelo delito cometido". Nos primeiros autores cristãos, o termo aparece como tradução do grego *metànoia*, que significa propriamente "mutação de ânimo-pensamento-atitude interior", no sentido de mudança radical na conduta de vida: *conversão espiritual como distanciamento do mal-pecado e retorno a Deus*. Portanto, não obstante o termo em português "Penitência" reproduza diretamente o latim *paenitentia*, tanto um quanto o outro devem ser considerados principalmente como tradução do termo grego bíblico *metànoia*, que significa sempre e somente "conversão", mesmo que do termo latino-português "Penitência" não se possa eliminar totalmente aquele que é o seu significado fundamental: "dor" interior e "pena" exterior sentida pelo mal cometido.

II. O que é a Penitência

1. A Penitência no AT

No AT, é muito conhecida a prática do *jejum*, o qual, criando através da "aflição" exterior a interior "humilhação da alma" diante de Deus (cf. Lv 6,29.31; 23,27.32; Nm 29,7; Is 58,3 etc.), ajuda o ser humano a entrar em contato com Deus. Pode ser um jejum que sirva ao ser humano como "preparação" ao encontro (revelação-visão) de Deus (Ex 34,28; Dt 9,9; Dn 9,3; 10,2), ou como meio de "reparação" do contato interrompido com o pecado; neste caso o jejum "aplaca" Deus e faz cessar os flagelos com os quais ele pune o pecado (1Sm 7,6; 2Sm 12,16s; Jd 20,26 etc.). O jejum, de todo modo, está sempre unido à *oração* (Jr 14,12; Esd 8,21.23; Ne 1,4 etc.), a ponto de identificar-se com esta (jejum = oração e vice-versa); mas muitas vezes, sobretudo quando tem valor "penitencial", é acompanhado também pela *confissão dos pecados* (1Sm 7,6; Ne 9,1).

A TEOLOGIA DO SACRAMENTO DA PENITÊNCIA

A *Penitência* que se exprime no jejum e na oração pública a Deus é considerada válida pelos profetas somente se chegar a ser sinal da interior *conversão* a Deus, conversão que se manifesta sobretudo no comportar-se com justiça e com amor em relação aos outros (Is 58,1-10; Zc 7,5-6; Jl 2,13 etc.).

Sem seguir todo o discurso profético sobre a "Penitência-conversão", podemos dizer brevemente que esta se concentra e se concretiza principalmente no "buscar" o Deus da aliança (cf. Dt 4,29; 1Cr 16,11; Sl 68,33; 104,4; Os 10,12; Is 51,1; 55,6s; Dn 3,41...) ou, em alguns casos, no "retornar" a ele (Os 6,1; Jl 4,6.8.9.10.11).

Isso, todavia, nos revela também o que é o *pecado* na Bíblia, e portanto nos revela também em que consiste o "buscar" a Deus e o "retornar" a ele na Penitência-conversão.

O pecado na Escritura é sempre apresentado como um *abandono* de Deus (Jr 1,16; 2,13.17.19; 5,7.19); abandono que assume o aspecto de uma *traição* porque comporta a violação da aliança (Os 6,7), e de *rebelião* dos filhos ao amor do pai (Dt 32,5-6; Is 1,2; Os 11,1-4; Jr 3,14). Mas a forma mais característica de fuga da aliança e de violação da fidelidade devida a Deus é expressa no pecado de *adultério-prostituição*, cometido por qualquer pessoa que abandona Deus (cf. toda a pregação profética e em particular Dt 31,16; Os 2,4-7; Jr 3,12; Ez 16,60 etc.).

Essa típica atitude de fundo certamente não pode deixar de dar origem a toda uma série de *pecados distintos* entre si (Os 4,2; Is 59,12s), mas a *conversão* será retorno a Deus só se for restaurada da parte do ser humano a sua fidelidade à aliança, que é obediência e amor total. Nesse sentido, a *Penitência-conversão* na Escritura se expressa: (1) não tanto na eliminação de cada um dos pecados ou de cada um dos atos de pecado, quanto no *renegar a má atitude de fundo* que, tendo sido formada com o abandono de Deus, manifesta-se em atos que são contrários àquele desígnio de santidade que Deus planejou para o ser humano; (2) consequentemente, essa mesma *Penitência-conversão* não é considerada uma reparação à transgressão de uma "lei" de imposição ou que tenha a força de um "tabu", mas é sentida sobretudo como *reencontro da eleição e da escolha* que Deus fez em relação a nós, dando-nos a aliança; (3) a *Penitência-conversão* da Escritura tem ainda a função de *reparar* aquela situação de ruptura-rebelião-separação do *contexto comunitário*, criado por Deus com a sua aliança, que diz respeito a cada um individualmente sempre no âmbito mais vasto da comunidade-Igreja de Deus. O pecado de cada um efetivamente viola a aliança, que é uma realidade concernente a todos os membros do povo de Deus.

A dimensão da importância de que se revestia no AT a pregação profética da Penitência-conversão fica evidenciada para nós no momento em que está para surgir o NT.

João Batista reapresenta o mesmo e antigo tema da *Penitência-conversão*, que em seu anúncio é um movimento que a esta altura deve envolver *todos*, judeus e pagãos (Mt 3,7s; Lc 3,14); deve ocorrer no *fundo do coração*, a fim de que possam ser vistos os frutos no bem que se faz sobretudo em relação ao próximo (Mt 3,8s; Lc 3,10-14; cf. os profetas); não se pode adiá-la, porque essa Penitência-conversão é *preparação* do caminho do Senhor que vem (Mc 1,2-4.7); o sinal dessa preparação está no aceitar o "Batismo de Penitência", que dará a necessária purificação àqueles que dele se aproximam "confessando os seus pecados" (Mt 3,6; Mc 1,5).

2. A Penitência no NT

O Senhor Jesus sublinha a importância que ele atribui à *Penitência-conversão*:

1. *Submetendo-se* ele próprio ao "Batismo de Penitência" conferido por João. Que ele viva intensamente essa Penitência fica evidenciado pelo fato de que, depois de ter atravessado, no Batismo, o Jordão (que retomava a antiga passagem do Mar Vermelho), ele fica no deserto por quarenta dias em luta contra o demônio e as suas tentações.

2. *Retomando* pessoalmente a pregação da *Penitência-conversão* de João Batista, quando este foi preso:

> Depois que João foi preso, Jesus veio para a Galileia, proclamando a Boa-Nova de Deus: "Completou-se o tempo, e o Reino de Deus está próximo. Convertei-vos e crede na Boa-Nova" (Mc 1,14-15).

3. A Penitência-conversão pregada por Jesus é premissa indispensável para a "aceitação" ("crer") do Evangelho, que é o anúncio da realização das promessas divinas: está realmente chegando o Reino de Deus. A sua pregação de Penitência-conversão é maior do que a de Jonas (Mt 12,4); por isso, são advertidos e serão julgados severamente aqueles que não a aceitam (Mt 11,20-24). A Penitência-conversão com a qual se deve acolher o Evangelho de Cristo consiste numa radical transformação, porque é uma "conversão" pela qual "tornamo-nos como crianças" (Mt 18,3-5), ou seja, voltamos a ser pequenos filhos do Pai e como tais o Pai nos quer salvos e efetivamente nos salva por meio de Cristo — filho do homem (Mt 18,10-14).

4. Cristo, com efeito, não só "chama os pecadores à Penitência-conversão" (Lc 5,32), mas "remite-lhes os pecados" em vista da

"fé" com a qual o buscam e dele se aproximam (Lc 5,20). O fato de que, acolhendo a Penitência-conversão de Cristo, também o pecador, que havia se distanciado muito de Deus e se tornado "estranho", retorne de novo para a casa e para os braços do Pai, que o restaura em sua posição e dignidade de "filho", é expresso nas parábolas da "misericórdia de Deus" (Lc 15,4-32), que Cristo disse especificamente para explicar aos que pensavam "não ter necessidade de conversão" (Lc 15,7) a razão da sua familiaridade de mesa com os pecadores; ou seja, ele tinha vindo "chamá-los para a conversão" (Lc 5,32), pois queria dar ao Pai aquela que era a sua maior alegria: encontrar "um pecador que se converte" (Lc 15,7.10) e recuperar de novo um "filho que estava morto e que havia voltado a viver" (Lc 15,32). O Senhor observa, no entanto, que para "aquele que se converte" e para "aquele que revive" não deve haver alegria somente *no céu*, entre os anjos de Deus, mas também na terra, entre os seres humanos, que o Pai convida ou como "amigos e vizinhos" para fazer festa na sua *"casa"* (*a Igreja*), ou como "filhos", que já estão com ele, chamados a fazer festa e a se alegrar porque aquele "que havia morrido e que voltou à vida" é um *"irmão" deles* (Lc 15,6.9.31-32).

Nesse modo de apresentar o fato da "Penitência-conversão" da parte de Cristo, aparece claramente a intenção de pôr em evidência a *dimensão eclesial*, e será justamente essa dimensão que reaparecerá com mais clareza ainda no "discurso eclesiológico" de Mt 18, e precisamente com a repetida contraposição-equiparação: "Estes pequenos" — "Pai nos céus" (Mt 18,10.14); "Sobre a terra" — "No céu" (Mt 18,18-19). (Veja-se também: "Meu Pai que está nos céus" — "seu irmão", Mt 18,35.)

Que todo o discurso de Mt 18 tenha como objetivo explicar a atitude que a *Igreja deve ter diante do pecado e do pecador*, não há dúvidas. (No que se refere ao *perdão individual por culpas feitas con-*

tra nós, cf. Mt 6,12-15; Mc 11,25; cf. também Mt 5,12-15.) E a atitude fundamental é certamente a da misericórdia para com o pecador, que se encontra dentro da Igreja; de fato, se ele se converter, é *"um destes pequenos*, que o Pai não quer que se percam" e um *"irmão" nosso* (Mt 18,10.15.21.35), que na linguagem evangélica está para "cristão" ou "membro da Igreja".

A parábola da "ovelha extraviada", que sabemos por Lc 15,7 ter sido dita pelo Senhor para explicar a sua missão de "chamar os pecadores à Penitência-conversão", forma, com a sua conclusão: "O Pai que está nos céus não quer que se perca nenhum destes pequenos", *a palavra de ordem* com a qual é preciso ver a "conversão" daqueles que querem "entrar no reino dos céus", e que como tais devem ser "acolhidos em nome de Cristo", isto é, pela sua ordem e pelo seu poder (Mt 18,3-5.12-14): aquele que, pelo reino, se torna "pequeno", ou seja, "convertendo-se permite que o pastor o encontre", deve ser "acolhido em nome de Cristo".

O Senhor analisa a hipótese de que a conversão ocorra, e neste caso o "irmão" foi "ganho", ou seja, recuperado e reencontrado (como a ovelha perdida), e como tal é acolhido; mas poderia ocorrer que essa conversão não se dê, e neste caso o irmão seja "separado". Para essa dupla eventualidade, o Senhor remete-se à *fórmula* conhecida no âmbito judaico da época: poder de ligar e de desligar, no sentido de que também os seus discípulos — "os homens", Mt 9,8 — teriam *"podido remitir os pecados"*, exatamente como o "Filho do homem" (Mt 9,6); teriam "desligado" *o irmão* que tivesse se convertido; enquanto seria mantido "ligado" aquele que não tivesse se convertido; de fato, este teria sido "separado" da comunidade dos "irmãos", ele que não demonstrava ser um *irmão*, mas ser semelhante, isto sim, a "um publicano e a um pagão" (Mt 18,15-18; 1Cor 5,11).

Tudo isso explica como era vontade do Senhor que à conversão do pecador se seguisse a remissão dos pecados e que isso ocorresse não só pelo poder que competia a ele, como *Filho do homem*, mas também pelo poder que Mt 9,8 afirma ser *"dado aos homens por Deus"* e que, no entanto, Mt 18,18 declara ser um poder de ligar e desligar *dado por Cristo*. Mas a que título esse "poder de remitir os pecados" compete a Cristo e além disso à Igreja, representada pelos "discípulos" aos quais ele se dirige (Mt 18,18) e identificada genericamente também nos "homens" (Mt 9,8)?

3. O ministério da Reconciliação

Cristo, que sempre e em tudo é "sacramento de salvação", porque o seu próprio ser homem é o "sinal" no qual objetivamente realizou-se a "palavra-promessa de salvação" já anunciada, tornou-se particular e concretamente *"sacramento da Reconciliação"* para os seres humanos. Isso aconteceu quando ele, "entrando no mundo [...], fez ao Pai a oferta de si mesmo" (Hb 10,5-10), para ser, como havia sido prometido (cf. Is 53,4-7.12), o "Cordeiro (Pascal) que tira o pecado do mundo" (Jo 1,29.36), tornando-se assim "Salvador do mundo" (Jo 4,42) ao preço do seu sangue (1Pd 1,19), que é precisamente sangue de Cordeiro imolado em sacrifício (Jo 19,33-37; Ap 5,6.9.12; 13,8). Em outras palavras: Cristo *traz consigo* "o poder de remitir os pecados" como um *poder de conquista* obtido porque o Pai reconheceu na sua morte o poder de tirar o pecado do mundo. Jesus, de fato, não remite os pecados (Mt 9,6; Lc 7,48) graças à sua divindade, mas é Deus que, através da sua humanidade tornada "sacramento de salvação", remite os pecados. A ação de Cristo é, com efeito, uma ação sacramental, porque a realidade da salvação-reconciliação chega ao ser humano através do "sinal" daquela humanidade de Cristo, na qual Deus "reconciliou consigo" todos os seres humanos.

A TEOLOGIA DO SACRAMENTO DA PENITÊNCIA

A encarnação e a posterior morte-ressurreição de Cristo criaram no mundo uma situação totalmente nova. De fato, "com uma única oferta (de si mesmo) Cristo tornou perfeitos para sempre (literalmente: em continuidade) todos aqueles que são santificados" (Hb 10,14), enquanto com o seu sangue ratificou "uma aliança", que teve como consequência tal "remissão dos pecados" que destes perdeu-se até a lembrança; por consequência, mesmo querendo, não haveria nenhuma razão para ainda oferecer um sacrifício de expiação do pecado (Hb 10,15-18).

Isso significa que em Cristo e por Cristo o Pai remitiu todo "o pecado do mundo", sem limite de tempo, isto é, tanto do passado mais remoto quanto do futuro além do devir. Em Cristo e por Cristo, o Pai recolheu, de fato, o *filho pródigo*, ou seja, *todo ser humano*, tanto aquele que se distanciou quanto aquele que haveria de se distanciar dele. Esse fato de *perdão* e de *remissão dos pecados* forma uma coisa só com o acontecimento de *reconciliação* operado em Cristo "uma vez por todas" (Rm 6,10; Hb 7,7; 9,12; 10,10), isto é, como efeito irrevogável e permanentemente ativo da nova e eterna aliança, sancionada no sangue de Cristo.

Entretanto, se criar essa nova relação entre o ser humano "reconciliado" e Deus era a missão própria de Cristo (Jo 3,16; Rm 8,32), quando Cristo "envia os seus discípulos da mesma forma que o Pai o enviou" (Jo 20,21), ou seja, quando quer dar-lhes a sua mesma missão, ele nada mais faz do que "confiar-lhes o *ministério e a palavra da reconciliação*" (2Cor 5,18), dizendo-lhes: "A quem perdoardes os pecados, serão perdoados; a quem os retiverdes, ficarão retidos" (Jo 20,23).

Não se trata, portanto, de um "poder" que tenha raiz naquele ao qual é conferido; trata-se sobretudo de um *ministério*, isto é, um fruto de um carisma do Espírito (cf. Jo 20,22 e 1Cor 12,4-5), pelo qual é exercido "em nome e pelo poder de Cristo" (2Cor 5,20; 1Cor 5,4). E precisamente esse aspecto "ministerial" atribuído àquele ao qual é "dado o poder de remitir os pecados" demonstra que se trata sempre e somente de uma concretização particular e determinada daquela universal "reconciliação" que Cristo operou "uma vez por todas".

4. Atuação concreta

Esse *ministério da reconciliação* encontrou, porém, uma dupla aplicação na Igreja: *no sacramento do Batismo e no sacramento da Penitência*, porque em ambos os casos trata-se de Penitência-conversão com remissão dos pecados.

1. O *Batismo*, com efeito, na sua primeira realização depois de Pentecostes, apresenta-se como consequência de uma Penitência-conversão: "Convertei-vos, e cada um de vós seja batizado em nome de Jesus Cristo, para o perdão dos vossos pecados" (At 2,38; cf. At 3,19).

Todavia, mesmo que o Batismo seja o sacramento com o qual são remitidos os pecados àqueles que vêm à fé e que com a Penitência-conversão a ela se dispõem, sabe-se que a potencialidade do Batismo é mais ampla e mais positiva. Este cria no ser humano, de fato, uma relação com Deus *totalmente nova, fundamental e indestrutível*, pois a reconciliação de Cristo nos tirou da situação de "pecadores, ímpios e inimigos" de Deus (Rm 5,6-10), de modo que já "vivemos não mais para nós mesmos mas sim para aquele que morreu e ressuscitou por nós" (2Cor 5,15). Essa renovação interior provocada pelo Batismo é, na prática, no que se refere à relação existencial do ser humano com Deus, uma total transformação *no plano do ser*, além do plano do agir, porque se verifica como *novo nascimento do Espírito* (Jo 3,3-8). Nisso encontra a sua razão a "não repetibilidade": este, efetivamente, provoca no batizado situações irreversíveis, porquanto ocorrem "uma vez para sempre" (Hb 6,4) e têm a estabilidade de uma "nova criação" (2Cor 5,17).

2. Pela história sabemos, todavia, que, além da participação na reconciliação de Cristo, obtida através da "conversão-Penitência" batismal, desde o começo na Igreja apostólica foi praticado *outro tipo de conversão-Penitência*, que justamente pôde ser identificada com aquilo que se chamou especificamente de *sacramento da Penitência*. Uma antiquíssima tradição dos séc. II-III, dando a esse "sacramento da Penitência" o nome de "segundo Batismo" ou também, em alguns casos, de "tábua de salvação depois do Batismo", afirmava claramente duas coisas: de um lado pretendia-se dizer que o Batismo não havia sido anulado pela nova queda no pecado ("tábua depois do Batismo"), nem que este seria "repetido" (mesmo que se fale em "segundo Batismo", na realidade trata-se de um rito distinto daquele); mas ao mesmo tempo, falando de uma *Penitência* na qual há uma *remissão dos pecados depois do Batismo*, não pode deixar de referi-la à *reconciliação* operada por Cristo, porque só e sempre por meio desta única reconciliação somos justificados (2Cor 5,21; Rm 5,9-10).

Na realidade, 2Cor 5,18-19, ao afirmar que Cristo "confiou aos apóstolos o ministério e a palavra da reconciliação", não está pensando só no anúncio ("palavra") e no "ministério da reconciliação" que se exerce sobre os *não cristãos*, mas tem em vista, no caso, sobretudo os *pecadores já cristãos*. Paulo, de fato, escreve aos cristãos de Corinto dizendo-lhes: "Em nome de Cristo, vos suplicamos: reconciliai-vos com Deus" (2Cor 5,20); e prossegue dizendo que "o tempo da salvação" não se fechou com o Batismo, mas dura também "agora", e é precisamente "esse" no qual os apóstolos, como "colaboradores de Deus", exortam os cristãos pecadores a "não receber em vão a graça de Deus" (2Cor 6,1-2), que chega até eles através do seu "ministério de reconciliação".

5. Instituição do sacramento da Penitência

A este respeito não há muito a dizer. A tradição da Igreja sempre foi unânime ao considerar que o sacramento da Penitência tenha a sua origem em Cristo; mas o momento e o mandado com o qual Cristo o teria "instituído" foram identificados por alguns nas palavras de Mt 18,18: "Aquilo que ligardes na terra, será ligado no céu; aquilo que desligardes [...]", ou nas palavras de Jo 20,23: "A quem perdoardes os pecados, serão perdoados; a quem os retiverdes [...]".

A propósito dessa dupla série de ditos de Cristo, deve-se observar que:

1. A fórmula joanina parece nada mais ser do que a tradução numa linguagem helenista daquilo que em Mt 18,18 é dito com uma fórmula rabínica em estreito estilo semítico.

2. Pelo fato de que, à fórmula joanina de "remissão-não remissão" dos pecados, Cristo antecede o convite à sua "missão", que é sempre e somente missão salvífica (Jo 3,16-17), somos induzidos a concluir que Cristo, tanto segundo a fórmula rabínico-mateana quanto a fórmula joanina:

a) Pretendia dar aos seus discípulos — à Igreja — o poder de continuar no mundo a sua *missão de salvação* por meio da *reconciliação* dada, em seu nome, àqueles que houvessem se "convertido", até chegarem a ter diante de Deus a humildade de uma criança (Mt 18,3-4). Jesus teria, portanto, "instituído" o sacramento da Penitência no sentido de que a Penitência-conversão dos seres humanos viria a assumir — na Igreja — o valor da reconciliação por ele mesmo operada;

b) Consequentemente, Cristo não tinha a intenção de dar aos seus discípulos — à Igreja — um poder a ser exercido como uma livre "alternativa" de "remissão" ou "não remissão" dos pecados; pelo contrário, ele queria que esse poder fosse sempre e somente em cumprimento da sua missão de salvação, que ele atribuía agora aos discípulos (à Igreja).

Em outras palavras: o poder dado por Cristo é total, como o daquele que pode "ligar-desligar", ou seja, um poder de domínio soberano e eficaz; entretanto, dado que esse poder soberano deve ser aplicado à "missão salvífica" de Cristo, a qual se manifesta, no caso, como "poder de *remitir os pecados*" (Mt 9,6), esse poder deve se manifestar só como poder "de *desligar*". Nesse sentido, a fórmula ligar-desligar praticamente significaria que a Igreja, pelo querer de Cristo, exerce de maneira autoritativamente eficaz a missão salvífica de Cristo, que é a de "remitir", não a de "não remitir" os pecados. A este propósito, veja-se AMBRÓSIO, *In Os.* 38, 37:

> Antes era esta a lei: quem estava ligado (no pecado) enquanto estivesse sobre a terra, ligado partiria do seu corpo. Por isso, o Senhor quis que os apóstolos fizessem, pelo contrário, aquilo que era reservado ao seu juízo, isto é, que *desligassem* dos pecados segundo o critério de equidade da *remissão* [...]. Nós, com efeito, não somos usurpadores de um poder; ao contrário, nos colocamos a serviço de um mandado (de Cristo), justamente para que o Senhor, na sua chegada, não encontre *ainda ligados* aqueles que era necessário desligar, e consequentemente não se encha de ira contra o seu administrador por ter ele continuado a manter ligados aqueles servos que o Senhor havia ordenado que fossem *desligados*.[1]

Mas o termo bíblico desligar-ligar pode ter o sentido mais amplo de "determinar com quais meios o penitente deve eliminar da sua vida os resíduos do pecado e como reparar as consequências eclesiásticas, aliás, cósmicas, do seu pecado, sob pena de não ser 'desligado', isto é,

---

[1] Cf. AMBRÓSIO, *De Paenit.* 1, 7.32; SC 179, 80.

perdoado".[2] Nesse sentido, na instituição do sacramento da Penitência, Cristo teria incluído — assim entende o Concílio de Trento — também o "direito" de exigir, da parte da Igreja, a "confissão de todos e de cada um dos pecados graves", de modo que o "ligar" equivaleria a "impor ao pecador aquelas penas"[3] que servem ao próprio penitente como meio e caminho para ser "desligado" do pecado de forma completa; de fato, ajudam-no a vencer e superar o perigo de eventuais recaídas nos mesmos pecados. "Desligar" seria libertar do pecado (absolvição) e das consequências do pecado (com as "penas" impostas).

6. Confissão de devoção

A confissão na qual são acusados só "pecados veniais" é comumente dita "confissão de devoção", pois é considerada não "necessária" para a remissão daqueles pecados, mas muito útil para o alcance de uma maior purificação interior.

Já o Concílio de Trento (DS 1717) reprovou aqueles que houvessem dito "não ser lícito confessar os pecados veniais". Defendida pelo magistério eclesiástico[4] e promovida pelos mestres de vida espiritual, a confissão de devoção foi também ordenada e imposta pela autoridade a determinadas categorias de pessoas como prática semanal obrigatória.[5]

Recentemente, seu uso se tornou muito raro. Dentre as motivações aduzidas para justificar essa nova orientação há principalmente duas: (1) os pecados veniais não têm necessidade de Penitência e confissão,

---

[2] ALSZEGHY, Z.-FLICK, M. *Il sacramento della riconciliazione*. Roma, 1976, p. 148.

[3] DS 1715.

[4] PIO XII, Encíclica *Mystici Corporis* e Encíclica *Mediator Dei*; Concílio Vaticano II, *Presbyterorum Ordinis* 18.

[5] Código de Direito Canônico, 595, 1, 3; 1367, 2.

podendo ser remitidos de mil outras formas; (2) o costume de acusar em confissão pecados veniais, sem que a mesma seja acompanhada de um positivo compromisso de evitá-los, conduz a uma atitude claramente não autêntica, e por isso mesmo de modo algum é conveniente cultivar.

Nós consideramos que nesses termos o problema esteja erroneamente colocado. De fato, não se trata de uma questão de saber se os pecados veniais *devam* ser apresentados em confissão, visto que *podem ser perdoados* em tantos outros modos igualmente válidos. Se essa possibilidade de fato existe como teologicamente certa, qualquer outro discurso em favor da "confissão de devoção" perde totalmente ou muito do seu valor. Sabemos que também os pecados veniais *na confissão* são perdoados, se esta for acompanhada da dor pelo mal cometido e do propósito de emendar-se; e o mesmo deve dizer-se dos *outros modos* declarados aptos para remitir os pecados. Tome-se como exemplo a sempre lembrada capacidade de remissão própria do "Pai-Nosso": nele, são "perdoadas as nossas ofensas" sob a condição de que "perdoemos a quem nos tem ofendido". A remissão do pecado venial não depende, portanto, nem de uma boa ação, nem de uma oração, nem de uma confissão, mas única e exclusivamente das condições interiores com as quais nos colocamos diante do pecado venial.

A questão é outra: O pecado venial quer só "remissão", ou pode querer também "conversão"?

É sabido que os pecados podem ser fruto de uma simples *fraqueza* ou de uma *negligência* não proposital; mas podem derivar também de uma *má vontade*, pelo menos no sentido de vontade não positivamente comprometida. Feita exceção para os pecados da primeira espécie, para os quais talvez não se deva nem tomar em consideração um perdão propriamente dito, para os demais indubitavelmente o perdão pode ser obtido com um simples movimento interior do espírito, que deplore o mal e prometa evitá-lo no futuro, e a confissão, a boa obra ou a oração serão acrescidas ao movimento interior como um sinal de recuperada boa vontade. Sabemos que muitas vezes em tudo isso se busca acima de tudo cancelar atos singulares e ocasiões do mal, sem por isso proceder a uma revisão de fundo da própria posição em relação a Deus. Em muitos casos, de fato, essa deve e pode ser qualificada como *posição de não total conformidade à vontade de Deus*. No momento em que essa situação for percebida, todos sabem que assim estaremos nos subtraindo àquela perfeição cristã, à qual cada um — segundo o seu compromisso e o seu estado de vida — é chamado. A esta altura, ou permanecemos na posição percebida como não correta e colocamos numa profunda crise o nosso próprio chamado, ou nos decidimos por uma "reviravolta" da situação, ficando claro então que se entra numa situação de *Penitência-conversão*, que se tornou "necessária" seja em relação à consciência da própria não total conformidade ("diversidade relativa") à vontade de Deus, seja em relação à intensidade do compromisso, ao qual a própria vocação chama. É o momento no qual parece não ser mais suficiente o recurso a uma boa obra ou à oração, devendo-se recorrer ao *sacramento da Penitência*; de fato, não é uma questão de pedir perdão por algum pecado leve, mas é o momento de retomar em sua raiz a orientação que é exigida pelo nosso próprio chamado. Olhar não só para o passado mas sobretudo para o futuro.

Esse modo de apresentar a relação dos pecados com a "Penitência-conversão" nos tira do incômodo de falar de uma "confissão de devoção" — que, todavia, ninguém ousa propor como "Penitência de devoção" —, porque se trata não só de uma "confissão" mas também de um "sacramento da Penitência" que se tornou — ainda que relativamente — necessário numa situação específica, embora apenas de pecados veniais. Oferece-nos, além disso, uma distinta e mais justa avaliação dos pecados veniais. Estes, de fato, não são vistos como atos singulares, caracterizados pela "pequenez da matéria" (consideração externa-material) e pela "não plena deliberação" no querer e no agir (consideração subjetiva), mas são considerados na sua *origem unitária*, isto é, numa atitude-comportamento que tira do Espírito Santo o espaço necessário para agir no ser humano; com efeito, é uma não total conformidade de base à vontade de Deus.

E, se há uma "necessidade" — mesmo que não seja absoluta, mas relativa — de começar uma "Penitência-conversão", que dê à vida uma *totalidade* de adesão às exigências conhecidas pelo próprio chamado individual, é justamente quando se percebe que a repetida presença de certos pecados veniais constitui um real obstáculo à resposta de adesão e de amor que o Senhor pede.

Parte VI

A Unção dos Enfermos

Introdução

A reforma litúrgica do sacramento conhecido como *Extrema-Unção* é uma resposta a uma necessidade do momento. Reconduzindo o sacramento a ser *Unção dos Enfermos*, a reforma litúrgica inseriu-se numa situação que diz respeito a todos de forma cada vez mais profunda, porque a realidade "doença", em vez de sair derrotada da luta com a ciência, sai mais fortificada, já que são muito mais frequentes os casos nos quais a medicina consegue prolongar um estado de enfermidade, afastando o momento da morte, do que aqueles nos quais consegue devolver uma plena saúde.

A Igreja sempre se preocupou em ir ao encontro da doença direcionando a esta grande parte da sua obra caritativa, voltada a aliviar tanto as dores materiais quanto as dificuldades espirituais que a doença traz consigo. Aliás, aquilo que acontecia na ação caritativa, tanto organizada quanto espontânea, tinha o seu ponto de ligação com a salvação anunciada por Cristo no sacramento da Unção dos Enfermos.

Infelizmente, na história da Igreja ocorreu o fato estranho de que, enquanto a obra caritativa em favor dos enfermos estende-se cada vez mais, a importância do sacramento da Unção vai gradualmente diminuindo e a teologia dá a sua contribuição neste sentido empurrando o sacramento para o limite da vida; fez dele, na verdade, um "sacramento dos moribundos", mais do que "dos doentes".

Sobre essa situação, teologicamente não exata nem iluminadora, acrescentou-se a situação cultural moderna, que agravou ainda mais a marginalização do doente.

A Conferência Episcopal Italiana, no seu documento *Evangelizzazione e sacramenti della penitenza e dell'unzione degli infermi* ("Evangelização e sacramentos da Penitência e da Unção dos Enfermos" – 1974), escreveu:

> O fenômeno da secularização no qual vive o cristão de hoje não põe em crise somente a sua fé, mas talvez arranha de modo ainda mais profundo a sua esperança teologal para a vida presente e futura. Não escapam da crise, efetivamente [...], as realidades maiores e mais dramáticas da vida do ser humano, tais como o sofrimento, a doença e a morte [...]. Um primeiro sintoma revelador dessa mudança é o esforço que se faz para esconder, tanto do doente como das pessoas que lhe estão próximas, qualquer sinal da gravidade do mal e sobretudo da morte [...].
>
> Na mesma crise de valores inserem-se as convicções dos familiares, dos profissionais da saúde e do hospital que, não compreendendo o aspecto religioso e consequentemente o enriquecimento espiritual da doença e da morte, mantêm o mais longe possível aqueles sinais e auxílios da fé aos quais o crente enfermo teria direito [...].
>
> O sacramento da Unção dos Enfermos acaba se encontrando nesse novo contexto sociocultural. Numa sociedade predominantemente rural, era requerido quase por todos e era celebrado com devoção e respeito [...]. Hoje [...], nas cidades [...], normalmente é administrado [...] só nos últimos instantes de vida. Tudo se reduz aos poucos familiares presentes, favorecendo assim uma concepção privatizadora do evento sacramental [...].

INTRODUÇÃO

Por outro lado, o alívio corporal ou inclusive a cura [...] é considerada pela maioria como efeito possível da ciência médica [...]. Invocar Deus como "terapeuta" [...] parece inconveniente e supersticioso [...]. Todavia, a contínua e cotidiana experiência dos limites do poder humano [...] revela a muitos o caráter efêmero das esperanças terrestres e os induz a novas reconsiderações e aberturas diante da mensagem cristã.

O sacramento da Unção dos Enfermos deve ser visto e estudado, portanto, naquilo que é e quer ser: o sacramento da esperança para um sofrimento humano iluminado pelo sofrimento de Cristo.

Capítulo I
A história do sacramento da Unção dos Enfermos

Antes de passarmos à explicação teológica do sacramento da Unção dos Enfermos (de agora em diante: UE), convém partirmos da história percorrida pelo mesmo, e precisamente daquele ponto central da sua história onde se encontram a afirmação e a negação da própria *natureza sacramental* do rito.

I. A UE no Concílio de Trento

O confronto referente à sacramentalidade do UE ocorre no Concílio de Trento em dois momentos sucessivos: na sessão VIII (1547) e na sessão XIV (1551).

Na primeira, o Concílio afirma que a *Extrema-Unção* (era com esse nome que se fazia referência à UE) é um dos sete sacramentos da nova Aliança instituídos por Cristo.

Na sessão XIV, o Concílio afronta nos seus particulares o problema da UE, tal como haviam sido apresentados pela negação luterano-protestante da época. O discurso conciliar ocorre conjuntamente ao da Penitência, pois a UE é considerada como "a completude da Penitência e de toda a vida cristã".

No que diz respeito à UE, Trento encontrou-se diante de uma tríplice negação dos protestantes:

A "Extrema-Unção":

1. *Não é sacramento*, já que não confere nenhuma graça, nem a da cura, nem a da remissão dos pecados;

2. *Não é instituída por Cristo*, mas pelo Apóstolo Tiago na sua carta, que todavia não deve ser considerada autêntica;

3. *Seu ministro não é o sacerdote*, porque o *presbyter* de que fala Tg 5,14-15 nada mais é do que "o ancião" responsável pela comunidade.

A) Trento apresenta a *fé da Igreja* em quatro cânones, estabelecendo que:

1. A UE é sacramento instituído por Cristo e promulgado por Tiago;

2. Seu efeito é uma graça que é, ao mesmo tempo, remissão dos pecados e alívio para o doente;

3. Seu ministro é o presbítero-sacerdote.

Nessa sua afirmação da fé da Igreja, Trento baseia-se exclusivamente em Tg 5,14-15:

> Alguém dentre vós está doente? Mande chamar os presbíteros da igreja, para que orem sobre ele, ungindo-o com óleo em nome do Senhor. A oração feita com fé salvará o doente, e o Senhor o levantará (erguerá). E, se tiver cometido pecados, receberá o perdão.

Desse texto, Trento pretende dar a *interpretação autêntica*, ou seja, uma interpretação que se torne um texto da fé da Igreja, relativo à sacramentalidade (= sinal sagrado eficaz de graça) da UE, ao seu modo de dá-la (unção com óleo e oração da fé) e ao seu ministro (o sacerdote). A propósito, observe-se quanto segue:

a) Tg 5,14-15 já havia sido explicitamente citado pelo Concílio de Florença (1439) no seu decreto sobre a união dos armênios, no qual esse Concílio faz uma sucinta apresentação dos sete sacramentos da Igreja.

b) Ao mesmo texto já havia feito referência Inocêncio I (416) na sua carta ao Bispo Decêncio de Gúbio. Mesmo que a resposta de Inocêncio I se refira diretamente à determinação do ministro da UE, que ele tenha visto no texto do apóstolo a descrição de um rito "sacramental" fica claro tanto pelo fato de que também para a UE Inocêncio requer que "o óleo santo do crisma" seja confeccionado (isto é, consagrado) pelo bispo da mesma forma que o óleo do crisma da Confirmação (que naquela época é indubitavelmente considerada "sacramento"), como também pelo fato de que ele não admite que o sacramento seja dado a um doente ainda "penitente", pela razão de que não pode receber "esse sacramento" quem não pode receber os demais.

Depois de Inocêncio I, e dele dependentes, remetem-se a Tg 5,14-15 também os autores antigos, como Cesário de Arles (séc. VI), Elígio de Noyon (séc. VII) e Beda (séc. VIII).

c) Por conseguinte, recorrendo a Tg 5,14-15 para dizer que o apóstolo, ao tornar-se promulgador do sacramento, supõe que este tenha sido instituído por Cristo, o Concílio de Trento está plenamente na linha da tradição, e o fato de ter interpretado o texto em sentido "sacramental" não é de forma alguma uma violência ao texto, como alguns modernistas pretenderam afirmar. De fato, mesmo admitindo-se que a exegese literal do texto apostólico não autorize uma conclusão "sacramental", esta é ainda assim plenamente legítima no plano da interpretação dada pela tradição, que é a única a transmitir o sentido "pleno" entendido pelo autor inspirado.

B) No capítulo da *doutrina* com a qual o Concílio de Trento quis ilustrar a fé que posteriormente teria expressado nos cânones, revelam-se outros aspectos que denotam uma determinada visão teológica. Esta pode ser identificada nos seguintes pontos:

1. A UE — segundo uma concepção sacramental bastante difundida na teologia da época, que considera os sacramentos sobretudo como "remédios-subsídios" contra o pecado — é apresentada como "complemento da Penitência e da vida cristã" na obra de conversão e de luta contra o pecado.

2. Trento vê "insinuado" o sacramento da UE no modo como os discípulos punham em prática a ordem que lhes fora dada de curar os enfermos (Mt 10,1.8; Lc 9,2; Mc 16,18); lê-se, com efeito: "Os discípulos *ungiam com óleo* muitos doentes e os curavam".

3. Considerando que a UE comporta uma *unção com óleo*, que em nível cultual está sempre ligada a uma efusão-presença ativa do Espírito Santo, a unção mesma é a razão evidente pela qual o efeito próprio do sacramento é apresentado como "graça do Espírito Santo", graça que tem o objetivo de "lavar os delitos que devem ainda ser expiados, eliminar os resíduos do pecado e proporcionar alívio e conforto ao doente, suscitando uma grande confiança". Como se vê — caso fosse possível estabelecer uma hierarquia de valores nos efeitos da graça descritos —, a doença viria só em terceiro lugar, e em relação a ela a graça revela-se como alívio e conforto sobretudo no plano psicológico, já que age "suscitando uma grande confiança".

4. Enfim, o Concílio de Trento, adequando-se à práxis comum na época, dependente da teologia, que via a UE orientada particularmen-

te para "preparar" a morte do enfermo, afirma que se deve dá-la aos enfermos que parecem estar em fim de vida; por esta razão, chama-se também *sacramento dos moribundos*. Desse modo, o Concílio infelizmente acabava fixando uma orientação teológica, que já havia surgido anteriormente e que acabaria não ajudando o sacramento da UE a superar facilmente as situações culturais posteriores.

II. A UE no ensinamento e na práxis anteriores a Trento

Se a "fé" afirmada em Trento era a reproposição autorizada daquilo em que a Igreja havia sempre acreditado, a "doutrina" com a qual a acompanhava era o eco de um ensinamento herdado da teologia escolástica. No plano da "doutrina", portanto, Trento deve ser considerado como o ponto de chegada de um pensamento teológico em parte desprendido da práxis litúrgica.

De fato, antes de encontrar uma teologia sistemática propriamente dita da UE, deparamo-nos com um pensamento que se exprime na *bênção do óleo para os enfermos*. Esta é atestada, para Roma, já no começo do séc. III pela *Tradição apostólica* de Hipólito, capítulo 6.

Do "óleo santo do crisma" (= da unção) confeccionado-consagrado (*confectum*) pelo bispo, fala-nos o citado texto de Inocêncio I a Decêncio, do séc. V. Fórmulas análogas de bênção do óleo para os enfermos podem ser encontradas nos livros romanos (*Sacramentário Gelasiano* e *Sacramentário Gregoriano*), nos hispânicos (*Liber ordinum*) e nos milaneses.

Também as antigas fontes orientais, como o *Eucológio de Serapião* (séc. IV), as *Constituições apostólicas* (séc. IV), o *Testamento de*

Nosso Senhor Jesus Cristo (séc. V), os *Cânones de Hipólito* (séc. V), nos falam dessa bênção do óleo para os enfermos, chamado de "óleo da oração" (*euchelaion*) ou "óleo da lâmpada".

A importância desses testemunhos litúrgicos certamente não pode ser desconsiderada, porque não só constituem uma indicação da existência de algum tipo de rito, por exemplo, exorcístico, do óleo, mas porque exprimem claramente o valor "sacramental" atribuído ao óleo graças a essa bênção. Por ela, de fato, o óleo, como observa Inocêncio, se torna um "sacramento", da mesma forma que "sacramento" é o pão consagrado. Com efeito, estamos no tempo em que "sacramento" não é só a "celebração", ou seja, "a ação litúrgica" *(con)sagradora*", mas também a "coisa *(con)sagrada*"; consequentemente, pensa-se que o "óleo consagrado" levado ao contato de unção (ou de bebida) com o doente produza um efeito de *graça* (que nos tempos mais antigos é primariamente o bem-estar e alívio físico do doente; mais tarde, pelo contrário, é explicado como remissão dos pecados; e, enfim, é visto como preparação para a morte), igual à produzida pelo "pão consagrado" da Eucaristia.

Das próprias formas de bênção do óleo fica claro que estas eram feitas para que o óleo assim abençoado pudesse ser usado em caso de doença (unção ou bebida), tanto pelo presbítero quanto pelo próprio doente ou por outra pessoa que estivesse próxima. O *Ordo Romanus* XXX, 13 (séc. IX) nos faz saber que os próprios fiéis traziam e colocavam sobre o piso da igreja, cada um, o seu vasinho de óleo para que fosse abençoado, durante a Eucaristia, antes da doxologia final *Per Christum, cum Christo, et in Christo*..., juntamente com os que haviam sido colocados pelo diácono sobre a mesa do altar. Disso se deveria deduzir que, antigamente, embora o uso do óleo não fosse reservado só ao sacerdote, admitia-se que o próprio enfermo ungisse a si mesmo

A HISTÓRIA DO SACRAMENTO DA UNÇÃO DOS ENFERMOS

ou que o ungissem outros não sacerdotes, o *uso sacramental* do óleo, entretanto, era diferente do uso feito pelos fiéis e desde o início era reservado ao sacerdote. Por isso, quando Hugo de São Vítor, no séc. XII, distinguindo os "sacramentos" dos "sacramentais" inscreverá claramente a UE entre os sete sacramentos nada mais fará do que distinguir o uso comum do óleo bento daquele que era o seu uso sacramental, porquanto este era reservado só ao ministro competente, que já em Tg 5,14-15 e posteriormente em Inocêncio I só podia ser o "presbítero da Igreja".

Outro aspecto doutrinal que as antigas fórmulas de bênção nos apresentam é que, até a época da Escolástica, a UE era prevista indistintamente para todo tipo e grau de *enfermidade*, mas não era posta em relação direta com a *morte* do enfermo.

É por todos comumente aceito que, no Ocidente, a verdadeira difusão num raio amplo da UE só ocorreu na época carolíngia. Com a sua redescoberta, especialmente através da carta de Inocêncio I, mas também por obra dos discursos de Cesário de Arles (que naquela época eram inclusive cobertos pelo nome de Agostinho), afirmou-se cada vez mais o valor de Tg 5,14-15, levando à verdadeira generalização da UE, que acabou assumindo cada vez mais certa conformidade com o uso romano. Assim, a bênção do óleo para os enfermos é feita pelo bispo na Quinta-Feira Santa, juntamente com a bênção do óleo para os catecúmenos e do óleo do crisma; a unção — acompanhada cada vez mais pela imposição das mãos — é definitivamente reservada ao presbítero, ao qual recomenda-se providenciar junto ao bispo a quantidade necessária para poder usá-lo oportunamente com os doentes; ao mesmo tempo, porém, é sempre permitido aos fiéis que se sirvam pessoalmente do óleo bento, que não é considerado "sacramental", porque não é usado pelo ministro designado.

Também no que diz respeito aos *efeitos* atribuídos à unção, nota-se um deslocamento a começar da época carolíngia. Os testemunhos mais antigos relativos à bênção do óleo para os enfermos apenas fazem referência à *recuperação da saúde corporal*, embora frequentemente se faça alusão a certo "alívio" espiritual, como se pode ver não tanto nas fórmulas quanto na pregação, por exemplo, de Cesário de Arles, que muitas vezes abre o sentido do sacramento também para a "remissão dos pecados". Gradualmente, todavia, é a "remissão dos pecados" que se torna cada vez mais o objetivo principal da UE, a ponto de dar origem à "fórmula sacramental", que foi conservada até o Vaticano II: "Por meio desta santa unção [...], o Senhor te perdoe todos os pecados cometidos com [...]" (e se mencionava em ordem os cinco sentidos, repetindo a fórmula a cada vez). Dessa forma, ocorria que a UE, mais do que sobre o doente como tal, era administrada sobre os órgãos dos 5 sentidos do doente, vistos como sedes e instrumentos do pecado.

Que a remissão dos pecados — de resto nomeada também em Tg 5,14-15 — fosse o principal efeito da UE, era uma convicção que encontrava ainda mais crédito porquanto era costume, naquela época, *adiar o sacramento da Penitência* para o fim da vida. Tornava-se muito fácil, portanto, apresentar — como de fato ocorria — a UE como "a completude da Penitência", depois da qual já se podia receber a reconciliação, obtendo-se como resultado a criação de certa ligação lógica entre os três sacramentos: Penitência para a remissão dos pecados, UE para o remédio da pena residual do pecado e Eucaristia para a comunhão-paz com Deus.

Essa visão se alarga ainda mais e, dando à UE o lugar que a unção da Confirmação tem nos sacramentos da iniciação, concluía-se que, como os três sacramentos da iniciação abrem o ingresso à Igreja da terra, assim os *três sacramentos dos moribundos* (Penitência-unção-

-viático) abrem o caminho para a Igreja do céu. Desse modo, a ligação pecado-UE-morte se torna cada vez mais forte, no sentido de que a UE, eliminando o pecado residual, *consagra à morte* e, pelo caminho da morte, *à glória futura*. Assim, a UE se torna a pleno título *Extrema-Unção* e *Unção dos Moribundos*.

Com pequenos deslocamentos de acentos, esse já é o discurso usado por toda a Escolástica no que se refere aos efeitos da UE, que definitivamente levará no seu nome de "Extrema-Unção" a sua própria fisionomia, a de ser sempre e somente um sacramento em função da morte (*sacramentum exeuntium* = sacramento daqueles que saem/partem da vida), com a dupla finalidade de ser: (*a*) enquanto "complemento da Penitência", o sacramento que remite os pecados ou "os restos dos pecados" (pena temporal e fraqueza espiritual produzida pelo pecado na alma e, reflexivamente, no corpo); (*b*) enquanto "rito consecratório", o sacramento que prepara para o ingresso no reino e na glória eterna. Esses aspectos são assim sintetizados por Santo Tomás, *In Symbolum Apostolorum expositio* 10:

> Como ninguém pode entrar na vida eterna se não for purificado como convém, era necessário que houvesse um sacramento que, purificando o ser humano dos seus pecados, o libertasse da sua fraqueza e o preparasse para o ingresso nos céus. Esse sacramento é precisamente o sacramento da UE.

Repensando essas coisas à luz do que se lê no Concílio de Trento, vê-se claramente que são precisamente as posições teológicas da grande escolástica as que enquadram o ensinamento doutrinal do Concílio. Influenciado pela autoridade teológica de tão insignes predecessores, entretanto, o Concílio de Trento não se deu conta de que o fim primário do sacramento da UE, anunciado por Tg 5,14-15 e pelos testemunhos mais antigos, ou seja, *afrontar diretamente a enfermidade como tal*, havia sido deslocado a ponto de se tornar um *confronto direto com a morte* e com o pecado, de modo que o sujeito do sacramento tornava-se o moribundo, e não o enfermo.

III. A UE na teologia e na práxis posteriores a Trento

Com exceção das discussões sobre pontos particulares e de secundária importância, a *teologia* da UE não fez nenhum passo significativo no período que vai do Concílio de Trento até o Vaticano II.

Com o passar do tempo, entretanto, sentiu-se de maneira cada vez mais forte certo desconforto pelo fato de que em ambientes de fé cristã não suficientemente viva se tornava cada vez mais difícil "celebrar um sacramento" que, devido ao modo e às circunstâncias em que este acontecia, nunca era uma "celebração", mas unicamente um gesto estranho e apressado, que se apresentava acima de tudo como um "atestado de morte" garantida. De fato, era o sacramento do último momento, ou seja, dado quando o médico havia declarado que àquela altura a sua atuação estava encerrada e a ciência não podia fazer mais nada.

Infelizmente, essa situação de fato era de certa forma confirmada de modo oficial pela Igreja, lendo-se no *Código de Direito Canônico* 940, 1 que a UE (chamada ainda de Extrema-Unção) *"não pode ser administrada senão ao fiel [...] que se encontre em perigo de morte"*.

Isso, todavia, não impedia que no plano pastoral nos déssemos conta da situação que ia se criando e que se exprimia numa recusa ou numa marginalização cada vez mais aberta da UE, e portanto se começava, como por exemplo no *Directoire pour la pastorale des sacrements*

[...] *pour tous les diocèses de France* (Diretório da pastoral sacramental para todas as dioceses da França – 1951), a reclamar que se "corrigisse o preconceito corrente que faz do sacramento dos doentes um sacramento dos agonizantes". É claro que, mudando o "sujeito" do sacramento de "agonizante" para "doente", iniciava-se também uma mudança na natureza mesma do sacramento.

O Concílio Vaticano II não podia fugir dessa problemática; os documentos conciliares propriamente ditos, no entanto, não a resolveram totalmente, mas fizeram apenas uma tomada de posição indireta, que de qualquer modo oferecia as premissas para uma solução que posteriormente seria dada de forma mais completa no documento da reforma litúrgica da UE. Assim, no primeiro documento conciliar, que foi justamente sobre a liturgia, lemos:

> A *Extrema-Unção*, que *pode* ser chamada *também* de Unção dos Enfermos, não é o sacramento só daqueles que estão em fim de vida. Consequentemente, o momento adequado para recebê-lo se tem quando o fiel começa, por causa da doença ou da velhice, a estar em perigo de morte (SC 73).

Como se vê, sugere-se como preferível o nome de UE, mas não se tem a coragem de abolir o nome tradicional de "Extrema-Unção". Além disso, admite-se que o sacramento deve ser dado *não só* a quem está em fim de vida (cf. *Código de Direito Canônico* 940, 1); se perguntarmos, porém, a quem deve ser dado concretamente, a resposta é que se *pode* dar já quando a doença *começa a tender para o perigo de morte*. Em outras palavras, o sacramento, mesmo encontrando o seu correto nome de UE, de fato tem como sujeito não um "enfermo" mas ainda "um enfermo em perigo de morte", e portanto o sacramento se apresenta ainda como o sacramento dos "moribundos", se não for mesmo dos que estão "morrendo". De qualquer modo, é ainda a *morte* que determina o uso e o momento do sacramento, não a *enfermidade* como tal.

Uma referência à doença aparece de modo mais visível em SC 75, onde se estabelece que o número das unções e também o texto das orações sejam revistos em relação às "diferentes situações [...] e diferentes condições dos enfermos que recebem o sacramento".

Mas aquele dentre os documentos conciliares que parece já ter entrado numa nova visão teológica é LG 11, onde se lê:

> Com a sagrada Unção dos Enfermos e a oração dos sacerdotes, toda a Igreja recomenda os *doentes* ao Senhor sofredor e glorificado para que alivie as suas penas e os salve (cf. Tg 5,14-16); aliás, exorta-os a unir-se espontaneamente à Paixão e morte de Cristo (cf. Rm 8,17; Cl 1,24; 2Tm 2,11-12; 1Pd 4,13), contribuindo assim para o bem do povo de Deus.[1]

O início de um discurso teológico novo e mais amplo, que privilegie sobretudo a situação "doença" na qual o cristão pode vir a se encontrar, antes ainda de chegar à morte e independentemente desta, pode assim ser encontrado no texto mais importante do Concílio Vaticano II. Não será alterada a "fé" proclamada por Trento, mas a "doutrina" que deverá ilustrar essa mesma fé remontará, a esta altura, a uma teologia que não será a da escolástica, mas sim a bíblico-litúrgica.

---

[1] Cf. também LG 28; PO 5.

Capítulo II
A teologia do sacramento da Unção dos Enfermos

O discurso teológico em relação à UE foi recebido, no caso da Itália, ainda pelo *Direttorio liturgico-pastorale per l'uso del rituale dei sacramenti e dei sacramentali*, publicado em 1967 pela Conferência Episcopal Italiana; posteriormente, em 1974, foi acolhido oficialmente pela Igreja universal com o novo *Ritual da Unção dos Enfermos e sua assistência pastoral (Ordo unctionis infirmorum eorumque pastoralis curae)*[1] e a seguir, ainda para a realidade italiana, pela parte II (nn. 118-169) do documento CEI 1974: *Evangelizzazione e sacramenti della Penitenza e dell'Unzione degli Infermi*.

O ponto de partida para uma teologia do sacramento da UE pode ser dado diretamente pela colocação da finalidade do sacramento, porque o seu significado varia dependendo se este está voltado para a recuperação física, se é visto como preparação à morte, ou se é dado em vista de uma inserção da doença na situação cristã do enfermo.

---

[1] Tradução da edição típica para o Brasil realizada e publicada pela Conferência Nacional dos Bispos do Brasil: *Ritual da Unção dos Enfermos e sua assistência pastoral*. São Paulo, Paulinas, 2000.

Historicamente, sabemos que na Igreja sempre existiu — em medida diferente — o "dom de cura" (1Cor 12,9), que se segue ao "poder de cura", dado por Cristo aos discípulos (Mt 10,8; Mc 6,13; 16,18; Lc 10,9).

Não é impossível que, na sequência, aqueles mesmos que aceitavam o conselho de Tg 5,14-15 vissem no rito apresentado pelo apóstolo o perpetuar-se, em forma ritual institucionalizada, do dom-poder carismático que vemos atuante na Igreja apostólica. De fato, basta adicionar At 3,6-7.16; 9,40 a Mc 6,13 para encontrar juntos, nas três informações, os mesmos elementos e as mesmas palavras de Tg 5,14-15: *unção com o óleo — oração — fé — em nome do Senhor — "o Senhor o erguerá"* (Tg 5,15; At 3,7.15). Parece que se deve supor, com efeito, uma leitura de Tg 5,14-15 num sentido carismático em Cesário de Arles,[2] quando insiste em convidar os fiéis a recorrer, com fundamento na Carta de Tiago, à Unção dos Enfermos, mais do que às diversas práticas supersticiosas do paganismo.

Nesse sentido, portanto, o "dom carismático das curas", como é apresentado em Mc 6,13, pode estar na base do "sacramento da UE", não como sua verdadeira evolução, mas como sua "insinuação" ou "sugestão", como precisamente o afirma o Concílio de Trento.

O que quer dizer isso no plano de uma teologia do sacramento? É um fato que Cristo não só cumpriu pessoalmente as curas mas também deu aos discípulos o poder-mandado de fazer a mesma coisa (cf. acima). Desse modo, o Senhor, enquanto fazia com que os discípulos participassem do anúncio do reino, "confirmava a sua Palavra com *sinais*" (Mc 16,20), os quais tinham o duplo objetivo de dar sustentação à fé dos

---

[2] CESÁRIO DE ARLES. *Opera omnia* (ed. por G. MORIN), v. II, pp. 66-67.84-87.215-216.220-223.

crentes, mas também de ser um convite constante à "salvação", que era o conteúdo mais profundo e autêntico do reino que acolhiam.

Em outros termos: as curas feitas pelos discípulos, da mesma forma que as de Cristo, não tinham diretamente o objetivo de devolver simplesmente a saúde aos que a haviam perdido. Eram "sinais" que deveriam ser "entendidos" (Jo 6,26), pois somente se levassem a "crer" na missão salvífica de Cristo se tornariam um acontecimento "que duraria para a vida eterna" (Jo 6,27.29): a "salvação" obtida no corpo era "sinal" de uma "salvação" maior e completa, que consistia na posse da vida divina, comunicada àqueles que acolhiam a realidade salvífica de Cristo. As curas eram, portanto, acontecimentos que, no pensamento de Cristo, em parte antecipavam e em parte prometiam aquela verdadeira *realidade salvífica* que Cristo tinha vindo trazer ao mundo e que faria não só da vida mas também da doença e da enfermidade dos seres humanos "sinais da fé", isto é, aceitação concreta e plena da "missão redentora" de Cristo.

Partindo, pois, do fato de que a cura carismática, ocorrida "em nome do Senhor", já é a demonstração adquirida do poder de salvação que por Cristo está presente no mundo, Cristo quer que este mesmo *poder de salvação* continue a existir no mundo precisamente em *relação à doença*, por meio da qual o ser humano é posto completamente nas mãos do princípio de autodestruição inserido na matéria do seu ser psíquico-corpóreo.

Mas esse "poder de salvação" não consistirá — como se poderia pensar — numa generalização do dom carismático destinado a providenciar curas e nada mais. Pelo contrário, o mesmo deverá exprimir-se de modo a abranger o mais possível a área da "salvação" realizada por Cristo, da qual a "cura" carismática era só um sinal e uma parcial atuação. Isso poderá acontecer quando no sinal "medicinal" exterior (unção com óleo e palavras que invocam a cura) se torna presente, por causa de Cristo, a "graça do Espírito Santo". Então se tem o *sacramento da UE*, ou seja, o sinal sagrado realizador da missão salvífica de Cristo, de modo a fazer também da *doença* — e não diretamente da sua "cura" — um momento de *salvação* em Cristo.

Para compreender como isso poderá acontecer e qual é o seu real significado, é preciso refletir sobre os seguintes pontos:

- O que é, para o ser humano, a doença;
- O que a revelação pensa da doença;
- Qual é a relação existente entre a doença e o sacramento da UE.

I. O que é, para o ser humano, a doença

A doença normalmente encontra a sua explicação (que doença é?) na sua própria origem, ou seja, naquelas disfunções orgânicas, que podem ser congênitas, adquiridas ou provocadas por agentes externos, por exemplo, causadas por um trauma.

Um conhecimento da doença nesse nível não é uma resposta à nossa pergunta, a qual se interessa pelo lado "antropológico" da doença; quer saber, em outras palavras, o que experimenta em si mesmo o ser humano que sabe que está muito ou gravemente doente. Sem entrar em detalhes, pode-se assim sintetizar a reação do ser humano nessa questão:

1. O doente sente que se tornou *prisioneiro de uma força*, tem consciência de estar trazendo-a dentro de si, todavia a experimenta como algo que o invade *de fora* e que com prepotência age sobre ele, ligando-o a um estado de fraqueza ou de dor pelo qual é a tal ponto

dominado que não pode dispor facilmente e com desenvoltura e prazer do movimento, até então habitual, dos seus membros ou também do seu espírito.

2. Esse estado de coisas provoca uma *situação* que, para quem nela se encontra, pode ser só *nova* e *indesejável*, pois sabe que se trata de algo provisório e nada mais; mas pode ser também total e profundamente *desconcertante* no caso em que se trate de um conhecimento de que a doença é longa, crônica, incurável ou mortal, a curto ou médio prazo. É o momento em que todas as relações humanas, incluídas as familiares, são alteradas, e um pouco de cada vez se deterioram, criando ao redor do doente a solidão afetiva e relacional; desabam programas e projetos de vida, atividades presentes e futuras, que podem referir-se a um determinado setor da vida, mas também à vida toda; da plena atividade e independência, passa-se, às vezes de modo brusco e brutal, para uma posição de total dependência. O doente, em síntese, tem a impressão de que, de certo modo, todos os valores e todas as cores do seu mundo esvaecem-se ou mudam, mesmo que essa mudança, não necessariamente, nem em todos os níveis, seja negativa. Mas isso normalmente não é percebido de imediato.

3. Um dos momentos mais graves e intimamente dolorosos da doença é quando esta revela ao doente que as *seguranças* sobre as quais ele fundava a sua vida presente ou as suas esperanças vão se afastando até chegar a desaparecer. A situação se torna ainda mais grave quando, devido à incerteza e à angústia que lhe fecham a alma depois dessa descoberta, ele se dá conta de que os seus *limites* humanos são mais profundos do que os que ele havia podido pensar. Não se trata, com efeito, de se encontrar apenas diante de alguns limites, sempre viabilizáveis através de uma reflexão séria, dos recursos psíquicos e materiais que podem vir da saúde ou das riquezas; os limites

descobertos são bem mais importantes, trazidos dentro de si, num espírito que se sente oprimido, espremido na solidão de um mundo que dele se distancia e foge, e que tende, ainda que um pouco de cada vez, a marginalizá-lo.

II. O que a revelação pensa da doença

A Escritura não tem um discurso próprio sobre a doença como tal, nem no plano científico (biológico, psicológico e médico), nem no plano sociocultural, mesmo que de cada um desses aspectos possam ser encontrados elementos fragmentários. A Escritura considera a doença como algo que se encontra na existência humana e que pode ser resolvido pela medicina, mas melhor ainda se a esta se unir a oração (2Cr 16,12; Eclo 38,1.9-15). Essa presença e importância da oração na doença, todavia, também na Escritura, deve ser claramente inserida num fato cultural comum a toda a Antiguidade: no valor e na interpretação religiosa da doença.

Entretanto, mesmo que esse discurso de forma alguma seja exclusivo da Escritura, a ele se remete a primeira interpretação que a Escritura nos dá da doença: esta, seja qual for a forma em que se manifeste no plano físico ou psíquico, tem sua origem no pecado. A narração da criação do ser humano e a narração, ligada à primeira, do seu pecado (Gn 3) querem, no fundo, ser a resposta e a explicação de um fato universal, qual seja precisamente o da existência da dor, da doença e, enfim, da morte. Diante dessas realidades às quais todos estamos submetidos, a Escritura quer evitar antes de mais nada que sejam atribuídas a Deus — a propósito do qual, aliás, esta se compraz em sublinhar que tudo o que "ele fez é bom" (Gn 1), enquanto a doença e a morte são, ao mesmo tempo, consequência e sinal do ocorrido enfraquecimento e ruptura nas relações do ser humano com Deus — enfraquecimento e ruptura que introduziram no ser humano uma doença-morte mais profunda, a do espírito.

Também na Escritura, portanto, a existência da dor-doença-morte encontra a sua explicação na existência do pecado, que acomete todos os homens indiscriminadamente. Aliás, quando se trata do pecado de Israel, que rompe a aliança com o seu Deus, a doença em todas as suas espécies mais graves e repugnantes estará ligada, com a força sacralizadora da maldição, ao pecado da apostasia (Dt 28,21-23.27-28.35).

A Escritura, todavia, não ignora que essa não é a explicação última do problema inserido na existência mesma da dor-doença-morte. O problema exige, de fato, outra explicação quando se torna "escândalo", isto é, quando nos encontramos diante do justo e do inocente que sofrem sendo submetidos às mesmas e em alguns casos superiores e mais graves dores do que o pecador.

É uma situação de "escândalo" à qual nem mesmo a Escritura consegue fugir, sendo por isso mesmo impelida a procurar uma explicação possível e aceitável. É o problema-escândalo que é proposto para solução num livro inteiro da Escritura, o *Livro de Jó*.

O ser humano, ainda em sua racionalidade, rejeita de forma absoluta a doença dos justos, se esta for considerada em conexão com o pecado. No caso do justo, de fato, o pecado não está presente; mas então, o que deve ele "pagar" com a sua doença?

Se, além da racionalidade humana, temos a *fé de Israel* segundo a qual Deus não é somente justo, mas bom, santo e misericordioso, como se pode explicar a presença da doença-morte, que aflige o justo não menos do que o pecador?

A explicação, para Israel, se torna mais difícil ainda na medida em que à sua fé num Deus infinitamente bom pode acrescentar a sua experiência interior que o levou a comprovar diretamente, tanto em si mesmo quanto na sua história, que aquilo em que crê de Deus é uma realidade de fato. Numa tal situação de contraste entre duas realidades absolutamente certas para Israel, quais sejam a santidade-misericórdia de Deus e a justiça-inocência próprias, no fim das contas não lhe resta senão pensar só no seguinte: que o mal de que ele sofre e do qual Deus, mesmo não o ignorando, não o liberta, nada mais pode ser do que uma *prova* da sua fé (Jt 8,20.25-27; Sb 3,5-6). Aliás, é justamente por sentir-se sustentado pela certeza da sua própria fidelidade ao Deus justo e fiel da aliança que Israel aceita a "provação". A doença-dor ainda tem, em síntese, uma razão, que a explica no mínimo em nível de fé e de experiência interior no contexto da revelação e da aliança.

Todavia, quando enfim a "prova" foi dada, como explicar o *persistir* da dor-doença? Superada a hipótese justificadora do pecado, aceito o valor demonstrativo da "provação", como se pode conciliar o Deus da aliança, bom e fiel nas promessas, com o perdurar do mal? É o momento em que tudo realmente escurece, pois a este ponto é a própria fé na santidade-fidelidade de Deus que se encontra em apuros: Mas realmente existe um Deus? E, se existe, realmente é bom e fiel?

Parece que ao ser humano nada mais resta do que pôr em dúvida aquilo que até o presente momento havia sido pensado de Deus, ou lançar-se na negação dele e de tudo. Se o ser humano aceita a hipótese de ter que chegar a descobrir *um Deus diferente* daquele até agora pensado, conserva a sua fé e encontra a resposta na própria obscuridade na qual penetra.

É o momento, portanto, em que o ser humano de um lado sente "não ser mais um ser humano, mas sim um verme" (Sl 21,7), e de outro percebe inclusive o "abandono de Deus", vendo que com Deus, que se perde lá longe, evapora também a sua salvação (Sl 21,2); é esse o momento no qual ao ser humano não resta senão reproclamar a sua fé em "Deus, sua força" (Sl 21,20), na certeza de que ele pode fazê-lo viver até mesmo sem pão, só com a sua palavra (cf. Dt 8,3). Aceitando perder todas as suas certezas, incluída a que residia na clareza do seu conhecimento de Deus, como se fosse completo e total, o ser humano pode reencontrar a sua paz. Não mais um confronto, provocado pela presença do mal, entre a santidade de Deus e a sua justiça, mas a disponibilidade em deixar-se levar e guiar para um conhecimento *novo* de Deus, que é conhecimento do *Deus verdadeiro*, isto é, de um Deus que caminha por vias totalmente suas porque é totalmente outro, de um Deus que deve ser aceito sem tentar justificar — ou seja, no fundo, sem racionalizar — o seu comportamento em relação ao ser humano.

Essa complexa problemática, que a dor-doença propõe e que já se nota muito claramente em todo o AT, não deixa de estar presente no NT.

Assim, também no NT nos deparamos, como diante de um fato de mentalidade comum, com a ideia de que existe uma ligação entre pecado e doença (Jo 9,2). E como na opinião comum a doença é uma "ligação" estreita com Satanás (Lc 13,16), a cura, com a qual Jesus dissolve essa ligação (Jo 5,14), reveste-se do valor de uma derrota do demônio (Mt 12,22-28).

De qualquer modo, Cristo, mesmo conhecendo esse modo de pensar no pecado como algo ligado à doença, não coloca essa relação em nível da causalidade, que ele não admite (Jo 9,3; Lc 13,1-5); coloca-a, isso sim, em nível da exemplaridade: a doença deve ser curada, na mentalidade de Cristo, para indicar que ele veio precisamente com o objetivo de curar o ser humano do seu pecado. Consequentemente, as curas dos enfermos serão sempre — como já foi dito acima — "sinais" da sua missão salvífica, que encontrará a sua verdadeira explicitação no trazer salvação aos pecadores, isto é, àqueles que estão doentes por terem interrompido a sua relação vital com Deus.

A este respeito, no próprio modo de comportar-se de Cristo em confronto com os doentes podemos encontrar um norte. Sabemos, com efeito, que Cristo cura os doentes; mas vemos que às vezes ele deixa que a doença obtenha a vitória, levando à morte (Jo 11,6.21.37; Mc 5,35), e explica esse seu modo de agir dizendo que a doença, curada ou não, é sempre o momento e a ocasião na qual pode se "manifestar a obra de Deus" (Jo 9,3-5; 11,4).

Pois bem, eis *a primeira grande novidade* do NT a propósito da doença: *esta deve ser vencida, dando-se a Deus condições para cumprir, através da doença, a sua obra,* e sabemos que "a obra de Deus" é que os seres humanos "creiam naquele que ele enviou" (Jo 6,29). Não se trata de um "crer" qualquer, por exemplo, na potência de Deus; mas se exige "crer" em Cristo e na sua missão, o que equivale a aceitá-lo como o único "salvador do mundo" (Jo 4,42; cf. Mt 1,21; Lc 2,11), ou seja, como aquele que dará aos que crerem nele e no seu nome, na sua missão, a vida eterna (Jo 3,16-17.35-36) e todo tipo de "salvação" (At 4,12).

A doença, da qual todo ser humano foge e da qual ainda assim é inelutavelmente prisioneiro, na verdade é um momento privilegiado para que possa firmar-se uma busca de Deus que chegue não só à confissão da "potência" de Deus, que pode "libertar" da doença, mas que se eleve até a confissão do "amor" de um "Pai que nos ama" (Jo 16,27) inclusive na doença. De fato, justamente porque ele nos vê na nossa fraqueza, da qual a doença jamais pode ser separada, ele nos deu no seu Filho alguém que, "tendo sido provado em tudo, à nossa semelhança, tivesse compaixão das nossas enfermidades" (Hb 4,15) e que, sobretudo, "tendo ele próprio sofrido ao ser provado, fosse capaz de socorrer os que agora sofrem a provação" (Hb 2,18).

A doença se torna, assim, não a revelação teórica do amor de um Pai que se mantém distante do mundo da nossa doença, com todas as suas provações e sofrimentos; pelo contrário, a fé nos faz descobrir que a nossa doença não é mais só e totalmente nossa, porque o próprio Pai quis enviar ao mundo o seu Filho "para que se cumprisse aquilo que foi dito pelo profeta Isaías (53,4): Ele assumiu as nossas dores e carregou as nossas enfermidades" (Mt 8,17).

E eis assim já enunciada *a segunda grande novidade* do NT a respeito da doença: a realidade do sofrimento humano, do qual a doença é a componente mais constante e comum, não é algo que Deus vê do alto, mas algo que realmente se impregnou na pessoa do Filho. O fato de que Cristo se "tenha revestido com as nossas doenças e tenha tomado sobre si as nossas enfermidades" revela-nos que ele não foi só "semelhante" a nós na dor, como se tivesse querido imitar-nos no sofrimento para não se distinguir de nós nem nisso. As palavras da Escritura querem dizer muito mais. Dizem, com efeito, que as nossas doenças, antes ainda de serem "nossas", já foram carregadas por Cristo, já se tornaram "suas". Assim, ele viveu a experiência dolorosa de cada um de nós; mas nós, na nossa doença, *vivemos a mesma experiência de Cristo-Servo de Iahweh, redentor do mundo.*

Em nível dessa experiência pela qual a doença se torna experiência de Cristo, a doença perde toda problemática.

III. Que relação existe entre a doença e o sacramento da UE

Dissemos que o discurso teológico hoje recuperado a propósito da UE tende a valorizar a incidência do sacramento em vista da *doença* como tal, sem dar ao sacramento em si uma finalidade pseudocarismática orientada à recuperação da *saúde física* e sem fazer deste uma preparação-consagração à *morte*.

O sacramento da UE deve ser visto exclusivamente em função da complexa situação que a doença cria e traz consigo e que vai da esfera físico-corpórea até a do espírito. Não se deve, porém, considerá-lo em nível de um meio terapêutico destinado a provocar alguns reflexos psicoespirituais, que depois se voltam para o físico. Este é e permanece sendo só um "sacramento", ou seja, um *rito sagrado* para todos os efeitos: como origem, como situação e como finalidade. Consequentemente, ele atinge o seu objetivo quando insere a própria realidade sacra na vivência enferma, tomando-a e tornando-a um momento de assimilação ao sofrimento de Cristo. Isso, certamente, não ocorre de forma mecânica e muito menos mágica, mas pela via sacramental. É como dizer que o sacramento, no gesto e nas palavras ("sinal"), se torna o momento e o ponto de encontro do doente com Cristo; o sacramento, de fato, é de Cristo e produz a presença real-salvífica de Cristo. O doente apresenta a sua doença a Cristo, como o próprio Cristo apresentou o "cálice" da sua agonia ao Pai: exigência de libertação *segundo a vontade* do Pai, aceitação plena e total *da vontade* do Pai.

A essa pergunta-oferta do doente, Cristo responde com o "dom da *graça do Espírito Santo*", que se torna, para o doente, *a totalidade do "auxílio"* esperado e implorado. A doença é, em si mesma, uma situação de indigência, de fraqueza, de fragilidade psíquica e física; e aqui "a graça do Espírito Santo" será um "auxílio" de força que sustenta, corrobora e conforta. A doença é privação de relações humanas, é diminuição de afetos e de interesses, é restrição de horizontes; aqui "a graça do Espírito Santo" será "o auxílio" de coragem, de não se dobrar sobre si mesmo, de abertura à realidade de um mundo que se alarga muito além dos seus próprios confins etc.

A TEOLOGIA DO SACRAMENTO DA UNÇÃO DOS ENFERMOS

A fórmula da UE, ao contrário da precedente fórmula medieval, faz com que passe para a posição secundária a "remissão dos pecados", que além disso é apresentada como "libertação", e portanto mais em sintonia com o sacramento que quer ser "libertador" em relação à doença, e insiste, por sua vez, sobre a "salvação" e sobre o "alívio", termos que não são especificados mais detalhadamente e que justamente por isso abrem espaço para o significado do sacramento.

Em outras palavras: a *doença* como tal e com todas as suas consequências não desaparece diante do *sacramento*, como se este fosse a irrupção de um fato exclusivamente espiritual. Pelo contrário, o sacramento aparece como algo que foi dado verdadeiramente em resposta à doença e que, mesmo comunicando "a graça do Espírito Santo", não a realiza num nível de puro "espiritualismo", mas como um dom que desce sobre a *realidade-ser humano doente* e que busca com força sobrenatural agir sobre essa pobre e concreta realidade humana e doente, de modo que a "salvação" de Cristo envolva o ser humano inclusive no seu sofrimento, a fim de que este também não se torne um fato de destruição, mas se torne "vida em Cristo".

É evidente que, como efeito secundário, poderia surgir no doente uma reação positiva de bem-estar, do qual o mérito poderia ser dado precisamente ao sacramento, embora em princípio não fosse essa a sua intenção. Por outro lado, porém, tal efeito não estava excluído, podendo-se, aliás, legitimamente esperar.

* * *

Concluindo, o sacramento tem a função de ser o momento de revelação-compreensão da doença, no seu valor de particular relação entre a realidade do sofrimento e a realidade de Deus, a fim de que o sofrimento não se reduza a uma pura negação de valores, o que é inad-

SINAIS DO MISTÉRIO DE CRISTO

missível em relação a Deus. Deve ser também, isto sim, o momento no qual a doença pode assumir todo o seu valor positivo: ser assimilação a Cristo, o qual não eliminou, no que lhe dizia respeito, a força destrutiva da doença, que ele mesmo sofreu, na sua força traumática, como todos, embora sobre o leito de madeira da cruz. Pelo contrário, ele a suportou, com a mesma pobreza e humildade do ser humano que não pode fugir dela, ainda que o queira; mas ao mesmo tempo fez dela o cume prestigioso da sua missão, pois no trauma (doença) da sua Paixão "amou os seus até o fim", apresentando-se ao Pai na forma humana mais pobre. A destruição que é obra da doença deve se tornar, pelo sacramento, a chama que envolve numa única realidade de luz-amor o doente e Cristo.

Parte VII

Ano litúrgico

Premissa

O *ano litúrgico* compreende o estudo dos "tempos" e dos "dias" segundo a sua caracterização litúrgica, ou seja, enquanto pontos-síntese do Mistério de Cristo ao longo do ano. Trata-se, na prática, de um estudo da liturgia contida nos dois maiores livros: o *Missal* e o *Breviário* (este último chamado hoje mais corretamente de *Liturgia das Horas*).

Como todo conhecimento histórico da liturgia não quer nem pode ser, para nós, fim em si mesmo, será sempre visto e integrado no plano teológico. Só assim, com efeito, teremos um conhecimento adequado do ano litúrgico.

Dada a amplidão da matéria, sobretudo se considerada nos dois planos histórico e teológico aos quais nos referimos acima, não poderemos fazer senão um trabalho de síntese, mesmo que nos esforcemos em não omitir nenhum dos elementos mais essenciais à compreensão tanto da evolução e da constituição do ano litúrgico, quanto do seu significado mais profundo.

DO ANO CÓSMICO AO ANO LITÚRGICO

I. O ano cósmico

O ano é o resultado de um fato astronômico, que pode ser considerado em relação ao Sol ou em relação à Lua. Se considerarmos o movimento da Terra ao redor do Sol, teremos o chamado *ano solar*, composto de 365 dias, 5 horas e alguns minutos. Se considerarmos o crescer e o decrescer da luz da Lua em movimento ao redor da Terra, no entanto, teremos o chamado *ano lunar*, que é a soma de 12 lunações, ou seja, 12 meses.

A distinção do tempo em meses (grego: *men* = mês), também onde vigora o ano solar, nos diz que a forma mais antiga de divisão do ano deve ser buscada no ano lunar (grego: *mene* = lua). Aliás, a própria divisão do mês entre os antigos romanos (divisão ainda atual no calendário litúrgico ocidental) em *calendas* (1º do mês), *nonas* (no 7 do mês nos meses de 31 dias; no 5 do mês nos meses de 30 dias) e *idos* (no 15 nos meses de 31 dias; no 13 nos meses de 30 dias) nos leva ao movimento lunar. As "nonas", com efeito, ocorrem ao cumprir-se do 1/4 de lua, e os "idos" ao cumprir-se do plenilúnio (2/4).

II. O ano bíblico

Ainda que o ano solar, com os seus 365 dias, seja conhecido dos judeus, na Sagrada Escritura o ano é decididamente lunar, como de resto em toda a Mesopotâmia, e compreendia 12 meses lunares. Numa idade posterior, talvez sob o influxo da ciência astronômica babilônica, que era mais exata, foi acrescentado um mês intercalar, que constituía a soma dos 11 dias anuais que o ano lunar (354 dias) tem a menos do que o ano solar, de modo a restabelecer o equilíbrio nas estações; esse mês intercalar, todavia, nunca aparece na Bíblia Hebraica, sendo encontrado só no livro deuterocanônico (segundo o cânon hebraico) de 2Mc 11,21, com o nome de "mês de Júpiter Coríntio".

O antigo ano judaico começava no outono do hemisfério norte, no mês de setembro-outubro, isto é, no mês chamado, numa época posterior, com o nome babilônico de *tishri*, que na mesma língua deriva da palavra *toshritu* ("início"). Ainda hoje o ano judaico começa com a festa do *Rosh hashannah* ("princípio do ano"), no mês de setembro.

Essa tradição, que pode ser facilmente comprovada na Sagrada Escritura, nos mesmos livros sagrados, no entanto, encontra-se com outra tradição, que situa o começo do ano na primavera do hemisfério norte. Veja-se, por exemplo, Ex 12,2, onde a propósito da festa da Páscoa se diz: "Este mês seja para vós o início dos meses, o primeiro dos meses do ano". O mês do qual aqui se fala é aquele que no antigo calendário judaico se chamava abib (mês das espigas; cf. Ex 23,15; Dt 16,1); a insistência com a qual no texto citado de Ex 12,2 é apresentado como *primeiro mês* do ano indica claramente a vontade de fixar o início do ano *na primavera*. Que nessa decisão se deva dar destaque ao influxo da ocupação e da cultura babilônica (séc. VIII a.C.) parece evidente pelo fato de que também esse mês, tão sagrado para os judeus, tenha assumido o nome babilônico de nisã. O historiador Flávio Josefo escreve: "No primeiro mês, que nós chamamos de nisã, no começo do ano, a lei ordena que se ofereça o sacrifício chamado de Páscoa".[1]

Esse cruzamento das duas tradições ainda se mantém vivo no costume judaico, no qual o mês de *tishri* é o "princípio do ano" segundo o ordenamento civil, e o mês de nisã é o "primeiro mês" do ano litúrgico.

1. Meses

O ano judaico era dividido em *meses lunares*, isto é, em meses calculados segundo as lunações; e, como estas duram 29 dias, 12 horas e alguns minutos, os meses compreendiam alternadamente 29 e 30 dias. De alguns desses meses conhecem-se as denominações mais antigas: abib, mês das espigas (Ex 13,4; 34,18; Dt 16,1); ziv, mês das flores (1Rs 6,1.37); etanim, mês em que correm só as águas dos rios (1Rs 8,2); bul, mês das grandes chuvas (1Rs 6,38). Quando esses nomes aos poucos caíram em desuso com a introdução da contagem anual babilônica, os judeus não assumiram de imediato a denominação babilônica dos meses, mas referiram-na somente com um número ordinal (I – II – III etc.) progressivo. As poucas vezes que se encontram os nomes babilônicos (adas – casleu – elul – shabat – nisã) dos meses na Escritura, ocorrem sempre nos últimos livros (Esd 6,15; Ne 1,1; 2,1; 6,15; 1Mc 4,52; 16,14; 2Mc 15,36; Est 9,1 usa o ordinal judaico antes do nome babilônico; Zc 1,7 e 7,1, que usam os nomes babilônicos shabat e casleu, são glosas posteriores). Isso demonstra que só tardiamente foram usados os nomes babilônicos.

---

[1] Flávio Josefo, *Antiquit. Iud.* III 10, 5.

2. Semana

Na Sagrada Escritura, reveste-se de particular importância também a *semana*, ou seja, o ciclo dos sete dias, que culmina com o dia do sábado (shabbat — repouso). É difícil determinar a origem desse ciclo porque, mesmo parecendo estar ligado à Lua (7-14-21-28, múltiplos de 7, são os dias que coincidem com os quartos lunares), talvez fosse só inspirado numa observação aproximativa das fases lunares, porque na realidade os meses lunares não são exatamente divisíveis por 7, sendo compostos alternadamente de 29 e 30 dias.[2]

3. Dias

Também o *dia* na Escritura não tem denominação própria, sendo indicado apenas por um número ordinal progressivo (I – II – III dia da semana). A duração do dia é contada de forma diversificada: primeiro de "manhã a manhã", segundo a fórmula "dia e noite"; depois de "tarde a tarde", que deu origem à fórmula posteriormente mais comum "noite e dia" (Is 27,3; 34,10; Dn 8,14; Jd 11,17; Est 4,16).

O único dia da semana que tem um nome próprio é o *sábado* (hebr.: *shabbat*). Sua instituição certamente é antiquíssima, porque se encontra no código eloísta da aliança (Ex 23,12) e no código javista (Ex 34,21), além de estar presente no código sacerdotal (Ex 21,12-17), no sentido de "sétimo dia" dedicado ao "repouso" (= *shabbat*, que quer dizer precisamente "fazer cessar").[3] Tudo parece confirmar que o "sábado" — antes de ter um significado religioso próprio — tivesse o valor comum de "dia de repouso", que se pode encontrar,

---

[2] VAUX, R. DE. *Le istituzioni dell'Antico Testamento*. Torino, 1964, pp. 163s. [Ed. bras.: *Instituições de Israel no Antigo Testamento*. São Paulo, Teológica, 2003.]

[3] Ibid., pp. 458s.462.

embora o "repouso" fosse fixado em outro dia, na maioria dos povos da Antiguidade.

III. Ano litúrgico judaico

1. Festas

O ano judaico era inicialmente caracterizado por três grandes *festas anuais* declaradamente agrícolas. As "festas" em questão eram chamadas *hag* e são precisamente as dos *Ázimos*, do *Início da colheita* e do *Fim da colheita* dos frutos: Ex 23,14-17; 34,18-23. Nesses dois textos, que reproduzem respectivamente o calendário do código eloísta e do código javista (da aliança), as festas são relacionadas às estações e não são fixadas num dia específico, como acontece, pelo contrário, no código de santidade de Lv 23,4-36.

Em Dt 16,1-17, temos duas novidades: (*a*) as festas referidas mudam de nome e se chamam, em ordem, *Páscoa-ázimos, Semanas, Tendas*; (*b*) a sua celebração (*hag* é uma festa de peregrinação) deve ocorrer em Jerusalém (centralização deuteronômica do culto).

A *mudança dos nomes* não é casual. Denota uma mudança de perspectiva na avaliação das festas, no sentido de que estas passam de momentos festivos baseados sobre uma consideração cósmico-naturalística a momentos não menos festivos, que a *reflexão teológica* conecta à consideração de outra ordem. A coincidência dos fatos agrários (ázimos, início da colheita, fim da colheita) com acontecimentos que têm relação com o surgimento do "povo de Deus" no judaísmo faz com que aquelas mesmas festas se tornem, mudando de nome, outras tantas expressões de pontos culminantes da "história da salvação", ou seja, daquelas intervenções divinas que dão precisamente origem ao "povo de Deus".

Assim, os *ázimos* são denominados *Páscoa*, lembrando a "passagem" (Pesach-Páscoa) libertadora de Iahweh no Egito; a festa *Início da colheita* se torna a festa das *Sete Semanas* da libertação, que culmina com o dia da teofania do Sinai ou da proclamação da aliança (essa festa, que pela soma dos dias 7 × 7 semanas será chamada Pentecostes = 50º dia, será chamada pelos judeus também de *assereth*, "fechamento", [do Êxodo]); a festa *Fim da colheita* se transformará na festa das *Tendas*, lembrando o tempo do deserto, tempo feliz em que Deus "habitava" numa tenda com o seu povo (cf. Lv 23,4-36; Dt 16,1-17).

Como se vê, as festas judaicas, pelo seu próprio nome, denunciam uma íntima ligação com o grande acontecimento da "libertação do Êxodo". Esse acontecimento que começa com a *Páscoa* (ázimos) prolonga-se na "festa das Semanas (Pentecostes)", que lembra o momento glorioso da Aliança no Sinai, e se encerra com a "festa das Tendas", que sublinha a primeira experiência libertadora no deserto. Desse modo, as primitivas festas "agrário-naturalísticas", mesmo permanecendo inseridas no quadro "das estações" (Páscoa-primavera; Semanas-verão; Tendas-outono), perdem a referência originária às estações e assumem o significado de *festas-memoriais* das "intervenções salvíficas" de Deus em favor do "seu povo". As festas permanecem, mas o seu *conteúdo* se transforma, passando de celebrações religiosas de fundo *naturalístico* para celebrações de fundo e conteúdo *soteriológico* ou salvífico (do grego *soteria*, que quer dizer "salvação").

2. Semana

Sob o mesmo influxo "pascal" encontra-se certamente também a *semana* judaica. À parte o fato de que as próprias grandes festas referidas são caracterizadas por uma celebração que se estende por uma semana (Páscoa-ázimos: Ex 12,15; 23,15; 34,18; Lv 23,5-8; Nm

28,16-28; Dt 16,3-8; festa das Semanas [Pentecostes]: Lv 23,15-21; festa das Tendas: Lv 23,33-36; Nm 29,12; Dt 16,13-15), o dia sagrado por excelência, que é o *sábado*, recebe um significado que o conecta diretamente à libertação "pascal" do Êxodo. Mesmo que este, fechando a semana, signifique na Escritura também o presumível "repouso" de Deus depois dos "seis dias" da criação (Ex 20,11; 31,12-17), quer significar acima de tudo que a intervenção libertadora de Deus fez os hebreus "repousarem" do seu trabalho de escravos, ao qual eram condenados no Egito (Dt 5,13-15).

Deve-se notar que a "semana" parece ter uma importância totalmente particular no calendário religioso dos essênios e do grupo de Qumrã, pelo menos com base no que se pode deduzir do *Livro dos Jubileus*, bem como do *Livro de Henoc* e dos escritos de Qumrã. O objetivo desse calendário, que está fundamentado no ano solar de 364 dias (52 semanas), é o de fazer as festas litúrgicas anuais caírem sempre no mesmo dia da semana (assim, por exemplo, a Páscoa cai sempre no 14 de nisã), de modo que o dia sagrado do *sábado* não seja nunca sobrepujado por nenhuma das festas anuais. Os dias da *semana* nos quais — segundo o *Livro dos Jubileus* — cairão preferencialmente tais festas serão respectivamente o 1º, o 4º e o 6º, ou seja, na nossa nomenclatura: o domingo, a quarta-feira e a sexta-feira, precisamente os dias que na Igreja primitiva serão considerados dias próprios da Eucaristia.

3. Dia

Além do ano e da semana, também o *dia* irá adquirir no judaísmo uma referência particular à *Páscoa*.

Todo dia judaico era caracterizado, com efeito, pela oferta de um sacrifício diário que se chamava "sacrifício perpétuo" (hebr. *tâmîd*), e que era concebido como o memorial do dia maior na história religiosa judaica. Em Nm 28,6, é dito expressamente, a propósito do tâmîd, que esse é "o sacrifício que foi oferecido como holocausto de agradabilíssimo odor a Deus no monte Sinai", ou seja, que o *tâmîd* deveria perpetuar o "sacrifício da aliança", que foi oferecido no Sinai, e portanto representava uma renovação contínua daquela antiga e fundamental aliança sancionada pelo "sacrifício do Sinai". A oferta daquele sacrifício, de fato, constituiu a razão pela qual Deus libertou o seu povo (Ex 3,12.18; 7,16; 8,8.27-29; 9,13).

IV. Ano litúrgico cristão

O *ano litúrgico cristão* apresenta-se organizado como ciclo anual dos "Mistérios de Cristo" e das "festas dos santos", que desses mistérios são a concreta realização na Igreja. Mais adiante veremos como o ciclo anual tem o objetivo de inserir no "tempo da Igreja" aquela realidade de salvação que se teve com o "tempo de Cristo", e portanto como, em certo sentido, o ano litúrgico cristão depende essencialmente de Cristo, do qual não pode ser de nenhum modo separado. Mas, se considerarmos a sua organização, pelo menos no âmbito das estruturas essenciais, deve-se reconhecer que o ano litúrgico cristão se insere profundamente no ano judaico. De fato, como o cristianismo se desenvolveu no terreno de fé do judaísmo, muitas das suas estruturas litúrgicas essenciais nada mais são do que uma evolução das já preexistentes no AT, mas de modo que o culto cristão se torne o seu *cumprimento-execução*, no sentido de que o seu *conteúdo soteriológico*, que no AT era somente "figurado e em forma de sombra", no NT tornou-se "realidade e verdade".

Por consequência, também o ano litúrgico cristão irá centrar-se essencialmente sobre a *Páscoa*, que se refletirá sobre todas as celebrações litúrgicas, tanto *anuais* quanto *semanais* e *diárias*, ainda mais que a celebração cristã por excelência será justamente a celebração sacramental da *Páscoa de Cristo*, ou seja, da sua obra de redenção-aliança realizada na sua morte-ressurreição, síntese na qual culmina todo o seu "mistério de salvação".

Primeira parte

Linhas de história do ano litúrgico

Introdução

O *ano litúrgico* aparece, à primeira vista, como uma complexa organização de festas, ou seja, de dias caracterizados por uma celebração litúrgica de determinados acontecimentos da vida de Cristo, com o acréscimo, entre um e outro desses acontecimentos, da recordação festiva dos santos. Em seu conjunto, essas celebrações estão dispostas segundo o suceder-se dos dias nos meses do ano (*calendário litúrgico*), mas na realidade os *dias do mês*, como tais, estão ligados só à comemoração dos santos ("Próprio dos santos" e "Santoral"), enquanto os acontecimentos da vida de Cristo (Mistérios) estão ambientados na maioria dos casos no âmbito *estacional* do ano ("Próprio do tempo", ou seja, das estações do ano). Assim, o "Próprio do tempo", que representa a parte mais original e tipicamente cristã do ano litúrgico, divide o ano em duas partes, que compreendem respectivamente *inverno-primavera* (parte I) e *verão-outono* (parte II). Dessas duas partes, a primeira é marcada pelo "Mistério de Cristo pela Igreja" e a segunda pelo "Mistério da Igreja em Cristo". A celebração do "Mistério de Cristo" encerra no *inverno* o "tempo" do *Advento-espera* (quatro semanas antes do Natal) e do *Advento-manifestação* (Natal — Epifania — Batismo de Cristo); na *primavera* compreende o "tempo" da *preparação à Páscoa* e o da

SINAIS DO MISTÉRIO DE CRISTO

Páscoa-Pentecostes. A celebração do "Mistério da Igreja" ocupa todo o *verão* e o *outono*: é o tempo no qual a Igreja, fruto do Mistério de Cristo, aguarda a sua própria maturação e louva a Deus por aqueles dentre os seus membros, os santos, nos quais a maturação já se concluiu.

Todo esse complexo, organizado muito harmoniosamente, não é todavia o fruto de uma ideia ou de um projeto preliminar. Com efeito, seria mais exato falar de "desenvolvimento" e de "crescimento" do ano litúrgico, mais do que de "organização" do mesmo. Este é o que é, efetivamente, só porque podemos hoje vê-lo numa completude que é o ponto de chegada de algo que veio se desenvolvendo e foi crescendo em sentido vital, ou seja, como um ser vivo (animal-planta). As próprias anomalias, as maiores ou menores defasagens sofridas ao longo dos séculos, as incrustações que acabaram se formando sobre o mesmo, às vezes a ponto de alterar a sua fisionomia primitiva, denotam que não nos encontramos diante de uma "organização" estudada e preparada em escritório.

Veremos que todo o complexo atual nasceu da palavra de Cristo: "Fazei isto em memória de mim", e à medida que a reflexão foi se concentrando na compreensão dessa "memória de Cristo", o modo, os momentos e as ocasiões de exprimi-la e de celebrá-la foram se desenvolvendo e foram sendo acrescentados de maneira orgânica.

Especificamente para ter diante dos olhos esse processo de crescimento, nós não podemos, ao fazer a história do ano litúrgico, partir da ordem dos "tempos litúrgicos" como estes se apresentam atualmente, mas precisamos buscar aquele que foi o núcleo da origem, do qual tudo derivou; e veremos que o núcleo — não só do desenvolvimento histórico mas também do significado e do próprio conteúdo do ano litúrgico — é a *celebração pascal*.

Capítulo I
Ciclo Pascal

Na busca das origens litúrgicas cristãs, não basta recorrer só a documentos explícitos, que não podem ser senão esporádicos e raros, já que a tradição nada mais nos transmitiu do que referências litúrgicas ocasionais. E isso, que vale em geral, vale também particularmente no que diz respeito à *celebração pascal* da primeira Igreja; um estudo do ambiente espiritual no qual a Igreja se move será, portanto, um documento indireto mas de grande importância nesse campo.

No judaísmo palestino da época de Cristo, a Páscoa não é só uma "festa anual" próxima às demais. Desta nota-se cada vez mais o *valor escatológico* (libertação definitiva), e isso ocorria na linha já presente nos antigos profetas que colocam a alegria da libertação perto da alegria da Páscoa (Is 30,29), ou põe a libertação no dia mesmo da Páscoa (Jr 31,7; na leitura dos LXX: Jr 38,8: "Eu os reunirei das extremidades da terra na festa da Páscoa").[1]

---

[1] Que o sentido pascal — assim declaradamente destacado pelos LXX na sua tradução, embora falte com toda a clareza no texto atual hebraico correspondente de Jr 31,7 — esteja em consonância com todo o citado capítulo 31 do livro de Jeremias, pode-se constatar no rito pascal judaico, em que a oração: "Deus piedoso *imprima a sua lei* e o amor por ele no nosso *coração*, a fim de que não pequemos" (*Haggada' di Pesach*, ed. Bonfil, p. 119) claramente tem a sua fonte em Jr 31,32.

Por outro lado, a promessa da libertação escatológica pascal estava ligada, naquele tempo, à aparição do *Messias* (Cristo), como repetidamente se pode observar no rito pascal judaico[2] e no chamado "Poema das quatro noites", bem como em toda a tradição midráxica, da qual o citado "poema" é um exemplo dentre muitos.[3]

Pois bem, se à luz desses fatos forem consideradas fontes cristãs, quais sejam os Evangelhos, pode-se prontamente notar como o *acontecimento de Cristo* (Messias) esteja nelas intimamente ligado à ideia e inclusive à coincidência da *celebração pascal*. Assim, mesmo levando em conta as peculiaridades e as diferenças dos três Evangelhos Sinóticos entre eles, descobre-se que a *libertação* "prometida" no AT se torna em Cristo uma "realidade", e esta, apresentada como "Advento do Reino de Deus" (renovado reino de Davi prenunciado pelos profetas), é vista estendendo-se entre dois extremos, que são o *Batismo de Cristo* e a sua *subida a Jerusalém* para lá celebrar a Páscoa e morrer (Mt 26,2; Lc 22,15) ou, melhor ainda, para celebrar lá a Páscoa morrendo. Esse trajeto, que ao longo de três anos leva Cristo do Jordão a Jerusalém, lugar privilegiado da celebração pascal, quer indicar que Cristo veio para "cumprir" tanto o sentido do fato da "passagem" (Páscoa), já cumprido pelos hebreus no Mar Vermelho e no Jordão, quanto o rito com o qual aquela "passagem" era celebrada em Jerusalém. A sua morte-ressurreição, de fato, será "pascal", porque realizará finalmente aquela "passagem do mundo ao Pai" (Jo 13,1), da qual tanto o antigo fato quanto o rito atual eram, em diferentes níveis, igualmente "anúncio". Não sem razão algum autor pôde interpretar, por exemplo, todo o Evangelho de Marcos como uma hagadá pascal.[4]

---

[2] *Haggada' di Pesach*, op. cit., pp. 109.119.
[3] DÉAUT, R. DE. *La nuit pascale*. Roma, 1963, especialmente pp. 264-298.
[4] BOWMAN, J. *The Gospel of Mark*. The new Christian Jewish Haggadah. Leiden, 1965.

CICLO PASCAL

A centralidade pascal no cristianismo apostólico é comprovada sobretudo pelo *Quarto Evangelho*, especialmente pela grande relevância dada às últimas três Páscoas de Jesus (Jo 2,13.23; 6,4; 13,1). Jo 1,19-28, com a referência a "Elias", ao "Profeta", a "Cristo" e ao "Batismo" que estes deveriam dar, nos introduz num *messianismo* declaradamente pascal, concebido como "libertação do pecado" por obra de Cristo, apresentado na perspectiva pascal do "Cordeiro" (Jo 1,29.36). Em Jo 6,31s, Jesus se identifica com o "pão pascal" (verdadeiro "maná") que o Pai dá para a vida eterna e nesse "pão", aliás, ele vê (pela equivalência com o "pão-Cordeiro" já presente no ritual pascal judaico) "o seu corpo (carne) sacrificado pela vida do mundo" (Jo 6,51). Enfim, a morte de Jesus na cruz, no dia e na hora em que no templo era oferecido o Cordeiro Pascal, é vista como "cumprimento" do sentido profético desse rito (Jo 19,34-37).

Acrescente-se a tudo isso a referência explicitamente pascal de 1Cor 5,7 e a outra, não menos clara no mesmo sentido, de 1Pd 1,18-21 referente à morte de Cristo, e teremos um quadro ambiental tão ocupado por e concentrado sobre "Cristo-Páscoa" que deve ser posto em evidência: a importância do *fato pascal* na Igreja primitiva e da sua *realização ritual* na "Ceia do Senhor", celebrada justamente "em memória da morte de Cristo" (1Cor 11,23.36).

Essa centralidade do *acontecimento pascal de Cristo* de um lado dá à nova comunidade a consciência de ser o verdadeiro "Israel de Deus" (Gl 6,16), no qual se cumpre a libertação prometida, que os faz tornar-se, na realidade, "povo conquistado" para Deus (1Pd 2,9); por outro lado, precisamente por essa razão, distingue a Igreja do restante do judaísmo, impelindo-a, ao contrário daqueles que não aceitaram Cristo, a celebrar não mais a Páscoa "figurativa", recordação de fatos do Êxodo, mas sim a Páscoa da libertação que se realizou em Cristo.

SINAIS DO MISTÉRIO DE CRISTO

Essa perspectiva pascal, na qual era englobado e recolhido todo o Mistério de Cristo (eterno desígnio de salvação realizado pelo Pai na humanidade de Cristo), fez com que a Igreja primitiva não conhecesse outra celebração a não ser a celebração pascal; de fato, só num tempo posterior o "Mistério" de Cristo se diluirá e se dissolverá nos "Mistérios" de Cristo. Teremos, assim, com o passar do tempo, um *ciclo pascal* propriamente dito, e um *ciclo natalino*, isto é, relativo ao mistério da encarnação vista no seu momento inicial. Na verdade, a subdivisão em *dois ciclos* não deve ser tal a ponto de destruir a *unidade pascal* do Mistério de Cristo; um sinal dessa exigência interior para uma visão verdadeiramente bíblica da Páscoa, tomada na sua realização ocorrida em Cristo, está no fato de que todos os "Mistérios" de Cristo são celebrados no rito pascal por excelência, que é o da *Eucaristia*. Com efeito, também o Natal de Cristo é celebrado oferecendo-se o sacrifício do corpo e do sangue de Cristo, que é precisamente o sacrifício pascal do NT. Tudo em Cristo é Páscoa, efetivamente, embora esta assuma cores diferentes dependendo de qual "Mistério" de Cristo é celebrado, da mesma forma que as muitas e diferentes luzes filtradas por um prisma são as componentes de uma única luz solar.

I. Páscoa semanal

É sabido que a primeira comunidade cristã de Jerusalém está ainda profundamente ligada às estruturas cultuais judaicas. Por outro lado, todos concordam em considerar indicações de celebrações litúrgicas cristãs as que se encontram em At 2,42: participação assídua "na doutrina dos apóstolos, nas reuniões, na Fração do Pão e nas orações". Dessas celebrações, uma, a "Fração do Pão", é apresentada em At 2,46 de forma claramente distinta do culto que os cristãos "frequentavam *no templo* diariamente", enquanto a "Fração do Pão" ocorria *nas casas*.

Não é dito nem se esta ocorria *diariamente* — que seria a frequência do templo — nem, caso não fosse assim, *em que dia* particular.

1. Domingo: origem e caraterísticas

Partindo-se de 1Cor 16,2, sabemos que no "primeiro dia da semana" era feita "a coleta" das ofertas para os pobres de Jerusalém. Daqui se poderia deduzir — mas não provar com certeza — que naquele dia deveria haver "assembleia", se se pudesse demonstrar que a "coleta" assinalada no séc. II por Justino, *Apol.* 67, no final da celebração litúrgica *dominical*, continuava a tradição apostólica de 1Cor 16,2.

Um testemunho, que geralmente é considerado como definitivo para demonstrar que na Igreja apostólica o "primeiro dia da semana" era o dia da liturgia eucarística e que a ligação entre esta e o dia apenas referido não era casual, deduz-se de At 20,6-7: "Nós zarpamos de Filipos, logo após os dias dos pães ázimos, e os alcançamos cinco dias depois em Trôade. Ali permanecemos sete dias. *No primeiro dia da semana, estávamos reunidos para a Fração do Pão*".

O desacordo entre os estudiosos[5] está em estabelecer se a celebração ocorria entre a tarde do sábado e o primeiro dia da semana ou entre a tarde deste e o dia seguinte, que seria o segundo da semana (nós diríamos: a tarde entre o sábado e o domingo ou entre o domingo e a segunda-feira). A nós parece ser o caso de se ter que optar pela *tarde* do primeiro dia da semana, mesmo que essa opção se baseie somente em uma hipótese.

A partir do texto dos Atos, fica claro que Paulo passou em Trôade *um só* "primeiro dia da semana" e precisamente o último da sua per-

---

[5] MOSNA, C. S. *Storia della domenica dalle origini agli inizi del V secolo.* Roma, 1969, pp. 13s.

manência naquela cidade. Pois bem, a julgar pelas indicações fornecidas por Lucas referentes à partida (*"depois* dos pães ázimos", isto é, sete dias depois da Páscoa), à viagem (cinco dias) e à permanência em Trôade (sete dias, dos quais o último é o "primeiro dia da semana"), parece uma *hipótese* provável que a celebração pascal da Igreja apostólica ocorresse segundo o calendário do *Livro dos Jubileus* — presumível calendário já seguido por Cristo na Páscoa.[6] Os cálculos de tempo efetivamente acabariam sendo exatos e deveríamos concluir, por necessidade, em favor de uma celebração na *tarde do primeiro dia da semana*, ou seja, na tarde do domingo.[7]

Muito cedo, sempre na época apostólica, o "primeiro dia da semana" assume o nome de "domingo" na forma adjetival grega de *kyriakè*, que significa "do Senhor" (lat.: *dominica*) e que pressupõe o não expresso nome de "dia" ("Dia do Senhor"). A primeira menção ao "domingo" encontra-se em Ap 1,10:

> Num domingo, entrei em êxtase, no Espírito, e ouvi atrás de mim uma voz forte.

---

[6] JAUBERT, A. *La date de la Cène.* Paris, 1957.

[7] Tendo por base o calendário do *Livro dos Jubileus*, no qual a Páscoa cai sempre numa terça-feira – dia 14 de nisã (cf. VAN GOUDOEVER, *Biblical Calendars*, Leiden, 1961, p. 63), as indicações lucanas de At 20,6-7 encontram uma estranha, mas perfeita, correspondência com esse calendário, como se pode ver pelo seguinte gráfico:

MÊS I						MÊS II	
Quarta	1	8	15	Ázimos	22	Viagem	29	Trôade 6
Quinta	2	9	16	Ázimos	23	Viagem	30	Trôade 7
Sexta	3	10	17	Ázimos	24	Viagem	1	Trôade 8 etc.
Sábado	4	11	18	Ázimos	25	Viagem	2	Trôade
Domingo	5	12	19	Ázimos	26	Viagem	3	Eucaristia
Segunda	6	13	20	Ázimos	27	Trôade	4	Partida
Terça	7	14	21	Ázimos	28	Trôade	5	Páscoa

Mais ou menos na mesma época, lê-se na *Didaqué* 14:

No domingo do Senhor reuni-vos para a Fração do Pão e a Eucaristia...

Do final do séc. I em diante, o nome *kyriakè* — *dominica (dies)*, domingo — se impõe de tal forma que "celebrar o domingo" quer dizer "viver como cristãos", assim como "celebrar o sábado" quer dizer "viver como judeus".[8]

Mas essa denominação, por ser cristã, por muito tempo permaneceu apenas dentro do cristianismo. Assim, vemos que Justino,[9] escrevendo aos pagãos, fala do domingo como do *dies solis* — dia do sol — no uso pagão. O mesmo o faz Tertuliano, o qual claramente fala do *dies dominicus*,[10] enquanto fala do *dies solis* quando se dirige aos pagãos.[11]

É preciso dizer, aliás, que essa dupla denominação, que reflete de um lado (*dies dominica*) o uso eclesiástico-litúrgico e de outro (*dies solis*) a linguagem usual, coexiste até todo o séc. IV, tanto que o *dies solis* aparece também nos documentos dos imperadores cristãos, voltado ao favorecimento da prática do "domingo" cristão.[12]

A constatação da existência de uma celebração litúrgica cristã, ainda em pleno regime cultual judaico da Igreja primitiva,[13] no "primeiro dia

---

[8] INÁCIO DE ANTIOQUIA, *Ad Magn.* 9,1: "Não devemos sabatizar, mas viver segundo o domingo, porque neste a nós refulgiu a vida por meio de Cristo e da sua morte" (FUNK, F. X. *Opera Patrum Apostolorum.* v. I. Tübingen, 1886, p. 199).

[9] JUSTINO, *Apol.* I, 67; ed. por S. FRASCA, *Cor. Patr. Sales*, 4, 132.

[10] TERTULIANO, *De corona* 3; 11; CCL 2, 1042; *De idol.* 14; CCL 2, 1114.

[11] TERTULIANO, *Ad nat.* 13, 2; *Apol.* 16; CC 1,32.116.

[12] Cf. os decretos de Constantino no *Codice Teodosiano* II 8,1 e no *Codice Giustinianeo* III 12,2, citados em MOSNA, op. cit., p. 217.

[13] Lc 24,53: Depois da Ascensão, "estavam sempre no templo, bendizendo a Deus"; At 3,1: Oração no templo na hora nona, hora do sacrifício vespertino; At 21,23-26: Paulo participa do cumprimento de uma promessa feita por alguns irmãos (cristãos), purificando-se e levando a oferta do sacrifício

da semana", dia que mais tarde é chamado de "dia do Senhor" (domingo), apresenta claramente uma *pergunta*: Por que a celebração eucarística ("Fração do Pão"), que aparece como a repetição da "ceia pascal" de Cristo, teve lugar no "primeiro dia da semana" e não no dia (quinta-feira ou terça-feira, segundo a teoria de Jaubert) em que a "ceia pascal" teve lugar?

A este propósito sublinhamos antes de mais nada que a expressão "primeiro dia da semana", que já encontramos ligada à "Fração do Pão", serve da mesma forma para determinar o dia da *ressurreição* de Cristo (Mt 28,1; Mc 16,2; Lc 24,1; Jo 19,1); e mesmo admitindo que esse modo de exprimir-se, no fundo, nada mais é do que o modo habitual judaico para indicar os dias da semana, que, como se sabe, eram desprovidos de nome próprio e eram acompanhados unicamente por um número ordinal progressivo: 1º – 2º – 3º... dia, tudo induz a crer que desde o começo esse "primeiro dia da semana" tivesse uma importância particular. Levando em conta essa importância, certamente não foi estranho o fato da ressurreição, ocorrida precisamente naquele dia. Mas o que levou a ligá-lo à "Fração do Pão"? Foi por ser o "dia da ressurreição" ou por ser o "dia das aparições" do Cristo ressuscitado? (cf. Mt 28,9; Mc 16,9.14; Lc 24,31.36; Jo 20,19).

A opinião comum, apoiada pelo restante da antiquíssima tradição, é que o *fato da ressurreição tenha trazido consigo a celebração eucarística*.[14] Não obstante isso, consideramos que a hipótese já apresentada por Rordorf,[15] isto é, de que a origem do domingo (primeiro dia

---

ao templo; At 22,17: Paulo tem uma revelação no templo; At 20,6: Paulo começa a viagem depois dos dias dos pães ázimos, o último dia dos quais era consagrado ao repouso festivo; At 20,16: Paulo quer celebrar Pentecostes em Jerusalém.

[14] MOSNA, op. cit., pp. 42s.

[15] RORDORF, W. Der Sonntag als Gottesdienst- und Ruhetag im ältesten Christentum. *Zeitschr. f. evang. Ethik* 7 (1963) 218s.

da semana) como dia litúrgico cristão deva ser buscada nas *aparições* de Cristo ressuscitado, nos parece mais convincente.

É fato que os discípulos *ignoravam ainda a ressurreição* de Cristo (Lc 24,16.21-22), quando ocorreu que no fim da *tarde* Jesus mesmo fizesse aquela "Fração do Pão" pela qual "os seus olhos se abriram e *reconheceram o Senhor*" (Lc 24,30-31.35). O fato certamente queria dizer que o Senhor estava vivo, "ressuscitado"; mas estes entenderam a "ressurreição" quando o viram *presente* no gesto da "Fração do Pão". Talvez justamente aludindo a esse fato, tanto Justino quanto Agostinho — três séculos depois — puderam escrever que Cristo "deu" a Eucaristia aos apóstolos depois da ressurreição.[16]

De resto, se examinarmos o conteúdo das "aparições" de Jesus (Lc 24,38-48; Jo 20,19-29), constataremos que Jesus, mesmo mostrando-se ressuscitado e indicando na sua ressurreição o cumprimento daquilo que havia sido anunciado pelas Escrituras, insiste em ressaltar que aquele que eles *veem presente* é o mesmo Cristo que *morreu na cruz*. Com base em Lc 24,20-47, fica claro que aquilo que "escandaliza" os apóstolos não é tanto a ressurreição — que, por sinal, eles rejeitam como uma fantasia de mulheres — quanto a *Paixão-morte* de Cristo. Se além disso se considerar a importância que no Quarto Evangelho tem a Paixão-morte de Cristo e especialmente o ferimento no costado (visto como um paralelo do degolamento do Cordeiro Pascal), é evidente que a insistência do evangelista em pôr em destaque a *presen-*

---

[16] JUSTYNO, *Apol.* I, 67, referindo-se explicitamente às aparições de Jesus ressuscitado, diz: "Nós nos reunimos todos no dia do sol, ou seja, o dia no qual Deus [...] criou o mundo e no qual Jesus Cristo, nosso salvador, ressuscitou da morte. De fato, eles o crucificaram no dia antes do sábado (saturno) e no dia seguinte, que é o dia do sol, ele *apareceu* aos seus apóstolos e discípulos e *deu*-lhes aquelas coisas que temos submetido à vossa consideração". E AGOSTINHO, *Sermo* 112, 2 (PL 38, 643) diz que "a ceia preparada com a imolação de Cristo é a Ceia do Senhor que foi dada ('ordenada') depois da *ressurreição*".

ça do Cristo da Paixão, não só no dia da ressurreição, mas sobretudo oito dias depois, quando os apóstolos estão evidentemente "esperando" que o Senhor se faça *presente* (note-se a expressão: "Estavam de novo reunidos": Jo 20,26), tem o objetivo de mostrar que o Cristo ressuscitado nada mais é do que o Cordeiro Pascal do NT sempre presente na sua Igreja. Se em Ap 5,6 leremos que será precisamente "o Cordeiro que foi sacrificado, mas que está de pé (ressuscitado) no meio dos anciãos (os 24 representantes do povo de Deus) a tomar o Livro e a abrir os selos", isso quer dizer simplesmente que na Eucaristia (cf. Ap 5,8-14), ou seja, no sacrifício do Cordeiro-Cristo, celebrado na Igreja, encontra-se a realização daquelas profecias, que até agora foram mantidas escondidas (os "sete selos" do Livro) e que se referiam exatamente à sua Paixão como caminho necessário para a ressurreição (Lc 24,45-46: "Então ele abriu a inteligência dos discípulos para entenderem as Escrituras, e disse-lhes: 'Assim está escrito: o Cristo sofrerá e ressuscitará dos mortos ao terceiro dia'").

Concluindo: se a celebração eucarística no domingo está ligada às aparições do Senhor morto e ressuscitado, isso quer dizer que a Eucaristia é aquela que dá à Igreja a *presença* de Cristo e da sua *Paixão-ressurreição*. E assim se explica como o "primeiro dia da semana" tenha se tornado o "dia do Senhor" (domingo): é o dia no qual pela Eucaristia o Senhor se torna "visível" e presente à sua Igreja. Em outras palavras: é a Eucaristia que faz de um dia o "dia do Senhor"; e não é o "primeiro dia da semana" que exige a Eucaristia.

As notas características que identificam o domingo são principalmente duas, além da celebração eucarística, que representa a sua razão particular: o sentido *festivo*, que impedia tanto a "oração de joelhos" quanto o "jejum", e a forma *de vigília*. O "repouso festivo" se tornará preceito só numa época posterior.

2. Liturgia infrassemanal

A informação de At 2,42 nos dá conta de que os primeiros cristãos "frequentavam com assiduidade a catequese dos apóstolos, as reuniões, a Fração do Pão e as orações". Essa mesma "frequência assídua" aparece especificada em At 2,46 no sentido de que era "diária" a frequência ao templo (pelo menos para a liturgia de oração, cf. At 3,1: Pedro e João, no templo, para a oração da hora nona); pelo contrário, não diz se era "diária" a "Fração do Pão nas casas".

Com a separação do templo, definitivamente ocorrida no momento da sua destruição, os cristãos seguem o costume judaico da "tríplice oração" diária, substituindo a fórmula judaica do "Ouve Israel" pelo "Pai-Nosso" (*Didaqué* 8). Mas nada nos diz que essa oração ocorria de forma comunitária, ou seja, como celebração litúrgica.

A uma *celebração litúrgica infrassemanal* remete-nos a prescrição que se encontra na *Didaqué* 8, onde se diz:

> Não jejueis como os hipócritas (judeus), que jejuam na segunda-feira e na quinta-feira; vós, pelo contrário, jejuareis na quarta-feira e na sexta-feira.

Segundo a tradição judaica, *os dias de jejum* eram sempre efetivamente dias de particular celebração litúrgica, mesmo que esta não fosse caracterizada pela oferta do sacrifício (de resto impossível fora do templo), mas só por uma *liturgia (da oração) e da palavra*.[17] Dessa união de jejum e oração no uso judaico é testemunha ainda Tertuliano:

---

[17] Cf. ELBOGEN, I. *Der jüdische Gottesdienst in seiner geschichtlichen Entwicklung*. Leipzig, 1931, pp. 237s; STRACK-BILLERBECK. *Komm. z. NT aus Talmud u. Midrasx*. v. II, p. 243.

O *jejum* judaico é celebrado em todo lugar, quando — deixados de lado os templos —, à margem de qualquer rio, ao ar livre, elevam a sua *oração* ao céu.[18]

De que essa tradição judaica, referente a uma *liturgia bissemanal* de jejum e de oração, tivesse passado para o uso cristão, temos uma prova na descrição da "estação" que encontramos no *Pastor de Hermas* (séc. II):

> Enquanto eu *estava jejuando*, retirado sobre uma colina, e *rezava agradecendo a Deus* por tudo aquilo que ele havia feito para mim, vejo perto de mim o Pastor que me dizia: Por que vieste aqui a esta hora da manhã? Respondi: Porque cumpro a estação. E ele: O que é a estação? Respondi: É o jejum, senhor. E ele a mim: E que tipo de jejum fazeis? Respondi: Jejuo como sempre.[19]

O uso "estacional" ao qual Hermas faz alusão, embora pareça ser uma prática ascética pessoal, na verdade é algo que diz respeito a toda a *comunidade*, porque a pergunta do Pastor, depois de ter iniciado o discurso sobre aquilo que Hermas "fazia", tem por objeto a "comunidade". De fato, ele pergunta: E que tipo de jejum *fazeis?*". E Hermas, respondendo, remete-se a um costume geral: "Jejuo como *sempre*", isto é, "como estamos acostumados a fazer".

E na realidade sob o título de "estação" entende-se a *celebração litúrgica* infrassemanal. O termo *statio*, que segundo Tertuliano[20] derivaria do uso militar (no sentido de "serviço de sentinela", que era feito justamente "estando" em pé, atentos exclusivamente ao próprio servi-

---

[18] TERTULIANO, *De ieiun.* 16, 6; CCL 2, 1275.

[19] FUNK, F. X. (Ed.). *Patres Apostolici.* v. I. Tübingen, 1901.

[20] TERTULIANO, *De orat.* 19; CCL 1, 267; *De corona* 11; CCL 2, 1056.

ço), poderia na realidade ser a tradução latina do hebraico *'amad*, que quer dizer precisamente *estar em oração* ou *estar no altar* para o serviço litúrgico (1Sm 1,26; 1Rs 8,22; 2Cron 6,13; Jr 18,20) e do qual deriva a palavra *ma'amad*, que indica tanto o *lugar* quando o *ato de estar* em pé durante o serviço ou em oração.

Essa dependência da tradição judaica no uso cristão, que unia o jejum à liturgia da oração e da palavra, excluindo a liturgia sacrifical, manteve-se por muito tempo na Igreja, mesmo que em Roma talvez se deva atribuir justamente ao *Pastor de Hermas* o surgimento do novo costume de unir *jejum* e *celebração eucarística*. Em relação ao Oriente, de fato, ainda no séc. V somos informados por Sócrates[21] que "na quarta-feira e na sexta-feira se leem as Escrituras e se ouve o comentário das mesmas feito pelos doutores, e tudo é feito como se faz na reunião (isto é, na celebração dominical), *menos a celebração dos mistérios*". Do mesmo teor é, também em relação a Roma, a carta do Papa Inocêncio I a Decêncio, bispo de Gúbio: "Não há dúvida de que os apóstolos *jejuaram* nesses dois dias (Sexta-Feira Santa e Sábado Santo), tanto que se tornou tradição na Igreja o *não celebrar naqueles dias* de modo algum *os mistérios*; aliás, essa norma deve ser *observada em cada uma das semanas*".[22]

O que talvez se deva observar é que no Ocidente afirmou-se muito cedo (desde os séc. II-III) a distinção entre "semijejum" ("estação"), que se estendia até aproximadamente às 15h (hora nona), e o "jejum" cheio, que durava até as 18h (hora de vésperas). Com a distinção, in-

---

[21] SÓCRATES, *Hist. Eccl.* 5, 22; PG 67, 1283.

[22] Não cria nenhum problema o fato de Inocêncio falar em "sexta-sábado" como de dias de jejum, só com a (subentendida) liturgia da oração e da palavra, enquanto Sócrates fala de "quarta-sexta". Inocêncio fala de "sexta-sábado" semanais; para ele, de fato, assim como para os demais, a "quarta-feira" já era normalmente considerada como um dia de "jejum — sem celebração eucarística".

troduziu-se também o costume de fechar o "jejum estacional" com a celebração eucarística, como no-lo evidencia Tertuliano,[23] intervindo contra aqueles que não querem participar da Eucaristia para não quebrar a "estação". Essa resistência certamente demonstra que o costume de fechar a "estação" não com a "normal" (*Pastor de Hermas*) liturgia de oração, mas sim com a liturgia eucarística devia ser uma novidade. O próprio Tertuliano, de fato, não consegue resolver totalmente o problema a não ser recorrendo a um compromisso: "Tornar mais solene a 'estação' através do 'estar' no altar, ou seja, participando do sacrifício, e receber, para consumá-lo depois em casa, o corpo do Senhor". Que a celebração eucarística não fosse frequente da mesma forma em todos os lugares durante a semana no-lo confirma claramente, uma vez mais, no final do séc. IV, Santo Agostinho:

> Alguns jejuam no sábado, outros não; alguns fazem a comunhão todo dia (comunhão com hóstias pré-consagradas?), enquanto outros a fazem só em determinados dias; em certos lugares, *não há um dia* em que não *se ofereça o sacrifício*, enquanto em outros isso é feito *só no sábado e no domingo*, e em outros ainda *só no domingo*.[24]

II. Páscoa anual

O "dia do Senhor", caracterizado — por causa das "aparições" — pela ressurreição de Cristo, deu origem primeiramente à celebração litúrgica dominical.

A isso se acrescentou uma celebração — no começo talvez só de jejum e posteriormente também eucarística — dos dias "nos quais

---

[23] TERTULIANO, *De orat.* 19; CCL 1, 267.
[24] AGOSTINHO, *Epist.* 51, 2; CSEL 34, 145.

o esposo foi levado embora": quarta-feira (dia da captura) e sexta-feira (dia da morte de Cristo).

O ciclo semanal tinha mesmo que adquirir maior destaque quando a recorrência anual ligava de forma mais evidente aqueles dias aos grandes mistérios da redenção.

Do ciclo semanal nasceu assim o ciclo pascal anual. Este compreendia praticamente os mesmos dias do ciclo semanal, ou seja, a quarta-feira (quinta-feira), sexta-feira (e sábado), que juntos formavam a Páscoa propriamente dita.

A Páscoa era, portanto, a Paixão do Senhor, que no entanto era naturalmente concluída com a ressurreição.

Para entender bem o ciclo pascal anual, é preciso distinguir lugares e tempos, porque nem em todos os lugares este era celebrado do mesmo modo.

1. Páscoa no tempo apostólico e subapostólico

Documentos explícitos não existem em favor de uma celebração pascal no tempo apostólico.

Isso pode parecer estranho, mas não se pode esquecer que no começo o cristianismo ainda se move no sulco da tradição judaica, na qual a festa da Páscoa era um fato estabelecido.

Da Páscoa se fala nos Atos duas vezes: em At 12,3-5 (prisão de Pedro) e 20,6 (depois da Páscoa, viagem de Filipos até Trôade). Tudo leva a pensar que Lucas não queira referir-se a uma simples data de calendário, mas que situe os dois fatos numa data conhecida também para os *pagãos-cristãos*, e isso levaria a concluir no sentido de uma celebração pascal cristã, todavia ainda ambientada tanto em terminologia quanto em data na homônima celebração *judaica*. Isso vale sobretudo para At 20,6, onde se assinala que a viagem de Paulo é feita "depois da festa dos Pães Ázimos".

Outro texto bíblico relativo à Páscoa é 1Cor 5,7-8:

> Jogai fora o velho fermento [...]. Cristo, de fato, é o Cordeiro Pascal imolado por nós (*Etenim Pascha nostrum immolatus est Christus*). Assim, celebremos a festa [...] com os pães ázimos da sinceridade e da verdade.

O texto, em si, é uma explicação do sentido da festa pascal e também uma clara indicação de que Cristo passa a substituir o Cordeiro Pascal judaico.

Mas não parece que se force o texto se dele se subentende que a festa pascal judaica se tornou festa cristã.

Admitido, de fato, que a imolação do Cordeiro era uma celebração anual e que a imolação de Cristo substitui a do Cordeiro, é lógico admitir também que a imolação de Cristo era celebrada anualmente.

O mesmo se deduz do fato de que São Paulo, no contexto, fornece toda uma interpretação da Páscoa sugerida precisamente pelo quadro da Páscoa judaica, mas que está ligada à imolação de Cristo.

Indubitavelmente, muitos deduzem a existência de uma Páscoa cristã no tempo apostólico a partir das narrações da Última Ceia.

Pensa-se, com efeito, que em tais narrações não só se possa vislumbrar uma influência das fórmulas litúrgicas em uso na celebração eucarística, mas também se descubra o interesse em pôr em destaque o fato de que Cristo não aboliu a Páscoa, mas deu-lhe outro rito (pão e vinho) e outro conteúdo (salvação escatológica por meio da morte de Cristo), o que faz com que também os cristãos tenham a sua Páscoa.

CICLO PASCAL

É um fato que um antiquíssimo documento cristão do tempo subapostólico, a chamada *Epistula Apostolorum* (Carta dos apóstolos), apócrifo escrito em torno do ano 150 (60-70 anos depois dos Atos), se refira a At 12 (prisão de Pedro na Páscoa), quando, sob a forma de pregação profética, faz Cristo dizer:

> Quando celebrardes a *memória da minha morte*, isto é, *a Páscoa*, um de vós, aqui presente, será jogado no cárcere pelo meu nome e ficará triste, pois não poderá celebrar convosco a *Páscoa*. Mas eu enviarei um anjo que lhe abrirá as portas [...]; ele fará a "vigília" convosco. E quando vós, ao canto do galo, tereis cumprido a *minha memória e o meu Ágape*...[25]

Por esse texto, pode-se ver que a Páscoa é vista numa luz completamente cristã, porquanto *Páscoa* é sinônimo de *morte do Senhor*, sendo *celebrada* pelos apóstolos. E na realidade nada impede que seja assim.

2. Páscoa nos séc. II-IV

A Páscoa nos séc. II-IV é caracterizada por 2-3 dias de jejum, concluídos evidentemente por uma liturgia.

O caráter penitencial da Páscoa está ligado ao seu significado: Paixão e morte do Senhor. Tal caráter não era desconhecido nem mesmo à Páscoa judaica, e era expresso no uso das ervas amargas e dos pães ázimos, que são chamados precisamente de "pão da aflição" (Dt 16,3).

Temos nisso, todavia, uma diversidade no cômputo dos dias segundo duas correntes. É a diversidade que deu origem à controvérsia "quartodecimana".* Desta frequentemente dá-se uma explicação sumá-

---

[25] DUENSING, E. *Epist. Apost.* Bonn, 1925, p. 13.
* O motivo da controvérsia é a diferença no calendário para a celebração da Páscoa. No fim do séc. II, as Igrejas da Ásia Menor e as Igrejas limítrofes da Síria e da Cilícia celebravam a Páscoa e terminavam o jejum no dia 14 de nisã (daí o nome de "quartodecimanos"), fosse qual fosse o dia da semana em que caísse. Já Roma celebrava a Páscoa no domingo seguinte a 14 de nisã (N.E.).

ria e superficial pela qual alguns celebravam a Páscoa na Sexta-Feira Santa, isto é, no dia 14 de nisã, juntamente com os judeus ("quartodecimana"), e outros, por sua vez, a celebravam no domingo seguinte. Estes últimos teriam incluído na Páscoa também a ressurreição, enquanto os "quartodecimanos" celebrariam só a Paixão.

Essa explicação é falsa, porque a Páscoa para ambos os grupos era principalmente a Paixão do Senhor, mas para ambos concluía-se da mesma forma com a ressurreição, embora de maneira diferente.

Corrente oriental — Os "quartodecimanos" seguiam um costume oriental, que se remetia — segundo eles próprios e segundo os testemunhos por eles aduzidos — a São João Apóstolo.

De fato, tal como João faz no seu Evangelho (onde com insistência são colocados em relação o dia, a hora e as modalidades da morte de Jesus com o dia [sexta-feira 14 de nisã], a hora [3 da tarde: a hora do sacrifício] e as modalidades ["não quebrareis os ossos do Cordeiro"] da Páscoa judaica), assim faziam os orientais.

Estes, concentrados no fato de que Jesus tinha morrido na Sexta-Feira (14 de nisã) e convencidos de que a morte de Jesus tinha substituído a Páscoa judaica, celebravam a Páscoa jejuando na Sexta-Feira e terminando o jejum com a celebração eucarística que tinha lugar na tarde da Sexta-Feira.

Corrente ocidental — Defendendo uma tradição mais geral e não restrita a poucas Igrejas da Ásia Menor (a principal é Éfeso, para a tradição joanina), os outros opunham que se deveria conservar o jejum até todo o sábado, celebrando a Eucaristia (o sacramento da Páscoa) somente no domingo, na hora da ressurreição, porque não era concebível que se fizesse festa (rompendo o jejum) enquanto o Senhor jazia morto no sepulcro.

Isso certamente significava que a Páscoa (a morte de Cristo no sacramento) não seria celebrada no mesmo dia e na mesma hora em que Cristo morreu (Sexta-Feira Santa).

Tal fato deu origem a uma longa controvérsia ("controvérsia quartodecimana") que eclodiu em torno do ano 150, nos tempos de São Policarpo (oriental "quartodecimano") e do Papa Aniceto. Policarpo inclusive foi a Roma por causa disso, mas não conseguiu chegar a um acordo. Enfim, lá pelo ano 195, o Papa Vítor quis esclarecer a situação e convocou diversos sínodos locais (incluídos os da Ásia Menor, que se remetiam à tradição joanina, transmitida por Policarpo e então defendida por Polícrates, bispo de Éfeso), que unanimemente se declararam pelo costume romano:

> Somente no domingo se deve celebrar o mistério da ressurreição do Senhor e até aquele dia não se pode quebrar o jejum pascal.

O Papa Vítor excomungou (ou ameaçou de excomunhão?) os asiáticos, mas a intervenção de Santo Ireneu acalmou o Papa. Depois da disputa, todavia, de imediato os orientais se alinharam com Roma.

No fundo, a luta contra os "quartodecimanos" era a tentativa de separação total dos costumes judaicos.

O uso ocidental, que substancialmente durou muitos séculos e hoje foi retomado, de fazer da Sexta-Feira e do Sábado Santo dois dias alitúrgicos (isto é, sem celebração eucarística) reproduz o primitivo sentido da Páscoa cristã, que é celebração penitencial da morte do Senhor. No entanto, orientando os dois dias de jejum para a celebração eucarística do Domingo à noite, o mesmo costume nos mostra plenamente a unidade do Mistério Pascal, que é formado conjuntamente, e a pleno título, de morte e de ressurreição.

Gradualmente, todavia, essa unidade foi separada em vários momentos à medida que foi se dando destaque a cada um dos aspectos do Mistério. Assim, a Sexta-Feira Santa será consagrada principalmente à Paixão e morte de Cristo e no domingo se celebrará a sua ressurreição; além disso, na Quinta-Feira precedente se comemorará a Última Ceia de Cristo.

Essa distinção será percebida em torno do séc. V e se efetivará entre o séc. VI e o VII, antes no Ocidente do que no Oriente.

3. Sexta-Feira Santa

Hoje composta de diferentes elementos, por proveniência e por estilo.

a) Serviço eucológico alitúrgico

Como dia de jejum pleno, em sua origem a Sexta-Feira Santa não era concluída por uma liturgia eucarística. A reunião compreendia um serviço de leituras, cantos e orações, segundo a fórmula primitiva de tais reuniões e substancialmente conservada até o presente.

Assim, encontramos o ingresso em silêncio que nos leva ao tempo em que não se tinha ainda o Intróito — com prostração diante do altar despido. Segue a Liturgia da Palavra normal, que anteriormente compreendia a leitura de Os 6,1-6 (em que se anuncia que Deus se compraz mais com a obediência — de Cristo — do que com os sacrifícios) e de Ex 12,1s (Cordeiro Pascal — figura de Cristo), e hoje, pelo contrário, compreende Is 52,13–53,12 e Hb 4,14-16–5,7-9.

Enquanto as leituras antigas diziam que na Sexta-Feira Santa — morte de Cristo — se cumpria na *realidade* a *profecia* do Cordeiro, hoje em Isaías é apresentado o valor salvífico da morte de Cristo e em Hebreus se evidencia o seu valor sacerdotal.

CICLO PASCAL

Também a leitura da Paixão de São João parece ser muito antiga, mas não se dispõe de documentos seguros com referência a Roma. Na sequência, a homilia.

Seguem-se — precisamente na ordem já indicada por Justino no séc. II — as *orationes sollemnes* ou "prece universal", segundo o esquema ordinário da antiga oração litúrgica: convite — intenção — oração individual em silêncio — coleta (*collecta*) da oração por parte do celebrante.

b) Adoração da cruz

O rito provém de Jerusalém, onde já existe no séc. IV, e nos é informado por São Cirilo de Jerusalém e pela peregrina Egéria.

Logo esse rito passa também para o Ocidente, mas enquanto Roma permanece muito tempo fiel ao primitivo e sóbrio rito hierosolimitano, em outros lugares toda a função é altamente dramatizada, seguindo uma organização que também provém de Jerusalém, mas de uma época posterior ao séc. IV.

Em Jerusalém (séc. IV), segundo a narração da peregrina Egéria,[26] entre a hora II e a hora VI (7-11) realiza-se a adoração da cruz sobre o Gólgota, no lugar onde foi erigido o monumento à cruz. Aí, e precisamente atrás do monumento, dispõe-se uma mesa com uma toalha sobre a qual é colocada a custódia de prata e ouro da relíquia da Santa Cruz. Aberta a custódia, depõe-se sobre a mesa a relíquia da cruz e do título. O bispo, que fica sentado atrás da mesa, apoia uma mão sobre a cruz, enquanto dois diáconos, um de cada lado, vigiam para que os fiéis, que entrando de um lado e saindo do outro passam para beijar a cruz, não destaquem dela alguns fragmentos.

---

[26] GEYER, *Itinera Hierosolymitana*, CSEL 39, 88.

Na hora VI (11) há o deslocamento para o átrio localizado diante da cruz e ali se permanece até a hora IX fazendo leituras, cantos e orações. Dentre outras, lê-se o Evangelho de João, onde se fala da morte do Senhor.

Isso feito, na hora IX vai-se à "Igreja grande do *Martyrion*" e ali se faz "aquilo que se fez nos outros dias da semana na hora IX", ou seja, a oblação, na qual todos comungam.

Em Roma, segundo documentos do séc. VIII (*Ordo Einsiedleensis*), o rito é quase o mesmo. Começa na hora VIII (14 horas).

A relíquia da cruz, guardada num estojo de prata e de esmaltes, é levada em procissão do Latrão a Santa Cruz em Jerusalém. Deposto o estojo sobre o altar, o Papa o abre, prostra-se em oração e beija a cruz; o mesmo fazem, depois dele, o clero e o povo.

Seguem-se logo as leituras, a *Passio* de João e as *orationes*. Estas são concluídas pelo *Dominus vobiscum*, quando todos saem e voltam para o Latrão.

Hoje, o rito reproduz um cerimonial mais solene caracterizado sobretudo pelo canto do triságio bizantino e dos *improperia* (= diálogo entre Jesus Cristo e o povo), importados para Roma em torno dos séc. IX-X, sob uma evidente inspiração oriental, passando talvez pelo caminho de Benevento.

c) Rito da Comunhão

Retomando a parte da Missa sucessiva ao Cânon, começando do *Pater noster* (sem o *Pax Domini* e o *Agnus Dei*, porque a paz e a fração tinham sido realizadas na Missa em que as hóstias haviam sido consagradas), o rito nada mais é do que um rito de Comunhão.

Parece que no antigo costume romano havia uma dupla tradição, segundo a qual o Papa e os seus ministros não faziam a comunhão na Sexta-Feira Santa, enquanto o clero e o povo podiam fazê-la nas demais igrejas, até que no séc. XIII foi celebrada para o povo e para os ministros, mas reservadas só para o celebrante por Inocêncio III. Tal proibição, todavia, só se tornou geral muito lentamente, porque em alguns países, especialmente no Norte, o povo continuava a fazer a comunhão ainda nos séc. XVI-XVII.

A reforma da Semana Santa voltou ao costume antigo e aconselha a comunhão do povo.

4. Sábado Santo

O Sábado Santo foi sempre — pelo menos do séc. II em diante, isto é, na época da controvérsia "quartodecimana" — dia de jejum completo e, por isso mesmo, alitúrgico. Encerrava-se com uma vigília, que ia até a madrugada do domingo com a Missa.

Na prática, o rito no começo não se diferenciava em nada do rito dos sábados comuns, porque a vigília dominical foi inicialmente a primeira celebração litúrgica cristã. Neste sentido é que deve ser entendida a expressão de Santo Agostinho, quando diz que a "Noite Santa é a mãe de todas as vigílias".

O rito romano foi sendo enriquecido por elementos não originários romanos, e assim hoje é constituído de quatro partes.

a) Bênção do fogo

O costume é de origem irlandesa e é provavelmente a cristianização de um costume pagão. No séc. VIII ingressou na Alemanha, como se pode ver num questionamento feito por São Bonifácio ao Papa Zacarias (741-752), o qual, todavia, diz que em Roma o "fogo novo" (*ignem per sacerdotem renovabitur*) é tomado das três grandes lâmpadas, que se conservam acesas na parte mais escondida da igreja. Praticamente, para Roma o "fogo novo" nada mais era do que a "luz" do círio pascal e não um verdadeiro "rito do fogo".

Este último em Roma só será encontrado muito tardiamente, em torno dos séc. XI-XII; mas também aqui, quando aparece, adquire o sentido (folclorístico) religioso que já tinha nos países do Norte, porque parte do fogo novo era tomado pelo povo e levado para casa para acender novamente o fogo que havia sido apagado.

b) Precônio pascal

É o novo nome (retomado do antigo) do rito que anteriormente era chamado de "bênção do Círio".

Este, em Roma, estava ligado ao "fogo novo", ou seja, ao fogo que era aceso como "renovada luz" das lâmpadas conservadas acesas da Quinta-Feira precedente.

Deve-se considerar que o rito nada mais é do que uma solenização do rito lucernário, que em Roma parece não ser de uso corrente, mas que conseguiu se impor em relação à vigília pascal, em vista da evidente relação entre a nova luz, que se acende nas trevas da noite, e Cristo, ressuscitado como "nova luz" do mundo.

Conhecidíssimo no Oriente, não é improvável que daí o rito tenha passado para Roma (em Jerusalém todas as noites acendiam-se as velas da lâmpada que ardia sempre no interior do Santo Sepulcro).

Para a ocasião, no entanto, não se julgava suficiente acolher a luz com a aclamação *Lumen Christi — Deo gratias*; por isso adotou-se o uso de acompanhar o rito com uma "Louvação do Círio". Desse costume tem-se notícia desde o séc. IV, seja por uma informação dada por Santo

Agostinho de que ele próprio compôs uma *Laus Cerei* em versos,[27] seja pela invectiva com a qual São Jerônimo[28] repreende os diáconos, que naquela ocasião frequentemente faziam uma exibição de qualidades poéticas e retóricas, não sempre adequadas à santidade do rito.

Os autores, entretanto, não têm certeza se essas informações são válidas no séc. IV também para Roma. De fato, devido à incerteza das indicações do *Liber Pontificalis* (que atribui ao Papa Zósimo, 417, a concessão aos diáconos de abençoar o Círio), o primeiro documento que nos informa sobre a existência do rito em Roma é o *Sacramentário Gelasiano*, ou seja, um documento dos séc. VII-VIII, que todavia não faz nenhum aceno a uma *laus cerei*.

c) *Rito batismal*

Testemunhos de um rito batismal na Páscoa não parecem existir para nos levarem ao período anterior ao séc. II,[29] mas a própria universalidade do rito na Páscoa poderia levar a identificar nele uma tradição apostólica.

Enquanto o rito do fogo e o do círio eram só ritos de abertura da vigília pascal (e nos tempos mais antigos eram de uma absoluta sobriedade), o rito batismal entrava na vigília pascal como sua parte integrante.

Esta começava com leituras tomadas do Antigo Testamento que enunciavam figurativamente os mistérios pascais: criação do novo mundo e do novo ser humano, Batismo, promessa de Deus, ressurreição etc.

O número dessas leituras era variável, como se pode ver pelo fato de que, enquanto em outros lugares eram doze, nos documentos

---

[27] AGOSTINHO, *De civitate Dei* 15, 22; CCL 48, 487.

[28] JERÔNIMO, *Epist. Ad Praesidium*; PL 30, 182.

[29] Por exemplo, TERTULIANO, *De bapt.* 19, 11; CCL 1, 294.

romanos encontram-se dez (Gelasiano) ou de oito a quatro (Gregoriano). Mas talvez o número doze tenha representado — embora não de forma constante — a práxis usual. (Normalmente eram lidas em latim e em grego). A cada quatro leituras eram executados cânticos bíblicos (cântico de Moisés do Êxodo; de Isaías; de Moisés do Deuteronômio).

Acabadas as leituras, os batizados ("eleitos") dirigiam-se ao batistério cantando o Salmo 41: "Como a corça deseja as águas correntes", enquanto os fiéis permaneciam na igreja cantando a *Litania septena, quinquena et terna.*

No batistério, tinha lugar a última fase de preparação do Batismo: exorcismo do Éfeta (*aperitio aurium*); unção sobre o peito e nas costas;[30] tríplice renúncia concluída com a fórmula de adesão a Cristo (*adscribor Christo*), seguindo o modelo do juramento militar;[31] *redditio symboli*, ou seja, a solene profissão de fé com a recitação do Credo.

Depois disso, vinha a bênção da fonte.

No momento de serem batizados, os "eleitos" deviam fazer uma tríplice profissão de fé, em resposta a uma tríplice interrogação. Depois de cada resposta, o bispo, com a mão posta sobre a cabeça do eleito, o imergia totalmente na água.

Saindo da água, o "neófito" (= recém-nascido) era novamente ungido. Esse costume é conhecido já desde Tertuliano[32] e se conhece também a fórmula usada em Roma no séc. III: "Unjo-te com o óleo sagrado em nome de Cristo" (*Tradição apostólica*), de certa forma indicando a plena conformação a Cristo ("Ungido") e à sua dignidade real e sacer-

---

[30] *"Unctus est quasi athleta Christi"*: Ambrósio, *De sacr.* 1, 2; SC 25, 55.

[31] O Batismo é chamado por Tertuliano *militare sacramentum*.

[32] Tertuliano, *De resurrect.* 8: *Caro abluitur [...] caro ungitur*; CCL 2, 931.

dotal (conferida precisamente pela unção), tendo se tornado nele reis e sacerdotes do Novo Testamento.

Segue-se o segundo sacramento, ou seja, a Crisma ou Confirmação (dos dois nomes, o primeiro indica o gesto ou o rito e o segundo o efeito), com o gesto duplo da unção do sinal de Cristo (cruz) sobre a fronte e da imposição das mãos. Seguiam-se os ritos da veste branca e da vela acesa.

d) Missa pascal

Tendo começado com o Batismo e com a Crisma, a iniciação cristã (participação nos mistérios) era completada na oferta do Sacrifício.

Revestidos das vestes brancas, com a vela na mão, os neófitos entravam na igreja cantando o Salmo 42, cujo refrão era: *Introibo ab altare Dei*....[33]

Era a primeira vez que eles tomavam parte da liturgia eucarística. Mas desta participavam ainda não instruídos sobre o seu significado (o que vale também para os outros dois sacramentos), que lhes seria desvelado na semana seguinte (semana *in albis* = "das vestes brancas"). Assim, eles não participavam nem mesmo da oblação que por eles era feita pelos padrinhos e pelas madrinhas; todavia os seus nomes eram lidos na Missa (*Hanc igitur*, antes da consagração).

Antigamente, a Missa pascal começava com o ofertório, mas já nos séc. IV-V começava com o Glória e com as leituras. Ainda hoje essa Missa se distingue pelo seu caráter antigo: não se diz nem o Intróito, nem o Credo, nem o Ofertório, nem o *Agnus Dei*, nem o *Communio*; não se levam os candelabros na hora do Evangelho, nem se dá o beijo da paz.

---

[33] AMBRÓSIO, *De mysteriis* 8, 43, 1; SC 25, 121.

Os medievais procuraram razões simbólicas nessas omissões. Na realidade, nada mais são do que traços do rito da Missa tal qual era antes, que nos séc. IV-V começassem a ser inseridos aqueles cantos. A ausência do beijo da paz está ligada ao fato de que, não tendo as *orationes sollemnes*, acabava caindo também o beijo, que inicialmente vinha logo depois daquelas em forma de conclusão,[34] ou por uma razão mais antiga ainda, isto é, que nos dias de jejum oficial se deixava de lado o beijo.

Até a reforma recente — a começar do séc. XII —, a anomalia mais vistosa era que, no final das contas, a Missa se tornava um ofício reduzido de Laudes.

5. Domingo de Páscoa

A Missa no domingo de Páscoa afirma-se somente nos séc. IV-V, ou seja, quando se começou a concluir a vigília pascal antes da meia-noite.

Originalmente, a Missa estacional era celebrada em Santa Maria Maior. Depois do exílio de Avinhão, tendo-se fixado a residência papal no Vaticano definitivamente, a estação foi deslocada para São Pedro.

Dentre as particularidades da Páscoa estava o beijo que o Pontífice dava em seus ministros na manhã da Páscoa, acompanhado da saudação: *Surrexit Dominus vere*. O mesmo rito é observado — ainda hoje — pelos orientais e pelos russos, que na manhã de Páscoa se abraçam saudando-se com o *Christos anesti* (Cristo ressuscitou).

Famosa era a composição de Venâncio Fortunato: *Salve, festa dies*, frequentemente cantada na procissão de entrada da Missa.

---

[34] Tertuliano o chama de "marca das orações" (*De orat.* 18; CCL 1, 267).

A sequência *Victimae paschali* é do séc. XI.

6. Quinta-Feira Santa

A celebração litúrgica da Quinta-Feira Santa não é primitiva, porque a antiga tradição ligava a instituição da Eucaristia e o começo da Paixão à terça ou quarta e não à quinta-feira. Mas no séc. IV a evolução já tinha acontecido, e na quinta-feira se comemorava a Ceia do Senhor. É chamada, de fato, desde aquela época, *Feria V in Cena Domini*,[35] mas algumas vezes também era chamada de *Natale calicis*.

Se em alguns casos é também denominada *dies traditionis*, é preciso prestar atenção ao contexto, porque *traditio* nos tempos mais antigos significa somente "entrega", "instituição", e a expressão se refere à Eucaristia; "dia da instituição da Eucaristia", como se diz ainda no *Hanc igitur* desse dia: *Offerimus ob diem in qua D.N.J.C. tradidit [...] corporis et sanguinis sui mysteria celebranda* ("oferecemos-te por ocasião do dia, no qual N.S.J.C. instituiu — transmitiu — a celebração dos Mistérios do seu corpo e do seu sangue"). Posteriormente, no entanto, *dies traditionis* veio a significar também "dia da traição" (*perditionis*), relacionada por isso mesmo com a captura de Jesus.

a) *Missa e consagração dos óleos*

A Missa era celebrada à tarde (na hora nona ou nas vésperas) e por conseguinte comportava um semijejum. Parece, no entanto, que antigamente esse jejum não era obrigatório, porque Santo Agostinho sabe que em algum lugar (Roma) se celebrava uma Missa também de ma-

---

[35] Cf. *Conc. Carthag.*, cân. 20; AGOSTINHO, *Epist. ad Ianuarium* 54, 7, 9; CSEL 34, 166.

nhã precisamente por aqueles que não jejuavam.[36] Em outros lugares, porém, mesmo celebrando-se a Missa à tarde, era possível comungar sem estar em jejum, para poder repetir — inclusive nas circunstâncias materiais — a Ceia de Cristo, na qual os apóstolos tinham comungado sem estar em jejum, como se pode ver no já citado Concílio de Cartago de 397 e em Santo Agostinho, *Ad Ianuarium* 54,7,9. Nesse último contexto, todavia, Santo Agostinho considera que a verdadeira razão disso não deva ser buscada no desejo de uma imitação particular da Última Ceia de Cristo, mas no fato de que muitos não podiam observar o jejum, sobretudo porque naquele dia tinham o costume de se banhar.

Portanto, o caráter antigo da Missa de Quinta-Feira Santa, fossem uma ou duas, era fundamentalmente o mesmo.

Com o desenvolvimento da práxis penitencial, que ocupava, com a preparação batismal, toda a Quaresma, uma das Missas da Quinta-Feira Santa — e precisamente a da manhã — foi relacionada ao rito da reconciliação dos penitentes.

Mais tarde foi fixada na Quinta-Feira Santa também a bênção dos óleos (óleo dos catecúmenos, óleo dos enfermos e crisma), que teve uma Missa específica, a qual, na ordem do *Gelasiano*, ocupa o segundo lugar.

A terceira Missa foi a da Instituição da Eucaristia, celebrada na hora das Vésperas.

É difícil dizer qual tenha sido a tradição romana a propósito dessas três Missas.

Dentre os sacramentários romanos, o *Gelasiano* traz três (penitentes, *chrismalis* e *in Cena Domini*); o *Paduensis* duas (*chrismalis* e *in*

---

[36] AGOSTINHO, *Epist. ad Ianuarium* 54, 9; CSEL 34, 166.

Cena Domini); o *Gregoriano-Adrianeu* uma (*in Cena Domini*, durante a qual tem lugar a consagração dos óleos).

Tem-se a impressão de que a tradição romana mais genuína seja a de só duas Missas, celebradas, como dissemos, uma para os não jejuantes de manhã e a outra para os jejuantes, mas ambas eram Missas *in Cena Domini* (esse era também o costume em Jerusalém no séc. IV). Sabe-se, com efeito, que os óleos eram consagrados — assim como a água — na vigília pascal. Por outro lado, os formulários da primeira parte da Missa da Quinta-Feira Santa *in Cena Domini* não são primordiais — como era de se esperar numa circunstância como essa — e isso depende do fato de que, em sua origem, a primeira parte da Missa era ocupada pela reconciliação dos penitentes.

Portanto — à parte a Missa matutina para os não jejuantes —, nos séc. V-VII a Missa vespertina compreendia a reconciliação dos penitentes no começo e a consagração dos óleos no final do Cânon; e era Missa *in Cena Domini*.

Em torno dos séc. VII-VIII (tradição gelasiana), os dois ritos, dos penitentes e dos óleos, são separados da Missa vespertina *in Cena Domini*, e ao redor dos mesmos se condensam outras duas Missas.

b) O "Sepulcro"

Já que a Sexta-Feira Santa era um dia alitúrgico — sem celebração dos Mistérios —, mas no qual se fazia a comunhão, era preciso que na Quinta-Feira se conservasse o sacramento para o dia seguinte.

Nos primeiros tempos, isso não era tão necessário, porque os fiéis levavam para casa parte do sacramento, que na Sexta-Feira Santa consumiam antes de romper o jejum.

Sucessivamente, o costume da Comunhão privada decaiu e então se começou a conservar o sacramento na Igreja, e mais propriamente na sacristia, para a comunhão de todos.

Esse fato não se revestia de nenhum caráter particular, e portanto a cerimônia de transladação da Eucaristia não era evidenciada por nenhuma solenidade, nem quando era levada para a sacristia, nem na Sexta-Feira Santa, quando era colocada sobre o altar.

Além disso, como também os fiéis faziam a Comunhão sob as duas espécies, conservava-se o sacramento do corpo e do sangue, como é testemunhado ainda pelo *Gelasiano* nos séc. VII-VIII.

Do séc. XI em diante, entretanto, começa-se a delinear o uso de uma procissão com velas e incenso, acompanhada por cânticos; o ponto de chegada da procissão é uma capela da igreja, ou anexa à igreja.

Esse rito começou a ser explicado simbolicamente como uma *sepultura do Senhor*, junto da qual os cristãos se detinham em vigília. Logo, do significado simbólico passou-se para uma representação realística: na capela foi erigido um sepulcro e inclusive uma imagem do Cristo morto deposto da cruz (ambas existem ainda hoje, porque não é raro ver-se o "sacrário da reposição" feito em forma de sarcófago). Frequentemente, aliás, eram colocadas ao lado dele estátuas representando soldados de guarda, as piedosas mulheres com São João, e até mesmo emblemas mortuários.

Essa ideia do Sepulcro estava tão enraizada que em alguns lugares conservavam-se duas hóstias: uma para ser consumida na Sexta-Feira Santa, e outra para manter "sepultada" por todo o Sábado Santo, a fim de fazê-la "ressuscitar" na Missa de ressurreição.

Na reforma atual, a Igreja quer que seja afastada toda ideia de sepulcro e que a própria adoração da Eucaristia seja feita até a meia-noite, em agradecimento pelo dom que nos foi dado pelo Senhor; depois disso, a adoração deve dar lugar ao pensamento da Paixão, assim que começar — depois da meia-noite — a Sexta-Feira Santa.

Essa disposição da reforma litúrgica atual certamente é louvável, como reação à falsa ideia do "sepulcro" na qual estaria fechado o sacramento do corpo do Senhor. Mas deve-se dizer que a própria disposição baseia-se ainda sobre uma não bem centrada compreensão da Eucaristia. Na primeira parte da adoração, caracterizada por luzes e flores, o acento é justamente posto sobre o "dom" do Senhor; mas se esquece de que se trata do "dom da Páscoa", ou seja, do "dom do sacrifício pascal", que é precisamente o mistério da morte de Cristo. A Quinta-Feira Santa não é simplesmente "o dia do corpo do Senhor", mas é o "dia do corpo de Cristo *oferecido* e do seu sangue *derramado em sacrifício*"; é, de fato, o "memorial da sua morte pascal".

Também o "Lava-pés" dos doze "apóstolos" foi introduzido na época medieval. O costume de lavar os pés em sinal de humildade e de fraternidade cristã sempre foi uma honra. Mas na Idade Média se quis celebrá-lo na igreja de certa forma para sublinhar externamente o sentido das palavras de Jesus, repetindo o seu gesto e o seu mandado. Também foi chamado, com efeito, de *mandatum* — mandamento.

O rito era celebrado no dia da Quinta-Feira como um rito suplementar. Na atual reforma foi introduzido na Missa *in Cena Domini*, depois do Evangelho.

O hino característico que o acompanha é *Ubi caritas et amor — Deus ibi est*, que é composição de origem monástica[37] e provavelmente

---

[37] Cf. o verso: *"Et illius (Dei) nil amori praeponamus"* com a *Regula Benedicti* 4: *"Nihil amori Christi praeponere"*; CSEL 75, 33.

destinada ao uso monástico. O manuscrito mais antigo que o refere é um veronês do séc. IX.

7. Pentecostes

Pentecostes é o termo grego (*pentekostè hemera*: 50º dia) com o qual, através da redação grega de Tb 2,1 e Mc 12,31-32 passou para o NT a festa judaica dita "festa das Semanas", que caía justamente a cinquenta dias da Páscoa e que em sua origem era chamada de "festa das Colheitas". A festa das "Semanas" lembrava a promulgação da Aliança no Sinai, e sob esse aspecto foi celebrada sobretudo nos ambientes de Qumrã, cujos adeptos eram chamados precisamente de "Filhos da Aliança".

Para a Igreja, a festa de Pentecostes coincide com o "dom do Espírito Santo" (At 2,1) e nos escritos do NT ocorre novamente em At 20,16 e em 1Cor 16,8. Reencontramo-la depois na *Epistula Apostolorum* (130 d.C.). Mas em nenhum desses casos pode-se dizer com certeza que se trata de uma celebração litúrgica "cristã". Poderia tratar-se ainda, de fato, da festa judaica, mesmo que não se possa excluir que os cristãos nela celebrassem não tanto o dom da letra da "Lei", quanto o dom do "Espírito".

O nome, além do mais, aparece frequentemente nas fontes dos séc. II-III;[38] mas ao que parece este indica não tanto um "dia" festivo, quanto o complexo dos "cinquenta dias" que formam o período pascal propriamente dito. Era um período considerado festivo no seu conjunto, como o domingo, tanto que em ambos os casos era proibido jejuar, rezar de joelhos e praticar qualquer outra forma penitencial.

---

[38] *Atti di Paolo*, 1; ed. italiana: MORALDI, L. *Apocrifi del N.T.* v. II. Torino, UTET, 1971, p. 1081. TERTULIANO, *De corona* 3; CCL 2, 1042; *De orat.* 23; CCL 1, 271; *De bapt.* 19; CCL 1, 293; *Testamentum DNJC* 2, 11 (ed. por I. E. RAHMANI, Mainz, 1899); EPIFÂNIO, *De fide* 22; PG 42, 8265 etc.

Só em torno do séc. IV também Pentecostes se torna um dia celebrativo do "dom do Espírito" feito à Igreja, dom que concluía o mistério da salvação realizado em Cristo e por Cristo, e que ao mesmo tempo começava a ação do Espírito na Igreja precisamente para inseri-la no mesmo mistério de salvação do Senhor.

8. Quaresma

A Páscoa, que desde o começo teve uma tão luminosa irradiação para frente, fazendo dos cinquenta dias até Pentecostes uma única festa pascal, fez sentir o seu influxo também sobre o tempo que a precedia.

No começo do séc. IV, no Oriente têm-se os primeiros acenos de um período pré-pascal destinado a uma preparação espiritual ao grande Mistério. Nessa mesma época, Santo Atanásio, entre 330 e 347, nas suas Cartas Pascais, bem como São Cirilo de Jerusalém na Pró-catequese e nas Catequeses Mistagógicas 4,3, falam a este respeito como de algo conhecido. O mesmo se pode dizer de Eusébio, no seu *De solemnitate paschali* 4-5, que é anterior em alguns anos aos dois precedentes.

Em relação ao Ocidente, os testemunhos diretos são só do final do séc. IV; dentre estes, temos os de Egéria, referentes à Espanha e à Galícia meridional, de Santo Ambrósio referente a Milão[39] e de Santo Agostinho referente à África (*passim*).

Ao que tudo indica, Roma sofreu um processo mais longo.

Desde o começo do séc. IV, a única semana de jejum era a que precedia a Páscoa (Ramos-Páscoa).

---

[39] AMBRÓSIO, *De Helia et ieiunio* 10, 34; PL 14, 743.

Por volta da metade do séc. IV — talvez sob o influxo de Santo Atanásio de Alexandria, exilado e residente por algum tempo em Roma —, surge um jejum de três semanas, acrescentado ao da semana pascal (Ramos). O jejum pascal, portanto, começava com a atual terceira semana da Quaresma e compreendia ao todo quatro semanas. O primeiro destes domingos chama-se *in trigesima* (= a trinta dias da Páscoa); o terceiro chama-se *in mediana* (= na metade), pois efetivamente faltam quinze dias (metade de trinta) para a Páscoa, como o anunciam também as fórmulas litúrgicas daqueles dias: "Daqui a catorze dias, à tarde, imolareis o Cordeiro e daqui a quinze dias celebrareis a festa". Na semana *in trigesima* (a primeira do jejum pascal) começam os escrutínios dos que serão batizados.

Mas uma preparação pascal como essa não podia deixar de se referir, como o faz a oriental, aos exemplos de Moisés e de Elias e sobretudo de Cristo, isto é, dos quarenta dias do deserto; por outro lado, parece que o desenvolvimento penitencial tenha introduzido o costume de inscrever os pecadores à Penitência pública quarenta dias antes da Páscoa.[40]

Assim, veio a criar-se uma "Quadragésima" (Quaresma), que vinha a cair no quarto domingo antes da Páscoa, chamado precisamente de *Dominica in Quadragesima*.

Simultaneamente, porém, não sendo possível celebrar um rito penitencial — como o da inscrição dos pecadores no rito da Penitência — em dia de domingo, ele é fixado para a quarta-feira anterior (Quarta-Feira de Cinzas), que como toda quarta-feira já era dia "estacional" e por isso mesmo de jejum.

---

[40] RIGHETTI, M. *Manuale di storia liturgica*. v. II. 2. ed. Milano, 1957, p. 105, n. 41. O autor cita, a este respeito, um cânone de Pedro de Alexandria (aproximadamente de 306), que coloca em relação os quarenta dias de jejum de Cristo no deserto com igual número de dias de Penitência a serem feitos pelos pecadores.

A seguir, no entanto — devido também a esse precedente da Penitência pública e provavelmente sob o influxo do Oriente —, pretendeu-se acrescentar mais uma semana de jejum. Nasceu assim a "Quinquagésima" (mas esse nome é encontrado só mais tarde, entre o séc. VI e o VII).

Os nomes de "Trigésima" e de "Quadragésima" não significam, de fato, nem trinta nem quarenta dias de jejum, porque na contagem é preciso tirar todos os quatro (trigésima) e os seis domingos (quadragésima), já que nestes não se jejuava; indicam somente que faltavam aproximadamente trinta/quarenta dias para a Páscoa.

Os dias que faltavam foram acrescentados tomando-os da semana precedente à "Quadragésima", e assim se chegou aos quarenta dias efetivos de jejum.

Capítulo II
Ciclo natalino

I. Natal-Epifania

Dentre as festas que por primeiro explicitam o Mistério Redentor único de Cristo, fora do ciclo pascal, temos a festa do *Natal-Epifania*.

Hoje, existem com esses nomes duas festas diferentes: a de 25 de dezembro e a de 6 de janeiro; sua distinção e coexistência datam do final do séc. IV-começo do séc. V, dependendo das diferentes regiões.

Em sua origem, isto é, na primeira metade do séc. IV, as duas festas eram na realidade uma única e idêntica celebração da encarnação do Verbo, celebração que todavia assumia tons e datas diferentes no Ocidente e no Oriente. Assim, enquanto o Mistério da encarnação era celebrado no Oriente no dia 6 de janeiro, com o nome de Epifania (grego: *Epiphaneia*), no Ocidente (Roma) o mesmo Mistério assumia o nome de *Natalis Domini* e caía no dia 25 de dezembro.

1. Natal

A festa do Natal aparece pela primeira vez em Roma no documento chamado *Cronógrafo* filocaliano, que nos remete ao ano 336, no qual está anotado:

VIII Kal. Januarii natus Christus in Bethleem Iudae.[1]

Tratando-se de um calendário litúrgico, parece certo que a indicação seja não só a de uma data histórica — ou pressupostamente tal (nascimento de Cristo em 25 de dezembro), mas a data de uma *festa*, ainda mais se considerarmos que as demais festas são organizadas exatamente — em ordem de data — a partir do dia 25 de dezembro.

Contra essa datação, apresentaram objeções Usener e Lietzmann tendo por base um discurso do Papa Libério por ocasião da consagração virginal de Santa Marcelina, referido por Santo Ambrósio,[2] e um prefácio gelasiano da Epifania.

No discurso de Libério, todo alicerçado sobre o Natal do Esposo, fazem-se referências ao milagre de Caná e à multiplicação dos pães: dois fatos que antigamente eram comemorados na Epifania.

O *Natalis*, portanto, seria ainda, no ano 354 (provável ano da consagração de Marcelina), uma Epifania.

No prefácio gelasiano da Epifania, o conceito expresso é o do Natal. Por conseguinte, aqui também temos um testemunho de que, na época da sua composição (séc. VI-VII), o Natal é uma Epifania.

---

[1] Cf. DUCHESNE, L. *Le "Liber Pontificalis"* (texte, introduction et commentaire). 2. ed. Paris, 1955-1957, t. I, p. 11.

[2] AMBRÓSIO, *De Virg.* 3, 1; PL 16, 231.

Em outras palavras: até o séc. IV (discurso de Libério) e os séc. VI-VII (prefácio gelasiano), Roma não conhece uma festa do Natal propriamente dita, mas celebra a Epifania como única festa natalina, tomada do Oriente.

Atualmente, todavia, conseguiu-se demonstrar que o discurso de Libério com muita probabilidade deve ser interpretado de outro modo e que o argumento deduzido do prefácio gelasiano não se sustenta, apresentando-se este não como uma peça original, mas sim como uma recomposição de um texto que já no séc. V era certamente natalino.

Fora de Roma, na África, o Natal já é atestado por Optato de Milevi (360) e, mesmo festejando-se com este, naquele tempo, também a adoração dos Magos, a festa é celebrada em 25 de dezembro. Isso pode ser deduzido de uma declaração de Santo Agostinho, segundo o qual os donatistas nunca quiseram aceitar a festa da Epifania, dentre outras coisas, por causa da sua proveniência das Igrejas orientais, com as quais rejeitavam a comunhão. Na África, portanto, na metade do séc. IV (ou seja, como em Roma), celebrava-se o Natal no dia 25 de dezembro.

Também no Norte da Itália, em torno do final do séc. IV, o Natal em 25 de dezembro já havia se estabelecido, enquanto a Epifania teve dificuldades para se afirmar. Testemunha-o Filástrio de Bréscia (383), que afirma:

> Alguns acham que não devem celebrar a Epifania do dia 6 de janeiro, mas só o Natal de 25 de dezembro.[3]

Filástrio, no entanto, coloca o Natal entre as grandes recorrências do ano: Páscoa, Ascensão e Pentecostes.

---

[3] PL 12, 1273.

Também na Espanha, no final do séc. IV, celebrava-se o Natal em 25 de dezembro. É o que se pode ver numa carta do Papa Sirício a Imério de Tarragona (384), na qual proíbe-se a conferição do Batismo, que naquele lugar pretendia-se administrar — segundo Imério — no Natal, na Epifania e nas festas dos apóstolos e mártires.

Por outro lado, o cânone do Concílio de Saragoça (380), que quer que todos os fiéis do dia 17 de dezembro até a Epifania frequentem a Igreja todos os dias, mas não nomeia o Natal, não representa uma confirmação de que essa festa não existia. O cânone, com efeito, quer distanciar os fiéis das festas pagãs das Saturnais (17 de dezembro), do novo sol (25 de dezembro) e das calendas de janeiro. Não se pode inferir do silêncio que o Natal não existisse, porque neste caso seria necessário concluir que nem sequer o domingo existia, pois havia pelo menos dois domingos naquela quinzena. O sentido é, pelo contrário, o seguinte: além dos domingos e do Natal, é preciso ir à igreja todos os dias, até a Epifania, a começar de 17 de dezembro (note-se que também hoje a preparação do Natal começa no dia 17 de dezembro, com as antífonas próprias).

No *Oriente*, a festa do Natal começa a aparecer no final do séc. IV: em 380 Gregório Nazianzeno a introduz em Constantinopla.[4]

Um discurso feito em 20 de dezembro por São João Crisóstomo, então sacerdote em Antioquia, nos informa que pela primeira vez em 386 (388), naquela cidade, celebrava-se o Natal no dia 25 de dezembro como festa distinta da Epifania de 6 de janeiro, e que era uma festa vinda de Roma.

Nota sobre a origem do Natal

Que o dia 25 de dezembro não seja historicamente o dia do nascimento de Cristo é pacificamente aceito, muito embora autores antigos, algumas vezes,

---

[4] Gregório Nazianzeno, *In sancta lumina*; PG 36, 349.

o tenham afirmado. Uma antiga tradição palestina situaria o nascimento de Jesus no dia 20 de maio. Essa também não é uma hipótese historicamente comprovada; todavia, sendo uma antiga tradição palestina, poderia até gozar de maior probabilidade.

Por que, então, a celebração do Natal no dia 25 de dezembro? Segundo uma tradição, que encontramos expressa no tratado *De solstitiis et aequinoctiis*[5] e repetida frequentemente por Santo Agostinho,[6] Jesus teria sido concebido no mesmo dia e mês em que depois teria sido morto, isto é, no dia 25 de março. Em consequência disso, o nascimento acabaria caindo no dia 25 de dezembro.

Mas, ao que tudo indica, essa tradição não está na origem da festa, e talvez quer ser muito mais uma tentativa de explicação com base num misticismo astrológico muito em voga na época.

Outra explicação, que historicamente parece mais provável, é a que vê na festa do Natal uma ação da Igreja romana para suplantar, cristianizando-a, a festa do "Novo Sol", ou seja, do *Natalis Invicti*, como se dizia.

O culto do sol, muito difundido pelo Mitraísmo, foi uma última grande ofensiva contra o cristianismo, precisamente no séc. IV. Tido em grande honra pelos imperadores do séc. II (dentre estes Aureliano, que havia erigido um grande templo em honra do sol em Roma, no Campo Marzio), tornou-se o símbolo da insurreição pagã sob Juliano, o apóstata (335). A festa por excelência do sol foi, precisamente, o solstício de inverno do hemisfério norte, enquanto representava a vitória anual do sol sobre as trevas, e caía no dia 25 de dezembro.

O *Cronógrafo* de 354, que por primeiro nos indica o Natal de Cristo no dia 25 de dezembro, no mesmo dia — no calendário civil — assinalava: *Natalis Invicti*.

Inspirado nas Escrituras, mas também sob o estímulo das circunstâncias ambientais, o simbolismo da luz e do sol em referência a Cristo havia se desenvolvido muito e acabou sendo considerado sagrado pelos cristãos. Alguns textos bíblicos — dentre os quais: "Ele fez do sol a sua morada" (Sl 18); "Surgirá para vós o sol da justiça" (Ml 4,2); "Virá a visitar-nos o sol que surge para iluminar aqueles que estão nas trevas" (Lc 1,78) etc. — eram um chamado natural para ver no sol o símbolo de Cristo. Além disso, o próprio costume de rezar voltado para o Oriente

---

[5] Séc. IV. In: BOTTE, B. (Ed.). *Les origines de la Noël et de l'Epiphanie*. Louvain, Mont César, 1932, pp. 93-105.

[6] AGOSTINHO, *De Trinitate*; PL 42, 894; *De divers. Quaest.* 56; PL 40, 39; *Quaestionum in Heptat.* 2, 90; CSEL 28, 2, 152-154.

era tão difundido entre os cristãos a ponto de fazer crer a muitos pagãos que eles o faziam em sinal de culto e devoção ao sol.[7]

As premissas eram ótimas para apresentar aos cristãos, no momento em que se celebrava o nascimento astronômico do sol, o nascimento do verdadeiro sol-Cristo. Dessa aproximação os cristãos não se escandalizaram; aliás, frequentemente recorreram tanto ao fato astronômico quanto à correspondente festa pagã para explicar e justificar o Natal de Cristo. Assim, por exemplo, São Jerônimo, com a intenção de explicar que o nascimento de Cristo deve ser celebrado em 25 de dezembro, e não em 6 de janeiro, como o faziam ainda muitos orientais, afirma que

> também a criação está de acordo com o nosso ordenamento (25 de dezembro), porque até aquele dia crescem as trevas e daquele dia em diante, pelo contrário, diminuem as trevas e cresce a luz [...] ou seja, cresce o dia, diminui o erro, e este é substituído pela verdade. Hoje nasce o nosso sol de justiça.[8]

No CITADO *De solstitiis et aequinoctiis* SE LÊ:

> Chamam-no também *Natalis invicti*. E quem é assim tão "invicto" quanto Nosso Senhor, que derrotou a morte? Dizem também que é o *Natal do sol*, mas esse é certamente aquele "sol de justiça" de que fala o profeta Malaquias.[9]

E São Máximo de Turim (meados do séc. V):

> Em certo sentido, com razão esse dia do Natal de Cristo é chamado vulgarmente também de "novo sol" [...]. De bom grado aceitamos esse

---

[7] Já o nota TERTULIANO, *Ad Nation.* 1, 13; *Apol.* 16; CCL 1,32.115.

[8] JERÔNIMO, *Sermo*, publicado em *Anecd. Mareds.* III 2, 397.

[9] Cf. nota 5, acima, editado por BOTTE, p. 105.

modo de falar, porque ao nascimento do Salvador responde não só a salvação do gênero humano mas também a luz do sol.[10]

Com certeza, talvez nem todos vissem com bons olhos o surgimento de uma festa cristã simplesmente como substituição de uma festa pagã. É compreensível, portanto, que recorrendo a cálculos agudíssimos, semelhantes aos usados na tradição rabínica, alguns se esforçassem em demonstrar que o dia 25 de dezembro, mais do que uma relação com o sol, fixasse o dia verdadeiro do nascimento do Senhor. O tema é encontrado no Oriente, por exemplo, em São João Crisóstomo, mas também no Ocidente e na própria Roma, onde o citado *Cronógrafo* de 336 assinala, no calendário civil (*Fasti consulares*), que Jesus "*nasceu* no dia 25 de dezembro, sob o consulado de César e Paulo".

2. Epifania

Epifania, como o próprio nome já diz (*Epiphaneia* — revelação-manifestação), é uma festa *oriental*, e no seu surgimento era a verdadeira *festa natalina* do Senhor, ou seja, a sua "aparição" na carne.

Uma festa cristã, mas celebrada somente pelas seitas gnósticas, já era celebrada no dia 6 de janeiro desde o séc. II, conforme informação dada por Clemente de Alexandria;[11] nesse dia comemorava-se o Batismo de Cristo (para os gnósticos, a verdadeira "manifestação" e investidura divina de Cristo).

A primeira notícia de uma festa ortodoxa da epifania se tem na segunda metade do séc. IV em Epifânio,[12] que cita a propósito o pensamento de Santo Efrém Sírio, segundo o qual a Epifania é "a vinda do Senhor, ou seja, o seu nascimento humano e perfeita encarnação".

---

[10] Máximo de Turim, *Serm.* 2; PL 57, 537.
[11] Clemente de alexandria, *Strom.* 1, 21; SC 30, 150.
[12] Epifânio, *Adv. Haeres.* 51, 22; PG 41, 927.

A festa se encontra em Antioquia, no tempo de São João Crisóstomo (antes de 386), e no Egito, onde, segundo Cassiano,[13] o Batismo e o nascimento humano do Senhor são celebrados juntos, num único dia.

Muito cedo, porém, a festa havia entrado também no Ocidente, onde em algumas regiões talvez tenha inclusive precedido o Natal. Sabemos através do pagão Amiano Marcelino (metade do séc. IV) que Juliano, o Apóstata, em Viena, na França, tomou parte dos Mistérios "numa festa que os cristãos celebram em janeiro e que chamam de Epifania". Na mesma época, a festa é conhecida na Espanha (Sínodo de Saragoça, citado a propósito do Natal), na África e em Roma.

Todavia, entrando no Ocidente, a Epifania encontrou quase por todo lugar já instalada a festa do Natal, e, portanto, o seu objeto precisou diferenciar-se. Enquanto no Oriente — pelo menos no começo — a Epifania era a festa da Encarnação, entendida como vinda na carne e como manifestação (epifania) da divindade (Batismo — Caná), no Ocidente esta foi principalmente a festa da "revelação de Jesus ao mundo pagão" (Magos), mas frequentemente inclusive também a sua "revelação" em geral: no Batismo, em Caná, e também na multiplicação dos pães.

No Oriente, a aceitação do Natal quebrou a ideia primitiva da Epifania, que se tornou preponderantemente festa do *Batismo de Jesus*, donde inclusive o costume de batizar na Epifania. (Também o Ritual Romano conhece a bênção da água no dia da Epifania, precisamente em recordação da santificação da água operada no Batismo de Jesus.)

---

[13] CASSIANO, *Collat.* 10, 2; SC 54, 75.

Nota sobre a origem da Epifania

As origens da Epifania no Oriente não parecem ser muito diferentes das do Natal no Ocidente: suplantação de uma festa pagã, que também aqui é uma festa da Luz.

O testemunho mais antigo, que é o de Epifânio,[14] é também muito explícito. Ele afirma que os pagãos celebravam sob um nome distinto (Saturnais em Roma, Chronia no Egito e Kikellia em Alexandria) a festa do solstício de inverno (25 de dezembro) e o aumento da luz. Treze dias depois, quando o aumento da luz é completo, os cristãos celebram o nascimento de Jesus, que nascendo naquele dia (6 de janeiro) demonstrava ser a verdadeira luz.

De fato, indo adiante, em Alexandria ocorre o seguinte: na noite entre 5 e 6 de janeiro, um grande rito é desenvolvido no Koreion (templo de Kore, ou seja, da "virgem"). Ao som de flautas e com o acompanhamento de lâmpadas, leva-se em procissão a estátua nua da deusa, marcada com cruzes de ouro na fronte, nas mãos e nos joelhos. Depois de ter dado a volta no santuário sete vezes, reconduz-se a estátua à cripta. "Nesta hora, Kore, ou seja, a virgem gerou o século".[15] Isso demonstra que as duas festas da Epifania e do Natal, que nascem simultaneamente uma no Oriente e outra no Ocidente, no começo estão relacionadas a uma celebração solar pagã, a qual pretendem substituir. Assim se explica também por que a Epifania se chama no Oriente *hághia phôta* ("santa luz").

II. Advento

Do séc. VIII em diante, o Natal é precedido por um período de preparação que se chama "Advento" (vinda).

---

[14] EPIFÂNIO, *Adv. Haeres.* 51, 22; op. cit., l (cf. n. 11).

[15] Cf. testemunhos análogos em MACRÓBIO (*Saturnalia* 1,18) e num comentário de São Gregório Nazianzeno, em Cosme de Jerusalém, o qual, ainda no séc. IX, narra que os pagãos celebravam a festa do Natal (Epifania) muito antes dos cristãos, com ritos noturnos, dos quais saíam gritando: *He parthenos tetoken, auxei phos* ("A virgem gerou, a luz cresce").

SINAIS DO MISTÉRIO DE CRISTO

Sobre as suas verdadeiras origens, as notícias são raras. Em Roma surge no séc. VIII uma série de formulários litúrgicos sob o título de *Orationes ante adventum Domini* (Orações antes da vinda do Senhor).

Ao considerar os demais testemunhos, é preciso evitar confundir notícias de práticas ascéticas com as propriamente litúrgicas.

Notícias ascéticas são as que aparecem na Espanha e na Gália nos séc. IV-V (Sínodo de Saragoça, de 380, e Perpétuo de Tours, de 490) que conduzem a práticas ascéticas em geral (Saragoça) e que delimitam três dias de jejum semanal de São Martinho ao Natal (Perpétuo de Tours).

Notícias litúrgicas aparecem mais propriamente no séc. V no Ocidente, com uma festa de "Maria, Mãe de Deus" alguns dias antes do Natal; algo de semelhante parece ser o caso de se concluir em relação a Ravena — ilha bizantina no Ocidente —, pelo teor das orações contidas naquilo que se chama de *Rotulus* de Ravena (séc. V-VI).[16]

No séc. V, nenhum documento litúrgico do Advento nos é transmitido pela liturgia galicana.

Acentos natalinos (portanto, de Advento) podem ser encontrados, no entanto, em alguns formulários romanos (séc. V-VI) da liturgia das Quatro Têmporas de dezembro.

No séc. VI, as primeiras referências litúrgicas em sentido de Advento surgem nos mais antigos lecionários romanos. Sem ser nomeado, o Advento aparece nas leituras das Quatro Têmporas de dezembro, onde, como Evangelho, se lê precisamente Lc 1,26-38; 1,39-47; 3,1-6.

---

[16] O *Rotulus* encontra-se no apêndice à edição MOHLBERG do *Sacramentarium Veronense*, Roma, 1956, pp. 173-178.

O *Lecionário de Würzburg* (romano do séc. VI) e o de Cápua não nos revelam com a mesma clareza o sentido natalino, apresentando as "epístolas" (textos da Carta aos Romanos) dos domingos denominadas *De adventu Domini*.

Dos sacramentários, o que é apresentado como sendo o mais antigo, o Leoniano, conhece as Quatro Têmporas de dezembro, mas não o Advento, nem como nome nem como formulários, salvo os que podem ocorrer neste sentido nas próprias Quatro Têmporas.

O Gelasiano conhece algumas *Orationes de adventu Domini*, distribuídas em cinco formulários, sob o título *Item alia* (outras orações com o mesmo objetivo), mas sem mencionar os domingos aos quais se referem tais formulários.

É normalmente aceito que um Advento litúrgico de alguns domingos (cinco) existiria em Roma no final do séc. VII, e seria neste sentido uma importação do exterior (Gália? Ravena? Baixa Itália? Cápua?).

Pessoalmente, consideramos que os formulários do *Gelasiano* não sejam um testemunho em favor da existência em Roma de um Advento de algumas semanas. Ainda no séc. VII, a única preparação ao Natal em Roma era incluída nas Quatro Têmporas de dezembro.

Os textos gelasianos, em sua quase totalidade, possuem referências ao Advento-Parusia e não ao Advento-Natal.

Ou seja: a ideia original de "Advento" não é "Natal", nem preparação ao Natal, mas é a de "segunda vinda". A palavra tem, no começo, unicamente o sentido que lhe foi dado em Mt 24,27: *Ita erit adventus* (grego: *parousia*) *filii hominis* ("assim será a vinda-parusia do Filho do homem").

Em outras palavras, os domingos que hoje precedem o Natal eram domingos destinados a *fechar* o ano litúrgico, com a recordação do *Advento parusíaco*, concebidos como conclusão do Mistério redentor de Cristo.

Se no *Sacramentário Gelasiano*, no qual pela primeira vez aparecem as *Orationes de Adventu Domini*, forem examinados os formulários das Missas depois de Pentecostes, podemos encontrar que os mesmos se detêm no formulário do domingo 16 de Pentecostes, correspondente ao atual domingo 20 de Pentecostes. Se a estes acrescentarmos os 5 formulários chamados *De adventu*, obtém-se justamente o número de 25 domingos depois de Pentecostes, que é o seu número normal.

Mas aquilo que acima de tudo confirma o sentido de *Advento-Parusia* desses cinco formulários gelasianos (que muito facilmente são tomados como formulários que testemunham no séc. VII um *Advento natalino*, sob o influxo do preconceito com o qual é interpretado o seu título) é o seu conteúdo.

Segunda parte

LINHAS DE TEOLOGIA DO ANO LITÚRGICO

Introdução

Sobre o ano litúrgico, assim se exprime a Encíclica *Mediator Dei*, de Pio XII (AAS 29 [1947] 580):

> O ano litúrgico não é uma fria e inerte representação de eventos do tempo passado na crua e simples recordação de coisas já transcorridas. Pelo contrário, é Cristo mesmo, presente na sua Igreja, que continua o seu caminho de infinita piedade; caminho que ele começou na sua vida mortal, quando passou fazendo o bem a todos, e que hoje continua com o piedosíssimo intento de que os seres humanos entrem em contato com os seus mistérios e de certo modo vivam por meio destes.

Seguindo a mesma inspiração, assim escreve, sobre o mesmo tema, a Constituição litúrgica do Vaticano II, n. 102:

> A Santa Mãe Igreja julga seu dever celebrar em certos dias no decurso do ano, com piedosa recordação, a obra salvífica do seu divino Esposo […]. Ao longo de um ano, a Igreja revela o mistério total de Cristo, desde a encarnação e nascimento até a ascensão, o dia de Pentecostes e a expectação da feliz esperança da vinda do Senhor. Celebrando assim os mistérios da redenção, a Igreja abre aos fiéis os tesouros do poder santificador e dos méritos do seu Senhor, de tal sorte que, de alguma forma, os

torna presentes em todo o tempo, para que os fiéis entrem em contato com eles e sejam repletos da graça da salvação.

Como se vê, o ano litúrgico não é uma simples sucessão de dias e meses, aos quais são anexadas exteriormente celebrações litúrgicas, mas é constituído pela relação que os diferentes mistérios de Cristo têm com esses dias e meses. Constitui, com efeito, um "caminho de Cristo" e um "desenvolvimento total do seu mistério", dando a esse "caminho" e a esse "desenvolvimento do mistério" uma *presença no tempo* de um ano. Desse modo, o ano passa de uma soma cronológica de dias à indicação de um suceder-se de eventos, que qualificamos como *liturgia*, ou seja, como *momentos da história da salvação*, que nada mais são do que os momentos do Mistério de Cristo em situação ritual.

Vê-se, portanto, que a relação entre liturgia e tempo do ano não é um fato puramente organizativo externo, mas é sobretudo o produto de uma reflexão teológica no "tempo", provocada pelo fato de que a liturgia é considerada um "momento" da história da salvação, ou seja, tendo um necessário componente "temporal".

História da teologia do ano litúrgico

Na Escritura, o ano litúrgico não é somente um *dado de fato*, mas fornece a ocasião para o começo de uma *reflexão teológica*. Lemos, de fato, em Eclo 33,7-10:[1]

> Por que um dia é mais importante que outro, se toda a luz do ano vem do mesmo sol? Pela ciência do Senhor foram diferenciados, pois ele é

---

[1] Observe-se que o texto da Vulgata é corrompido; citamos segundo a tradução do hebraico (na versão para o português da Bíblia da CNBB); cf., por exemplo, a *Bíblia de Jerusalém*.

INTRODUÇÃO

quem distinguiu os tempos (as estações) e, neles, os dias festivos. Alguns dentre eles, Deus os exaltou e engrandeceu, e a outros incluiu no número dos dias comuns.

O sentido é claro: no nível cósmico, cada dia é igual a outro, pois exprime sempre uma idêntica relação solar. Se há uma diferença, esta provém de um fato religioso, no sentido de que Deus "consagrou-santificou" determinados dias. Aqui não se explica mais especificamente em que consiste essa "consagração"; mas sabemos que ela provém do fato de que certos dias estão ligados de maneira particular a um *acontecimento soteriológico* divino. É isso, com efeito, o que a Escritura pretende quando põe a razão da diferença dos dias na presença das "festas" neles.

Passando mais diretamente para o âmbito cristão, deve-se dizer que a antiga literatura é muito rica em termos de ano litúrgico e de considerações teológicas a esse respeito, embora tais considerações se movam algumas vezes num sentido bem distinto do hoje entendido.

É preciso dar destaque, acima de tudo, aos *Sermones* dos Padres da Igreja, que tratando das celebrações litúrgicas muito frequentemente traçam linhas de verdadeira teologia do *Mistério de Cristo no tempo*. Sob esse aspecto, merecem ser citados principalmente os *Sermones* do Papa Leão Magno.[2]

Uma atenção particular deve ser dada também aos numerosos *Libri de computu*, dos quais Dekkers[3] cita 53 títulos do séc. III ao VIII. Em muitos desses tratados efetivamente a questão não está simplesmente em estabelecer o "modo" de computar o tempo para definir

---

[2] PL 54.
[3] *Clavis Patrum Latinorum*, editio altera, pp. 507-518.

com exatidão o dia da Páscoa, mas em buscar as "razões" pelas quais uma festa está ligada a um dia específico mais do que a outro. E, embora muitas vezes o modo de afrontar a pesquisa se baseie sobre considerações que oscilam entre razões astrológico-míticas e teológicas, nota-se claramente a vontade de chegar a uma "teologia" do tempo litúrgico.

Na Idade Média não faltam exemplos grandiosos de como o ano litúrgico possa influenciar sobre a formação da *espiritualidade*. Dois dentre os maiores exemplos desse fato temos no *Liber gratiae specialis*, de Santa Matilde, e no *Legatus divini amoris*, além dos *Exercitia spiritualia*, de Santa Gertrudes. As duas místicas beneditinas do séc. XIII aparecem, nessas suas obras, profundamente formadas pela liturgia, e desta extraem, ao longo de todo o ano, percorrendo cada uma das festas e praticamente cada uma das fórmulas, tanto da Missa como da *Liturgia das Horas*, uma vastíssima matéria de oração e de vida espiritual.

Mas é sobretudo do séc. XVIII em diante que começa uma tentativa de "teologia do ano litúrgico", expressa em obras que se intitulam *Ano cristão*. Essa literatura afirma-se sobretudo na França, tendo como maiores representantes os seguintes quatro autores:

1. J. SUFFREN, *L'année chrétienne ou le saint et profitable emploi du temps pour gagner l'éternité, où sont enseignées diverses pratiques et moyens pour saintement s'occuper durant tout le cours de l'année, conformément à l'ordre de l'année inspirée par le Saint-Esprit à l'Église catholique*, 5 vv., Paris, 1640-1642.

Dessa obra deve-se dizer que, não obstante o título, nada mais é do que um escrito "devoto", que só de longe tem relação com a liturgia, porque o ano litúrgico serve de puro e simples enquadramento e guia

INTRODUÇÃO

para uma exposição genericamente espiritual. De qualquer modo, serve para testemunhar que os estudos litúrgicos, numerosos naquela época, já exercem alguma influência sobre a vida espiritual.

2. N. LETOURNEUX, *L'année chrétienne, contenant les messes du dimanche, fêtes et jeûnes de toute l'année, en latin et en français, avec l'explication des épîtres et des évangiles, et un abrégé de la vie des saints dons on fait l'office*, 13 vv., 1683-1701.

Essa obra, que tinha tido uma precedente, da parte do próprio Letourneux, com um volume intitulado *Carême chrétien* (1682), deve ser vista como a principal e melhor tentativa dos tempos modernos para uma introdução à compreensão do ano litúrgico. Infelizmente, a obra foi acabar entre os *livros proibidos*, por decreto de Inocêncio XII (1691), provavelmente só porque continha a "tradução francesa" do Ordinário da Missa, como refere Saint-Beuve,[4] e não porque se pudesse acusá-la de jansenismo, como presume Guéranger.[5]

3. J. CROISET, *Exercices de piété* (nas posteriores edições: *Année chrétienne*) *pour tous les jours de l'année, contenant l'explication du mystère ou la vie du saint de chaque jour, avec des réflexions sur l'épître et une méditation sur l'évangile de la messe et quelques pratiques de piété propres à toutes sortes de personnes*, 12 vv., Lyon, 1712-1720.

Parece que a primeira intenção da obra fosse a de suplantar a obra homônima de Letourneux, e foi o que efetivamente aconteceu[6] pelas numerosas edições e também traduções ocorridas. Também aqui a liturgia não passa de um pretexto, como se pode ver examinando o tipo

---

[4] *Port-Royal*, v. 5, p. 221. Cf. BREMOND. *Histoire du sentiment religieux en France*. v. 10, p. 42.

[5] GUÉRANGER, P. *Institutions liturgiques*. v. 2. Paris, 1841, pp. 66-68.

[6] Cf. BREMOND, op. cit., p. 53.

de meditações sugeridas, as quais não possuem nenhuma relação com o ano litúrgico. Veja-se, por exemplo, como a obra trata do *VI domingo depois da Epifania*: começando com uma longa explicação sobre a "semente de mostarda" (da qual trata o Evangelho) e algumas informações sobre a cidade de Tessalônica (a propósito da epístola), propõe a "meditação sobre a morte" como meditação do dia e, em relação a esta, as "aspirações" de oração e o "piedoso exercício": *"Memorare novissima tua"* e "Pensar sempre na morte".

4. P. GUÉRANGER, *L'année liturgique*, 9 vv., 1841-1866. Dessa sua obra, muitas vezes reeditada e traduzida, e em muitos aspectos sempre válida, o próprio Guéranger, anunciando o seu projeto em *Institutions liturgiques*, v. 1, p. XXI, escreve:

> É nosso propósito escrever uma obra sobre o ano litúrgico, com o objetivo de dar aos fiéis a possibilidade de ter acesso àqueles imensos auxílios que em todo tempo a piedade cristã pôde obter da inteligência dos mistérios litúrgicos. Será uma obra que não terá nada em comum com obras análogas até agora publicadas. Esta, de fato, pretende ajudar os fiéis na participação na liturgia, e portanto poderá servir como livro a ser levado para a igreja no lugar de qualquer outro livro do gênero.

Com essas palavras Guéranger, queria distinguir a sua obra principalmente da obra de Croiset, muito em voga na época. Dizer que Croiset tenha sido superado em muito por Guéranger, pelo menos quanto ao valor, é até supérfluo, e certamente deve-se a esse livro o fato de a espiritualidade litúrgica ter começado a fazer-se presente de uma forma muito mais profunda e viva em ambientes cada vez mais vastos.

Com certeza, é eco da obra de Guéranger a atenção cada vez maior posta, nos tempos mais próximos a nós, sobre o ano litúrgico, que repetidamente tornou-se objeto de *livros de meditação* ou objeto de re-

INTRODUÇÃO

flexão teológico-espiritual.[7] Um destaque particular merece a produção de O. Casel no campo do ano litúrgico.[8]

Nota sobre a teologia do ano litúrgico na *Mediator Dei* e na *Sacrosanctum Concilium*

Nos tempos atuais, o maior impulso a um estudo teológico do ano litúrgico certamente veio de Casel, e não só pelas obras já citadas, mas pelo enfoque por ele dado à liturgia.

Dada a visão unitária na qual ele considera a liturgia, por ele definida como "o mistério cultual de Cristo e da Igreja", também o ano litúrgico é visto por ele como um complexo unitário, que é ao mesmo tempo explicitação progressiva e síntese do único "Mistério Pascal". Para Casel, o ano litúrgico não tem um fim preponderantemente pedagógico, isto é, não foi instituído com o objetivo de levar à imitação de Cristo, passando pelas considerações das suas ações e das suas virtudes. Indubitavelmente, o fim pedagógico não falta, nem pode faltar. Mas, se fosse só esse o fim do ano litúrgico, então este seria nada mais do que a proposição de "exemplos" que nos foram dados por Cristo em seu agir, e não a proposição do seu "Mistério", ou seja, daquela salvação, da qual ele foi, ao mesmo tempo, a revelação e a atuação entre os seres humanos e nos seres humanos, e do qual hoje o ano litúrgico quer ser a "apresentação atual-sacramental", a fim de que os seres humanos de to-

---

[7] É o que se nota, por exemplo, em SCHUSTER, I. *Liber Sacramentorum*. 10 vv. Torino, 1928ss; MARMION, C. *Le Christ dans ses mystères*, 1919; LOHR, Ae. *Das Jahr der Herren*, 1940 (da 5. ed. em diante, 1950, intitula-se: *Das Herrenjahr*).

[8] Como se pode ver na sua "bibliografia" recolhida em MAYER-QUASTEN-NEUNHEUSER, *Vom christlichen Mysterium*, 1951, pp. 363-367, em particular: os capítulos IV-V do seu *Das christliche Kultmysterium*; o estudo *Art und Sinn der ältesten christlichen Osterfeier*, in KLW 14, pp. 1-78; e os 3 volumes: *Das christliche Festmysterium*; *Das Mysterium des Kommenden*; *Das Mysterium des Kreuzes*.

dos os tempos possam vir a entrar em contato com o mesmo Mistério de Cristo num plano de objetiva realidade. Para Casel, com efeito, "o ano litúrgico é o próprio Mistério de Cristo",[9] ou seja: o evento da salvação humana, que já se realizou em Cristo e por Cristo na humanidade toda, através do movimento do ano é participado a todos os seres humanos de cada um dos momentos do tempo. A consequência disso é que o tempo não é mais o suceder-se de uma vida que se consuma, mas é o caminho pelo qual, seguindo Cristo, se entra no Reino de Deus.

Desse modo, segundo Casel, o movimento do ano não nos coloca num contato puramente psicológico com as ações de Cristo, vistas no âmbito de "história humana", mas nos faz entrar sucessivamente em contato sacramental com os "mistérios" de Cristo, ou seja, com as suas ações, enquanto reveladoras e realizadoras da "história da salvação".[10]

Evidentemente, influenciado pela grande importância que a teologia do ano litúrgico ia assumindo, sob o impulso de Casel e em meio à controvérsia entre *espiritualidade* e *liturgia*, o Papa Pio XII se ocupou amplamente desse problema na sua Encíclica *Mediator Dei*, de 1947. Eis alguns dos seus principais passos:[11]

> Durante todo o correr do ano, a celebração do sacrifício eucarístico e o Ofício Divino se desenvolvem sobretudo em torno da pessoa de Jesus Cristo e se organizam de modo tão harmonioso e adequado que faz dominar o nosso Salvador nos seus mistérios de humilhação, de redenção e de triunfo.

---

[9] CASEL, O. *Das christliche Kultmysterium*. 1960, p. 92. (Ed. italiana: *Il mistero del culto cristiano*. Torino, Borla Editore, 1966, p. 111.)

[10] Ibid., pp. 94s.

[11] AAS 39 (1947) 577-583.

INTRODUÇÃO

Evocando esses mistérios de Jesus Cristo, a sagrada liturgia visa fazer deles participar todos os crentes, de modo que a divina Cabeça do corpo místico viva na plenitude da sua santidade nos membros [...].

Conforme esses modos e motivos com os quais a liturgia propõe à nossa *meditação* em tempos fixos a vida de Jesus Cristo, a Igreja nos mostra os *exemplos* que devemos imitar e os tesouros de santidade que fazemos nossos, porque é necessário crer com a mente naquilo que se canta com a boca, e traduzir na prática dos costumes particulares e públicos o que se crê com a mente.

ADVENTO: Com efeito, no tempo do Advento, desperta em nós a consciência dos pecados miseramente cometidos; e nos exorta a fim de que, refreando os desejos com a mortificação voluntária do corpo, nos recolhamos em *pia meditação* [...].

NATAL: Na ocorrência do Natal do Redentor, parece quase reconduzir-nos à gruta de Belém para que aí *aprendamos* que é absolutamente necessário nascer de novo e reformar-nos radicalmente [...].

PÁSCOA: Na solenidade Pascal, que comemora o triunfo de Cristo, sente-se a nossa alma penetrada de íntima alegria, e devemos oportunamente *pensar* que também nós, junto com o Redentor, surgiremos, de uma vida fria e inerte para uma vida mais santa e fervorosa, a Deus oferecendo-nos todos, com generosidade e esquecendo-nos desta mísera terra para só aspirar ao céu: "Se ressuscitastes com Cristo, procurai as coisas supremas, aspirai às coisas do alto".

PENTECOSTES: No tempo de Pentecostes, finalmente, *exorta* nossa Igreja, com os seus preceitos e a sua obra, a oferecer-nos docilmente à ação do Espírito Santo, o qual quer acender em nossos corações a divina caridade para progredirmos na virtude com maior empenho, e assim nos santificar, como são santos Cristo Senhor e o seu Pai Celeste [...].

Do que foi exposto, aparece claramente, Veneráveis Irmãos, quanto estejam longe do verdadeiro e genuíno conceito da liturgia escritores modernos, que, enganados por uma pretensa disciplina mística mais alta, ousam afirmar que não nos devemos concentrar no Cristo histórico, mas no Cristo "pneumático e glorificado" [...].

Mas essas falsas opiniões são de todo contrárias à sagrada doutrina tradicional. "Crê em Cristo nascido na carne — diz santo Agostinho, *Enarr. In Os* 123, 2 — e chegarás a Cristo nascido de Deus, Deus de Deus." A sagrada liturgia, ademais, nos propõe todo o Cristo, nos vários aspectos de sua vida; isto é, Cristo que é Verbo do Eterno Pai, que nasce da Virgem Mãe de Deus, que nos ensina a verdade, que cura os enfermos, que consola os aflitos, que sofre, que morre; que, enfim, ressurge triunfante da morte; que, reinando na glória do céu, nos envia o Espírito Paráclito e vive sempre na sua Igreja: "Jesus Cristo ontem e hoje: ele por todos os séculos". E, além disso, não no-lo apresenta somente como um exemplo a imitar mas ainda como um mestre a ouvir, um pastor a seguir, como mediador da nossa salvação, princípio da nossa santidade e Cabeça mística de que somos membros, vivendo da sua própria vida [...].

Assim, o ano litúrgico, que a piedade da Igreja alimenta e acompanha, não é uma fria e inerte representação de fatos que pertencem ao passado, ou uma simples e nua evocação da realidade de outros tempos. É, antes, o próprio Cristo, que vive sempre na sua Igreja e que prossegue o caminho de imensa misericórdia por ele iniciado, piedosamente, nesta vida mortal, quando passou fazendo o bem com o fim de colocar as almas humanas em contato com os seus mistérios e fazê-las viver por eles, mistérios que estão perenemente presentes e operantes, não de modo incerto e nebuloso, de que falam alguns escritores recentes, mas porque, como nos ensina a doutrina católica e segundo a sentença dos doutores da Igreja, são exemplos ilustres de perfeição cristã e fonte de graça divina pelos méritos e intercessão do Redentor; e porque perduram em nós no seu efeito, sendo cada um deles, de modo consentâneo à própria índole, a causa da nossa salvação. Acrescente-se que a pia Madre Igreja, enquanto propôs à nossa *contemplação* os mistérios de Cristo, invoca com as suas preces os dons sobrenaturais pelos quais os seus filhos se compenetram do espírito desses mistérios por virtude de Cristo. Por influxo e virtude dele, podemos, com a colaboração da nossa vontade,

INTRODUÇÃO

assimilar a força vital como ramos da árvore, como membros da cabeça, e progressiva e laboriosamente transformar-nos "segundo a medida da idade plena de Cristo".

Uma explicação do pensamento da Encíclica sobre o ano litúrgico apresenta não poucas dificuldades, não obstante, ou talvez, precisamente pela amplitude que foi dada ao tema. Parece, de fato, que aqui não há coerência de pensamento.

Antes de tudo, tem-se a impressão de que a Encíclica corra sobre uma dupla linha: *ontológica* uma, e *moral-edificatória* a outra.

a) A *linha ontológica* aparece logo no começo, onde se lê:

> Evocando esses mistérios de Jesus Cristo, a sagrada liturgia visa fazer deles participar todos os crentes, de modo que a divina Cabeça do corpo místico viva [...] nos membros.

Novamente e de uma forma muito forte e incisiva quando diz:

> Assim, o ano litúrgico [...] não é uma fria e inerte representação [...]. É, antes, o próprio Cristo, que vive sempre na sua Igreja e que prossegue o caminho [...] por ele iniciado.

A uma primeira leitura, essas palavras dão realmente a impressão de uma objetiva realidade, no sentido de uma "presença" ativa dos Mistérios de Cristo na celebração litúrgica. E isso fica mais evidente ainda se considerarmos que as expressões da Encíclica são um eco quase que literal do pensamento e também das palavras de Casel, quando escreve:

> O autêntico protagonista do ano litúrgico é o Cristo místico, isto é, o próprio Senhor Jesus Cristo glorificado, unido com a sua esposa, a Igreja [...]. Sobre a terra, o Mistério de Cristo é fonte de vida para a Igreja [...]. O ano

litúrgico é, portanto, o Mistério de Cristo [...]. No ano litúrgico, devemos viver *essa* vida de Cristo Senhor, esse caminho imponente do seio da Virgem [...] até o trono da divina majestade no alto dos céus, *esse mistério*. Trata-se de celebrar e tornar nossas essas grandes realidades da salvação, não simplesmente de contemplar e imitar no sentimento a vida terrena do Senhor nos seus particulares. Isso poderia fazê-lo também um não batizado, ao passo que nós, cristãos, somos chamados a celebrar o "Mistério de Cristo" [...]; os mistérios litúrgicos representam para nós as ações salvíficas do Senhor da sua encarnação até a sua ascensão na forma mais real, concreta e viva, e além disso de modo espiritual [...] Cristo, no mistério, nos apresenta novamente o seu caminho como estrada para a salvação, e a sua afirmação "Eu sou o caminho" realiza-se da forma mais elevada. Cristo não é simplesmente o exemplo e muito menos alguém que nos indica o caminho; pelo contrário, é o próprio caminho que nos leva e nos conduz à meta.[12]

Mas uma interpretação no sentido caseliano foi declarada não correspondente ao sentido da Encíclica. Com efeito, tendo o abade de Beuron, B. Reetz, escrito no *Klerusblatt* de Salzburgo (abril de 1948) que a Encíclica, falando de "mistérios perenemente presentes e operantes" no ano litúrgico, inseria-se na ideia da "presença mistagógica" (*Mysteriengegenwart*) expressa por Casel, o Santo Ofício interveio com a carta do arcebispo de Salzburgo (25 de novembro de 1948)[13] afirmando que as palavras da encíclica: "Mistérios que estão perenemente presentes e operantes" não confirmam a opinião segundo a qual no ano litúrgico os mistérios estão presentes num plano de realidade certamente não histórica, mas místico-sacramental. Pelo contrário, o verdadeiro sentido da Encíclica deve ser extraído do seu contexto como um todo, o qual fala de uma presença "como nos ensina a doutrina católica", isto

---

[12] CASEL, O. *Il mistero del culto cristiano*. Torino, Borla Editore, 1966, pp. 109-114.

[13] BUGNINI, A. *Documenta pontificia ad instaurationem liturgicam spectantia*. v. I (1903-1953). Roma, 1953, pp. 167s.

INTRODUÇÃO

é, de uma presença entendida como exemplos de virtude e como fontes de graça pelos méritos e pelas orações de Cristo.

Infelizmente, deve-se convir que essa intervenção reafirmou um conceito da *ação santificadora* de Cristo entre os seres humanos que tira da *encarnação* todo o seu valor específico. Se, de fato, tudo se resolve no valor de um "exemplo", seria suficiente a "Lei" e não teriam sido necessárias "a verdade e a graça" trazidas ao mundo por Cristo (Jo 1,17), que é precisamente o "real acontecimento" (cf. Jo 1,17: *facta est*) da salvação. A este propósito, com efeito, já Leão Magno[14] advertia:

> Para a salvação não basta o ensinamento da Lei, nem o dos Profetas, pois à "doutrina" era necessário acrescentar a "verdade-realidade" da redenção, pela qual o desígnio divino da destruição do pecado através do nascimento e da Paixão de Cristo (mistério da encarnação!) viesse a *pertencer às gerações de todos os séculos*. Com efeito [...], a encarnação do Verbo comportava que acontecesse no futuro aquilo que já havia acontecido" ("Hoc contulit faciendum quod *factum*"; cf. o "veritas et gratia per Iesum Christum *facta est*", de João, acima citado).

Mas também não se pode dizer, sem distinções e especificações, que é "ensinamento da doutrina católica" uma "presença e uma ação puramente moral" do Mistério de Cristo no ano litúrgico.

b) A *linha moral-edificatória* é, portanto, infelizmente, a única que a Encíclica reconhece como válida explicação do ano litúrgico. O Mistério de Cristo na verdade se reduz em sua totalidade somente a uma série de exemplos morais, à imitação dos quais o ano litúrgico deveria impelir, projetando diante de nós, para consideração e meditação, as ações de Cristo. Mas esse não é mais um "*caminho de Cristo*

---

[14] Leão Magno, *Sermo* 23, 3-4; PL 54, 201-202.

na Igreja ao longo de um ano", como a própria Encíclica diz, mas, no máximo, o *"caminho da Igreja rumo a Cristo",* seguindo o convite da sua voz (doutrina) e dos seus exemplos.

A Constituição Apostólica *Sacrosanctum Concilium*, nn. 102-104, do Vaticano II, move-se — é preciso reconhecê-lo — sobre um terreno inseguro precisamente por causa do ensinamento da Encíclica. Entretanto, esforça-se por superá-lo, no sentido de que não se remete mais explicitamente aos "exemplos", mas sobretudo à *virtus* e aos "méritos" de Cristo, tornados acessíveis aos fiéis pela *"presença dos mistérios da redenção",* através de uma "celebração anamnética", ou seja, através de uma *memória sacramental.* A referência à *virtus* de Cristo, à qual os fiéis podem *"ter acesso",* supõe uma referência implícita a Lc 6,19 e Mc 5,29-30, onde se fala de um *"tocar"* as vestes de Cristo, para sentir delas sair uma *virtus* de salvação. Aqui a imagem da Encíclica, a propósito de um "caminho de Cristo na Igreja", adquire concretude salvífica, precisamente pelo "contato" que o ano litúrgico provoca com a "potência salvífica" de Cristo.

Podemos concluir citando, na linha de um exemplo de como se deve entender a *presença-ação* dos mistérios de Cristo no ano litúrgico, dois testemunhos antigos.

Leão Magno, *Sermo* 26, 2,[15] a propósito do Natal:

> *Quamvis [...] omnes susceptae pro nobis humilitatis transierint actiones, renovat tamen nobis hodierna festivitas nati Jesu ex Maria virgine sacra primordia, ut dum Salvatoris nostri adoramus ortum, invenimur nos nostrum celebrare principium. Generatio enim Christi origo est populi christiani, et natalis capitis natalis est corporis.*

---

[15] PL 54, 213.

INTRODUÇÃO

Ps. Ambrósio, *Sermo* 9, 5:[16]

Quod olim gestum est, vidimus plane videmusque cotidie. Ea enim sunt Christi mirabilia ut non antiquitate praetereant, sed gratia convalescant; non oblivione sepeliantur, sed ut virtutibus innoventur. Apud omnipotentiam Dei nihil est abolitum, nihil praeteritum, sed pro sui magnitudine omnia illi in praesenti sunt, totum illi tempus est hodie. Quod si omne saeculorum tempus una dies est Domino, eadem die qua mirabilia salvator patribus operatus est, operatus est et nobis. Vidimus igitur et nos sicut maiores nostri mirabilia Domini, cum pari ea cum illis stuore suspeximus. Gustavimus et nos sicut illi de ipsis hydris ("o sinal de Caná", objeto da festa da Epifania), si quidem illi de his poculum vini biberunt, nos saluis calicem sumpsimus.

---

[16] PL 17, 643. Observe-se que, segundo DEKKERS (*Clavis Patrum Latinorum*, ed. altera, n. 180), hoje essa homilia é considerada autêntica.

Capítulo I
O tempo na história da salvação

Mesmo nascendo de uma reflexão totalmente particular, baseada sobre uma realidade que têm características únicas e incomunicáveis, qual seja o desenvolvimento no tempo do Mistério de Cristo, o tempo litúrgico cristão não é, em todos os sentidos, único. Este, de fato, partindo de uma consideração do tempo numa perspectiva "litúrgica", ou seja, como momento ritual da salvação operada por Cristo, é sempre uma relação de *tempo e história*, relação que veremos realizar-se também fora da consideração teológica cristã.

I. Tempo cósmico – tempo histórico – tempo sagrado

Denominamos *tempo cósmico* aquela dimensão do universo com a qual se mede de modo uniforme a duração das coisas, medida dada pelo suceder-se de instantes, que no cosmo se somam, de modo visível, no alternar-se dos ritmos maiores e menores da natureza: luz e trevas (dias), floração e maturação das colheitas e dos frutos (estações e meses).

O ser humano primitivo, embora não se perguntasse *o que é o tempo* (reflexão filosófica), percebe esse cíclico alternar-se como uma realidade experimental na qual ele vive e pela qual ele se sente ser de certa forma medido e, por extensão, liga o tempo e as suas alternâncias cíclicas a acontecimentos seus prazerosos ou tristes, favoráveis ou contrários, e por esta via *os ritmos do tempo* (dias, meses, anos) *se enchem de conteúdos humanos*. Quase que inadvertidamente o *tempo cósmico* se torna *tempo histórico humano*.

Mas o ser humano está em condições de fazer passar o tempo cósmico também para a categoria do *tempo histórico divino*, e as razões disso serão as próprias alternâncias cósmicas de luz e trevas, do surgir do sol e da lua, do variar das estações etc., tão logo esses fenômenos assumam na sua mente um valor religioso e sagrado, apresentando-se-lhe como *hierofanias* ou *teofanias* = manifestações da divindade. O tempo nas suas próprias alternâncias cósmicas marca assim aqueles "eventos divinos", que formam *a história divina*, e se diferencia de tal modo do tempo "histórico humano" que acaba ficando "tempo profano", à medida que este assume dimensões de *tempo sagrado*. O processo vai tão além que os momentos deste "tempo sagrado", sendo "hierofânicos", são "personificados" e dão origem ao culto do "deus-sol", da "deusa-lua", caso se trate de fenômeno cósmico da luz; ao culto, por exemplo, da deusa Flora e da deusa Pomona, que personificam o fenômeno estacional da primavera e do verão; às denominações cósmicas de Júpiter fulminante-tonítruo-plúvio-serenante-lucipotente-*diespiter* (pai do dia ou da luz).

Essa sacralidade do tempo, dada pela mitificação do fenômeno cósmico, posteriormente se transformará também no tempo no qual se procurará, por meio do rito, perpetuar não só a lembrança mas também o efeito benéfico ligado ao acontecimento "histórico-divino" lido no fato cósmico. O rito, com efeito, terá o encargo de dar uma "continuidade" e uma "perenidade" àquele feliz tempo sagrado cósmico, sinal da presença divina, e, separando-o do "momento" no qual acontece, o reproduzirá "presente" em todo e qualquer outro momento do tempo.

Existe, portanto, um duplo "tempo sagrado": o *tempo sagrado mítico*, tempo cósmico no qual acontece a "hierofania"; o *tempo sagrado ritual*, tempo ocupado e tornado sagrado pelo rito, que torna presente no "tempo ritual" o fato cósmico-hierofânico.

II. O tempo na revelação bíblica

Na Escritura, o fato cósmico não se identifica nunca com Deus, mas é a sua manifestação enquanto afirma uma intervenção divina: "No princípio, Deus criou o céu e a terra". O evento da criação é o resultado de um suceder-se de intervenções particulares divinas, que aliás dão origem à própria unidade do tempo cósmico: "Deus disse [...] e assim se fez [...]. Houve uma tarde e uma manhã: o primeiro dia". Deus, mesmo sendo transcendente ao tempo, situa a sua ação no tempo, que forma assim os ritmos da ação reveladora de Deus, e o próprio surgir do tempo cósmico se identifica com o *tempo histórico divino*. Mas, como na Escritura a ação de Deus é revelação de si mesmo ao ser humano, a fim de que este último encontre nele aquela "salvação" que ele mesmo dispôs para si antes de todo tempo cósmico, ocorreu que o tempo histórico divino englobou em si mesmo a história humana como *história da salvação de Deus*. Esta, com efeito, nada mais é do que "o desenvolvimento programado segundo um desígnio" (história), que já estava presente no ser humano no seu estado germinal, quando Deus o criou para que fosse "à sua imagem e semelhança". Desse modo, a história humana não será nunca tão humana a ponto de excluir Deus, e evitará o perigo de uma dupla história: uma *mítico-divina*, situada num tempo pré-histórico e que frequentemente está na origem do tempo cósmico, com cujos fenômenos — personificados — se identifica miticamente; e uma *real-humana*, que formaria o tempo histórico propriamente dito. Existirá, pelo contrário, uma única *história sacra*, na qual o *desígnio divino* terá uma *atuação humana*.

Deus, com efeito, da mesma forma que é "aquele que era, que é e que vem" (Ap 4,8), também é "aquele que fez o passado, faz o presente e o futuro" (Jd 9,5). E, desse modo, a linha da história, partindo de Deus, se desenvolve numa continuidade que é sempre concretização de um "desígnio", o qual, sempre presente nele, no suceder-se do tempo adquire uma presença objetiva, pelo qual pode, por assim dizer, "apresentar-se" a Deus e dizer-lhe: Aqui estou (Jd 9,5-6). É o *desígnio* que se tornou *história*.

III. O tempo da salvação e suas fases no plano histórico

Devido a essa inserção da salvação na história, a Escritura considera e vê a *história* do mundo — em relação àquilo que é referido por esta — e do povo judeu como modelo emblemático da humanidade, em função da *salvação*. A revelação, de fato, é a luz na qual o escriba inspirado lê e interpreta "soteriologicamente" os acontecimentos que narra tanto no plano cósmico, como a criação do mundo e o dilúvio, ou no plano de eventos pessoais, como a história dos antepassados, de Noé, de Abraão, de Jacó e de Moisés, quanto no plano dos eventos político-civis, como a saída dos hebreus do Egito, a sua constituição em povo-nação independente, o seu exílio e a restauração depois do exílio.

O TEMPO NA HISTÓRIA DA SALVAÇÃO

Trata-se, em resumo, de uma narração que deve ser tomada principalmente não no plano da documentação mas sim no da *história profética*, ou seja, de uma história cujos acontecimentos foram lidos e interpretados à luz de uma intuição não só profunda quanto totalmente nova, que, superando o nível de uma "epopeia religiosa" qualquer, coloca-nos diante de uma "visão de fé", global e específica, a qual, em toda a história, descobre a existência e a ação de uma *eleição* divina, realizada numa *aliança* eterna, isto é, destinada a superar tempos e eventos.

Será essa visão profética a dar à narração histórica a sua *unidade*, revelando uma *linha* de ação divina que, partindo do primeiro momento criativo de Deus, estende ao longo do trajeto da história — primeiro universal: criação-dilúvio; depois particular: Abraão-Moisés-Cristo; depois de novo universal: Cristo-Igreja — o desígnio de salvação concebido pelo amor de Deus desde a eternidade. E, se esta reflexão profética sobre acontecimentos passados — que é precisamente a Escritura no momento da sua redação inspirada e da sua aceitação por parte do "povo de Deus" (Israel-Igreja) — não parece nunca lançar uma luz plena sobre o futuro, dando-lhe um nome e uma fisionomia determinada (At 1,7), ainda assim conduz continuamente na direção de momentos-chave que, ligando-se ao passado e explicando-o, garantem sua posterior realização — na mesma linha — no futuro. Assim, o *dilúvio* explica e concretiza por um momento a destruição ameaçada por causa do pecado da humanidade, que se cumpriu nos antepassados (Gn 6,6-7); com Noé retoma-se a *bênção* que Deus havia dado ao primeiro homem (cf. Gn 1,27-30 e 2,16-17 com Gn 9,1-17); com Abraão é renovada a *aliança* feita com Noé (cf. Gn 9,8-17 com Gn 17,1-14); aos israelitas, no Egito, Deus quer manter a *promessa* feita a Abraão (cf. Gn 15,13-16.18-21 com Ex 6,4-8); a *aliança* com Abraão está na base da aliança feita com Israel (cf. Gn 17,2-8 com Dt 7,7-9); a *aliança*, que

Deus não pode romper, como não pode se negar a ser o criador do dia e da noite (Jr 31,35-37; 33,19-26), será renovada e aprofundada com Israel nos "dias vindouros" (Jr 31,31-34; 32,37-41), e essa será a aliança do Sinai que se tornou eterna (Ez 16,60.62-63); finalmente, haverá um "Servo de Iahweh", que personificará em si mesmo a *aliança* feita com o povo de Deus, para fazer dela luz e libertação universal (Is 42,6-7). Os homens poderão tornar sua essa *aliança*, "tomando-a todos no sangue" de Cristo (Lc 22,20; Mt 26,27-28; 1Cor 11,25), e será mais uma vez a aliança do Sinai (Ex 24,8) que, tendo se tornado realidade plena, porque implica a remissão dos pecados (Jr 31,24; Mt 26,27-28), será também aliança nova e eterna (Jr 31,31; 32,40; Ez 16,60; Lc 22,20; 1Cor 11,25).

De tudo isso fica claro que a "salvação" é uma realidade inserida completamente numa dimensão "histórica", que não lhe serve só de moldura, mas é tal a ponto de fazer da própria "salvação" uma *linha* contínua que se desenvolve no *tempo*, dando origem por consequência a um *tempo da salvação*, se tomado no seu conjunto, ou a distintos "tempos" da mesma, situados nos momentos sucessivos; é a "diversidade de tempos e de modos" de que se fala em Hb 1,1-2.

Um ensaio dessa "linha temporal" da salvação temos em Ef 1,3-14:

> Bendito seja o Deus e Pai de nosso Senhor Jesus Cristo *que nos abençoou* […] *em Cristo Jesus.* (É o tema, seguido da explicação.) Nele, *Deus nos escolheu, antes da fundação do mundo*, para sermos santos e íntegros diante dele, no amor. Conforme o desígnio benevolente de sua vontade, ele *nos predestinou* à *adoção como filhos, por obra de Jesus Cristo*, para o louvor de sua graça gloriosa, com que nos agraciou no seu bem-amado. (Ou seja, ao dom que gratuitamente nos fazia no Filho.). *Em Cristo*, e por seu sangue, *obtivemos a redenção* e a remissão dos pecados. (Depois da

explicação do tema, as fases do seu desenvolvimento.) Desta riqueza da sua graça ele nos concedeu um profundo conhecimento, *revelando-nos o mistério da sua vontade, o seu desígnio de amor*, que devia *realizar-se na plenitude dos tempos*. (Explicação daquilo em que consistia o desígnio de amor.) Recapitular tudo em Cristo, tudo o que existe no céu e na terra. De fato, não só *nós* (judeus), os primeiros a pôr em Cristo nossa esperança, fomos feitos *seus herdeiros* [...], mas também *vós* (pagãos) ouvistes a palavra da verdade, a Boa-Nova da vossa salvação. Nele acreditastes e recebestes a marca do Espírito Santo *segundo a promessa*, que é a garantia da nossa herança, até o resgate completo e definitivo, para louvor da sua glória.

Nessa "linha temporal", a visão "profética" da história da salvação parte *de Cristo* (eleição) e termina *em Cristo* (redenção). A prova de que a visão "profética" da salvação é contemplação não de um puro "pensamento" divino mas sim de um *processo histórico*, no qual o "pensamento-vontade" de Deus vai se concretizando, nos é dada pelo fato de que o seu ponto de realização definitiva é chamado "plenitude dos tempos" (Ef 1,10; Gl 4,4; Mc 1,15). A ideia subjacente a essa expressão não é simplesmente a de um tempo que se "fecha", mas a do tempo como um vaso que, tendo permanecido vazio até então, finalmente "é enchido" com o seu conteúdo. O "tempo" do qual se fala não é o "tempo cósmico" (*chrónos*), que encontra o seu cumprimento no seu próprio movimento que se renova num círculo perene, mas é o "tempo histórico" (*kairós*), ordenado e estabelecido por certo "acontecimento", o qual justifica a existência do tempo precisamente porque é destinado a "preenchê-lo" daquela realidade à qual é preordenado. Que a "plenitude dos tempos" indique um "cumprimento" e, portanto, um momento de "realização", se vê nas palavras de Cristo em Lc 4,17-21. Depois de ter lido na sinagoga o texto de Is 61,1-2, onde o profeta diz: "O Espírito do Senhor Iahweh está sobre mim [...] e me enviou a evangelizar [...], a curar [...], a libertar", anuncia que "hoje esta Escritura se cumpriu aos ouvidos" dos que o escutavam. Em outras palavras: aquilo que Cristo leu na Escritura não é mais só *anúncio*, mas é *acontecimento*, porquanto é algo que *se cumpre* num determinado momento do tempo ("hoje"). Desse modo, a "salvação" novamente é apresentada totalmente inserida no "tempo" e assim produz a "história da salvação".

A melhor síntese desta tensão que existe entre "anúncio" e "realidade", e do desembocar de um na outra, se tem no prólogo ao Evangelho de João:

> *No princípio era a Palavra, e a Palavra estava junto de Deus. Tudo foi feito por meio dela*, e sem ela nada foi feito de tudo o que existe. Nela estava a vida, e a vida era a luz dos homens. *Ela estava* no mundo, e o mundo *foi feito* por meio dela, mas o mundo *não a reconheceu*. Ela veio para o que era seu, mas os seus *não a acolheram*. A quantos, porém, a acolheram, deu-lhes poder de se tornarem filhos de Deus. *A Palavra se fez carne e veio morar entre nós*. Nós vimos a sua glória, glória como do filho único da parte do Pai — em plenitude de graça e de verdade (Jo 1,2-4.10-12.14).

O "Filho do Pai" é a realidade imutável e eterna que existe em Deus que cria o mundo e se encarna entre os seres humanos. Mas essa realidade é vista aqui na dimensão de "palavra", isto é, de momento revelador de um desígnio divino, no qual se enquadram sucessivamente uma *criação*, uma *vinda na Palavra* ao mundo para ser luz dos seres humanos, e finalmente uma *encarnação desta* entre os seres humanos. Assim Cristo, que nada mais é do que a Palavra em nível da encarnação, será a antiga Palavra que, depois de ter conhecido, como "luz", a rejeição e a acolhida da parte dos seres humanos, "se fará carne", ou seja, acontecimento concreto de um determinado momento de tempo, que se chamará justamente de "tempo da encarnação".

Isso nos faz entrever claramente que a "salvação", no seu desenvolvimento histórico, se desenvolve em *duas fases* sucessivas, situadas nos dois momentos do *anúncio* e da *realização*, e que, normalmente apresentados com o nome de Antigo e Novo Testamento, não são duas "histórias" distintas, mas duas "fases" da *única história* da salvação.

É claro que sob a categoria "anúncio" (AT) não merecem estar a *Palavra*, como também muitos *fatos* (por exemplo, a libertação do Êxodo, a aliança do Sinai, o Exílio), que se encontram no plano da "realização" só no sentido particular e limitado, na medida em que são fatos que valem mais por aquilo que "anunciam" enquanto "futuro" do que pelo "acontecimento" que neles se desenvolve. Todavia, como também esses fatos, não menos do que a Palavra, acontecem no âmbito da história considerada na visão "profética", por esta são integrados numa única "história profética", embora muitas vezes os fatos já sejam cumprimento de uma Palavra. É o caso, por exemplo, da libertação do Êxodo, que se apresenta como realização da "promessa" feita aos pais, mas que, quanto ao seu valor "real", tem principalmente o de ser "sinal e símbolo" de uma "libertação" universal e futura. Estamos, portanto, diante de um "fato simbólico" que, como a Palavra, está à espera do cumprimento. Isso acontece porque a Palavra que é contida no AT é por sua natureza *escatológica*, ou seja, totalmente orientada para o futuro.

Esse *sentido escatológico* que permeia a primeira fase da história da salvação é o que cria formalmente a "visão profética" da mesma história, porque é aquilo que descobre o polo comum de partida e de chegada da história da salvação, isto é, o próprio Cristo, que é o seu início e o seu fim (Hb 12,2; cf. Jo 1,1-14).

IV. O tempo litúrgico da salvação no AT e no NT

O aprofundamento da "linha histórico-temporal", a propósito da história da salvação, levou a uma virada decisiva da compreensão da liturgia. Esta, de fato, deixa de ser colocada — enquanto culto da Igreja — sobre uma ideia genericamente religiosa de culto-adoração, existente também fora da liturgia, e se liga mais diretamente ao Mistério de Cristo e, por isso, ao mistério da salvação visto na sua realização no plano histórico. Os estudos de Casel, valorizando na linha do "mistério cultual" o fato da "presença da ação salvífica de Cristo" na liturgia, contribuíram fortemente para fixar a atenção sobre o "conteúdo" da celebração e, portanto, contribuíram para fazer da liturgia — como diremos a seguir — o momento último e o momento-síntese da história da salvação. Essa perspectiva, que parecia nova, revelou-se pelo contrário antiquíssima e original, quando o estudo da Bíblia nos desvelou o verdadeiro significado "soteriológico", isto é, "histórico-salvífico" da liturgia judaica, pelo menos naquelas suas formas que direta ou indiretamente revivem no culto cristão.

Como já acenamos, na Escritura temos resíduos de um ano "religioso" que tem como paradigma o ano cósmico, no sentido de que os seus pontos salientes coincidem com momentos igualmente salientes do tempo cósmico, cujo movimento circular de eterno retorno é sublinhado com ritos religiosos que têm referência respectivamente ao *dia*, à *semana*, ao *mês* e às *estações*.

O *dia* era aberto e fechado (Ex 29,38-42; Nm 28,2-3) com um sacrifício pela manhã e um à tarde. Este se constituirá no sacrifício "perpétuo" (*tâmîd*) de Israel e será tão fortemente inserido no tempo cósmico a ponto de o sacrifício da tarde se tornar uma indicação horária: "hora do incenso da tarde" (Jd 9,1), "hora da oferta da tarde" (Dn 9,21; Esd 9,4-5).

A *semana* tinha como seu dia principal o *sábado* (o sétimo dia), que era caracterizado não só pelo repouso civil mas também por um ritual religioso particular, no mínimo pelo fato de que naquele dia eram duplicadas as ofertas já fixadas para o dia comum.[1]

O aspecto cósmico é particularmente perceptível no rito *mensal* da *neomênia*, que já em seu próprio nome revela (lua nova) a sua primitiva e certamente antiquíssima origem do culto astral.

As *estações*, como ritmos cósmicos maiores, se identificam com o periódico retorno dos frutos da terra, dando origem às três antiquíssimas festas judaicas, isto é: a festa dos *pães ázimos* (feitos com as novas "espigas" de cevada no mês de abib, mais tarde chamado nisã): é a festa da *primavera*; a do *início da colheita* é a festa do início do *verão*; a terceira, a do *fim da colheita*, é a festa do outono (cf. Ex 23,14-17).

A revelação não abolirá essas datas; todavia, como levará Israel ao culto do verdadeiro Deus, destacará as primitivas festas do seu ritmo puramente *cósmico* e as inserirá no *ritmo histórico* da salvação, tornando-as outros tantos pontos de referência às intervenções salvíficas de Deus em favor do seu povo, de modo que pelo menos as três festas mencionadas anteriormente irão mudar de nome. Assim, a dos *pães ázimos* vai se tornar *Páscoa* ou festa da "passagem" libertadora de Iahweh;[2] a

---

[1] VAUX, R. de. *Le istituzioni dell'Antico Testamento*. Torino, 1964, p. 453. [Ed. bras.: *Instituições de Israel no Antigo Testamento*. São Paulo, Teológica, 2003.]

[2] Em Ex 23,15; 34,18, falando da festa dos *pães ázimos* juntamente com as do *início* e do *fim da colheita*, em relação à primeira acrescenta-se, como em Ex 12,17, a frase estereotipada "porque foi neste mês (abib) que eu te fiz sair do Egito". A anotação parece ter todas as características de uma glosa proveniente do código javista da aliança ou do código deuteronômico (Dt 16,1). De fato, em Lv 23,5-6 a Páscoa, que evoca o Cordeiro Pascal e, portanto, a libertação do Egito, é ainda claramente diferenciada da festa dos pães ázimos; entretanto, aparece unida a esta em Dt 16,3, isto é,

do *início da colheita* se tornará a festa das *Sete Semanas* (Ex 34,22; Lv 23,15-16; Dt 16,9-12), ou seja, dos *cinquenta dias* ("pentecostes") do Êxodo, quando a "libertação" se cumprirá com a "aliança" no Sinai; e a do *fim da colheita* irá se chamar *festa das Tendas* (Lv 23,34; Dt 16,13.16), em recordação do período do deserto (Lv 23,42s).

Idêntico fenômeno de passagem para um sentido "soteriológico" se poderá observar na interpretação do *sábado*. Este — que acrescentava ao seu valor institucional do repouso do trabalho (Ex 23,12; 34,21; Lv 23,6) também uma referência *cósmica*, porquanto era o último dia da "semana", que é precisamente a quarta parte do ciclo mensal lunar — só através de uma reflexão teológica mais sutil pôde ser levado a assumir um significado no plano da história da salvação. O princípio inculcado em Dt 6,20-25 pelo qual todas as leis de Deus têm um significado comum, qual seja, o de recordar que Israel foi salvo do Egito, é aplicado também ao *sábado*. Retomando a enunciação do Decálogo, Dt 5,12-15 abertamente conecta — ao contrário das passagens citadas — o dever do "repouso" ao fato da "libertação":

> Lembra-te de que foste escravo na terra do Egito e de que Iahweh te fez sair de lá; por isso Iahweh te ordenou celebrar o sábado.

Sabe-se que outra teologia do *sábado* (hebr.: "repouso") remete ao sétimo dia da criação, a qual por isso mesmo pareceria orientar a reflexão para outras direções. Mas muito apropriadamente — parece-nos

---

no mesmo contexto em que a saída do Egito, com as palavras referidas em relação à festa dos pães ázimos, está ligada à imolação do Cordeiro. Também em Ex 12,15-20 os ázimos parecem só materialmente estar ao lado da *Páscoa* (Cordeiro); em Ex 13,3-10, pelo contrário, mesmo reservando a observância dos pães ázimos ao momento da entrada na Palestina — no deserto, evidentemente, não se podia recolher a cevada necessária para fazer a farinha —, se constata que os pães ázimos atraem para si inteiramente o significado pascal, tornando-se estes também "sinal sobre a mão" (Ex 13,9), como é o caso do sacrifício do cordeiro (Ex 13,16).

O TEMPO NA HISTÓRIA DA SALVAÇÃO

— De Vaux observa que "a criação é o primeiro ato da *história da salvação*; e quando a completou Deus pode parar e concluir uma aliança com a sua criatura".[3] Nesse sentido, também a interpretação "sacerdotal" do sábado se insere na linha *soteriológica*, separando-se de qualquer referência cósmica, bem quando a apresentação deste como "sétimo dia" (Gn 2,2-3) da criação fazia do sábado justamente uma recordação cósmica.

Valor igualmente soteriológico assume o *sacrifício diário* ou "perpétuo" (*tâmîd*). Efetivamente, este se torna também o memorial do dia mais importante na história da salvação vivida por Israel, porque lembra o "sacrifício da aliança". Em Nm 28,6 lemos a este respeito:

> Este é o holocausto perpétuo que já foi ofertado no Sinai.

Desse modo, o culto é inserido intimamente na história da salvação, extraindo desta o seu significado e o seu valor e transmitindo de geração em geração não a sua *lembrança* como de algo passado: para Israel, a ação litúrgica se torna a cada vez de novo uma renovação do "acontecimento" da sua salvação. Com efeito, é sempre a *Páscoa* a que domina todo o horizonte litúrgico, porque a festa das "Semanas" tem o seu ponto de partida — no cômputo dos dias — na Páscoa e o seu ponto de chegada na aliança do Sinai; a festa das "Tendas" lembra o período do deserto, que vinha depois da Páscoa e testemunhava a efetiva libertação obtida por Deus. Lembrança da libertação pascal era, toda semana, o "sábado", e expressão da perenidade do sacrifício pascal da aliança era o culto "sacrifical diário".

---

[3] VAUX, R. de. Op. cit., p. 464.

O culto *continuava* sob uma forma ritual a linha histórica da salvação; Israel não adorava um Deus desconhecido lembrando os seus memoráveis gestos míticos, perdidos, como os dos outros povos mediterrâneos, em fantasias teogônicas, mas adorava um *Deus verdadeiro* que havia se *inserido na história viva e controlável do seu povo*, fazendo da própria história a trama na qual ele pudesse tecer a sua obra de salvação, fruto de "uma *aliança* que ele se lembra para sempre e de uma palavra dada por mil gerações" (Sl 105,8). Destas "maravilhas ele deixou uma lembrança" (Sl 111,4) nas festas do povo, a fim de que "as gerações, sucedendo-se, as conheçam e narrem aos seus filhos, de modo que estes coloquem em Deus a sua esperança e não esqueçam os seus grandes benefícios" (Sl 78,5-7).

É essa dimensão histórica da salvação a que é proclamada na liturgia de Israel toda vez que se invoca Iahweh como "Deus de Abraão, de Isaac e de Jacó"; e é dimensão histórica universal, ou seja, que parte do passado, atravessa o presente e se projeta em direção ao futuro — sempre no sinal da Páscoa —, aquela que ressoa ainda na oração pascal judaica:

> Bendito sejas tu, Senhor nosso Deus, rei do mundo, que nos redimiste, e redimiste os nossos pais do Egito, e nos fizeste chegar a esta tarde para comer os pães ázimos. Da mesma forma faze-nos chegar às festas futuras, felizes pela restauração da tua cidade, onde poder comer o sacrifício do Cordeiro Pascal [...][4] e onde te ofereceremos o louvor de um canto novo pela nossa redenção.

O *tempo litúrgico* se apresenta, portanto, na religião revelada de Israel, como a *continuação da história da salvação* que se manifestou atuante por meio das intervenções divinas, porque a sua "realidade"

---

[4] É sabido que, depois da destruição do templo, os judeus, na Páscoa, não comem mais o cordeiro, não mais existindo o templo no qual sacrificá-lo.

continua a encher de sua presença as ações cultuais que dessas intervenções extraem sua origem, significado e força.

Entretanto, à luz do NT, a "realidade" das intervenções divinas perde grande parte da sua luz, até empalidecer, reduzindo-se ao papel de "sinal", de "símbolo", de "figura" e até mesmo de "sombra" (Hb 8,5; 10,1), ou de longa e riquíssima "parábola" (Hb 9,11). Cristo será e se apresentará ao mundo como a "realidade" verdadeira da salvação, porque aquilo que forma a "história sagrada" anunciada "pela Lei de Moisés (Pentateuco), pelos Profetas e pelos Salmos" (Lc 24,44-49) "dizia respeito a Cristo" (Lc 24,28), no sentido de que nele devia se "cumprir" (Lc 24,44; 18,31).

Com Cristo, portanto, a "história da salvação" entra na fase da "realidade" total. Ele "cumpriu" o tempo, como dissemos, mas não o "fechou"; o "tempo da salvação" já se encontra no plano do *acontecimento*, e permanecerá assim para sempre, porque Cristo, ou seja, a realidade da salvação, "estará conosco até o fim dos séculos" (Mt 28,20); porque "veio morar entre nós, na sua plenitude de graça e de verdade" (Jo 1,14); porque nele "a graça e a verdade se tornaram um *acontecimento*" (Jo 1,17). O próprio Jesus, proclamando em Lc 4,17-21 que nele se cumpriam as palavras proféticas da Escritura, tem sob os olhos, dentre outras coisas, o texto no qual se diz que nele se realiza o *ano do Senhor*. É um "ano" que começa "hoje" em Cristo e mais propriamente começa o "hoje de Cristo", aquele "hoje" pelo qual entra como filho de Deus no mundo em cumprimento da promessa (At 13,33; cf. Lc 3,22) e que não pode mais cessar, porque o Cristo do passado é o de *hoje* e tal será para sempre (Hb 13,8).[5] Com essas palavras não se afirma tanto

---

[5] Hb 13,8: "Jesus Cristo ontem, hoje e sempre" é apresentado por C. Spicq, *L'Epître aux Hébreux*. Paris, 1961, v. 2, p. 422, como fórmula litúrgica, sobretudo porque alguns manuscritos acrescentam

a "eternidade" de Cristo quanto a sua inserção na *nossa história*; da mesma forma que foi de "ontem" no tempo da sua vida terrena, assim ele continua *"hoje"* e durará "no futuro".[6]

Esse "hoje" de Cristo cria naturalmente o nosso "hoje" cristão. Ele, de fato, com a sua encarnação, se inseriu não no "tempo cósmico" mas sim no "tempo histórico" dos seres humanos, tornando-o um tempo de real e sempre atual "história da salvação". Nós, com efeito, "tornamo-nos partícipes de Cristo" (Hb 3,14) no momento em que ele "se tornou partícipe da nossa carne e do nosso sangue" (Hb 2,14), fazendo-nos entrar naquele seu "hoje" que constitui o cumprimento no tempo daquela salvação da qual ele é o portador e que é um fato "de todo dia, por *todo o tempo* em que ressoar esse 'hoje'" (Hb 3,13).

Em Cristo, portanto, a salvação não só se tornou "realidade" e "acontecimento", mas se tornou tal entrando na "história". Isso aconteceu num primeiro momento e num plano ontológico de comunidade de *natureza*, quando não só "ele sofreu para entrar na sua glória" (Lc 24,26), mas também "nós nele morremos" (Cl 2,20) e "fomos ressuscitados" (Ef 2,6; Cl 2,12; 3,1).

Num momento posterior, o "acontecimento" da salvação passa para um plano igualmente ontológico mas *pessoal*, quando na celebração litúrgica o Mistério de Cristo se encontra com cada um dos indivíduos e com cada uma das comunidades, que formam concretamente a sua Igreja, ou seja, a sua "plenitude" (Ef 1,23).

A liturgia do NT não tinha necessidade, no seu surgimento, de uma nova reflexão teológica para encontrar e descobrir o *valor soterio-*

---

um *Amém* (cf. Fuchs, in *Theologisches Wörterbuch zum Neuen Testament* VII, 272; ed. italiana: *Grande lessico del Nuovo Testamento* XII. Brescia, Paideia, 1979, p. 203, n. 5).

[6] Spicq, C. Op. cit.

lógico conexo às suas celebrações; pelo contrário, bastava-lhe ressaltar que as celebrações litúrgicas do AT haviam cessado efetivamente de ter uma razão de ser. Eram, com efeito, celebrações que deveriam tornar eficaz no presente a realidade de fatos salvíficos passados; da mesma forma, todavia, indicavam que o fato era "história da salvação" na medida em que era percebido pela fé como algo que deveria *ocorrer de novo no futuro* (Hb 11).

Essa era a verdadeira descoberta do NT, que justamente no plano litúrgico é abundantemente ilustrada pela *Carta aos Hebreus*, demonstrando que, existindo agora a "realidade-acontecimento", não poderiam mais existir ritos que se referissem só a "realidades anunciadas": "A lei contém apenas a *sombra dos bens futuros*, não a *imagem de realidades ocorridas*" (Hb 10,1).

E Santo Agostinho comentará a palavra de Cristo: "Não vim para abolir a lei, mas para cumpri-la" observando que, do fato de Cristo não ter *abolido* o passado, não decorre que nas *celebrações litúrgicas cristãs* deveriam continuar existindo os *mistérios anunciados* na Lei e nos Profetas; de fato, seria como dizer que se teria continuado a *prometer* que Cristo devia ainda nascer, sofrer e ressurgir, enquanto, pelo contrário, nas *celebrações cristãs* efetivamente se anuncia que ele nasceu, sofreu e ressuscitou. Com efeito, não era necessário que ele abolisse: bastava que "cumprisse"; e pelo fato mesmo do "cumprimento", eliminou todas aquelas *celebrações nas quais ainda se prometia* o cumprimento".[7]

Mas muitos ritos do AT haviam sido feitos, por assim dizer, à medida do *mistério* que anunciavam, que no fim das contas era sempre

---

[7] AGOSTINHO, *Contra Faustum* 19, 16; PL 42, 355; cf. ibid., 6, 2: "Dizendo que essas coisas lhes aconteciam figurativamente, fica claro que nós, celebrando a realidade, não temos mais necessidade de participar de celebrações que se referiam a figuras destinadas unicamente a anunciar a realidade".

o "mistério da salvação" eternamente querido por Deus. Eram estruturas que carregavam a "figura" da "realidade" futura e, uma vez dada concreta existência à "realidade", poderiam ser conservadas enquanto fossem necessárias ou úteis para conter a "realidade" com a finalidade pela qual haviam carregado a "figura", isto é, com o objetivo de tornar perenemente atual e operante a "história da salvação" na sua segunda fase: a do *acontecimento*.

Assim, São Paulo, quando diz: "Como nosso Cordeiro Pascal (*Pascha*), Cristo foi imolado" (1Cor 5,7), nada mais faz do que apresentar a morte de Cristo na dimensão do *rito pascal*, com todo o significado e o valor que isso implica, só sublinhando que não é mais questão de um *cordeiro*, porque este já foi substituído — ou melhor: "cumprido" — por Cristo. Mantém, por conseguinte, o *rito*, mas o apresenta cheio daquela *realidade* (Cristo) que antes havia sido somente *anunciada* (Cordeiro).

De resto, o próprio Cristo — que Jo 19,30-37 nos mostra como aquele que na cruz cumpre a "realidade" da Páscoa — faz da sua Última Ceia um *rito pascal* na estrutura daquela do AT (pão ázimo e vinho, acompanhados de cantos, de orações e de comentários explicativos), mas com uma realidade nova. Não oferece, de fato, o "pão da amargura e da dor", que lembra *tempos passados*, mas oferece o pão-seu corpo sofredor e moribundo no sacrifício da Paixão iminente; não oferece o "cálice", que pela presença do vinho recolhido na Palestina é o sinal de uma aliança realizada através da ocupação da terra *prometida*, mas entrega no "cálice a nova e eterna aliança feita no seu sangue com a remissão dos pecados". E se a Páscoa antiga era celebrada "em memória do dia da libertação" (Ex 12,14), a Páscoa que agora se celebra com o corpo e o sangue de Cristo será "celebrada toda vez em memória do próprio Cristo" e, como explicará Paulo, "para proclamar a morte do Senhor" (1Cor 11,26).

Com a ordem: "Fazei isto em memória de mim", Cristo pôs na *linha-tempo* a sua *Páscoa*, inserindo assim na "história" humana a "realidade da salvação". E como a Páscoa de Israel era o polo magnético que influenciava e dirigia todas as festas e as celebrações litúrgicas semanais e diárias, assim a Páscoa cristã, suma e realidade primeira da salvação, será desde o começo o centro polarizador de toda a liturgia cristã.

V. História da salvação em linha reta e em linha circular

Nos últimos tempos, muito se falou de duas diferentes concepções do *tempo* existentes na Sagrada Escritura e no pensamento grego. Para Cullmann, é "constatação fundamental que para o cristianismo primitivo, como também para o judaísmo bíblico (e para a religião iraniana), a expressão simbólica do tempo é a *linha*, enquanto para o helenismo é o *círculo*".[8]

Essa diferente concepção leva a uma diferente avaliação do tempo em relação ao ser humano. Enquanto na versão do "tempo-linha reta" há uma possibilidade de libertação, já que o tempo é uma contínua superação de si mesmo em direção a um futuro que nunca é "fechado", na visão "circular" o tempo se desenvolve sobre o seu eixo imóvel, "num ciclo eterno no qual tudo se repete. Por isso [...] os gregos não conseguem pensar que a libertação possa produzir-se através de um ato cumprido por Deus na história temporal",[9] mas creem que pode ocorrer

---

[8] CULLMANN, O. *Cristo e il tempo*. Bologna, 1965, p. 74. Cf. do mesmo autor, *Il mistero della redenzione nella storia*. Bologna, 1966, que retoma e desenvolve outros aspectos do problema tratado no estudo precedente.

[9] Ibid., p. 75.

só numa fuga da órbita do tempo. Por consequência, os gregos opõem "tempo" e "eternidade", sendo esta última propriamente "ausência de tempo", enquanto para a Bíblia "a eternidade é tempo infinito"; ou, mais claramente: aquilo que nós chamamos "tempo" nada mais é do que uma fração, limitada por Deus, desta mesma infinita duração temporal de Deus.[10]

Deixando de lado a validade das justificações metafísicas que podem ser dadas para as duas concepções e também a importância que a ideia grega pode ter tido — como sustenta Cullmann[11] — na interpretação gnóstico-docetista do cristianismo, é um fato que a ideia de uma "história da salvação" como realidade que se desenvolveu no tempo foi gradualmente se enfraquecendo e a própria "salvação" foi pensada cada vez mais como uma realidade existente no *pensamento eterno* de Deus e realizável na vida humana sobretudo através de uma *contemplação* fixa o mais possível na eternidade.

Essa atitude, certamente "religiosa", mas que não tem nada de especificamente "revelada e cristã", tornava-se tal simplesmente porque nas *ações* e nos *ensinamentos* de Cristo se descobria um "exemplo" de como concretizar o desígnio do *pensamento eterno* de Deus. Donde o caráter cada vez mais "moralístico" do cristianismo, certamente unido a uma atitude "intelectualística", ao passo que, ao se tornar "devocional", transformará até mesmo a "história da salvação" numa forma "atemporal", que será tão mais válida quanto mais "lendária". A "devoção", de fato, mesmo quando se detém sobre os "mistérios da salvação" — por exemplo, sobre a Paixão de Cristo, os considera em "absoluto", como fatos que sozinhos se sustentam, sem ligação "histórico-temporal" com

---

[10] Ibid., p. 86.
[11] Ibid., pp. 78s.

os demais "mistérios" e sobretudo sem ligação com a "nossa história". Nessa visão, o "nosso" contato com a Paixão de Cristo se reduz, ao máximo:

1. Em crer que *Cristo*, morrendo, acumulou uma infinita quantidade de méritos com base nos quais *nós* somos salvos, e

2. Em a aprender pelo *seu* exemplo como *nós* devemos aceitar o sofrimento.

No fundo tudo isso supõe que a "salvação" não seja uma realidade "histórica", mas algo que existe só em Deus; e, caso se admita a "história", esta não é tal por ser "desenvolvimento no tempo de um desígnio divino", mas só porque *um dia* — e consequentemente num momento "histórico", que permaneceu único e isolado — Cristo fez algo válido também para nós.

A dissolução da "linha temporal" da história da salvação não poderia deixar de influenciar negativamente sobre a *liturgia*. Com efeito, já vendo-a totalmente "à luz da eternidade", procurou-se cada vez mais fazer dela a "imagem" de uma suposta "liturgia celestial", e para obter isso a liturgia assumiu de bom grado formas solenes cerimoniais e cerimoniosas da "etiqueta da corte do grande Rei" — como se dizia — e se tornou deslumbrante de luzes e de sons, de mármores, de ouros e de toda forma de arte. Ou então, deformando a sua função de *continuação* histórica da salvação num "acontecimento" de presença interior, ela foi "historicizada", porquanto se fez da liturgia não um "tempo" de salvação mas sim um "lugar" no qual representar com um "mistério cênico" um acontecimento salvífico, a esta altura já considerado relegado e fechado no tempo no qual se deu. O fato de se ter feito isso recorrendo ao "mistério litúrgico" medieval, à procissão ou a outras formas análogas, como por exemplo a Via-Sacra, não muda nada.

A liturgia nunca mais foi um "momento da história da salvação". A dificuldade de recuperar essa dimensão da liturgia pôde ser constatada inclusive recentemente. Já havia os estudos — não exaustivos, mas largamente orientadores e esclarecedores — de O. Casel, que, apoiado na ideia da *presença* sacramental da obra salvífica de Cristo na liturgia, podia dizer que "o ano litúrgico é o Mistério de Cristo"[12] e que, consequentemente, neste — que tem por "autêntico protagonista o Cristo místico, isto é, o mesmo Cristo glorificado unido com a sua Esposa, a Igreja"[13] — encontra-se "a fonte de vida da Igreja".[14]

A Encíclica *Mediator Dei*, de Pio XII (1947),[15] faz um longo exame do significado e do valor do ano litúrgico e contém, dentre outras, a esplêndida e grandiosa afirmação recordada.

Mas aquela afirmação, que é assim tão próxima não só do pensamento mas também das palavras de Casel,[16] é de difícil explicação se confrontada com tudo aquilo que na mesma encíclica se lê, ou seja, com uma apresentação do *ano litúrgico* que está fundamentada apenas sobre o seu valor pedagógico, já que este é só o amplo quadro no qual são lidos e meditados os exemplos de *vida moral* adequados ao cristão. Que o aspecto edificatório-moral seja não só predominante mas determinante no guiar a existência do ser humano litúrgico fica ainda mais

---

[12] CASEL, O. *Il mistero del culto cristiano*. Torino, 1966, p. 111.

[13] Ibid., p. 109.

[14] Ibid., p. 111.

[15] AAS 39 (1947) 521-600.

[16] Às expressões citadas de Casel podem ser acrescentadas estas outras: "No ano litúrgico, precisamos viver esta vida de Cristo Senhor, este caminho imponente [...]. Trata-se de celebrar e tornar nossas essas grandes realidades da salvação [...]. Cristo, no mistério, apresentou a sua vida terrena como caminho de salvação" (ibid., pp. 113-114).

evidente, caso fosse preciso, na seca réplica dada pelo Santo Ofício[17] aos que queriam ver na encíclica uma afirmação da *presença real* dos mistérios de Cristo no ano litúrgico.

Muito embora na época a "presença real" fosse um tema difícil, se levado para fora da Eucaristia[18] — e também no nosso caso precisava-se ver se não era justamente a própria "presença" eucarística o elemento determinante para falar da "presença" dos mistérios de Cristo no ano litúrgico —, restava o fato de que o *ano litúrgico* era pura determinação exterior, que servia de moldura ao valor "histórico" que a obra da salvação tem e deve ter para estar na linha da revelação, todavia não o exprimindo.

Depois dessa suficientemente clara resistência da *Mediator Dei*, a *Constituição litúrgica* do Vaticano II não enfrenta com decisão e clareza o problema do ano litúrgico e a sua inserção na *linha temporal-histórica* da salvação.

No texto, de um lado se afirma uma "presença" dos mistérios continuamente realizada (*omni tempore quodammodo praesentia reddantur*); e isso quereria significar que o ano litúrgico constitui a "linha temporal-histórica" da salvação no plano litúrgico, ou seja, que a liturgia é um momento de atuação do Mistério de Cristo. Isso seria confirmado pelo fato de que a celebração dos mistérios acontece como "anamnese" e, por conseguinte, por efeito de uma "memória objetiva", que implica uma "presença *sacramental*".

Como lemos, de fato, numa antiga fórmula romana, conservada no *Missal* no II domingo *per annum*, a "memória" constitui a "reali-

---

[17] BUGNINI, A. *Documenta pontificia ad instaurationem liturgicam spectantia*. v. I. Roma, 1953, pp. 167-169.

[18] Cf. PAULO VI, Enc. *Mysterium fidei*. In: AAS 57 (1965) 764.

zação" (*exercetur*) da obra da redenção. Que essa "memória-presença" dos mistérios seja uma realidade ativa no *tempo* litúrgico parece que podemos deduzir da referência à "força" de Cristo com a qual os fiéis podem vir a ter contato, tal como os *contemporâneos do Senhor*, que eram curados por uma "força que tinha saído dele" (Mc 5,28-30).

Em tudo isso, todavia, permanece o fato de que o mesmo texto conciliar fala dos "méritos" de Cristo, que no ano litúrgico são "abertos" aos fiéis. Aqui, a imagem do "tesouro" é evidente, e isso implica um sentido "estático" que não combina mais com o "dinamismo" de uma história.

Deixando de lado esse resíduo de visão "jurídica" da obra de Cristo, que não corresponde ao prolongar-se da "história" da salvação, parece-nos que a *Constituição litúrgica* do Vaticano II tenha absorvido e manifestado os elementos essenciais que ajudam a colocar a liturgia no plano da *atuação prática*.

Essa recuperação da presença e da concretização temporal da história da salvação, concebida como uma *linha reta que se desenvolve totalmente sobre Cristo*, indubitavelmente tem o mérito de devolver à liturgia uma dimensão bíblico-revelada de primeira grandeza. A liturgia, com efeito, seguindo esse caminho, não é mais algo que serve só para *contemplar* a obra "cumprida" por Cristo ou também para "ter acesso" a um tesouro de méritos, abertos por ocasião da celebração litúrgica. Pelo contrário, ela própria representa um "momento" dessa "história", isto é, um "momento" que — a julgar pela "forma" — iremos chamar de "ritual", mas que — examinando o "conteúdo" — podemos com toda a razão considerar "histórico".

A este ponto, porém, é a própria liturgia que cria uma dificuldade. Enquadrada no *ano*, a liturgia segue um típico movimento *circular*, que poderá ser explicado de muitas formas, mas com certeza não no plano da *linha reta*, próprio da história da salvação.

É inegável que o princípio do "eterno repouso", típico do *tempo cósmico* e conatural à concepção do "tempo" segundo a visão helenista, nós o reencontramos na liturgia. Já a linguagem litúrgica que apresenta a liturgia no "círculo anual", segundo os próprios títulos dos antigos sacramentários romanos: *Liber sacramentorum romanae aeclesiae ordinis anni circuli* (Sacramentário Gelasiano, séc. VII), *Incipit sacramentarium de circulo anni expositum* (Sacramentário Gregoriano-Adriano, séc. VIII), fala muito claramente de uma circularidade do ano litúrgico. Se a isso se acrescenta o modo de exprimir-se, por exemplo, de Leão Magno, o Papa que com maior empenho nos explica o ano litúrgico, as coisas não mudam. Pelo contrário! Ele fala efetivamente do "mistério da nossa salvação que nos é tornado presente pelo retorno circular do ano",[19] e nos exorta "a celebrar honradamente os acontecimentos da nossa salvação, impelidos a isso pela lei da recorrência do tempo".[20]

Na realidade, o tempo litúrgico, com o seu fechar-se no giro de um *ano*, parece pôr um limite ao movimento da história, porque, contra todo sentido "histórico" de desenvolvimento em direção a um futuro a ser atingido, nada mais faz do que nos representar sempre o passado. É como se o *acontecimento* da salvação fosse um fato que já parou no tempo e, tendo-se destacado deste, penetrou na esfera da *eternidade*. Assim, por exemplo, numa homilia do Pseudo-Crisóstomo[21] lemos que Cristo, oferecendo a Páscoa como "Pai da *eternidade* futura", torna

---

[19] Leão Magno, *Sermo* 22, 1: *"Reparatur nobis salutis nostrae annua revolutione sacramentum"*; PL 54, 193. [Ed. bras.: *Sermões*. São Paulo, Paulus, 1996.]

[20] Id., *Sermo* 31, 4: *"Vocante nos ad hanc devotionem ipsa recurrentium temporum lege"* (op. cit., p. 245).

[21] Nautin, P. *Homélies pascales* II; SC 36, Paris, 1953, p. 59.

"intemporal" (*ákairos*, "fora do tempo histórico") a nossa vida passada para dar-nos o "início" de outra vida, a vida *eterna*; mas esta se situa, entretanto, como a Páscoa, "no início" do ano, porque "*o ano é o símbolo da eternidade*: girando circularmente, com efeito, retorna sempre sobre si mesmo sem jamais parar num final".

Nessa luz é visto o ano litúrgico particularmente por Casel. Falando do *anni circulus*, ele, na tentativa de excluir toda referência cósmica, escreve:

> O círculo é, para os antigos, precisamente o contrário de todo desenvolvimento: é, em sua perfeita circularidade, o símbolo do eterno e do divino. No círculo não se dá nem antes, nem depois: o círculo não tem início, nem fim. Este retorna sobre si mesmo e ao mesmo tempo está em tensão para toda direção. Une em si o grau mais elevado de quietude com a força mais intensa. Deste modo o circuito representa a vida, mas uma vida sem devir e sem crescimento, vida *eterna*, plenitude. Círculo e esfera são imagens de eterna perfeição. Portanto o curso circular da sagrada liturgia deve anunciar o eterno e não simplesmente a vida da natureza, que hoje germina, amanhã floresce e dá fruto, depois de amanhã murcha e morre. Assim, só o mistério abre-nos o significado autêntico das ações salvíficas de Cristo, que se cumpriram num determinado momento histórico [...]. A história se manifesta como cumprimento de um plano divino com um ritmo definitivo na eternidade.[22]

Parece que nessa concepção o *tempo litúrgico* deva ser considerado como um círculo sobre o qual são descritos, com igual número de pontos luminosos, os mistérios de Cristo, contidos unitariamente no centro. São, portanto, realidades *estáticas* na extensão circular do tem-

---

[22] CASEL, O. Op. cit., pp. 114-115.

po; são realidades existentes já na *eternidade*, mas que *em projeção* alcançam o tempo.

Não se pode negar a esta visão um aspecto sugestivo. Mas este supõe que a "*história* da salvação" já seja um fato *fechado*. A imagem do círculo — no qual, se sabe, a circunferência é o resultado de muitos pontos que são a projeção do ponto central — é indubitavelmente válida para afirmar a *presença* do Mistério de Cristo *no tempo*. Mas isso não faz mais — propriamente falando — *história* da salvação, sendo esta um fato cumprido e, além do mais, tendo entrado na *eternidade*, que é negação do tempo e que, portanto, só dificilmente pode ser pensada como tendo uma "projeção" (presença) no tempo.

Por outro lado, não se pode negar que o tempo litúrgico seja entendido como um circuito no qual se desenvolve o Mistério de Cristo num movimento *circular*, no qual o *fim* se liga ao *começo*. E isso na liturgia latina ocorre até a unificação dos dois termos. De fato, o fechamento do ano litúrgico nos fala do *Advento* (parusia) de Cristo e o seu princípio se abre igualmente com um *Advento*.

Para resolver essa aparente antinomia, há uma coisa só a ser feita: afirmar o valor e a necessária natureza da *linha reta temporal* da "história" da salvação e, ao mesmo tempo, procurar compreender mais a fundo o que é o *movimento circular* da liturgia.

a) A "linha reta" da história da salvação é antes de tudo — como justamente observa Cullmann[23] — *uma linha de Cristo* do começo ao fim. Isso quer dizer que em toda a "história" da salvação há uma presença de Cristo que é a razão mesma da história:

---

[23] CULLMANN, op. cit., p. 135. Desnecessário se faz lembrar que esse pensamento — como já acenamos acima — é o da Bíblia e dos Padres da Igreja.

Cristo mediador da criação, Cristo, Servo doloroso de Iahweh, realiza a eleição de Israel, Cristo, o *Kyrios* que reina atualmente, Cristo, filho do homem que retorna para levar ao cumprimento todas as coisas criadas [...], todas essas imagens nada mais formam do que uma só: a de Cristo que exerce *sucessivamente no tempo as suas funções histórico-salvíficas*.²⁴

Segundo: em toda essa sucessão "histórica" há um momento no qual a *presença* de Cristo na história se torna *manifesta* ("epifania") e essa manifestação consiste numa *realização* concreta da salvação, no sentido de que *nele foram salvos todos os seres humanos*.

Terceiro: esse fato *não* pôs *fim* à "história" da salvação, mas pôs simplesmente Cristo em outra posição "histórica". Enquanto até aquele momento ele era o *"vindouro"*, ou seja, o "fim" da história, de agora em diante ele é *"o que veio"*, isto é, o "princípio" da *nova* história ("nova Aliança"). O *tempo* da existência humana de Cristo constitui o *centro* da história da salvação, ou melhor, o tempo no qual Cristo de um lado "reassume" em si mesmo a "história" passada, "antecipa" igualmente em si a "história" futura, colocando ambas num nível de "realidade", porque o Mistério de Cristo *salvou* tanto aqueles que o haviam precedido (*"Abraão viu o meu dia e se alegrou"*: Jo 8,56), quanto aqueles que o seguiram (*"Quem crer em mim e for batizado será salvo"*: Mc 16,16). Portanto, a "presença" revelada de Cristo é a que cria o "dinamismo" da salvação, ou seja, transforma a "salvação desígnio-vontade de Deus" em "história da salvação em ambas as direções", que são denominadas "antes" e "depois" Cristo.

---

²⁴ Ibid., p. 136.

b) O *tempo litúrgico*, caracterizado pela "circularidade" própria do ano, faz a *síntese* da "história" da salvação, mas *não a fecha* no seu círculo.

Síntese

A liturgia — temos visto — tem uma relação direta com a "história" da salvação, enquanto esta forma o seu conteúdo. Mas a nossa liturgia é a *de Cristo*, ou seja, é uma forma ritual que torna presente o Mistério de Cristo (salvação) em nível de "realidade". E como Cristo "sintetiza" o passado e o futuro (anúncio e realização da "realidade"), também a liturgia se resolve numa "síntese" de toda a salvação. Em outras palavras: aquela salvação que em Cristo encontra o seu cume de realização não deixa de ser "história" pelo fato de que Cristo "entrou na glória".

Aquilo que nos cria problemas, de fato, fazendo com que nos pareça antinômico o proceder da liturgia naquele seu *retornar* todo ano ao seu próprio *começo* depois de ter chegado ao *fim*, nasce unicamente de um modo de pensar a "história" da salvação que é mais fruto de *imaginação* do que de *pensamento* correspondente à sua realidade. Nós, com efeito, frequentemente não "pensamos" mas "imaginamos" a "história" como se esta consistisse num suceder-se de novidades sempre diferentes; pelo contrário, a "história" da salvação consiste sempre e só no fazer entrar a "salvação" como "totalidade" na vida humana. E a "salvação" é sempre e somente "Cristo", "ontem-hoje-nos séculos".

História da salvação significa, efetivamente, que *todo* o Mistério de Cristo era operante *ontem*; *todo* é operante *hoje*, da mesma forma que *todo* será operante *nos tempos futuros*.

Ora, a liturgia não quer ser outra coisa senão a forma ritual dessa "totalidade" essencial na história da salvação. O *ano litúrgico* nada mais é do que o momento no qual o "todo" da história da salvação, isto é, *o Cristo nas suas diversas projeções temporais* de passado-presente-futuro, é levado no tempo determinado *(kairós)* de um determinado grupo humano no espaço de um ano. Nesse sentido, o *tempo litúrgico* nada mais faz do que sublinhar o valor natural de *síntese*, próprio da *linha temporal* da história da salvação.

"Não fecha." Com base no que dissemos anteriormente, o "tempo litúrgico" é, falando em termos de princípio, um "momento" do *grande ano da redenção* inaugurado por Cristo (Lc 4,19-21); em outras palavras: todo "ano" constitui, em seu suceder-se ao "ano" precedente, um ponto na *linha reta temporal* da história da salvação.

O ano, por consequência, mesmo movendo-se em seu interior de forma *circular*, não cria um "círculo fechado", mas um *círculo em espiral*, ou seja, um círculo que permanece "aberto". Imaginemos uma *espiral* que, começando da esquerda se estenda para a direita: o círculo, partindo de um determinado ponto, leva toda a "totalidade" do Mistério de Cristo num desenvolvimento que abrange o seu *começo* e o seu *fim*, mas o seu "fim", mesmo alcançando na horizontal o seu "começo", não se fixa com este numa realidade fechada, posta sobre um único nível; pelo contrário, *se move num nível mais avançado* em relação ao do "ano" precedente, e deste modo a *linha temporal* continua sobre uma horizontal *reta*, rumo a concretizações sempre futuras; em outras palavras, continua a "história".

O movimento "circular-total" da liturgia cristã, portanto, não se distingue do análogo movimento da liturgia do AT, salvo o distinto nível de realidade. Como antigamente a Páscoa era celebração que "sintetizava" *toda a salvação* vista no seu evento *passado* e na sua projeção *futura*, tornando-a toda vez um *acontecimento no presente* de tal forma que ano após ano *levava adiante* a história da salvação, da mesma forma a liturgia cristã, com a maior verdade e eficácia que lhe advém do fato de ser portadora da *realidade*, leva adiante todo o mistério redentor de Cristo em *linha reta*. De fato, a abertura para o futuro, isto é, para a realização de um contato sempre maior do mistério com os seres humanos de todos os tempos, não é só uma "profecia", como no AT, mas é "realidade" efetiva e dinâmica. A liturgia, com efeito, realmente faz a história da salvação preenchendo todo o tempo do Mistério de Cristo.

Capítulo II
Teologia do domingo

O domingo é o germe e ao mesmo tempo a síntese do ano litúrgico. A partir dele, com efeito, evolui todo o ano litúrgico cristão e nele, enquanto sede originária e permanente da celebração litúrgica pascal realizada na Eucaristia, se recolhe e se concentra todo o valor santificador do ano litúrgico. Lemos na SC 106:

> Seguindo uma tradição apostólica, que lança suas raízes no dia da ressurreição de Cristo, a Igreja celebra o Mistério Pascal a cada sete dias, ou seja, no dia que justamente é chamado "dia do Senhor" ou domingo. Nesse dia, de fato, os fiéis devem se reunir, a fim de que, na escuta da Palavra de Deus e na participação na Eucaristia, façam memória da Paixão, da ressurreição e da glória do Senhor Jesus, dando graças a Deus por tê-los "regenerado na esperança viva por meio da ressurreição de Jesus Cristo dos mortos" (1Pd 1,3). O domingo é, portanto, a primeira e mais antiga das festas; e esta deve ser proposta e inculcada à piedade dos fiéis de modo que se torne também dia de alegria e de repouso do trabalho, cuidando para que não se lhe anteponham outras celebrações, que não sejam de primária importância, pois é o fundamento e o núcleo de todo o ano litúrgico.

Isso nos diz que o domingo não é só um dia qualificado por um sentido genericamente religioso, ou que se possa salvar o seu valor por meio de uma ação de culto qualquer, tornando-o, por exemplo, um dia destinado à oração, seja qual for. Pelo contrário, o domingo é *celebração do Mistério Pascal* e, como tal, deve ser compreendido e valorizado.

I. Dia do Senhor

Essa denominação, que traduz a palavra latina *Dominica (dies)*, não significa somente que é dia "dedicado" ao Senhor; indica, pelo contrário, que esse dia, enquanto celebração do Mistério Pascal de Cristo, engloba todo o multíplice sentido implícito no termo bíblico *dia do Senhor*. É o dia no qual o *Senhor vem* para se revelar, para visitar, para salvar, para julgar; e tudo isso acontece por meio e na celebração pascal. É esta, com efeito, que faz do "primeiro dia" da semana o "dia do Senhor".

Esse aspecto merece ser bem evidenciado pelo fato de que o domingo, como vimos, é caracterizado, pelo menos num primeiro momento, mais do que pela ressurreição de Cristo, pelo seu "aparecer", pelo seu "fazer-se presente" em meio aos seus discípulos e pelo seu "ser reconhecido" como aquele que estava morto.

II. Dia pascal

Dizendo "dia pascal", o nosso pensamento corre imediatamente para a "Páscoa da ressurreição". Na verdade, a "ressurreição" faz parte da "Páscoa", enquanto cume e ponto final da "passagem" salvífica cumprida por Cristo, quando "passou deste mundo para o Pai" (Jo 13,1). Mas seria um erro deter-se só sobre a "ressurreição" de Cristo para qualificar o domingo. Mesmo que a ressurreição tenha ocorrido no domingo, este na realidade foi caracterizado na sua importância pela "celebração eucarística", que devolvia a "presença" de Cristo aos seus fiéis (cf. a ceia de Emaús) e que era justamente a celebração da "Páscoa" propriamente dita, ou seja, do "sacrifício pascal". Essa é a razão pela qual a antiga tradição da Igreja repetidamente nos diz que:

> Toda semana, no domingo, dia do Senhor e do Salvador, nós celebramos a festa da nossa Páscoa cumprindo os mistérios do Cordeiro [...]. Todo domingo somos vivificados pelo sacrossanto corpo do Cordeiro Pascal e somos marcados na alma pelo seu venerando sangue.[1]

III. Dia da criação e nova criação

Enquanto "primeiro dia da semana", o domingo faz referência à criação cósmica; todavia, ao mesmo tempo, é a recordação da ressurreição de Cristo e do Batismo dos cristãos. De fato, seja qual for o dia particular no qual um cristão é batizado, este sempre tem uma relação direta com a noite da ressurreição, porque o Batismo nos inicia à ressurreição introduzindo-nos na vida em Cristo.

Por esta razão já Tertuliano,[2] referindo-se ao fato do renascimento batismal, que tinha acontecido na Páscoa, podia dizer que enquanto "os pagãos celebram o seu aniversário uma vez ao ano, tu (= o cristão) o celebras a cada oito dias". Neste sentido a própria palavra "domingo" (grego: *kyriaké*) às vezes é explicada não diretamente como "dia do Senhor", mas como "dia-senhor dos outros dias", precisamente porque em muitos aspectos superava todos os demais dias. Assim escreve, por exemplo, o Pseudo-Eusébio de Alexandria (anônimo do séc. V):

---

[1] Eusébio de Cesareia, *De solemn. pasch.* 7, 12; PG 23, 701.705.
[2] Tertuliano, *De idol.* 14, 7: 2, 1115.

O santo dia do domingo é comemoração do Salvador. É chamado de "dia-senhor" (*kyriaké*) porque é o Senhor (*kyrios*) dos dias, tendo neles o Senhor dado início à criação e no mesmo dia tendo dado ao mundo a ressurreição. Por esta razão é o começo de todo benefício: começo da criação, começo da ressurreição, começo da semana.³

Um conceito idêntico é expresso no hino matutino do domingo, no Breviário romano (*Primo dierum omnium*):

Este é o dia primeiro entre todos; nele foi criado o mundo, nele o criador, ressurgindo vitorioso sobre a morte, nos libertou.

IV. O domingo – oitavo dia

Esta questão não deve ser pensada no sentido de um deslocamento da ordem, passando de "primeiro" para "último dia" da semana (e, de qualquer modo, esta nunca terá mais do que sete dias); mas no sentido de que o domingo, concebido como princípio da nova criação operada por Cristo, quer indicar o "dia", ou seja, o tempo colocado fora da "semana", que representa o tempo da criação cósmica. É como dizer que o "oitavo dia" significa, em geral, "um estar fora do tempo", isto é, a "presença da eternidade". Em outras palavras: o domingo quer indicar que a realidade cristã, operada nesse dia pelo Mistério de Cristo, é uma realidade distinta do tempo presente, representado pela semana cósmica. Por consequência "viver o domingo" significa, segundo Inácio de Antioquia,[4] que nós, ao contrário daqueles que vivem na figuratividade do sábado judaico ("sabatizar"), chegamos "à novidade da esperança […] por meio do Senhor, e por

---

[3] PG 86, 416.
[4] INÁCIO DE ANTIOQUIA, *Ad Magn.* 9, 1; SC 10, 102.

meio da sua Paixão resplandeceu para nós a vida". O domingo encerra, na celebração eucarística, a imagem e a realidade da Paixão e ressurreição de Cristo: ponto de partida da nossa vida em cada espaço de sete dias.

Essa foi, no começo, a razão do repouso dominical cristão. No começo, com efeito, os cristãos não conheciam um verdadeiro repouso festivo dominical, porque os "dias de repouso" (*dies feriae*) do mundo pagão eram dados ou pelas festas legais ou também pelo uso do "repouso sabático", que os judeus, tendo em suas mãos grande parte do pequeno comércio, na prática tinham imposto também aos pagãos. A isso acrescentavam-se razões polêmicas, já que os cristãos não reconheciam — pelo seu sentido espiritualístico de Deus — a razão do "repouso" que está na base do sábado, isto é, que Deus houvesse "repousado" do trabalho da criação. Cristo, efetivamente, havia dito que "o Pai trabalha sempre" (Jo 5,17). Os judeus, de um lado, interpretavam a lei do sábado em sentido espiritual: "A lei do sábado não é lei do ócio, mas de conhecimento, de propiciação e de abstenção do mal"; de outro, se o dia de domingo, devido à ocupação no culto a Deus, limitava o trabalho, isso não era tanto por um repouso físico, quanto para um distanciamento das coisas do mundo, o que era condizente com os que viviam no "oitavo" dia, isto é, no dia inicial da vida eterna.

Como tal, de fato, o domingo não é um dia da semana (tempo "septenário", ou seja, da criação cósmica), mas a síntese do "novo século", ao qual os cristãos passaram por ter participação da ressurreição de Cristo. É o conceito expresso por São Basílio:[5]

> O dia do Senhor é grande e célebre. A Escritura conhece este dia sem tarde, sem sucessão, sem fim, e o salmista (no título de muitos salmos se

---

[5] BASÍLIO, *Hexaemeron* 2, 8; PG 29, 52.

lê: *Pro octava*) chamou-o também "oitavo", pois está situado fora deste tempo "septenário". Que tu o chames "dia" ou "século", não muda o sentido. Se o chamas "dia", é um (não primeiro) e não é múltiplo; se o chamas "século" (idade = *eon*), é solitário e não faz parte de um todo. A fim de elevar o nosso espírito para a "vida futura", Moisés (Gênesis) chamou-o "um" (não primeiro): "Foi tarde e manhã, um dia". Esta imagem do "século", o princípio dos dias, contemporâneo da luz, é o Santo Domingo, honrado pela ressurreição do Senhor.

Essa contemplação do domingo cristão é a tentativa de transposição da vida terrena numa esfera sobrenatural, que leva a se distanciar da multiplicidade e variedade das vicissitudes humanas em direção à imobilidade da presença de Deus. Na base dessa concepção talvez esteja a ideia do Apocalipse, que começa a visão da história do mundo como Reino de Deus justamente no dia de domingo e apresenta o próprio Reino de Deus sob a forma da grande liturgia celeste.

Esses breves acenos à teologia do domingo, no entanto, repousam todos sobre o fato primordial e incindível do conceito de domingo, ou seja, que esse dia representa o perpetuar-se da Páscoa no começo de cada semana. Isso quer dizer antes de tudo que a luz verdadeira que deve iluminar o tempo e as obras dos cristãos, semana após semana, é o esplendor da Páscoa, concebida como Mistério renovador da vida humana.

Assim se explica como o domingo seja essencialmente dia de culto, aliás, o dia litúrgico por excelência dos cristãos. O caráter festivo do domingo nasce não do fato de que este seja acompanhado do repouso, mas precisamente do fato de ser dia de culto. A presença e participação no Sacrifício Eucarístico devem ser inculcados como exigências de renovação da Páscoa. E como a Páscoa cristã é sempre realização do Novo Testamento, ou seja, da nova Aliança no sangue de Cristo, exige-se também a participação na Palavra de Deus. A Aliança, com efeito, consiste na aceitação da eleição com a qual Deus nos chama para ser o seu povo régio e sacerdotal e no compromisso de seguir a *Lei da nova Aliança*, que é justamente a revelação do NT.

Voltar a esses conceitos quer dizer reaproximar-se das fontes mais puras da espiritualidade cristã.

Capítulo III
Teologia da Páscoa

O mistério da Páscoa é a soma do Mistério de Cristo, ou seja, do desígnio divino de devolver ao mundo e ao ser humano o seu Chefe em Cristo, que se revelou como segunda criação e iniciador do século eterno.

Na tradição litúrgica, o Mistério Pascal tem um valor cósmico geral e um valor particular humano.

I. Mistério cósmico

Segundo Ex 12,3-6, o cordeiro que deverá ser usado na Páscoa será tomado e separado no dia 10 de nisã (décimo dia da lua) e será imolado no dia 14 de nisã (dia do plenilúnio), no fim da tarde. Essa prescrição de estrito valor ritual deu aos Padres da Igreja motivo para algumas considerações, que levam na direção de uma visão cristã do próprio mundo material. O impulso a atribuir um valor neste sentido a essas prescrições rituais foi dado num primeiro momento pela tradição mais antiga referente ao modo com o qual se desenvolveu a Paixão do Senhor. Já sabemos que essa tradição admitia que Cristo houvesse sido preso na tarde do dia 10 de nisã e mantido prisioneiro pelos judeus até o dia 14 do mesmo mês.

Mesmo quando essa tradição se perdeu, o ensinamento que dela se extraiu continuou ainda a valer. Ora, nesta cronologia da Páscoa judaica, cronologia reencontrada também na Paixão de Cristo, foram descobertos certos elementos cósmicos, que foram amplamente desfrutados:

1. O dia 14 de nisã é noite de lua cheia;
2. O mês de nisã é o primeiro mês do ano (primavera do hemisfério norte);
3. O cordeiro foi imolado *ad vesperam*, isto é, "no fim da tarde".

1. O dia 14 de nisã é plenilúnio

Isso quer dizer que praticamente a lua surge quando o sol se põe e se põe quando o sol surge, razão pela qual quase não há mais distinção entre dia e noite, mas tanto o dia como a noite estão na luz.

A Páscoa não conhece trevas: é o triunfo de Cristo sobre as trevas da noite (símbolo do mal). Isso vale para Cristo, mas vale também para o cristão, porque para este, partindo da Páscoa (ressurreição de Cristo — Batismo), a "vida inteira" será sempre "uma única festa e toda ela um longo dia livre de toda treva".[1]

Aos poucos, todavia, esse simbolismo se desloca. Do tempo do Concílio de Niceia, não se celebrando mais a Páscoa no dia 14 de nisã (plenilúnio) mas no domingo seguinte, o simbolismo da noite iluminada da lua com muita frequência não encontrava correspondência na realidade, e além disso o simbolismo passa da luz da lua para a luz do *círio*

---

[1] GREGÓRIO NAZIANZENO, *Epist.* IV; PG 46, 1028.

pascal. Esse deslocamento pode ser notado claramente, por exemplo, em São Gregório de Nissa:

> Como nesta noite luminosa o esplendor das chamas anula-se nos raios do Sol nascente, formando uma coisa só com o dia, que não é mais quebrado pelas trevas, nós vemos que nessa noite a profecia se realiza: É esse o dia feito pelo Senhor.[2]

Esse simbolismo é o que preenche toda a vigília pascal romana, pela importância que nesta, precisamente no final do séc. IV, assume o círio pascal. No *Exsultet*, com efeito, canta-se:

> Esta é a noite da qual foi escrito: a noite será luminosa como o dia [...]. E este círio, destinado a destruir as trevas dessa noite, não cesse de resplandecer sem consumar-se, até confundir-se com o luminar celeste (o sol). A estrela da manhã o encontre aceso, a estrela, isto é, que não conhece ocaso.

2. O mês de nisã, primeiro mês do ano

O primeiro mês do ano implica dois conceitos: primavera e criação. A antiga tradição judaica colocava no equinócio da primavera a criação do mundo, que se manifesta no esplendor primaveril. Essa ideia era de fácil aplicação a Cristo e à redenção, sobretudo mantendo-se o princípio geral de que Cristo deve reconduzir o mundo aos inícios da criação:

> Aquele que tinha vindo para tirar os pecados do mundo devia sofrer no tempo no qual caía o surgir de todas as coisas, para reconduzir o fim à sua origem, de modo que aquele que havia se perdido em Adão fosse restaurado em Cristo.[3]

---

[2] PG 46, 681.

[3] PSEUDO-ORÍGENES 9 (ed. BATIFFOL-WILMART), p. 100.

O Filho de Deus, por meio do qual tudo foi feito, reergue, com a sua ressurreição, o mundo abatido ao mesmo tempo e no mesmo dia no qual ele o havia criado do nada, a fim de que tudo seja novamente formado em Cristo.[4]

E Eusébio escreve:

A época (da Páscoa) é a mesma de quando teve início a criação do mundo, quando a terra deu os primeiros brotos e apareceram os astros. Justamente naquela mesma época, o Salvador do mundo celebrou o mistério da própria festa, e como um grande astro apareceu para iluminar toda a terra com os raios da religião, renovando assim o aniversário do cosmo [...]. Então o símbolo se tornou realidade.[5]

É claro que o início do ano (segundo o calendário antigo) caía na primavera, e isso dava motivo para exaltar a beleza da redenção:

A estação primaveril nos traz a ressurreição de Cristo [...] e teria sido inconcebível que as plantas devessem reencontrar o seu primitivo aspecto [...] e ficasse inanimado (na morte do pecado) e sem nenhum socorro do alto justamente aquele pelo qual foi disposta a criação das plantas.[6]

3. O Cordeiro Pascal imolado no fim da tarde

Essa imolação feita "no fim da tarde" indica que a Paixão de Cristo ocorre quando começa o ocaso do mundo, ou seja, a última época da história.

A ideia é expressa já em 1Pd 1,22, onde se acena "ao Cordeiro imaculado e incontaminado, já previsto antes da criação do mundo,

---

[4] GAUDÊNCIO DE BRÉSCIA, *Sermo* I; PL 20, 845.
[5] EUSÉBIO DE CESAREIA, *De sol. pasch.*; PG 23, 696.
[6] CIRILO DE ALEXANDRIA, *Homilia pasq.*; PG 77, 581.

mas revelado no final dos tempos". (Como se sabe, muitos consideram a Primeira Carta de Pedro como uma homilia pascal).

Essa tradição é comum junto aos Padres, como se pode ver, por exemplo, em São Gregório Nazianzeno:[7]

> O cordeiro é imolado no fim da tarde, porque a Paixão de Cristo tem lugar no fim dos tempos.

Gaudêncio de Bréscia:[8]

> O cordeiro é imolado no fim da tarde, na tarde deste mundo, porquanto sofreu na parte final do século.

E Orígenes[9] escreve:

> O Senhor sofreu na tarde do mundo, a fim de que tu possas sempre nutrir-te da carne do Verbo — tu que serás sempre tarde —, enquanto não surgir a manhã (ou seja: os cristãos, que vivem no tempo [na tarde] esperam, nutrindo-se de Cristo, que surja a manhã [o tempo eterno]).

O conceito segundo o qual a Páscoa dá início à última época do mundo é repetidamente expresso também na liturgia romana, como se pode ver na fórmula primitiva do prefácio pascal, que segundo o *Sacramentário Gelasiano* soa assim: *In finem saeculorum Pascha nostrum immolatus est Christus* ("no fim dos séculos [isto é, do tempo mundano], Cristo imolou-se [como] nossa Páscoa).

---

[7] PG 36, 644.

[8] PL 20, 863. "Século", aqui, deve ser entendido no sentido de "tempo mundano", oposto ao "tempo do Reino de Deus": cf. a explicação do domingo — oitavo dia.

[9] ORÍGENES, *In Gen.* 10, 3; SC 7, 189.

SINAIS DO MISTÉRIO DE CRISTO

Essa visão cósmica da Páscoa pode parecer um suceder-se de raciocínios produzidos por aproximações e que naturalmente se prestam para servir de similitude e nada mais. Na realidade, porém, a visão cósmica da Páscoa não nasce disso, mas da ideia de que o mundo foi criado por Deus de modo a estar a serviço, este também, do mistério da redenção. Como, pela presença e pelo domínio do ser humano pecador, o mundo subjaz de qualquer modo à maldição do pecado, assim, por efeito da redenção, o mundo readquire o seu valor de símbolo de Deus. E seguir esse simbolismo não é rebaixar a Páscoa a significados naturalísticos, mas é elevar a natureza à explicação do fato maior da história do mundo. Para os Padres da Igreja, a linguagem tipológica da Escritura do AT não é diferente da linguagem simbólica da natureza. Na realidade:

1. Nada impede que isso possa ser feito;

2. Essa interpretação de fatos naturais, enquanto tira destes a rigidez de uma lei física, dá também à enunciação doutrinal cristã um elemento que a liberta de certa aridez intelectual e a insere no mundo, ou seja, a coloca mais próxima do ser humano; o mundo, com efeito, nela aparece como um degrau em direção a Deus;

3. A própria interpretação faz com que o tempo, pelo seu fluir, sirva a um fim sobrenatural; de resto, é na sucessão do tempo cósmico que revivemos o Mistério de Cristo.

Como essa visão cósmica da Páscoa era conatural aos Padres no-lo diz, dentre outros, a homilia pascal do Pseudo-Hipólito:

> Já resplandecem os raios santos da luz de Cristo, e as puras chamas de puro espírito se erguem, os tesouros celestiais da glória e da divindade se abrem. A noite longa e obscura foi engolida, as trevas sem luz foram destruídas durante as trevas, e a sombra triste da morte retornou para a sombra. A vida estendeu-se sobre todos os seres, todas as coisas estão

cheias de luz infinita; o oriente dos orientes enche o universo, e Cristo, que está antes da estrela da manhã e dos astros, imortal e imenso, brilha mais do que o sol, em toda a sua grandeza, sobre todos os seres. E por isso, da parte de todos nós fiéis em Cristo, é acolhido o dia grande, esplêndido, imortal, que não conhece ocaso; a Páscoa do mistério, celebrada figurativamente na lei, mas cheia da realidade de Cristo; Páscoa maravilhosa, prodígio da força divina e obra da onipotência de Deus; festa verdadeira e memorial eterno; impassibilidade depois da Paixão, imortalidade depois da morte, vida depois da corrupção, cura depois da praga, ressurreição depois da queda, subida depois da descida [...].[10]

Como pensar que aquelas ações, cujas figuras (no AT) sozinhas já eram salvíficas, não proclamem agora a salvação de todos os seres? Estejam, portanto, em festa, os céus dos céus [...], os anjos e os arcanjos [...], os próprios coros dos astros que significam aquele que surge antes da estrela da manhã; façam festa o ar [...], a água do mar [...], a terra lavada com o sangue divino [...] e toda alma humana, revivificada por meio da ressurreição [...]. A Páscoa é a festa (*panegyrosis*) comum de todos os seres, apóstola da vontade do Pai no mundo, divino surgir do Sol-Cristo sobre a terra, festa eterna para os anjos e para os arcanjos, vida imortal para o mundo inteiro [...], celeste alma do universo, rito sagrado do céu e da terra, anunciadora dos mistérios antigos e novos [...]. Esse é o mistério cósmico e universal da Páscoa.[11]

II. Mistério humano

A Páscoa cristã é o cumprimento real, em ordem sobrenatural, daquilo que a Páscoa judaica figurava e prometia.

---

[10] NAUTIN, P., *Homélies pascales* I; SC 27, 117.
[11] Id., op. cit., p. 159.

A Páscoa judaica compreendia simultaneamente duas coisas:

1. A passagem de Iahweh na libertação do povo;

2. A passagem de Israel através do Mar Vermelho.

No Novo Testamento, ambos esses aspectos da Páscoa judaica são postos em destaque. Dizendo que "era chegada para Cristo a hora de passar deste mundo para o Pai" (Jo 13,1), o evangelista remete-se ao segundo aspecto; e quando Cristo nos é apresentado como instituidor do sacramento do seu corpo "dado em remissão dos pecados" (libertação), a referência a uma nova Páscoa é evidente no sentido de passagem libertadora de Deus (primeiro aspecto). Esse aspecto é explicitamente inculcado por São Paulo quando este afirma que "a imolação de Cristo é a Páscoa dos cristãos"; assim dizendo, afirma, de fato, que Cristo cumpriu a figura do Cordeiro Pascal judaico e, portanto, o sentido de libertação nele implícito.

Esse duplo aspecto da Páscoa, significado na judaica e realizado na cristã, é o elemento ao qual recorre a teologia litúrgica para explicar o valor da Páscoa.

Cristo cumpre um duplo papel:

1. Enquanto cumprimento do Cordeiro Pascal judaico, Cristo é a vítima cujo sacrifício salva o povo;

2. Cristo, todavia, personifica também todo o povo, porque na verdade cumpre a passagem, da qual o Mar Vermelho era a figura: ele passa da vida terrena, sujeita à escravidão do pecado, à vida eterna, atravessando na Paixão o mar da dor e da morte.

Ora, esse duplo fato, que implica dois momentos da redenção (libertação-vida nova no Reino de Deus), constitui a realidade da Páscoa de Cristo. Mas como aquela, que em Ex 12,11 é chamada de "Páscoa de Iahweh", tinha se tornado a "Páscoa dos judeus" no sentido de que nela o povo judeu vislumbrava o início e a consagração de si mesmo a povo de Deus, assim a verdadeira "Páscoa de Cristo" se torna a "Páscoa dos cristãos".

Isso acontece porque da sua Páscoa Cristo fez um sacramento e um mistério, ou seja, um "sinal que contém a realidade".

O "sacramento da Páscoa" — isto é, o sinal sagrado contendo a realidade da passagem redentora de Cristo (morte e ressurreição) — nada mais é do que o "sacramento do seu corpo e do seu sangue". E os cristãos, celebrando o "sacramento da Páscoa", não fazem só uma "representação" daquilo que acontece no Senhor, mas "cumprem", ou seja, fazem efetivamente aquilo que foi real em Cristo. Em outras palavras: através do sacramento e do mistério, eles participam realmente da "passagem" do Senhor.

Nós, com efeito, celebramos no mistério a mesma Páscoa de Cristo. Sobre a realidade do fato, basta citar, da constante tradição dos Padres da Igreja, só esta palavra do Pseudo-Hipólito (séc. IV):[12]

> Dizendo: é a Páscoa do Senhor, o Espírito não proclamou coisa mais clara do que esta, isto é, que a Páscoa não é uma figura, nem uma história, nem uma sombra, mas é Páscoa verdadeira do Senhor.

Sobre a presença sacramental da Páscoa, é emblemático Santo Agostinho, que assim escreve:[13]

> Frequentemente, ao falar, dizemos, quando a Páscoa se aproxima: "Amanhã e depois de amanhã é a Paixão do Senhor", enquanto ele sofreu a

---

[12] Id., op. cit., p. 158.
[13] AGOSTINHO, *Epist. ad Bonifacium* 98; CSEL 34, 530.

sua Paixão muitos anos atrás e a sofreu só uma vez. Da mesma forma, no domingo (de Páscoa), dizemos: "Hoje o Senhor ressuscitou", enquanto já se passaram muitos anos desde o dia da ressurreição. E ninguém é tão tolo a ponto de dizer que mentimos falando assim; nós, de fato, falamos assim desses dias em razão da semelhança que eles têm com aqueles nos quais tais acontecimentos se deram. Ou seja, dizemos que é aquele mesmo dia, mesmo não sendo aquele, mas só um dia semelhante àquele, trazido pelo suceder-se do tempo, e dizemos que naquele dia acontece, em virtude da celebração do sacramento, aquilo que não aconteceu naquele dia, mas há muito tempo. Cristo por acaso não foi imolado, na sua realidade (*in seipso*), uma só vez? E, todavia, talvez não é imolado no sacramento (*in sacramento*), além de sempre na Páscoa, todos os dias? Certamente não mente quem, questionado a esse respeito, responde que é imolado.

Santo Agostinho, portanto, mesmo afirmando que entre o dia da Páscoa de Cristo e a dos cristãos há somente uma semelhança exterior, dada pelo retorno do tempo astronômico, nota, porém, que há nisso também uma realidade ("aconteceu naquele dia [...] aquilo que aconteceu muito tempo antes") comum aos dois dias tão distantes entre si. Essa realidade se cumpre "no sacramento" ou "em virtude da celebração" do sacramento (*in sacramento — propter sacramenti celebrationem*).

Desse modo, a Páscoa se torna o grande mistério cristão, no qual cada um é chamado a participar na realidade, não física — como Cristo — mas sim sacramental.

O aspecto puramente sacramental — ou seja, de símbolo — se exprimirá nos ritos e nas palavras (nova criação, passagem, ressurreição, Reino de Deus, luz), mas o seu real aspecto interior, isto é, o conteúdo do símbolo, nos será dado pela participação no Mistério de Cristo, presente na Eucaristia. A imolação de Cristo, Cordeiro Pascal, não é só um símbolo mas sobretudo uma realidade, mesmo que seja invisível. E é justamente essa imolação real que torna real e transforma em conteúdo verdadeiro tudo aquilo que o rito pascal significa. Sobre essa realidade não pode haver dúvida.

O pensamento dos Padres da Igreja é por demais claro e por demais universal para não ser aceito como verdadeira tradição teológica da Igreja. Eles insistem muito sobre a característica de "sombra" e de "figura", reconhecida na Páscoa do AT, e sobre a "verdade" e "realidade" da Páscoa do NT, para não levar em conta essa oposição.

Para o cristão, a Páscoa — em virtude da Páscoa de Cristo presente no sacramento — é ainda criação, ou seja, novidade de vida em Cristo; é passagem do mundo para o Pai; é ressurreição da morte; é vida na luz do mundo eterno e perenidade de vida.

E tudo isso não deve ser entendido em sentido puramente moral, no sentido de que uma vida virtuosa tem valor de novidade, de passagem, de ressurreição, de iluminação. Esse significado moral da Páscoa era conhecido também pelos judeus e certamente pode ser descoberto nos símbolos que formam o rito pascal. Mas, antes de ser um significado moral, a Páscoa (em todos os seus aspectos) é um fato objetivo. Em outras palavras: a Páscoa provoca no cristão uma transformação interior, que chamamos de graça, e que é participação na Páscoa de Cristo. Essa transformação interior deverá se manifestar também no campo moral, e por isso a Páscoa exige sempre um compromisso de cristianismo prático. Desse primado da transformação objetiva, efeito do sacramento pascal, está repleta a tradição litúrgica, visível nos antigos sacramentários:

> O alimento de salvação e a bebida sagrada operem nos nossos ânimos aquela renovação da natureza humana, que no mistério estão contidos.[14]

---

[14] *Sacramentarium Gelasianum Sangallense.* In: MOHLBERG, L. K. *Das Fränkische Sakramentarium Gelasianum.* In: *Alemannischer Überlieferung.* Münster, 1939, p. 564.

> É realmente justo louvar-te, Senhor, sempre, mas especialmente neste dia no qual Cristo foi imolado nossa Páscoa; para ele, de fato, os filhos da luz nascem para a vida eterna, aos fiéis são abertas as portas do reino celeste e, por uma lei de feliz intercâmbio, as coisas humanas são trocadas pelas coisas celestes, tanto que a nossa morte comum foi destruída pela morte de Cristo e na sua ressurreição ressurgiu a vida de todos.[15]
>
> Concede que, por esses mistérios pascais, se torne para nós causa de eterna alegria a sempre repetida obra da nossa salvação.[16]
>
> Todos os regenerados (no Batismo) alcançam por mérito aquilo que receberam nos mistérios.[17]
>
> Permaneçam nos mistérios com os quais são renascidos, e pela eficácia dos mesmos sejam conduzidos a uma vida nova.[18]

E não se deve pensar escrupulosamente que isso valha somente e sobretudo para os batizados na Páscoa. O mistério é eficaz para todos indistintamente.

Disso faz-se porta-voz São Leão Magno, o qual afirma expressamente que

> a Páscoa é necessária e útil a todos, mesmo depois de acontecido o Batismo, porque se nela alguns devem receber aquilo que ainda não têm (o mistério da morte e ressurreição), os outros por ela devem poder conservar aquilo que já receberam (o mesmo mistério): o passar do tempo, de fato, tem proporcionado para todos indistintamente os idênticos mistérios da nossa redenção.[19]

---

[15] Ibid., p. 569.
[16] Ibid., p. 624.
[17] Ibid., p. 655.
[18] Ibid., p. 674.
[19] LEÃO MAGNO, *Sermo* 43, 3; PL 54, 283. [Ed. bras.: *Sermões*. São Paulo, Paulus, 1996.]

E mais explicitamente ainda:

É prerrogativa da Páscoa que a Igreja toda possa gozar da remissão dos pecados, remissão que acontece não somente naqueles que naquela ocasião renascem no Batismo, mas também em todos aqueles que já antes foram enriquecidos pelo dom da adoção.[20]

---

[20] Id., *Sermo* 44, 1; PL 54, 285.

Capítulo IV
Teologia do Advento

Para compreender o pensamento real do Advento, não é preciso separá-lo do Natal, com o qual ele forma uma estreita unidade. *Advento*, do latim *adventus* (grego: *parusia*), significa "vinda", e é o nome bíblico que indica o aparecimento "daquele que deve vir", ou seja, daquele que Deus prometeu aos seres humanos como seu Redentor.

Nesse sentido, *Advento* significa *Natal*, com a diferença de que o primeiro termo põe em destaque o sentido teológico-econômico ("economia" significa a "administração eterna" do Mistério de Deus, isto é, a vinda de Deus entre os seres humanos), enquanto o segundo ressalta mais o fato do "nascimento" (ou seja, o fato de Deus ter vindo "por geração humana").

Historicamente, no campo litúrgico, consideramos ser necessário levar em conta que a denominação "Advento" — dada ao tempo que engloba os domingos que eram os últimos depois de Pentecostes e, ao mesmo tempo, os que precediam o Natal, era devida não ao fato do *nascimento de Cristo*, mas muito mais ao da *segunda vinda* do Senhor. Esse fato, além de explicar os antigos textos do Advento que encontramos nos primeiros livros litúrgicos que se ocupam dele (*Sacramentário*

Gelasiano), fornece-nos a razão sobretudo das leituras do 1º Domingo de Advento, as quais evidentemente falam da segunda vinda de Cristo.

Mas a liturgia do Advento, tal como é hoje e no pensamento da Igreja, faz uma referência direta à primeira vinda de Jesus, ou seja, ao Natal, e é neste sentido que precisamos aprender a vê-lo.

O fato de que o nascimento de Cristo de um lado cumpre as expectativas do AT e do outro é concebido como o acontecimento que divide em dois a história do mundo (antes de Cristo e depois de Cristo) leva facilmente a ver no Advento o período histórico do mundo que precedeu a vinda do Senhor. E essa ideia é reforçada ainda pelo uso das invocações à vinda do Messias, que são as mesmas que encontramos na boca dos antigos profetas.

Por outro lado, não se pode negar que "Cristo nasceu", como triunfalmente canta a Igreja já há dois mil anos: o fato prometido aconteceu. Mas como continuar ainda a rezar e invocar como se ainda estivéssemos esperando? Assim, com efeito, dizemos ainda hoje:

> Envia aquele que queres enviar [...]. Envia o Cordeiro que imperará sobre o mundo [...] Fazei descer, ó céus, o vosso orvalho e das nuvens desça como chuva o Justo.

Pode realmente parecer que tudo se reduza a um delicado jogo de fantasia, a uma espécie de fingimento cênico, no qual nós nos imaginamos transferindo-nos para o tempo pré-cristão e ficando à espera do Messias vindouro, fazendo desaparecer do nosso horizonte o fato histórico, que já se cumpriu, da vinda de Cristo.

Mas as coisas não são assim, nem a celebração litúrgica do Advento é, de algum modo, uma comédia ou uma representação sacra. Não é que não se possa concebê-lo assim — o que é feito pela maior parte dos cristãos — mas, para fazê-lo, é preciso se colocar numa posição psicologicamente difícil, historicamente falsa e absolutamente inútil. Com efeito, tratar-se-ia disto: nós, que pertencemos ao "depois de Cristo", deveríamos ignorar que Cristo veio e nos transportar para um hipotético e absurdo "antes de Cristo", para reconduzir o "Vindo" à posição de "Vindouro".

Duas considerações em forma de premissa:

a) Talvez justamente a teologia do Advento nos dê o exemplo mais característico da natureza não historicista da liturgia. Ou seja: mesmo que no ordenamento litúrgico os acontecimentos da vida terrena de Cristo sucedam-se segundo uma ordem histórica, a liturgia não se preocupa com essa sucessão histórica dos fatos com o objetivo de trazê-los à nossa memória, mas vê nos fatos históricos o mistério da salvação que estes contêm e com o qual a liturgia quer que entremos em contato. De fato, veremos como a liturgia do Advento não se refere a uma história passada, mas unicamente a um fato presente.

b) A liturgia não é mais sombra e figura de algo que deve vir e que deve se cumprir. A sombra e a figura são do AT; a liturgia é, no NT, a imagem real, em outras palavras uma imagem que contém presente o Mistério de Cristo. *A liturgia não é profecia, nem promessa, mas é presença.*

A teologia do Advento nos é explicada pelas últimas palavras da Sagrada Escritura: "O Espírito e a Esposa dizem: Vem. E aquele que ouve também diz: Vem" (Ap 22,17). O Espírito e a Esposa são a Igreja. A Igreja é o corpo de Cristo, que vai se realizando sempre no mundo. Vai se realizando, ou seja, não é ainda completo.

O nascimento de Cristo foi o início da existência da Igreja, e, enquanto início, não é mais espera da Igreja; aliás, este nascimento é venerado como o começo da graça pela qual a Igreja é corpo de Cristo. O AT estava à espera desse grande acontecimento, que justamente marcava o início do Reino de Deus. E como no AT tudo era figura, a sua espera era figura da espera da Igreja, que se lança em direção ao cumprimento do Reino de Deus.

A Igreja, portanto, celebrando o Advento, não está representando a posição do AT; pelo contrário, cumpre a figura representada pelo AT do mesmo modo que todos os mistérios de Cristo cumprem no NT as figuras que os anunciavam. O Advento é, por assim dizer, o Mistério próprio da Igreja. Tal como a existência, na função de espera e de preparação messiânica, foi o mistério do povo judeu, do mesmo modo a existência, em função de total redenção, é o mistério da Igreja. A Igreja, enquanto existir, estará sempre toda por ser feita. Todo dia reza-se: *Adveniat regnum tuum*: aconteça o Advento do Teu Reino. A Igreja é toda Advento, é toda e sempre espera: "Vem, Senhor Jesus: *Marana' tha*" (1Cor 16,23; Ap 22,21).

Com essa explicação — dirão — retorna-se à primitiva concepção do Advento-Parusia, que logo depois foi suplantada em grande parte pela ideia atual do Advento-Nascimento, e portanto a explicação dada no mínimo não nos coloca na linha do pensamento do atual Advento.

Ora, é só um erro de perspectiva pensar que o ano litúrgico inclua e seja o resumo da vida histórica de Jesus. Na realidade, o ano litúrgico é "o ano da redenção", preanunciado no AT e aberto com a primeira vinda de Cristo (Lc 4,17). A sua conclusão e o seu cumprimento ainda são esperados. Nesse ano da redenção de Cristo, os mistérios da sua vida terrena, mesmo contendo e participando-nos a sua santidade, a contêm e a participam precisamente como mistérios, ou seja, não na visão. Em 1Jo 3,2 lemos: "Ora, somos filhos de Deus, mas ainda não se manifestou aquilo que haveremos de ser. Sabemos, todavia, que seremos semelhantes a ele, quando ele aparecer, e que o veremos tal como ele é". Aquilo que nós esperamos é "a manifestação dos filhos de Deus" (Rm 8,19), que ocorrerá justamente no Advento-Parusia.

Mas precisamente desse *Advento-Parusia* é imagem (não dizemos figura porque a figura está morta; a imagem tem um conteúdo real) o *Advento-Nascimento* que celebramos. O Advento litúrgico, celebração do Advento-Nascimento, nos prepara, doando-a para nós no mistério, aquela filiação divina que aparecerá plenamente no Advento-Parusia. Em outras palavras: no nascimento humano do Verbo — de cuja graça participamos na celebração do Mistério —, a Igreja descobre a fonte da sua própria santidade; nela prepara-se para ter acesso àquela abundância de vida que o Verbo traz ao mundo, como penhor da plenitude completa que um dia terá da segunda vinda do Senhor. Preparar-se para o Natal significa, para a Igreja, preparar-se para aquela graça de filiação que no Mistério é antecipação da graça plena e total. O menino pelo qual a Igreja anseia é o "Rei do século que virá".

Cristo é aquele que veio, mas é também aquele "que virá", como já dizia João Batista: "Aquele que virá está no meio de vós" (Jo 1,26). O Senhor veio e está na sua Igreja.

Esta, a Igreja, não se coloca em posição de espera como se Cristo não tivesse vindo; todavia, na sua vinda, já *passada* mas *presente* no mistério, vê a imagem da *vinda futura*. A Igreja tem consciência, de fato, de ter sido salva pela vinda de Cristo na humildade da carne; mas espera que essa salvação apareça em toda a sua grandeza quando ele vier na glória.

Concluindo

— O Advento não representa o AT que se coloca à espera do Messias, e portanto não é uma transposição da Igreja para uma atitude de Antigo Testamento.

— O Advento é preparação para o nascimento de Cristo, não no seu aspecto histórico, mas como Mistério, ou seja, participação da filiação divina.

— O Advento, entretanto, tende decididamente para uma segunda vinda, concebida como "manifestação" da graça da filiação divina, que hoje não aparece. Todo Advento-Nascimento nos prepara, portanto, muito mais para o Advento-Parusia, reafirmando em nós a imagem do "Filho" de Deus.

— O Advento é o tempo mais característico da Igreja, enquanto Esposa que se prepara, à espera das núpcias de Cristo: *O Espírito e a Esposa dizem: Vem!*

Parte VIII

Espiritualidade litúrgica

Capítulo I
Problema histórico

Antes de entrar no tema "espiritualidade litúrgica", é preciso enfrentar um duplo problema:

a) Pode-se falar em espiritualidade litúrgica?

b) Existiu — pode existir — uma espiritualidade litúrgica?

1. Hoje se fala de espiritualidade litúrgica. Ela está na base do "movimento" e da "reforma" litúrgica conciliar.

2. O *discurso histórico* começou em 1913 com a polêmica Festugière-Navatel.

A história dessa polêmica vai voltar ainda nestas páginas. O que nos importa é acenar em linhas gerais por que razão o fato de apresentar *a liturgia como forma de vida espiritual* tenha podido gerar uma polêmica que durou nada mais nada menos do que cinquenta anos. Em outras palavras: dado o conceito de liturgia que se tinha naquela época, não era facilmente compreensível que a mesma pudesse ter um valor de verdadeira espiritualidade.

3. Por "espiritualidade" entendemos "um *modo* determinado e particular de *conceber e aplicar os princípios* daquela corrente de pensamento e de vida que é reconhecida como cristã".

No nosso caso, "o *modo determinado* e particular de conceber e aplicar aqueles princípios" seria dado pela *liturgia*.

Sem entrar num exame do *conceito de liturgia* e aceitando como *dado de fato* o seu contributo na formação de uma *espiritualidade*, tomamos a *liturgia* como a *forma de culto cristão proveniente da tradição apostólica* e como tal *transmitida a nós na história e na vida da Igreja*.

Isso posto, qual é, como *fato histórico*, a relação existente entre *liturgia e espiritualidade*?

Podemos distinguir três tempos:

1. Coexistência – compenetração;

2. Dissociação de fato;

3. Posição polêmica.

I. Tempo de coexistência – compenetração: antiguidade

Em relação ao começo, não se pode falar em "espiritualidade litúrgica", mas só em "espiritualidade cristã".

Aliás, em certo sentido, nos primeiros tempos cristãos a expressão "espiritualidade litúrgica" parece não ter encontrado boa acolhida. Os cristãos não ignoravam que junto aos pagãos (embora estes os repreendessem por não terem nem templo, nem altar, nem imagens divinas[1]) tornava-se cada vez mais consistente a ideia de que não o *culto externo* (estritamente ligado à ideia de "liturgia") mas sim a santidade interior era a forma melhor do culto.[2]

Um não menor "antiliturgismo" animava os cristãos dos primeiros tempos, quando refletiam a atitude mantida por Cristo em relação à *liturgia* do AT, atitude que sobretudo em Paulo havia encontrado um expoente mais forte e tenaz.

Todavia, cremos poder subscrever a afirmação de Bouyer: *"A espiritualidade cristã nasceu na liturgia,* nutrida pela palavra de Deus dos dois Testamentos".[3]

Não se pode esquecer que o cristianismo é a "continuação", em sentido de "aperfeiçoamento", do judaísmo, e o judaísmo está totalmente fundado sobre um duplo fato: (1) *a liturgia;* (2) *a palavra de Deus.*

A espiritualidade judaica nasce do *culto,* que é a expressão da atualidade sempre presente da *Aliança,* com a qual Deus sancionou a "libertação" do seu povo.

É esse o sentido sempre reafirmado nas grandes celebrações *litúrgicas anuais* de Israel: Páscoa, Pentecostes, Tendas, Expiação; da celebração *litúrgica semanal:* o sábado; da celebração *litúrgica diária:* o sacrifício *"tâmîd"* (perene). Mesmo que a sua origem se perca em formas de religião naturalística agrário-astral, anterior à "conversão" de Israel à "revelação" de Iahweh, e mesmo que na prática essas *liturgias* tenham

---

[1] ORÍGENES, *Contra Cels.* 8, 17; PG 11, 1539; MINUCIO FELICE, *Octavius* 10, 1-2; CSEL 2, 14.

[2] Cf., por exemplo, THEOPHRASTOS, *Perì eusebeias.* Ed. Pötscher, 1964, p. 162: "O melhor sacrifício oferecido aos deuses é um espírito (*noûs*) puro e uma alma sem paixões (*apathès*)".

[3] BOUYER, L. *Histoire de la spiritualité.* v. I. Paris, 1960, p. 619.

se tornado, com o passar do tempo, tão exteriores e materialistas que já antes de Cristo (sinal do templo: Mt 21,12-13; Mc 11,15-17; Lc 19,45-46; Jo 2,14-17; questão do sábado: Mt 12,1-13; Mc 2,23-28; Lc 6,1-11; purificações rituais e ofertas votivas: Mt 15,1-20; Mc 7,1-23), haviam sido repudiadas pelos profetas (Am 5,21-27; Os 6,6; Mq 1,7-13; Is 1,10-17; Jr 7,21-26), todavia a espiritualidade judaica não é compreensível se for separada da sua liturgia, que representa a ritualização das relações entre Iahweh e o seu povo, relações que eram justamente a espiritualidade de Israel, a qual é certa e originariamente uma "espiritualidade cultual".

E mesmo quando surgem as "sinagogas", que de certa forma se distanciam do culto do templo na busca de um culto mais espiritualizado no sentido dos profetas, as mesmas terão como objetivo nutrir a espiritualidade judaica com a leitura e a meditação da *Palavra de Deus*, que se torna *proclamação* daquelas mesmas intervenções divinas de salvação, das quais as celebrações do templo costumavam ser a *atuação ritual*; e o povo nelas encontrará aquele contato mais direto com Deus e com a história da salvação que no culto do templo — precisamente devido aos defeitos de pura exterioridade nos quais havia caído — parecia uma prerrogativa da raça levítico-sacerdotal, ou seja, um privilégio de casta e de nascimento.

De qualquer modo, o espírito se move sempre no âmbito do *culto ritual-templar*, como se pode ver a partir de Fílon,[4] que define a perfeição do fiel remetendo-se à "santidade ritual" do sacerdote do templo:

> Aquele que, mesmo não sendo de raça consagrada, ama Deus e é amado por Deus, embora se encontre fora do templo, habita dentro dele, porque se considera, vivendo no corpo, como numa vida de exílio, por-

---

[4] Fílon, *Quis rerum divinarum heres* 82-83. Ed. Wendland III, pp. 15s.

quanto está persuadido de que está vivendo na sua pátria quando vive a vida do espírito.

Ao contrário, o insensato (quem não ama a "sabedoria" no sentido bíblico) está sempre fora do santuário, mesmo que viva nele por toda a sua vida, enquanto o homem sábio vive no santuário mesmo que resida não só em outro território, mas na outra extremidade da terra.

A ligação com o culto era sentida pelo judeu fiel, com efeito, na sua oração diária, com a tríplice recitação das *Shemoné Esré* ou "dezoito bênçãos". Esta era feita na hora do *sacrifício tâmîd da manhã* (em torno das 9h) e na hora do *sacrifício tâmîd da tarde* (em torno das 15h) e depois novamente mais tarde. Essa oração — louvor e meditação sobre as intervenções salvíficas de Deus na história do povo (história de cada um dos que pertenciam ao povo) — marcava, portanto, a vida e formava o espírito para a lembrança da ação misericordiosa e salvadora do amor de Deus, fazendo referência ao momento mais solene do culto do templo, que era justamente a liturgia do *tâmîd*, com o qual se pretendia continuar o sacrifício da Aliança celebrado pela primeira vez no Sinai (Nm 28,6).

A espiritualidade cristã certamente se insere nos dois elementos que estão na base da espiritualidade judaica: *liturgia* e *Palavra de Deus*, mas na única perspectiva possível *depois de Cristo*. Ele é o *"liturgo"* do NT (Hb 8,2), e ao mesmo tempo é a *"Palavra que se fez carne"* (Jo 1,14), isto é, aquele no qual tanto a *liturgia* quanto a *Palavra* do AT encontram o seu cumprimento. Em outros termos, as duas componentes do culto judaico, *a liturgia* e *Palavra de Deus*, que davam razão e fundamento à *espiritualidade do AT,* não são elementos perecedouros e por isso mesmo destinados a serem abolidos por Cristo. Pelo contrário, nele encontrarão a "realização", que lhes dará pleno valor, e por esta razão não poderão deixar de ser as *componentes primeiras* da *espiritualidade cristã,* a qual, com pleno direito, poderá ser chamada de "espiritualidade litúrgica" precisamente porque nascida da liturgia verdadeira e realmente santificadora do NT.

A espiritualidade cristã, de fato, é assim chamada porque se fundamenta em Cristo, mas não em Cristo enquanto "ponto de partida" de certo pensamento ou de certa atitude espiritual. Nesse sentido, pode-se falar, por exemplo, de espiritualidade budista, neoplatônica, paulina, inaciana, do séc. XVII ou XVIII: está se indicando um ponto de referência histórico (pessoa — doutrina — época), que serve para explicar um fenômeno.

A espiritualidade cristã se fundamenta em Cristo enquanto *realidade presente e agente* na história da salvação, e tanto essa presença como essa ação de Cristo são dadas pela *liturgia*, na qual a *Palavra* se torna *sacramento*, isto é, mistério de Deus revelado e concretizado numa forma ritual, que é destinada justamente a criar o contato real com a realidade de Cristo.

Essa presença e essa ação de Cristo manifestam-se na liturgia, a começar pela liturgia batismal ("Convertei-vos, e cada um de vós seja batizado em nome de Jesus Cristo": At 2,38), chegando até a liturgia eucarística do "partir o pão" (At 2,42-46), criando a *experiência* tipicamente cristã de um *encontro* com Cristo: "Reconheceram-no ao partir o pão" (Lc 24,35). Dessa experiência falam os Mártires de Abitina (séc. III) quando, surpreendidos numa celebração eucarística, ao serem interrogados pelo juiz que os repreendia por terem feito uma "reunião" proibida pela lei, responderam: "Não podíamos impedir alguém de vir à reunião porque não podemos ficar sem nos recolhermos na Ceia do Senhor [...], já que somos cristãos". E como o juiz dizia não lhe interessar saber se eram cristãos, o relator observava: "Como se alguém pudesse ser cristão sem a Ceia do Senhor".[5]

---

[5] RUINART, *Acta martyrum* 1731, p. 343.

PROBLEMA HISTÓRICO

Resumindo: "Cristo é o coração do *culto*, da *liturgia* batismal e eucarística. A oração, tanto a litúrgica quanto a pessoal, passa por ele".[6]

É claro que a espiritualidade cristã, sem deixar de ser um fato pessoal, extrai da liturgia a característica que é própria da religião revelada: *espiritualidade comunitária — eclesial*. Os cristãos têm consciência de serem tais por pertencerem à "comunidade" de Deus, que encontrou a sua realização em Cristo, pois neles cumpriu-se a antiga promessa: "Vós sereis o meu povo e eu serei o vosso Deus" (*passim* no AT). Donde a consciência de formar o "corpo de Cristo". A Igreja é "comunidade" (*koinonia*) e "amor" (*agàpe*)[7] porque é o resultado do amor de Cristo: "Tornou-nos Igreja o amor de Cristo" (*Congregavit nos in unum Christi amor*). Essa experiência espiritual típica, pela qual a *Eucaristia* (*unus panis*) produz a realidade da *Igreja* (*unum Corpus multi sumus*), confere à espiritualidade cristã uma nota absolutamente particular: a de não se esgotar no *individualismo* e de ver o mal mais grave no sentir-se separados da "comunhão-*koinonia*" com os outros por meio da "excomunhão", porque "fora da (Eucaristia) Igreja não há salvação".

O sentido eclesial da liturgia era um fato percebido intimamente. Acostumados a tomar num sentido forte as palavras de Cristo, para os cristãos dos primeiros tempos uma reunião litúrgica era um "comer a Ceia do Senhor", mas teria sido um "comê-la indignamente" se se agisse com desprezo do "corpo do Senhor", ou seja, da "Igreja-comunidade", para realizar aquela a quem Cristo havia dado o seu corpo e o seu sangue.

Esse aspecto "eclesial" aparece, por exemplo, em Hipólito,[8] sobretudo a propósito da *leitura bíblica* e da *oração*:

---

[6] HAMMAN, A. *La Prière*. I. Le nouveau Testament. Paris, 1959, p. 211.

[7] INÁCIO DE ANTIOQUIA, *Ad Trall.* 13, 1; SC 10.

[8] HIPÓLITO, *Tradição apostólica* 41 (séc. III); SC 11.

Todo fiel, homem e mulher, acordando-se do seu sono, antes de começar a trabalhar, lave suas mãos e faça oração a Deus. Se, entretanto, houver uma *instrução da Palavra*, todos se preocupem em ir, persuadidos intimamente de que ouvirá Deus naquele que dá a instrução.
Aquele que *reza na igreja* (assembleia) poderá evitar o mal do dia [...]. Ninguém seja preguiçoso quanto ao ir à igreja (assembleia), *lugar onde se ensina*. Com efeito, naquela ocasião será dado, ao que ensina, dizer aquilo que é útil a cada um em particular, e tu escutarás coisas que não estão no teu pensamento, e tirarás proveito das coisas que o Espírito Santo te dirá por meio daquele que ensina [...]. Por isso, deves ser solícito em dirigir-te à assembleia, que é o lugar onde floresce o Espírito [...]. Se é dia em que não há instrução, fique estabelecido que em casa seja lido o Livro Santo segundo aquilo que se crê necessário.

A oração, da qual Hipólito fala a seguir no mesmo capítulo 41, destaca-se por uma elevada característica "cristológica", ligada à Paixão-ressurreição de Cristo; é, de fato, uma oração "memorial", porque nela "faz-se memória das coisas acima" (isto é, dos acontecimentos salvíficos — mistérios de Cristo).

Além disso, essa oração, feita nas horas que mais tarde serão chamadas canônicas, não é conhecida nem como oração particular, nem como oração litúrgica. Essa distinção não existe, porque ambas são "oração", mas as duas têm as particulares características da oração que posteriormente será chamada "litúrgica".

O caráter "litúrgico" mais específico da primitiva espiritualidade cristã, entretanto, está na sua orientação para o "martírio", que é o momento da total "imitação de Cristo", até assemelhar-se a ele em seu "sacrifício", realizando assim a sua "perfeita liturgia".

Certamente, muito cedo no cristianismo notam-se duas correntes espirituais: a *comum* e a dos *perfeitos*. Estes eram chamados de "gnósticos" pela escola alexandrina; mas os primeiros entre os "gnósticos" ou *pneumatikói* eram precisamente os mártires (todos os mártires são gnósticos, mas nem todos os gnósticos são mártires).

Jungmann[9] escreveu que "a liturgia situa-se muito mais no plano pastoral do que no da espiritualidade". Com isso concorda também Dekkers,[10] o qual, subscrevendo essa opinião de Jungmann, observa que, se é importante o lugar ocupado pela liturgia na vida da comunidade crista na época antiga, é muito menor o lugar por ela ocupado nos tratados de espiritualidade.

Esse modo de julgar, na realidade, é válido só para quem julga a história antiga com as categorias mentais modernas. É novamente esse o modo usado por Jungmann[11] para apresentar a história, quando diz que "a ideia de uma vida dos primeiros cristãos centrada exclusivamente na liturgia não é exata", aduzindo como prova que isso seria contrário à regra dada no Evangelho, porque aquele que instituiu a *Eucaristia* (liturgia) ensinou também a "orar no segredo".

Nós, a propósito disso, não queremos negar que os cristãos conhecessem uma oração feita *privadamente*, além da oração *em comum*; nem queremos contestar a existência de correntes de vida espiritual direcionadas para uma elite cristã.

Nós negamos:

1. Que para os antigos existisse uma *distinção* propriamente dita entre as duas formas de oração. A oração privada nasce da leitura da

---

[9] JUNGMANN, J. Seelsorge als Schlüssel der Liturgie-geschichte. In: *Liturgisches Erbe und pastorale Gegenwart*. München, 1960, pp. 479-494. (Ed. italiana: *Eredità liturgica e attualità pastorale*. Roma, Paoline, 1962, pp. 556-574.)

[10] DEKKERS, E. Liturgie et vie spirituelle aux premiers siècles. *La Maison-Dieu* 69 (1962) 33.

[11] JUNGMANN, J. *La liturgie des premiers siècles*. Paris, 1962, pp. 154s.

Escritura, como também a oração da comunidade (cf. Hipólito, anteriormente) e os seus temas são aqueles mesmos que formam o objeto da Eucaristia, ou seja, a história da salvação realizada em Cristo, tanto que também aquela oração é chamada de "memorial" (cf. Hipólito, anteriormente);

2. Que a liturgia antigamente situava-se só *num plano pastoral* e não no plano propriamente dito da *espiritualidade* destinada às elites. É preciso notar que os testemunhos a favor dessa "espiritualidade" de elite são buscados frequentemente, por exemplo, em Orígenes. Na verdade, os lugares dos quais em geral se extraem esses testemunhos são as *homilias* (em *Ex*, em *Num*, em *Jesu Nave*, em *Cant*, em *Luc* etc.), que foram proclamadas nas assembleias públicas e não em círculos ou clubes de "espiritualidade", e as propostas de *ascensões espirituais* e de *perfeição* são feitas a *todos* os cristãos, no sentido de que — embora nem todos consigam alcançá-las — todos são chamados à perfeição.

Pode-se inclusive observar que a própria superioridade dos "espirituais" não é explicada com uma separação da liturgia, mas por uma *aplicação* mais rígida desta (cf. Tertuliano-Novaciano sobre a Penitência) ou por uma *interpretação* mais elevada da própria liturgia. Pode-se ver em Orígenes:

> O pão que o Verbo Deus reconhece como seu corpo é o Verbo que nutre a alma, é o Verbo que procede do Verbo Deus, é o pão que procede do pão celestial, posto sobre a mesa e do qual está escrito: "Preparaste um banquete para mim" [...]. O Verbo não chamava seu o pão visível que tinha em mãos, mas o Verbo em cujo mistério o pão deveria ser partido [...]. O que podem ser, efetivamente, o corpo e o sangue do Verbo Deus senão o Verbo que nutre e o Verbo que alegra o coração?[12]

---

[12] Orígenes, *In Matth. series* 85. In: Klostermann (Ed.). *Origenes Werke* 11, pp. 196s; GCS 38.

Em outras palavras, segundo Orígenes, o pão que nos é dado como corpo do Verbo é o Verbo mesmo dado como nutrimento pela alma; ou seja, é Verbo que nos é dado pelo Verbo como pão, pão que vem do pão celestial (Eucaristia).

É evidente que Orígenes exemplifica aqui aquilo que ele mesmo afirma em *In Num. hom.* 16, 9:[13]

> "Diz-se que nós tomamos o *sangue de Cristo* não só no rito dos *sacramentos*, mas também quando recebemos a sua *palavra*" porque, segundo ele, "do pão e do cálice se deve ter um (duplo) entendimento: o dos mais simples, que se baseia sobre o *comum* conhecimento da Eucaristia, e o daqueles que aprenderam um sentir mais *profundo*, baseado sobre um anúncio mais divino e referente ao nutrimento (que nos vem) da palavra de verdade".

Por conseguinte, temos dois planos de conhecimento espiritual: para os mais simples e para os mais perfeitos. Mas ambos os conhecimentos procedem do sacramento e têm por objeto o sacramento, ou seja, situam-se ainda sobre um fundamento *litúrgico*.

Se na Antiguidade pode-se falar de uma cisão entre o plano da *pastoral* e o da *espiritualidade* a propósito da liturgia e da sua incidência, isso não acontecerá efetivamente a não ser no séc. IV, e só em referência a *certos grupos* de ascetas-monges, cuja vida sintetizava-se, no pensamento de alguns, numa "fuga dos bispos (liturgia organizada) e das mulheres (vida mundana)".

Um caso típico é o que foi destacado e condenado no I Sínodo de Saragoça (a. 380), art. 4º: "Por 21 dias, de 17 de dezembro até 6 de janeiro, não é permitido *ausentar-se da igreja*, fechar-se em casa,

---

[13] BAEHRENS (Ed.). *Origenes Werke* 7, 151s; GCS 30.

ou residir no campo, ou ir à montanha [...], mas é preciso reunir-se na igreja". O cânone provavelmente se refere a pessoas embebidas de ideias priscilianistas, que ainda sobreviviam no tempo do I Concílio de Braga (a. 561), o qual condena (art. 4º) quem "não honra o Natal de Cristo ou finge honrá-lo jejuando naquele dia, bem como nos domingos".[14]

Certamente, temos aí um distanciamento da liturgia, mas também neste caso não importa tanto o abandono desta, em ato, mas muito mais o motivo do abandono: fazer penitência nos dias comemorados pela liturgia (como os dias de Natal, cuja realidade os priscilianistas não aceitam).

No que diz respeito ao monasticismo mais antigo,[15] deve-se observar que as únicas conclusões possíveis que podem ser estabelecidas com base nas fontes mais antigas, das quais não se deduz nenhum interesse particular pela liturgia por parte dos monges, são as seguintes:

a) O silêncio das fontes a este respeito deve ser desfrutado com inteligência, primeiro porque não se fala de coisas nas quais os monges não se distinguem dos outros (é possível e provável que seguissem a liturgia comum aos demais fiéis); e, em segundo lugar, para nós esse silêncio é estranho, porque estamos habituados à equação monasticismo = liturgia.

b) O grande esforço que os monges fazem desde o começo, tanto na leitura da *Bíblia* como na recitação dos *Salmos,* demonstra que os *elementos essenciais* da celebração litúrgica lhes eram familiares, e isso não pode ser considerado senão como uma tentativa de *integração* da sua oração na oração litúrgica.

---

[14] Para ambos os textos, cf. Vives, J. *Concilios visigóticos.* Barcelona, 1963, pp. 17 e 67.

[15] Cf., a este propósito, Dekkers, E. Les anciens moines cultivaient-ils la liturgie? *La Maison-Dieu* 51 (1957) 31-54. O mesmo artigo é mais desenvolvido em Mayer-Quasten-Neunheuser, *Vom christlichen Mysterium,* pp. 97-114.

PROBLEMA HISTÓRICO

c) Parece-nos que Dekkers,[16] depois de ter dito que os "monges cantavam os salmos em comum, assistiam à Missa no sábado à tarde ou no domingo pela manhã ou talvez mais frequentemente", julgue segundo uma mentalidade moderna (equação de monasticismo e liturgia), quando continua escrevendo: "Todavia, em nenhum lugar aparece a marca da liturgia na vida e na alma de nossos monges".

Quando as fontes se tornam mais explícitas a respeito do valor atribuído pelos monges à liturgia, é preciso notar três coisas:

a) De um lado, se fala de "liturgia" no ambiente monástico, mas esta se restringe unicamente à "salmodia", quase que ignorando a Eucaristia e os demais sacramentos; portanto, trata-se de um discurso litúrgico de qualquer forma incompleto.

b) Muitas vezes dá-se destaque a um confronto entre "salmodia" e "oração", e o confronto normalmente é favorável à oração. Por exemplo, Evágrio Pôntico[17] escreve: "Se te vem à mente um *pensamento* útil, este ocupe o lugar da *salmodia*, e não rejeites o dom de Deus para observar uma tradição [...]. Não te comprazas na multiplicidade dos salmos, porque esta lança um véu sobre o teu coração"; e no *De oratione*,[18] diz: "A *salmodia* abate as paixões e acalma a intemperança do corpo; a *oração* põe em ação a atividade própria da mente. A *salmodia* pertence ao conhecimento multiforme, mas *a oração* é o prelúdio da gnose imaterial e uniforme". Da mesma forma, Diádoco de Fótice, nos seus *Capítulos gnósticos*,[19] escreve: "Quando a alma está na abundância dos

---

[16] Op. cit., p. 36.

[17] EVÁGRIO PÔNTICO, *Paraenetikòs*. In: FRANKENBERG (Ed.), p. 561, cit. por DEKKERS, op. cit., p. 38.

[18] EVÁGRIO PÔNTICO, *De oratione*. In: HAUSHERR (Ed.). Le traité de l'oraison d'Evagre le Pontique. *Revue d'Ascétique et de Mystique* 15 (1934) 126 e 129, cit. por DEKKERS, op. cit., p. 38.

[19] DESPLACES (Ed.). *Cent chapitres sur la perfection*, 73; SC 5, p. 131.

seus frutos naturais, eleva ainda mais a sua salmodia e prefere orar *vocalmente*. Mas quando o Espírito Santo age nela, ela *salmodia e ora* em pleno abandono e suavidade *no segredo do coração*. A primeira disposição é acompanhada pela alegria sensível; a segunda, pelo contrário, por lágrimas interiores e por uma espécie de euforia ávida de silêncio".

Esse confronto entre *salmodia* e *oração* supõe propriamente não a "distinção" entre *oração litúrgica e oração privada*, mas sim a "oposição" entre oração *vocal* e oração *interior-silenciosa*.

Portanto, esses testemunhos e muitos outros análogos devem ser tomados não como uma "desestima" da oração litúrgica no ambiente monástico mas sim como uma "distinção" nos *graus de oração* pelos quais deve passar o monge.

Consequentemente, quando nos deparamos com autores que, como São Basílio, afirmam uma superioridade da *oração comum* (litúrgica), seja porque é "mais útil à edificação da fé",[20] seja porque nesta há a presença do Senhor, conforme a sua promessa de estar no meio daqueles que se recolhem em seu nome,[21] não se pode dizer que "aqui fala o bispo e não o monge". Os textos de "monges" citados anteriormente exaltam a oração interior sobre a oração *vocal*, mas não tocam no problema da oração *comum litúrgica*.

c) À medida que o monasticismo evolui da forma *eremítica* para a *comunitária*, a presença e a importância da *liturgia* se acentuam. Esse fato não pode deixar de ter suas razões, e dentre estas nos parecem válidas sobretudo as seguintes:

---

[20] BASÍLIO MAGNO, *Regulae fus. tract.* 37, 2; PG 31, 1012.
[21] Id., *Epist.* II 97; PG 32, 493, cit. por DEKKERS, op. cit., p. 46.

PROBLEMA HISTÓRICO

1. O fato de ter estabelecido uma específica oração litúrgica de louvor nada mais é, no fundo, do que a *codificação em costume* monástico daqueles *elementos* certamente litúrgicos já existentes na oração dos monges: *lectio divina* e salmodia;

2. Esse processo foi acelerado pelo fato de que frequentemente a vida monástica teve como seus organizadores alguns *bispos* (Basílio de Neocesareia, Agostinho, Aureliano de Arles) e estes, precisamente porque organizam o monasticismo no plano "cenobítico" ou de "comunidade", não podem deixar de pôr ao centro aquela *oração litúrgica*, à qual eles estão habituados e à qual têm em tão grande consideração porque, pela sua natureza "comunitária", é oração *eclesial* por excelência. Como se viu, Basílio fundamenta a superioridade da oração *litúrgica* precisamente sobre o fato de que é oração de uma *comunidade*, a qual, justamente por ser tal, tem a promessa da presença de Cristo em seu meio.

Uma idêntica razão explica a importância atribuída por São Bento à liturgia de louvor, da qual se explicam minuciosamente a sua distribuição diária e a sua estrutura interna em nada menos do que doze capítulos da sua *Regula monachorum*. Julgamos, portanto, demasiadamente exterior a hipótese adiantada por Dekkers,[22] que fala da "influência" sofrida por Bento diante do "espetáculo da grandiosa liturgia das basílicas romanas". Seria preciso demonstrar que a "liturgia de louvor" *beneditina* participa da pompa da "liturgia eucarística" *papal* (além desta, efetivamente, existia também uma mais simples, a dos "títulos").

Antes da sua experiência eremítica em Subiaco, São Bento viveu por algum tempo na comunidade presbiteral da Igreja de São Pedro em Enfide (a atual Affile), onde por isso mesmo participou da vida litúrgica

---

[22] Op. cit., p. 48.

diária, que compreendia os louvores matutinos e vespertinos e, nas solenidades maiores, as vigílias noturnas.

Segue-se o período eremítico de cerca de três anos, que é concluído com uma referência litúrgica de altíssima importância: um padre pertencente àquela área, advertido pelo Senhor, precisou comunicar a São Bento que ele havia se esquecido inclusive da Páscoa. A sua *Regra*, dentre as ainda vigentes, é a única que tem um capítulo inteiro sobre a Quaresma e sobre a espera "alegre da Páscoa". Feita a passagem para o "cenobitismo", primeiro de tipo pacomiano e depois de acordo com o dele ("cenobitismo beneditino"), o dia monástico é ritmado pelo louvor, que precede o nome das "horas" em que é cumprido (*Regula* 8; 9; 16; 17; 18) e se chama geralmente "hora do ofício divino" (ibid., 43) ou "hora da obra de Deus" (ibid., 44; 47) que, em seu conjunto, formam *"as horas canônicas"* (ibid., 67).

Em São Bento, o caráter *litúrgico-eclesial* do louvor é explicado já pelo termo "horas canônicas", que indica "horas de oração estabelecidas segundo uma ordem ou cânone eclesiástico", e isso significa que o "mosteiro", o qual é chamado — como uma igreja — "casa de Deus" (*Regula* 53) e é dotado de um "oratório" todo próprio (ibid., 52), é uma verdadeira "igreja local", a exemplo das igrejas episcopais ou presbiterais. Por conseguinte, é o próprio "cenobitismo" carregando consigo a liturgia como forma comum e própria de oração: *oração comunitária da Igreja local monástica*.

Não obstante certas aparências, portanto, a vida espiritual no monasticismo antigo segue uma linha *litúrgico-eclesial*; e se poderia dizer que, se isso acontece de forma implícita no eremitismo, a escolha cada vez mais decisiva do *cenobitismo* parece ser fortemente determinada pela componente *eclesial*, porque nele se torna mais clara, no plano existencial, a Igreja, e precisamente como "Igreja perfeita". Eusébio de Cesareia (começo do séc. IV), ressaltando que "na Igreja existem dois modos de vida", observa que o primeiro ("perfeito") é aquele dos que, "dedicando-se unicamente ao serviço de Deus [...], consagraram-se a Deus (em vista de todo o gênero humano), aplacando-o com o exercício do sacerdócio para si e *para os seus semelhantes*".[23]

O sentido *eclesial* que orienta a escolha desse tipo de vida é evidente, não só como interpretação do fato mas como intenção. Isso, todavia, não poderia deixar de ter como consequência que na totalidade da vida também a *oração* adquirisse cada vez mais importância e caráter *eclesial*, ou seja, *litúrgico*, sobretudo quando o monasticismo se torna quase que universalmente cenobítico.

II. Tempo de dissociação de fato: Idade Média — época moderna

1. Alta Idade Média

Na primeira Idade Média, a mentalidade antiga continua. A liturgia domina e "nem sempre se consegue distinguir os textos destinados ao uso litúrgico dos destinados a alimentar a piedade individual. A piedade continua sendo ainda principalmente comunitária".[24]

O aumento dos Ofícios-Missas é proporcional à crescente participação dos fiéis.

---

[23] EUSÉBIO DE CESAREIA, *Demonstratio evang.* 1, 8; PG 22, 76. O "sacerdócio" do qual se fala aqui é não o "hierárquico" mas sim aquele que é resultado da "consagração", pela qual nos dedicamos só a Deus.

[24] LECLERCQ, J. *La spiritualité du Moyen-Âge*, 1961, p. 84.

A liturgia está, sobretudo, nas mãos dos monges, e estes substituem "o oratório" pela "Igreja" na qual acolher os fiéis.

"Para todos, clérigos, monges e leigos, a liturgia tem um valor pastoral", sobretudo através do ano litúrgico.[25]

A relativamente grande produção litúrgica medieval (só de *Expositiones Missae* foram conservadas aproximadamente cinquenta, diferentes umas das outras, do séc. VIII ao séc. XIII[26]) demonstra o interesse que se dava à liturgia e como a sua compreensão ocupava o espírito do tempo. A liturgia gozava de uma reflexão não inferior à que era consagrada à Escritura, e a ambas aplicavam-se os princípios conhecidos da exegese bíblica: sentido histórico, alegórico, analógico e tropológico. "É sabido que o simbolismo medieval aborda com gosto, além da Escritura e do universo sensível, também aquele outro universo e aquele outro livro vivo e sagrado que é o culto divino [...]. Assim, não só a doutrina de uma inteligência mística em geral mas também a particular dos quatro sentidos às vezes é estendida à liturgia".[27]

A oração é sempre fortemente nutrida de saltério, o qual pode ser realmente definido como a oração universal da Idade Média. O esforço feito pelos antigos de ver o saltério à luz do NT é retomado na Idade Média, e os chamados *tituli psalmorum* servem para dar a *inteligência cristológica* do salmo.

Nota

Dos *tituli psalmorum* são conhecidas seis séries diferentes, seja por proveniência (Pseudo-Orígenes, Eusébio de Cesareia, Pseudo-Jerônimo, Pseudo-Agos-

---

[25] Id., op. cit., pp. 84.152-155.
[26] São analisadas por A. Franz, *Die Messe im deutschen Mittelalter.* Freiburg, 1902, pp. 339-457.
[27] Lubac, H. de. *Exégèse médiévale.* Paris, 1959, pp. 155ss.

tinho, Cassiodoro, Beda), seja por conteúdo, enquanto as séries são diferenciadas pela preponderância:

- Da interpretação cristológica direta (*Vox Christi ad Patrem; Christus ad Patrem; Propheta dicit ad Christum; Vox Ecclesiae laudem dicit Christo* etc.);
- Ou indireta (*Ad Christi pertinet sacramentum: Ad Christi pertinet nativitatem; Ad mysterium frumenti vini et olei; Ad Ecclesiam, quae hereditatem Novi Testamenti consequitur* etc.);
- Da interpretação eclesial (*Psalmus iste de omnibus sanctis; Vox apostolorum; Ecclesia contra Judaeos; Ecclesia ad Christum* etc.);
- Da interpretação cristã genérica (*Hortatio pietatis; Prophetatio de Christo et vocatione gentium; Ex vultu Ecclesiae oratio* etc.);
- Ou da interpretação pessoal de Cristo (*Primus ps. Ostendit quod ipse [Christus] sit lignum vitae; Quod ipse in hereditatem capiat omnes gentes a Patre; Quod ipse pro nobis in somno mortis obdormiat et resurgat* etc.);
- Ou da interpretação mista, cristológico-eclesial-moral (*Vox fidelium in perturbatione; Vox Ecclesiae Deum laudantis ascensionemque eius praedicantis; Vox prophetae Deum laudantis quod Ecclesiam suam dilataverit; Vox Christi de meritis justorum; Vox sinagogae de primo et secundo adventu Christi* etc).[28]

Esses *tituli*, que a Idade Média continuará pondo no início dos seus saltérios até o séc. XIV, continuam a transmitir na Igreja e na sua oração aquele pensamento espiritual que os antigos Padres haviam encontrado expresso nos salmos e que em seu tempo haviam exposto aos fiéis nas suas homilias.

O uso dos salmos não se restringe ao setor litúrgico, mas invade a vida cristã também fora da própria liturgia. Assim, Alcuíno compõe um livro de *Officia per ferias*, em cujo prefácio diz: "Vós nos pedistes que

---

[28] Das seis séries de *tituli*, dos vários manuscritos, encontra-se uma edição em P. Salmon, *Les "tituli psalmorum" des manuscrits latins*. Paris, 1959.

escrevêssemos de forma abreviada (*breviarium*) como um leigo ocupado na vida ativa pode orar nas horas estabelecidas [...]. Assim que despertardes, dizei: 'Domine J. Christe, Fili Dei vivi, in nomine tuo levabo manus meas'. Depois: por três vezes 'Deus in adiutorium', com o salmo 'Verba mea' até a 'Mane astabo tibi'. A seguir: 'Pater noster' e as preces: 'Dignare, Domine, die isto...'. Começai depois: 'Domine, labia mea aperies' com o 'Gloria', e a seguir o salmo 'Domine quid multiplicati sunt!'. Segue-se o 'Miserere mei, Deus' e o 'Venite exultemus', e depois alguns salmos, de livre escolha".[29]

Ao uso dos salmos é preciso acrescentar o hábito também muito difundido dos *Flores psalmorum* (florilégio do saltério), no qual os melhores versículos dos salmos são extraídos para formar novos salmos ou orações jaculatórias; ou então os salmos são reduzidos em forma de "hino".[30]

Mas gradualmente vai se criando uma separação entre a vida espiritual e a vida litúrgica. Esta última procura ainda influenciar, e o fará buscando vias de transformação e de adaptação determinadas por causas tanto externas quanto internas.

Entre as causas externas, deve-se pôr a ignorância da língua litúrgica (latim) e o cada vez mais complicado florescimento alegórico dos ritos. Entre as causas internas deve-se destacar a nova orientação espiritual e o fundo devocional, que vai se desenvolvendo continuamente. O sentido dos "mistérios de Cristo" é reduzido cada vez mais a uma exemplaridade moral, e a intercessão dos santos evolui para um culto cada vez mais absorvente e se fixa em manifestações cada vez mais exteriores.

---

[29] ALCUÍNO, PL 101, 509ss.

[30] Cf. WILMART, A. *Precum libelli quattuor*. Editado in *Ephemerides Liturgicae* 54 (1940) 80 e 160.

Essa orientação cada vez mais decidida deve-se em grande parte ao influxo *franco-germânico*. Tais povos, que chegaram ao cristianismo num momento em que a liturgia já está determinada e se apresenta com majestosa solenidade, acolhem o fato litúrgico sobretudo no seu lado exterior e o enchem, a seu modo, de uma devoção que tende muito ao sentimento e também ao utilitarismo. A liturgia é entendida só na alegoria; é vista, portanto, como uma *forma*, que pode ser distinta e objetivamente preenchida, desde que a "forma" seja sempre a mesma. O "vírus" endêmico a toda forma ritual encontra, portanto, o terreno adequado e se desenvolve num *ritualismo* cada vez mais marcado, ajudado nisso por uma mentalidade que, no plano religioso, era, pelo menos em parte, infantil.

Um sinal típico desse "ritualismo" formalista tem-se, ao longo da Idade Média, no surgimento de "práticas" religiosas tais como o "rosário". Em si, este tende a *substituir* o saltério (150 Ave-Marias em lugar dos 150 salmos), que começa a ser julgado não mais atual no meio do povo. Mas se trata de substituir *materialmente* a fórmula, porque o *modo* e o *conteúdo* continuam.

Os *tituli* haviam dado aos salmos um conteúdo cristológico, que normalmente evoluía para uma justificação autônoma de oração mental, enquanto materialmente eram recitadas as palavras. O mesmo irá acontecer com o rosário, no qual os "mistérios" retomarão os *tituli* e as "Ave-Marias" substituirão os "salmos".

O processo de dissociação entre vida espiritual e litúrgica é tão lento que é quase imperceptível, mas ao mesmo tempo é irrefreável. A liturgia já é tão vazia na sua magnificência que a vida espiritual se refugia numa oração que, mesmo conservando certas formas externamente litúrgicas, quase criando uma adaptação da liturgia (por exemplo, o *Angelus Domini*), tende a separar-se cada vez mais da forma comunitária da oração litúrgica e a transferir para o nível sentimental-moralístico o sentido mistagógico da oração tipicamente cristã.

Assiste-se, assim, ao surgimento de dois fatos, estranhamente *paralelos*, que daquela época em diante coexistirão na espiritualidade cristã ao longo de alguns séculos, até a tentativa de *síntese* que está se manifestando hoje na vida eclesial pós-conciliar.

A) Um desenvolvimento sempre maior da piedade

A piedade se estende em práticas devotas, em formas de devoção cada vez mais íntimas a Cristo (= à sua humanidade), à Virgem, aos santos (milagres-relíquias).

Essa atitude vale também para as funções litúrgicas, que se tornam cada vez mais solenes, complicadas, longas.

E, não bastando a fundamental sobriedade litúrgica para apagar esse desejo de satisfação sensível, bem como para superar (pelo menos algumas vezes) o obstáculo da *língua latina litúrgica*, criavam-se também alguns "mistérios", que eram transposições teatrais do mistério litúrgico.

B) O rarear da participação na vida sacramental da liturgia

Permanece ainda uma profunda devoção à Missa, sobretudo em virtude da crença — além do benefício espiritual — também nas graças temporais (por exemplo, um soldado *encadeado*, ao qual se lhe rompem as correntes porque um irmão seu, padre, celebrou Missa na hora terceira; ou o peregrino hierosolimitano que assistiu à Missa e à tarde já está em casa).

Para incentivar a devoção à Missa, insiste-se em dar destaque àqueles que podem ser definidos como os *frutos* da Missa:

— Diminuição dos pecados;

— Aumento de graça;

— Força contra o demônio.

Se as pessoas não forem sensíveis a esses valores puramente *espirituais*, insiste-se sobre a devoção sensível: na Missa ocorrem milagres maiores do que o de um cego que recobra a sua visão:

— O céu se abre;

— Deus desce;

— Os anjos marcam presença;

— Os céus se unem à terra.[31]

É uma interpretação no plano sensível de uma apresentação teológica de São Gregório Magno:

> Quem, pois, pode duvidar das coisas fiéis, na mesma hora da imolação (quando) os céus se abrem para a voz do sacerdote, os coros dos anjos estão presentes naquele mistério de Jesus Cristo, as coisas mais humildes são associadas às mais altas, as coisas terrenas são unidas às celestes, e uma só coisa se faz das coisas visíveis e também das invisíveis?[32]

A fé nas *palavras* eucarísticas aguça-se até materializar-se numa espécie de processo *mágico*; de fato, a relação é entre *magia e palavras* eucarísticas.

Numa composição poética alemã do séc. XIV, lê-se: "As palavras mágicas subjugam as serpentes a ponto de se poder pegá-las na mão; as

---

[31] FRANZ, A. *Die Messe in deutschen Mittelalter*. Freiburg, 1902, p. 35.

[32] GREGÓRIO MAGNO, *Dial*. 4, 58; PL 77, 425D-425A: Quis enim fidelium habere dubium possit, in ipsa immolationis hora ad sacerdotis vocem coelos aperiri, in illo Jesu Christi mysterio angelorum choros adesse, summis ima sociari, terrena caelestibus iungi, unumque ex visibilibus atque invisibilibus fieri?

palavras mágicas impedem a uma espada de ferir e a um ferro quente de queimar. Mas todas essas palavras são um nada diante das da Missa".[33]

De uma apresentação *sensível* do fato espiritual, todavia, passa-se a atribuir à Missa sobretudo "frutos" de ordem muito material, criando-se esquemas relativos às "graças" da Missa: 6-10-12.

Alguns fazem esses frutos dependerem do *grau de devoção*:

> Una gratia seu benedictio est, quod quanto fideles sunt ibi *devotiores, humiliores* ac *puriores*, tanto eis peccata. Secunda gratia est, quod quanto sunt ibi devotiores, tanto plus eius augetur gratia.[34]

Logo, porém, o acento é deslocado para o *audire Missam*, sem especificação, e o fruto é materializado:

> O primeiro fruto é ouvir a missa, ainda que tivesse tão grande extensão de terra, se o homem (nesse) no intervalo desse isto tudo para a (como) esmola, não seria tão útil a si como o ouvir a missa.
>
> O segundo fruto [...], no ouvir a missa, é que as almas em favor das quais o homem é obrigado a orar e ora estão, durante aquele tempo, isentas do purgatório.
>
> O terceiro fruto da missa é (que) tudo aquilo que o homem come neste dia convém mais à sua natureza depois da missa do que antes (da missa).
>
> O quarto fruto é que, depois de ouvir a missa, todo homem não envelhece nem se enfraquece [...].
>
> O quinto fruto [...] é que uma (só) oração da cabeça (Cristo) vale mais que a oração de todos os membros, porque a missa é oração de Cristo e nós somos membros dele.

---

[33] FRANZ, A. Op. cit., p. 35.
[34] Ibid., p. 38.

O sexto fruto [...] é que uma mulher grávida que assiste a missa devotamente, se no mesmo dia der à luz, (dará à luz) uma criança sem grande dor.³⁵

Observe-se que esses frutos estão ligados ao *audire Missam* da parte dos fiéis e não se inclui jamais a comunhão. O sentido mágico supersticioso do *audire Missam* revela-se nesta ligação misteriosa existente entre a execução material do ato e o resultado prometido.

Um cavaleiro vence a sua melancolia através do *audire Missam* todos os dias por ordem do confessor. Um dia vai caçar: a melancolia volta. De imediato ele troca o seu cavalo pela Missa ouvida por outro. O jovem dá os seus "frutos de Missa" ao cavaleiro, que lhe entrega o cavalo. O cavaleiro logo fica serenado, mas o jovem [...] se enforca!

A teologia procura explicar que a Missa deve ser acolhida *in statu gratiae*; nesse caso "se recebe o corpo do Senhor de um modo *espiritual*, e a vantagem é igual à de alguém que fez a comunhão".³⁶

A "comunhão espiritual" consistia numa "piedosa meditação" da Paixão do Senhor: "Se alguém medita de todo o coração e com terna

---

[35] Ibid., p. 43.
Prima virtus (= fruto) est audire Missam, ut quantum terrae spatium haberet, si homo ínterim hoc totum daret in eleemosynam, non tantum prodesset sibi sicut auditus Missae.
Secunda virtus [...] in audiendo Missam animae pro quibus homo tenetur orare et orat, carent interim purgatorio.
Tertia virtus Missae est quidquid homo comedit hac die magis convenit naturae suae post Missam quam ante.
Quarta virtus est, quod infra auditionem Missae omnis homo non senescit nec debilitatur...
Quinta virtus [...] quod una oratio capitis plus valet oratione omnium membrorum, quia Missa est oratio Christi et nos membra eius.
Sexta virtus [...] mulier praegnans quae interest Missae devote, eodem die si pareret, puerum sine magno dolore.

[36] Ibid., p. 52.

devoção a Paixão do Senhor de forma tão mística, é como se tivesse recebido o corpo do Senhor".[37]

Isso se difunde cada vez mais não só no meio do povo mas também entre os religiosos, em cujo âmbito a comunhão sacramental se torna cada vez mais rara. Precisamente no séc. XIII, quando se observa a maior expansão da devoção eucarística (procissões-ostensórios-festa do *Corpus Domini*), a frequência à comunhão talvez tenha atingido os limites mais baixos. É o tempo em que se começa a dar uma indulgência (Clemente IV — 100 dias) aos membros da "Fraternidade do Gonfalão" (Roma) para incentivá-los à comunhão três vezes ao ano, visto que o "preceito" da Igreja[38] precisou restringir-se a exigir a comunhão *uma* vez ao ano (*saltem in Pascha*). No séc. XIV, o cônego de Praga, Mattias von Janow, era uma exceção: incentivava a comunhão frequente, inclusive cotidiana; mas isso lhe foi atribuído como culpa e ele precisou retratar-se publicamente dessa sua iniciativa.[39]

Muito cedo, a Igreja se viu acusada pelos protestantes de "sacramentalismo" e de "sacrificalismo". Na realidade, a acusação de "sacrificalismo" poderia ser de certa forma verdadeira; mas a de "sacramentalismo", não. De fato, já a baixa Idade Média movia-se num plano de "espiritualismo", que acabará se tornando a porta de entrada de Lutero. A expressão *crede et manducasti*, que se tornará o grito de guerra de Lutero, na realidade já era adotada como uma norma habitual na vida espiritual dos séculos imediatamente precedentes.

A forma mais típica da "Comunhão espiritual" tinha-se na devoção muito difundida da "visão da hóstia", que é justamente a que deu

---

[37] BROWE, P. *Die häufige Kommunion im Mittelalter*. Münster, 1938.
[38] CONC. LATERANENSE IV, cân. 21 (ano 1215, sob Inocêncio III).
[39] BROWE, P. Op. cit., p. 34.

origem seja às *procissões* eucarísticas, seja à elevação no rito da Missa, como também às "torres" eucarísticas, das quais serão uma forma reduzida os primeiros *ostensórios* (do tipo ainda usado no rito ambrosiano).

Não obstante as aparências devocionais, essas formas denunciavam uma separação da realidade sacramental tanto quanto os grandes *arcos do altar* (de *Jubé*[40]) ou os *altares elevadíssimos* de muitas catedrais.

Os arcos acabarão impedindo a visão do altar, fechando-o no mistério e sobretudo dando a impressão de que aquilo que lá se cumpria ou não dizia respeito ao povo, ou era tão santo que o povo não podia ver.

Os *altares elevados* estabeleciam da mesma forma uma clara distância do povo, mesmo permitindo-lhe — de longe — a visão do sacramento. A essas formas exteriores — arquitetônicas — acrescentava-se o "segredo do cânone" que, reforçado pelo costume latino, criava o sentido do "sagrado" ao redor da liturgia, numa mistura tal que esta não podia jamais ter um contato real com o povo.

Os arcos, a sobre-elevação dos altares e o segredo do cânone afastavam a Eucaristia, elevando-a numa luz misteriosa e distante: as procissões, as elevações, os ostensórios eram os momentos e os meios oferecidos ao povo para manifestar na "visão" a sua devoção.

2. Séculos XIV-XVI: a *devotio moderna*

A liturgia, a esta altura, representa unicamente um elemento exterior da vida religiosa, que vai se orientando para novas formas de piedade. Continua a existir uma grande devoção à Missa; mas esta raramente é o momento de uma *comunhão sacramental* com Cristo. A co-

---

[40] LECLERCQ, J. *Histoire de la spiritualité chrétienne*, II, p. 524.

munhão espiritual serve não só para suprir a sacramental mas, em certo sentido, é o sinal dos novos tempos, caracterizados por uma piedade que é ao mesmo tempo *espiritualista* e *sensível*. A própria liturgia, com a sua forma solene e exterior, que lhe dá uma pomposa magnificência mas não consegue nutrir as almas, impele a buscar formas de espiritualidade mais íntimas e mais *pessoais*. Por outro lado, o próprio influxo da liturgia, que sempre colocou em primeiro plano a humanidade de Cristo, preparou o caminho para aquele florescimento da *devoção sensível* que da Idade Média em diante se tornou um elemento típico da vida cristã ocidental. São as duas características mais evidentes da chamada *devotio moderna*, que é sinônimo de "espiritualidade dos tempos modernos" e que pretende ter certo tom polêmico em relação ao passado. A *devotio moderna* pode ser definida, de fato, como "busca do contato com o divino, visto sensivelmente na humanidade de Cristo e alcançado num processo interior, pessoal e individual".

Não se pode negar que a *devotio moderna* tenha se constituído numa força potente de espiritualidade cristã que foi, esta também de certa forma, um movimento estabelecido na Igreja pelo Espírito Santo, o qual, desse modo, mantinha as almas no caminho da busca de Deus. Ao mesmo tempo, não se pode negar que a *devotio moderna* representava uma corrente espiritual que, reduzindo-se a suprir a espiritualidade própria da Igreja, tal e qual está contida na liturgia, praticamente tendia e levava na direção daquele *psicologismo voluntarista e individualista* que algumas décadas depois desembocará no personalismo protestante e em formas espirituais análogas — enquanto posição — a este, mesmo mantendo-se firmes na ortodoxia católica: "Esse ideal (da *devotio moderna*) havia sido considerado suspeito desde os tempos de Gerardo Grote (que foi o seu principal iniciador); mais tarde novas suspeitas surgiram pela influência que o mesmo exerceu sobre o nascente humanismo e sobre a Reforma Protestante. E se sabe, de resto, quanta estima tinha por ele Lutero".[41]

Enquanto a liturgia tende a ligar as almas a Deus através de um contato objetivo com a humanidade de Cristo, vista como fonte real de redenção que se comunica aos seres humanos que com fé o encontram e o tocam no sinal sacramental, a *devotio moderna*, pelo contrário, busca um contato imediato, individual e pessoal, obtido por meio de um processo psicológico, ou seja, através de um esforço de *meditação-contemplação* da humanidade de Cristo. A *imitação* de Cristo não nasce da presença sacramental do Senhor, como desenvolvimento da mesma (*vivendo teneant quod fide perceperunt* no sacramento: liturgia pascal), mas procede de uma visão de Cristo que está diante de nós como exemplo desapegado e que é tão mais válido quanto mais for capaz de impressionar a nossa sensibilidade (há nisso também uma rejeição do intelectualismo teológico anterior).[42]

Para melhor unir-se a Cristo, o ser humano fixa-se na humanidade do Senhor e, para melhor entrar num "contato pessoal com ele, quer saber tudo do seu Senhor [...]; ocupa-se de todos os detalhes da sua vida, fazendo disso matéria de *meditação* especial [...]. O amor apaixonado quer saber com exatidão quantas feridas foram infligidas ao corpo de Cristo, quantos espinhos coroaram a sua cabeça, com quantos pregos foram perfuradas as suas mãos e pés; quantas gotas de sangue permearam a sua fronte e quantas lágrimas ele derramou. Veneram-se de modo especial os seus membros [...], cabeça [...], rosto [...], chagas [...], cora-

---

[41] Ibid., p. 524: "Depois dos excessos da especulação, o retorno ao primado absoluto da caridade, à simples conformidade a Cristo, à prática da virtude da humildade e do desapego, a uma diminuição do verbalismo vazio e de sutilezas, a uma visão mais realista da vida cristã: eis outras tantas reações saudáveis e benéficas. Foi como se o sentido profundo da Igreja, guiada pelo Espírito Santo, tivesse se dado conta do perigo de um intelectualismo por demais acentuado em matéria de ascensões interiores".

[42] VISSER, L. *La cultura del nostro occidente*. Torino, 1958, pp. 58s.

ção [...]. Aqui, sobre o coração, afirma-se particularmente o sentimento, aqui hospeda-se o amor de Cristo pelo ser humano [...]. Esse amor envolvente de Cristo havia sido representado também na época paleocristã, todavia [...] escolhia-se para tanto não o coração mas sim a figura ereta do Bom Pastor, que levava sobre as costas a ovelha perdida".[43]

Não é mais, portanto, o Mistério de Cristo como tal e como é apresentado e vivido na liturgia, na sua integralidade e na sua objetividade redentora, o que domina a vida cristã. Não são nem mesmo os seus *mistérios singularmente*, vistos como momentos sucessivos da revelação e da concretização do desígnio de salvação, e com os quais a liturgia nos coloca em contato para reproduzi-los em nós objetivamente.

Tudo se dissolve na meditação-contemplação devota e amorosa de cada uma das partes da humanidade de Cristo, que serve sobretudo para suscitar, na *meditação* da Paixão, sentimentos de "compaixão".

Não é por acaso que Maria, a *Virgo Mater Dei*, se torna *Mater dolorosa*, *Mater desolata*, e todo o seu mistério se concentra numa devoção-contemplação das suas "alegrias" ou "consolações" e das suas "dores".

A *meditação* assume a preponderância como meio praticamente essencial da vida espiritual, porque é vista como a forma mais íntima e pessoal do contato com Cristo e como uma "comunhão espiritual" com ele. A liturgia não desaparece da prática cristã e, mesmo que em muitos lugares seja negligenciada e corrompida por muitos abusos, não perde nem em magnificência, nem em grandiosidade exteriores. "As realidades objetivas da religião continuam a existir, mas fora do indivíduo, numa atmosfera de respeito e de glória majestosa. Mas aquilo ao que se tende não é mais pôr o ser humano em contato com essas realidades

---

[43] MAYER, A. Renaissance, Humanismus und Liturgie. *JLW* 14 (1934) 150.

objetivas. Todo o esforço se deslocará na direção do elemento religioso concebido como perfeição individual e interior ao ser humano".[44]

A *meditação é o sinal do tempo*, até tornar-se uma estrutura espiritual que se sobrepõe diretamente à própria ação litúrgica. Os monges, que tinham na liturgia a fonte da sua vida espiritual, a qual certamente era nutrida de meditação, farão eles também da meditação o elemento determinante da sua vida quando tentarão levar o monasticismo rumo a uma reforma. Assim, Ludovico Barbo (1381-1443), reformador do monasticismo italiano no séc. XV (Congregação Beneditina de Santa Justina [Pádua], que influenciou as reformas monásticas da Áustria, da Alemanha e da Espanha), porá na base da renovação a sua *Forma orationis et meditationis*, como o demonstra o fato de que precisamente os monges por ele reformados foram, na Itália, os principais propagadores do *De imitatione Christi*, de Kempis.

E quando, algumas décadas depois de Barbo, o Abade García de Cisneros (1455-1510), de Montserrat (Espanha), pretende dar um sopro de vida espiritual ao seu mosteiro, insistirá na meditação não só no seu *Exercitatorio de la vida espiritual*, mas também no seu *Directorio*, que é um livro sobre o Ofício Divino. Com esse livro, efetivamente, ele quer ensinar aos monges a *meditar durante o Ofício*. Ou seja, enquanto são recitados os salmos e lidas as leituras, a atenção não é voltada para a oração do salmo e para o ensinamento da leitura, mas para cada um dos momentos da vida de Cristo: primeiro salmo = Anunciação; segundo = Nascimento de Cristo [...] etc.; leitura da homilia = flagelação e coroação de espinhos; *Te Deum* = blasfêmias contra Cristo; leitura do Evangelho (Breviário monástico) = sentença da morte contra Cristo etc.

---

[44] LIPPERT, P. *Zur Psychologie des Jesuitenordens*. 1923, pp. 16s.

E quando Santo Inácio de Loyola, que certamente foi influenciado por Cisneros, tomará o seu lugar no combate pela conquista do mundo para Deus, fará da meditação, transformada em "Exercício Espiritual" por excelência, a arma mais potente. Até mesmo em nossos dias o jesuíta P. Lippert[45] reconhece sem titubeios a preeminência absoluta da meditação, na sua Ordem, sobre qualquer outra forma de piedade, com estas palavras: "*À meditação acrescentam-se* as outras práticas espirituais: Missa, comunhão, exame de consciência etc.".

Sem negar todo o bem que este retorno à meditação representava e que era, dentre outras coisas, motivado também pelo estado de morte no qual se encontrava a liturgia, deve-se reconhecer, contudo, que se estava muito longe de Santo Agostinho, o qual ensinava: "Se o salmo reza, rezai; se geme, gemei; se fala de alegria, alegrai-vos; se fala de esperança, esperai";[46] longe de São Bento, que no mesmo espírito prescreve: "Ao salmodiar, o ânimo concorde com a voz";[47] longe de São Bernardo, que já está em plena Idade Média, mas que ainda ensina: "O *opus Dei* (liturgia do Ofício) deve ser feita com pureza, de modo que não se pense em outra coisa, durante a salmodia, a não ser naquilo que se salmodia [...]. E não estou falando somente em evitar os pensamentos vãos e ociosos [...], mas vos peço para não continuar a pensar nem mesmo naquilo que pouco antes, sentados no jardim, estáveis lendo, e nem naquilo que agora ouvis da minha voz nesta sala, onde com certeza se ouve o Espírito Santo. São coisas santas, mas não seria santo pensá-las durante a salmodia".[48]

---

[45] Agostinho, *Enarr, in ps.* 30, 1 (*Sermo* III); CCL 38, 213.

[46] *Benedicti Regula monach.* 19.

[47] Bernardo de Claraval, *Sermo 47 in Cant.*; PL 183, 1011.

[48] Concílio de Trento, Sess. XIII, DS 878.

PROBLEMA HISTÓRICO

Praticamente, o método de introduzir uma "meditação" durante a liturgia partia do pressuposto de que a liturgia como tal não era *oração* interior ou *mental* (é assim que se começa a chamar a meditação), ou que não exigisse ser feita com uma atenção interior.

Na realidade, o próprio Concílio de Trento não havia conseguido devolver à liturgia a sua importância na vida espiritual. E mesmo que tivesse conseguido eliminar os abusos que nela haviam se infiltrado, isso foi uma purificação, mas não chegou a ser uma revalorização espiritual da liturgia.

De um lado, o irromper da *mentalidade barroca*, que é solenidade, festividade, grandiosidade, pompa, arrasta, em seu movimento exterior, a liturgia; de outro, o espírito da Contrarreforma Católica se opõe ao subjetivismo antissacramental do protestantismo sobretudo exaltando de um modo bem determinado os aspectos devocionais mais vistosos, tais como a devoção ao Santíssimo Sacramento e a devoção a Nossa Senhora. É esse o momento que vê surgir as "Quarenta e quatro horas", as "Solenes exposições" durante a Missa, os "Santuários marianos" como meta de peregrinação.

Falamos de exaltação segundo um determinado modo, no sentido de que os aspectos devocionais mais vistosos de um lado servem para restituir vitalidade à interioridade individualista, que se punha na linha da *devotio moderna* e que nisso acabava se encontrando — exceto o erro — com o protestantismo; de outro, com o seu caráter de excepcional grandiosidade, contribuíam para manter tudo na linha exterior e triunfalista do barroco na polêmica antiprotestante. É isso o que parece ressoar naquilo que Trento diz a propósito das "procissões eucarísticas": "O Concílio declara que é piedoso e religioso o costume introduzido segundo o qual o excelso e venerando sacramento [da Eucaristia] seja levado com reverência e honra em procissão pelas ruas e lugares da cidade [...].

Era necessário, com efeito, que deste modo a verdade vitoriosa triunfasse sobre a mentira e a heresia, a fim de que os seus inimigos, postos diante de tanto esplendor e de tão grande regozijo da Igreja inteira, ou se retirem, porque desencorajados e vencidos, ou talvez se arrependam, envergonhados de si mesmos e confusos".[49]

Expressões dessa mentalidade, são: (1) os "sacrários" grandiosos mas vazios, porque o sacramento, por razões práticas, é colocado normalmente na *base* do "templo" representado no sacrário; (2) em sentido inverso, as Missas celebradas diante do sacramento exposto: Missas quase imperceptíveis em confronto com a solenidade da exposição.

Concretamente, a cisão entre vida litúrgica e vida espiritual não se deteve nem mesmo com Trento. Por um lado, as preocupações dogmático-apologéticas não permitiam chegar a soluções pastorais, porque talvez nem mesmo davam-se conta de que a oposição protestante aos sacramentos dizia respeito não só à doutrina mas também e talvez mais ainda — no início — à *práxis sacramental* vigente na Igreja.[50] Por outro lado, mesmo quando o Concílio quis intervir para eliminar os "abusos" litúrgicos, tudo se resolveu numa legislação que inculcava a observância das prescrições rituais, observância feita com um espírito devocional, pelo qual o rito certamente apresentava-se com mais compostura e com mais devoção, mas era sempre uma linguagem muda para um expectador mudo; o rito era alguma coisa que por sua natureza exigia ser acompanhado, tornando-se assim um "auxílio externo" útil para ascender à *"meditação"* e à *"contemplação"* das coisas altíssimas que no sacrifício da Missa se escondem".[51] É

---

[49] Cf. JEDIN, H. *Storia del Concilio di Trento*. v. II. Brescia, Morcelliana, 1962, p. 444.
[50] CONCÍLIO DE TRENTO, Sess. XXII; DS 943.
[51] BOSSUET, *Correspondance* IX, p. 131.

estranho, entretanto, que o auxílio à "meditação-contemplação" das coisas "escondidas" na Missa viesse só através do pronunciar certas fórmulas em voz *alta* e outras em voz *baixa*, sem se preocupar que fossem ditas em linguagem *inteligível*.

3. Séculos XVII-XVIII: novas tentativas

Na segunda metade do séc. XVII, percebe-se que a reforma litúrgica tridentina deu forma mais estável e mais regulamentada aos ritos litúrgicos, mas a liturgia não consegue ser uma verdadeira forma de piedade.

Todavia, sente-se necessidade disso, e é isso o que explica o surgimento de um movimento litúrgico antes do tempo. Entre os fatores que determinaram essa situação, devem ser incluídos também os estudos doutos e as descobertas no campo litúrgico. É o período em que se redescobrem os antigos sacramentários romanos e galicanos (Tommasi, Mabillon, Muratori); a espiritualidade, especialmente na França com De Bérulle e a escola do Oratório, restabelece ligações mais profundas com a teologia da encarnação; o próprio movimento *jansenista*, mesmo com os seus exageros morais e doutrinais, impelido rumo à redescoberta da antiga Igreja, põe em destaque o valor que a liturgia pode ter no campo da espiritualidade.

Começa um novo tipo de literatura espiritual: a *Année chrétienne*, que quer ser uma espécie de introdução à liturgia pelo caminho da meditação. Desse modo, escrevem Suffren, Croiset e, com espírito mais autenticamente litúrgico, Letourneux. No entanto, mais do que tender a uma espiritualidade litúrgica, essas obras ainda estão na busca de um material de meditação, ordenado segundo os dias do ano, mas também segundo o "tempo litúrgico", embora este seja entendido, na maioria das vezes, só como um suceder-se de "exemplos" de Cristo, propostos à meditação e à imitação.

De resto, a ação litúrgica permanece só uma ocasião mais ou menos propícia para dedicar-se a outras orações ou meditações. Assim, a citação de Suffren sugere, à escolha, sete modos diferentes de "escutar" Missa: "No primeiro modo, depois do Confiteor, *usa-se o restante do tempo* em orações vocais: rosário, ladainhas [...], sete salmos penitenciais; ofício da cruz, do Espírito Santo, de Nossa Senhora, detendo-se um pouco mais, todavia, na elevação". O segundo modo consiste em meditar sobre algum *objeto útil*. No terceiro modo se fará uma breve mas devota revisão de toda a vida de Jesus: Nascimento no Glória, Magos no *Dominus vobiscum* [...]. O sexto modo prevê que se "preste atenção àquilo que o sacerdote faz e diz, de forma a unir-se a ele". Mas este último modo, que de certa forma é o melhor, considerando-se a dificuldade criada pelo latim, ainda não o satisfaz; por isso ele sugere um sétimo modo, no qual "nos entretemos com algum pensamento devoto, como pode ser a Paixão, o sacramento ou a meditação do dia, mas só do começo até o Cânon".

Não é menor a incerteza em Bossuet; escrevia ele que "não se pode deixar a inspiração interior para seguir a oração da Missa"[52] e que "se pode satisfazer ao preceito de escutar a Missa fazendo outras leituras e orações".[53]

---

[52] Ibid. V, p. 235.

[53] JUDDE, *Oeuvres spirituelles* V, p. 397, cit. por BREMOND. *Histoire du sentiment religieux en France.* v. X.
No séc. XVII, difundia-se cada vez mais a tradução do Ordinário da Missa (em relação à França, cf. LEBRUN, *Spiegazione letterale, storica e dogmatica delle preci e delle cerimonie della Messa,* v. I, prefácio, Verona, 1752, p. VII; eram conhecidas as de Jonyac, Veron, Illaire, Harlay, Arcebispo de Paris, Milletière, Catalan, Desplats), mas também do Missal (Voisin). Essas traduções adquirem também um valor ecumênico: o calvinista convertido Pellisson (1676) mandou imprimir e distribuir milhares de cópias, sobretudo aos calvinistas que retornavam à fé, seja porque estes estavam

PROBLEMA HISTÓRICO

Letourneux, mesmo declarando que certamente não se pode condenar "o costume de meditar um dos mistérios da Paixão", afirma que é preciso buscar aquilo que for melhor. E, neste caso, mesmo admitindo que Deus é livre ao mover as almas, não há dúvida de que o melhor a se fazer é "dar preferência àquilo que a Igreja faz, guiada infalivelmente pelo Espírito de Deus".

Mas o quanto esse modo de pensar era raro demonstra-o claramente uma palavra do capuchinho P. Judde, autor espiritual muito conhecido em seu tempo, e pelo modo de agir de um santo: São Francisco de Sales. P. Judde, perguntado se aprovava o método sugerido por Letourneux, responde: "Eu não o aprovaria de forma alguma, se o costume (por causa da difusão da tradução) já não o tivesse tornado comum em toda parte [...], e a Igreja sabe disso ou pelo menos o tolera".[8] E São Francisco de Sales, por ocasião da sua ordenação episcopal, fez o propósito de rezar sempre o rosário toda vez que sua função o obrigasse a assistir a uma Missa solene.

Esse é o tempo em que surge toda uma literatura favorável à tentativa de reconduzir a liturgia ao contato com os fiéis; trata-se de textos referentes ao "Segredo dos Mistérios" que, por uma má interpretação da *lei do arcano*, como foi chamada a proibição de comunicar as coisas sagradas aos *pagãos*, considerava que não se deveria deixar ao alcance dos fiéis a tradução integral dos textos litúrgicos. A opinião era tão difusa e radicada que muitos fiéis, como observa Letourneux, "se consideravam indignos e reputavam proibido conhecer esses sagrados mistérios", porque — diziam — "se a Igreja quisesse que todos os fiéis

---

habituados desde a infância com a liturgia em língua corrente, seja porque, através da tradução (fornecida ao lado do texto latino, para poder controlar sua exatidão), pudessem persuadir-se de que a liturgia romana não era cheia de incredulidades, como lhes havia sido ensinado (cf. LEBRUN, op. cit.).

conhecessem os seus mistérios e consequentemente tivessem uma tão grande parte no sacrifício não celebraria a Missa numa língua desconhecida para o povo".

Essa "vontade" da Igreja, com efeito, foi manifestada através da "Carta apostólica" de Alexandre VII, que condenava Voisin (1661) pela tradução do *Missal*. E isso por iniciativa da Assembleia do Clero (7 de janeiro de 1661), a qual pedia a condenação daquela tradução, porque — dizia-se na carta de solicitação — "nada há de melhor, mas também nada de pior, do que a palavra de Deus [...], que dá a vida a uns e a morte a outros"; portanto, para o bem de todos, "não era conveniente de forma alguma que o *Missal*, livro sacerdotal guardado religiosamente sob chave e sob sigilo nas igrejas, corresse indiferentemente para as mãos de todos".

De fato, com surpreendente rapidez, no dia 12 de janeiro de 1661 chegou a Carta pontifícia de teor indizivelmente grave e duro. Fala-se, naquele documento, de *"quidam perditionis filii in perniciem animarum novitatibus studentes"* que "chegaram a uma loucura tal" (*ad eam* [...] *vesaniam*) a ponto de traduzirem o *Missal* para o francês, "dando-o assim a pessoas de qualquer categoria e sexo, humilhando e pisoteando a majestade dos sagrados ritos expressa nas palavras latinas, e deste modo expondo a dignidade dos sagrados mistérios aos olhos do *vulgo*". Segue-se a condenação (*perpetuo damnamus, reprobamus et interdicimus*) do livro e a excomunhão *latae sententiae* para aqueles — seja qual for a sua dignidade e o seu grau — que imprimem, leem e guardam o livro, que deve ser logo entregue ao bispo diocesano ou aos inquisidores, para ser imediatamente queimado: *Nulla interposita mora*.

Esse estado de coisas continuou e foi reforçado com a condenação (Bula *Auctorem fidei*, de 28 de outubro de 1794) do *Sínodo de Pistoia*, no qual, mesmo não se introduzindo o uso da liturgia vulgar na liturgia, "porque as circunstâncias não o permitem", prescrevia-se que "se distribuísse ao povo alguns livros, onde constasse o ordenamento da Missa em língua vulgar, convidando aqueles que sabem ler a acompanhar o sacerdote".

O próprio movimento litúrgico promovido por Guéranger viu serem muito limitados os seus frutos justamente em virtude da dificuldade representada pela língua; de qualquer forma, uma "espiritualidade" que tomasse forma tendo a língua por base não chegaria ao "povo", mas só a grupos determinados, monges ou outros.

Lentamente, todavia, sentia-se cada vez mais necessidade disso. As palavras de São Pio X: "A participação ativa nos sacrossantos mistérios da Igreja é a primeira e indispensável fonte do *verdadeiro espírito cristão*" tocavam o fundo do problema. Não só "meditação" mas também "participação ativa nos mistérios"; não só motivos de "edificação" mas sobretudo "fonte indispensável do verdadeiro espírito cristão".

Entretanto, essas palavras não foram acolhidas por ninguém na época em que foram publicadas, embora se encontrassem num documento que teve muita ressonância (Moto-próprio *Dentre as solicitudes*, 22 de novembro de 1903).

III. Tempo de posição polêmica: de 1913 ao Vaticano II
1. Problema espiritual e movimento litúrgico

São aquelas palavras que fermentaram o movimento litúrgico moderno, quando este se apresentou à ribalta com *Les questions liturgiques et paroissiales* (Louvain, Bélgica, 1910), tendo à frente Pe. Beauduin, e com a *Rivista Liturgica* (Finalpia, Itália).

O movimento, mesmo conservando zelosamente a liturgia recebida da tradição, interessou-se logo pelo *problema espiritual* propriamente dito. Mesmo quando a preocupação parecia ser a beleza da liturgia, esta jamais era buscada com o único objetivo de atrair os fiéis, para dar-lhes a ilusão de terem feito um ato de culto. Desde então, com efeito, procurava-se recriar uma inteligibilidade do "sinal" litúrgico-sacramental, e isso demonstra o grande interesse pelas traduções litúrgicas e pelos comentários litúrgicos aos textos. E, se no cuidado com os ritos podia-se notar certo retorno a formas antigas, certamente tratava-se de algo um tanto ligado a um historicismo recheado de romantismo, como também a um senso de sacralidade esotérica. Entretanto, procurava-se recuperar também, desse modo, uma forma que fosse bela, mas de uma beleza mais simples e mais inteligível, ou seja, daquela beleza clara que quase sempre se encontra nas coisas em seu primeiro surgir. Por isso, o movimento litúrgico se compraz em identificar-se com um "retorno às fontes", prestando-se muita atenção, todavia, que "fonte" era considerada justamente a "celebração dos sacrossantos mistérios — como dissera São Pio X —, *fonte* primeira e indispensável do verdadeiro espírito cristão".

E, efetivamente, as primeiras obras de relevo fruto desse movimento não são obras de *história,* mas sim livros relativos à "espiritualidade litúrgica", como então passou a ser denominada. Assim, Pe. Beauduin publicou *La piété de l'Eglise* (Louvain, 1914), Pe. Festugière *La liturgie catholique* (Maredsous, 1913), Pe. Caronti *La pietà liturgica* (1914).

Beauduin apresenta aquela que ele chama de "a lei primordial da santidade das almas". Dirigido pela própria liturgia para um plano de "santificação universal", ele escreve o seu livro para fazer da liturgia o meio mais comum e mais autêntico de *espiritualidade cristã*:

Para todos, doutos e ignorantes, crianças e adultos, seculares e religiosos, cristãos dos primeiros séculos e cristãos do séc. XX, para os de vida ativa e os de vida contemplativa, para todos os fiéis da Igreja Católica sem exceção, a participação ativa e mais frequente possível na vida sacerdotal da hierarquia visível constitui o regime normal e infalível, que garantirá na Igreja de Cristo uma piedade sólida, saudável, abundante e verdadeiramente católica. O Sacerdócio de Cristo [...] em todo tempo e lugar [...] é posto ao alcance dos fiéis: é o grande rio da graça [...]. Quanto mais as almas vierem para nele matar sua sede, mais viverão da vida de Deus.[54]

Aquilo que Beauduin fazia num plano eminentemente teológico-pastoral (imitado nisso por Caronti, que na sua *Pietà liturgica* procura confrontá-la com os diversos desvios espirituais para encontrar-lhes um remédio na liturgia), Festugière o faz num plano mais estritamente científico. O seu estudo, de fato, aparece — antes de sair como *Liturgie catholique. Essai de synthèse* — com o título *La expérience religieuse dans le catholicisme*, na *Revue de Philosophie* (Paris), e seu objetivo é responder a uma solicitação da própria *Revue de Philosophie*, que queria um estudo "sobre a natureza da oração ritual e das funções litúrgicas, sobre a sua importância e sobre os seus efeitos psicológicos nas assembleias de fiéis católicos, nos ambientes monásticos e particularmente nos contemplativos que alcançaram os graus superiores da oração mística".[55]

Essa concepção "espiritual" do movimento litúrgico se revelará no contínuo esforço de apresentar sempre sob novas perspectivas os diversos *tempos litúrgicos*, tornando-os objeto de considerações que

---

[54] BEAUDUIN, L. *La piété de l'Eglise*. In: *Mélanges liturgiques*. Louvain, 1954, p. 13.
[55] FESTUGIÈRE, M. *La liturgie catholique. Essai de synthèse suivi de quelques développements*. Maredsous, 1913, p. 5.

orientem cada vez mais para uma visão *cristológica* e *cristocêntrica*, que da liturgia, onde é natural, passe para a vida espiritual.

O influxo desse direcionamento pode ser notado, por exemplo, nas obras do Pe. Marmion. Se ele trata em forma específica do Mistério de Cristo no seu volume *Le Christ dans ses mystères*, esse cristocentrismo ocupa completamente e torna espiritualmente novas tanto as obras *Le Christ vie de l'âme, Le Christ idéal du moine* e *Le Christ idéal du prêtre*, quanto o seu volume *Lettres de direction spirituelle*, no qual essa espiritualidade cristocêntrica com um fundo litúrgico é vista em ação. O mesmo observa-se num opúsculo muito penetrante do Pe. E. Morin, *L'idéal monastique et la vie de l'Eglise primitive*.

Mas o movimento litúrgico, enquanto manteve-se confinado ao clima dos mosteiros beneditinos, sobretudo naqueles (Alemanha e Bélgica) que mais haviam sofrido a influência renovadora do Pe. Guéranger e do seu Mosteiro de Solesmes (França), tinha sido bem aceito. Era considerado um elemento adequado aos monges; nele identificavam-se muito bem tanto a liturgia e o canto gregoriano quanto a "espiritualidade litúrgica" e a "espiritualidade beneditina" — e nele via-se, muitas vezes, um útil chamado espiritual, mas não ausente de certo estetismo refinado, para grupos de *élite*.

A coisa deixou de ser pacífica quando o movimento litúrgico quis apresentar-se como um movimento de "renovação espiritual". E o conflito começou com a publicação do Pe. Festugière, *La liturgie catholique*, que na revista francesa *Les études* 137 (1913) 449-476 foi apresentada de maneira fortemente polêmica não tanto como tentativa de "renovação", mas muito mais pela crítica que o Pe. Festugière fazia aos movimentos espirituais que ao longo dos séculos haviam se distanciado da liturgia. Para P. Navatel, jesuíta, a liturgia nada mais é do que a "parte sensível, cerimonial e decorativa do culto católico", e portanto a ultrapassa a possibilidade de fundar e reger uma vida espiritual. Navatel julga, com efeito: "Precisamente pelo fato de ser só uma expressão sensível e imaginosa do dogma e da fé, o poder da liturgia sobre as almas está em relação proporcional antes de tudo com o maior ou menor grau de fé e de devoção e, em segundo lugar, com a riqueza emotiva dos assistentes" (op. cit., p. 450). O autor dessas palavras sabia muito bem que, assim escrevendo, nada mais fazia do que colocar sobre um plano de reflexão aquilo que já havia séculos tinha sido codificado na prática, e isso explica a violência da reação, que de certa forma partia do princípio: *melior est conditio possidentis.* Ele, de fato, de um lado se dava conta de que esse movimento, uma vez aceito no plano da renovação espiritual, teria posto em crise muitas posições e muitas orientações de espiritualidade; de outro, entretanto, com a certeza, que séculos de experiência lhe davam, de que a liturgia havia unicamente embelezado e ordenado exteriormente as formas do culto católico, sem nunca pretender ser verdadeiramente uma norma de vida espiritual, acreditava achar-se em pleno direito e combatendo com segurança.

E de certa forma as circunstâncias lhe davam razão. Houve um pouco de rumor que serviu unicamente para alarmar:

1. Aqueles que temiam as novidades espirituais, sobretudo num momento intelectualmente incerto, qual era aquele em que muitas coisas eram condenadas como "modernistas" só porque não se apresentavam como continuação de uma precedente tradição;

2. Aqueles que na palavra de ordem "retorno às fontes" viam logo um reflorescimento do protestantismo ou do jansenismo, bastando-lhes, para convencer-se disso, apenas ouvir falar um pouco menos favoravelmente de certas devoções ou ouvir o anúncio de que era preciso devolver um lugar não só de preeminência teórica mas também de absoluta supremacia inclusive prática a Cristo no visual do culto, de modo que os santos aparecessem só como acessórios;

3. Aqueles que descobriam alarmados traços de quietismo toda vez que se afirmava a necessidade de devolver à vida sacramental e litúrgica uma importância superior à concedida para a "meditação".

Tudo isso, na verdade, provocava muito barulho, e logo criou-se uma reação de defesa, que se polarizou ao redor da "espiritualidade jesuítica" ou "dos exercícios espirituais" — como então eram chamados.[56]

Essa reação — que na realidade englobava a defesa de toda a "espiritualidade moderna", derivada da piedade medieval e da *devotio moderna*, mesmo que agora passasse sob o nome de "espiritualidade inaciana", dada a importância assumida por esta nos *últimos* séculos — não podia deixar de impressionar todos os ambientes de formação espiritual.

A liturgia como movimento espiritual representava, de fato, uma ruptura com aquilo que aparecia como um dado já "tradicional", e assim se obtém que uma zona de silêncio e uma proteção isolante se criaram ao redor do novo impulso, que era aceito só como "espiritualidade beneditina" e sob a condição de que se mantivesse no âmbito dos mosteiros.

Os promotores da nova orientação de um lado procuravam demonstrar que não era questão de "beneditismo" em busca de seguidores, e de outro não cansavam de mostrar que na realidade se tratava de "restaurar, acima de tudo, a consciência de um *primado* da *graça de Cristo* e do seu *mistério redentor* na economia espiritual, mistério visto como *agente sacramental* ao longo de todo o ano e em todas as fases da celebração litúrgica".[57]

---

[56] Uma bibliografia essencial pode ser encontrada em H. SCHMIDT, *Introductio in liturgiam occidentalem*, Roma, 1960, p. 90.

[57] CAPELLE, B. *Travaux liturgiques de doctrine et d'histoire*. I. Doctrine. Louvain, 1955, prefácio.

PROBLEMA HISTÓRICO

A Primeira Guerra Mundial fez cessar a polêmica ativa. Mas as posições permaneciam idênticas, como logo se revelou nos anos sucessivos, mesmo que o campo de batalha tenha se deslocado, depois da guerra, para o ambiente alemão. Aqui, com efeito, a polêmica retornou para o plano anterior, muito embora, em nome da tradicional *Gründlichkeit* alemã, o problema fosse afrontado de forma — ao menos conceitualmente — mais profunda.

Começou-se a falar de *espiritualidade objetiva* (litúrgica) e *espiritualidade subjetiva*.

A distinção nasce ou é defendida pela escola beneditina de *Maria Laach*, sobretudo através dos seus dois maiores representantes: o Abade Ildefonso Herwegen e o Pe. Odo Casel.

Piedade objetiva: cristocêntrica.

Piedade subjetiva: antropocêntrica.

A piedade *objetiva* é regulada por algo que está fora de nós, ao qual é preciso se uniformizar através do "sacramento". É a característica da *piedade litúrgica*.

"Toda a liturgia, como meio das nossas relações com Deus, está estruturada sobre uma lei de objetividade [...]. O mundo litúrgico [...] é, todo ele, um mundo de objetividade, apresentado por Deus e ao qual nada mais devemos fazer a não ser adaptar-nos. A realidade litúrgica é Cristo, Cristo presente que foi imolado e agora é glorioso, que transmite a sua vida divina, realmente, objetivamente: que exerce a sua mediação num determinado modo, sob o véu de coisas sensíveis e simbólicas".[58]

---

[58] VAGAGGINI, C. *Il senso teologico della liturgia*. Saggio di teologia liturgica generale. 2. ed. Roma, 1958, p. 156.

A piedade *subjetiva* é aquela que tem como ponto de partida o sujeito, razão pela qual ele segue a Cristo segundo um movimento preponderantemente individual, e num plano de experiência interior do divino de natureza psicológica.

A piedade *objetiva*, enquanto cristocêntrica, punha à margem a devoção, enquanto conceito, e as "devoções", enquanto práxis.

Tendia a um primado de Cristo:

— Do Cristo da revelação;

— Do Cristo presente na liturgia.

A piedade *subjetiva*, que põe — assim se dizia — todo o peso sobre a ação individual e que se manifesta nos exercícios espirituais orientados, sobretudo, para criar um esforço e um ambiente psicológico (meditação, exame de consciência), tendo tomado o lugar da piedade objetiva, distraiu a espiritualidade do seu caminho.

A piedade *objetiva* encontra o seu fundamento numa concepção nova da liturgia, que é definida como "mistério cultual de Cristo e da Igreja", ou seja: "A liturgia é a concretização objetiva e a representação da obra redentora de Cristo".[59] Portanto a piedade objetiva concentra-se sobretudo no fato sacramental, mas entendido principalmente como ação de Cristo, e não percebido só como fato devocional.

A piedade *objetiva* era apresentada como a "piedade própria da Igreja", como a "piedade" em sentido total.[60]

---

[59] CASEL, O. Glaube, Gnosis und Mysterium. *JLW* 15 (1935) 194.

[60] Isso se transforma em tema de polêmica, cuja bibliografia essencial pode ser vista em SCHMIDT, H. Op. cit., p. 93.

Parecia que a liturgia, que para muitos se tornara polemicamente "liturgismo", fosse o cavalo de Troia para introduzir na Igreja a destruição da *oração privada*, da *contemplação mística* e de todos os meios que poderiam ajudar tanto uma quanto a outra, sobretudo a meditação e os "Exercícios Espirituais" inacianos. Era a negação de toda uma tradição cristã.

A preocupação polêmica pode ser percebida nos documentos de Pio XII,[61] até manifestar-se abertamente na Encíclica *Mediator Dei* (20.11.1947).

2. Espiritualidade litúrgica e *Mediator Dei*

A Encíclica nasce certamente com uma preocupação muito precisa. Embora com a intenção de favorecer o movimento litúrgico e apresentando aspectos muito positivos para a liturgia quanto à compreensão e estima, fica claro, no entanto, a partir do simples confronto material dos argumentos tratados, que o Papa Pio XII vê no movimento litúrgico mais motivos de apreensão do que de consenso e de satisfação, a ponto de nele identificar inclusive "atitudes perigosas" para a fé e para a ascética.[62]

Em particular, afronta-se a questão da "piedade objetiva",[63] apresentada praticamente como um "denominador comum" de muitos erros denunciados como presentes ou apresentados como possíveis.

Segundo a Encíclica,[64] piedade objetiva é aquela que se propõe a "pôr em evidência o mistério do Corpo místico, a realidade efetiva da

---

[61] BUGNINI, A. *Documenta pontificia ad instaurationem liturgicam spectantia*, v. I (1903-1953), pp. 75.78.89.95.

[62] Ibid., p. 99.

[63] Ibid., pp. 107s.

[64] Ibid., p. 107.

graça santificante e a ação divina dos sacramentos e do sacrifício eucarístico". *De fato, prossegue a Encíclica,* "nas celebrações litúrgicas [...] continua-se, sem dúvida, a obra da nossa redenção [...]. Têm, portanto, uma virtude objetiva, com a qual, de fato, fazem nossas almas participantes da vida divina de Jesus Cristo".

A Encíclica reconhece como "princípios [...] ótimos"[65] essas afirmações; mas observa que destas são deduzidas "conclusões [...] falsas, insidiosas e perniciosíssimas".[66]

Dentre esses erros, aquele que condensa todos os outros é o seguinte: os defensores da piedade objetiva "pretenderiam descuidar ou diminuir a 'piedade subjetiva' ou pessoal".[67] Da posição da piedade objetiva — prossegue a Encíclica —, "alguns concluem que toda a piedade cristã deve concentrar-se no mistério do corpo místico de Cristo, sem nenhuma consideração pessoal e subjetiva, e por isso acreditam que se deva descuidar das outras práticas religiosas não estritamente litúrgicas e realizadas fora do culto público".[68]

A Encíclica apresenta como um dado de fato que:

— A piedade objetiva proclamada pelos chamados "liturgistas" excluiria ou pelo menos reduziria de importância a piedade *subjetiva* — *pessoal*;

— A *consequência* disso teria sido o abandono de qualquer outra prática religiosa que não fosse estritamente litúrgica e comunitária.

---

[65] Ibid.
[66] Ibid.
[67] Ibid.
[68] Ibid.

A) Exclusão/menor importância da piedade pessoal — subjetiva

Deve-se notar antes de mais nada que — no dizer da Encíclica — a piedade objetiva se identifica com a "espiritualidade (*pietas*) centrada no mistério do corpo místico". A razão dessa identificação reside no fato de que na "celebração litúrgica" haveria uma "eficácia" ou *virtus obiectiva*, pela qual — não, portanto, por uma *nostra virtus* — a *membrorum pietas* se encontra unida à *pietas Capitis*, que se tornaria "de qualquer forma ação de toda a comunidade".

Em outras palavras: estamos diante do problema do *opus operatum* e do *opus operantis*, diante daquilo que pode ser *ex virtude divina* (definida *obiectiva*) e daquilo que pode proceder *ex virtude nostra*, ou seja, humana (definida "pessoal — subjetiva"). E a Encíclica considera que essa insistência sobre o *opus operatum* leve à consequência de menosprezar *cetera religionis opera*.

Deixamos de lado a questão *histórica* sobre se realmente nos defensores da piedade objetiva houvesse essa intenção dissociativa e inclusive destrutiva em relação à piedade subjetiva.

Admitimos certamente que, na teoria, isso é possível, pelo menos quando a liturgia, tornada ritualista, deixa de ser um verdadeiro *culto espiritual*. Com efeito, é o perigo — que preferimos chamar de "endêmico" — da liturgia e do sacramento. Basta recordar o "é o templo do Senhor, é o templo do Senhor, é o templo do Senhor", de Jr 7,4.

Por outro lado:

a) Deve-se admitir como justa a *distinção* entre piedade subjetiva e piedade objetiva, mesmo considerando que uma não pode se separar da outra;

b) Em relação à liturgia, deve-se admitir que esta é uma forma religiosa que, retamente entendida, tende a imprimir um caráter preponderantemente objetivo à espiritualidade, mas mantendo firme, ao mesmo tempo, que a liturgia não só não exclui mas também exige, para realizar-se verdadeiramente, uma *forma* subjetiva e pessoal.

A objetividade da espiritualidade litúrgica depende efetivamente da sacramentalidade da liturgia, a qual no *opus operatum* ou — diremos melhor — no *opus operantis Christi* nos põe em contato com uma fonte *objetiva* de santidade. Nós sabemos que são os sacramentos os que imprimem em nós a imagem de Cristo, isto é, que nos tornam gradualmente semelhantes a ele. Um batizado, justamente por isso, isto é, por uma realidade objetiva, é "santo", e não só é santo *in fieri*, mas é santo *in facto esse*, mesmo que essa santidade possa posteriormente *desenvolver-se*. Mas o desenvolvimento supõe sempre que a realidade exista.

Por consequência, a "piedade objetiva", ou seja, aquela que é formada segundo os valores objetivos (divinos) da liturgia, consistirá principalmente em *aceitar* (seria só passividade?) este dado de fato apresentado pela celebração litúrgica e inseparável desta (*opus operantis Christi*). A santidade do NT, de fato, nada mais é do que "acolher Cristo para se tornar filhos de Deus" (Jo 1,12), é participação na santidade de Cristo *objetivamente* existente "numa redenção eterna", ou seja, sempre atual (Hb 9,12).

A liturgia forma para uma espiritualidade objetiva, no sentido de que tende a afirmar o *primado de Cristo* na obra da santificação, ao ensinar ao ser humano a se apresentar como *vaso receptivo* diante da ação santificadora de Cristo, uniformizando-se a um desenvolvimento de santificação em nós que é movido e — por assim dizer — imposto por situações objetivas, quais sejam os sacramentos, o ano litúrgico, as leituras da Sagrada Escritura, a oração dos salmos. E isso quer dizer: na espiritualidade objetiva, que se formou na escola da liturgia, as *próprias leis da santidade* não são buscadas na inclinação do indivíduo ou na ação do sujeito, embora ambas não possam ser deixadas em segundo plano. A liturgia tende a colocar o cristão sempre diante da *comunicação,* da *revelação* sempre maior da Palavra de Deus; diante da *concretização* dessa mesma Palavra em Cristo e por meio de Cristo em nós, fazendo-nos *participar* sacramentalmente do movimento cíclico do Mistério de Cristo. Desse modo, toda a vida interior do sujeito é objetivamente determinada e regulada segundo o movimento redentor de Cristo, razão pela qual o seguimento-discipulado-imitação de Cristo consiste em seguir o *iter* que o próprio Cristo percorreu quando refez toda a história humana, aquela que os seres humanos haviam já percorrido e aquela que haveriam de percorrer: *"Exivi a Patre et veni in mundum; iterum relinquo mundum et vado ad Patrem"* (Jo 16,28).

A espiritualidade objetivo-litúrgica vê o fato da santificação pessoal como consequência de um fato *eclesial.* Disso decorre: a fuga de todo *individualismo* e a abertura ao mundo; a necessidade de *orar mais pelos outros* do que por si; o valor que se dá à *oração comunitária,* enquanto expressão da Igreja.

Esse sentido eclesial é expresso na espiritualidade litúrgica, sobretudo quando esta faz referência — de forma "essencial" e não só "devocional" — ao mistério do *corpo místico* (hoje se diria mais diretamente: ao "Mistério da Igreja"), mistério pelo qual a *pietas Capitis* se torna a *totius "communitatis" actio.* A perspectiva eclesial reaberta pelo Vaticano II nos mostra como esse é um elemento insubstituível para um autêntico cristianismo.

Esse primado reconhecido à *objetividade* da espiritualidade litúrgica não tem como meta renegar ou não dar o devido valor à ação subjetiva. A liturgia, concretamente, quer superar a antinomia que se criou entre piedade objetiva e piedade subjetiva.

A liturgia, de fato, é tal que se manifesta numa forma *exterior* e mesmo assim quer ser percebida com a fé interior; é participação no *objetivo Mistério* de Cristo e, todavia, é *adequação subjetiva* ao mesmo. A espiritualidade litúrgica quer ser uma *experiência* interior, mas não num plano puramente subjetivo, ou seja, fechada num contato de pensamento e de afetos; quer ser, isso sim, um contato *objetivo-ontológico*, no qual a santificação nasce e se desenvolve na presença de uma santidade existente e operante em nós (a de Cristo). Mas precisamente na busca desse contato objetivo-ontológico a liturgia nos coloca num estado de máxima *ação subjetiva*, porque o *contato* é sempre fruto de uma *revelação*.

Por essa razão e nesse sentido, a liturgia, retamente entendida, não aceita como adequada a distinção do culto em *interno* e *externo*.

E a espiritualidade que é consequência dessa posição existe só e sempre num equilíbrio entre os valores *objetivos*, que determinam e provocam a nossa atitude espiritual, e os valores *subjetivos* de assemelhação, sendo estes últimos sempre os que levam os *valores objetivos* a se tornar *experiência subjetiva*. A liturgia, com efeito, não tende a criar uma oposição entre *exterior* e *interior*, muito menos tem a intenção de suprimir o *sujeito*. Pelo contrário: a liturgia, sendo em última análise nada mais do que a apresentação da salvação prometida e, portanto, a concretização de um "diálogo" essencial entre Deus e o ser humano, quer necessariamente criar uma profunda e sempre viva *dialética* espiritual, na qual o *objeto* (revelação) se apresente ao *sujeito* e este se aproprie cada vez mais do *objeto*, até se tornar sua imagem concreta.

Na espiritualidade litúrgica, embora voltada a impelir sempre para uma realidade objetiva, o cristão não perde a sua *personalidade*, mas faz passar em si a *pessoa mesma de Cristo*; não se destrói, mas cumpre o seu destino superior, aquele que já está na porta da *história da salvação*, na primeira criação, mas que pode ser atuado só na segunda criação: *"Faciamus hominem ad imaginem et similitudinem nostram"*. De fato, só participando do Mistério de Cristo — e outra participação no mesmo não há a não ser pela liturgia — nós "somos transformados, com uma glória cada vez maior, pelo Espírito do Senhor" (2Cor 3,18).

Um exemplo: a Comunhão Eucarística.

Para a piedade *subjetiva*, que fundamenta tudo sobre uma relação *pessoal* de pessoa a pessoa, a comunhão é *encontro* com Cristo — hóspede, amigo, (esposo), recebido para *falar* com ele, para consolá-lo com a nossa amizade, para expor-lhe os nossos desejos, pedir a sua luz.

Para a piedade *objetiva*, que em Cristo vê a atuação do mistério da salvação, a comunhão é acima de tudo aceitação do sacrifício de Cristo, é passagem real, ainda que só no estado inicial de "sacramento", deste mundo para o Pai; é participação verdadeira na morte de Cristo e em sua ressurreição, realizada em nós como morte ao pecado e vida no Espírito Santo; é aceitação de fato de toda a vontade do Pai; é consciência de uma vital inserção naquela realidade que se chama Igreja — corpo de Cristo.

B) Consequência da piedade objetiva: abandono das "práticas de piedade"

A Encíclica *Mediator Dei*, ao dar um juízo negativo sobre a piedade objetiva, afirma que o crescimento da piedade objetivo-litúrgica frequentemente é acompanhado do abandono das *cetera religionis opera*, que não apresentam aspecto litúrgico (público).

E, depois de ter declarado que "a Igreja tem graves motivos para insistir na necessidade da meditação, do exame de consciência e de todos os outros exercícios espirituais" que o *Código de Direito Canônico* (125, 126, 565, 571, 595 e 1367) impõe aos ministros sagrados e aos religiosos,[69] conclui a argumentação com uma breve afirmação na qual se reconhece a superioridade da "oração litúrgica, enquanto oração pública da Esposa de Cristo" (ibid.), mas sem que "superioridade" signifique "oposição ou exclusão" da oração privada.

O argumento, entretanto, e retomado e desenvolvido na IV parte da Encíclica, na qual são dados os *monita practica pastoralia*, e aqui, pondo o título *non negligenda exercitia pietatis*, observa que a Igreja quer essas práticas de piedade não só para os padres e religiosos mas também para o povo cristão. Entre essas práticas piedosas, são nomeadas a meditação, o exame de consciência, os retiros espirituais, as visitas (*salutationes*) ao sacrário eucarístico, as especiais práticas em honra da Virgem Maria e sobretudo o rosário, a confissão devocional, o mês de maio consagrado a Maria, o mês de junho em honra do Sagrado Coração, as novenas, os tríduos, a *Via Crucis* etc.[70]

As razões citadas são, em geral, as seguintes:

a) As ações litúrgicas, que são ações de Cristo, transmitem a graça da Cabeça para os membros (cristãos), que são "membros vivos e dotados de razão e de vontade própria, e portanto destinados a transformar em si mesmos aquilo que recebem de Cristo";[71]

b) Também as práticas da piedade privada e interna são não só louváveis mas também necessárias, porquanto nos ajudam a libertar-nos do mal e nos introduzem no difícil caminho da santidade;

---

[69] Ibid., p. 111.
[70] Ibid., pp. 154-156.
[71] Ibid., pp. 107s.

c) Toda verdadeira piedade, que é verdadeira "devoção" porque ordena e leva a Deus, tem necessidade de ser nutrida, estimulada e fortificada para poder impulsionar-nos rumo à perfeição;

d) Essas práticas privadas ajudam a participar mais intimamente da liturgia, fazendo-a produzir frutos mais abundantes e profundos de santidade;

e) Não existe, portanto, oposição entre ação da graça e obra humana, entre *opus operatum* e *opus operantis*, entre vida ascética e piedade litúrgica;[72]

f) Na Igreja, *mansiones multae sunt*, embora o Espírito seja um, *ubi vult spirat*, e portanto guia as almas por vias diferentes.

Essas razões são indubitavelmente válidas, mas com certeza, embora mostrem a legitimidade da piedade privada, não são tais a ponto de esclarecer profundamente as relações entre piedade privada e piedade litúrgica, a não ser em medida bastante externa. Tudo no fundo se reduz, de fato, ao princípio: *"Haec facere et illa non omittere"*.

É verdade que se afirma a superioridade "objetiva" da oração litúrgica; mas não se compreende em que possa consistir essa superioridade, já que a piedade litúrgica não pode, para ser eficaz, ficar sem a piedade privada.

Além disso, recorrer ao fato de que sem reflexão individual a ação litúrgica não pode surtir todo o seu efeito, embora justifique a necessidade de uma reflexão interior que acompanhe, prepare e siga a ação litúrgica, todavia não é suficiente para fundamentar a necessidade das outras práticas de devoção enquanto tais, pois o que se

---

[72] Ibid., pp. 107-111.

conclui é que estas simplesmente exigem a reflexão ou se identificam com a mesma. Nunca, ninguém, efetivamente, dentre os que põem em dúvida a importância das práticas privadas, chegou a pensar que a ação litúrgica fosse espiritualmente válida sem a presença de uma reflexão interior.

Que a posição da Encíclica não fosse totalmente esclarecedora do problema, embora fosse clara em sua exigência de salvar com todas as honras a piedade privada, logo se viu num ensaio de interpretação da Encíclica feito, a este propósito, pelo beneditino Abade Reetz, que no *Klerusblatt* de Salzburgo (Áustria), n. 81, de abril de 1948, escreveu: "O Papa *recomenda* mas não *prescreve* as devoções extralitúrgicas. Isso nos diz que a distinção fundamental entre piedade litúrgica e extralitúrgica consiste justamente no fato de que para a primeira há um preceito e para a segunda há somente um *conselho*. E por que fazer do conselho um preceito? A Igreja nunca fez isso, preferindo salvaguardar a liberdade humana [...], pois, se os conselhos forem transformados em preceitos, sempre surgirão alguns problemas. É estrito preceito participar do Mistério de Cristo com os sacramentos, confessar-se e comungar na Páscoa [...]. Ao lado disso há todo um vasto campo que permite dedicar-se mais ou menos intensamente [...] às devoções e aos exercícios mais recomendados pela Igreja [...]. O Papa não podia ter falado mais claramente".

Uma carta do Santo Ofício (22.11.1948) a Rohracher, Arcebispo de Salzburgo, especificou que "não se pode admitir a distinção entre conselhos e preceitos, no sentido de que as práticas de piedade não litúrgicas sejam somente recomendáveis mas não estritamente necessárias", exigindo uma retratação.[73]

---

[73] Ibid., p. 168.

Mais uma vez, entretanto, não se chegava a esclarecer o problema. Reetz falava evidentemente da distinção entre *conselho* e *preceito*, e evidentemente tinha razão. O Santo Ofício não admite um simples *conselho* lá onde o *Código de Direito Canônico* estabelece um *preceito*, e também este tem razão. Uma clarificação se teria tido se houvesse sido feita a seguinte distinção:

a) necessidade — de meio

   — de preceito } para a liturgia

b) necessidade de preceito — para os exercícios de piedade.

Por outro lado, é preciso evitar a confusão entre coisas diferentes, como é o caso de certas *formas religiosas* (por exemplo, meditação, exame de consciência, retiro espiritual, oração privada) e das chamadas *devoções*. Aquelas, com efeito, são formas religiosas comuns, ou seja, conaturais à pessoa humana, que sempre existirão onde existir a pessoa e que por nenhum motivo podem — objetivamente — se opor à liturgia, que é de ordem completamente diferente e jamais as substitui. As "devoções", pelo contrário, mesmo que possam servir de apoio à ação litúrgica e, quem sabe, de prolongamento à sua eficácia, pela sua natureza — como a história no-lo demonstra — tendem a substituir a liturgia ou a sobrepor-se a esta, sufocando-a. Para que nenhuma dessas duas eventualidades ocorra, é necessário que as "devoções" estejam sempre em posição *subordinada à liturgia*, seja quanto à importância, seja quanto ao espírito (isto é, devem refletir e continuar o espírito que brota da liturgia). Disso decorre inevitavelmente que as "devoções" não podem ser *necessárias* — a menos que haja uma lei que as imponha — a não ser num sentido *relativo*, isto é, condicionadas à necessidade particular de um indivíduo ou à capacidade delas de reforçar a eficácia da liturgia.

Capítulo II
Princípios de Espiritualidade Litúrgica

I. A existência da espiritualidade litúrgica

A *existência* de uma espiritualidade litúrgica fica evidente para quem considerar a natureza da liturgia. Esta, com efeito, não é um complexo de cerimônias e de atos exteriores, mas é a "atuação e a continuação da obra sacerdotal de Cristo por meio de sinais sagrados significantes e eficazes". Assim entendida, a liturgia é o modo, fundamentalmente estabelecido pelo próprio Cristo e em todo caso dependente da revelação, com o qual se transmite aos seres humanos a vida de Cristo e, com a vida, o Espírito, segundo uma particular perspectiva dada pela liturgia mesma e pelas formas (sinais sagrados) com as quais esta se exprime.

Que historicamente a liturgia não tenha sido sempre reconhecida como forma de espiritualidade dependia do fato de que se muito frequentemente se ignorava a sua verdadeira natureza, reduzida a uma forma só exterior. Mas desde que se começou a refletir mais íntima e teologicamente, a liturgia logo apareceu como "fonte primária e indispensável do verdadeiro espírito cristão" (São Pio X) e como "o meio mais eficaz para o alcance da santidade".[1]

II. Espiritualidade própria da Igreja

Assim falando, não queremos considerar a Igreja como uma "escola" que se opõe às demais "escolas" de espiritualidade.

A Igreja admite toda forma de espiritualidade que de algum modo se inspira na revelação; mas nenhuma dessas formas é própria ou declarada própria da Igreja. Esta reconhece como "sua" espiritualidade a litúrgica, porquanto é a que foi recebida de Cristo e dos apóstolos, por meio não de declarações mas sim de fatos.

No plano da reflexão histórica, temos visto que as chamadas "escolas de espiritualidade", no sentido moderno da palavra, nascem no final da Idade Média, isto é, no momento no qual a liturgia, não sendo mais uma força viva, não conseguia dar elementos de vida espiritual. Foram, sobretudo, as correntes teológicas, com um fundo intelectualístico (tomismo) ou voluntarístico (agostinianismo-scotismo), as que deram o conteúdo teológico às escolas de espiritualidade. Todavia, é sabido que aquelas correntes teológicas, ao considerar as realidades litúrgicas, jamais as viram profundamente inseridas na vida espiritual da Igreja; viram-nas, isso sim, unicamente como objeto de especulação, onde o objeto era teológico, mas o método consistia em inseri-las nas categorias filosóficas. Assim, aconteceu que a liturgia, que por antonomásia representa a "tradição" da Igreja, sendo a sua "descrição" por

---

[1] Encíclica *Mediator Dei*; cf. A. BUGNINI, *Documenta pontificia ad instaurationem liturgicam spectantia*, v. I (1903-1953), p. 106.

excelência, foi absorvida e cristalizada na especulação teológica, não tendo mais sido, de forma direta, fonte de vida espiritual.

Hoje, no entanto, redescobre-se que a *Igreja* tem uma *espiritualidade própria na liturgia*, que pode ser dita indiferentemente *piedade litúrgica*, dependendo se se considerar o sujeito e o escopo da espiritualidade ou o seu meio.

A "Igreja" não é um fato material, nem só institucional, mas é o *locus* teológico, ou seja, revelado, no qual se atua e se realiza aquele determinado gênero de vida próprio dos cristãos, isto é, uma vida centrada em Cristo e realizada na comunidade do povo de Deus, segundo o espírito de Cristo. Portanto, o cristão já possui fundamentalmente uma "espiritualidade eclesial", em outras palavras, uma vida espiritual que deve desenvolver-se segundo as exigências daquela realidade revelada que é a *ecclesia* e que condiciona o modo de ser e de existir da "redenção" ou "salvação" de Cristo nos seres humanos.

Concretamente, todavia, o ser humano entra em contato com a "redenção-salvação" por meio da *liturgia*, a qual é um meio não genérico mas sim determinado — até chegar a ser normalmente indispensável — de comunicação da "salvação", aliás, de "comunhão com a salvação" existente em Cristo. A liturgia efetivamente é uma "continuação da obra sacerdotal de Cristo", pela qual esta é ao mesmo tempo *presença ativa* de Cristo e *revelação* do seu mistério à Igreja e na Igreja.

Por consequência, a liturgia é a fonte e o método da espiritualidade própria e originária da Igreja, porque enquanto "revelação" indica o caminho no qual se encontra diretamente a Deus, e enquanto "presença ativa de Cristo" comunica a própria vida de Deus.

Deixando para outro momento a consideração da liturgia-*método* de espiritualidade da Igreja, faço agora referência à ideia de *fonte*, que não é assim definida de uma forma puramente metafórica, sobretudo depois que o Concílio Vaticano II (Constituição litúrgica 10) afirmou que "a liturgia é fonte da qual a Igreja recebe todas as suas energias". A ideia de liturgia-*fonte* de espiritualidade da Igreja deve ser entendida em sentido forte, isto é, que a liturgia é o "ponto originário" do qual a Igreja extrai o verdadeiro espírito de Cristo, aprendendo a vê-lo não só como um mestre distante mas também como aquele que está presente no rito.

III. A liturgia é espiritualidade indispensável à Igreja

Quando dizemos "Igreja", estamos falando não de uma realidade abstrata e genérica, mas de todos aqueles que, tomados singularmente, formam a Igreja em termos concretos.

Afirmar que a liturgia é indispensável como espiritualidade à Igreja pode parecer gratuito, depois de termos visto que por séculos isso não foi verdadeiro e considerando-se que ainda hoje, para muitos, continua não sendo verdadeiro. Por outro lado, é preciso admitir que todos aqueles que não tiveram nem têm a liturgia como sua espiritualidade nunca se consideraram nem de fato estiveram fora da Igreja; pelo contrário, deram à Igreja frutos certos de vida cristã chegando até a santidade.

Para compreender a antinomia histórica, é preciso refletir que *sempre*, seja qual for a evolução pela qual passou através dos séculos a espiritualidade, a liturgia de uma forma ou de outra foi o *fundamento* da espiritualidade cristã. Toda forma de espiritualidade teve sempre seu ponto de partida no fato preliminar do *sacramento*, ou seja, de uma realidade litúrgica, porque sem isso não pode haver "espiritualidade cristã" faltando ao cristianismo. É verdade, entretanto, que muitas vezes as escolas de espiritualidade, embora certas do fundamento cristão, desenvolveram-se num sentido mais ou menos independente em relação a este. Mas justamente por isso, mesmo reconhecendo a tais espiritualidades um direito de cidadania quase *ab externo* e momentâneo na Igreja, ninguém jamais pensou seriamente que uma daquelas escolas representasse ou fosse "*a espiritualidade*" *da Igreja*; nada mais era do que *uma escola* de espiritualidade *na Igreja* e assim permanecia sendo. Hoje, entretanto, um conhecimento mais profundo tanto da liturgia quanto da Igreja nos adverte de que o fato histórico em questão deve ser julgado não positivamente, ou no máximo pode ser julgado assim só num sentido relativo (ou seja: dadas as circunstâncias, uma espiritualidade não litúrgica pode ser aceita). O Concílio Vaticano II, seguindo São Pio X, reafirmou que "a liturgia é a fonte primeira e *indispensável (necessarius fons)*, da qual os fiéis podem extrair um verdadeiro espírito cristão" (Constituição litúrgica 14).

A propósito desse caráter de "indispensabilidade" atribuído à espiritualidade litúrgica, é preciso que se faça a seguinte observação: muitos *admitem* (a) e *negam* (b) ao mesmo tempo que a espiritualidade litúrgica seja indispensável, dependendo se nesta distinguem ou não distinguem uma dupla função.

a) Para muitos, a liturgia pertence exclusivamente ou se insere preponderantemente no campo *estético-sensível*, como uma apresentação criativa da fé cristã. Como tal comporta — dizem — todo um aspecto exterior, que vai do rito em si à sua pompa, e que produz a "festa" propriamente dita. Nessa festa, a liturgia é o "espetáculo" necessário. Numa perspectiva assim, a liturgia é necessária e *indispensável* a todos aqueles que, sem esse espetáculo exterior, não sentiriam a comoção interior necessária para manifestar e também para reforçar a sua fé.

b) Se a liturgia, no entanto, for considerada em seu aspecto mais interior, mais espiritual e não material, então — dizem — esta pode até ser *útil*, mas jamais será necessária para aquela elite espiritual que anseia por uma escola de espiritualidade. De fato, os valores que eles poderiam encontrar — com alguma dificuldade — na liturgia lhes são acessíveis mais imediatamente e de uma forma mais espiritualizada nas doutrinas das escolas de espiritualidade.

Para *justificar* esse juízo negativo sobre o valor indispensável, comum e universal da espiritualidade litúrgica, normalmente se faz referência a outro fato histórico, igualmente confirmado, isto é, à espontânea e fácil difusão das chamadas "devoções populares". Estas demonstrariam que a liturgia é menos indispensável do que aquilo que se diz, porque as "devoções populares" conseguem inclusive fazer com que a liturgia perca em importância.

Note-se, entretanto: a existência das devoções populares não demonstra nada contra a liturgia e contra a sua espiritualidade, porque se trata de *substituições*, não de abolições, da liturgia. Representam, na verdade, algumas formas de "liturgia popular", nascidas quando a liturgia havia se tornado incapaz de nutrir a vida espiritual. Por que, então, não mantê-las, se o povo as aceita mais do que a liturgia? Não podem ser mantidas de forma exclusiva precisamente porque *não são a liturgia*. Se esta, de fato, for vista só como uma forma de culto, substituível por outra qualquer, poderia ser substituída pelas devoções; mas como a liturgia, enquanto "tradição" autêntica de Cristo, *é a única* forma pela qual se continua o culto pessoal de Cristo, feito de glorificação de Deus através de uma efetiva santificação dos seres humanos, as devoções *não podem* substituir a liturgia. E se isso algumas vezes de fato acontece, depende só da inutilidade de uma liturgia não compreendida.

IV. A liturgia é espiritualidade superior a qualquer outra

Isso, por várias razões:

a) É espiritualidade *válida para todos*, em todo tempo e lugar. Essa universalidade é a nota característica da espiritualidade litúrgica, porque a liturgia é válida para o mártir do séc. I, para o monge do séc. VII ou IX, para as pessoas da Idade Média ou Moderna, ainda que o seja de formas diferentes. A razão disso está na imutabilidade dos princípios e na eficácia, sempre igual, mesmo que as situações culturais, sociais, espirituais e psicológicas possam ser diferentes, dependendo dos tempos e lugares.

b) É *expressão de um dado objetivo revelado*. As escolas de espiritualidade são visões particulares do Evangelho, fundadas sobre um estado psicológico particular, tanto interior quanto ambiental e cultural, e que, portanto, corresponde a situações particulares. Assim, enquanto as escolas de espiritualidade tendem a fechar num determinado clima psicológico o fato, ou seja, a realidade do Evangelho, a espiritualidade litúrgica tende a reconduzir todas as diferenças psicológicas e históricas à *única realidade da redenção* de Cristo, o qual veio justamente para que as pessoas pudessem superar o tempo e o espaço, as raças e as culturas, e reencontrar-se na unidade de Cristo, Cabeça, princípio recapitulador, que destruiu toda divisão e levou todos à unidade.

V. A espiritualidade litúrgica é cristocêntrica

Toda espiritualidade cristã tende a ser cristocêntrica *em seu fim*. Não pode ser de outra forma, sob pena de não ser espiritualidade cristã.

Todas, com efeito, tendem a fazer com que o ser humano se una a Deus por meio de Cristo.

Na prática, porém, com muita frequência nota-se a tendência a uma genérica *divinização*, com Cristo ficando muito mais como o mestre e o exemplo, e o próprio processo de assimilação a Deus sendo desenvolvido preferencialmente no plano humano, o que dá a muitas espiritualidades um destacado caráter *antropocêntrico*. Daí a importância que se dá a todos os fatores humanos como meios de santificação (meditação, exame de consciência); e, por outro lado, como o ser humano é visto na sua essência metafísica: "animal racional", e na sua diferença específica: "racionalidade", o ser humano que entra no processo de santificação é sempre — às vezes mais, às vezes menos —, em todas as correntes de espiritualidade, tomado na sua "racionalidade", enquanto o elemento corpóreo é julgado sempre negativamente, a ponto de a "divinização" e a "espiritualidade" (meio para alcançá-la) de fato nunca se referirem ao ser humano na sua integridade natural.

Esse fato, que poderia parecer acessório, na realidade é a manifestação mais direta do caráter eventualmente *teocêntrico*, mas não propriamente *cristocêntrico*, das espiritualidades não litúrgicas. No fundo, nestas ressurge uma forma de "monofisismo" não tanto teológico (porque não quer ser negação da real humanidade de Cristo) mas mais filosófico, enquanto dá um valor absoluto ao "espiritualismo" filosófico pregado em relação ao ser humano. Essa atitude baseia-se também sobre uma ideia predominantemente conceitualista do cristianismo, que de preferência é visto como uma doutrina e um ensinamento e, respectivamente, como aceitação e apreensão de *verdades reveladas*. Pelo contrário, este é *um momento* — o momento conclusivo e escatológico — *da história da salvação*, ou seja, o momento em que tem lugar a *ação redentora* de Deus em favor dos seres humanos, ação que se cumpre no *fato* da encarnação.

Pois bem, a *liturgia* pretende ser, precisamente, a atuação, em cada um dos seres humanos, desse *momento da história da salvação*, que é continuado através do rito. E como o "momento" em questão é condensado no *fato* da encarnação, é claro que a liturgia é essencial e estritamente *cristocêntrica*.

Isso quer dizer que a liturgia tem como objeto e como conteúdo a ser revelado e participado concretamente nada mais do que as *ações salvíficas* cumpridas em Cristo e, consequentemente, é uma *escola* na qual *se aprende o plano da salvação* existente desde a eternidade em Deus e o *modo da sua atuação* primeiro em Cristo e depois, por meio de Cristo, em nós.

O aspecto de *revelação* próprio da liturgia não é acidental, e é o que introduz num *conhecimento* de Cristo cada vez mais profundo, porque *experimental*, pois aquilo que dele nos é *anunciado* na Palavra é *realizado* para nós no sacramento. Em certo sentido, de fato, na liturgia é sempre verdadeira, em todos os seus termos, a palavra de Jo 1,12: *"Et verbum caro factum est"*. Pois bem, é justamente seguindo momento a momento esse *anúncio* do Mistério de Cristo que podemos entrar no espírito da revelação, tal e qual foi querida por Deus e foi efetuada; portanto, com a liturgia entra-se numa *escola de espiritualidade* que é *revelada* e que não é abstrata, porque age sempre sobre *fatos* da salvação, tanto prometidos como atuados *em Cristo* (sentido pleno de "espiritualidade eclesial").

VI. A espiritualidade litúrgica é pascal

Essa afirmação é quase supérflua, depois daquilo que dissemos no parágrafo anterior. Mas, refletindo-a num aspecto que com frequência não é considerado em seu justo sentido, convém examiná-lo um pouco mais a fundo.

SINAIS DO MISTÉRIO DE CRISTO

Muitas vezes se pensa que a ideia "pascal" aplicada à espiritualidade tenda a fazer desta uma espiritualidade um tanto cômoda e sobretudo muito irreal e quimérica, talvez até mesmo com um aspecto de quietismo. Esse juízo baseia-se sobre uma falsa interpretação da ideia "pascal", ou porque esta é identificada unicamente com a ideia de "ressurreição"; ou, em todo caso, porque se considera que a "ressurreição" não possa representar a base de uma verdadeira e séria espiritualidade.

Deixemos de analisar essa segunda hipótese e, em relação à primeira, vamos logo dizendo que é fruto de uma falsa visão das coisas, nascida de uma incompreensão de um fato litúrgico, que todos, pelo menos na prática, reconhecem ser da maior importância. É o fato da *Páscoa*.

A Páscoa, acima de tudo, indica e compreende — e em primeiro plano — também a *Paixão e a morte* de Cristo, e não só a sua *ressurreição*. Segundo: "Páscoa" é sobretudo uma denominação comum de um conteúdo revelado, que recolhe a Paixão-morte-ressurreição de Cristo na categoria unitária de "intervenção libertadora" e de "ação divina de salvação". Por isso, "espiritualidade pascal" quer dizer acima de tudo uma espiritualidade que é polarizada sobre o fato divino da salvação, isto é, sobre o "Mistério Pascal", enquanto é realizado por Cristo na sua Paixão-morte-ressurreição; além disso: dizer "espiritualidade pascal" significa também dizer "espiritualidade bíblica", e precisamente no sentido de "síntese" da revelação.

1. Espiritualidade pascal — salvação — Paixão, morte, ressurreição

Esta compreende:

1. *Duas componentes histórico-salvíficas*, que são a Paixão-morte e a ressurreição de Cristo, que servem não como objeto de meditação

somente afetiva, para criar em nós reações psicológicas de compaixão e de exaltação, mas, isso sim, como objeto de reflexão "teológica", na qual se descobre:

a) Na Paixão-morte, de um lado o juízo que Deus faz do pecado (*"proprio Filio suo non pepercit"*) e, de outro, o amor do Pai (*"sic Deus dilexit mundum ut Filium suum unigenitum daret non ut iudicet mundum sed ut salvetur mundus per ipsum"*) e de Cristo por nós (*"Christus dilexit me et tradidit semetipsum pro me"*);

b) Na ressurreição: o dom de uma vida nova que se chama "viver para Deus", "viver em Deus", "viver por Deus"; dom que é real-total em Cristo e real-inicial em nós; dom que é presença de Cristo vivo no mundo para continuar a triunfar sobre o pecado e sobre a morte (*"vitam resurgendo reparavit"*).

2. *Uma componente sacramental.* O Mistério Pascal é *presença* da Paixão-morte-ressurreição de Cristo, enquanto ações salvíficas, no sacramento. *No sacramento,* fazemos hoje, por nós e pelos outros, aquilo que Cristo já fez *no fato histórico,* isto é: aquilo que a reflexão, ajudada pela revelação, nos faz descobrir nas duas componentes históricas se torna uma realidade objetivamente existente em nós em virtude do sacramento.

2. Espiritualidade pascal = espiritualidade bíblica (síntese)

Sob a denominação de "Páscoa", na Escritura aparece, na prática, toda a *revelação-atuação,* tanto profética como definitiva, do desígnio da salvação humana, existente no amor de Deus desde toda a eternidade. A Escritura nada mais é do que a descrição do fato e do modo dessa revelação-atuação; lê-la sob essa perspectiva nos leva a descobrir que a "Páscoa" é a sua "síntese". A Páscoa antiga é o momento em que a salvação prometida começa a realizar-se, ainda que seja num estado não perfeito. Todo o tempo profético que vem depois dela tende a fazer reviver o seu espírito ou a explicar o seu significado e as suas consequências (serviço-amor de Deus, culto espiritual). Por sua vez, toda a liturgia judaica (festas anuais, celebrações semanais e diárias) quer perpetuar não só a sua lembrança mas também a sua realidade (ou seja, o valor real da promessa).

A Páscoa nova não é só a Páscoa de Cristo, mas é o próprio Cristo. Ele, em sua encarnação, é a atuação da salvação prometida na Páscoa judaica, desde o momento do seu nascimento até a sua ressurreição, até Pentecostes e até a parusia final.

Ora, essa unidade "pascal" não existe somente na Escritura e, se quisermos, na "história", mas está presente na liturgia, a qual é "síntese" do Mistério Pascal no seu conjunto e em toda a sua extensão. Consequentemente, uma espiritualidade litúrgica não pode deixar de ter um caráter pascal e não pode eximir-se do pensar e viver nessa visão de "síntese" de toda a revelação.

VII. A espiritualidade litúrgica é espiritualidade bíblica

Já falamos sobre isso no item precedente. Mas ainda há algo a ser dito a respeito. Uma "espiritualidade bíblica" não é a que se propõe tão somente a fazer da Escritura um livro de meditação sempre por perto ou que terá a primazia sobre os demais; mas é a que na Escritura encontra a "revelação" do pensamento de Deus em relação à salvação própria e do mundo; é a que toma a sua "palavra" como "presença" de Cristo-Palavra de Deus, que se revelou "na sucessão de tempos e na diversidade de modos, e que enfim nos falou no próprio Filho de Deus" (Hb 1,1).

A liturgia não só se serve da Escritura, mas não pode ficar sem ela, porque é a Escritura que prepara e explica a ação litúrgica no seu significado e no seu valor interior de salvação. Hoje a Igreja sente isso como um imperativo não menos válido do que em relação ao passado, e precisamente com o objetivo de recuperar um conteúdo mais amplo quer que a nova liturgia leve a um maior conhecimento da Escritura, porque "em toda a Escritura se fala de Cristo" e porque "a ignorância da Escritura é ignorância de Cristo".[2]

Pela leitura da Escritura, especialmente inserida na liturgia, o ser humano entra numa dimensão espiritual na qual não pode deixar de ver a si mesmo sempre na perspectiva de Cristo, e Cristo sempre na sua perspectiva. Desse modo, a Escritura não fica sendo um simples documento do passado, que serve só para edificação, mas adquire uma dimensão existencial, que se torna realmente construtiva de uma vida espiritual "cristã".

VIII. A espiritualidade litúrgica é espiritualidade sacramental

Essa afirmação pode parecer óbvia, considerando-se que os sacramentos são liturgia. Mas com isso se quer dizer que o fato sacramental é aquele que condiciona e ordena toda a vida espiritual. É uma questão não só de se aproximar dos sacramentos com aquela devoção que condiz com quem quer viver espiritualmente, mas sobretudo de fazer do sacramento o meio de *participação direta nos mistérios redentores de Cristo*. O sacramento, portanto, não é visto principalmente como um

---

[2] JERÔNIMO, *In Isaiam prolog.*; PL 24, 17, cit. na *Dei Verbum*, 25.

meio para realizar de qualquer modo um contato com a *pessoa de Jesus*, sobretudo com o objetivo de chegar a um "colóquio" interior com ele; mas é considerado como o ponto de inserção que é, ao mesmo tempo, *comunicação* do mistério e razão de *assimilação* a Cristo justamente na perspectiva do mistério comunicado.

Temos, assim, aquela *imitação sacramental* de Cristo, que nasce da assimilação ao mistério e que deduz do mistério sacramentalmente presente no ser humano as normas do agir. O princípio da "imitação sacramental", de fato, é único: "Deve-se cumprir *na ação* aquilo que se celebrou *no sacramento*".[3] E isso pela simples razão de que o próprio sacramento já é, por sua natureza, uma *imitação* de Cristo, enquanto no sacramento se entra objetivamente no Mistério de Cristo, precisamente para que, por esse caminho, o cristão possa *transformar-se* em Cristo de maneira total, até ser a *imagem* plena de Cristo. A transformação no *ser* (ontológica) carrega consigo a transformação no *agir* (moral).

Quando São Paulo diz: "Completo , na minha carne, o que falta às tribulações de Cristo em favor do seu Corpo que é a Igreja", não pensa diretamente em uma "imitação moral" da Paixão de Cristo, mas afirma que "ele *cumpre* a Paixão de Cristo", ou seja, "leva a cumprimento" aquela Paixão de Cristo que nele já existe inicialmente como realidade sacramental.

Em outras palavras: a liturgia não é a *ocasião* para oferecer à mente uma *ideia* sobre a qual refletir e à vida um *exemplo* ao qual conformar-se, mas é *iniciação* a uma *realidade* objetiva — o Mistério de Cristo — que deve ocupar toda a vida, formando as ideias e transformando a vida.

---

[3] Leão Magno, *Sermo* 70, 4; PL 54, 382.

Nesse sentido, a espiritualidade litúrgica é por excelência, *sempre e para todos*, uma *espiritualidade mística*. Vida "mística", no sentido mais verdadeiro da palavra, é a que depende do ou se manifesta no "mistério", e por isso a liturgia é chamada, com pleno direito, de "mística de Cristo", porque é atuação do Mistério de Cristo na vida do cristão.

IX. A espiritualidade litúrgica é espiritualidade cíclica

Normalmente, as escolas de espiritualidade distinguem alguns períodos ascensionais sucessivos, que se realizam no interior das três grandes "etapas espirituais" comuns de certa forma a todas as escolas: "Vida purgativa, iluminativa e unitiva".

Nisso, a espiritualidade litúrgica distingue-se claramente das demais escolas. Esta não conhece, com efeito, as "etapas espirituais" *do ser humano* e muito menos desenvolvimentos singulares no interior das próprias etapas. Para a liturgia, existem unicamente os "Mistérios" de *Cristo*, e estes nada mais são do que projeções particulares do único e total *Mistério Pascal*.

Portanto, a própria visão do projeto espiritual é feita sobre bases diferentes, que claramente caracterizam como "sacramental-objetiva" a espiritualidade litúrgica e como "psicológico-subjetivas" as demais. Todavia, considerado o modo como o Mistério de Cristo é proposto na liturgia, também no *método* há uma diferenciação entre a espiritualidade litúrgica e as demais espiritualidades.

Na liturgia, o Mistério de Cristo é apresentado numa forma cíclica: especificamente, antes de mais nada, no sentido de que cada momento do ciclo representa uma "projeção" particular do Mistério de

Cristo, de modo que este aparece, toda vez, sob formalidades distintas ("economia" do mistério); em segundo lugar, o ciclo se move segundo um movimento "em espiral" que, mesmo sendo sempre o mesmo, todavia assume forma "ascensional".

Tudo isso quer dizer:

a) Na liturgia, a espiritualidade nasce a todo momento *para todos* e *para cada um* da particular "projeção" requerida pelo Mistério de Cristo, de modo que todos estão igualmente sob a mesma luz e sob o mesmo impulso da graça;

b) Entretanto, as particulares "projeções" do Mistério, mesmo sendo sempre iguais ao longo de cada ciclo, *supõem* realizada a eficácia do ciclo precedente, e portanto o retorno da "projeção" do Mistério, já vivida no ciclo passado, tem um ponto de partida alguns graus acima do que aquele que foi o ponto de partida anterior da "projeção" do Mistério.

Como se vê, a vida espiritual *se desenvolve* não segundo um *esquema psicológico*, tomado da relação distinta que cada ser humano tem com o fim a que se propõe, mas segundo uma *totalidade* — o do Mistério — que se realiza completamente nas suas "projeções" particulares. Por consequência, pode-se dizer que a espiritualidade litúrgica é sempre *inserção total*, mas *sucessiva* e *ininterrupta*, no mesmo Mistério de Cristo, e isso a fim de criar em cada ciclo uma *imagem completa* de Cristo, embora o sujeito venha a absorvê-la de forma não perfeita. Para superar essa imperfeição de absorção é que existe o repetir-se ininterrupto do ciclo, de modo que um sucede o outro, e assim se supre, no ciclo sucessivo, aquilo que faltou no precedente.

Tudo isso acontece ao longo do *ano litúrgico*, mas sempre numa celebração sacramental. Por essa razão, o ciclo litúrgico não é só um livro de *meditação* dividido em tantos capítulos quantos são os "tempos litúrgicos", mas é *celebração sacramental*, ou seja, presença objetiva de cada um dos mistérios no Mistério Pascal celebrado. Isso significa que o Mistério Pascal não é somente "visto" ou "contemplado", mas é sobretudo "vivido" e, portanto, destinado a criar um conhecimento experimental que, por esta sua própria natureza, pode se tornar o mais perfeito método de espiritualidade.

Rua Dona Inácia Uchoa, 62
04110-020 – São Paulo – SP (Brasil)
Tel.: (11) 2125-3500
http://www.paulinas.com.br – editora@paulinas.com.br
Telemarketing e SAC: 0800-7010081